Uni-Taschenbücher

UTB
FÜR WISSEN
SCHAFT

Eine Arbeitsgemeinschaft der Verlage

Wilhelm Fink Verlag München
Gustav Fischer Verlag Jena und Stuttgart
Francke Verlag Tübingen und Basel
Paul Haupt Verlag Bern · Stuttgart · Wien
Hüthig Verlagsgemeinschaft
Decker & Müller GmbH Heidelberg
Leske Verlag + Budrich GmbH Opladen
J. C. B. Mohr (Paul Siebeck) Tübingen
Quelle & Meyer Heidelberg · Wiesbaden
Ernst Reinhardt Verlag München und Basel
F. K. Schattauer Verlag Stuttgart · New York
Ferdinand Schöningh Verlag Paderborn · München · Wien · Zürich
Eugen Ulmer Verlag Stuttgart
Vandenhoeck & Ruprecht in Göttingen und Zürich

Erika Fischer-Lichte

Kurze Geschichte des deutschen Theaters

Francke Verlag Tübingen und Basel

Erika Fischer-Lichte ist o. Professorin für Theaterwissenschaft an der Universität Mainz.

Die Deutsche Bibliothek - CIP-Einheitsaufnahme

Fischer-Lichte, Erika:
Kurze Geschichte des deutschen Theaters / Erika Fischer-Lichte. – Tübingen ; Basel : Francke, 1993
(UTB für Wissenschaft : Uni-Taschenbücher ; 1667)
ISBN 3-8252-1667-5 (UTB)
ISBN 3-7720-1691-X (Francke)

NE: UTB für Wissenschaft / Uni-Taschenbücher

Dischingerweg 5 · D-7400 Tübingen
ISBN 3-7720-1691-X

Einbandgestaltung: Alfred Krugmann, Stuttgart
Satz: EVG Werbung & Publishing, Pfullingen
Druck und Bindung: Presse-Druck, Augsburg
Printed in Germany

ISBN 3-8252-1667-5 (UTB-Bestellnummer)

Inhaltsverzeichnis

Einleitung

Was heißt und zu welchem Ende studiert man Theatergeschichte?

Als Schiller am 26. Mai 1789 vor seine Studenten trat, um als frisch ernannter Professor für allgemeine Geschichte seine Antrittsvorlesung an der Jenenser Universität zu halten, hatte er als Titel für seinen Vortrag die Frage formuliert: »Was heißt und zu welchem Ende studiert man Universalgeschichte?« An ihrem Leitfaden entwarf er ein hochgemutes Programm, das dem Studierenden helfen sollte, den »Zweck seiner Studien« zu erfüllen: Einsicht zu erhalten in den planvollen Gang der Geschichte, der »das Individuum unvermerkt in die Gattung« hinüberführt:

> Der Mensch verwandelt sich und flieht von der Bühne; seine Meinungen fliehen und verwandeln sich mit ihm: die Geschichte allein bleibt unausgesetzt auf dem Schauplatz [...]. Was sie dem strafenden Gewissen eines Gregors und Cromwells geheim hält, eilt sie der Menschheit zu offenbaren: daß der selbstsüchtige Mensch niedrige Zwecke zwar verfolgen kann, aber unbewußt vortreffliche befördert.[1]

Die Weltgeschichte – eine Art Theatergeschichte also, deren philosophisches Studium unweigerlich zur Aufklärung über die unendliche Perfektibilität des Menschengeschlechts führen muß?

Wenn heute als Einleitung zu einer Theatergeschichte auf Schillers Frage zurückgegriffen wird, so entlarvt sich diese Anleihe ganz schnell als ein vergeblicher Versuch, im Fundus der Geschichte – um in Schillers Bild zu bleiben – ein Kostüm zu finden, das es erlauben würde, die eigene Ratlosigkeit zu verbergen und zugleich auszuagieren. Denn wohl müßte die Einleitung zu einer Theatergeschichte die Frage beantworten: »Was heißt und zu welchem Ende studiert man Theatergeschichte?« Dem steht jedoch eine tiefsitzende Skepsis entgegen, ob sie sich heute überhaupt beantworten läßt.

Die Schwierigkeiten fangen bereits an, wenn man das Objekt bestimmen will, dessen Geschichte geschrieben werden soll: Was ist Theater? Wovon reden wir, wenn wir den Begriff ›Theater‹ verwenden?

Seit die historischen Avantgarde-Bewegungen in den ersten Dekaden unseres Jahrhunderts den Anspruch erhoben, die Kluft zwischen Kunst und Leben aufzuheben, die Kunst in Leben zu überführen, hat sich der Theater-Begriff ständig erweitert. Seine Anwendung wurde auf die verschiedensten Ausstellungs-, Demonstrations- und Spektakel-Ereignisse ausgedehnt: Er fand Anwendung auf das Auftreten von Zirkusartisten, Clowns und Entertainern, auf die »Happenings« der Dadaisten und Surrealisten auf Straßen und in Cafés, in Kirche und Parlament; auf Maifeiern, Kundgebungen und Sportfeste der Gewerkschaften und Parteien. Die Wiederentdeckung des »rituellen Theaters« und die Performance-Kultur der sechziger und der frühen siebziger Jahre hatten eine noch stärkere Ausweitung des Begriffs zur Folge: Wo jemand sich, einen anderen oder etwas zur Schau stellte, sich bewußt den Blicken anderer aussetzte, wurde von Theater gesprochen.[2] Diese »enorme Aktivierung des semantischen Feldes ›Theater‹«[3] verwischte die Übergänge zum metaphorischen Gebrauch des Begriffs: So konnte Foucault von seinem »Theatrum philosophicum« sprechen, Lyotard über die »philosophische und politische Bühne«, Baudrillard von der »Bühne des Körpers«[4]. Der Theater-Begriff scheint gegenwärtig Hochkonjunktur zu haben; ja, er droht bereits inflationär zu werden.

Auf der anderen Seite hat Helmar Schramm in seinen *Vorstudien zur Begriffsgeschichte von ›Theater‹* nachgewiesen, daß der Theater-Begriff sich seit dem 16. Jahrhundert permanent verändert hat – sowohl Anwendung auf die unterschiedlichsten kulturellen, sozialen und politischen Vorgänge fand als auch eingeengt wurde auf einen ästhetischen Grundbegriff. »›Theater‹ durchläuft im Wechselspiel mit dem kulturgeschichtlichen Wandel von Öffentlichkeitsbildern der Neuzeit eine in sich höchst widersprüchliche Begriffsgeschichte.«[5]

Nimmt man diese Befunde ernst, so hat das für das Vorhaben einer Theatergeschichte weitreichende Konsequenzen. Man wird Abschied nehmen müssen von der Fiktion, daß ein gewisser Konsens gegeben sei hinsichtlich des Objektes, das mit dem Begriff ›Theater‹ immer schon gemeint ist, so daß man nur noch geographische (regionale oder europäische Theatergeschichte oder Geschichte des Welttheaters) oder gattungsspezifische Eingrenzungen (Geschichte des dramatischen Theaters, des Musiktheaters, des Tanztheaters, des Puppentheaters) vorzunehmen brauche. Dagegen wird man nicht umhin können, zunächst den Objektbereich der eigenen Untersuchung einzugrenzen, indem man im semantischen Feld ›Theater‹ einen spezifischen Bereich ausgrenzt.

Die einschlägigen Theatergeschichten, die in den letzten dreißig Jahren in europäischen Sprachen erschienen sind – oder neu aufgelegt wurden –, scheinen dieser Einsicht insofern Rechnung zu tragen, als sie – meist implizit, teilweise jedoch durchaus explizit – ihrer Untersuchung einen je spezifischen Theaterbegriff zugrundelegen.[6] Sie gehen aus vom Theater als einer anthropologischen Grundkategorie (Gregor, Kernodle), als einem Kulturphänomen (Berthold, Kuritz, Schöne), einer sozialen Institution (Allen, Brockett, Frenzel, Jomaron, Kindermann, Nicoll, Pandolfi, Raszewski, Vince), einer Interaktion zwischen Darstellern und Zuschauern (d'Amico, Southern) oder auch von der Aufführung als einem Kunstwerk (Knudsen, Michael/Daiber, Stamm).

Diese Begriffsbestimmungen bleiben allerdings merkwürdig folgenlos für den Gang der Untersuchung: Unabhängig von der Reichweite des jeweils zugrunde gelegten Begriffs werden in der Regel die mehr oder weniger gut dokumentierten Theaterereignisse des institutionalisierten (literarischen) Sprechtheaters in den großen Städten dargestellt. Ein solches Vorgehen nährt den Verdacht, daß die Begriffsdefinition doch dem Anspruch des Exhaustiven – und deswegen Konsensfähigen – Genüge tun soll, dem die nachfolgende Untersuchung nur deswegen nicht gerecht wird, weil sie aus pragmatischen Gründen partial bleiben muß. In diese Richtung scheint auch der geradezu topisch auftauchende Hinweis zu deuten, daß man keine Vollständigkeit anstrebe. Er ist wohl eher als eine Art Absicherungsklausel zu verstehen für den prekären Fall, daß einem doch ein Ereignis entgangen sein sollte, das dann bei einem anderen Erwähnung findet.[7] Da wird aus der Not eine Tugend gemacht – zumal wenn sich die Darstellung dann über fünf, sieben, acht oder gar zehn Bände erstreckt.

Dagegen soll hier ausdrücklich von der Partialität als der Bedingung der Möglichkeit einer Theatergeschichte ausgegangen werden. Jeder muß den Objektbereich seiner Theatergeschichte seinen spezifischen Erkenntnisinteressen und Kompetenzen entsprechend eingrenzen, jeder aus ihm die für seine Fragestellung als ergiebig vermuteten Ereignisse auswählen und aus seiner Untersuchung der auf sie bezogenen Dokumente seine Geschichte konstruieren.[8]

Mit der Formulierung dieser handlungsleitenden Maxime könnten wir nun zur Tagesordnung übergehen – d.h. mit der Eingrenzung des Objektbereichs beginnen –, wenn wir nicht eine andere Schwierigkeit übersehen hätten, die spätestens jetzt virulent wird:

Der Begriff ›Theatergeschichte‹ besteht aus zwei Termen – ›Theater‹ und ›Geschichte‹. Und der zweite Term erscheint kaum weniger problematisch als der erste.

Es kann heutzutage nachgerade als Binsenweisheit gelten, daß wir nicht mehr über ein universalistisches Geschichtskonzept verfügen. Weder sehen wir in der Geschichte Hegels Weltgeist zu sich selbst kommen, noch erkennen wir in ihrem Gang die Gesetzmäßigkeit einer Entwicklung von der Urgemeinschaft über die Klassengesellschaft hin zur klassenlosen Gesellschaft; wir hängen auch nicht mehr der Modernisierungstheorie der Aufklärung an, nach der – wie Schiller noch fest überzeugt war – der Gang der Geschichte zu einer Vervollkommnung des Menschen führt. Die totalisierenden teleologisch ausgerichteten Geschichtsentwürfe sind längst obsolet geworden. Die Geschichtswissenschaft hat daraus ihre Konsequenzen gezogen. Zum einen reagiert sie mit Bestrebungen, überkommene Strategien historischer Sinnbildung wiederzubeleben und zum Beispiel zu einer episch verfahrenden, narrativen Historiographie zurückzukehren.[9] Zum anderen treten diesen, von einer sich als »progressiv« klassifizierenden Gesellschaftsgeschichte als »regressiv« eingestuften Versuchen sogenannte »transgressive Konzeptionen«[10] gegenüber – wie die unterschiedlichen Richtungen der Alltagsgeschichte, der Frauengeschichte[11], der historischen Anthropologie. Gemeinsam ist diesen Entwürfen die Konzentration auf Mikrogeschichte und individuelle Sinnbildungsprozesse:

> Es geht überhaupt nicht mehr um Entwicklungen als zeitliche Transformationen, deren Richtung als zukunftserschließende Größe in aktuelle Praxisorientierungen eingehen kann, sondern darum, einlinige Entwicklungsvorstellungen in die Relativität unterschiedlicher Möglichkeiten menschlicher Lebensformen zurückzunehmen. An die Stelle der Makrohistorie, der einen, umfassenden Geschichte der modernen Welt, tritt die Mikrohistorie der vielen kleinen Geschichten, die je für sich ihre Bedeutung haben.[12]

Diese »Resubjektivierung« der Geschichtswissenschaft[13] hat nun interessanterweise zur Formulierung von Fragestellungen geführt, die traditionell in den historisch verfahrenden Nachbardisziplinen der Geschichte, in den Philologien, der Theaterwissenschaft und der Kunstgeschichte, bearbeitet werden. Sie betreffen das menschliche Denken, seine »Bewußtseinsformen, Denkgewohnheiten, Weltanschauungen, Ideologien, usw.«[14], die hier den Gegenstand der – vor allem in Deutschland betriebenen – Geistesgeschichte, Ideengeschichte oder Begriffsgeschichte bilden. Den avanciertesten Stand dieser Forschungsrichtung in der Geschichtswissenschaft repräsentiert die Mentalitätsgeschichte, die in Frankreich seit den dreißiger Jahren von der sogenannten *Annales*-Schule entwickelt wurde.[15]

Diese Neuorientierung in der Geschichtswissenschaft hat weniger zu einem Streit der Schulen geführt als zum Bekenntnis zu einem grundsätzlichen Theorien- und Methodenpluralismus. Die Partialität des Ansatzes wurde zur Bedingung der Möglichkeit von Historiographie erhoben: Jede Theorie erklärt eine andere Art der Mikrohistorie; jede Methode bezieht sich auf eine andere Ebene.

Diese Veränderungen in der Geschichtswissenschaft haben auch für die Theaterhistoriographie weitreichende Folgen.[16] Die frühen Theatergeschichten des 18. (z.B. Löwen, Schütze)[17] und des 19. Jahrhunderts (z.B. Devrient, Mentzel)[18] – zum Teil sogar noch im 20. Jahrhundert (z.B. Gregor) – entsprangen einem totalisierenden Fortschrittskonzept: Die Geschichte beispielsweise des deutschen – bzw. Hamburger bzw. Frankfurter – Theaters wurde als ständige Höherentwicklung aus primitiven, wilden Ursprüngen hin zu immer größerer Zivilisiertheit und Vollkommenheit dargestellt. Als Maßstab, an dem der jeweilige Entwicklungsstand des Theaters gemessen wurde, galt seine Fähigkeit, die Illusion wirklichen, »natürlichen« Lebens auf der Bühne herzustellen. Die neueren Theatergeschichten dagegen gehen von unterschiedlichen Geschichtskonzepten und methodischen Ansätzen aus. Sie bestimmen Theatergeschichte als Kulturgeschichte (Kernodle), Sozialgeschichte (Craik, Kindermann), Ideengeschichte (Knudsen, Nicoll, Stamm) oder als moralisch-politische Geschichte (Raszewski). Solchen Proklamationen zum Trotz verfahren die meisten Theatergeschichten dann allerdings doch überwiegend historistisch (z.B. Allen, Berthold, Brockett, d'Amico, Jomaron, Kindermann, Michael/Daiber, Nicoll, Pandolfi, Schöne, Sivert, Vince, Xolodov), d.h. sie häufen Quelle auf Quelle, Beschreibung auf Beschreibung, Anekdote auf Anekdote, Namen, Daten, Fakten, ohne daß ein Problem formuliert würde, zu dessen Lösung das präsentierte Material ausgewählt wurde und untersucht werden soll. Zwar wird prinzipiell anerkannt, daß Theatergeschichte als Kultur-, Mentalitäts- oder Sozialgeschichte betrieben werden kann, als Psychohistorie, Geistes- und Ideengeschichte, Wissens- und Kunstgeschichte und anderes mehr. Aber diese Erkenntnis bleibt methodisch folgenlos, es wird keine spezifische Fragestellung entwickelt, welche die Wahl der Dokumente sowie der Methode ihrer Analyse und Auswertung begründen oder rechtfertigen würde. Man kann sich häufig des Eindrucks nicht erwehren, als wäre das einzige Kriterium für die Auswahl und Ausbreitung des Materials, daß es verfügbar war. D.h. auch in dieser Hinsicht wird die Partialität nicht wirklich als Bedingung der Möglichkeit von Theaterhistoriographie akzeptiert – das historistische Vollständigkeitsideal schlägt überall wieder durch. Die trügerische Hoffnung, es könne gelingen, das Theater einer Epoche vollständig so zu rekonstruieren, »wie es wirklich gewesen ist«, wenn man nur ausreichend Material zur Hand hat, scheint hier immer noch die Zielsetzung vorzugeben.[19]

Dagegen ist auf der Partialität als der Bedingung der Möglichkeit von Theatergeschichtsschreibung zu bestehen. D.h. nicht nur der Objektbereich bedarf einer Eingrenzung, sondern es muß auch die jeweilige Fragestellung präzisiert werden, unter der die Untersuchung vorgenommen werden soll. Dabei sind beide Prozeduren als unmittelbar aufeinander bezogen zu denken: Ein bestimmter Objektbereich kann eine spezifische Fragestellung ermöglichen bzw. nahelegen, wie umgekehrt eine spezifische Fragestellung zur Eingrenzung eines bestimmten Objektbereichs führen kann. Wie auch immer – in jedem Fall läßt sich Theatergeschichte nur mit einer problemorientierten Vorgehensweise betreiben.

Über diese Vorgehensweise besteht gegenwärtig weitgehend Konsens. Es liegen auch bereits eine Reihe von theatergeschichtlichen Einzeluntersuchungen vor, in denen entsprechend verfahren wird und je nach Fragestellung unterschiedliche theoretische und methodische Ansätze zur Anwendung kommen.[20] In Theatergeschichten dagegen (und das gilt unterschiedslos für Theatergeschichten mit regionaler, nationaler, kontinentaler, transkontinentaler und globaler Reichweite) hat dieser Konsens bisher kaum Niederschlag gefunden. Das ist zwar bedauerlich, aber durchaus verständlich. Denn hier drängen sich Probleme in den Vordergrund, die bei theatergeschichtlichen Einzelstudien meist nur von eher peripherer Bedeutung sind. In den Einzelstudien wird das gewählte Objekt in der Regel innerhalb eines begrenzten Zeitabschnittes untersucht. Hier liegt der Schwerpunkt auf seiner Struktur (innerhalb dieses Zeitabschnittes) und die Ergebnisse der Strukturuntersuchung mögen dann darüber entscheiden, ob der gewählte Zeitabschnitt im Hinblick auf die Fragestellung als Epoche gelten kann oder nicht. In den Theatergeschichten dagegen ist der Prozeß zu fokussieren, den das Objekt über einen langen Zeitraum hinweg durchläuft. Um

Theatergeschichte als einen Prozeß darzustellen, reicht es nun allerdings, wie Luhmann sehr richtig bemerkt hat, nicht aus, »alles auf eine Vorher/Nachher-Differenz zusammenzuziehen – etwa Europa vor der Kartoffel und nach der Kartoffel. Denn diese Differenz könnte dann nur das grandiose Ereignis selbst, das die Epochen trennt, beschreiben, nicht aber die Geschichte als Prozeß.«[21] Theatergeschichten haben sich also unweigerlich dem Problem der Epochenbildung zu stellen, der Frage nach der Epochenschwelle und nach Möglichkeiten, Epochen abzugrenzen. Das Problem läßt sich nur ignorieren – oder besser: verschleiern –, wenn man eine rein chronologisch vorgehende Faktographie verfaßt: Es wird aufgezählt bzw. nacheinander dargestellt, was sich nacheinander ereignet hat. Nur indem man das Material über Ereignisse, die sich nacheinander zugetragen haben, in chronologischer Reihenfolge präsentiert, umgeht man das Problem der Epochenbildung, leugnet – oder ignoriert zumindest – damit allerdings zugleich auch den Prozeßcharakter von Theatergeschichte. Sogar dabei kommt man jedoch offensichtlich nicht ohne die alten, auf Epochen bezogenen geistesgeschichtlichen Ordnungskategorien wie Mittelalter, Renaissance, Barock usw. aus oder nimmt doch wenigstens zu den Jahrhunderten seine Zuflucht. Innerhalb der chronologisch voranschreitenden Darstellung ist dann entsprechend vom Theater des Barock oder des 17. Jahrhunderts die Rede, vom Theater der Aufklärung oder vom Theater des 18. Jahrhunderts usw., als sei damit eine Epoche gemeint.

Wenn man dagegen problemorientiert vorgeht, also bestimmte Fragen an die Theatergeschichte stellt, dann wird man nicht umhin können, Periodisierungen vorzunehmen und Epochen nach den Fluchtlinien zu konstruieren, welche der Gang der Untersuchung jeweils vorzeichnet. Man wird entsprechend die Kriterien je nach Fragestellung anders wählen müssen. So könnte zum Beispiel ein Wechsel in der sozialen Trägerschicht des institutionellen Theaters als Kriterium gelten oder auch ein Wechsel in seiner sozialen Funktion; ein Wandel der vom Theater propagierten Normen, Werte und Einstellungen wäre ein denkbares Kriterium ebenso wie ein Wandel seiner ästhetischen Prinzipien; eine Verschiebung im hierarchischen Gefüge der einzelnen theatralischen Systeme ebenso wie ein grundlegender Wandel innerhalb eines dieser Systeme (in der Schauspielkunst, im Drama, in der Musik, im Bühnenbild, im Theaterbau usw.). Dabei ist zu bedenken, daß die Kriterien lediglich dazu beitragen können, die Frage zu entscheiden, *ob* ein Epochenwandel stattgefunden hat, nicht aber *warum* er stattgefunden hat. Auf entsprechende Erklärungen wird man jedoch nicht verzichten können, wenn Theatergeschichte als Prozeßgeschichte geschrieben werden soll. Man wird also eine befriedigende Prozeßtheorie brauchen, die uns jedoch zum jetzigen Zeitpunkt nicht zur Verfügung steht.

Damit ist allerdings ein Anspruch formuliert, der sich gegenwärtig wohl kaum einlösen läßt. Wer dennoch – aus welchen Gründen auch immer – eine Theatergeschichte schreiben will, muß die Meßlatte entsprechend tiefer ansetzen. Die hier vorgelegte Theatergeschichte versucht sich dadurch aus der Affäre zu ziehen, daß sie theatergeschichtliche Einzeluntersuchungen mit unterschiedlichen Fragestellungen aneinanderreiht, also mehr oder weniger eine – sich weitgehend an die Chronologie haltende – Abfolge synchroner Schritte liefert. Ein diachroner Zusammenhang zwischen ihnen wird dadurch – wenn nicht hergestellt, so doch – postuliert, daß bestimmte Aspekte immer wieder aufgegriffen bzw. durchgehend thematisiert werden wie zum Beispiel das Verhältnis des institutionellen Theaters zum Alltagsleben seiner Zuschauer. Für den, der eine überzeugende Verbindung von Ereignis-, Struktur- und Prozeßgeschichte verlangt, mag das ein ziemlich fauler Kompromiß sein. Ich fürchte, eine elegantere Lösung habe ich derzeit nicht anzubieten.

Die vorliegende Theatergeschichte richtet sich zuvörderst an Studierende der Theaterwissenschaft, der Germanistik und der Komparatistik. Sie soll ihnen einen Überblick über Entwicklungen und Ereignisse des Theaters im deutschsprachigen Raum vom Mittelalter bis zur Gegenwart verschaffen und sie zugleich in verschiedene theoretische und methodische Ansätze einführen. Den einzelnen Abschnitten wurden daher möglichst unterschiedliche Fragestellungen zur Bearbeitung vorgegeben.

Den Gegenstand der Untersuchung bildet der institutionalisierte Prozeß der theatralischen Kommunikation. Seine verschiedenen Faktoren bzw. Komponenten – wie allgemeine und besondere Bedingungen der Produktion und Rezeption, Konstitution einer theatralischen Sprache, Struktur und Wirkung der Aufführung/Performance u.a.m. – werden dabei in unterschiedlicher Gewichtung berücksichtigt. Meinen eigenen Interessen und Kompetenzen entsprechend wird der Prozeß der theatralischen Kommunikation überwiegend – wenn auch nicht ausschließlich – an Beispielen aus dem dramatischen Theater untersucht. Dennoch bleibt das Drama selbst weitgehend ausgeklammert, d.h. es wird auf Analyse und Interpretation dramatischer Texte verzichtet. Das hat vor allem praktische Gründe: Eine »kurze Geschichte des deutschen Theaters« sollte den Umfang eines Buches möglichst nicht überschreiten. Für eine Vertiefung wird daher ausdrücklich die Lektüre der jeweils angeführten Dramen sowie die Konsultation einschlägiger Dramengeschichten empfohlen.[22]

Ehe wir mit der Untersuchung beginnen, sei – sozusagen propädeutisch – noch auf eine Eigentümlichkeit hingewiesen, welche Theatergeschichte mit allgemeiner Geschichte verbindet und sie in signifikanter Weise von anderen Kunstgeschichten unterscheidet: Theatergeschichte kann nicht auf Werke zurückgreifen, weil fixier- und daher tradierbare Artefakte nicht existieren. An die Stelle der Werkgeschichte im Sinne anderer kunstwissenschaftlicher Disziplinen, die sie auf dem Wege einer Analyse und Interpretation der überlieferten Artefakte konstruieren, tritt hier eine Ereignisgeschichte. Daraus folgt allerdings nicht, daß Theatergeschichte nicht als Aufführungsgeschichte betrieben werden kann. Es besagt lediglich, daß die Aussagen, die sich über Aufführungen machen lassen, nicht durch Analyse und Interpretation des Artefaktes gewonnen sind – und daher auch nicht durch Rekurs auf das Artefakt überprüft werden können. Sie gehen vielmehr auf die Analyse und Interpretation von Dokumenten über die Aufführungen zurück. Während in anderen kunstwissenschaftlichen Disziplinen derartige Dokumente zwar auch als Quellen benutzt, im Verhältnis zu den überlieferten Werken jedoch eher als sekundär eingeschätzt werden, stellen sie für die Theatergeschichte die einzigen, die primären Quellen dar. Berücksichtigt die Theatergeschichte dagegen Werke anderer Künste – Dramentexte, Partituren, Bühnenbildskizzen, Rollenportraits usw. –, so verlieren diese ihren Werkcharakter und nehmen den Status von Dokumenten an, die im Hinblick auf die Aufführung – die nicht zu Verfügung steht – ausgewertet werden. Entsprechendes gilt auch für Film- und Videoaufzeichnungen von Aufführungen in der jüngeren Theatergeschichte. Auch ihnen kommt lediglich der Status von Dokumenten über die aufgezeichneten Aufführungen zu. Theatergeschichte verfügt generell nur über Dokumente, nicht über Monumente. Ihre Werke, die Aufführungen, sind unwiederbringlich verloren.[23]

Aus dieser Prämisse folgt nicht, daß Theatergeschichte nicht als eine Kunstgeschichte betrieben werden kann. Aus ihr geht lediglich hervor, daß Werkanalyse und -interpretation als Verfahren ausgeschlossen sind – ebenso natürlich auch die Möglichkeit einer Werk-, d.h. Aufführungsrekonstruktion, wie sie von historistisch orientierten Forschern immer wieder versucht wird. Die Bandbreite potentieller Selbstdefinitionen der Theatergeschichte wird durch diese Einschränkung jedenfalls nicht verengt.

1. Zwischen Universalismus und Provinzialismus

1.1 Städtische Festkultur und Theater im Mittelalter

1.1.1 Das städtische Fest

Der mittelalterliche Festkalender war äußerst umfangreich: Er umfaßte neben den großen christlichen Festen Weihnachten, Ostern, Pfingsten und Fronleichnam mehrere Marienfeiertage, die Tage der verschiedenen Heiligen, Kirchweihfeste, die Feste der zwölf Tage zwischen Weihnachten und dem Dreikönigsfest wie das Fest der Unschuldigen Kinder oder die Narren- und Eselsfeste, den Karneval, Jahreszeitenfeste wie die Maifeiern sowie unterschiedliche regionale Feste (so z.B. in Straßburg das Rundtafelfest). Zusammengerechnet belief sich die jährliche Festzeit auf mehr als drei Monate.

In den Städten wurden im Rahmen der Feste häufig Theateraufführungen veranstaltet: Zu Weihnachten wurden Weihnachtsspiele, zu Ostern Oster- und Passionsspiele, in der Woche nach Pfingsten Passionsspiele und zu Fronleichnam Fronleichnamsspiele aufgeführt. Aufführungen der großen mehrtägigen Passionsspiele des 15. und 16. Jahrhunderts fanden allerdings nicht jährlich, sondern in längeren unregelmäßigen Abständen (zwischen fünf und zwölf Jahren etwa) statt.[1] Tage der Heiligen – wie z.B. der Hl. Katharina, der Hl. Dorothee oder des Hl. Georg – und Kirchweihfeste wurden häufig mit Heiligen- und Legendenspielen begangen. Im Karneval wurden mancherorts Fastnachtspiele aufgeführt und aus Anlaß der Maifeiern sogenannte Neidhardspiele. Theater war im Mittelalter überall in Europa integrierender Bestandteil der städtischen Festkultur.

Für Theateraufführungen im deutschsprachigen Raum findet sich eine Fülle von Spielnachrichten.[2] Nicht nur im Gebiet des Deutschen Reiches, sondern weit über seine Grenzen hinaus (im Nordosten bis nach Riga, im Südosten bis nach Preßburg und Siebenbürgen und im Süden bis hinab nach Calavese und Trient, die damals beide zweisprachig waren) wurde deutsch gespielt.

Entgegen der lange vertretenen Forschungsmeinung, daß es im Mittelalter nur wenige Spielzentren im deutschsprachigen Raum gegeben habe – wie das schwäbisch-alemannische, das Tiroler, das rheinfränkisch-hessische –, war das Theater offensichtlich so weit verbreitet wie städtische Festkultur.

Die Trägerschaft der Feste und damit auch der Theateraufführungen lag bei der Stadt. Allerdings mußten die Spieler für ihre Kostüme und Requisiten selbst aufkommen und dafür zum Teil erhebliche Summen aufbringen. So ist aus Luzern als größte Ausgabe für eine derartige Spielausrüstung die Summe von 200 Gulden überliefert, die in etwa dem Jahreslohn von 12 Maurern entsprach. Es nimmt daher nicht wunder, daß die Darsteller dieser Verpflichtung nicht immer einzeln nachkamen, sondern oft im Verband von Zünften, Gesellenbruderschaften oder Spielgemeinschaften wie der Gesellenbruderschaft in Freiburg, der Bekrönungsbruderschaft in Luzern, der Michaelsbruderschaft in Friedberg oder der Passionsbruderschaft in Mainz. Dennoch handelte es sich bei diesen Ausgaben nur um die kleineren Unkosten, die größeren trug die Stadt. Sie bestritt die Material- und Arbeitskosten für den Aufbau der Bühne und übernahm die Verpflegung der Spieler sowie die Bewirtung der Ehrengäste. Außerdem entstanden ihr gewaltige Unkosten durch die Verpflichtung, für einen friedlichen, geordneten und möglichst unfallfreien Festverlauf zu sorgen. Es galt nicht nur, den Marktplatz und die auf ihm aufgeschlagene Bühne zu bewachen. Es mußten auch – vor allem vor Bäckereien und Schmiedewerkstätten – feuerpolizeiliche Maßnahmen getroffen werden. Die Stadtwache war zu verstärken und ein Teil der Stadttore aus Sicherheitsgründen ganz geschlossen zu halten. Bei der Aufführung von Passionsspielen mußten weiterhin die Eingänge zum Ghetto geschlossen und bewacht werden, um Pogromen vorzubeugen. Bettler, Landstreicher, Kranke oder gar Seuchenverdächtige waren an den Stadttoren abzuweisen. Bei religiösen Festen versuchte man, Ernst und Feierlichkeit durch Androhung von Geld- und Haftstrafen für Fluchen, Schwören und Trunkenheit sicherzustellen. Und nicht zuletzt hatte der Rat der Stadt geeignete Maßnahmen zu ergreifen, um die Gäste, die zum Fest von außerhalb der Stadt angereist waren, vor dem Nepp durch geldgierige Wirte wirkungsvoll zu schützen, ohne ihre ausreichende Verköstigung zu gefährden. Für die Erledigung dieser und ähnlicher Aufgaben entstanden der Stadt erhebliche Personalkosten.

Im Mittelalter gab es noch keine berufsmäßigen Spezialisten, die man mit der Ausrichtung der Feste und speziell mit der Einstudierung der Aufführungen hätte beauftragen können. Zuständig waren vielmehr die Bewohner der Stadt selbst. Bei geistlichen Spielen wurde die Spielleitung häufig von Geistlichen (z.B. in Frankfurt, Bozen, Zurzach) oder von den Stadtschreibern übernommen, die eine geistliche Bildung erhalten hatten (z.B. von Hans Salat, Zacharias Bletz und Renwat Cysat in Luzern und von Vigil Raber in Sterzing). Die 100 bis 300 ausschließlich männlichen Darsteller, die für diese Spiele benötigt wurden, entstammten sämtlichen in der Stadt vertretenen gesellschaftlichen Schichten: Es beteiligten sich Handwerksgesellen, bürgerliche und adlige Patrizier ebenso wie Kleriker verschiedenen Ranges. Besonders hoch war bei den geistlichen Spielen allerdings der Anteil der akademisch Gebildeten und der Stadt-, Landes- und Reichsbeamten: Deutsch- und Lateinschulmeister, Schultheißen und Schöffen, Richter und Bürgermeister, Stadt- und Gerichtsschreiber. Dennoch stellten auch hier die Spieler im wesentlichen einen repräsentativen Querschnitt aus der Gesamtbevölkerung der Stadt dar. Jeder war als Darsteller zugelassen, der als ehrbar und angesehen galt. Dies betraf in besonderem Maße natürlich die Darsteller der »heiligen« Rollen. Aber auch die Teufel wurden von honorigen Stadtbürgern gespielt und nicht, wie verschiedentlich behauptet, von Vaganten und reisenden Gauklern. Lediglich die Musikanten wurden von außerhalb gegen Bezahlung engagiert.

Während die Darsteller sich »nur« aus allen städtischen Bevölkerungsschichten rekrutierten, repräsentierte das Publikum sämtliche Schichten und Ränge der Gesellschaft: den Klerus vom Leutpriester über Abt und Erzbischof bis zum Konzilsvater und zum päpstlichen Kardinallegaten; die Bauern; die Bürger, und zwar vom plebejischen bis zum patrizischen Bürger; den Kleinadel; ausländische Diplomaten und sogar regierende Fürsten wie den Markgrafen von Brandenburg, den Herzog von Sachsen, den Fürsten von Anhalt und Ferdinand von Österreich, den Bruder Karls V. und späteren deutschen Kaiser. Das städtische Fest und speziell die Theateraufführungen waren, wie damit eindrucksvoll belegt ist, nicht Angelegenheit einer bestimmten gesellschaftlichen Schicht oder Gruppe, sondern betrafen vielmehr alle sozialen Schichten, die sich aus diesem Anlaß in den Straßen und auf dem Marktplatz der Stadt zusammenfanden. Es läßt sich denken, daß eine solche

Versammlung nicht nur als fröhlich-friedliche Festgemeinde agierte, sondern persönliche und soziale Spannungen und Konflikte sich häufig genug in Streitereien und Schlägereien entluden.

Zur Minderung derartiger Spannungen während der Feste trugen vor allem zwei Faktoren bei: Zum einen erließen die Stadtväter der meisten Städte für die Zeit des Festes Frieden und Gerichtsfreiheit: »Diese Frieden und Freiheit sind so zu verstehen, daß niemand den andern angreifen soll mit Gerichten, weder Leib noch Gut, wegen irgendwelcher Schulden oder Gelübde.«[3]

Zum andern war der Verlauf des Festes so organisiert, daß er relativ wenig Freiraum für individuelle Spontaneität ließ. Mittelalterliche Feste zeichneten sich vielmehr durch einen auffallend rituellen Charakter aus[4], der ganz offensichtlich vorhandenen kollektiven Bedürfnissen entsprach und Rechnung trug. Diese Eigenart läßt es sinnvoll erscheinen, das mittelalterliche Theater mit einem *mentalitätsgeschichtlichen Ansatz* zu untersuchen.

1.1.2 Die geistlichen Spiele

Das geistliche Theater des Mittelalters ist aus kultischen Zusammenhängen hervorgegangen: Es hat seinen Ursprung in der Liturgie der Osterfeier. Seinen Kern bildet der sogenannte Ostertropus, der wohl zu Beginn des 10. Jahrhunderts verfaßt wurde.[5] In Frage und Antwort gibt er die Verkündigung der Auferstehungsbotschaft wieder, welche die Engel an Jesu Grab den Frauen vermitteln, die gekommen sind, den Leichnam des Gekreuzigten zu salben. Er wurde im Wechsel von zwei einstimmigen Halbchören mit verteilten Rollen gesungen.

Der Ostertropus war zunächst Bestandteil des Introitus der Ostermesse. Dann wechselte er in die Ostermatutin und erhielt seinen Platz zwischen dem letzten Responsorium und dem »Te Deum«, das zu Beginn des Tages angestimmt wurde. Während der Tropus in der Messe lediglich als Erinnerung an die Auferstehung fungiert hatte, fielen jetzt Stunde der Verkündigung und Stunde der Auferstehung zusammen: Der Tropus wurde zur Vergegenwärtigung des ursprünglichen Ostergeschehens; die dramatische Osterfeier war entstanden. Man nimmt an, daß diese folgenreiche Umstellung in den von der Klosterreform betroffenen deutschen Reichsklöstern noch vor Mitte des 10. Jahrhunderts vorgenommen wurde. Die älteste schriftliche Fassung einer Osterfeier findet sich erst in der *Regularis Concordia* (ca. 965–975) des Bischofs Ethelwold von Winchester. Hier handelt es sich allerdings um eine bereits erweiterte und bearbeitete Fassung.

Die gesungene lateinische Osterfeier hat sich in drei verschiedenen Typen im gesamten Gebiet der Westkirche verbreitet: Typ I enthält nur die »visitatio sepulchri«, Typ II darüberhinaus den Lauf der Jünger Petrus und Johannes zum leeren Grab und Typ III die »visitatio« und die »hortulanus«-Szene, in der Maria Magdalena dem Auferstandenen begegnet, den sie für einen Gärtner hält.

In der Folgezeit entstanden neben diesen drei Typen von Osterfeiern, die bis ins 16. Jahrhundert hinein einen festen Bestandteil der Liturgie der Ostermatutin bildeten, eine Fülle von lateinischen und deutschen Feiern und Spielen: Oster-, Passions- und Weihnachtsspiele; eschatologische Spiele wie die Zehn-Jungfrauen-, Antichrist- und Weltgerichtsspiele sowie Moralitäten. Die beliebtesten Gattungen stellten ganz zweifellos die Oster- und Passionsspiele dar, von denen hier nur die volkssprachlichen Spiele Berücksichtigung finden sollen.

Deutsche Oster- und Passionsspiele lassen sich vereinzelt bereits seit dem 13. Jahrhundert nachweisen. Ihre größte Verbreitung fanden die Osterspiele allerdings im 15. Jahrhundert und die Passionsspiele im 15. sowie in der ersten Hälfte des 16. Jahrhunderts mit deutlicher Markierung der Jahrhundertwende, in die ihre größte Popularität fällt.

Die geistlichen Spiele des Mittelalters stellen in der Regel keine individuellen Schöpfungen dar. Sie lassen sich wohl angemessener als Werke beschreiben, die in vom Kollektiv bestimmten Produktionsprozessen entstanden sind, auch wenn sie von einzelnen, nicht immer namentlich bekannten Personen bearbeitet wurden. Dies schließt einen originellen Umgang mit dem überlieferten Material nicht in jedem Fall aus, wie das *Osterspiel von Muri* (ca. 1250) oder auch das *Redentiner Osterspiel* (Niederschrift beendet am 20. November 1464) eindrucksvoll belegen.

Der Stoff der Spiele war mit der Bibel vorgegeben. Er wurde in einer Folge von Szenen dargeboten, die als fertige Versatzstücke überliefert wurden. Sie konnten nach Maßgabe regionaler oder jahreszeitlicher Bedingungen und Traditionen sowie struktureller Erfordernisse leicht abgeändert und neu zusammengesetzt werden. Herkunft und Entwicklung der einzelnen Bestandteile sind nicht immer genau zu ermitteln.

Das volkssprachliche Osterspiel verfügte über sieben solcher fertiger Versatzteile:

1. Pilatus- und Wächterspiel
2. Auferstehung
3. Teufelsspiel, bestehend aus Jesu Höllenfahrt, Befreiung der Seelen und Auffüllen der Hölle
4. Krämerszene (Salbenkauf)
5. Visitatio
6. Erscheinung vor Maria Magdalena (»hortulanus«-Szene)
7. Jüngerlauf

Die einzelnen Teile konnten von unterschiedlichem Umfang sein oder auch ganz weggelassen werden. So besteht das *Redentiner Osterspiel* nur aus den ersten drei Szenengruppen, wobei das Teufelsspiel besonders breit ausgemalt wird (von 2025 Versen entfallen 1292 Verse auf das Teufelsspiel). In *Erlau III* dagegen fehlen die ersten drei Szenengruppen und das Krämerspiel wird mit 855 von insgesamt 1331 Versen präsentiert. Hier waren also erhebliche Verschiebungen möglich. Es fällt allerdings auf, daß meist entweder das Teufelsspiel oder die Krämerszene – oder auch beide – durch besondere Länge und Ausführlichkeit markiert sind.

Die Passionsspiele hatten eine beträchtlich höhere Anzahl derartiger fertiger Versatzstücke zur Verfügung, mit denen die ungeheuren Stoffmassen bewältigt werden sollten. Denn die Passionsspiele hatten nicht nur die Passion, sondern die gesamte Heilsgeschichte zum Gegenstand. Manche erstreckten sich von der Erschaffung der Welt bis zum Jüngsten Gericht, andere beschränkten sich auf den wesentlich kürzeren Zeitraum zwischen Jesu Geburt und seiner Auferstehung bzw. Himmelfahrt. Viele Szenen wurden aus anderen Spielgruppen übernommen und eingearbeitet, so z.B. aus Weihnachts- und Osterspielen, Propheten- und Legendenspielen, Maria Magdalenen- und Lazarus-Spielen. Bei aller Vielfalt der Szenen lassen sich jedoch zwei Szenenkomplexe herausschälen, die im allgemeinen besonders breiten Raum einnahmen: die Szenen, die Jesu öffentliches Wirken und vor allem seine Heilungen und Wunder betreffen, und die eigentlichen Passionsszenen.

Die Spiele dauerten meist zwei bis vier Tage, zum Teil sogar sieben Tage wie in Bozen 1514, wo man allerdings nicht an sieben aufeinander folgenden Tagen spielte, sondern an sieben verschiedenen kirchlichen Festtagen: am Palmsonntag die Episode von Jesu Geburt bis zu seinem Einzug in Jerusalem; am Gründonnerstag das Abendmahl; am Karfreitag die Passion; am Ostersamstag eine Marienklage; am Ostersonntag das Osterspiel; am Ostermontag das Emmausspiel und zu Himmelfahrt das Auffahrtspiel.

Die viertägigen Spiele nahmen in der Regel folgende Verteilung vor:

1. Tag: Von der Erschaffung der Welt (oder Jesu Geburt) bis zum Abendmahl;
2. Tag: Abendmahl, Gefangennahme, Jesus vor Annas, Caiphas und Pilatus;
3. Tag: die eigentliche Passion bis zur Grablegung;
4. Tag: Auferstehung, Höllenfahrt etc. (Osterspiel) bis zur Himmelfahrt oder Ausgießung des Heiligen Geistes.

Auch hier war eine Verschiebung der Gewichtung durch Auslassen einzelner Teile, bloßes Anspielen oder breites Ausspielen jederzeit möglich.

Einige neuere mediävistische Arbeiten haben den Nachweis zu führen gesucht, daß in den Oster- und Passionsspielen Heilsgeschichte nicht einfach rememorativ oder gar didaktisch – etwa zur Belehrung des Volkes – dargestellt, sondern an die rituellen Ursprünge des Spiels in der Liturgie zurückgebunden wurde.[6] Dies geschah jedoch auf eine Weise, die »das geistliche Spiel [...] tendenziell zur Veranstaltung einer monumentalen Remythisierung der Heilsgeschichte« werden ließ: »die biblischen Heilstaten sind in ihm mythisch-archetypisch präsentiert«[7].

Diese Remythisierung manifestiert sich zum einen in einzelnen Spielmomenten, die besonders zahlreich in den bevorzugt breit ausgespielten Szenen zu finden sind – im Osterspiel also in den Teufelsszenen und in der Krämerszene, im Passionsspiel in den Folterungs- und Passionsszenen –, zum anderen in der gesamten, den Spielen zugrunde liegenden Struktur.

Im Osterspiel fungieren als derartige Elemente u.a. die Höllenfahrt Jesu, die als formelhaft liturgischer Exorzismus vollzogen wird; die Figur des Rubin in der Krämerszene, die sich auf die alten Fruchtbarkeitsriten und -kulte des heidnischen Frühlingsfestes, des ôstarûn bezieht; der Ehebruch von Rubin und Medica, der als rituelle Hochzeit erscheint, mit der am heidnischen Frühlingsfest die Fruchtbarkeit von Mensch, Tier und Acker magisch beschworen wird; oder auch der Jesus-hortulanus einiger Osterspiele, der durchaus ambivalent bleibt: »er ist der christliche Auferstandene und gleichzeitig der pagane Jahresgott, den der Garten, da der begraben wurde, zur österlichen Zeit, zur Zeit des frühlingshaften *ôstarûn* wiedergebiert«[8]. Es überwiegen also solche Elemente, die sich auf die Befreiung von der Dämonenfurcht und auf die magische Wiederherstellung der Vitalkraft im Frühling beziehen.

In den Passionsspielen dagegen treten vor allem in den Folter- und Passionsszenen die rituellen Elemente in den Vordergrund. Gefangennahme, Verhör und Kreuzigung laufen wie ein grausames Ritual ab. Jesus wird beschimpft, angespuckt und geschlagen. Mit ihm wird wiederholt ein »Spiel« gespielt: Ihm wird das Haupt verhüllt und er soll raten, wer ihn geschlagen oder ihm Haar und Bart gerauft hat. Diese »Spiele« werden deutlich in Ritualform vollzogen. Sie werden mit lateinischen Formeln eingeleitet (»Prophetiza nobis, Criste: quis est qui te percussit?«), jede Handlung wird dreimal ausgeführt, wobei das Opfer beharrlich schweigt. Immer wieder heißt es: »Salvator tacet«. Es folgen die rituelle Geißelung und Krönung mit der Dornenkrone und zuletzt die Kreuzigung selbst, bei der Jesu Glieder – erst die Arme und dann die Beine – mit Stricken auseinandergerissen werden, um die Nägel einpassen zu können, weil die Löcher zu weit auseinanderstehend geschlagen wurden. Die Passion ist als Sündenbockritual vollzogen; Jesus wird als *pharmakos* geopfert und die Opferung bis hin zum *sparagmos* getrieben.[9]

Diesen rituellen Elementen in der Oberflächenstruktur der Spiele entspricht ihre Tiefenstruktur. So sind in den Osterspielen die variier- und verschiebbaren Versatzstücke jeweils so montiert, daß eine Dreierstruktur entsteht mit einer symmetrischen Anordnung der Szenen und Szenenblöcke um eine zentrale Mitte. Sie weisen also eine Grundstruktur auf, wie sie für das liturgische Formkonzept der Ostermatutinfeier kennzeichnend ist. Diese Dreierstruktur wird auf der Handlungsebene als Kreisstruktur aktualisiert, welche »die biblisch-christliche, einpolige, teleologische Daseinsauffassung« in »die ewige Wiederholung des uranfänglichen Kampfes zwischen den zwei originalen Kräften, dem Guten und dem Bösen«[10], transformiert. Jesu Sieg am Ende des Osterspiels zeigt daher auch nicht das Ende dieses Kampfes an, der sich vielmehr immer weiter fortsetzen wird, sondern weist lediglich auf den endgültigen Sieg des Guten am Ende der Zeiten voraus.

Das Prinzip der Wiederholung prägt in noch stärkerem Maße die Struktur der Passionsspiele: Jede Episode von der Erschaffung der Welt an wird als Aktualisierung des prinzipiellen Antagonismus der Kräfte des Guten und des Bösen durchgespielt, der sich endlos in den verschiedensten Konstellationen wiederholt. Auch hier bedeutet das Ende nicht den bereits errungenen Sieg des Guten, sondern lediglich einen ›Etappensieg‹, der allerdings auf den endgültigen Sieg vorauszuweisen vermag. Insofern erscheint die Folgerung plausibel, daß sich in den Oster- und Passionsspielen weniger ein christlich-teleologisches als ein mythisch-archetypisches Weltverständnis artikuliert hat. Das magische Bewußtsein, das von verschiedenen Untersuchungen als bestimmend für die mittelalterliche Volkskultur nachgewiesen wurde[11], scheint hier Gehalte und Rituale der christlichen Religion in einer Weise usurpiert zu haben, die es unmöglich machte, zwischen beiden eine genaue Unterscheidung zu treffen und das aus kirchlicher Sicht noch Akzeptable vom in jedem Fall Unannehmbaren sauber zu trennen.

Der mythisch-archetypische Antagonismus zwischen Gut und Böse hat auch den Bühnenaufbau der mittelalterlichen Simultanbühne nachhaltig und unübersehbar geprägt. Während die lateinischen Spiele – ebenso wie die lateinischen Feiern – in der Kirche aufgeführt wurden, errichtete man die Bühne für die volkssprachlichen Spiele auf dem Marktplatz. Wie sich aus den wenigen überlieferten Bühnenplänen zu den Passionsspielen von Alsfeld, Villingen und Luzern sowie aus der erheblich älteren Frankfurter Dirigierrolle (14. Jahrhundert) schließen läßt, handelte es sich um eine rechteckige Bühne, die entweder ganz frei auf dem Platz stand oder sich mit einer Seite an ein Gebäude anlehnte. An den beiden Schmalseiten der Bühne waren Himmel und Hölle deutlich einander gegenüber plaziert. Der Himmel war meist ein einfaches, über Leitern zu erreichendes Gerüst, auf dem der Thron für Gottvater aufgebaut war, und die Hölle ein scheußlicher Drachenkopf mit weit aufgerissenem Maul, in das eine Tür mit Guckfenster eingesetzt war. Zwischen diesen beiden Polen spielte sich das Geschehen ab, das damit als Welttheater von kosmischen Ausmaßen ausgewiesen war. An den Seiten der Bühne, jeweils in symbolischer Entfernung von Himmel und Hölle, waren die Stände (»loca, ort, end, stend, castra, burge, mansiones, höff«) errichtet, in denen sich während der gesamten Spieldauer die Spieler aufhielten. Aufstehen bedeutete Auftreten, Sichsetzen Abgehen. Der freie Platz zwischen den Ständen in der Bühnenmitte, die »gemeine burg«, bedeutete wechselnde Örtlichkeiten, die durch die Rede und zum Teil auch durch einfache Dekorationselemente angezeigt wurden. So sind in der Frankfurter Dirigierrolle für die Szene, in der Satan Jesus versucht, Fässer vorgesehen, um einerseits den Berg der Versuchung zu bedeuten und andererseits die Tempelzinne, von der Jesus sich hinabstürzen sollte, wenn dem Teufel sein Vorhaben geglückt wäre.

Die »gemeine burg« ist im wesentlichen der Platz, auf dem der Kampf zwischen Gut und Böse ausgetragen wird; und die Bewegung durch diesen Raum, der Weg quer über die Bühne hin zum Himmel oder zur Hölle markiert sinnfällig einen besonders kritischen Punkt in diesem Kampf – zugunsten des Guten oder des Bösen. Wenn Jesus das Tor zur Hölle eintritt, die verdammten Seelen herausholt und quer über die Bühne hin zu Gottvaters Thron führt, hat die Partei des Guten einen glorreichen Sieg errungen. Wenn dagegen die Teufel die Hölle verlassen, über die ganze Bühne, ja bis unter die Zuschauer ausschwärmen und von überall in ausreichender Zahl Sünder herbeizerren, um die Hölle, die Jesus so gründlich geleert hat, wieder aufzufüllen, gewinnt das Böse sinnfällig die Oberhand. Die Relation zwischen bestimmten Figuren und bestimmten Bühnenabschnitten markiert auf diese Weise unmißverständlich den jeweiligen Stand im Kampf zwischen Gut und Böse.

Der Antagonismus zwischen Gut und Böse wird auch im Kostüm deutlich zum Ausdruck gebracht. Die Vertreter des Guten – Gottvater und die Engel – tragen liturgische Gewänder. In Luzern z.B. soll Gottvater »bekleit kommen in einer Alben und darüber ein kostliche Chor Cappen«, »das gewonlich Diadema« auf dem Haupt tragen und den »Rychs öppfel in der Hand«[12]. Die Engel »söllend vff dz kostlichest als möglich in Engels kleidung vnd Zierd, wyss, mit schönen Haaren, Crütz, bärlin kräntzen vff dem Haupt, bekleidt vnd angethan sin«[13]. Die Teufel dagegen tragen furchteinflößende Phantasiekostüme und Masken. Vom Luzerner Lucifer heißt es: »Sol vor andern Tüfflen allen vff das grüwlichst gerüst und angethan sin, ouch voruss prächtig«. Die übrigen Teufel sollen gekleidet sein »all irres gfallens in grüwlichen doch ansehenlichen kleidungen, doch seltzam vnd vnderschydenlich, keiner nit wie der

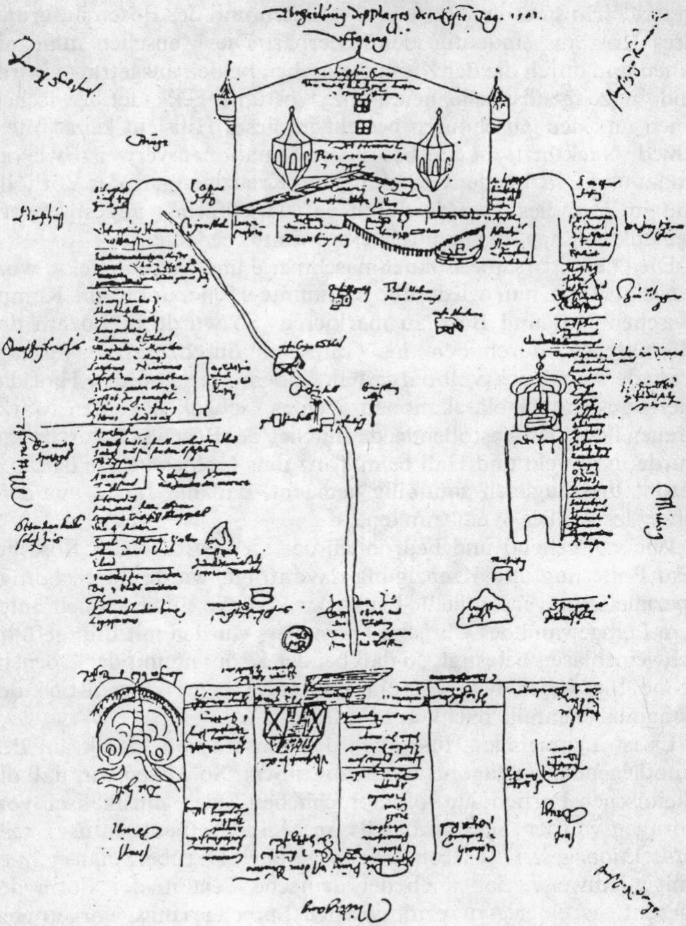

Bühnenplan von Renward Cysat: Erster Tag des Osterspiels von Luzern 1583

aus: M. Blakemore Evans: Das Osterspiel von Luzern. Eine historisch-kritische Einleitung. Übersetzung des englischen Originaltextes von Paul Hagmann, Theaterkultur-Verlag Bern 1961 (= Schweizer Theater-Jahrbuch XXVII der Schweizerischen Gesellschaft für Theaterkultur 1961, hrsg. v. Edmund Stadler), S. 286 (= Abb. 17).

ander«[14]. So sind die Vertreter des Guten und des Bösen aufgrund ihres Kostüms eindeutig identifizierbar. Die Menschen nun, mit denen und durch die der Kampf zwischen beiden ausgetragen wird, sind in zeitgenössische heimische Kostüme gekleidet. Zwischen ihnen und den Zuschauern besteht in dieser Hinsicht kein Unterschied. Nacktheit, die auf besondere Situationen verweist (wie bei Adam und Eva, bei der Geißelung und Kreuzigung, in der Vorhölle und im Paradies), wurde durch ein fleischfarben angestrichenes Leinenkleid, das sogenannte »leibgewant«, bedeutet.

Die eher sparsame Bühnenmaschinerie und Spezialeffekte wurden eingesetzt, um wiederum bestimmte Höhepunkte im Kampf zwischen Gut und Böse zu markieren. So wurde in Luzern der Mannaregen, durch den das Gute sich durchzusetzen vermag, besonders eindrucksvoll dargestellt, indem man von den Hausdächern aus mit Gebläsekanonen leichtes Gebäck über den Markt streuen ließ. Das Abstoßende, das im Sieg des Bösen sich durchsetzt, wurde in Alsfeld und Hall beim Tanz ums Goldene Kalb dadurch betont und zugleich sinnfällig gemacht, daß die Juden aus dem After des Kalbes Wein tranken.

Wie weitgehend und bedrohlich der Sieg ist, den das Böse bei Jesu Folterung und Kreuzigung davonträgt, wurde durch blutige Spezialeffekte verdeutlicht. Unter der Perücke sowie seitlich unter dem Leibgewand des Christus-Darstellers wurden mit Blut gefüllte Schweinsblasen befestigt, so daß bei der Krönung mit der Dornenkrone Blut über Jesu Gesicht rann und beim Lanzenstich des Longinus ebenfalls reichlich Blut floß.

Es ist anzunehmen, daß auch der Einsatz von Musik auf den grundlegenden Antagonismus bezogen war. So wissen wir, daß die lateinischen Partien der volkssprachlichen Spiele musikalisch vorgetragen wurden, und zwar teils im Melodie- (»concentus«), teils im Lektionsgesang (»accentus«) ausgeführt. Darüberhinaus gibt es einige Hinweise, daß auch der deutsche Text in der Form des »accentus«, einer Art rezitativischen Sprechgesangs, vorgetragen wurde. Da dieser Problembereich jedoch noch nicht einmal annähernd geklärt ist, lassen sich zum jetzigen Zeitpunkt auch keine Aussagen darüber machen, ob und wie der Einsatz von Musik im Hinblick auf die Darstellung des grundlegenden Antagonismus funktionalisiert wurde.

Ein besonderes Interesse kommt in unserem Zusammenhang der Frage nach dem Verhältnis zwischen den Spielern und den Zuschauern zu. Da es keine professionellen Darsteller gab und die Zuschauer der einen Aufführung in der nächsten Aufführung als Darsteller auftreten konnten bzw. umgekehrt, bezeichnen die Begriffe Darsteller und Zuschauer im mittelalterlichen Theater lediglich Rollen, die einerseits nur für kurze Zeit – nämlich für die Dauer einer Aufführung – übernommen wurden und andererseits austauschbar waren. Daraus folgte offensichtlich eine bestimmte Haltung, die der Zuschauer während der Aufführung einnehmen sollte. Eine ästhetisch-wertende Haltung wurde ausdrücklich abgelehnt. So ermahnt der Precursor des *Sterzinger Passionsspiels* die Zuschauer:

Darumb seydt petrüebt hewt in got / Und treybt daraus nit schimph noch spot / Als man manigen groben menschen vindt: / Alspald er enphindt, / Das ainer in ainem reim misredt, / So treybt er dar aus sein gespött / Und lacht der figur gar. / Des man nich tuen solt fürwar; / Wan es doch zw eren Jhesu Christ / Gäntzlich an gefangen ist / Und nit aus gespötterey, / Noch in sölicher pueberey, / Als ims offt ainer fürnympt, / Dem es nit wol tzimpt. / Und doch durch got an gefangen ist / Und tzw bedencken das leiden Jhesu Crist, / das durch sölichs spill, / Der es sunst petrachten wil, / Vil mer zw andacht wirt bebegt; / Wan so man es mit wortten redt.

(Darum betrübt euch heute in Gott und treibt damit nicht Scherz und Spott, so wie man es bei manchem ungehobelten Menschen sieht: Sobald er merkt, daß jemand sich in seinem Text verspricht, spottet er darüber und verlacht die Darstellung. Das sollte man aber wirklich nicht tun; denn man hat sie doch ausschließlich zu Ehren Jesu Christi unternommen, nicht zum Gaudium und schon gar nicht zu bübischem Mutwillen, den oft einer treibt, dem das gar nicht ansteht. Vielmehr spielt man um Gottes und des Leidens Jesu Christi willen, damit durch dieses Spiel jeder, er sich auf solche Weise darein versenkt, viel stärker zur Andacht bewegt werde, als wenn man es nur mit Worten erzählte.)[15]

Zuschauer und Spieler waren vielmehr als Gemeinde »im dienst Gotts bsamlett«[16]; entsprechend begann die Aufführung – entweder morgens um 6 Uhr wie in Alsfeld und Luzern oder mittags um 12 Uhr wie in Frankfurt – mit gemeinsamen Gebeten und Gesängen und endete ähnlich mit dem gemeinsamen Schlußgesang »Christ ist erstanden«. Folglich ist auch die Wirkung der Aufführung auf Spieler und Zuschauer dieselbe. Der zweite Engel des *Redentiner Osterspiels* beschreibt sie in seiner Ankündigung des Spiels mit den Worten:

Settet ju nedder unde vrowet ju,
De hyr sint ghesammelt nu!
Vrowet ju an desser tid:
Gy moghen werden van sunden quyt.
Got de wil in desser tyt losen

De dar laten van dem bosen.
De dar huten myt gade upstan,
De scholen vrig van sunden gan.
Up dat ju dat allent sche,
En jewelk hore unde se.

(Setzt euch nieder und freuet euch,
die ihr hier versammelt seid.
Freuet euch in dieser Zeit:
ihr könnt frei von Sünden werden.
Gott will in dieser Zeit die erlösen,
die von dem Bösen ablassen.
Die heute mit Gott aufstehen,
die werden frei von Sünden weggehen.
Damit euch das alles geschehe,
ein jeder höre und sehe!)[17]

Die Aufführung erscheint hier als eine Art Sakrament. Teilnahme übt daher auf alle Beteiligten eine geradezu magische Wirkung aus: Sie erscheint »als ein ›gutes Werk‹, mit dem gleichsam automatisch eine innere Gnadenwirksamkeit verbunden ist«[18]. Auch hier finden wir also jene merkwürdige Verquickung kirchlich sanktionierter Glaubensgehalte mit magischen Vorstellungen und Praktiken der Volkskultur, wie sie im späten 15. und im 16. Jahrhundert häufig anzutreffen war. Diese Zeit war von auffallenden Massenbewegungen geprägt, in denen Kirchen- und Volkskultur eine ähnlich seltsam anmutende Verbindung eingegangen zu sein scheinen. Geißler wanderten durch das Land und vollzogen öffentlich, meist vor großem Publikum, zu ihrer und der Zuschauenden Erlösung ihr Zeremoniell. Volksprediger, die zur Umkehr aufriefen und das nahende Weltende verkündeten, hatten geradezu beängstigenden Zulauf. Häufig konnten sie sich vor dem Andrang der bußfertigen Menge, die ihnen zum Teil auch von Ort zu Ort folgte, kaum retten. In den Städten lief man von Kirche zu Kirche, um der Hostie so oft wie möglich ansichtig zu werden, ja man führte sogar Prozesse um die Plätze, von denen man die beste Sicht auf den Altar hatte. Denn der Anblick der Hostie galt als das wesentliche Heilsmoment, das auf magische Weise Leben, Gesundheit und Heil zu verbürgen vermochte. Das magische Bewußtsein, das sich hier ausdrückte, erwies sich als so stark und tief verwurzelt, daß auch die Beichtväter, wie die Poenitentialen der Zeit belegen, es mit wiederholt verhängten Kirchenstrafen nicht zu verdrängen vermochten.[19]

Während die Kirche beim Geißlerzeremoniell und beim Messmißbrauch als letzten Ausweg ein generelles Verbot verhängte, scheint sie das dort ausgegrenzte magische Bewußtsein im Falle der geistlichen Spiele in den Rahmen der Kirchenkultur zurückzuholen versucht zu haben. Sie hat ihrerseits die Teilnahme an geistlichen Spielen als ein gutes Werk anerkannt und Darstellern wie Zuschauern häufig Ablaß gewährt; für gewöhnlich im Ausmaß einer Quadragene (einer vierzigtägigen Kirchenstrafe bei Wasser und Brot), manchmal allerdings auch bedeutend höher: In Luzern wurden 1556 sieben Jahre und sieben Quadragenen gewährt und in Calw im Jahre 1502 sogar 240 Jahre![20]

Die Bereitschaft der Kirche, im Falle der geistlichen Spiele das in ihnen und an ihnen manifeste magische Bewußtsein der Volkskultur zu tolerieren, das sie beim Geißlerzeremoniell und beim Messmißbrauch ein für allemal zu unterdrücken versuchte, mag in gewisser Weise darauf zurückzuführen sein, daß die Spiele weniger der Kirchenkultur zugehörten als vielmehr integrierender Bestandteil der städtischen Festkultur waren. Das Fest, mit dem die Stadt – gerade auch vor den auswärtigen Gästen – eine glänzende Selbstdarstellung inszenierte, bot für manches einen Freiraum, das im Alltagsleben der Stadt keinen Platz fand und inakzeptabel war, wie die festliche Gerichtsfreiheit nachdrücklich belegt. Das geistliche Theater des Spätmittelalters konnte sich entsprechend als Freiraum für eine vom magischen Bewußtsein geprägte Volksfrömmigkeit entfalten, die von der Kirche in anderen Fällen nicht toleriert und generell unnachsichtig bekämpft wurde.

Dieser Freiraum wurde der städtischen Bevölkerung im Laufe des 16. Jahrhunderts zunehmend streitig gemacht. Bereits 1515 wurde in Frankfurt der Antrag auf Aufführung eines Passionsspiels vom Rat der Stadt abschlägig beschieden. 1522 wurden auch in Nürnberg die Passionsspiele nicht mehr genehmigt. Dabei handelte es sich nicht allein um eine deutsche, sondern um eine europäische Entwicklung. In Canterbury fanden die letzten Spiele bereits im Jahre 1500 statt, in Beverley 1520. 1534 verbot der Bischof von Evora in Portugal sämtliche Aufführungen, »selbst wenn sie die Passion unseres Herrn Jesus Christus, oder seine Auferstehung, oder seine Geburt darstellen [...], weil aus diesen Stücken vieles entsteht, was unpassend ist, und weil sie oft bei jenen Anstoß erregen, die in unserem heiligen katholischen Glauben nicht sehr gefestigt sind, wenn sie Ungereimtheiten und Übertreibungen dieser Stücke zu Gesicht bekommen«[21].

Von der Jahrhundertmitte an häuften sich die Verbote von staatlicher und kirchlicher Seite. 1548 erließ das Parlament von Paris ein Edikt, welches den Passionsbruderschaften jede weitere Aufführung untersagte (1557 wurde ihnen allerdings erlaubt, ihre Tätigkeit wieder aufzunehmen, und diese Erlaubnis wurde 1577 noch einmal wiederholt). 1565 hielt Erzbischof Karl Borromeo von Mailand eine Diozesansynode ab, die als eines ihrer Ergebnisse die Aufführung von geistlichen Spielen kompromißlos verbot, und 1583 untersagte das Konzil von Reims alle Arten von Aufführungen an den Festtagen. 1601 erließ die Regierung der spanischen Niederlande ein Edikt gegen geistliche Spiele, weil sie »viele unnütze Dinge« enthielten, »unehrenhaft und unerträglich, zu nichts dienlich, als alle guten Sitten zu verderben und zu korrumpieren, vor allem die der einfachen und guten Leute, wodurch das gemeine Volk erschreckt oder verführt wird«[22].

Es wird allgemein angenommen, daß in erster Linie die Reformation für das gewaltsame Ende der geistlichen Spiele verantwortlich zu machen sei.[23] Und in der Tat haben in den zum Protestantismus übergetretenen Städten die Spiele wesentlich früher aufgehört als im ausgesprochen katholischen Tirol oder auch in Luzern, wo die letzte Aufführung des Passionsspiels noch 1616 stattfand. Am Ende des 16. bzw. zu Beginn des 17. Jahrhunderts waren aber auch dort wie im übrigen katholischen Europa die geistlichen Spiele nahezu verschwunden.

Es erscheint als eine interessante Hypothese, ihr Ende mit dem »Prozeß der Zivilisation« (Norbert Elias) in Verbindung zu bringen, mit dem Versuch der Eliten, die Volkskultur nachhaltig und endgültig zu unterdrücken, wie er sich in neuen Gesetz- und Strafordnungen des 16. Jahrhunderts[24] oder auch in den epidemieartig einsetzenden Hexenprozessen manifestiert, in denen dem magischen Bewußtsein radikal der Prozeß gemacht wurde. Diesen Zusammenhängen kann in diesem Kontext jedoch nicht weiter nachgegangen werden.[25]

1.1.3 Die Fastnachtspiele

Die Reihe der Winterfeste, die nach Weihnachten mit dem Fest der Unschuldigen Kinder einsetzte, wurde vom Karneval beschlossen. Während die anderen Winterfeste wie das Fest des Knabenbischofs, die Narren- und Eselsfeste jedoch auf bestimmte soziale Schichten bzw. Altersgruppen begrenzt waren – wie etwa auf die kleinen Kleriker und die Chorknaben – und entsprechend einen ausgesprochen antihierarchischen Charakter trugen, wurde der Karneval von allen gesellschaftlichen Gruppen gefeiert; mit einer Umkehrung der Rangordnungen und der Machtverhältnisse hatte er wenig zu tun.

Karneval bedeutet nichts anderes »als die letzten Tage vor der Fastenzeit mit ihren Enthaltsamkeitsgeboten und ihren Zwängen, die letzten Tage der unbeschwerten Freiheit, den Augenblick, da man noch Fleisch essen darf: carne vale. Eine Übergangszeremonie vom Fetten Dienstag zum Aschermittwoch, eine Erhöhung der Lebensfreude und des glücklichen Gedeihens; ein Fest des Überflusses also, an dem die Menschen essen, trinken und genießen, ohne sich noch um die Verbote zu kümmern.«[26]

Karneval wurde mit Festgelagen und Tänzen begangen, mit prächtigen Umzügen, bei denen die verschiedenen Zünfte jeweils ihre eigenen Wagen ausstatteten, und mit Aufführungen von Fastnachtspielen. Den unbestrittenen Höhepunkt stellte das ausgelassene Treiben auf den Straßen während des Umzuges dar. Um wenigstens ein Minimum an Ordnung zu gewährleisten, hatten die Nürnberger Stadtväter daher ein generelles und strenges Maskenverbot für alle Personen erlassen, die nicht unmittelbar im Umzug selbst mitliefen. Denn Maskenträger lassen sich für die von ihnen begangenen Vergehen kaum zur Rechenschaft ziehen. Den Stadtvätern war aber daran gelegen, die durch das Fest legalisierte Freiheit des Karnevals sich nicht bis zu einer ernsthaften Gefährdung der Ordnung ausdehnen zu lassen.

In den Kostümen und der Ikonographie der Umzüge wurden deutliche Anleihen bei anderen Festen gemacht. So entstammten die vielen, die Straße beherrschenden zweigeteilten roten, grünen und gelben Narrenkostüme mit Schellen und Narrenkappe den Narrenfesten, dagegen der Wagen mit dem feuerspeienden Drachen dem Fronleichnamsumzug. Die meisten Anregungen jedoch hatten die höfischen Feste geliefert: Vieles wurde im städtischen Karnevalsumzug gezeigt, das in ähnlicher Form auch bei den höfischen Intermedien zu sehen war.

Einer der berühmtesten Umzüge seiner Zeit war der Nürnberger Schembartlauf. Dieser Karnevalszug gliederte sich im wesentlichen in drei Abteilungen: Vorneweg liefen die Tänzer und Läufer, die allegorische oder auch ganz frei erfundene Kostüme mit schlichten Masken trugen; es folgten die großen, aufwendig gestalteten Masken und den Beschluß machten die Wagen mit imponierenden Bildkompositionen aus Dekorationselementen und lebenden Personen. Sie wurden von Kostümierten oder auch von besonders hergerichteten Pferden gezogen.

Diese Wagen hießen in Nürnberg »Höllen«. Ähnlich wie bei den höfischen Intermedien wurde auf ihnen zum Beispiel ein Jungbrunnen gezeigt, in dem sich einige nackte Personen tummelten (natürlich mit einem »leibgewant« bekleidet), oder auch ein Venusberg, der Zauberberg der Liebe, mit den Rittern Tannhäuser und Eckart, begleitet von einem Bauern und einem Gelehrten, die ebenfalls dem Zauber der Göttin erlegen sind. Der Eingang des Gartens wurde von einem Narren bewacht.

Andererseits wurden Anregungen der zeitgenössischen Literatur aufgenommen. Schon kurze Zeit nach dem ersten Erscheinen von Sebastian Brants Welterfolg *Das Narrenschiff* (Basel 1494) wurde im Nürnberger Schembartlauf ein Narrenschiff mitgeführt, mit rotem Rumpf, einem hohen Mast, einem geräumigen Mastkorb, mit Rahe und Takelwerk und mit der unvermeidlichen Narrenflagge, vom Deck bis zur Mastspitze von Narren bevölkert.

Am Abend des Fetten Dienstag wurden die schönsten Wagen verbrannt. Nach Einbruch der Dunkelheit stürmten Läufer und Tänzer den Drachen und den Jungbrunnen, den Venusberg und das Narrenschiff und setzten sie mit Fackeln in Brand, die vergänglichen Werke des Karnevals fröhlich der Vergänglichkeit übergebend.[27]

So weisen Motive und Ablauf des Karnevalszuges eine gewisse Ambivalenz auf; sie sind zwar zuallererst Ausdruck der Lebensfreude, zeugen jedoch zugleich auch vom Bewußtsein von der Nichtigkeit und Vergänglichkeit des festlichen – und allgemein des irdischen – Treibens. Der Karnevalszug erweist sich so als ein besonders geeignetes Ritual, um den Übergang vom Fetten Dienstag zum Aschermittwoch zu vollziehen.

Während der Umzug die Straßen und Plätze der Stadt beherrschte, fanden die Aufführungen von Fastnachtspielen – bis auf wenige Ausnahmen wie in Lübeck – im allgemeinen in geschlossenen Räumen statt. Am Fastnachtsabend bzw. an den Abenden vor Fastnacht zogen von Handwerksgesellen gebildete Spielrotten, angeführt von einem sogenannten Spielhauptmann, durch die Stadt, um in Wirts- und Bürgerhäusern uneingeladen und unangemeldet ihr kurzes Spiel aufzuführen. Mitten in den häuslichen Fastnachtstrubel platzten die jungen Leute herein, räumten Tische und Stühle beiseite, während ihr Anführer die Anwesenden begrüßte und um Erlaubnis bat, ihr Spiel aufführen zu dürfen. Auf dem freigeräumten Platz fingen die mit Kostümen und Requisiten bereits ausgerüsteten Darsteller ihr Spiel an, dicht von den Zuschauern umstanden. Nach 15 bis 30 Minuten war dann die Aufführung beendet und die Spieler zogen mit einem Dank für das Zuschauen oder einer Aufforderung zum Tanzen und Trinken oder auch einem anzüglichen Scherz weiter ins nächste Haus, während die Zurückgebliebenen häufig in noch gehobenerer Stimmung als vor dem Spiel ihre Fastnachtsfeier fortsetzten.

Über die Entstehung des Fastnachtspiels ist nichts bekannt. Im 15. Jahrhundert war es relativ weit über das gesamte deutsche Sprachgebiet verbreitet. Wir haben Spielnachrichten aus Lübeck, Köln, Nürnberg, Eger, Glogau, Windsheim, Thorn, Zürich, Lausanne und aus Tirol. Für das 16. Jahrhundert liegen bedeutend mehr Spielnachrichten vor, allerdings bleibt ihre Anzahl weit hinter derjenigen der Nachrichten über die geistlichen Spiele zurück.[28] Als Spielzentren, in denen sich eine regelrechte, über Jahrzehnte fortgeführte Tradition ausgebildet hat, gelten Lübeck, Eger, Nürnberg und Tirol. In Eger fanden zwischen 1442 und 1522 25 Aufführungen statt, die Texte sind jedoch verloren. In Lübeck wurde bereits seit 1430 bis mindestens 1537 zur Fastnacht gespielt. Aus der reichen Lübecker Tradition ist lediglich ein Text erhalten, darüberhinaus ist für die Jahre 1430 bis 1515 eine Liste mit 73 Titeln überliefert, die ein lübeckischer Chronist um einen weiteren Titel für das Jahr 1537 bereichert. Aus Tirol sind 23 Texte überliefert, die Vigil Raber zwischen 1510 und 1535 aufgezeichnet hat. Der Hauptteil der Überlieferung stammt aus Nürnberg, dessen Spieltradition 1440 beginnt und bis zum Ende des 16. Jahrhunderts fortgeführt wird. Aus Nürnberg sind weit über 100 Texte überliefert.

Die Nürnberger Fastnachtspiele lassen sich nach ihrer Struktur in drei Typen einteilen, in Reihen- oder Revuespiele, Handlungsspiele und Mischformen aus beidem. In den Reihenspielen, deren Struktur der des Umzugs ähnelt, sind die Vorträge der einzelnen Darsteller nur durch das Thema miteinander verbunden. So erzählen etwa 12 Bauern nacheinander ihr abenteuerlichstes Buhlschaftserlebnis. Ein loser Zusammenhang wird hier zwischen den Einzelvorträgen dadurch hergestellt, daß jeder seinen Vorredner mit seiner Erzählung noch zu übertreffen beansprucht. In den Handlungsspielen dagegen kommt es zu einer dramatischen Interaktion. Alle drei Typen stellen dramatische Kurzformen dar. Die durchschnittliche Länge beträgt etwa 200 Verse. Es gibt aber auch Fastnachtspiele, die nur aus gut 40 Versen bestehen, oder solche, die sich bis zu 800 Versen ausweiten.[29]

Die thematische Spannweite der Fastnachtspiele ist nahezu unbegrenzt. Besonders beliebt sind allerdings Spiele, die um Fressen, Saufen und eine entsprechend ungeheure Ausscheidung kreisen und immer wieder ums Kopulieren. Ihre Sprache kann sich nicht genug tun an skatologischen und sexuellen Metaphern. Es geht – zumindest sprachlich – um die schrankenlose Befriedigung der vitalen Bedürfnisse in ungetrübtem Lebens-, Liebes- und Leibesgenuß. Es nimmt daher kaum wunder, daß die Krämerszene aus dem Osterspiel nahezu unverändert als Arztspiel in die Fastnacht übernommen werden konnte.[30]

Die legalisierte Freiheit des Karnevals[31] wird im Fastnachtspiel darüber hinaus auch zur Verhöhnung von Personen und Personengruppen benutzt. Immer wieder werden zur allgemeinen Belustigung der Städter die dummen tölpelhaften Bauern verspottet. Die Versuche einzelner Fastnachtspieldichter und -spieler, bei dieser Gelegenheit auch persönliche Rechnungen zu begleichen und einzelne Mitbürger zum Gegenstand des allgemeinen Gelächters zu machen, wurden allerdings vom gestrengen Rat der Stadt Nürnberg vereitelt, der die Verhöhnung von Mitbürgern mit Spielverbot und Strafen ahndete. Während in anderen Städten nach der Reformation auch konfessionspolitische Stücke gespielt wurden, welche die kirchliche Hierarchie vom Papst bis hinab zum Mönch oder auch zum Ablaßkrämer bitter verhöhnten, gestattete der Nürnberger Rat auch solche Spiele generell nicht, um mögliche Nachteile für die

Stadt zu vermeiden, die vielfältige politische und geschäftliche Beziehungen unterhielt. Das erste und einzige antipapistische Fastnachtspiel, das im Februar 1522 aufgeführt wurde, zog sofort das Mißfallen des Rates auf sich und wurde nach wenigen Aufführungen verboten.

Vereinzelt wird im Fastnachtspiel auch eine allgemeine gesellschaftliche Kritik im Sinne einer Zeitsatire geübt. So wird im anonymen Stück *Des Entkrist Fastnacht* mit der Symbolfigur des »Froß«, eines nimmersatten Vielfraßes, die unersättliche materielle Begehrlichkeit, allgemeine Bestechlichkeit und Korruptheit von Kaiser, Adel und Klerus an den Pranger gestellt. Das Stück des Nürnberger Büchsenmachers Hans Rosenplüt *Des Turken Vasnachtspil* (1455) knüpft an aktuelle politische Ereignisse an und kritisiert die allgemeine Rechtsunsicherheit sowie die Unfähigkeit von Kirche, Kaiser und Reich, der Türkengefahr erfolgreich zu begegnen.

Die überwiegende Mehrzahl der Nürnberger Fastnachtspiele des 15. Jahrhunderts gehört jedoch der ersten Gruppe von Spielen an, die auf Intensivierung der Lebensfreude aus ist. Wenn wir Heers These akzeptieren, daß der Karneval eine Übergangszeremonie vom Fetten Dienstag zum Aschermittwoch darstellt, können wir diese Spiele ihrer Schwellen- bzw. Transformationsphase zuordnen[32], in der die alltägliche Ordnung mit ihren sittlichen, moralischen und sozialen Normen außer Kraft gesetzt ist und die festliche Freiheit nahezu uneingeschränkt herrscht.

Dieser Phase lassen sich natürlich die wenigen ernsten Spiele, die es in Nürnberg auch gab, nicht zuordnen. Sie propagieren den Vorrang des christlichen vor dem jüdischen Glauben, warnen vor der Heraufkunft des Antichrist und führen Exempel für weises politisches Verhalten vor. Sie rufen die Feiernden zur Besinnung auf und bereiten sie so für die Zeit nach dem Karneval, den Alltag und das Fasten vor. Sie gehören also wohl der Inkorporationsphase zu, deren Aufgabe die Wiedereingliederung der Feiernden – der vom Fest Transformierten – in die soziale Ordnung ist.

Dieser Phase ist auch die überwiegende Mehrzahl der Lübecker Fastnachtspiele zuzurechnen. In Lübeck wurden die Spiele, anders als in Nürnberg und den übrigen Städten, von den Patriziern ausgerichtet. Die Spiele wurden auch nicht in geschlossenen Räumen, sondern im Freien aufgeführt. Dafür wurde eigens eine Bühne aufgeschlagen, »borch« (Burg) genannt. Ob es sich dabei um eine feststehende Bühne handelte oder um eine Wagenbühne, läßt sich nach dem vorliegenden Material nicht klären. Aus den überlieferten Stücktiteln läßt sich schließen, daß die Spiele hauptsächlich der Belehrung dienten und die Tugendlehre propagierten, wie es auch in dem einzigen überlieferten Stück *Henselyns boek von der rechtferdicheyt* der Fall ist. Auf Anordnung ihres Vaters ziehen hier drei Brüder in Begleitung des weisen Hausnarren Henselin in die Welt, um die Gerechtigkeit zu suchen. Als sie sie nirgends finden können, nicht beim Papst und nicht beim Bauern, kehren sie enttäuscht nach Hause zurück, wo der Vater ihnen zur Erkenntnis verhilft, daß man die Gerechtigkeit nicht bei andern, sondern bei sich selbst finden soll. Einzelne Titel lassen darauf schließen, daß es sich bei diesen Spielen um politische Zeitstücke handelte, die auf Ereignisse der Zeitgeschichte Bezug nahmen wie auf den Kampf der Dithmarscher Bauern (1500) oder die Hildesheimer Stiftsfehde (1519–1523). Hier stand allerdings nicht Kritik im Vordergrund; sie übermittelten vielmehr ideale Leitbilder staatsbürgerlichen Verhaltens, indem sie entsprechende Regierungsmaximen und Bürgertugenden propagierten.

Den Ernst sowie ihre Vorliebe für mythologische Stoffe und allegorisches Personal haben die Lübecker Fastnachtspiele mit den sogenannten Moralitäten gemeinsam. Diese Gattung war vor 1430 vor allem in den Niederlanden populär. Die Aufführungen wurden hier von ebenfalls patrizischen Bruderschaften, den Rederijkern, ausgerichtet. Gespielt wurde auf einer festen Bühne, die sich in eine offene Vorbühne und einen, durch eine an die antike *scenae frons* erinnernde Fassade an der Rückfront abgeschlossenen, hinteren Teil gliederte. Da zwischen den Niederlanden und der Stadt Lübeck lebhafte Handelsbeziehungen bestanden, liegt es durchaus nahe, auch kulturelle Wechselbeziehungen anzunehmen. In die Fastnacht übertragen, veränderten die Moralitäten jedoch ihre Funktion: Sie bereiteten hier auf eine angemessene Wahrnehmung der alltäglichen Geschäfte und allgemein auf staatsbürgerliche Pflichterfüllung in der Zeit nach dem Karneval vor. In der Übergangszeremonie des Karnevals gehören sie ganz zweifellos der Inkorporationsphase zu.

Im 16. Jahrhundert wurde die Tradition der ernsten Fastnachtspiele außer in Lübeck auch im Elsaß und in der Schweiz gepflegt. Hier waren es ebenfalls die Patrizier, welche die Spiele ausrichteten. Die Elsässer und Schweizer Spiele gingen allerdings in ihrer Länge weit über die Lübecker hinaus, die durchschnittlich 400 Verse umfaßten; sie konnten sich bis auf 4000 Verse ausweiten. Am Ende dieser Entwicklung wurde in Luzern 1593 ein Fastnachtspiel aufgeführt, das sich gar über 21 Akte hinzog und mehr als 100 Darsteller benötigte. Hier wurde unübersehbar Anschluß an die Großform des geistlichen Theaters gesucht.

Aber auch in Nürnberg veränderten sich im 16. Jahrhundert die Fastnachtspiele. Zwar wurden weiterhin jährlich Stücke als Bestandteil des Fastnachtstreibens aufgeführt, ja es wurden sogar mehr Stücke geschrieben, als überhaupt gespielt werden konnten. Der Schusterpoet Hans Sachs, der wichtigste Nürnberger Fastnachtspieldichter, verfaßte in der Zeit von 1517 bis 1560 allein 85 Spiele. Wie die Nürnberger Spiele des 15. Jahrhunderts waren auch Hans Sachs' Stücke denkbar kurz – sie umfaßten durchschnittlich 340 Verse – und markierten so ihre besondere Funktion im Karneval. Hans Sachs' frühe Stücke setzten die alte Nürnberger Tradition auch insofern fort, als sie für eine Aufführung in Wirts- und Bürgerstuben gedacht waren. In ihrer Tendenz allerdings stellen bereits sie eine Modifizierung dieser Tradition, wenn nicht gar einen Bruch mit ihr dar. An die Stelle des sprachlichen Auslebens der vitalen Bedürfnisse tritt hier ein freundlich-didaktisches Moralisieren. Die Stücke sollen zwar unterhalten, aber dabei durchaus eine erzieherische Funktion erfüllen. Das alte Typenpersonal – wie der dumme Bauer, der pfiffige Bauer, der Narr, der Quacksalber, Frau Venus, die böse Ehefrau, der eifersüchtige, alte Ehemann – ist wohl übernommen, hat jedoch eine bemerkenswerte Veränderung erfahren. So setzt hier die hübsche junge Frau ihrem alten eifersüchtigen Ehemann nicht schamlos Hörner auf, sondern kuriert ihn durch kluges und tugendhaftes Verhalten von seiner Eifersucht (*Der Eifersüchtige*, 1553). Diese Stücke geben in ihrer Heiterkeit vor, Teil der Transformationsphase zu sein, während sie ihrer Tendenz nach doch wohl eher der Inkorporationsphase zuzurechnen sind. Der sehr viel radikalere Schluß liegt nahe, daß sie sich keiner von beiden Phasen wirklich zuordnen lassen. Denn sie zielen weder auf die Intensivierung einer kollektiv empfundenen Lebensfreude noch auf eine vom Kollektiv zu vollziehende Abwendung vom Fest als rituelle Hinwendung zum Alltag mit seinem Ernst, seiner Beschränkung und seinen Pflichten, sondern appellieren an ein je individuelles Gewissen.

Die hier vollzogene Veränderung, die zunächst noch als zeitgemäße Modifikation der alten Tradition erscheinen mag, erweist sich als Bruch, wenn die Aufführungsbedingungen berücksichtigt werden. Hans Sachs schrieb seine Stücke für eine Gruppe von Handwerkern, die offensichtlich viele Jahre zusammengeblieben sind. Anfangs zog diese Gruppe, wie es Brauch war, mit ihrem Spiel von Haus zu Haus. Später suchte sie sich jedoch einen festen Spielort, den sie im Remter des Predigerklosters bzw. in der säkularisierten Marthakirche erhielt. Hier entwickelte sie eine Bühne, die Auftritte und Abgänge erlaubte, den sowohl für die geistlichen als auch für die weltlichen Spiele des Mittelalters typischen Simultancharakter ablegte und als sukzessive Verwandlungsbühne genutzt wurde.

Mit Hans Sachs wird die Herauslösung der Fastnachtspiele aus dem Kontext des städtischen Festes, des Karnevals vollzogen. Seine Stücke wurden von mindestens zwei verschiedenen Truppen gleichzeitig an verschiedenen Plätzen der Stadt und zu verschiedenen Zeiten aufgeführt. Manchmal wurden sogar in anderen Städten Aufführungen veranstaltet. Im März 1585 suchte beispielsweise eine Gruppe Nürnberger Handwerksgesellen beim Rat der Stadt Frankfurt um Erlaubnis nach, während der Ostermesse in einer Bude am Main Stücke von Hans Sachs aufführen zu dürfen, darunter die Fastnachtspiele *Der Ewlenspiegel mit den blinden* und *Das Narrenschneiden* (das Goethe übrigens am Weimarer Hoftheater im Frühjahr 1776 inszenierte). Der Rat gewährte zwar Spielerlaubnis, fügte allerdings die Empfehlung hinzu, künftig besser zu Hause zu bleiben und mit dergleichen Begehren niemandem mehr lästig zu fallen.

Der Rat der Stadt Nürnberg sorgte dafür, daß die von Hans Sachs eingeleitete Entwicklung nicht wieder rückgängig gemacht wurde. Als ein Jahr nach Hans Sachs' Tod der Spielführer Jörg Frölich die alte Tradition wiederzubeleben suchte, schob der Rat dem sofort drastisch einen Riegel vor. Nach zweitägiger Untersuchung verfügte er am 23. Februar 1577: »Dieweil Jorg Frölich lauter uberwisen ist, das seine comedianten die unzuchtigen schamparn reimen zu seinem possenspil offentlich recitirt haben, soll man ine deswegen 8 tag auf ein turn stroffen und das spilhalten heuer gar darnider legen.«[33]

Zwar setzte Jacob Ayrer, der letzte bedeutende Fastnachtspieldichter aus Nürnberg, Hans Sachs' didaktisch-moralisierende Tendenz nicht fort, sondern griff in seinen um 1600 geschriebenen Stücken auf die Themen des 15. Jahrhunderts zurück. Sein eifersüchtiger Ehemann in *Der abhanden gekommene Jann* z.B. wird von seiner jungen hübschen Frau schadenfroh betrogen. Die Sprache der Stücke jedoch hat sich grundlegend geändert. Die sprachlich vollzogene Befriedigung der vitalen Bedürfnisse, in der sich die Lebensfreude der Transformationsphase auslebte, findet sich hier nirgends mehr. Die alte Funktion der Fastnachtspiele ist offensichtlich obsolet geworden.

Das Ende der Fastnachtspiele fällt mit dem Ende der geistlichen Spiele zeitlich ungefähr zusammen. Zu Beginn des 17. Jahrhunderts hat das Theater aufgehört, integrierender und funktionierender Bestandteil städtischer Festkultur zu sein. Im 17. Jahrhundert findet in den Städten Theater zum einen in den Schulen statt, wo es – vereinzelt, wie in Augsburg, Straßburg und Steyr a. d. Enns bereits seit den dreißiger Jahren des 16. Jahrhunderts – von protestantischen Schulmeistern und katholischen Ordensleuten, vor allem von Jesuiten, im Rahmen eines erweiterten Lateinunterrichts betrieben wird. Zum anderen ziehen seit Ende des 16. Jahrhunderts Truppen professioneller englischer Komödianten über den Kontinent, die als kommerzielle Unternehmen geführt werden und in den Städten zu Messezeiten beim Rat der Stadt um Spielerlaubnis nachsuchen. Das Theater hat nun andere Funktionen zu erfüllen.

1.2 Das große Welttheater

1.2.1 Die Idee der Repräsentation

Der Topos vom Theatrum mundi, der bis auf die Antike zurückgeht, erfährt im 17. Jahrhundert eine bis dahin beispiellose Verallgemeinerung. »Theater« und »Welt« erscheinen nun als zwei grundsätzlich aufeinander bezogene Größen, die sich nur durch Hinweis auf diesen ihren wechselseitigen Bezug angemessen charakterisieren und begreifen lassen. Diese Entwicklung manifestiert sich vor allem in zwei bemerkenswerten Vorgängen: in der Theatralisierung des Lebens und in der Ausweitung des Theaters unter universalem Aspekt.

Das Leben an den europäischen Höfen wurde wie eine Theateraufführung inszeniert. Ob es sich um das strenge und bizarre spanische Hofzeremoniell handelte, das am Madrider und am Wiener Hof üblich war, oder um das französische, das vom Lever des Königs an jeden seiner Schritte bestimmte, in allen Fällen wurde das Auftreten bei Hof wie ein theatralischer Auftritt inszeniert. Rang und Bedeutung jeder einzelnen Person bei Hofe wurden durch ihren Platz im Zeremoniell vollkommen repräsentiert.[34]

Diese Theatralisierung des Lebens fand im höfischen Fest ihre letzte Steigerung. Jeder Festraum wurde zur Bühne: Mitglieder des Hofes traten als Schauspieler auf, der König bzw. Kaiser spielte die Rolle des herausragenden Helden – Jupiters, Apollons, der Sonne usw. – und die übrigen Hofleute wurden auch außerhalb des Bühnenraums nicht nach ihrem wirklichen Rang, sondern nach dem ihrer Rolle angesprochen.[35] Wie Richard Alewyn ausgeführt hat, diente das höfische Fest im wesentlichen der theatralischen Selbstdarstellung des Hofes: »Wenn sich bei Gelegenheit einer Hochzeit ein ganzer Hof in den Garten der *Armida* verwandelt, wenn die Begegnung zweier Fürsten behandelt wird als eine Entrevue auf dem Olymp, dann ist das mehr als nur ein Maskenscherz. Es ist nichts weniger als der Ausdruck eines gesellschaftlichen und politischen Anspruches. Im Fest erst erreicht die höfische Gesellschaft ihre gültigste Form. Im Fest stellt sie dar, was sie sein möchte, was sie vielleicht zu sein glaubt, was sie in jedem Fall zu sein scheinen möchte.«[36] Das Fest erscheint so als vollkommene Repräsentation für die politische und gesellschaftliche Bedeutung des Hofes, die ihm aus eigener Sicht zukommt.

Neben die höfische Selbstinszenierung trat in den katholischen Ländern die kirchliche. Die großen christlichen Feiertage wurden ebenso wie die besonders feierlichen Anlässe einer Heiligsprechung oder Reliquienüberführung mit großem Pomp und prächtigen Prozessionen begangen. Hof und Kirche gestalteten jede einzelne Handlung ebenso wie jedes mehrtägige Fest als ein theatralisches Ereignis.

Der Theatralisierung des Lebens entsprach auf der anderen Seite eine ungeheure Ausweitung der Gegenstände, die vom Theater verarbeitet wurden. Alles, was es auf der Welt (verstanden im universalen Sinn) gibt – als »wirkliches« Ereignis oder als Fiktion – konnte zum Material für das Theater werden: »Es gibt [...] nichts, schlechthin nichts auf oder über oder unter der Erde, in Natur oder Geschichte oder Gesellschaft, dem die barocke Bühne sich verschlossen hätte: heidnische Fabel und biblische Geschichte, römische Kaiser und christliche Heilige, der Gott *Apollo* auf dem Parnaß und der Bauerntölpel aus Bergamo, die Prinzessin von Byzanz und der Professor aus Bologna, die Zeder vom Libanon und die Taube des Heiligen Geistes, ja noch die unsichtbaren Regungen der Seele und die unfaßbaren Mysterien des Glaubens – aber auch das Neueste vom Tage: die Pariser Bluthochzeit und die letzten Märtyrer in China.«[37] Kurzum, der ganze Kosmos wurde auf die Bühne gebracht. Das Theater wurde wieder, wie im Mittelalter, Welttheater unter universalem Aspekt.

Wir haben es hier mit einer gesamteuropäischen Entwicklung zu tun. Überall in Europa wurde die »Welt« selbst zum Theater, zur Bühne für höfische und in katholischen Ländern auch kirchliche Selbstinszenierung und andererseits das Theater »zum vollständigen Abbild und zum vollkommenen Sinnbild der Welt«[38]. Calderón hat diese Wechselbeziehung in seinem Fronleichnamspiel *Das große Welttheater* (1645) theologisch begründet und geradezu exemplarisch in Szene gesetzt: Gott, der oberste Spielleiter, will sich selbst ein Schauspiel bereiten; die Welt ist die Bühne, die Menschen sind die Schauspieler und ihre Rollen die unterschiedlichen sozialen »Stände« des Königs, des Weisen, der Schönheit, des Reichen, des

Landmannes und des Bettlers. Das Stück, das gespielt wird, ist das menschliche Leben:

> Der Meister:
> Aus eigner Macht bereiten
> Will ich ein Fest mir, denn zu allen Zeiten,
> Um meine Kraft und Herrlichkeit zu preisen,
> Wird die Natur sich festlich mir erweisen;
> Und da, vor allen Festen,
> An würd'gem Schauspiel sich am allerbesten
> Die Geister kräftigen und heben,
> Und nur ein Spiel ja alles Menschenleben
> So mag auf deinen Auen
> Der Himmel auch ein Schauspiel heute schauen,
> Das, bin ich Herr hier eben,
> Notwendig von den Meinen wird gegeben.
> So hab ich denn aus diesen
> Die Menschen, als die tüchtigsten, erkiesen,
> Die in gemeßnen Weisen
> Auf den vierfach geschiednen Erdenkreisen
> Des Welttheaters wacker spielen sollen;
> Ich selbst verteil die Rollen
> Nach eines jeglichen Natur und Richtung.
> Doch, daß des Festes Dichtung,
> Wie sich's gebühret, auch mit allen Prachten
> Der Szenerie und mit dem Schmuck der Trachten
> Ergötzlich blende,
> So rüste du verschwendrisch und behende
> Die holden Scheine,
> Daß jeder Wirkliches zu schauen meine.
> Und nun ans Werk! Derweil ich dirigiere,
> Sei du die Bühne und der Mensch agiere.
>
> (V. 39–66 in der Übersetzung von Joseph von Eichendorff)

Das Leben wird als Schauspiel bezeichnet, weil es vergänglich ist; die Welt als Bühne, weil sie nur Schein ist. Theater und Welt bzw. menschliches Leben haben also die Attribute Vergänglichkeit und Scheinhaftigkeit gemeinsam. Das Theater ist daher imstande, als perfekte Repräsentation der Welt zu fungieren.

Die Begründung, die Calderón hier implizit für die Fähigkeit des Theaters liefert, die Welt zu repräsentieren, entspricht in wesentlichen Punkten der Definition des Zeichens, wie sie in der *Logique de Port Royal* (1683) gefaßt ist: »Wenn man einen bestimmten Gegenstand nur so betrachtet, als repräsentiere er einen anderen, ist die Idee, die man davon hat, die Idee eines Zeichens und jener erste Gegenstand heißt Zeichen [...]. Das Zeichen schließt zwei Vorstellungen (idées) ein, die eine von dem Ding, das repräsentiert, die andere von dem repräsentierten Ding; seine Natur besteht darin, die zweite durch die erste hervorzurufen.«[39] Das Zeichen hat also eine binäre Organisation: Es besteht aus einem Bezeichnenden und einem Bezeichneten, die nur von einem menschlichen Subjekt aufeinander bezogen werden können. Die Beziehung zwischen beiden Termen ist weder als notwendig noch als arbiträr anzusehen, sondern kann nach Maßgabe der Fähigkeit des Bezeichnenden, das Bezeichnete zu repräsentieren, hergestellt werden. Diese Fähigkeit ist nicht in seinem materialen Sein aufzusuchen, sondern in der von ihm repräsentierten Idee. Denn sie ist es, welche ihrerseits die Idee des Gegenstandes, für welchen das Bezeichnende stehen soll, zu repräsentieren imstande ist. In ganz ähnlicher Weise hat Leibniz das Zeichen definiert: Das vom Zeichen Vorgestellte muß imstande sein, das von dem Bezeichneten Vorgestellte zu repräsentieren. In diesem Akt sind zwei Ideen aufeinander bezogen: die vom Zeichen intendierte und die vom Bezeichneten intendierte.[40] Das Theater erscheint also nicht deshalb als ein Zeichen für die Welt, weil es die Welt abbilden würde, sondern es ist imstande, die Welt zu repräsentieren, weil es die Vorstellung der Vergänglichkeit und der Scheinhaftigkeit repräsentiert, die ihrerseits von der Welt bzw. dem Leben repräsentiert werden.

Die Definition des Zeichens als Repräsentation im oben aufgeführten Sinne stellte, wie Foucault überzeugend nachgewiesen hat[41], für das gesamte 17. Jahrhundert das Fundament dar, auf dem es in den verschiedenen kulturellen Systemen seine Ordnungen gebildet hat. Wir werden daher bei der Untersuchung des Barocktheaters von der Idee der Repräsentation ausgehen und entsprechend eine *ideengeschichtliche Methode* wählen.

1.2.2 Das barocke System theatralischer Repräsentationen

Das Theater repräsentiert zwar als Ganzes die Welt, es ist dazu aber nur fähig, weil seine einzelnen Elemente ihrerseits imstande sind, einzelne Komponenten bzw. Elemente der Welt zu repräsentieren. Calderóns oberster Spielleiter weist bereits darauf hin, daß es aus Bühne (Welt), Schauspielern (Menschen) und Rollen (sozialen Ständen) besteht, die zueinander in eine Beziehung treten müssen; und die »Welt« spezifiziert weiter, daß es Dekorationen und die Möglichkeit ihrer Verwandlung geben müsse (Natur und Geschichte), Licht- und Feuereffekte (Katastrophen), Auf- und Abtrittsmöglichkeiten (Geburt und Tod), Requisiten (Lorbeerkränze für den König, Waffen für den Hauptmann, Bücher für den Minister usw.) und Kostüme (Purpur für den König, Schmuck für die Schönheit). Und nicht zuletzt hängt das Gelingen von der Kunst der Schauspieler ab, ihre Rollen gut zu spielen:

> Wisse, diese Bühne ziert
> Minder nicht, wer ohne Fehle,
> Schlicht und recht aus voller Seele
> Mit dem Bettelstab agiert,
> Als wer Kron' und Szepter führt;
> Und wenn einst der Vorhang fällt,
> Werden beide gleichgestellt.
> (V. 409–415)

Diese verschiedenen Arten von Repräsentationen (Bühnenraum, Dekoration, Lichteffekte, Requisiten, Kostüme, Bewegung des Schauspielers, Mimik, Gestik, Deklamation und Musik) werden nun in der Aufführung miteinander kombiniert, so daß sie eine bestimmte Ordnung bilden, die in spezifischer Weise die Welt repräsentiert und so Erkenntnis über die Welt ermöglicht.

Die Kombination der Repräsentationen muß, wie Leibniz ausführt, nach bestimmten Regeln vollzogen werden:

Die Ars characteristica ist die Kunst, die Symbole so zu bilden und zu ordnen, daß sie die Gedanken abspiegeln oder daß sie diesselbe Beziehung zueinander haben wie die Gedanken. Der Ausdruck (expressio) eines Dinges ist die Zusammenfügung der Symbole, die den Gegenstand, der ausgedrückt wird, darstellen. Das Gesetz für das Ausdrücken ist dieses. Aus den Symbolen derjenigen Dinge, aus deren Ideen die Idee des auszudrückenden Gegenstandes besteht, muß der Ausdruck für diesen Gegenstand zusammengesetzt werden.[42]

Indem der Mensch auf diese Weise die Repräsentationen miteinander kombiniert, gelingt es ihm, die Ordnung der Welt zu erkennen und darzustellen. Denn da »allein Gott [...] Ideen der zusammengesetzten Dinge zu haben«[43] vermag, kann der Mensch zu ihrer Erkenntnis nur vordringen, wenn er die Phänomene mit Hilfe von Zeichen in ihre kleinsten Elemente zerlegt und diese Zeichen dann miteinander kombiniert. Diese Zeichenkombination kann als vollkommene Repräsentation der Idee des betreffenden Gegenstandes begriffen werden.

Der Mensch muß zwar von der Voraussetzung ausgehen, daß seine Sinne ihn täuschen können, daß sich an der wahren Existenz der wahrgenommenen Phänomene zweifeln läßt. Wahre Erkenntnis der Welt ist ihm jedoch durchaus möglich, wenn er zweckmäßige Zeichen erfindet und sie in der vorgeschriebenen Weise miteinander kombiniert. Die *inventio* ((Er-)findung) von Zeichen wird damit zur wesentlichen Bedingung der Möglichkeit von Erkenntnis erhoben. Da das Theater im 17. Jahrhundert Zeichen (er-)fand, welche die intendierten Weltkomponenten nach Meinung der Zeitgenossen angemessen und vollkommen zu repräsentieren in der Lage waren, konnte das Theater als perfekte Repräsentation der Welt zum privilegierten Organon ihrer Erkenntnis avancieren.

Nachfolgend wollen wir untersuchen, welche Weltkomponenten die verschiedenen theatralischen Zeichen auf welche Weise repräsentierten.[44]

Im Laufe des 17. Jahrhunderts entstanden überall im deutschsprachigen Raum – wie generell in Europa – neue Theater, die entweder in bereits bestehenden Ballhäusern (wie in Innsbruck, Hannover, Schleswig, Gotha, Bern, Wien), Fechthäusern (wie in Ulm und München) o.ä. eingerichtet wurden oder aber völlig neu gebaut wie das Ottonium in Kassel (1603–06), die Opernhäuser in Dresden (1664–67), Wien (1666–68), Hamburg (1677–78), Hannover (1687–89), Wolfenbüttel (1688) und Leipzig (1693) oder das Kleine Komödienhaus in Dresden (1697). Die *Raumkonzeption* dieser Theater war – ebenso wie ihre Ausstattung – in Italien entwickelt. Den beiden ersten dauerhaften Theaterbauten in Vicenza (Teatro Olimpico von Palladio 1580–84) und Parma (Teatro Farnese von Aleotti 1618) folgten bald ungezählte weitere in ganz Europa.

Die Theater waren als Rang- und Logentheater konzipiert. Der Platz des Fürsten befand sich zunächst – wie auch später noch bei besonderen Festveranstaltungen oder in kleinen Theatern – vorne im Parkett, wurde später jedoch an die Rückwand des ersten Logenranges verlegt und besonders prunkvoll als deutliches Gegenstück zur Bühne gestaltet. Die Raumkonzeption repräsentierte insofern eine hierarchisch gegliederte Gesellschaft: Der Platz eines Zuschauers ließ einen weitgehend zutreffenden Schluß über seine Stellung innerhalb der höfischen Hierarchie zu.

Der besonders markierte Platz des Fürsten repräsentierte jedoch nicht nur seine herausgehobene gesellschaftliche Stellung. Da die Bühne mit Kulissen ausgestattet war, die in vollkommener Symmetrie mit perspektivischer Verkürzung eine Landschaft oder eine Architektur darstellten, läßt sich prinzipiell nur ein Punkt im Theater denken, auf den die Bühnenperspektive hin ausgerichtet ist. Dieser »ideale Augpunkt« lag beim Platz des Fürsten. Der Fürst repräsentiert, indem er diesen Platz einnimmt, den idealen Zuschauer, nämlich Gott, der allein fähig ist, den Bühnenraum (die Welt) in der richtigen Perspektive wahrzunehmen. Das Spiel, das die Schauspieler vor dem idealen Zuschauer, dem absolutistischen Fürsten, aufführen, repräsentiert daher das Spiel, das die Menschen mit ihrem Leben vor Gott in Szene setzen. Die Raumkonzeption des barocken Theaters bildet insofern die gesellschaftliche und die göttliche Ordnung ab.

Der *Bühnenraum* war durch einen festen Bühnenrahmen mit Portal vom Zuschauerraum abgegrenzt. Dieser Rahmen war meist reich verziert und mit allegorischen oder mythologischen Figuren und Emblemen besetzt; er markierte deutlich die Grenze zwischen beiden Bereichen, ließ die Bühne zur Guckkastenbühne werden und wies sie als »Bild-« bzw. als »Bedeutungsraum« aus. Dem Zuschauer wurde so eine gewisse ästhetische Distanz auferlegt, wie er sie für den beständig herzustellenden Vergleich zwischen Bühne und Welt benötigte.

Dieser »Bedeutungsraum« gliederte sich in Bühnenboden, Raum über dem Bühnenboden und Raum unter dem Bühnenboden. Er repräsentierte die Gliederung der Welt in Erde, Himmel und Hölle und fungierte so als Sinnbild der Welt unter universalem Aspekt. Mit Hilfe einer nicht unkomplizierten Bühnentechnik, die bereits virtuos über Flug- und Schwebemaschinen, Hebevorrichtungen und Versenkungen verfügte, konnten die in dieser Aufgliederung des

Raumes angelegten und prinzipiell gegebenen Bedeutungsmöglichkeiten auf vielfältige Weise aktualisiert werden.

Die typische Form der *Dekoration* stellte die Kulissenbühne dar. Zwar wurde auch nach Erfindung der Kulisse (durch Aleotti 1618) noch weiterhin das altbewährte Telari- oder Periaktensystem der italienischen Renaissance verwendet, wie es auch Joseph Furttenbach (1591–1667) mit viel Erfolg noch in den vierziger Jahren in Ulm praktizierte. Aber die neue Art der Dekoration breitete sich schnell aus und hatte sich in der Mitte des 17. Jahrhunderts – nicht zuletzt durch die Tätigkeit der überall in Deutschland arbeitenden italienischen Bühnenarchitekten wie Francesco Santurini oder der Brüder Gasparo und Domenico Mauro in München, Giovanni Burnacini und seines Sohn Ludovico Ottavio in Wien – bereits allgemein durchgesetzt.

Die Kulissen bestanden aus mit Leinwand bespannten Holzrahmen, die in Schlitzen des Bühnenbodens leicht vor und zurückgefahren werden konnten. Sie waren in Paaren zu beiden Seiten der Bühne – anfangs parallel zur Bühnenrampe, später schräg – angeordnet und auf dem allgemein in einem Steigungsverhältnis von 1:10 nach hinten ansteigenden Bühnenboden in einer sich gesetzmäßig im Abstand verringernden Staffelung hintereinander aufgestellt. Je nach Bühnentiefe konnten vier bis zehn Kulissenpaare zur Anwendung kommen, die gebräuchlichste Anzahl belief sich auf sechs bis acht. Zum Bühnenhintergrund hin wurde die Reihe der Kulissen von einem bemalten Prospekt abgeschlossen. Kulissen und Prospekt waren so bemalt, daß der Hauptperspektivpunkt in der Mitte des Bildes konzipiert war und das Auge des Betrachters in die Unendlichkeit zu führen schien. Mit ausschließlich malerischen Mitteln wurde so eine Raumtiefe ungewöhnlichen Ausmaßes vorgetäuscht.

Wie Richard Alewyn ausgeführt hat, ist daher die Kulisse in hervorragender Weise imstande, die Scheinhaftigkeit der von den Sinnen wahrnehmbaren Welt zu repräsentieren.[45] Denn wo der Zuschauer eine herrliche Palastarchitektur zu erblicken meint, befindet sich nichts als ein Holzrahmen mit einer bemalten Leinwand. Wo sich ihm der Blick auf Plätze und Straßen, Alleen und Gärten zu öffnen scheint, die ins Unendliche verlaufen, läßt er sich von der Kunst der Perspektivmalerei täuschen. Die Illusion des Raumes, den der Zuschauer mit den Sinnen deutlich sichtbar wahrzunehmen glaubt, entsteht als Resultat einer raffinierten optischen Täuschung. Die sichtbare Welt, wie die Dekoration sie präsentiert, entspricht folglich in ihrer Qualität Punkt für Punkt der Vorstellung, welche das Barockzeitalter über die sichtbare Welt entwickelt hatte: Täuschung, Illusion, trompe-l'œil zu sein.

Während der Mensch sich im Leben allerdings von der sichtbaren Welt immer wieder täuschen läßt, konfrontiert ihn die Kulissendekoration als ihre Repräsentation mit ihrem Scheincharakter; sie bringt den Zuschauer so zu der Erkenntnis, daß die irdische Welt auch nur eine Illusion darstellt, von der er sich in Zukunft nicht mehr täuschen lassen wird.

Der Vorteil des Kulissensystems gegenüber den Periakten und Telari bestand vor allem in der von ihm eröffneten Möglichkeit einer blitzschnellen Verwandlung des Bühnenbildes, möglichst auf offener Bühne. Zum festen Bestand derartiger Verwandlungen gehörten u.a. der Einsturz eines Palastes oder eines ganzen Gebirges, Vulkanausbrüche und Feuersbrünste, Stürme und Überschwemmungen – kurz, Verwüstungen und Katastrophen jeder Art. Mit seinen Verwandlungen konnte das Bühnenbild so als vollkommene Repräsentation einerseits des Fortunawechsels, andererseits der Vergänglichkeit alles Irdischen fungieren.

Die Vielfalt der mit Hilfe der Kulissen vorgetäuschten Räume läßt sich auf eine begrenzte Anzahl von Typen zurückführen wie die Himmelsdekoration, die militärische Dekoration, ländliche Dekorationen, Meeresdekorationen, königliche, bürgerliche und historische Dekorationen, poetische, magische und sakrale Dekorationen.[46] Die Typen von Dekorationen sind auf die Typen von Handlungsmustern bezogen, die von Oper, Trauerspiel und Komödie aktualisiert werden. So brauchte man die Himmelsdekoration in der Oper für die Begegnung von Göttern im Olymp oder im Trauerspiel für die Auseinandersetzung zwischen den Allegorien Gewissen und Hochmut. Für die stereotypen Situationen wie Gefangenschaft im Palast eines fremden Fürsten, Ausübung von Macht als Regieren und Diplomatie brauchte man unterschiedliche Räume der königlichen Dekoration – wie Zimmer der Königin, Audienzsaal, Lustgarten –, für die Situationen Kriegszug und Umgang mit Gefangenen Räume der militärischen Dekoration – wie Zelt des Augustus oder Zelt des Massinissa –, für die Siegesfeiern in der Oper und der heidnischen Sieger in den Trauerspielen sakrale Dekorationen wie Tempel des Sonnengottes, Opferaltar usw.[47]

Die Dekoration sollte nicht einen spezifischen Raum individuell gestalten, sondern einen Typus von Räumlichkeit realisieren, den der Zuschauer eindeutig zu identifizieren und auf ein bestimmtes Handlungsmuster zu beziehen vermochte. Sie fungierte insofern als ein Zeichen, das einen Typ von Handlung angemessen repräsentiert.

Da die Aufführungen im Laufe des 17. Jahrhunderts zunehmend vom Tag in den Abend bzw. die Nacht verlegt wurden, bedurfte es einer künstlichen *Beleuchtung*, um sowohl die Bühne als auch den Zuschauerraum ausreichend zu erhellen. Die zu diesem Zweck entwickelte einfache Technik – mit Öllampen, Kerzen und Fakkeln – wurde allerdings in kurzer Zeit soweit perfektioniert, daß sie als System theatralischer Repräsentationen eingesetzt werden konnte.

Mit Hilfe relativ einfacher Vorrichtungen – wie Metallscheiben, mit Wasser gefüllten Glaskugeln, Spiegeln oder der Laterna magica – konnten verblüffende Lichteffekte hervorgebracht werden, die sich im wesentlichen zwei Arten zuordnen lassen: den krassen grellen Feuereffekten und den eher sanften milden Lichteffekten. Die Feuereffekte wie Vulkanausbrüche, Feuersbrünste, rasende Kometen, einschlagende Blitze, die Flammen speiende Hölle o.ä. waren auf den Bereich des Bösen, des Satanischen bezogen und bedeuteten nahendes Unheil oder Katastrophen. Die sanften Lichteffekte dagegen wie die Heiligenscheine, die aufleuchtenden Wolken, in denen Heilige oder Engel zur Erde niederstiegen, und vor allem die Schlußapotheosen, in denen die Insignien des Reiches, der Namenszug des Herrschers, die Hostie oder das Kreuz in strahlendem Glanz erschienen, verwiesen auf den Bereich des Göttlichen und repräsentierten seine Manifestationen in der Welt. Die Lichteffekte – unterstützt einerseits durch Lauteffekte, andererseits durch Musik – erwiesen sich so als besonders geeignet, den Kampf transzendenter Mächte um das Seelenheil des einzelnen und das Schicksal der Welt zu bedeuten. Die Schlußapotheose, welche die Bühnenwelt in strahlendes Licht tauchte, kann daher auch nicht nur als Repräsentation von Ruhm und Größe des Herrschers oder der göttlichen Gnade begriffen werden, sondern als auf das Ende der Zeit vorausdeutende Allegorie der Auferstehung und des ewigen Lebens.

In dem solcherart mit Bedeutung aufgeladenen und beladenen Raum agierte der *Schauspieler* als Repräsentation des Menschen. Über seine jeweilige Rolle informierten den Zuschauer unmißverständlich sein *Kostüm* und seine *Requisiten*. Die Kostüme zeichneten sich durch eine ungeheure Vielfalt an Farben, Formen und Materialien aus; die Bühnen wetteiferten darin, sich in Eleganz, Exquisitheit und Kostbarkeit ihres Kostümfundus gegenseitig zu überbieten. Die Bühnenbildner setzten ihren Ehrgeiz darein, in jeder Inszenierung nicht nur neue, prunkvolle, in dieser Form noch nie gesehene Dekorationen, sondern auch eben solche Kostüme zur Schau zu stellen. Aber ähnlich wie bei den Dekorationen läßt sich diese Vielfalt der Kostüme prinzipiell auf ein begrenztes Repertoire an Kostümtypen zurückführen, die lediglich jeweils auf die unterschiedlichste und phantasievollste Weise neu realisiert wurden. So wie die Dekorationstypen auf Typen von Handlungsmustern bezogen sind, verweisen die Kostümtypen auf bestimmte Figurentypen wie den Helden, den Tyrannen, den Aufschneider, den Narren. Während in den Komödien die Kostüme sich an der zeitgenössischen Kleidung und Kleiderordnung orientierten – natürlich unter Übertreibung charakteristischer Elemente wie beim Aufschneider –, war für die Oper und das Trauerspiel ein stilisiertes Kostüm vorgesehen. Die beiden beliebtesten und häufigsten Kostümtypen stellten hier das »römische« und das »türkische« Kostüm dar, die selbst im Fundus der kleinsten Wanderbühne nicht fehlen durften.

Das römische Kostüm, das als »das erhabenste von allen«[48] galt, repräsentierte das Heroische, ein starkes, vom Willen beherrschtes Ich. Es bestand im wesentlichen aus einem Brustpanzer mit kurzem Umhang, einem kurzen, bis zu den Knien reichenden Rock und einem Helm, der reich mit Federbüschen geschmückt war.

Das türkische Kostüm dagegen bestand aus einem langen, reich mit Goldborte verzierten Ärmelrock, einem kostbaren Mantel und einem entsprechenden, von einem Federbusch gekrönten Turban. Da das affektverfallene Ich des Tyrannen häufig von einem orientalischen Herrscher dargestellt wurde, galt das türkische Kostüm als Repräsentation des Tyrannen.

Zur Kennzeichnung männlicher Figuren fand das zeitgenössische Kostüm nur in hochstilisierter Form – beispielsweise in einer Mischung mit dem römischen Kostüm oder als Hirtenkostüm – Verwendung. Die Darsteller weiblicher Rollenfiguren dagegen waren auch in Oper und Tragödie in die zeitgenössische höfische Tracht gekleidet. Nähere Kennzeichnung erfolgte durch die Requisiten. So hielt Jupiter stets einen Blitz in der Hand, Neptun einen Dreizack, Cupido Bogen und Pfeile; Ceres trug Ähren, Pomona Früchte, die Flüsse Wasserkrüge usw. Das mythologische Personal ebenso wie die wesentlichen Handlungsträger der Tragödie: Märtyrer, Tyrann und Intrigant waren vom Publikum zweifelsfrei zu identifizieren. Das gleiche galt für die Allegorien, für deren Darstellung es ganze Kataloge gab. P. Jacob Masen hat sie in seinem *Spiegel der Bilder* gesammelt und zusammengestellt. Die Ewigkeit beispielsweise erkannte jeder an ihrem dunkelblauen mit Sternen besetzten Kleid und der in der Hand gehaltenen Kugel, den Herbst dagegen an der Tracht des Winzers, dem Kranz aus Weinlaub und Trauben, dem Füllhorn usw. Das Kostüm repräsentierte jeweils den Aspekt der Rollenfiguren, den der Zuschauer einwandfrei identifizieren mußte, um der Handlung angemessen zu folgen und sie richtig interpretieren zu können.

Die Figuren fungierten also ihrerseits als Zeichen mit festgelegten Bedeutungen. Wenn sie eine *Bewegung durch den Raum* oder untereinander vollzogen, entstand eine spezifische Kombination von Zeichen, die ihrerseits eine Ordnung bildete. Diese Ordnung konnte die gesellschaftlich-höfische Rangordnung der Figuren bedeuten, die vom Halbkreis repräsentiert wurde, in dem die ranghöchste Person die Mittelstellung einnahm und die übrigen Figuren sich so plazierten, daß die ranghöhere jeweils rechts zu stehen kam. Sie konnte jedoch bedeutend kompliziertere Ordnungen repräsentieren, wie dies vor allem im Ballett der Fall war, das häufiger von Mitgliedern des Hofes, den Fürsten eingeschlossen, als von Berufstänzern getanzt wurde. Da den einzelnen, von mehreren Tänzern gleichzeitig ausgeführten Tanzfiguren ihrerseits feste Bedeutungen zukamen wie Huldigung und Dank, Werbung und Weigerung, Trotz und Gewährung, fanden sich in ihnen die Beziehungen abgebildet, in denen die von den Zeichen repräsentierten Vorstellungen zueinander standen. Waren die Figuren – wie in der Oper – mythologische Gestalten, welche Angehörige der europäischen Herrscherhäuser oder des Hofes bedeuten sollten, stellten die von ihnen im Tanz gebildeten Relationen mögliche oder tatsächliche, gewünschte oder verwirklichte, postulierte oder hyperbolisch behauptete politische Beziehungen dar. Waren sie dagegen – wie in den Reyhen der Trauerspiele – allegorische Figuren wie Krieg, Tod, Pestilenz, die Leidenschaften oder die Tugenden, bildete ihre Konstellation eine abstrakte Konfiguration ab, in der eine höhere moralisch-religiöse Ordnung repräsentiert war.

Die Figuren des Barocktheaters werden immer wieder von Affekten befallen, ja geradezu geschüttelt; von den zornmütigen

Affekten Hoffnung und Verzweiflung, Kühnheit und Furcht sowie von den begehrenden Affekten Liebe, Sehnsucht und Freude oder Haß, Abscheu und Schmerz. Um Handlung und Verhalten einer Person beurteilen zu können, muß der Zuschauer erkennen, von welchen Affekten sie ergriffen wird und wie sie sich zu diesen Affekten verhält. Das Barocktheater hat in *Deklamation*, *Mimik*, *Gestik* und *Musik* ein System theatralischer Zeichen ausgebildet, das zur Repräsentation der Affekte hervorragend geeignet ist.[49]

Besondere Bedeutung kommt der Gestik zu, die auch über eine größere Entfernung noch gut zu erkennen ist. Jeder Affekt ist auf eine Geste bzw. einen Set von Gesten bezogen, als deren Bedeutung er verstanden wird. Es läßt sich entsprechend eine Liste anlegen, auf der die unterschiedlichen Affekte als Bezeichnete bestimmten gestischen Zeichen als ihren möglichen Bezeichnenden paarweise zugeordnet sind, wie es P. Franciscus Lang in seiner *Dissertatio de actione scenica* unternommen hat:

> 1. Wir bewundern, indem beide Hände erhoben werden und sich dem oberen Teil der Brust etwas nähern, wobei die Handflächen den Zuschauern zugekehrt werden.
>
> 2. Wir verschmähen mit nach links gewandtem Gesicht und stoßen die ausgestreckten und mäßig erhobenen Hände, welche die widrige Sache zurückweisen, zur anderen Seite hin. Dasselbe tun wir mit der rechten Hand allein, die leicht zum Handgelenk eingebogen ist und gleichsam ängstlich durch eine wiederholte Abwehrbewegung verscheucht, was wir verabscheuen.
>
> 3. Wir flehen, indem beide Hände mit einander zugekehrten Handflächen entweder erhoben oder gesenkt oder ineinander verschränkt werden.
>
> 4. Wir leiden und trauern, indem die Hände kammweise ineinander geflochten und entweder zur oberen Brust oder zum Gürtel gesenkt werden. Dasselbe bekunden wir mit der mäßig ausgestreckten und zur Brust gelenkten Rechten. [...][50]

Mimik und Deklamation unterstützen die gestische Repräsentation. So wird der Affekt der Trauer beispielsweise zusätzlich durch ein »leidendes Gesicht«[51] dargestellt und durch eine Fülle paralinguistischer Zeichen:

> In diesem Affekt [...] mögen die Worte unvollständig ausgesprochen werden, unterbrochen von Augenblicken des Verstummens, abgehackt, stoßweise, durch längeres Atemholen gedehnt, was die Zeichen des wahren Schmerzes sind. Herzensgram ist kundzutun, indem man von Zeit zu Zeit verstummt, nur stöhnt oder mit einem kurzen Schrei aufseufzt. Durch all dies wird die Stärke der Niedergeschlagenheit deutlich angezeigt und den Zuschauern wirksam eingeprägt.[52]

In der Oper werden die Affekte darüberhinaus besonders eindringlich von der Musik repräsentiert. So wird beispielsweise der Affekt der Trauer und des Schmerzes nach Athanasius Kirchers 1650 in Rom erschienener *Musurgia universalis* durch »rauhe/harte syncopirte [...] intervalla«[53] dargestellt, weil diese Intervallspezies angeblich den Bewegungen der Seele im Zustand des Schmerzes entspricht. Zur Darstellung des Affektes können daher als harmonische Mittel Querstände, Dissonanzen, Sextakkord, die als Affektfigur verwendete Diskantklausel und Ellipsen eingesetzt werden, als melodische harte und scharfe Intervalle, als rhythmische Synkopen und als bewegungsmäßige ein langsames Bewegungsmaß sowie melopoetische Figuren wie Gradationes und Emphasis-Formen. Das Zusammenwirken dieser Mittel vergegenwärtigt einen musikalischen Vorgang, der als angemessene und vollkommene Repräsentation des Affektes der Trauer bzw. des Schmerzes hervorgebracht und begriffen wird. Die dreiteilige neapolitanische Dacapo-Arie scheint nur zu dem Zweck erfunden worden zu sein, um über eine musikalische Form zu verfügen, die imstande ist, jeweils einen Affekt umfassend und angemessen zu repräsentieren.

Die Abschnitte über die Repräsentation der Affekte durch Schauspielkunst und Musik bei den zitierten Theoretikern Lang und Kircher weisen nachdrücklich darauf hin, daß vollkommene Repräsentationen keineswegs vordringlich zum Zweck der Erkenntnis (des repräsentierten Gegenstandes) intendiert wurden, sondern um im Zuschauer eine starke emotionale Wirkung hervorzurufen, um ihn zu erschüttern.[54] Die Erkenntnisfunktion ist hier deutlich der Wirkungsfunktion untergeordnet. Die Repräsentationen müssen deshalb so vollkommen wie möglich sein, weil sie nur dann imstande sind, die erstrebten emotionalen Wirkungen auszulösen. So wird im katholischen Ordens- und im protestantischen Schultheater ausdrücklich gefordert, daß die Repräsentation von Affekten im Zuschauer stärkste Affekte erregen und so die Zuschauer in »viri perculsi«[55] verwandeln soll. Der Zweck des »movere« besteht hier vor allem darin, auf dem Wege der tiefsten Erschütterung eine religiöse Ein- und Umkehr zu erreichen.

Die theatralischen Repräsentationen wurden im 17. Jahrhundert im Kontext einer Wirkungsästhetik geschaffen und zur Schau gestellt. Sie müssen folglich nicht nur unter dem Gesichtspunkt untersucht werden, welche Weltkomponenten sie auf welche Weise repräsentieren. In den Vordergrund tritt vielmehr die Frage nach den ihnen vor- bzw. übergeordneten Zielen und Zwecken, für deren Durchsetzung sie geschaffen wurden. Diese Ziele wurden dem Theater jedoch von seinen Trägern vorgegeben: von den Höfen, von den katholischen Orden, von den protestantischen Gymnasien und von den Wanderbühnen.

1.2.3 Die Funktion des Theaters in höfischer und kirchlicher Repräsentation

Die höfischen Feste des 17. Jahrhunderts dienten weniger dem Streben nach äußerer Pracht und Befriedigung persönlicher Eitelkeit oder Großmannssucht der Fürsten, wie es seit dem 18. Jahrhundert immer wieder kritische Stimmen boshaft behaupten, noch auch der Flucht vor der Langeweile und dem *horror vacui*, wie Pascal sie als Zeitgenosse interpretiert hat. Sie sind vielmehr auf die politische Funktion und Bedeutung bezogen, die den Höfen im absolutistischen Herrschaftssystem zugedacht war.[56] Sie repräsentierten auf nahezu ideale Weise das Gottesgnadentum des absolutistischen Fürsten sowie den politischen Anspruch seines Hofes als Machtzentrum gegenüber dem eigenen Adel sowie auch gegenüber fremden Höfen. Es kann daher kaum wundernehmen, daß Theateraufführungen und ganz besonders Aufführungen von Balletten und Opern einen festen und integrierenden Bestandteil dieser Feste ausmachten. Denn wie wir gesehen haben, sind gerade Oper und Ballett mit ihrem mythologischen, auf Mitglieder des Hofes bzw. europäischer Herrscherhäuser zu beziehenden Personal und ihren variablen, aktuellen Ereignissen beliebig anzupassenden Fabeln für die Repräsentation eines politischen Anspruchs in hervorragender Weise geeignet.

Wie barocker Theaterbau und Kulissenbühne stammte auch die Oper aus Italien. Sie war aus Bemühungen der Florentiner Camerata entstanden, die antike Tragödie zu neuem Leben zu erwecken. Als erstes wichtiges Werk wurde 1594 das dramma per musica *Dafne* von Peri (Musik) und Rinuccini (Text) geschaffen. Allerdings enthielt erst Monteverdis im Februar 1607 in Mantua aufgeführte

Oper *Orfeo* alle jene Merkmale, die für die Barockoper, wie sie sich im Laufe des 17. Jahrhunderts entwickelte, charakteristisch waren.

Ähnlich wie später die Kulissenbühne verbreitete sich die Oper gleich nach ihrer Entstehung mit ungeheurer Geschwindigkeit in ganz Europa und avancierte binnen kürzester Frist zur beliebtesten theatralischen Gattung. Obwohl in Frankreich, Deutschland und England bald auch einheimische Komponisten auftraten und sich zum Teil durchaus einen beträchtlichen Einfluß zu sichern wußten (wie Lully, Rameau, Schütz, Keiser, Händel, Purcell), blieb die Vorherrschaft der italienischen Oper – wie die Vorherrschaft der italienischen Bühnenausstatter – im 17. Jahrhundert praktisch ungebrochen. In Deutschland wurden italienische Opern zum ersten Mal 1618 in Salzburg am fürsterzbischöflichen Hof von Max Sittich von Hohenheim aufgeführt.

Am Wiener Kaiserhof richtete Kaiserin Eleonore 1625 zum Geburtstag Ferdinands II. die erste Opernaufführung aus. Von nun an wurden alle großen Hoffeste mit Opernaufführungen begangen. Von politisch besonders wichtigen Aufführungen fertigte man Berichte und Pracht-Drucke an, die der Wiener Hof, häufig vom Kaiser mit persönlichem Handschreiben versehen, an wichtige Mitglieder des Hofes sowie an ausländische Höfe verschickte.

Besondere Berühmheit hat die Aufführung der Prunkoper *Il pomo d'oro* erlangt. Die von Francesco Sbarra verfaßte, von Marc Antonio Cesti komponierte und von Ludovico Burnacini inszenierte Oper war Teil und krönender Abschluß der zwei Jahre währenden Feierlichkeiten anläßlich der Vermählung Leopolds I. mit der spanischen Infantin Margarita am 5. Dezember 1666 (1666–68). Die Oper, die eine Fülle von Anspielungen auf die beiden Gefeierten enthielt, endete mit einer überwältigenden Huldigung an Margarita, die Gemahlin und Tochter der zwei größten Monarchen, in der Juno ihre Macht, Pallas ihren Geist und Venus ihre Schönheit übertroffen sahen.[57]

In der Chronik der bedeutsamsten Aufführungen an europäischen Höfen des 17. Jahrhunderts nimmt diese Opernaufführung einen hervorragenden Platz ein. Aber auch Aufführungen an anderen deutschen Höfen sind hier zu verzeichnen. Vor allem wäre die erste deutschsprachige Opernaufführung zu nennen, die 1627 auf Schloß Hartenfels bei Torgau anläßlich der Hochzeit Prinzessin Eleonores mit Landgraf Georg III. von Hessen-Darmstadt stattfand. Als Vorlage diente die *Dafne* Rinuccinis, die Martin Opitz

(1597–1639) in seinem Libretto dem Anlaß gemäß grundlegend veränderte. Die Musik schrieb Heinrich Schütz (1585–1672).

Aufzuführen wäre hier auch die Festoper *L'Erinto*, die anläßlich der Geburt der Prinzessin Maria Anna 1661 in München inszeniert wurde. Die Komposition stammte von Kaspar Kerll (1627–1693), das Libretto von Pietro Bissari und die Ausstattung von Francesco Santurini. Zwar fielen die Feierlichkeiten des churbayerischen Freudenfestes von 1662, das aus Anlaß der Geburt des Kronprinzen veranstaltet wurde, am 20. September mit einem Trionfo und einem Feuerwerk begann und am 1. Oktober mit einem von den Zeitgenossen als einmalig und sensationell empfundenen dramatisierten Feuerwerk endete, bedeutend prunkvoller aus als das vorjährige Fest.[58] Aber die am 24. September aufgeführte Oper *Fedra Incoronata*, wieder von dem Dreigespann Kerll/Bissari/Santurini verfertigt, vermochte den Erfolg von *L'Erinto* nicht zu wiederholen. Erst der 1686 im Theater St. Salvator anläßlich des Einzugs der neuen Kurfürstin, der Erzherzogin Maria Antonia von Österreich, stattfindenden Opernaufführung *Servio Tullio* gelang es, den Ruhm von *L'Erinto* in den Schatten zu stellen. Für diese Aufführung war ein ganz neues rein italienisches Team verantwortlich: Die Musik schrieb Agostino Steffani, den Text verfaßte Ventura Terzago und die Ausstattung hatten die Brüder Domenico und Gasparo Mauro übernommen.

Vom Dresdner Hof ist eine spektakuläre Ballettaufführung zu vermelden. Anläßlich des Besuches der Eltern des Kurfürsten Johann Georg II. wurde 1678 das *Ballett der sieben Planeten* aufgeführt. Für die Ausstattung sorgte Oswald Harms (1643–1708), wohl der einzige deutsche Bühnenarchitekt, der im 17. Jahrhundert ernsthaft mit den italienischen Bühnenausstattern konkurrieren konnte. Außer für den Dresdner Hof arbeitete er auch für den Braunschweig-Wolfenbütteler Hof und gelegentlich für die Oper seiner Heimatstadt Hamburg, der die Kompositionen Reinhard Keisers (1674–1739) später zu großem überregionalem Ruhm verhalfen.

Die hier aufgelisteten Opern- und Ballettaufführungen stellen lediglich die glänzendsten Theaterereignisse dar, die sich mit den sensationellsten Aufführungen in Italien, Spanien und Frankreich messen konnten; sie erlangten entsprechend eine internationale Berühmtheit an den Höfen Europas, die ihre politische Funktion auf das Vorteilhafteste und Nachhaltigste unterstützte und beförderte. Darüberhinaus gab es natürlich an allen deutschen Höfen eine Fülle von Festen mit Aufführungen, die zwar weniger glanzvoll oder weniger gelungen waren als die hier aufgezählten, die aber dennoch ihre spezifische Funktion zu erfüllen durchaus in der Lage waren.[59]

Das katholische Ordens- und das protestantische Schultheater verfolgten vor allem religionspolitische Ziele.[60] Die Jesuiten suchten sie bemerkenswerterweise auf zwei verschiedenen Wegen zu realisieren. Zum einen stellten sie sich in den Dienst des Kaiserhauses Habsburg, das sie als leuchtendes Exempel dafür priesen, daß Frömmigkeit und gelebtes Christentum den politischen Aufstieg begründeten. Den Ruhm des Hauses Habsburg zu mehren oder wenigstens zu verherrlichen, diente insofern auch der Propagierung des katholischen Glaubens. Für diesen Zweck wurden die biblischen Geschichten und Legenden ebenso beliebig umgeschrieben wie bei den Opern die mythologischen Geschichten. Die Jesuiten begründeten diese Tradition mit der Aufführung eines Joseph-Dramas in Graz aus Anlaß der soeben erfolgten Krönung des Erzherzogs Ferdinand zum König von Böhmen (1617).[61] Ihren glanzvollen Höhepunkt erreichte sie zweifellos mit den von Nikolaus von Avancini (1611–1686) in Wien inszenierten *Ludi Caesarei*, unter denen die 1659 aufgeführte *Pietas Victrix* internationale Berühmtheit erlangte.[62]

Zum anderen führten die Jesuiten ihre gegenreformatorischen Missionierungskampagnen auf dem Wege effektvoller Inszenierungen negativer und positiver Exempel durch. Als frühestes negatives Beispiel sei der *Cenodoxus* genannt, den der Jesuit Jacob Bidermann (1578–1639) bereits 1602 in Augsburg inszenierte und 1609 in München erneut und mit besonders großem Erfolg auf die Bühne brachte. Diese Aufführung der Geschichte vom heuchlerischen Doktor von Paris, den seine Zeitgenossen für einen Heiligen halten, der aber von Gott wegen seines Hochmuts und seiner Heuchelei auf ewig verdammt wird, soll Augenzeugenberichten zufolge die Zuschauer in Angst und Schrecken versetzt und »wunderbare Bekehrungen« verursacht haben.[63]

Die positiven Beispiele lieferten in den schier unzähligen Märtyrerdramen die Helden, die für den katholischen Glauben ihr Leben lassen. Hier wurden unter der Vielfalt der Stoffe auch »exotische« Stoffe verarbeitet, wie z.B. die kurze Missionierungsgeschichte Japans sie bot: 1629 wurde in Augsburg das Trauerspiel *Titus*

Japonicus Fortitudinis Christianae Exemplum aufgeführt, das die Leiden für den christlichen Glauben besonders lustvoll und breit ausmalte und die Grausamkeit der Heiden mit blutigsten Effekten furchteinflößend in Szene setzte. Im Anschluß an derartige Aufführungen fanden verschiedentlich Bücherverbrennungen ketzerischer Schriften statt, die von den Patres so sorgfältig vorbereitet waren, daß sie den Anschein einer spontanen Publikumsreaktion erweckten. Die Jesuiten setzten das Theater, insbesondere die Bühnenausstattung samt Maschinerie und Spezialeffekten sowie die Repräsentationen der Affekte durch Schauspielkunst und Musik in agitatorischer und manipulativer Weise ein[64], um den Zuschauer in einem aggressiven katholischen Glauben zu befestigen oder ihn – wenn nötig und möglich – zum alleinseligmachenden katholischen Glauben zu bekehren.

Während die Opern bei Hofe in der Regel auf italienisch gesungen wurden und die Jesuiten in ihren Aufführungen die lateinische Sprache verwendeten, spielte das protestantische Schultheater deutsche Stücke. Hier kam die avancierte deutschsprachige Dramatik der Zeit zur Aufführung: Auf ihren perfekt nach italienischem Muster eingerichteten Kulissenbühnen brachten das Elisabethen- und Magdalenen-Gymnasium in Breslau die Trauerspiele von Andreas Gryphius (1616–1664), Daniel Casper von Lohenstein (1635–1683) und Johann Christian Hallmann (1640–1704) heraus ebenso wie Gryphius' Lustspiele.[65] Im Görlitzer Gymnasium wurden Dramen von Gryphius, Martin Opitz (1597–1639) u.a. aufgeführt.[66] In Zittau, dessen Gymnasium Christian Weise (1642–1708) als Rektor seit 1678 bis zu seinem Tod leitete, kamen neben anderen zeitgenössischen Autoren seine eigenen Stücke praktisch vollzählig zur Aufführung.[67] Generell läßt sich behaupten, daß die protestantischen Schultheater einen literarisch ambitionierten Spielplan verwirklichten. Die Wirkungsabsicht dieses Theaters stimmte im wesentlichen mit der seines bedeutendsten Dramatikers überein. Im Vorwort zu seinem ersten Trauerspiel *Leo Armenius* (1650) schreibt Gryphius:

> INdem unser gantzes Vatterland sich nuhmehr in seine eigene Aschen verscharret / und in einen Schawplatz der Eitelkeit verwandelt; bin ich geflissen dir die vergänglichkeit menschlicher sachen in gegenwertigem / Und etlich folgenden Trawerspielen vorzustellen [...] Die Alten gleichwohl haben diese art zu schreiben nicht so geringe gehalten / sondern alß ein bequemes mittel menschliche Gemütter von allerhand Unartigen und schädlichen Neigungẽ zu säubern / gerühmet, wie zu erweisen Unschwer fallen solte / wenn nicht andere von mir

solches weitläufig dargethan / und ich nicht Eckel trüge / dieses zu entdecken / was Niemand verborgen.[68]

Den Zielen seines Theaters entsprechend wählte Gryphius als bevorzugte Form die Märtyrertragödie: Im Unterschied zum Jesuitentheater war sie bei Gryphius frei von allen Legendenzügen und an rein geschichtlichen Stoffen ausgeführt. Am Beispiel des Märtyrers sollte der Zuschauer in ein christlich-stoisches Verhalten eingeübt werden, das ihn gegen den Ansturm der Affekte ebenso wie gegen den Fortunawechsel resistent machte.[69]

Der aufwendige Apparat des Barocktheaters, das gesamte System seiner Repräsentationen wurde im protestantischen Schultheater eingesetzt, um dem Zuschauer die »Vergänglichkeit menschlicher Sachen« nachdrücklich und effektvoll vor Augen zu führen und ihn im komischen Theater gegen die Scheinhaftigkeit alles Irdischen, insbesondere des gesellschaftlichen Lebens, zu immunisieren.

Höfische Oper und Ballett verwendeten das barocke System theatralischer Zeichen, um eine politische Ordnung zu repräsentieren; Jesuitentheater und protestantisches Schultheater, um eine moralisch-religiöse bzw. die göttliche Ordnung zu repräsentieren. Als derartige Repräsentationen unsichtbarer Ordnungen waren sie hervorragend geeignet, die Durchsetzung politischer und konfessioneller Ansprüche und Ziele nicht nur zu legitimieren, sondern nachhaltig zu befördern und voranzutreiben.

Auch wenn die Wanderbühnen im wesentlichen ein ähnliches System theatralischer Repräsentationen verwendeten, läßt sich ihr Theater weder als Repräsentation einer unsichtbaren Ordnung noch auch als Instrument zur Durchsetzung politisch-gesellschaftlich-ideologischer Ziele bestimmen und beschreiben. Der ideengeschichtliche Ansatz greift hier zu kurz. Wir werden die Wanderbühnen des 17. Jahrhunderts daher gesondert unter einer anderen Fragestellung untersuchen.

1.3 Theater im Prozeß der Zivilisation

1.3.1 Invasion der Komödianten[70]. Die Wanderbühnen im 17. Jahrhundert

Von sporadischen Gastspielen im 16. Jahrhundert bereits präludiert, fielen um die Jahrhundertwende und in den ersten Dekaden des neuen Jahrhunderts ganze Scharen von Komödianten auf den Kontinent ein. Wandertruppen aus Italien und England, aus Frankreich und den Niederlanden zogen quer durch Europa und schlugen – von Brüssel und Köln bis nach Riga und Warschau, von Kopenhagen und Stockholm bis nach Graz und Wien – überall ihre Bühnen auf. Sie kamen weder als Emissäre oder gar Missionare ihrer Kultur noch als Eroberer; sie kamen vielmehr als Kaufleute, die eine begehrte Ware möglichst gewinnträchtig abzusetzen suchten. Für diese Ware war der heimische Markt zu wenig günstig – wie wegen der zeitweiligen Vorliebe der Engländer für Kindertruppen[71] – oder künstlich begrenzt worden – wie durch das Londoner Theatermonopol von 1598, das ausschließlich zwei Truppen privilegierte –, so daß Arbeitslosigkeit und soziale Deklassierung drohten. Dagegen bot der noch unerschlossene Markt auf dem Kontinent, speziell in den deutschsprachigen Ländern, ein vielversprechendes Absatzgebiet.

Die Rechnung ging auf. Wie sich zeigte, bestand in den Zielkulturen tatsächlich eine starke Nachfrage nach den Produkten, welche die fremden Komödianten zu liefern bereit waren. Da sie erfolgsabhängig arbeiteten, konnten sie nur überleben, wenn ihre Ware – die Aufführungen – einerseits ein bereits vorhandenes Bedürfnis nachhaltig zu befriedigen vermochte und andererseits ein starkes Bedürfnis nach Wiederholung erweckte. Beides gelang. Die fremden Komödianten fanden über Jahrzehnte ihr Publikum und damit ihr – zum Teil sogar recht ansehnliches – Auskommen. Dies war offensichtlich nur möglich, weil sie in den Zielkulturen eine wichtige Funktion erfüllten und kulturelle Entwicklungen einleiteten bzw. beförderten, die ohne sie gewiß anders verlaufen wären. Es erscheint daher lohnend, das Theater der Wandertruppen mit einem *kulturgeschichtlichen Ansatz* zu untersuchen.

Den Anfang der Invasion in die deutschsprachigen Länder machten die Italiener. Wir haben Nachricht von einer Commedia dell'arte-Truppe, die mit komischen Zwischenspielen zur Erheiterung der Gäste während der Feierlichkeiten zur Hochzeit des bayerischen Thronfolgers 1568 in München beitrug. Unter der Leitung von Orlando di Lasso wurden komische Interaktionen zwischen Pantalone – den Orlando di Lasso spielte – und seinem Diener Zanni vorgeführt.[72] Im selben Jahr traten vor dem Kaiser in Linz italienische Komödianten auf, bei denen es sich eventuell um Mitglieder der damals bereits berühmten Commedia-Truppe der *Comici Gelosi* handelte. Diese Truppe ist spätestens ab 1574 am Wiener Kaiserhof nachweisbar. Auch im 17. Jahrhundert hielten sich immer wieder Commedia-Truppen an verschiedenen, vor allem süddeutschen Höfen auf. So waren 1624 in Prag die *Comici Fideli* unter Leitung des berühmten Lelio-Darstellers Giovanni Batista Andreini an den Hoffestlichkeiten zu Ehren Ferdinands II. und seiner Gattin Eleonore von Mantua beteiligt.

Die Commedia dell'arte hat die sowohl kultur- als auch theatergeschichtlich bedeutsame Innovation eingeführt, weibliche Rollen von Frauen spielen zu lassen, und damit den Beruf der Schauspielerin kreiert.[73] Diese Neuerung setzte sich in Deutschland allerdings außerhalb der Commedia-Truppen erst in der Mitte des 17. Jahrhunderts durch. Die Commedia dell'arte-Truppen erwiesen sich bei der Entwicklung eines deutschen Theaters aus verschiedenen Gründen nicht als prägende Vorbilder oder erfolgversprechende Exempel. Der wichtigste liegt sicherlich in der Einschränkung ihres Wirkungsbereichs auf die Höfe. Da sie in italienischer Sprache spielten, war ein dauerhafter Erfolg beim großen Publikum nahezu ausgeschlossen. Es ist daher verständlich, daß die Commedia-Truppen vorwiegend bei Hofe auftraten und insofern für die Entwicklung des deutschen Theaters im 17. Jahrhundert relativ wenig Folgen hatten. Erst zu Beginn des 18. Jahrhunderts setzte eine umfassende und wahrhaft popularisierende Rezeption des italienischen Theaters ein.

Nachhaltig dagegen wurde die Entwicklung des deutschen Theaters von den englischen Komödianten geprägt. Die erste Truppe, die auf den Kontinent übersetzte, waren *Lord Leicester's Men*, die bereits 1585 in Dänemark spielten und anschließend für zehn

Monate an den Dresdner Hof engagiert wurden. Unter den Mitgliedern dieser Truppe befand sich auch William Kempe, für den Shakespeare eine Reihe von Clowns-Rollen geschrieben hat. Die »eigentliche« Zeit der englischen Komödianten beginnt allerdings erst 1592, als Robert Brown, John Bradstreet, Thomas Sackville und Richard Jones mit ihren Leuten auf dem Kontinent eintreffen, um, wie es in ihrem Paß heißt, auf dem Weg durch die Niederlande nach Deutschland zu reisen. Der Strom der englischen Komödianten, der sich in die deutschsprachigen Länder ergoß, riß nun bis zum Ausbruch des Dreißigjährigen Krieges nicht mehr ab.

Während des Dreißigjährigen Krieges kehrten einige der älteren Prinzipale nach England zurück. Die Ratsprotokolle und Archive erwähnen Robert Brown zum letzten Mal 1620, John Spencer und Richard Jones 1623.

Die übrigen Truppen suchten Zuflucht in sichereren Regionen, in denen der Krieg gerade nicht wütete. In den meisten der sechzig Städte, welche die englischen Komödianten bisher regelmäßig besucht hatten, wurden keine Truppen mehr zugelassen. So findet sich in Straßburg zwischen 1628 und 1651, in Nürnberg zwischen 1628 und 1649, in Köln zwischen 1631 und 1651, in Frankfurt zwischen 1631 und 1649 und in Dresden zwischen 1632 und 1651 kein Hinweis auf die Anwesenheit von Wandertruppen. Die auf dem Kontinent gebliebenen Truppen von Robert Reynolds und Robert Archer suchten zwischen 1635 und 1645 Zuflucht und Schutz an den Höfen von Königsberg und Warschau.[74]

Nach Schließung aller englischen Theater, die mit dem »First Ordinance against Stage Plays and Interludes« im Jahre 1642 angeordnet wurde, sahen sich erneut viele englische Schauspieler, vor allem aus den königlichen Truppen der *King's Men*, *Queen's Men* und *Prince's of Wales Men*, gezwungen, ihren Lebensunterhalt auf dem Kontinent zu verdienen. 1646 gab die Truppe des Prince of Wales in Paris Vorstellungen, einzelne Schauspieler, die verschiedenen – meist königlichen – Truppen entstammten, wurden in die Truppe von William Roe übernommen, der Robert Reynolds in der Prinzipalschaft gefolgt war. George Jolly, der letzte bedeutende englische Prinzipal auf dem Kontinent, kam vermutlich als Mitglied der *Prince's of Wales Men* nach Europa. Sein Auftreten ist im deutschsprachigen Gebiet zuerst für das Jahr 1649 in Köln belegt. Bis 1660 durchreiste er mit wechselnder Truppenbesetzung das Land und kehrte im Sommer 1660 nach London zurück, wo sein

Antrag auf eine Theaterlizenz trotz der Monopole des Thomas Hilligrew und Sir William Davenant positiv beschieden wurde.[75] Mit Jolly – oder Joris Jollyphus, wie er sich auf dem Kontinent nannte – endete die Geschichte der englischen Komödianten in deutschsprachigen Ländern.

Während die englischen Truppen anfangs in ihrer Muttersprache spielten, schienen sie bereits um 1605 zur deutschen Sprache übergegangen zu sein.[76] Auf Wunsch ihrer fürstlichen Gönner wie des Landgrafen Moritz von Hessen-Kassel (reg. 1592–1627) und Herzogs Heinrich Julius von Braunschweig-Wolfenbüttel (reg. 1589–1613) trainierten sie junge Höflinge und nahmen bald auch deutsche Mitglieder in ihre Truppen auf, wohl überwiegend Studenten und Handwerksgesellen. Die Prinzipalschaft blieb jedoch in englischen Händen. Aus diesen Truppen haben sich vereinzelt Truppen mit deutschen Prinzipalen abgespalten, wie z.B. die Truppe der späteren Innsbrucker Hofkomödianten unter der Leitung von Johann Ernst Hoffmann und Peter Schwarz, die bis 1656 der Truppe von George Jolly angehörten.[77]

Wenn man von vereinzelten Versuchen und Beispielen aus der ersten Hälfte des Jahrhunderts absieht[78], läßt sich als die eigentliche Gründerzeit für deutsche Truppen die Zeit nach dem Dreißigjährigen Krieg bestimmen. Die alten sozialen Ordnungen waren nachhaltig erschüttert, die gesellschaftliche Akzeptanz für das Dasein eines fahrenden Komödianten schien zumindest partiell gegeben. Das Wagnis, eine Wandertruppe zu gründen und als kommerzielles Unternehmen zu leiten, wurde als kalkulierbares Risiko eingeschätzt. Zuerst reiste man noch unter der Bezeichnung »Englische Komödianten«, die dem Publikum einen bestens eingeführten Markenartikel versprach, dann, als man es sich leisten konnte, auf die Verbreitung des eigenen Ruhms zu vertrauen, unter dem Namen »Hochteutsche Comoedianten«.

Die ersten namhaften Truppen sind ab 1650 nachweisbar, allen voran die Truppen Daniel Treus (gest. 1708) und Carl Andreas Paulsens (geb. 1620). Paulsens Truppe wurde ab 1678 von Johannes Velten (1634–1692) weitergeführt. Velten war – ein seltener Fall in der frühen deutschen Theatergeschichte – Akademiker mit Abschluß. In Wittenberg und Leipzig hatte er Philosophie, Beredsamkeit und Poesie studiert und sein Studium 1661 mit der Promotion zum Magister und Baccalaureus abgeschlossen. Als Mitglied der Treuschen Truppe bereiste er im Jahre 1664 Dänemark und

Schweden. 1665 trat er in die Truppe Carl Andreas Paulsens ein, wurde sein Schwiegersohn und später sein Nachfolger. Er starb 1692. Nach seinem Tod übernahm seine Witwe Elisabeth Katharina die Prinzipalschaft. Sie leitete die Truppe bis zu ihrer Auflösung in Wien 1712.

Neben Johannes Velten erwarb sich Andreas Elenson einen gewissen Ruhm als Prinzipal. Sein Sohn Julius Franz trat höchstwahrscheinlich zeitweilig in die Truppe der Witwe Velten ein, ehe er die Truppe seines Vaters erbte. Nach seinem frühen Tod im Jahre 1708 leitete seine Witwe Sophia Julia die Truppe. Sie führte die Direktionsgeschäfte bis zu ihrem Tod im Jahre 1725 (oder 1726), unterstützt von ihrem späteren Ehemann Johann Caspar Haacke, der 1722 starb, und Karl Ludwig Hoffmann. Noch zu Haackes Lebzeiten engagierte sie das Ehepaar Friederike Caroline und Johann Neuber, die nach ihrem Tod wichtige Truppenmitglieder abwarben und eine eigene Truppe gründeten. Damit beginnt allerdings bereits das nächste Kapitel in der deutschen Theatergeschichte.

1.3.2 Der soziale Kontext: Hof, Stadt und Kirche

Die Arbeitsbedingungen waren für die englischen und für die deutschen Komödianten ähnlich. Auf der einen Seite strebten sie feste Engagements an fürstlichen Höfen an, auf der anderen suchten sie in den Städten zu Messezeiten um Spielerlaubnis nach. Als gute Unternehmer bemühten sie sich durchweg, für ihre Ware einen möglichst großen Abnehmerkreis zu gewinnen und als Stammkunden zu halten.

Die Verträge mit den Fürsten sahen vor, daß die Truppe sich stets auf Abruf zum Auftritt vor dem Fürsten bereithalten und ihn gegebenenfalls auch auf Reisen begleiten mußte; in der Regel gab es eine Klausel, die sicherstellte, daß bei Nichtverwendung durch den Hof – wie im Sommer, im Fall von Hoftrauer o.ä. – die Truppe das Recht hatte, den Hof zu verlassen, um in den Städten um Spielerlaubnis einzukommen.

Die wichtigste Funktion der Komödianten bei Hofe bestand

offenbar in der Unterhaltung seiner Mitglieder und vor allem des Fürsten. So trug John Greens Truppe in der Faschingswoche im Februar 1608 in Graz zu den Karnevalslustbarkeiten mit einer täglichen Aufführung bei, wie wir aus dem »Theaterbrief« der Erzherzogin Maria Magdalena an ihren Bruder wissen.[79] Wenn Feste ins Haus standen – wie Hochzeiten, Kindstaufen o.ä. – liehen die fürstlichen Herrschaften ihre Truppen auch an die Verwandtschaft aus. An den großen repräsentativen Festlichkeiten waren die Wandertruppen jedoch nur zeitweilig beteiligt. So gab John Green im Rahmen der Feierlichkeiten anläßlich der Krönung Erzherzog Ferdinands zum König von Böhmen 1617 in Prag eine Reihe von Aufführungen. Dieselbe Truppe, nun unter Leitung von Robert Reynolds (Green war 1626 gestorben), wurde 1627 vom Kurfürsten Johann Georg von Sachsen für die Hochzeitsfeierlichkeiten zur Vermählung seiner Tochter, der Prinzessin Eleonore, mit Landgraf Georg III. von Hessen-Darmstadt nach Torgau engagiert. Die wahrhaft repräsentative Veranstaltung bei diesen Festlichkeiten war allerdings die Aufführung der Oper *Dafne* (s.o.).

Während die Opern- und Ballettlibretti den jeweiligen Repräsentationszwecken entsprechend gestaltet wurden, arbeiteten die Wandertruppen nach dem Repertoireprinzip. Sie waren wohl in der Lage, für bestimmte Gelegenheiten kleinere Zusätze oder auch Veränderungen anzubringen, grundsätzlich jedoch wurde dasselbe Stück bei verschiedenen Anlässen und vor verschiedenem Publikum gegeben. Für die Zwecke höfischer Repräsentation waren die Wandertruppen insofern nur begrenzt verwendbar. Eine dauerhafte Bindung an die Höfe war entsprechend ausgeschlossen.[80]

Umso wichtiger wurde daher die Protektion der fürstlichen Gönner, wenn es um Fürsprache oder Empfehlungsschreiben an die Räte der Städte ging (wie sie aus den Archiven bis weit in das 18. Jahrhundert hinein nachweisbar sind)[81] oder gar um die Verleihung von Privilegien, welche die betreffende Truppe berechtigte, als »Hoff-Comoedianten von männiglich gehalten und geachtet« zu werden, und ihr gestattete, in den jeweiligen »chur- und Erblanden, bey unverbothener Zeit, aller Orthen [...] ungehindert zu agiren und zu spielen« und den Schutz von »jedes Orths Obrigkeit« zu reklamieren.[82] Ein solches Privileg sicherte einer Truppe wesentliche Pfründe, vor allem, wenn es, wie das »Churfürstlich Sächsische und Königlich Polnische Privileg«, auch das Messeprivileg – hier für Leipzig – einschloß.

In den Städten waren Aufführungen generell nur zu Messezeiten oder besonderen Anlässen wie in Frankfurt zur Kaiserkrönung gestattet, mit Ausnahme der Samstage und Sonntage. Bei ihrer Eingabe an den Rat der Stadt legten die Prinzipale meist, wie bei Hofe, eine Repertoireliste vor und boten häufig auch eine Art Preview-Vorstellung für die Mitglieder des Rates an. Der Rat berücksichtigte bei seiner Entscheidung vor allem ökonomische und moralische Gesichtspunkte. So gab der Elbinger Stadtrat den Komödianten 1607 auf ihre Eingabe einen abschlägigen Bescheid mit der Begründung, »weil es eine Schatzung der Bürgerschaft ist und die jetzigen traurigen Läufte solches nicht zugeben wollen«. Zur Ostermesse 1606 ließ der Frankfurter Rat überhaupt keine Komödianten zu, weil er von den »Zodden und läppigtem Gezeug« genug hatte.[83]

Die ökonomischen Belange vertrat der Rat, indem er die Preise festlegte, welche die Komödianten für ihre Aufführungen fordern durften, Abgaben für Hospitäler, für die Waisen, die Armen oder auch für das Zuchthaus (Danzig 1643) festsetzte und bestimmte, daß die Komödianten sich nicht selbst verköstigen durften, sondern bei Wirten Wohnung und Verpflegung nehmen mußten.[84] So war sichergestellt, daß ein erheblicher Teil der Einnahmen bereits in der Stadt selbst wieder ausgegeben wurde und entsprechend zurückfloß. Zu diesen Ausgaben kamen die zum Teil recht hohe Raummiete – wie in Frankfurt für den teuren Spielort Pfuhlhof – sowie Rechnungen städtischer Handwerker und Kaufleute für Um- und Einbauten der Bühne sowie für Waren. Der Andrang bei den Aufführungen war jedoch meist so groß, daß die Einnahmen die Ausgaben bei weitem übertrafen und so nicht nur ausreichend Geld für die Weiterreise der 10- bis 18köpfigen Truppe, sondern häufig auch für neue Investitionen (Kostüme, Requisiten usw.) übrigblieb. Insofern war der Spielbetrieb für beide Seiten – die Stadt und die Komödianten – in ökonomischer Hinsicht ausgesprochen lukrativ, zumindest jedoch zufriedenstellend.

Darüberhinaus stellte der Rat auch moralische Ansprüche. So wurde in Köln die Erteilung der Spielerlaubnis regelmäßig mit der Auflage versehen, »keine ungereimbde oder ergerliche Sachen«, »nichts unerliches oder scandalöses«, »nicht unhoblich oder schandelois« zu spielen. Der Ulmer Rat verlangte 1606, in den Aufführungen »nichts gottloses und unbescheidenes« zu zeigen, und 1609 Darstellungen, die »modeste und on alle ungebür« seien. Die

Komödianten versicherten daher in ihren Eingaben immer wieder, »gantz zuchtig« zu spielen, sich »aller Üppigkeit [zu] enthalten« und ihre »wahrhafte Chronik, Historien und Comödien in aller Zucht und Ehrbarkeit« aufzuführen. Sie bemühten sich sogar, positive Wirkungen ihres Spiels nachzuweisen. So behaupteten die Engländer 1604 in Nördlingen, sie würden »den Zuhörenden sonnderlich aber Jugenndt zur Furcht unndt Ehr Gottes, Auch gehorsam Ihrer Eltern, Feine Exempla Fürstellen«; Brown berief sich 1606 in seiner Eingabe an den Frankfurter Rat darauf, daß »bis dahin noch kein Mensch durch sein und seiner Gesellen Spiel geärgert, vielmehr zum Bespiegeln seiner Schwachheit und zum Ausüben aller Tugenden angereizt worden sei«, und 1620 versprach er gar, sein Spiel werde »denen Melancholicis eine gute Recreation«[85] bereiten – eine Behauptung, die allerdings durch die autoritative Meinung des kaiserlichen Leibarztes gestützt wurde, daß durch das Anschauen von Komödien »gemüth und hertz erweitert, und allgemach zu recht gebracht«[86] (1609) werden.

Die Kirchen hielten sich in dieser Debatte um Schaden oder Nutzen des Theaters – verglichen etwa mit der Kirche in England oder auch Frankreich – merklich zurück. Zwar mußten sie die Komödianten als eine gewisse Konkurrenz – nicht nur für ihre Theateraufführungen – ansehen, wie ein Spottvers von der Frankfurter Messe 1615 nahelegt:

> Die Englische Comedianten
> Haben mehr Leuht den Predicanten,
> Da lieber 4 stund stehn hören zu,
> Dann ein in die Kirch, da sie mit Ruhe
> Flux einschlaffen auff ein hart banck,
> Dieweil ein stund in felt zu lang,
> [...][87]

Aber sie brachten immerhin soviel Toleranz auf, ehemalige Komödianten mit theologischem Examen als Feldprediger, Pfarrherren oder Theologieprofessoren in ihre Dienste zu nehmen bzw. zum Priester zu weihen.[88] Es gab auch durchaus eine Reihe lutherischer Geistlicher, die für das Theater schrieben, wie der Hauptpastor an der Hamburger Katharinenkirche Heinrich Elmenhorst (1632–1703), der für die Hamburger Oper eine Reihe von Libretti verfaßte. Mit dem Aufkommen des Pietismus[89] wurde diese allgemeine Toleranz seit den achtziger Jahren allerdings erheblich eingeschränkt.

Der Pietismus wurde vor allem von den oberen Schichten der Stadtbevölkerung übernommen; Speners Tätigkeit in Frankfurt (1666–1686) beispielsweise führte dazu, »dass allmählich eine wahrhaft puritanische Sittenstrenge aufkam, welche besonders das Theater [...] für nachtheilig und seelenverderbend ansah«[90]. Während in Lüneburg die Stadtväter reizbar auf kirchliche Übergriffe in ihre Kompetenz reagierten und die Absetzung des theaterfeindlichen Superintendenten erzwangen (1689), führte die pietistische Einstellung der Hamburger Ratsherren zum berüchtigten »Hamburger Opernkrieg« (1678–1708).[91] Pietistische Pastoren wetterten nun überall in Wort und Schrift gegen das Theater. Der Magdeburger Pastor Johann Josef Winckler brachte 1701 eine Schmähschrift gegen das Theater heraus, in der er die Komödianten beschimpfte, »ihren rechtmässigen Beruff verlassen/ und entweder aus Faulheit oder liederlichem Hertzen zu dieser gefährlichen Lebensart sich geschlagen« zu haben. Komödien lehnte er strikt als »lächerliche Possen«, »Narrengeschwätz«, kurz, als »des Teuffels Werck und Wesen« ab.[92] Die Witwe Velten sah sich durch diese Schrift zu einer Verteidigung des Theaters aufgerufen, die noch im selben Jahr erschien. Sie betont hier den großen Nutzen der Komödien, »weil die Schau-spiel oder Comoedien andere nichts sein als lebhaffte Tugend- und Laster-Spiegel / jene zuthun / diese zulassen: Sie sein lebende Lehr- und Lebens-Fürstellungen / daraus wir in Lehr- und Leben können unterrichtet werden«. Die Unterstellung niedriger Motive bei den Schauspielern weist sie scharf zurück, ja sie bestreitet sogar, daß sie »um blossen Gewinsts willen« auftreten; sie führten ihr unstetes Reiseleben vielmehr »nur zur zuläßiger Gemüths-Ergötzung vornehmer und begürteter Personen / ingleichen fremde Länder und Städte zu besehen / und um anderer Ursachen Willen mehr«[93].

Weil offenbar die Angriffe auch weiterhin nicht aufhörten, ließ die Witwe Elenson 1711 die Schrift der Velten unverändert neu auflegen und brachte 1724 nochmals eine von ihrem letzten Ehemann Hoffmann redigierte Neufassung heraus.

Während die Wanderbühnen bis in die achtziger Jahre hinein ihre Stücke vor Fürsten und Kleinadel, Akademikern und Kaufleuten, Beamten und Handwerkern weitgehend unbeanstandet, ja meist äußerst erfolgreich aufführen konnten, sprachen ihnen um die Jahrhundertwende die Pietisten jegliche Legitimation für ein öffentliches Auftreten und erst recht die Möglichkeit einer positiven

Wirkung auf die Zuschauer mit aller Entschiedenheit ab. Ob sich hier bereits ein von der bürgerlichen Elite eingeleiteter Funktionswandel des Theaters abzeichnet oder vorbereitet, wird in 1.3.4 zu diskutieren sein.

1.3.3 Die Aufführungen

Kommen wir endlich zu der Ware, welche die Komödianten bei Hof und in der Stadt feilboten, kommen wir zu den Aufführungen.

Anfangs spielten die englischen Komödianten auf einer einfachen Bühne, es sei denn, ihre fürstlichen Gönner ließen nach ihren Angaben eine komplette elisabethanische Bühne errichten oder stellten ihnen eine fest installierte Bühne wie das Ottonium in Kassel (gebaut zwischen 1603 und 1605 wohl für die englischen Komödianten) oder die perfekte italienische Verwandlungsbühne im Warschauer Schloß (1637 eingerichtet) zur Verfügung. Die Bühne, auf der die Engländer in den Städten spielten, bestand meist aus einer offen vorspringenden Vorderbühne, die durch eine Mittelgardine von den beiden hinteren seitlichen Zugängen sowie von der in der Mitte gelegenen Hinterbühne abgetrennt war.[94] Auf der Hinterbühne konnten wichtige Versatzstücke aufgebaut werden wie ein Thron, ein Brunnen, ein Altar. Für Geistererscheinungen war im Boden der Vorderbühne in der Regel eine Versenkung vorgesehen. Nach oben hin war die Bühne mit blauen Tüchern – den Wolken – abgeschlossen. Ein englischer Reisender, der die Aufführungen bei der Frankfurter Herbstmesse 1592 sah, war entsetzt über die nach üblichen englischen Standards dürftige Ausstattung der Bühne, die weder über »any good Apparell, nor any ornament of the Stage«[95] verfügte. Später gaben die Truppen bereitwillig einen beträchtlichen Teil ihrer Einnahmen dafür aus, in der Pracht ihrer Ausstattung nicht hinter den heimischen Bühnen in England zurückzubleiben. Um das Publikum halten zu können, übernahmen sie notgedrungen auch neuere kostspielige Einrichtungen. Nachdem auf der Frankfurter Herbstmesse 1651 eine niederländische Truppe George Jolly die meisten Zuschauer abspenstig gemacht hatte, weil sie bereits mit der neuen italienischen Kulissenbühne ausgestattet war, versuchte

Jolly 1653 u.a. in Basel und Rottenburg mit der Ankündigung, eine Kulissenbühne nach »Italienischer Manier mit oftmaliger Veränderung der Theatren«[96] präsentieren zu können, das Publikum anzulocken. Demselben Zweck galt natürlich auch das sensationelle Versprechen, »nach Frantzösischer Manier mit rechten Frawenzimmern« agieren zu wollen.[97]

In der zweiten Hälfte des 17. Jahrhunderts verwendeten die Wandertruppen dann im wesentlichen das gleiche System theatralischer Repräsentationen wie die höfische Oper, das Jesuitentheater oder das protestantische Schultheater – allerdings mit spezifischen Modifikationen (vgl. 1.3.4).

Das Repertoire der englischen Komödianten spiegelt die große Vielfalt der elisabethanischen Dramatik wieder.[98] Als wahre Zugstücke erwiesen sich Kyds *Spanish Tragedy* als *Der dolle Marschall aus Spanien*, Marlowes *Faust* und *Jude von Malta*, Shakespeares *Titus Andronicus*, *Kaufmann von Venedig*, *Romeo und Julia*, *Hamlet*, *Lear*, *Othello* und *Julius Caesar*. Äußerst populär waren einzelne Dramen von Massinger, Peele, Heywood, Chapman sowie von Beaumont und Fletcher. Immer wieder verlangt und gespielt wurden auch die anonymen Dramen vom *Verlorenen Sohn*, *Von der Königin Esther und hoffertigem Haman*, vor allem aber die Komödie *Von Jemand und Niemand*, die auch bei den Faschingsaufführungen in Graz 1608 nicht fehlte und so gefiel, daß Green eine Abschrift anfertigen ließ und mit Widmung versehen überreichte.[99]

Dies Repertoire wurde von Jolly, Hoffmann und Schwarz, Treu, Paulsen, Velten und Elenson einerseits übernommen, andererseits erheblich erweitert. Comedias von Lope de Vega, Calderón und Tirso de Molina wurden auf dem Wege über französische und holländische Bearbeitungen eingeführt, darunter Calderóns *La vida es sueño* als *Prinz Sigismundo*, seine *Lances de amor y fortuna* als *Aurora und Stella*, *El mayor monstruo los celos* als *Der eifersüchtige Herodes*; Vondels *Gibeoniter* sowie Jan Vos' *Medea* und *Aran en Titus* kamen aus den Niederlanden hinzu, aus Frankreich Corneilles *Cid* und *Polyeucte* sowie als wahre Fundgrube Molière mit einer Vielzahl von Stücken, die häufig als Nachspiele eingesetzt wurden.[100] Unter den italienischen Autoren wurde vor allem Andrea Cicognini (1606–1660) häufig übersetzt. Ein besonderes Verdienst erwarb sich bei all diesen Übersetzungen und Bearbeitungen Christoph Blümel, der nach abgebrochenem Studium erst bei Jolly und dann bei den Innsbrucker Hofkomödianten als Schauspieler und eine Art Dramaturg tätig war. Von seinen vielen »erst ins Teutsche« gebrachten oder sonst »ganz neuen« Stücken haben sich nur seine Übersetzung von Cicogninis *Le Gelosie Fortunate del Principe Rodrigo*, zu deutsch: *Die glückselige Eifersucht* sowie seine Bearbeitung von Shakespeares *Merchant of Venice* als *Der Jude von Venetien* erhalten.[101]

Aus der deutschen Dramatik wurden dem Repertoire noch von den ersten englischen Truppen Stücke des Herzogs Heinrich Julius von Braunschweig einverleibt, wie *Susanna* und *Vincentius Ladislaus* sowie Rollenhagens *Amantes, Amentes*; später dann Gryphius' *Peter Squentz* und *Papinian*, Lohensteins *Ibrahim Bassa* und der Dauerbrenner nach dem Dreißigjährigen Krieg, Rists *Friede wünschendes Teutschland.*

Gegen Ende des Jahrhunderts wurden die Übersetzungen italienischer Opernlibretti populär, die auch die Grundlage für die neu aufkommenden Haupt- und Staatsaktionen bildeten.[102]

Zu Beginn des 18. Jahrhunderts setzte dann zögernd die Rezeption von Stücken der Commedia dell'arte ein. Eine erste Übersetzung aus Evariste Gherardis mehrbändigem Sammelwerk *Théâtre italien* (1691–1700) wurde 1710 angefertigt. 1711 erschien die angeblich von Josef Anton Stranitzky herausgegebene Textsammlung *Ollapatrida des durchtriebenen Fuchsmundi*, in der ohne Quellenangabe Gherardi reichlich geplündert wird. Über diesen Umweg gelangten die Stücke langsam auf die deutsche Bühne.[103]

Das Repertoire der Wanderbühnen war also äußerst vielfältig; es enthielt, so könnte man sagen, die dramatischen Werke der damaligen Weltliteratur – wenn auch größtenteils nur in Bearbeitungen, die sie, meist auf das Handlungsgerüst reduziert, zum Teil bis zur Unkenntlichkeit veränderten. Im letzten Viertel des Jahrhunderts allerdings wurde weitgehende Übereinstimmung mit dem Original verlangt. So forderte Kurfüst Ludwig von der Pfalz 1679 von Velten, daß er Cicogninis Tragikomödie *Don Gastone di Moncanda* »Worth für Worth laut der Comoedie im Originaal« spielen müsse.[104] Den neuen Ansprüchen der Kundschaft paßte man sich an.

Auch die allmähliche Veränderung des Repertoires, der Ausschluß der älteren englischen Dramatik und die bevorzugte Aufnahme französischer und italienischer Werke nahmen die Wandertruppen nicht aus eigenem Antrieb vor, sondern auf Wunsch des zahlenden Publikums. Der oben genannte Kurfürst Ludwig von der

Pfalz zahlte zum Beispiel 1679 für die alten englischen Stücke lediglich die Hälfte des Betrages, den er für die Aufführung eines französischen oder italienischen Stückes aufzuwenden bereit war. In den Städten dagegen fanden die alten Stücke noch länger den Beifall des Publikums. Auch hier also machte sich das Gesetz des Marktes geltend.

Es mag vermessen erscheinen, diese Vielfalt von Stücken auf gemeinsame Merkmale hin untersuchen zu wollen. Es lassen sich jedoch durchaus eine Reihe von signifikanten Charakteristika anführen, die in der Mehrzahl der Bearbeitungen nachzuweisen sind. Sie spielen nahezu immer im höfischen Milieu und verwenden häufig eine exotische Einkleidung. Die unvermittelt aufeinander getürmten Handlungselemente demonstrieren immer wieder den Fortunawechsel und die Scheinhaftigkeit der Welt. Die dramatischen Figuren werden stets von Affekten befallen und die Handlung dient weitgehend dazu, den Helden sich gegen sie behaupten zu lassen und die negative Figur als Marionette vorzuführen, die von den Affekten hin- und hergerissen wird. Die Spieltexte der Wanderbühnen heben also im wesentlichen auf dieselben Elemente ab wie die Dramen des Jesuiten- und des protestantischen Schultheaters: auf Fortunawechsel und Scheinhaftigkeit der Welt, auf die Affekte, denen der Mensch ausgesetzt ist, und auf die menschliche Stärke oder Schwäche, die sich in Fortunawechsel, Scheinhaftigkeit und Affektbefallenheit erweist. Im Unterschied zum Ordens- und Schuldrama implizieren die Stücke der Wanderbühnen jedoch nicht ideologische und religionspolitische Tendenzen und Zielsetzungen. Ihre Funktion wird anderswo zu suchen sein.

Diese Stücke wurden nun mit einer Schauspielkunst in Szene gesetzt, die zumindest in den ersten Wanderjahren der englischen Komödianten von ihren deutschen Zuschauern als Sensation empfunden wurde. Voll Erstaunen berichtet der bereits zitierte englische Reisende: »[...] the Germans, not vnderstanding a worde they sayde, both men and women, flocked wonderfully to see theire gesture and Action«[105]. Die Regieanweisungen in den Texten belegen nachdrücklich, daß dem nuancierten Einsatz der Stimme, dem gestischen Verhalten und dem Spiel mit den Requisiten größte Bedeutung zukam. Man »murmelt«, »schreit«, »redet gar schwechlich«, »weint«, »trotzt und singet«, »seufzt« und »lacht«; man »zittert und bebt«, blickt »saur«, sieht »zornig aus«, »winket mit dem Haupte niederwärts«, »siehet erbärmlich gegen den Himmel«,

»sitzt betrübt, hat den Kopf in die Hand gelegt«, »gehet in schweren Gedanken«, »kratzt sich bei den Haaren«, »wirket die Hände«, »reißt das Wambs auf«; man »macht mit dem Stecken ein Circul um sich, schlägt das Buch auf«, »bringet die Krone, küsset sie und gibt sie dem König«, »ziehet sein Schwert«, »setzet ihr das Rappier auf die Brust, ziehet ihn wieder zurück«. Auch blutige Effekte scheut man nicht: »laufft mit dem Kopf an die Wand, daß das Blut unter dem Hut herfür tringet, welches mit einer Blase gar wohl gemacht werden kann«; »Titus schneidet ihm die Gurgel, das Blut wird aufgefangen, darnach todt an die Erden gelegt«.[106]

Wenn man davon ausgeht, daß in den Texten nur ein Bruchteil der gestischen und szenischen Aktionen notiert ist, die auf der Bühne ausgeführt wurden, wird unmittelbar einsichtig, worin das unerhört Neue, ja Sensationelle bestand, das die englischen Komödianten in ihren Aufführungen der Öffentlichkeit präsentierten: Hier avancierte der geschulte, durchtrainierte und kunstvoll eingesetzte menschliche Körper zum dominanten Bedeutungsträger. Der Körper trat in gewisser Weise an die Stelle des Wortes.

Insofern braucht es nicht wunderzunehmen, daß die Schauspieler ein ähnliches Aufsehen erregten wie die Springer, Seiltänzer und andere Akrobaten[107]: Beide Berufsgruppen haben eine vollkommene Körperbeherrschung als Voraussetzung für die erfolgreiche Ausübung ihres Metiers. Während die Akrobaten durch sie eine schier unglaubliche Naturbeherrschung am Menschen demonstrieren, transformieren die Schauspieler mit ihrer Hilfe die sinnliche Natur des Körpers in ein System von Zeichen, in eine allen verständliche Sprache. Die kulturgeschichtliche Bedeutung der Wanderbühne scheint in diesen Zusammenhängen ihren Ursprung und ihre Begründung zu finden.

Um sie angemessen einschätzen zu können, fehlt uns allerdings noch ein ganz gewichtiger Aspekt: die Figur des Narren.

1.3.4 Pickelhering, Harlekin, Hanswurst

Bereits bei den ersten Aufführungen der englischen Komödianten in Deutschland nahm der Clown eine exponierte Stellung ein; nicht umsonst behielt sich seinen Part meist der Prinzipal selbst vor. Solange noch in englischer Sprache gespielt wurde, fiel dem Narren die Aufgabe zu, für eine störungsfreie und erfolgreiche Kommunikation zwischen Bühne und Zuschauern zu sorgen. In einer Münsteraner Chronik findet sich unter dem Datum des 26. November 1599 (oder 1601) folgende in dieser Hinsicht äußerst aufschlußreiche Eintragung: »Sie hetten bei sich einen schalckes narren, so in duescher sprache vielle boetze und geckerie machede under den ageren, wan sie einen neuwen actum wolten anfangen und sich umbkledden, darmidt ehr das volck lachent machede.«[108]

Der Narr hatte dem Publikum während der Pausen zwischen den Akten die Zeit auf möglichst unterhaltsame Weise zu vertreiben. Sein Aufgabenbereich weitete sich schnell aus. In den meisten Stücken übernahm er auch die Rolle einer handelnden Person und die Auftritte zwischen den Akten schwollen zu regelrechten Zwischenspielen an. Die komische Figur war allgegenwärtig, ja konnte bisweilen zur Hauptattraktion für das Publikum werden. Die Wandertruppen versäumten es daher auch nicht, in ihren Ankündigungen ausdrücklich auf den Narren hinzuweisen. Robert Reynolds Truppe reiste 1627 unter der Bezeichnung »bicklingsherings compagnie«; 1654 annoncierte Jolly seine Aufführung unter der Überschrift »Der rechte Englische Pickelhäring«. Die deutschen Komödianten verzichteten auf ihren Theaterzetteln ebensowenig auf den Zusatz »mit ihrem kurtzweiligen Pickelhäring«.[109] Wenn sich auch zu Beginn des 18. Jahrhunderts der Name der komischen Figur änderte, erhielt sich doch diese Art der Ankündigungspraxis bis weit in das Jahrhundert hinein. Das große Publikum wurde vom Narren angezogen.

Bei den englischen Komödianten, die 1592 nach Deutschland kamen, spielte Thomas Sackville die Rolle des Clowns. Unter dem Namen Jan Bouset oder auch Posset gewann er in wenigen Jahren eine geradezu legendäre Berühmtheit.[110] Herzog Heinrich Julius von Braunschweig, der seine Truppe engagiert hatte, fing nun an Dramen zu schreiben, in denen die komische Figur Jan eine prominente Rolle spielte. Nach dem ersten Aufenthalt der Sackville-Truppe in Nürnberg führte Jakob Ayrer in seine Fastnachtspiele die Figur des komischen Dieners Jahn ein.

Name und Kostüm der komischen Figur avancierten zu ihrem Markenzeichen. In Marx Mangolds Frankfurter Messegedicht

Markschiffs-Nachen aus dem Jahre 1597 heißt es über Sackvilles Jan:

> Wie der Narr drinnen, Jan genennt,
> Mit Bossen war so excellent:
> Welches ich auch bekenn fürwar,
> Dass er damit ist Meister gar.
> Verstellt also sein Angesicht,
> Dass er keim Menschen gleich mehr sicht,
> Auff tölpisch Bossen ist sehr geschickt,
> Hat Schuch, der keiner jhn nicht drückt,
> In seinen Hosen noch einer hett Platz,
> Hat dran ein ungehewren Latz.
> Sein Juppen jhn zum Narren macht.
> Mit der Schlappen, die er nicht acht,
> Wann er da fangt zu löffeln an,
> Vnd dünkt sich sein ein fein Person.[111]

Der Narr konnte verschiedene Namen und Kostüme tragen. Er trat außer als Jan Bouset auch als Hans Knapkäse auf, als Junker Hans von Stockfisch, als Hans Supp oder in einer französischen Variante als Jean Potage (alias Schampitasche), als Hans Wurst, Wursthänsel, Hans Leberwurst, Peter Leberwurst, Schapin u.a.m. Ab 1615 ist der Name Pickelhering aktenkundig[112], der sich im 17. Jahrhundert gleichsam als Synonym für »Komische Figur« durchgesetzt zu haben scheint. Popularisiert wurde er von Robert Reynolds, der unter diesem Namen jahrelang den Clown gespielt hat. Die Ausgabe der *Englischen Comedien und Tragedien* aus dem Jahre 1620 führt den Pickelhering sogar auf dem Titelblatt: »Engelische Comedien und Tragedien. Das ist: Sehr schöne herrliche und auserlesene geist- und weltliche Comedi und Tragedi Spiel / Sampt dem Pickelhering.« Entsprechend wurde die Sammlung allgemein als »Pickelherings Sammlung« angesprochen. Das ganze 17. Jahrhundert hindurch blieb dieser Name das eingeführte Markenzeichen. Erst zu Beginn des 18. Jahrhunderts wurde er durch andere ersetzt: Leonhard Andreas Denner warb spätestens ab 1707 für seine komische Figur mit dem Namen eines »teutschen Arlechin« und Josef Anton Stranitzky nannte sich ab 1708 »Wienerischer Hanswurst«. Die Namen Harlekin und Hanswurst avancierten dann im 18. Jahrhundert zu Synonymen für die komische Figur.

Wie Helmut Asper[113] überzeugend nachgewiesen hat, dienen die verschiedenen Namen des Narren keineswegs der Abgrenzung verschiedener Typen von komischen Figuren voneinander, wie das etwa in der Commedia dell'arte der Fall ist. Sie figurieren vielmehr nur als unterschiedliche Verkleidungen eines einzigen, im Prinzip immer gleichen Typus, der sich in seinen wesentlichen Charakteristika von Jan Bouset über Pickelhering bis zu Harlekin und Hanswurst nicht geändert hat.

Zu den hervorstechendsten Merkmalen der komischen Figur gehören ihre bäuerliche Herkunft und ihre durch und durch materialistische Weltsicht. Sie kennt keine Moral; für Geld, ein gutes Essen, eine Flasche Wein oder zur Vermeidung von Prügeln würde sie selbst ihre Großmutter dem Teufel verkaufen. So übernimmt der Narr in vielen Stücken auch mitleidslos den Part des Henkers, wenn sich dies für ihn auszuzahlen scheint. Geht es ihm selbst an den Kragen, erweist er sich als ungeheuer feige, was auch durch seine monströsen Aufschneidereien nicht verdeckt werden kann. Schier unersättlich ist nun in der Tat die Freß- und Sauflust der komischen Figur, verbunden mit einer an den ungeeignetsten Orten lustvoll und demonstrativ vollzogenen Ausscheidung, sowie eine triebhafte, auf sofortiger Befriedigung bestehende Sexualität. Reden und Gesten des Narren wimmeln nur so von mehr oder weniger zweideutigen Anzüglichkeiten, die unmißverständlich dem Fäkal- und Sexualbereich zuzuordnen sind.

Tritt die komische Figur als Diener auf, so reklamiert dieser meist Gleichheit mit seinem Herrn, wenn nicht gar Überlegenheit über ihn, der er in grobianischer Weise Ausdruck verleiht. Von seiner Verkehrung der Verhältnisse wird allerdings die tatsächliche soziale Hierarchie niemals ernsthaft in Frage gestellt, geschweige denn bedroht.

Die Merkmale, die Asper auf Grund der Untersuchung einer Fülle von Spieltexten für die komische Figur zusammengestellt hat, stimmen in auffallender Weise mit den Charakteristika des Nürnberger Fastnachtspiels aus dem 15. Jahrhundert überein.[114] Wie den Personen dieser Spiele geht es der komischen Figur der Wanderbühne – nun jedoch nicht nur sprachlich, sondern vor allem auch gestisch ausgedrückt – um die schrankenlose Befriedigung der vitalen Bedürfnisse in ungetrübtem Lebens-, Liebes- und Leibesgenuß. Insofern kann es auch nicht wundernehmen, daß die Stadtväter, die, wie in Nürnberg, erfolgreich gegen die »unzuchtigen schamparn reimen« im Fastnachtspiel zu Felde gezogen waren, nun unnachsichtig auf »Züchtigkeit« der Aufführungen bestanden, sich strikt gegen die »Zodden« und das »läppigte Gezeug« der komischen Figur wendeten und sich sogar nicht scheuten, wegen ihrer »schandbarn Sachen« das Spiel zu unterbrechen und das Weiterspielen rigoros zu verbieten.[115]

Zwischen der komischen Figur der Wanderbühne und den Personen der frühen Fastnachtspiele besteht nun allerdings ein grundlegender Unterschied. Während die Figuren des Fastnachtspiels alle die oben aufgelisteten Merkmale mehr oder weniger ausgeprägt aufweisen, wird der komischen Figur durch sie ihre Funktion in einer spezifischen Personenkonstellation zugewiesen, welche den Narren einerseits zum Helden, andererseits zu dessen Gegenspieler in Opposition setzt.

Der Held bewährt und behauptet sich, wie oben ausgeführt, in Fortunawechsel, Scheinhaftigkeit und Ansturm der Affekte. Für diese heroische Haltung hat die Schauspielkunst eine körperliche Repräsentation geschaffen: Der Held realisiert zwar alle für den jeweiligen Affekt vorgesehenen Repräsentationen unmißverständlich und wirkungsvoll, er gibt dabei jedoch nur in den seltensten Fällen seine Grundhaltung auf: die kontrapostische Stellung, bei der die Haltung jedes Gliedes und jeder Körperpartie bis in die unterschiedlichen Krümmungen der einzelnen Finger hinein genau vorgeschrieben und geregelt ist.[116] Indem der Held sich als fähig zeigt, seinen Körper nach diesen Regeln zu halten und zu bewegen, beweist er dem Zuschauer höchst effektvoll, daß er auch die heftigsten Affekte, die auf ihn einstürmen mögen, letztlich unter Kontrolle behält. Sein Gegenspieler dagegen, häufig ein Tyrann oder ein Wahnsinniger, wird dadurch charakterisiert, daß er den Regeln nicht zu folgen vermag: Er rennt quer über die Bühne, schlägt den Kopf an die Wand (daß das Blut herausspritzt), wälzt sich am Boden und beweist so dem Zuschauer augenfällig, daß er den Affekten hilflos ausgeliefert ist.

Beide Typen sowie ihre Repräsentationen durch die Schauspielkunst haben nun – als positives und als abschreckendes Exempel – die Funktion, in ein neues Verhaltensideal einzuüben. Wie Norbert Elias gezeigt hat, wurden bei der Ablösung des Kriegeradels durch einen höfischen Adel im 17. Jahrhundert neue Eigenschaften und Fähigkeiten verlangt: »Überlegung, Berechnung auf längere Sicht, Selbstbeherrschung, genaueste Regelung der eigenen Affekte, Kenntnis der Menschen und des gesamten Terrains werden zu unerläßlichen Voraussetzungen des sozialen Erfolges.«[117]

Es läßt sich nicht übersehen, daß diese Eigenschaften von der barocken Schauspielkunst verlangt und durch ihre Ausübung entwickelt und perfektioniert wurden. Wenn man bedenkt, daß in den katholischen Ordens- und protestantischen Schultheatern der Nachwuchs der gesellschaftlichen Elite durchs Schauspielen gedrillt und so im Sinne der Ideale seiner Schicht erzogen wurde, kann über einen zivilisatorischen Effekt (im Sinne Elias') der barocken Schauspielkunst auf die sie ausübenden Zöglinge wohl kaum Zweifel bestehen.

Indem die Wanderbühnen den Helden in seiner vollkommenen Affekt- und Körperbeherrschung vorführten, propagierten und popularisierten sie das neue Verhaltensideal. Dazu trug vor allem die professionelle Schauspielkunst bei, die den Körper in perfekter Kontrolle und Beherrschung in ein System von Repräsentationen umformte, die vom Zuschauer unmittelbar verstanden werden konnten. Insofern geht die Behauptung sicher nicht zu weit, daß die Wanderbühnen den Prozeß der Zivilisation im 17. Jahrhundert befördert und vorangetrieben haben. Diese Funktion und Leistung der Komödianten wurde von den Stadtvätern ebenso wie von den Fürsten durchaus begrüßt und auch entsprechend honoriert.

Nur in Relation zu dieser Funktion lassen sich Funktion und Leistung der komischen Figur bestimmen. Die komische Figur will sich nicht in Scheinhaftigkeit und Fortunawechsel bewähren, sie strebt vielmehr danach zu überleben, indem sie sich ihnen bedenkenlos und ohne jede Moral anpaßt. Statt von Affekten wird sie von materiellen Begierden bestimmt, die sie auch nicht zu beherrschen und zu kontrollieren, sondern möglichst umstandslos zu befriedigen sucht. Der Narr verstößt dabei gegen alle Regeln der Schauspielkunst: Er rennt quer über die Bühne, knickt die Knie ein, kippt den Oberkörper nach vorne, zeigt den nackten Allerwertesten, läßt die Hände dauernd unterhalb der Gürtellinie agieren und macht eine obszöne Geste nach der anderen. Dem beherrschbaren und beherrschten Körper des Helden setzt der Narr den grotesken Leib des Karnevals entgegen. Dies ist seine eigentliche Leistung. Denn mit dem Verlust seiner rituellen Funktion im städtischen Fest ist der karnevaleske Leib aus der gesellschaftlichen Ordnung der Städte ausgegrenzt, auch wenn de facto bei breiten Bevölkerungsschichten weiterhin noch latent oder sogar offen entsprechende Bedürfnisse virulent sein mögen. Die komische Figur der Wanderbühne holte das Ausgegrenzte in den Rahmen der Gesellschaft zurück. Sie übernahm damit eine Entlastungsfunktion für diejenigen Zuschauer, die sich dem Druck des Zivilisationsprozesses, den Anforderungen der neuen Verhaltensideale noch nicht gewachsen fühlten.

Bezeichnenderweise wurde diese vitale Funktion des Narren zuerst von einem Fastnachtspieldichter erkannt. Jakob Ayrer ergriff nach Jan Bousets erstem Auftreten in Nürnberg sofort die sich hier eröffnende Möglichkeit, mit der Figur seines komischen Dieners Jahn für das von den Stadtvätern Unterdrückte eine Zuflucht und ein Ventil zu schaffen. Als nächstes gewannen natürlich die argwöhnischen städtischen Eliten Einsicht in die Funktion der komischen Figur. Solange der Narr sie allerdings in den von ihnen gesetzten Grenzen erfüllte, zeigten sie ihm gegenüber eine gewisse Nachsicht, zumal sein Auftreten stets an das Auftreten des Helden gekoppelt war.

Die Wanderbühnen des 17. Jahrhunderts hatten also im Prozeß der Zivilisation eine zweifache Funktion übernommen: Zum einen trieben sie ihn voran, indem sie Affektkontrolle und Körperbeherrschung propagierten und demonstrierten, und zum anderen hielten sie für diejenigen ein Ventil und eine Entlastung bereit, die den vom Prozeß der Zivilisation an sie gestellten Anforderungen nicht oder nur mit Mühe nachzukommen vermochten, bzw. erwiesen sich als Kompensation für die vom Zivilisationsprozeß auferlegten und durchaus erfolgreich, wenn auch unter schwersten Anstrengungen realisierten Selbstbeschränkungen.

Die Wanderbühnen erfüllten diese doppelte, kulturgeschichtlich bedeutsame Funktion im 17. Jahrhundert ohne nennenswerte Anfeindungen offensichtlich zur allgemeinen Zufriedenheit. Erst in den achtziger Jahren kündigte sich mit dem Aufkommen des Pietismus eine prinzipielle Veränderung an. Die Pietisten identifizierten das Theater mit der zweiten Funktion, der sie jegliche Berechtigung absprachen, und wollten es daher ganz und gar abschaffen. Die aufgeklärten Künstler und Gelehrten des frühen 18. Jahrhunderts dagegen stimmten zwar mit ihnen insofern überein, als sie die zweite Funktion ebenfalls für überflüssig hielten; sie wollten jedoch das Theater entsprechend reformieren. Der Streit um die komische Figur, erst noch um Pickelhering, dann um Harlekin und Hanswurst, zeigt in jedem Fall an, daß der Prozeß der Zivilisation in eine neue Phase eingetreten war. Die Entlastungs- bzw. Kompensationsfunktion des Narren wurde nun von der bürgerlichen Elite in ihrer Notwendigkeit oder wenigstens doch Legitimität bestritten und der Versuch unternommen, den Narren ganz von der Bühne zu vertreiben. Dies gelang dauerhaft allerdings erst im Laufe der zweiten Hälfte des 18. Jahrhunderts – in Wien sogar erst nach dem Tode des letzten großen Narren des von Stranitzky begründeten Wiener Volkstheaters, nach dem Tode des »Kasperls« Johann Laroche (1806).

2. Theater als Forum bürgerlicher Öffentlichkeit

2.1 Von der Wanderbühne zum Nationaltheater

2.1.1 Theater als moralische Anstalt

In ihrer Verteidigung des Theaters hatte die Witwe Velten unter anderen zwei Argumente angeführt, die sich implizit auf die Stadt und auf den Hof bezogen: den möglichen moralischen Nutzen der Komödien, die »nichts sein / als lebhaffte Tugend- und Laster-Spiegel«, und die »zuläßige Gemüths-Ergötzung vornehmer und begürteter Personen«. Beide Argumente wurden von den Apologeten des Theaters im 18. Jahrhundert aufgegriffen und in spezifischer Weise modifiziert.

In seiner 1729 gehaltenen Rede *Die Schauspiele und besonders die Tragödien sind aus einer wohlbestellten Republik nicht zu verbannen* definiert Johann Christoph Gottsched (1700–1766), Magister der Philosophie sowie Senior der »Teutschübenden-poetischen Gesellschaft« in Leipzig und ab 1730 außerordentlicher Professor für Poesie und Beredsamkeit an der Universität Leipzig, die Tragödie folgendermaßen:

> Die Tragödie ist [...] ein Bild der Unglücksfälle, die den Großen dieser Welt begegnen und von ihnen entweder heldenmütig und standhaft ertragen oder großmütig überwunden werden. Sie ist eine Schule der Geduld und Weisheit, eine Vorbereitung zu Trübsalen, eine Aufmunterung zur Tugend, eine Züchtigung der Laster. Die Tragödie belustiget, indem sie erschrecket und betrübet. Sie lehret und warnet in fremden Exempeln; sie erbauet, indem sie vergnüget, und schicket ihre Zuschauer allezeit klüger, vorsichtiger und standhafter nach Hause.[1]

Diese Definition stimmt in ihren Grundzügen vollkommen mit den Ausführungen überein, die der Philosoph Christian Wolff bereits 1721 über die Schaubühne gemacht hatte:

> [...] so sind Comödien und Tragödien sehr dienlich zur Besserung des Menschen, wenn die Tugenden und Laster nach ihrer wahren Beschaffenheit vorgestellet werden, absonderlich aber darauf gesehen wird, daß man zeiget, wie die freudigen Begebenheiten aus der Tugend, hingegen die Trauerfälle aus den Lastern kommen [...].[2]

Die hier zugrundeliegende Vorstellung vom Theater als einer Sittenschule wurde in den ersten Dekaden des 18. Jahrhunderts offensichtlich so oft geäußert und wiederholt, daß sie bereits in den vierziger Jahren zum Gemeinplatz geworden war. In Zedlers *Großem vollständigen Universal-Lexikon aller Wissenschaften und Künste* wird 1742 unter dem Eintrag »Schau-Spiel« erläutert, daß der Zuschauer hier »in eine Schule geführet [wird], daraus er sich die besten Lehren holen, und die schönsten Regeln machen kann [...] Und wenn er nur mit Aufmerksamkeit vor die Schaubühne tritt, und den Vorsatz hat, alles zu seinem Nutzen anzuwenden, so wird auch das Schauspiel helffen.«[3]

Das Argument des Theaters als einer Sittenschule für den Bürger, als einer moralischen Anstalt wurde das ganze Jahrhundert hindurch in immer neuen Variationen wiederholt. Zur Eröffnung des Hamburger Nationaltheaters am 22. April 1767 sprach Madame Löwen einen von ihrem Mann verfaßten Prolog, in dem es u.a. heißt:

O sagt, ist diese Kunst, die so eur Herz zerschmelzt,
Der Leidenschaften Strom so durch eur Inners wälzt,
Vergnügend, wenn sie rührt, entzückend, wenn sie schrecket,
Zu Mitleid, Menschenlieb' und Edelmut erwecket,
Die Sittenbilderin, die jede Tugend lehrt,
Ist die nicht eurer Gunst und eurer Pflege wert?

Die Fürsicht sendet sie mitleidig auf die Erde,
Zum Besten des Barbars, damit er menschlich werde;
Weiht sie die Lehrerin der Könige zu sein,
Mit Würde, mit Genie, mit Feur vom Himmel ein;
Heißt sie, mit ihrer Macht, durch Tränen zu ergötzen,
Das stumpfeste Gefühl der Menschenliebe wetzen;
Durch süße Herzensangst, und angenehmes Graun
Die Bosheit bändigen und an den Seelen baun;
Wohltätig für den Staat, den Wütenden, den Wilden
Zum Menschen, Bürger, Freund und Patrioten bilden.[4]

Schiller endlich faßte in seinem 1784 vor der Kurfürstlichen deutschen Gesellschaft zu Mannheim gehaltenen Vortrag über die Frage *Was kann eine gute stehende Schaubühne eigentlich wirken?* das Argument in den Worten zusammen: »Die Schaubühne ist mehr als jede andere öffentliche Anstalt des Staates eine Schule der praktischen Weisheit, ein Wegweiser durch das bürgerliche Leben, ein unfehlbarer Schlüssel zu den geheimsten Zugängen der menschlichen Seele«.[5] Die Eignung und Fähigkeit des Theaters, als moralische

Anstalt des Bürgertums zu fungieren, scheint durch jahrelange Erfahrung bewiesen und jedem Zweifel enthoben zu sein.

Während die Witwe Velten das zweite Argument, die »zuläßige Gemüths-Ergötzung vornehmer und begürteter Personen«, nicht weiter ausgeführt hatte, formulierte Gottsched es in seiner genannten Rede mit Worten, deren republikanische Stoßrichtung unüberhörbar ist:

> Freilich ist es so, ihr Monarchen, Kaiser, Könige, Fürsten und Herren: Ihr Großen und Gewaltigen dieser Erden. Die Wahrheit dringet fast nicht anders vor eure Augen und Ohren, als durch die Bilder der Poeten; [...].
> Die Wahrheit, welche in ihrer natürlichen Gestalt durch eure Leibwachten und Trabanten nicht durchdringen kann, sieht sich genötiget, von der göttlichen Melpomene ihr tragisches Kleid zu erborgen. Da tritt sie denn, in Gestalt alter Helden, auf die Schaubühne. Da prediget sie euch mit Nachdruck von der wahren Größe der Prinzen; von der Nichtigkeit aller weltlichen Hoheit; von der Abscheulichkeit der Tyrannei! Da lehrt sie euch, ihr Götter dieser Erden, daß ihr auch Menschen seid; und zwinget oft auch einen Phalaris, Tränen zu vergießen, wenn ihm Stesichorus die grausame Seele durch eine bewegliche Vorstellung empfindlich gemachet hat.[6]

Auch dies Argument avancierte im Laufe des Jahrhunderts zu einem gängigen Topos, der allerdings in seiner Verbreitung und allgemeinen Konsensfähigkeit weit hinter dem des Theaters als einer Sittenschule zurückblieb. Im Prolog zur Eröffnung des Hamburger Nationaltheaters wurde das »republikanische« Argument in folgender Form aufgegriffen:

> Wenn der, den kein Gesetz straft oder strafen kann,
> Der schlaue Bösewicht, der blutige Tyrann,
> Wenn der die Unschuld drückt, wer wagt es, sie zu decken?
> Den sichert tiefe List, und diesen waffnet Schrecken.
> Wer ist ihr Genius, der sich entgegenlegt? –
> Wer? Sie, die itzt den Dolch, und itzt die Geißel trägt,
> Die unerschrockne Kunst, die allen Mißgestalten
> Strafloser Torheit wagt den Spiegel vorzuhalten;
> Die das Geweb' enthüllt, worin sich List verspinnt,
> Und den Tyrannen sagt, daß sie Tyrannen sind;
> Die, ohne Menschenfurcht, vor Thronen nicht erblödet,
> Und mit des Donners Stimm' ans Herz der Fürsten redet;
> Gekrönte Mörder schreckt, den Ehrgeiz nüchtern macht,
> Den Heuchler züchtiget und Toren klüger lacht;
> Sie, die zum Unterricht die Toten läßt erscheinen,
> Die große Kunst, mit der wir lachen, oder weinen.[7]

Wieder war es Schiller, der in seiner bereits zitierten Rede auch dieses Argument in bündigen Worten zusammenfaßte und zugleich präzisierte:

Und dann endlich – welch ein Triumph für dich, Natur – so oft zu Boden getretene, so oft wieder auferstehende Natur – wenn Menschen aus allen Kreisen und Zonen und Ständen, abgeworfen jede Fessel der Künstelei und der Mode, herausgerissen aus jedem Drange des Schicksals, durch *eine* allwebende Sympathie verbrüdert, in *ein* Geschlecht wieder aufgelöst ihrer selbst und der Welt vergessen und ihrem himmlischen Ursprung sich nähern. Jeder einzelne genießt die Entzückungen aller, die verstärkt und verschönert aus hundert Augen auf ihn zurückfallen, und seine Brust gibt jetzt nur *einer* Empfindung Raum – es ist diese: ein *Mensch* zu sein.[8]

Dem Theater wird hier vorbehaltlos die Fähigkeit zugesprochen, nicht nur – wie Gottsched und Löwen es postuliert hatten – den absolutistischen Herrscher zum aufgeklärten Fürsten und Vater seines Volkes zu erziehen, sondern die prinzipielle Gleichheit aller Menschen jenseits der bestehenden gesellschaftlichen Stände faktisch – wenn auch nur für die begrenzte Zeit der Aufführung – zu verwirklichen.

Die Schriftsteller, Künstler und Gelehrten, kurz, die Intellektuellen des 18. Jahrhunderts begriffen und definierten das Theater übereinstimmend als ein Instrument der Aufklärung. Seine Aufgabe sollte es sein, sowohl den Bürger als auch den Fürsten zu erziehen, zu belehren und zu bessern. Das Theater sollte insofern als wirkungsvolles Instrument für die Durchsetzung der Emanzipationsbestrebungen des Bürgertums eingesetzt werden.

Nun bestand zwar hinsichtlich der generellen und prinzipiellen Eignung des Theaters zur Realisierung dieser Ziele kein Zweifel; wohl aber wurde sie den bestehenden deutschen Wandertruppen abgesprochen. Diese zogen immer noch unter ähnlichen Bedingungen wie im 17. Jahrhundert durch das Land. Im günstigsten Fall mit einem landesherrlichen Privilegium versehen, schlugen sie zu Messezeiten in den Städten ihre Buden auf und wurden teilweise auch direkt von dem sie privilegierenden Hof in seine Dienste genommen. Im allgemeinen allerdings zogen die Höfe für ihre eigene Unterhaltung französische Schauspieltruppen und italienische Operisten- und Ballettgesellschaften vor.

Unter den vergleichsweise bedeutend schlechteren Bedingungen leisteten aber auch deutsche Wandertruppen durchaus Beachtliches, wie selbst Gottsched zugeben mußte. Im 44. Stück der von ihm herausgegebenen moralischen Wochenschrift *Vernünftige Tadlerinnen* schreibt er im Oktober 1725:

In Wahrheit, die vormalige Hakische oder itzige Hofmannische Bande ist mit so geschickten Personen versehen, daß sie in Deutschland kaum ihres gleichen haben wird. Die meisten wissen allerley Charactere, Stände, Alter, Lasten und

Tugenden so wohl vorzustellen, daß man rechte Meisterstücke von ihnen siehet. Sie haben in vielen von ihren Lust- und Trauerspielen nicht nur die Belustigung ihrer Zuschauer, sondern auch ihren Nutzen zur Absicht: Denn sie stellen die gemeinen Fehler der Menschen auf eine so lebhafte Art vor, daß selbst diejenigen, so damit behaftet sind, ihren Uebelstand erkennen müssen. Ich sage, in vielen von ihren Spielen; nicht aber in allen.[9]

Die nachfolgenden Vorbehalte, die Gottsched anführt, betreffen vor allem die »Harlekine« und »Scaramutze« der Stegreifspiele, die »mit ihren zweydeutigen Zoten alle Regeln der Sittsamkeit und Ehrbarkeit« verletzen. Da also auch die besten Wandertruppen derartige gravierende Mängel aufwiesen, konnten die Ziele der bürgerlichen Intellektuellen nur durch eine umfassende Reform des Theaters erfüllt werden. Das entsprechende Reformprogramm, das Gottsched, J. E. Schlegel, Lessing u.a. formulierten, enthielt als wichtigste Punkte:

1. eine durchgreifende Literarisierung des Theaters, welche die Verantwortung für die vom Theater zu übermittelnden »Inhalte« den Autoren zusprach;
2. eine Geschmacksveränderung des Publikums, in deren Dienst auch die journalistische Theaterkritik gestellt werden sollte;
3. Unabhängigkeit des Theaters von der Kasse, die durch Gründung stehender, von der öffentlichen Hand zu subventionierender Theater erreicht werden sollte.

Da dies Reformprogramm auf die spezifisch bürgerliche Funktionszuweisung des Theaters bezogen war, soll der Prozeß seiner Umsetzung und Realisierung mit einem *sozialgeschichtlichen Ansatz* untersucht werden.

2.1.2 Literarisierung des Theaters

Das Repertoire der deutschen Wandertruppen bestand zu Beginn des 18. Jahrhunderts keineswegs nur aus »lauter schwülstigen und mit Harlekins Lustbarkeiten untermengten Haupt- und Staatsaktionen, lauter unnatürlichen Romanstreichen und Liebesverwirrungen, lauter pöbelhaften Fratzen und Zoten«[10], wie Gottsched polemisch und zu seiner eigenen Rechtfertigung in seiner *Vorrede zum »Sterbenden Cato«* (1732) behauptet. Wie im vorigen Kapitel (1.3) ausgeführt, enthielt es vielmehr eine repräsentative Auswahl aus der europäischen dramatischen Literatur; auch wurden die Dramen, wenn die Kundschaft dies wünschte, ohne extemporierte Einschübe »Wort für Wort« nach der gedruckten Vorlage gespielt. Von einer »Verwilderung« der Schaubühne, wie sie die Forschung gern in Anlehnung an Gottsched behauptet, kann insofern keine Rede sein.

Andererseits ist Gottscheds Polemik vom Standpunkt der Frühaufklärung aus vollkommen berechtigt und verständlich. Ihre Stoßrichtung zielt nicht nur auf das Stegreifspiel der Harlekine und Hanswurste, sondern auf alles, was gegen die »Regeln der Vernunft« verstößt. Insofern verfällt Shakespeare erbarmungslos Gottscheds Verdikt:

> Die Unordnung und Unwahrscheinlichkeit, welche aus dieser Hindansetzung der Regeln entspringen, die sind auch bey dem Schakespear so handgreiflich und ekelhaft, daß wohl niemand, der nur je etwas vernünftiges gelesen, daran ein Belieben tragen wird [...]. Er wirft darinnen alles untereinander. Bald kommen die läppischen Auftritte von Handwerkern und Pöbel, die wohl gar mit Schurken und Schlüngeln um sich schmeissen, und tausend Possen machen; bald kommen wiederum die größten römischen Helden, die von den wichtigsten Staatsgeschäften reden.[11]

Auch die spanische *comedia* wird ohne jede Nachsicht verurteilt:

> Alle Gespräche und Redensarten sind so hochtrabend, daß sie alle gesunde Vernunft übersteigen. Man sagt da nicht, daß der Mittag vorüber sey; sondern daß der Monarch der Gestirne den Mittagswirbel schon überstiegen habe. Ein Ritter liebet eine Prinzeßinn nicht, sondern, die Pflanze ihrer Annehmlichkeiten schlägt in dem Erdreiche seines Herzens tiefe Wurzeln, u.d.m.[12]

Gottscheds schärfste Kritik richtet sich allerdings gegen die Oper, die er kompromißlos ablehnt:

Einmal ist gewiß, daß die Handlungen und dazugehörigen Fabeln, mit den alten Ritterbüchern und schlechten Romanen mehr Aehnlichkeit haben; als mit der Natur, so, wie wir sie vor Augen haben. Wenn wir eine Oper in ihrem Zusammenhang ansehen, so müssen wir uns einbilden, wir wären in einer andern Welt: so gar unnatürlich ist alles. Die Leute denken, reden und handeln ganz anders, als man im gemeinen Leben thut: und man würde für närrisch angesehen werden, wenn man im geringsten Stücke so lebete, als es uns die Opern vorstellen. Sie sehen daher einer Zauberey viel ähnlicher als der Wahrheit, welche Ordnung und einen zulänglichen Grund in allen Stücken erfordert [...]. Ich schweige noch der seltsamen Vereinbarung der Musik, mit den Worten der Redenden. Sie sprechen nicht mehr, wie es die Natur ihrer Kehle, die Gewohnheit des Landes, die Art der Gemüthsbewegungen und der Sachen, davon gehandelt wird, erfordert: sondern sie dehnen, erheben, und vertiefen ihre Töne nach den Phantasien eines andern. Sie lachen und weinen, husten und schnupfen nach Noten. Sie schelten und klagen nach dem Tacte; und wenn sie sich aus Verzweiflung das Leben nehmen, so verschieben sie ihre heldenmäßige That so lange, bis sie ihre Triller ausgeschlagen haben. Wo ist doch das Vorbild dieser Nachahmungen? Wo ist doch die Natur, mit der diese Fabeln eine Ähnlichkeit haben?[13]

Hier werden bereits die Gründe vorformuliert, die später zu einer scharfen Trennung zwischen dem Theater des Adels und dem Theater der Bürger führen sollten: Die Oper als Inbegriff der Unnatur und gespreizten Künstlichkeit mag durchaus als angemessene Kunstform für die Repräsentation des Adels gelten, während im dramatischen Theater sich eine an der Natur orientierte Kunstform herausbildet, die in besonderer Weise geeignet erscheint, dem Selbstverständnis und wachsenden Selbstbewußtsein des Bürgertums Ausdruck zu verleihen. Bei Gottsched allerdings nimmt die Kritik an der Oper noch nicht diese Richtung. Sie bezieht sich vielmehr ausschließlich auf das in ihr realisierte Unwahrscheinliche, das gegen die Regeln der Vernunft verstößt.

Das Theater hat nach Gottsched jedoch das Gebot des Wahrscheinlichen als des Natürlichen und Vernünftigen strikt zu beachten. Darüberhinaus muß es den Anforderungen des guten Geschmacks genügen. Denn der Geschmack ist seinerseits auf die vernunftbestimmten Regeln bezogen. »Und eben damit die Wahl desto sicherer getroffen werden könne, hat der Geschmack die Regeln erfunden und vorgeschlagen.«[14] Die Regeln aber sind selbst »unveränderlich in dem Vorbild der Natur«[15] begründet. Dieser normative gute Geschmack fungiert als Instanz des ästhetischen Urteils. Er ist befähigt, die objektive Richtigkeit der Nachahmung festzustellen, weil er sie auf das vorgegebene Kriterium des Decorum zu beziehen vermag. Als »guten Geschmack« definiert Gottsched daher denjenigen, »der mit den Regeln übereinkommt, die von der Vernunft, in einer Art von Sachen, allbereit fest gesetzt werden«[16]. Natur und Gesellschaft gelten Gottsched wie allgemein dem Rationalismus der Frühaufklärung als von der Vernunft gesetzte Ordnungen. Die Kunst und speziell das Theater haben diese Ordnung nachzubilden, indem sie ihrerseits eine Ordnung nach den Regeln der Vernunft herstellen. Der Bürger, für den Gottsched sein Theater konzipierte, war der vernünftige Bürger, der durch eine regelmäßige Dramatik über die Natur und Gesellschaft zugrundeliegenden Regeln der Vernunft aufgeklärt werden wollte und sollte.

Literarisierung des Theaters meint also bei Gottsched nicht einfach Abschaffung des Stegreifspiels, der Oper und des Balletts, sondern die Einführung einer »nach den Regeln der Vernunft« verfaßten Dramatik. Gottsched propagierte daher als Modell für ein bürgerliches deutsches Theater die – für eine höfische Gesellschaft geschriebenen – Tragödien Corneilles, Racines und Voltaires; als erstes »Musterstück« der neuen Gattung verfaßte er selbst 1731 den *Sterbenden Cato*. Ziel seiner Reform des Theaters sollte es entsprechend sein, die Vielfalt des Repertoires der Wanderbühnen zugunsten der regelmäßigen Dramatik rigoros einzuschränken.

Es gelang Gottsched, für eine Zusammenarbeit die Prinzipalin Friederike Caroline Neuber (1696–1760) zu gewinnen. Sie galt nicht nur als eine der besten Schauspielerinnen ihrer Zeit[17], sondern hatte als Prinzipalin (ab 1727) selbst schon einige Reformen durchgeführt, die das Repertoire, die Ausstattung sowie andererseits das Verhalten der Schauspieler in der Öffentlichkeit betrafen. Ihre Truppe hatte bereits vor ihrer Bekanntschaft mit Gottsched einige regelmäßige Stücke aufgeführt, wie Pradons *Régulus*, Corneilles *Brutus* und *Cid* sowie Racines *Alexander und Porus*. Die Neuberin hoffte, durch die Zusammenarbeit mit Gottsched ihr Repertoire sowohl durch neue Übersetzungen französischer Dramen als auch durch deutsche »Originaldramen« erweitern zu können. Bis 1740 fügte sie ihm auch in der Tat eine Reihe von Übersetzungen der Dramen Corneilles, Racines und Voltaires hinzu, die größtenteils von Gottsched und seinem Kreis angefertigt waren, Gottscheds *Sterbenden Cato* (den sie mit großem Erfolg als erste auf die Bühne brachte) sowie einige weitere heute völlig vergessene »Originalstücke« von Georg Behrmann, Heinrich Gottfried Koch u.a. Nach dem Bruch mit Gottsched erweiterte die Neuberin ihr Repertoire noch um die Stücke der jüngeren sächsischen Dramatiker Johann Elias Schlegel, Johann Christian Krüger, Christian Leberecht Martini und Adam Gottfried Uhlich. Im Januar 1748 brachte sie als Uraufführung den *Jungen Gelehrten* heraus, das Erstlingswerk des 19jährigen Theologiestudenten Gotthold Ephraim Lessing.

Der Neuberschen Spielplanreform schloß sich Johann Friedrich Schönemann (1704–1782) mit seiner Truppe an. Er war 1730 in die Neubersche Gesellschaft eingetreten und hatte sich 1740 mit einer eigenen Truppe selbständig gemacht. In seinem Repertoire befanden sich zu dieser Zeit, wie er an Gottsched schrieb, mit dem er Zusammenarbeit suchte, folgende »regelmäßige Stücke, so wir im Stande sind, aufzuführen: 1. Der sterbende Cato./ 2. Iphigenia./ 3. Mithridates./ 4. Polyeuctes./ 5. Cinna./ 6. le Cid./ 7. Alzire./ 8. Machabaer./ 9. Herodes und Mariamne./ 10. Alexander und Porus./ 11. L'enfant prodigue./ 12. Le jaloux./ 13. Le malade imaginaire./ 14. Orestes und Pylades./ 15. Der heftige und ungestüme Freyer.«[18]

Schönemanns Repertoire war also im wesentlichen ähnlich strukturiert wie das der Neuberin. Es überwogen deutlich die »regelmäßigen« Stücke.

Dies änderte sich allerdings im Zuge einer Spielplanreform, die der Schauspieler Conrad Ekhof (1720–1778) in der Schönemannschen Truppe durchführte. Er gründete 1753 eine Schauspieler-Akademie, die nicht nur einer Spielplanreform dienen, sondern in der Diskussion wichtiger Traktate der Schauspielkunst zu einer theoretischen Fundierung und grundlegenden Verbesserung der Schauspielkunst führen sollte. Nicht zuletzt zielte sie – auch darin den Reformen der Neuberin vergleichbar – auf eine Anhebung der Reputation des Schauspielerstandes und damit auf eine neue Stellung des Theaters in der bürgerlichen Gesellschaft.

Auf verschiedenen Sitzungen der Akademie wurden eine Reihe von Stücken »cassiret«. Darunter fielen nicht nur Haupt- und Staatsaktionen (wie *Carl des 12ten Tod* oder *Papinianus*) und Relikte aus der Zeit der englischen Komödianten (wie *Tamerlan* und *Thomas Morus*), sondern auch Dramen aus der Gottsched-Schule: Gottscheds *Parisische Bluthochzeit*, Pradons *Régulus*, Corneilles *Polyeuct*, Voltaires *Oedipp* und *Mahomet*.[19] Der Begriff der Literarisierung hatte sich inzwischen merklich geändert.

Zur Zeit der Kooperation zwischen Gottsched und der Neuberin in den dreißiger Jahren war ihr erklärter gemeinsamer Feind der

Harlekin der Stegreifspiele. Gottsched wurde nicht müde, in den von ihm gegründeten moralischen Wochenschriften *Die vernünftigen Tadlerinnen* (1725/26) und *Der Biedermann* (1727/28) sowie in seinen späteren Schriften unnachsichtig gegen die »pöbelhaften Fratzen und Zoten« Harlekins, Scaramutzens, Hanswursts oder wie immer die komische Figur heißen mochte, zu Felde zu ziehen. Zwar zeigte sich die Neuberin dem Harlekin gegenüber etwas toleranter. In einem von ihr 1737 während ihres Straßburger Gastspiels verfaßten Prolog heißt es:

> [...] Es soll der Harlekin,
> Der Pantalon, Hans-Wurst, der Rüpel und Scapin
> In meinem Trauerspiel die Freuden-Kleider tragen,
> Und jeder soll davon oft auch ein Zötgen sagen.[20]

Aber im selben Jahr noch vertrieb sie in Leipzig in einer komödiantischen Aktion den Harlekin symbolisch von der Bühne. In der Folgezeit beanspruchte sie für sich das Verdienst, die Schaubühne entsprechend reformiert zu haben; denn »alle ihre Lust- und Trauerspiele seyen nicht nur nach den vernünftigsten Regeln eingerichtet, auch von allen unerlaubten und unehrbaren Reden gereinigt und es herrsche darin weder der unnatürliche Harlekin noch der grobe unflätige Hanswurst«[21]. Noch 1751 betonte sie in einem Brief an Bodmer (vom 10. April), daß sie in ihrem »Vaterlande alles mögliche gethan habe, die Komödien von allen Arlequins und Hanß Wursten rein zu machen, und die Comoedianten als vernünftige und wohlgesittete Leuthe wohlzuziehen und zu beßern [...]!«[22].

Wenn wir davon ausgehen, daß die kulturgeschichtliche Leistung und Funktion der lustigen Figur auf der Bühne des 17. Jahrhunderts in einer Entlastung vom Druck bestand, den der fortschreitende Prozeß der Zivilisation auf den einzelnen ausübte, dann läßt sich aus der Unnachsichtigkeit, mit der die Theaterreformer der Frühaufklärung gegen den Narren vorgingen, schließen, daß sie diese Funktion für überlebt und obsolet hielten. Der vernünftige Bürger, für den Gottsched übersetzte und schrieb und für den die Neuberin spielte, war gegen die unvernünftigen Verlockungen eines ungezügelten Leibes- und Liebesgenusses gefeit. Insofern fühlten sich die Neuberin und Gottsched völlig im Recht, wenn sie ein Publikum, das an Harlekinen und Hanswursten Gefallen fand, als Pöbel denunzierten.

Damit allerdings verkannten sie die historische Wirklichkeit vollkommen. Denn es war nicht nur der erbitterte Rivale der Neuberin um das sächsische Privileg, der Harlekin-Darsteller Joseph Ferdinand Müller (gest. 1761), der mit seiner Truppe wiederholt am sächsischen Hof seine Harlekinaden zum besten geben konnte. Auch das Wiener Volkstheater am Kärntner Tor mit seinem Hanswurst Gottfried Prehauser (1699–1769) wurde regelmäßig von Aristokraten und Bürgerlichen besucht. Noch in den fünfziger und sechziger Jahren zogen die Stegreif-Komiker Franz Schuch (gest. 1763) und Josef Felix von Kurz (-Bernadon) (1717–84) ein aristokratisches, patrizisches und gutbürgerliches Publikum in verschiedenen Städten des Deutschen Reiches an und nötigten in Frankfurt und Berlin selbst einer moralisierenden Kritik anerkennende Urteile ab.[23] Der vernünftige Bürger, den die Neuberin und Gottsched bei ihren Reformen im Blick hatten, wird insofern von der historischen Realität als wohlmeinende Fiktion entlarvt.

Auf diese historische Realität ist nun ausdrücklich die Diskussion um die Einführung neuer dramatischer Gattungen bezogen, die in den fünfziger Jahren in deutlicher Polemik gegen die Frühaufklärer geführt wurde. Gellert setzte in seiner Vorlesung *Über das rührende Lustspiel* (1751) die Empfindung den Regeln entgegen, um die Legitimität dieser Gattung zu begründen: »In Dingen, welche empfunden werden und deren Wert durch die Empfindung beurteilt wird, sollte ich glauben, müsse die Stimme der Natur von größerem Nachdruck sein, als die Stimme der Regeln. Die Regeln hat man aus denjenigen dramatischen Stücken gezogen, welche ehedem auf der Bühne Beifall gefunden haben. Warum sollten wir uns nicht eben dieses Rechts bedienen können?«[24]

Der Bürger, den Gellert hier im Blick hat, ist der empfindende, der empfindsame Bürger. Wenn die Literarisierung des Theaters ihren Zweck erfüllen soll, das Theater in eine Sittenschule, in eine moralische Anstalt zu verwandeln, so muß sie an die Empfindung des Zuschauers appellieren. Das neue Lustspiel, die in Frankreich bereits erprobte *comédie larmoyante*, soll folglich nicht die lächerlichen Laster des Bürgers dem Gelächter des bürgerlichen Zuschauers preisgeben, sondern den Zuschauer durch die Darstellung guter Charaktere, tugendhafter Bürger in Rührung versetzen:

> [...] auch der allernichtswürdigste Mensch findet, gleichsam wider Willen, an der Betrachtung einer vortrefflichen Gemütsart Vergnügen [...]. Diejenigen also, aus welchen eine große und zugleich gesellschaftliche Tugend hervorleuchtet, pflegen uns so wie im gemeinen Leben, also auch auf der Bühne wert und

angenehm zu sein [...]. Die Tugend selbst gefällt auf der Bühne, wo sie vorgestellt wird, weit mehr als im gemeinen Leben. Denn da bei Betrachtung und Bewunderung eines rechtschaffenen Mannes auch oft zugleich der Neid sich einmischt, so bleibt er doch bei dem Anblicke des bloßen Bildes der Tugend weg, und anstatt des Neides wird in dem Gemüte eine süße Empfindung des Stolzes und der Selbstliebe erweckt.[25]

Nicht die »Unglücksfälle der Großen dieser Welt« sollen den Bürger moralisch erziehen, sondern das Abbild seiner eigenen Vortrefflichkeit und Tugend.

Während Gellert die von der Frühaufklärung akzeptierte und propagierte Ständeklausel für die Komödie auf derart signifikante Weise veränderte, wurde sie von Lessing in seiner Neubestimmung der Tragödie völlig außer Kraft gesetzt. Lessing richtete sich gegen die »Unnatur« der Bühnenhelden in den französischen Tragödien, mit denen der bürgerliche Zuschauer sich nicht identifizieren könne, weil sie nichts mit ihm gemein haben:

Wir staunen sie an wie wir ein Monstrum anstaunen; und wenn wir unsere Neugierde gesättigt haben, so danken wir dem Himmel, daß sich die Natur nur alle tausend Jahre einmal so verirret, und ärgern uns über den Dichter, der uns dergleichen Mißgeschöpfe für Menschen verkaufen will, deren Kenntnis uns ersprießlich sein könnte.[26]

Statt derartiger »Monstren« soll das Theater dem Zuschauer Menschen vorführen, die mit ihm »von gleichem Schrot und Korne«[27] sind, in denen er daher auch sich selbst wiederzuerkennen vermag. Daraus folgt einerseits, daß die gewünschte Rezeptionshaltung des Zuschauers nicht länger mehr die Bewunderung des vernünftigen Bürgers für den tugendhaften Fürsten sein soll, sondern die Einfühlung des empfindenden Bürgers in seinesgleichen. Das impliziert andererseits, daß der Held der Tragödie nicht mehr ein »Großer dieser Welt« sein muß, sondern ebensogut ein Bürger sein kann: Die »Großen dieser Welt« können im Trauerspiel nur insoweit Interesse und Mitgefühl beanspruchen, als sie Menschen, nicht aber weil sie Könige und Herrscher sind.

Die Ständeklausel muß also außer Kraft gesetzt werden, wenn die propagierte Literarisierung des Theaters ihre Funktion einer moralischen Besserung auch tatsächlich erfüllen soll. Denn dies ist nur auf dem Weg der Empfindung zu erreichen. Entsprechend führt Lessing in seinem Brief an Nicolai vom November 1756 aus:

Die Bestimmung der Tragödie ist diese: sie soll *unsre Fähigkeit, Mitleid zu* fühlen, erweitern. [...] sie soll uns so weit fühlbar machen, daß uns der Unglückliche zu allen Zeiten, und unter allen Gestalten, rühren und für sich einnehmen muß. [...] *Der mitleidigste Mensch ist der beste Mensch*, zu allen gesellschaftlichen Tugenden, zu allen Arten der Großmut der aufgelegteste. Wer uns also mitleidig macht, macht uns besser und tugendhafter, und das Trauerspiel, das jenes tut, tut auch dieses, oder – es tut jenes, um dieses tun zu können.[28]

Die Tragödie wird zum bürgerlichen Trauerspiel. Die Gattung war bereits in den dreißiger Jahren in England entstanden. Als ihr Prototyp galt den Zeitgenossen George Lillos *The London Merchant: or, The History of George Barnwell* (1731), der allerdings nicht diese Gattungsbezeichnung führte. Sie wurde vom französischen Übersetzer hinzugefügt (1748) und vom deutschen Übersetzer, der das Stück aus dem Französischen übertrug, beibehalten (1752). Während sich in Lillos Drama das bürgerliche Selbstbewußtsein einer erfolgreichen Kaufmannsschicht ausspricht, das die »höheren« Werte von der eigenen gesellschaftlichen Schicht verkörpert und realisiert weiß, artikulierte sich in den seit den fünfziger Jahren entstehenden deutschen bürgerlichen Trauerspielen bürgerliches Selbstbewußtsein in einem anderen Kontext: Es war hier, ganz ähnlich wie im rührenden Lustspiel, auf die Darstellung der Familie, familiärer Beziehungen und familialer Werte bezogen.

Wie aus dem populären Schrifttum der Zeit, insbesondere aus den weit verbreiteten Moralischen Wochenschriften hervorgeht, stand im 18. Jahrhundert die Familie im Mittelpunkt des Interesses. Man ging davon aus, daß die Familie eine ursprüngliche, naturgegebene Ordnung des zwischenmenschlichen Zusammenlebens darstellt. Herder setzte sie in seinen *Ideen zur Philosophie der Geschichte der Menschheit* (1784/85) der erst spät entwickelten Form des Staates als »das ewige Werk der Natur« entgegen, »die fortgehende Haushaltung, in der sie den Samen der Humanität dem Menschengeschlecht einpflanzet und selbst erziehet«[29]. Während in der ersten Hälfte des Jahrhunderts das Prinzip der hausväterlichen Gewalt betont wurde, trat in der zweiten eine deutliche Emotionalisierung der Beziehungen zwischen den Familienmitgliedern ein. Der Begriff der Familie wurde in diesem Sinne nun sogar eine Art Kampfbegriff des Bürgertums gegen die höfische Gesellschaft. Denn das gefühlsbetonte Familienleben, wie es das Bürgertum propagierte, blieb, wie Knigge in seinem *Umgang mit Menschen* (1788) anklagend vermerkte, »nur anwendbar auf Personen im mittleren Stande«; denn »die sehr vornehmen und sehr reichen Leute haben selten Sinn für häusliche Glückseligkeit, fühlen keine Seelen-Bedürfnisse, leben mehrenteils auf einem sehr fremden Fuße mit ihren Ehegatten«[30]. Den bei ihnen üblichen Abstand zwischen Eltern und Kindern verurteilte Knigge als »unnatürlich und unverantwortlich«. Dem setzte er als bürgerliches Ideal folgenden Zustand entgegen: »Was kann entzückender sein, als der Anblick eines geliebten Vaters, mitten unter seinen erwachsenen Kindern, die nach seinem weisen und freundlichen Umgang sich sehnen, keinen Gedanken ihres Herzens verbergen vor ihm, der ihr treuester Rathgeber, ihr nachsichtsvoller Freund ist.«[31]

Die historische Wirklichkeit, auf die sich die neuen Gattungen des rührenden Lustspiels und des bürgerlichen Trauerspiels bezogen, war die emotional begründete bürgerliche Familie. Als Ausdruck einer natürlich und ursprünglich gegebenen Sozialordnung erschien sie einerseits als idealer Kristallisationspunkt für die von beiden Gattungen vorausgesetzte und auszulösende Empfindung und trat damit andererseits den entfremdeten zwischenmenschlichen Beziehungen in der höfischen Gesellschaft gegenüber, die als Folge eines widernatürlichen und daher schlechten und verkehrten Lebenswandels entstanden waren. Die neuen Gattungen schienen insofern hervorragend geeignet, das Theater zum Ort der Artikulation und zum Instrument der Durchsetzung für die Emanzipationsbestrebungen des Bürgertums zu transformieren.

Betrachtet man den Spielplan des Hamburger Nationaltheaters (1767–1769), an dem Lessing als Dramaturg engagiert war, unter diesen Voraussetzungen, kann man sich allerdings eines gewissen Staunens nicht erwehren. Zwar war das erfolgreichste Stück Lessings Lustspiel *Minna von Barnhelm*, das es auf 16 Vorstellungen brachte; der meistgespielte Dramatiker war jedoch Voltaire, der mit fünf Tragödien und fünf Komödien, die zusammen 40 Aufführungen erreichten, deutlich den Spielplan dominierte. Französisch-klassizistische Dramenformen, -figuren und -konflikte waren im Bereich des tragischen Theaters am häufigsten auf der Hamburger Bühne zu sehen. Dazu trugen außer den Aufführungen der Dramen Voltaires und beider Corneilles auch die Dramen von Cronegk und Weiße (mit insgesamt 27 Aufführungen) bei, deren »gewöhnliche Ökonomie der französischen Trauerspiele« Lessing bereits in den *Literaturbriefen* diagnostiziert hatte. Dagegen konnte sich das neue bürgerliche Trauerspiel kaum Geltung verschaffen. Lessings *Miß Sara Sampson* erlebte fünf, Lillos *Kaufmann von London* drei Aufführungen. Etwas besser standen die rührenden Lustspiele und ernsten Dramen von Nivelle de la Chaussee, Diderot und Weiße da, die es auf insgesamt 35 Aufführungen brachten. Es läßt sich also kaum behaupten, daß die Lebenswelt der bürgerlichen Familie, in die der Zuschauer sich hätte einfühlen können, die Bühne beherrschte.

Das Verhältnis wird noch ungünstiger, wenn man die Vor- und Nachspiele mitberücksichtigt, die gewöhnlich den Theaterabend einrahmten. Sie bestanden meist aus komischen Einaktern, einaktigen Singspielen, Pantomimen und Balletten (so wurde die Aufführung von Lessings Trauerspiel *Miß Sara Sampson* mit dem pantomimischen Ballett *Die Heu-Erndte* beschlossen) und waren mit den Vorstellungen der Theaterreformer von der besonderen Funktion des Theaters ebensowenig in Einklang zu bringen wie zu den Zeiten der Neuberin und Schönemanns. Auch in der »Hochburg« der Theaterreformer klafften also Anspruch und Wirklichkeit merklich auseinander.

In den siebziger Jahren war die angestrebte Literarisierung des deutschen Theaters weitgehend durchgesetzt. Ob damit auch das zugrundeliegende Ziel verwirklicht wurde, das Theater zum Instrument der Aufklärung zu machen, bleibt allerdings fraglich. Wohl hatten das rührende Lustspiel und das bürgerliche Trauerspiel die bürgerliche Lebenswelt auf die Bühne gebracht; wohl propagierten sie in kritischer Absetzung von höfischer Lebensform bürgerliche Werte wie Tugend, Natur und Familie. Aber die kritischen, ästhetisch avancierten Exemplare der Gattungen vermochten sich nie eine Vorrangstellung auf den Spielplänen zu erobern. Die bürgerliche Familie wurde erst dann auf der Bühne völlig heimisch und zum Garanten eines Erfolges, als die Trivialdramatik sie aufgriff, die seit den siebziger Jahren verstärkt die Bühne überschwemmte. Die unzähligen Familienrührstücke, wie sie vor allem die Schauspieler Johann Christian Brandes, Friedrich Ludwig Schröder und August Wilhelm Iffland sowie später August von Kotzebue nahezu serienmäßig verfertigten, feierten die heile Welt der bürgerlichen Familie, die nicht nur nicht von höfischer Lebensform bedroht wurde, sondern sich des besonderen Schutzes des fürstlichen Landesvaters erfreuen durfte. Zwar hatten sich die familialen Werte als bürgerliche Werte durchgesetzt und die trivialen Familiendramen können insofern als Manifestation einer fortgeschrittenen Verbürgerlichung gelesen werden. Das kritische Potential aber, welches das Thema ›bürgerliche Familie‹ noch für Gellert und Lessing impliziert hatte, war spurlos verschwunden. Die Darstellung bürgerlicher Verhältnisse war zu purer Affirmation verkommen. Auch wenn diese Produkte der Literarisierung vor Moral und Tugend nur so trieften, waren sie doch für bürgerliche Emanzipationsbestrebungen gewiß noch weniger zu instrumentalisieren als die extemporierten Harlekinaden und Hanswurstiaden, gegen die das Programm der Literarisierung sich zuallererst gerichtet hatte. Die kleine selbsternannte Elite bürgerlicher Schriftsteller vermochte sich mit ihren Vorstellungen von Aufgabe und Funktion des Theaters beim breiten bürgerlichen Publikum letztlich nicht durchzusetzen.

2.1.3 Publikum und Kritik

Den Theaterreformern der Frühaufklärung – und allen voran der Neuberin – war klar, daß eine Literarisierung des Theaters ohne eine entsprechende Geschmacksveränderung beim Publikum zum Scheitern verurteilt sein würde. Denn immerhin hing die Existenz der gesamten Truppe davon ab, daß ihre Aufführungen Erfolg beim Publikum hatten. Um die Zuschauer in angemessener Weise auf die regelmäßige Dramatik vorzubereiten, entwickelte die Neuberin daher eine ganze Reihe von Strategien zur Rezeptionslenkung. So funktionierte sie einerseits die Sitte des Prologsprechens dahingehend um, daß sie die ihr für das Verständnis des nachfolgenden Stückes notwendig erscheinenden Erklärungen auf diesem Wege vermittelte. Aber da sie so nur die Zuschauer erreichte, die sich ohnehin schon eingefunden hatten, ging die Neuberin bei ihrem Hamburger Gastspiel im August 1735 dazu über, kleine Broschüren drucken zu lassen, die auf acht Seiten das Vorspiel und das folgende Stück kurz beschrieben und erläuterten.[32] Diese Heftchen wurden am Tage der Vorstellung ausgegeben und ermöglichten dem potentiellen Zuschauer, sich hinreichend zu informieren. Auch dies Verfahren erschien der Prinzipalin letztlich nicht effektiv genug. Zur Vorbereitung auf ihr Frankfurter Gastspiel zur Herbstmesse 1736 ließ sie noch vor Eintreffen ihrer Truppe durch das Handelshaus Benjamin Metzler & Söhne unter verschiedenen vornehmen Frankfurter Familien einen Auszug aus der Abhandlung des

Magisters Johann Friedrich May *Über die Schaubühne* verbreiten. In diesem Traktat wird die Notwendigkeit einer gereinigten, nach den Regeln der Vernunft eingerichteten Schaubühne nachgewiesen und das Theater als »ein vortreffliches Mittel« empfohlen, »die Menschen zu lehren und zu bewegen.« Die potentiellen Zuschauer wurden auf diese Weise in die Diskussion um den Nutzen einer gereinigten Schaubühne eingeführt und so in den Stand gesetzt, die Aufführungen der Neuberschen Truppe aus dem entsprechenden Kontext heraus zu würdigen.[33]

Diese in den dreißiger Jahren mit viel Verve geführten Aufklärungs- und Werbekampagnen der Neuberin blieben offensichtlich nicht erfolglos. In seiner Korrespondenz mit Gottsched sandte Johann Neuber immer wieder Erfolgsmeldungen nach Leipzig. Am 17. September 1730 schrieb er aus Hannover: »Die zur hiesigen Landesregierung bestellten geheimen Räthe machten den Anfang, und weil es denen gefiel, folgten die übrigen von Adel und alle vornehmen bald nach, und nun gesteht Jedermann: Sie haben dergl. noch nie gesehen.«[34] Am 21. Juli 1731 berichtete er aus Nürnberg: »Nun aber sind doch die Vornehmen, wie ich glaube, gewonnen, und bekommen viele Lust, etwas von den neuen Leipziger Büchern zu lesen [...] und wenn es so fort fähret wie es itzo steht, dürften die Nürnberger wohl gar Liebhaber von Leipziger Versen werden. Am meisten bedaure ich, daß ich nicht so viel Stücke habe, als nöthig sind, keine andern als solche aufzuführen.«[35] Am 12. Juli 1732 führte er über die in Hamburg angestrengten Versuche aus: »Die Mühe so zu Verbesserung des Geschmacks angewendet wird scheinet nicht gar vergebens zu seyn. Es finden sich auch hier verschiedene bekehrte Hertzen. Leuthe denen man es fast nicht zutrauen können, sind nunmehr Liebhaber der Poesie worden, und viele finden auch an den ordentlich gesetzten Stücken, in ungebundener Sprache oder Rede, ein gutes Belieben [...]. Die meisten Vornehmen sind nicht im Hamburg / hier ist vornehm so viel als Rathshr. u. desgl.:/ Etwas Adeliche sind hier und die kommen fleißig.«[36] Ähnlich heißt es am 24. Dezember 1736 aus Straßburg: »Die vornehmsten sind öfters unsere Zuschauer.«[37]

Diese Zeugnisse legen den Schluß nahe, daß die »gereinigte« Schaubühne der Neuberin eine Geschmacksveränderung weniger bei bürgerlichen Publikumsschichten als beim Adel bewirkte. Der Adel, der im allgemeinen französische Schauspieltruppen bevorzugte, zeigte sich nun zumindest bereit, auch die Leistungen der deutschen Truppe, die sozusagen französisches Theater auf deutsch spielte, anzuerkennen. Diese Schlußfolgerung wird durch den Bericht eines Zeitgenossen aus Leipzig (1737) bestätigt, der allerdings insofern übertreibt, als der Harlekin-Darsteller Joseph Ferdinand Müller mit seiner Truppe nachweislich auch bei Hofe aufgetreten ist:

Alles was vornehm war, der Hof selbst, Staatsminister und Generalspersonen, ja Grafen und Prinzen gingen in die Neuberische Bude am großbosischen Garten, Müller aber mit seinem Spirito Foletto, Lederhändler von Bergama, und Carneval zu Venedig, spielte dem Pöbel auf dem Fleischhause vor.[38]

Nachdem nicht mehr der Kitzel der Neuheit die Schaubühne der Neuberin à la mode erscheinen ließ, blieb allerdings das vornehme Publikum wieder weg. Und jetzt zeigte sich, daß die Neuberin sich kein neues Publikum aus bürgerlichen Schichten hinzugewonnen hatte. Ende der dreißiger Jahre verminderte sich der Zulauf zu ihren Gastspielen merklich. Bei ihrem letzten Gastspiel in Hamburg im Winter 1739/40 blieb der Zuschauerraum häufig fast leer, während die Hamburger in die Oper und vor allem in die Bude des »starken Mannes« Johann Karl Eckenberg strömten, wo es lustige und gruslige Stegreifspiele wie *Die artige Grundsuppe der Welt* oder *Doktor Faustus Höllenfahrt* zu sehen gab und verblüffende Jongleur- und Eskamoteur-Kunststücke. Die Neuberin fand für ihre gereinigte literarische Schaubühne kein Publikum mehr. So nimmt es kaum wunder, daß sie sich von den Hamburgern mit einer in der frühen Theatergeschichte ganz beispiellosen Publikumsbeschimpfung verabschiedete. In ihrer in ein Nachspiel eingebetteten Rede heißt es u.a.:

[...]
denn von der Schauspielkunst habt ihr sehr wenig Licht,
weils Euch an Zärtlichkeit, Natur und Kunst gebricht.
Das Lesen langt nicht zu, auch nicht nach Frankreich reisen,
ein Schauspiel recht verstehn, erfordert einen weisen
wahrhaftig klugen Mann, der jede Wahrheit kennt,
die Tugend redlich liebt, und dem das Leben gönnt,
der Fleiß und Wissenschaft pflichtmäßig treibt und übet,
der nicht blos um Gewinnst das wahre Gute liebet,
nein! der dem Guten folgt, und hätt' er nichts als Hohn,
der kleinen Geister Haß und Spötterei zum Lohn;
dem auch der Mangel lieb: wenn er sich nur mit Ehren
aus der Beschimpfung reißt, womit ihn die beschweren
die seine Feinde sind. Ist dieses recht gethan

so nehmt auch, was ich sag, von mir vernünftig an.
Geht selbst in Euer Herz, das wird Euch deutlich sagen,
warum ich Euch so frei die Wahrheit vorgetragen.[39]

Nichts belegt wohl nachdrücklicher, daß die angestrebte Geschmacksveränderung beim Publikum de facto nicht eingetreten war. Oper, Ballett, Pantomime, Singspiel und Stegreifspiele standen nach wie vor in der Gunst des adligen und bürgerlichen Publikums am höchsten. Von einem durchgreifenden Geschmackswandel konnte noch viele Jahre nicht die Rede sein.

Dies zeigt sich sehr deutlich am Beispiel der Messestadt Frankfurt.[40] In den vierziger Jahren gab es hier für das regelmäßige Drama kein Publikum mehr. Mit größtem Erfolg dagegen spielten die Stegreiftruppen Müllers, Wallerottys (mit dem jungen Felix von Kurz) und Schuchs. Wallerotty und Schuch hatten auch während der fünfziger Jahre den größten Zulauf, obwohl ihre Eintrittspreise relativ hoch waren. Zwar fand auch die Truppe Konrad Ernst Ackermanns, die während der Frühjahrsmesse 1757 in Frankfurt gastierte, ihr Publikum. Sie brachte rührende Lustspiele (wie Gellerts *Betschwester* und *Scheinheilige*) sowie bürgerliche Trauerspiele (wie den *Kaufmann von London* und *Miß Sara Sampson*) zur Aufführung. Lessings Trauerspiel fand gar so viel Beifall, daß man eine weitere Vorstellung ansetzen konnte. Aber im ganzen blieben die Einnahmen Ackermanns weit hinter denen Wallerottys und Schuchs zurück.

Auf den Messen der sechziger Jahre zog Kurz-Bernadon, den das 1752 von Maria Theresia erlassene Extemporierverbot aus Wien vertrieben hatte, riesige Zuschauermengen an, obwohl er von den Vertretern der Frankfurter Kirche und Frankfurter Bürgern wegen seiner »Zoten und Zweydeutigkeiten«[41] heftig angegriffen wurde. In den siebziger Jahren war der erfolgreichste Prinzipal Theodor Marchand, dessen Repertoire überwiegend aus Singspielen, Pantomimen und Balletten bestand.

Als auf den Frühjahrs- und Herbstmessen 1771 Abel Seyler, einer der Mitbegründer des Hamburger Nationaltheaters, mit seiner Truppe gastierte, die einen literarisch durchaus ambitionierten Spielplan mit den hervorragendsten Schauspielern realisierte, fand sich nur ein kleiner Kreis von »Kennern« ein. Der Schriftsteller Heinrich Leopold Wagner brachte zwar eine Reihe höchst lobender Besprechungen ihrer Aufführungen in Briefform heraus; den Geschmack des Frankfurter Publikums, das sich für das Singspiel begeisterte, vermochte er damit jedoch auch nicht zu beeinflussen.

Das geringe Interesse des breiten bürgerlichen Publikums für ein literarisches Theater läßt sich bis zu einem gewissen Grad mit einem Funktionswandel des Theaters erklären, der allerdings von den zeitgenössischen Theoretikern und Reformern selbst wohl nicht erkannt wurde. Als Indikator für diesen Funktionswandel läßt sich die Verschiebung der Anfangszeiten anführen: Während zu Beginn des Jahrhunderts die Vorstellungen zwischen 16 und 17 Uhr anfingen, lag am Jahrhundertende die Anfangszeit bei 19 Uhr. Die Freizeit der bürgerlichen Bevölkerung wurde zunehmend durch eine Ausdehnung der Berufsausübung verkürzt. Denn das Streben nach wirtschaftlichem Erfolg und sozialem Aufstieg ließ die Arbeitsbelastung erheblich wachsen; der noch verbleibenden Freizeit fiel daher mehr und mehr die Aufgabe der Entspannung und Erholung, der Wiederherstellung der Arbeitskraft zu. Die für das Bürgertum nun dominierende Unterhaltungsfunktion des Theaters vermochten Singspiele und Ballette weit besser zu erfüllen als bürgerliche Trauerspiele.

Zwar hatte Lessings *Miß Sara Sampson* bei ihrer Uraufführung am 10. Juli 1755 in Frankfurt an der Oder durch die Ackermannsche Truppe eine außergewöhnlich starke Wirkung auf das Publikum ausgeübt. So berichtet Ramler in einem Brief an Gleim vom 25. Juli 1755: »Herr Leßing hat seine Tragödie in Franckfurt spielen sehen und die Zuschauer haben 3 und eine halbe Stunde zugehört, stille geseßen, wie Statüen und geweint.«[42] Die hier manifestierte emotionale Funktion des Theaters wurde jedoch später in die Unterhaltungsfunktion integriert und durch die trivialen Familienrührstücke bestens abgedeckt. Die Kluft zwischen den Programmen und Intentionen der kleinen Elite von Theoretikern und Reformern und der von Publikumswünschen bestimmten theatralischen Praxis verringerte sich jedenfalls nicht.

Sie wurde auch nicht von der Theaterkritik aufgehoben. 1750 fingen Lessing und sein Vetter Christlob Mylius an, *Beiträge zur Historie und Aufnahme des Theaters* herauszugeben und begründeten damit die journalistische Theaterkritik:

> In den Institutionen der Kunstkritik, Literatur-, Theater- und Musikkritik einbegriffen, organisiert sich das Laienurteil des mündigen oder zur Mündigkeit sich verstehenden Publikums. Die neue Profession, die dem entspricht, erhält im zeitgenössischen Jargon den Namen des Kunstrichters. Dieser übernimmt

eine eigentümlich dialektische Aufgabe: er versteht sich als Mandatar des Publikums und als dessen Pädagoge zugleich. Die Kunstrichter können sich [...] als Sprecher des Publikums verstehen, weil sie sich keiner Autorität außer der des Arguments bewußt sind und sich mit allen, die sich mit Argumenten überzeugen lassen, eins fühlen. Gleichzeitig können sie sich gegen das Publikum selber wenden, wenn sie als Experten gegen ›Dogma‹ und ›Mode‹ an die Urteilsfähigkeit der schlecht Unterrichteten appellieren. [...] Der Kunstrichter behält etwas vom Amateur; seine Expertise gilt auf Widerruf, in ihr organisiert sich das Laienurteil, ohne jedoch durch Spezialisierung etwas anderes zu werden als das Urteil eines Privatmannes unter allen übrigen Privatleuten, die in letzter Instanz niemandes Urteil außer ihrem eigenen gelten lassen dürfen. [...] Die Zeitschrift [...] wird zum publizistischen Instrument dieser Kritik.[43]

Während die ersten Theaterzeitschriften in Fortführung der von Gottsched in den Moralischen Wochenschriften gemachten Versuche theoretische und historische Abhandlungen zum Theater und zur Entwicklung der dramatischen Literatur brachten, sich also als Forum für die Diskussion um Funktion und Möglichkeiten des Theaters innerhalb der sich formierenden bürgerlichen Gesellschaft verstanden, traten bald aktuelle Aufführungs- und Situationsbeschreibungen in den Vordergrund. So schreibt beispielsweise der Rezensent im Frankfurter Wochenblatt *Critische Sylphe* am 28. August 1751 über die Aufführung des Voltaireschen *Orest* durch die Schuchische Gesellschaft:

Madame Schuchin spielete die Rolle der Electra mit allgemeinem Beyfalle. Sie besitzet die Kunst, sich selber in den Affect zu setzen, den sie in seiner voelligen Staerke ausdruecket. Clytemnestra, deren Person die Madame Beckin vorstellete, machete eine der schweresten Partien mit ausnehmender Geschicklichkeit. lphise, welche Madame Uhlichin war, behauptete nicht weniger den Ruhm einer sehr guten Schau-Spielerin. Ich vergesse nicht, Ihnen zu sagen, daß Herr Uhlich, dessen Einsicht und Geschmack Ihnen aus verschiednen witzigen Schriften bekannt ist, in der Person des Orestes durchgehends, und sonderlich am Schluße des Trauer-Spiels sich ungemein hervorthat. Pylades, dessen Rolle von dem Herrn Meyer gespielet ward, zeigete sowohl, als vornehmlich Aegysth, welches Herr Koehler war, daß jeder von ihnen die Ehre eines in der Schau-Spiel-Kunst geuebten Acteurs zu verdienen wisse. Herr Stenzel that dem Character des Pameens Genuege, und die Partie des Dimas ward vom Herrn Finsinger gespielet. Ich erinnre mich vieler Tragoedien, welche die unglueckliche Neuberin, ungefehr vor elf oder zwoelf Jahren, auf dem Leipziger Theater auffuehrete; Allein, ich kann mich nie erinnern, daß sie mit so haeuffigem und Beyfalls-vollen Haende-Klopfen waere beehret worden, als heute die Schuchische Gesellschaft in dem Orestes.[...]
Obzwar die Schuchische Kinder in den Pantomimischen Vorstellungen noch nicht so geuebt, als des Herrn Nicolini seine in Braunschweig, sind, so suchen sie doch diesen ziemlich gleich zu kommen, und lassen taeglich mehrere Hofnung ihrer zunehmenden Staercke in dergleichen Geschicklichkeit von sich spueren.[...]

In den lustigen Stuecken ist Herr Schuch, der Director der Gesellschaft die Haupt-Person. Er weiß die scherzhaftesten Einfaelle ohne Zwang und mit einer gluecklichen Wohlanstaendigkeit so auszudruecken, daß sie allezeit Beyfall finden.[44]

Die Theaterkritik zeigte sich im allgemeinen mehr an der Entwicklung der Schauspielkunst als an der Diskussion des Repertoires interessiert.[45] Mit der wachsenden Beliebtheit der Theaterjournale, also mit der Ausweitung ihres Leserkreises, sank ihre Qualität allerdings häufig auf das Niveau von Skandalblättern hinab. Die Erwartungen des Publikums an die Theaterkritik lassen sich unschwer aus Lessings ironischen Bemerkungen im 50. Stück der *Hamburgischen Dramaturgie* schließen:

Wahrlich, ich bedaure meine Leser, die sich an diesem Blatte eine theatralische Zeitung versprochen haben, so mancherlei und bunt, so unterhaltend und schnurrig, als eine theatralische Zeitung nur sein kann. Anstatt des Inhalts der hier gangbaren Stücke, in kleine lustige oder rührende Romane gebracht; anstatt beiläufiger Lebensbeschreibungen drolliger, sonderbarer, närrischer Geschöpfe, wie die doch wohl sein müssen, die sich mit Komödienschreiben abgeben; anstatt kurzweiliger, auch wohl ein wenig skandalöser Anekdoten von Schauspielern und besonders Schauspielerinnen: anstatt dieser artigen Sächelchen, die sie erwarteten, bekommen sie lange, ernsthafte, trockne Kritiken über alte bekannte Stücke; schwerfällige Untersuchungen über das, was in einer Tragödie sein sollte und nicht sein sollte; mitunter wohl gar Erklärungen des Aristoteles. Und das sollen sie lesen? Wie gesagt, ich bedauere sie; sie sind gewaltig angeführt! – Doch im Vertrauen: besser, daß sie es sind, als ich. Und ich würde es sehr sein, wenn ich mir ihre Erwartungen zum Gesetze machen müßte. Nicht daß ihre Erwartungen sehr schwer zu erfüllen wären; wirklich nicht; ich würde sie vielmehr sehr bequem finden, wenn sie sich mit meinen Absichten nur besser vertragen wollten.[46]

Wenn die Theaterjournalistik nicht zum Theaterklatsch degenerierte, leistete sie im besten Fall eine Vermittlung zwischen den Leistungen der Schauspieler und dem Publikum. Eine Vermittlung mit Anspruch und Programm der Intellektuellen fand nicht statt.

Die zeitgenössischen Berichte über das Publikumsverhalten sind durchaus widersprüchlich. So berichtet Johann Friedrich Schütze in seiner *Hamburgischen Theatergeschichte* (1794), daß sich während der Prinzipalschaft Friedrich Ludwig Schröders (1771–1780) innerhalb des Publikums eine tonangebende Schicht von »Kennern« herausgebildet habe:

Das Publikum zeigte einen ungewöhnlichen Enthusiasmus für sein Theater, wie fast nie zuvor, wenigstens nie gerechter. Hiezu trug nicht wenig eine gewisse, nicht kleine Gesellschaft von Schauspielfreunden bei, die als ein Publikum im

Publikum, ein Status im Statu, ein Parterre im Parterre sich bildeten, und welche, was man auch dagegen erinnert haben mag, dem Theater, der Kunst und Geschmacksbesserung nicht wenig nachgeholfen haben. Diese Gesellschaft formte sich nach und nach aus Kennern und Dilettanten, aber durchaus warmen Anhängern des Theaters, Juristen, Gelehrten vom Handwerk und Ungelehrten, aber durch Reisen und Lektüre gebildeten Männern aus dem Kaufmannsstande. Sie hatten sich zum täglichen Theaterbesuch, zur Stimmengebung während und nach den Vorstellungen, Beifallgeben und Verwerfung im Stücke, zur Beförderung der Sitte und Ordnung im Schauspielhause miteinander verbunden. Gewöhnlich besetzten sie die Vorderbänke des Parterre, und man schien ihnen diesen Vorrang auf den Sitzreihen, auch ohne Verabredung, so gern zuzugestehen, daß oft nicht zu diesem Klub gehörige Parterrebesucher den später kommenden Verbündeten ihre Plätze anboten. Diese selbstgewählten Tonangeber applaudirten neuen guten Stücken, oder einzelnen gut gegebenen Szenen, oder schön gesprochnen Stellen in denselben; sie geboten Ruhe, Ordnung und Stille, wenn im Publikum, gleichviel ob aus Logen oder von der Gallerie, ungerechtes Lob oder hämischer Tadel, oder irgend eine unanständige Aeußrung laut ward. Wir entsinnen uns nicht, daß sie dieses selbstangemaßten Vorrechts zum Nachtheil des übrigen Publikums gemisbraucht hätten. Man schien nichts dagegen zu haben, wenn mitunter aus diesem Zirkel, wie wir uns der Fälle entsinnen, sich eine Stimme laut erhob, ein Stück begehrte usw.[47]

Das Theater fungierte hier ganz unstreitig als Forum bürgerlicher Öffentlichkeit, auf dem das breite Publikum sich von der kleinen Schicht der Kenner zur besseren Einsicht führen und überzeugen ließ.

Mit diesem schönen Bild ist allerdings die rüde Aufnahme, die dasselbe Hamburger Publikum den Dramen der Stürmer und Dränger sowie einzelnen Aufführungen Shakespearescher Dramen bereitete, nur schwer in Einklang zu bringen. Weder Leisewitz' *Julius von Tarent* (Aufführung 1776) noch Klingers *Zwillinge* (Aufführung 1776) noch gar Lenzens *Hofmeister* (Aufführung 1778) vermochten das Publikum zu erwärmen. Zwar hatte Schröder im *Hofmeister* selbst den Part des Majors übernommen und feierte in dieser Rolle wahre Triumphe. Es gelang ihm jedoch weder bei der Uraufführung noch bei späteren Wiederholungen in Hamburg, Berlin und Wien, das Publikum für das Stück zu gewinnen. Es »staunte und gruselte, aber ward nicht warm dabei«[48]. Selbst die Aufführung von Goethes *Götz von Berlichingen*, die Schröder kurz nach der Uraufführung des Stücks durch die Kochsche Truppe in Berlin (17. April 1774) vornahm, wurde ein finanzieller Mißerfolg. Obwohl das Publikum durchaus ergriffen war, ließ man sich einreden, es handle sich um ein regelloses Machwerk, und besuchte die weiteren Vorstellungen nicht. Die von Gottsched seit den zwanziger Jahren verkündeten und vertretenen Urteilskriterien hatte sich offensichtlich das breite bürgerliche Publikum erst in den sechziger und siebziger Jahren angeeignet und zeigte sich nun unfähig, der neuen Ästhetik der Sturm- und Drang-Dramatik Gerechtigkeit widerfahren zu lassen. Zwar konnte Schröder mit dem *Hamlet* einen ausgesprochenen Erfolg beim Publikum verbuchen, vom *Othello* dagegen zeigte es sich zutiefst schockiert: »Ohnmachten über Ohnmachten erfolgten [...]. Die Logentüren klappten auf und zu, man ging oder ward nothfalls davongetragen.«[49]

Literatur- und Theaterkritik bzw. Publikumsgeschmack fielen immer mehr auseinander. Während die Literaturkritik den *Götz* und den *Hofmeister* nicht genug zu preisen vermochte, hob die Theaterkritik lediglich die Leistungen einzelner Schauspieler hervor und das Publikum blieb abweisend. Wo die Literaturkritik gnadenlos verriß – wie Karl Philipp Moritz Schillers *Kabale und Liebe*[50] – tadelte der Theaterrezensent lediglich die »unkindliche« Haltung Ferdinands seinem Vater gegenüber und lobte das Spiel der Schauspieler nahezu uneingeschränkt.[51]

Während die Theaterkritik sich mit dem Unterhaltungsbedürfnis und der Sentimentalität des Publikums arrangierte, blieben diese für die intellektuelle Literaturkritik und die ästhetisch avancierten Dramatiker ein Stachel im Fleisch. Sie vermochten sich kaum damit abzufinden, daß das breite bürgerliche Publikum ihnen die Gefolgschaft verweigerte. Noch im Rückblick viele Jahre später äußerte sich Goethe voll Bitternis Eckermann gegenüber:

> Ich hatte wirklich einmal den Wahn, als sei es möglich, ein deutsches Theater zu bilden. Ja ich hatte den Wahn, als könne ich selber dazu beitragen und als könne ich zu einem solchen Bau einige Grundsteine legen. Ich schrieb meine »Iphigenie« und meinen »Tasso« und dachte in kindischer Hoffnung, so würde es gehen. Allein es regte sich nicht und rührte sich nicht und blieb alles wie zuvor. [...] es fehlten die Schauspieler, um dergleichen mit Geist und Leben darzustellen, und es fehlte das Publikum, dergleichen mit Empfindung zu hören und aufzunehmen.[52]

Das ästhetisch avancierte literarische Theater und die Bedürfnisse des breiten bürgerlichen Publikums waren im ganzen 18. Jahrhundert nur in seltenen Momenten – wie etwa bei der Uraufführung von Lessings *Miß Sara Sampson* – zur Deckung zu bringen. Wenn die Intellektuellen dennoch ihr Reformprogramm realisieren wollten, mußten sie ihr Theater aus der Abhängigkeit vom Publikum –

und damit von den Einnahmen – befreien. Die Einrichtung stehender subventionierter Bühnen erschien als der rettende Ausweg aus ihrem Dilemma.

2.1.4 Einrichtung stehender Bühnen – die Gründung von Hof- und Nationaltheatern

Die Einrichtung stehender Schaubühnen lag keineswegs nur im Interesse der Autoren und Theoretiker. Für die Schauspieler stellte sie vielmehr die wichtigste Vorbedingung dar, um endlich eine bürgerliche Reputation zu erlangen und sozial aufsteigen zu können. In Anbetracht der geringen Bevölkerungszahl der deutschen Städte im 17. und frühen 18. Jahrhundert waren die Schauspieler zum Wanderdasein gezwungen, das sie als fahrendes Volk abstempelte. Gegen dieses soziale Vorurteil blieben auch die Versuche der Neuberin und Ekhofs, die Schauspieler in ihren Truppen zu »Anstand« und »Sitte« zu erziehen, machtlos. Wie wenig die Bemühungen der Neuberin, »die Comödianten als vernünftige und wohlgesittete Leuthe wohlzuziehen und zu beßern«, die öffentliche Meinung über die Schauspieler zu beeinflussen vermochten, belegt nachdrücklich die Weigerung des Pfarrers von Leuben, dem Sarg der Neuberin die Kirchhofstür zu öffnen, so daß er über die Friedhofsmauer geschafft werden mußte. Als fahrendes Volk blieben die Schauspieler ehrloses Volk.

Die Neuberin selbst war sich dieser Zusammenhänge wohl bewußt. Bereits in den dreißiger Jahren versuchte sie, mit ihrer Truppe seßhaft zu werden. Sie appellierte entsprechend an den Rat der Stadt Hamburg, die damals neben Wien die größte Stadt des Deutschen Reiches war und insofern für ihr Vorhaben besonders geeignet: »Wir ersuchen [...], uns ein Privilegium zu ertheilen, daß wir zwölf Jahre nach einander unter einem so mächtig Schutze, mit Ausschließung aller andern Comedianten, Possenreißern und Marktschreyer in Hamburg Comedie spielen dürfen.«[53] Als Begründung führte sie einerseits den Nutzen des Theaters als Sittenschule an und andererseits ein Argument, das ihre realistische Einschätzung der Hamburger Stadtväter beweist:

So würklich der Ruhm ist, welchen die Stadt Hamburg aus dieser Versorgung ziehet, so würklich ist auch der Nutzen, Hamburg wird von vielen Fremden besucht, welche die Vorzüge dieser Stadt mit genießen, und die vor ihr eigenes Vermögen daselbst ihr Vergnügen suchen wollen. Diese werden um so viel länger aufgehalten werden, wenn sie in den Neuber'schen Schauspielen dasjenige antreffen, was sie in ganz Deutschland vergebens suchen. Diese Fremden werden nicht nur mit Vergnügen einen Theil ihres Vermögens in der Stadt lassen, sondern sie werden auch eben aus diesen Schauspielen Gelegenheit nehmen Hamburgs Vorzüge allenthalben zu rühmen.[54]

Aber auch das Argument einer Belebung des Fremdenverkehrs, das in späteren Jahrzehnten bei den Kameralisten als wichtige Begründung für die Einrichtung von Hof- und Nationaltheatern bevorzugt Verwendung finden sollte, verfing bei den Hamburger Stadtvätern nicht. Das Gesuch der Neuberin wurde abgewiesen.

Ganz ähnlich erging es Franz Schuch, als er 1751 in Frankfurt einen Antrag auf Erbauung eines ständigen Theaters stellte. Zwar ging der Rat zunächst auf seinen Antrag ein und beauftragte sogar das städtische Bauamt, einen ersten Kostenvoranschlag auszuarbeiten. Wegen der starken Opposition des evangelisch-lutherischen Predigerministeriums und eines großen Teils der Bürgerschaft hielten es die Stadtväter jedoch für ratsamer, Schuch einen abschlägigen Bescheid zu erteilen. 1754 gelang es Schuch endlich in Breslau, das Bürgerrecht zu erwerben. Er ließ auf seinem eigenen Grundstück ein Theatergebäude errichten, das er von 1755 bis 1764 regelmäßig bespielte.

Ackermann ließ zur selben Zeit in Königsberg ein Theater bauen, das wegen seiner vorzüglichen Akustik berühmt wurde. Nach der Besetzung Königsbergs durch die Russen zog Ackermann nach Hamburg, wo er den Senat ersuchte:

1. er möchte hamburger Bürger werden;
2. er möchte an dem Platze, wo zuvor das Opernhaus gestanden, ein Komödienhaus erbauen;
3. er möchte ein Privilegium auf zwölf Jahre erhalten zur Aufführung von Teutschen Schauspielen. Während er mit seiner Compagnie da wäre, sollten keine andere teutsche Schauspiele in Hamburg geduldet werden.[55]

Der Senat zeigte sich über das Projekt zwar nicht begeistert; gegen Zahlung einer beträchtlichen Summe erteilte er Ackermann jedoch das Bürgerrecht und gestattete auch den Bau eines Komödienhauses, das 1765 fertiggestellt wurde. Das Privileg gewährte er allerdings nicht. In den sechziger Jahren wurden in verschiedenen Städten Theater neu gebaut. In Berlin errichtete der Impressario und Pantomist Andreas Bergé 1765 ein Theater am Montbijou-Platz. Franz Schuch der Jüngere steckte das von seinem Vater ererbte Vermögen in den Bau eines zweiten Privattheaters in Berlin. Auf Initiative des Prinzipals Koch wurde 1766 in Leipzig mit Unterstützung einiger ortsansässiger Kaufleute das Schauspielhaus auf der Rannischen Bastei erbaut. Neben Neubauten wurden mancherorts auch Umbauten von Gebäuden vorgenommen, die nach Platz und Größe geeignet erschienen: 1769 wurde in Frankfurt an der Oder das Ballhaus entsprechend hergerichtet, in Mannheim 1776 ein ehemaliges Hospital und in Halle, das sich stets besonders theaterfeindlich geriert hat, gar eine frühere Schulkirche. In Frankfurt am Main wurde das erste Schauspielhaus erst 1782 eröffnet.

Diese Theater wurden alle im wesentlichen nach dem Vorbild der höfischen Theater des 17. und frühen 18. Jahrhunderts gebaut und eingerichtet; d.h. es waren Logen- und Rangtheater mit einer Guckkastenbühne.

Indem die Prinzipale Bürgerrecht erwarben, war der erste Schritt zur Eingliederung der Schauspieler in die bürgerliche Gesellschaft getan. Ihre soziale Stellung blieb allerdings noch lange zweifelhaft.

Die neu errichteten Theater waren entweder Privattheater eines Prinzipals, der sie eigens für seine Truppe hatte bauen lassen, oder städtische Einrichtungen, die von der Stadt auf entsprechenden Antrag an Truppen vermietet oder verpachtet wurden. In beiden Fällen handelte es sich um Theater, die nach marktwirtschaftlichen Prinzipien betrieben wurden; sie waren wie die Wandertruppen bei ihren Gastspielen abhängig von der Kasse und damit abhängig vom Geschmack und der Gunst des Publikums.

In den sechziger Jahren wurde daher von den Intellektuellen verstärkt die Forderung nach Einrichtung eines »Nationaltheaters« erhoben. Diese Idee entsprang nicht einer chauvinistisch-nationalistischen Gesinnung, sondern meinte vielmehr eine Zusammenfassung aller Tendenzen der Theaterreform: Entwicklung einer deutschen dramatischen Literatur, die der ausländischen, vor allem der französischen, gleichwertig sein sollte; Artikulierung bürgerlicher Werte und bürgerlichen Selbstbewußtseins in Opposition zur höfischen Lebensform; Appell an die Einheit der Nation jenseits der

Vielstaaterei absolutistischer Fürstentümer.[56] Im Nationaltheater sollte also die von Gottsched und der Neuberin begonnene Theaterreform ihre Kulmination und Erfüllung finden. Es versteht sich insofern fast von selbst, daß eine solche Institution nur vom Bürgertum getragen werden konnte.

1767 schien die Idee vor ihrer Verwirklichung zu stehen: In Hamburg bildete sich ein Konsortium von zwölf Kaufleuten, welches die finanzielle Trägerschaft für ein neu zu gründendes Theater übernahm. Mit der Leitung wurde ein vierköpfiges Direktorium beauftragt, dem außer den drei Kaufleuten Abel Seyler, Johann Martin Tillmann und Adolph Bubbers als künstlerischer Direktor Johann Friedrich Löwen angehörte. Lessing wurde als Berater und für dramaturgisch-kritische Aufgaben engagiert. Das Hamburger Nationaltheater war gegründet.

In seiner 1766 gedruckten *Vorläufigen Nachricht von der auf Ostern 1767 vorzunehmenden Veränderung des Hamburgischen Theaters* kündigte Löwen dem Publikum an, daß mit dem Nationaltheater auch die Gründung einer theatralischen Akademie verbunden sein sollte, welche die Schauspieler über die »Grundsätze der körperlichen Beredsamkeit« unterrichten würde, sowie die Einrichtung einer Pensionskasse für Schauspieler, damit diese, sozial abgesichert, in den Stand gesetzt würden, »die strengste, edelste und untadelhafteste Aufführung, und die besten und liebenswürdigsten Sitten, die Leute von gutem Denken und einer feinen Lebensart unterscheiden müssen«[57], einzuhalten.

Die Bemühungen der Neuberin und Ekhofs, der ebenfalls am Unternehmen maßgeblich beteiligt war, sollten also auch vom Hamburger Nationaltheater endlich zum Erfolg geführt werden.

Man war sich des Modellcharakters des neuen Theaters durchaus bewußt. Der Eröffnungsprolog endet mit den Worten: »Und denkt, o denkt daran, ganz Deutschland sieht auf euch!«[58] Das Publikum weigerte sich jedoch, die ihm in diesem Unternehmen zugedachte Rolle zu spielen. Es zwang das Direktorium nicht nur dazu, seinen Plan, mit der Konvention der Vor- und Nachspiele zu brechen, schleunigst wieder aufzugeben und im ganzen einen Spielplan zu realisieren, der sich nicht wesentlich von dem der Wanderbühnen unterschied (s.o.). Es konnte sich auch nicht zu einem regelmäßigen Theaterbesuch entschließen – vor allem, nachdem der Senat im Herbst 1767 einer französischen Schauspieltruppe eine Aufenthalts- und Spielgenehmigung gewährt hatte.[59] »Das Publikum, das vermögende, angesehene, mußte sich des Kaltsinns und Undanks gegen die freie Kunst beschuldigen lassen, und auch diese Beschuldigung war gerecht«[60], urteilte im nachhinein Schütze in seiner *Hamburgischen Theatergeschichte*.

Und jetzt zeigte es sich, daß es auch um die finanzielle Trägerschaft des Unternehmens schlecht bestellt war, deren Aufgabe ausdrücklich darin bestehen sollte, mögliche Einnahmeeinbußen auszugleichen und das Theater wenigstens relativ unabhängig vom Publikum zu erhalten. Die zwölf Kaufleute waren entweder keine Hamburger Bürger oder sie verdienten die Berufsbezeichnung Kaufmann nicht. Zwei Mitglieder des Direktoriums, Seyler und Tillmann, hatten eben einen geschäftlichen Bankrott hinter sich. Und die zahlungskräftigen Mitglieder des Zwölfergremiums weigerten sich, für die schon nach kurzer Spielzeit angelaufenen Verluste aufzukommen. Nach nur zwei Jahren war das Hamburger Nationaltheater gescheitert. Es war in der Tat lediglich eine ›Entreprise‹ geblieben.[61] Lessing gab für das Scheitern dem mangelnden Interesse des Publikums die Schuld:

Wenn das Publikum fragt: was ist denn nun geschehen? und mit einem höhnischen Nichts sich selbst antwortet: so frage ich wiederum: und was hat denn das Publikum getan, damit etwas geschehen könnte? Auch nichts; ja noch etwas Schlimmers, als nichts. Nicht genug, daß es das Werk nicht allein nicht befördert: es hat ihm nicht einmal seinen natürlichen Lauf gelassen. – Über den gutherzigen Einfall, den Deutschen ein Nationaltheater zu verschaffen, da wir Deutsche noch keine Nation sind! Ich rede nicht von der politischen Verfassung, sondern bloß von dem sittlichen Charakter.[62]

Es blieb Lessing schlicht unverständlich, warum das bürgerliche Publikum der wohlhabenden Stadt Hamburg die Interessen der intellektuellen Theaterreformer nicht als seine eigenen Interessen anerkennen und entsprechend unterstützten wollte. Er hatte offenbar die Situation völlig falsch eingeschätzt. Der süffisante Kommentar des Journalisten Albrecht Wittenberg zum Ende des Nationaltheaters beweist zumindest größere Einsicht in die Interessenlage der Hamburger Bürger: »Dem Himmel sey gedankt, daß unsere Bürger wichtigere Dinge, als die Verbesserung des Schauplatzes beschäftigen.«[63] Die Gründer der Entreprise hatten übersehen, daß Hamburg sich noch nie als besonders theaterfreundlich erwiesen hatte. Die Stadtregierung verfolgte ökonomische Interessen und achtete sorgfältig darauf, es sich nicht mit ihren faktischen und potentiellen Handelspartnern zu verderben, die sich über das eine oder andere Stück verschnupft zeigen könnten (wie Berlin über *Minna von Barnhelm*). Die Geistlichkeit bekämpfte das Theater aus prinzipiellen Gründen und brach 1769 den zweiten Hamburger Theaterstreit vom Zaun. Und die Bürgerschaft war zwar bereit, für die Anlage öffentlicher Gärten Unsummen auszugeben; für ein Theater dagegen war ihnen ihr sauer verdientes Geld zu schade.

Der Grund für das Scheitern des Hamburger Nationaltheaters ist letztlich in dem historischen Faktum zu suchen, daß sich das deutsche Bürgertum im 18. Jahrhundert nicht als kulturtragende Schicht verstand und daher Mäzenatentum außerhalb seines Horizontes lag.[64] Die weitere Entwicklung zeigte, daß Hamburg in dieser Hinsicht tatsächlich repräsentativ für die Einstellungen und Werthaltungen des deutschen Bürgertums war.

Die Bürger waren jedenfalls froh und dankbar, als ihre Fürsten sich der Idee des Nationaltheaters annahmen: 1776 wurde in Wien ein Hof- und Nationaltheater gegründet, 1777 in Mannheim, 1786 in Berlin und 1789 in München. Es läßt sich denken, daß es den Fürsten bei ihrer Theaterreform von oben nicht darum ging, ihren Bürgern ein deutschsprachiges Theater zu schenken. Sie hatten vielmehr gute Gründe, die vor allem im desolaten Zustand der fürstlichen Kassen zu suchen sind. Da es eine finanzielle Notwendigkeit war, die teuren italienischen Operistengesellschaften und französischen Schauspieltruppen zu entlassen, sahen sich die Fürsten vor die Wahl gestellt, entweder ganz auf das Theater zu verzichten oder sich mit einem wesentlich billigeren deutschen Theater zu begnügen. Und so entschied man sich für die Einrichtung deutschsprachiger Hoftheater, denen man aus politisch-strategischen Gründen den Beinamen von Nationaltheatern beilegte.[65]

Der zweite ökonomische Grund lag in dem Kalkül, mit der Einrichtung stehender, einem zahlenden Publikum zugänglicher Bühnen den Fremdenverkehr beleben zu können und auf diese Weise Geld ins Land zu holen sowie dem einheimischen Gewerbe Arbeit und Einkommen zu verschaffen.

Ein drittes Argument lieferten ebenfalls die Kameralisten. Sie griffen den von den Theaterreformern seit der Frühaufklärung erhobenen Anspruch auf, das Theater solle als eine Sittenschule fungieren.[66] Wenn das Theater vom Staat getragen wird, so argumentierten sie, fällt es dem Staat auch leichter, »darauf zu sehen, daß solche Stücke aufgeführt werden, die diesem Endzwecke zusagen«[67]. Der Staat erhielte damit die Möglichkeit, über das Theater seine Bürger in seinem Sinne zu beeinflussen und zu erziehen:

> Aus eben dem Grundsatze, daß die Schaubühne eine Schule der Sitten seyn soll, ist nicht zuzugeben, daß unflättige Possen, oder anders die Sitten und den Anstand entehrendes Zeug auf derselben zum Vorschein komme. Es ist also eine Theatralcensur unumgänglich erforderlich. Allein es ist in Ansehen der Sitten nicht genug, daß diese Censur die ganz entworfenen und sogenannten studierten Stücke übersehe, sondern es sind einem solchen Endzwecke gemäß keine anderen, als censurirte Stücke aufzuführen. Die ungezwungenste Folge heraus also ist, die extemporirten Stücke ganz abzuschaffen.[68]

Auf diese Weise funktionierten die Kameralisten das aufklärerische Argument des Theaters als einer Sittenschule in eine Rechtfertigung für die Einrichtung einer Theaterzensur um. Paradoxerweise kam ihnen dabei zustatten, daß die für die Durchführung von Zensur notwendige Literarisierung des Theaters bereits von den Theaterreformern erfolgreich vorangetrieben war.

Die Gründung von Hof- und Nationaltheatern lag also aus vielerlei Gründen im ureigensten Interesse der Fürsten.

Die Leitung des Theaters wurde einem Intendanten übertragen; er hatte für die Wirtschaftlichkeit des Unternehmens zu sorgen, das sich im wesentlichen selbst tragen sollte, war für den Spielplan sowie den reibungslosen Verlauf der Aufführungen verantwortlich, nahm die Engagements und Kündigungen vor, hatte sich um die Verpachtung des Getränke-, Gebäck- und Konfitürenverkaufs zu kümmern, um die Aufstellung von Kartenspiel- und Billardtischen sowie die Organisation anderer Vergnügungen wie z.B. einer Tierhatz. Zu Intendanten wurden sowohl Adlige (wie der Freiherr von Dalberg in Mannheim und der Graf von Seeau in München) als auch Bürgerliche (wie die Professoren Johann Jakob Engel und Karl Wilhelm Ramler oder der Schauspieler Iffland in Berlin und später Goethe in Weimar) bestellt. Frauen, die als Prinzipalinnen im 17. und 18. Jahrhundert entscheidend zur Entwicklung des deutschen Theaters beigetragen hatten, waren von nun an von der Leitung ausgeschlossen.

Die Intendanten verstanden sich vor allem als Sachverwalter der Interessen des Staates und des Fürsten. Deswegen ordnete Dalberg an, daß Schillers *Räuber* 1781 in altdeutschem Kostüm uraufgeführt wurden,

> [...] denn wo ist nur der geringste Grad von Wahrscheinlichkeit, daß in unsern jetzigen politischen Umständen und Staaten = Verfassung sich eine solche

Begebenheit zutragen könne. Dies Stück in unserer Tracht wird Fabel und unwahr.[69]

Und die bürgerlichen Intendanten des Königlich Preußischen Nationaltheaters in Berlin, Ramler und Engel, sortierten von vornherein Stücke aus, die in irgendeiner Weise Anstoß erregen könnten, wie Kotzebues *Graf Benjowsky*: »weil wir die Aufführung gedachten Stücks für uns selbst nicht rathsam und schicklich gefunden«.[70]

Der Spielplan der Hof- und Nationaltheater bestand zu einem großen bis überwiegenden Teil aus Opern und Singspielen; im Sprechtheater dominierte die Trivialdramatik der affirmativen Familienrührstücke und eskapistischen Ritterspektakel. Politische Themen waren in den neunziger Jahren auf den Hofbühnen tabu, »es mögen nun selbe für oder wider die Revolution sein«[71].

Eine moralische Anstalt im Sinne der Theaterreformer zu sein, waren diese Theater vollkommen unfähig. Die Erwartungen, welche die Theaterreformer in die Einrichtung stehender Bühnen gesetzt hatten, wurden von den Hof- und Nationaltheatern nicht nur nicht erfüllt, sondern geradezu konterkariert. »Das Hoftheater fungierte in den neunziger Jahren als politisches Instrument, das Untertanentreue, Fürstentugend, Aufopferung der Landeskinder, Subordination in allen gesellschaftlichen Bereichen und kirchen- und priesterkonforme Frömmigkeit auf empfindsame Weise propagierte.«[72]

Das Publikum und die Schauspieler waren mit dieser Entwicklung zufrieden. Die Schauspieler wurden endlich seßhaft, ja stiegen teilweise sogar zu honorigen Hofbeamten mit Pensionsanspruch auf. Für ihre Eingliederung in die bürgerliche Gesellschaft waren sie ihrem Fürsten von Herzen dankbar; eine konservative, staats- und fürstentreue Gesinnung wurde für sie selbstverständlich. Und das bürgerliche Publikum, dem der Fürst Zutritt in »sein« Theater gestattete, konnte endlich ohne schlechtes Gewissen seinen Unterhaltungsanspruch durchsetzen und sein Unterhaltungsbedürfnis befriedigen.

Künstlerische Fortschritte, wie sie die Theaterreformer verlangt hatten, waren in diesen durch und durch konservativen Theatern nur in nachweislich unpolitischen Bereichen möglich, wie in der Entwicklung der Schauspielkunst. Von ihr profitierten wiederum die Schauspieler, deren soziales Ansehen mit dem Fortschreiten ihrer Kunst stieg, und das Publikum, dessen Unterhaltung sich so ständig verfeinerte und raffinierte.

In der Gründung und dem Erfolg der Hof- und Nationaltheater gegen Ende des 18. Jahrhunderts manifestierte sich unübersehbar die ›deutsche Misere‹: Wohl hatte sich das Bürgertum ökonomisch emanzipiert, politisch blieb es jedoch unter der Vormundschaft der Fürsten und kulturell ließ es sich nur allzugern von den Fürsten versorgen. Die gesicherte und solide ökonomische Basis, die sich das Bürgertum verschafft hatte, wurde ihm nicht Anlaß, die Trägerschaft für kulturelle Institutionen wie das Theater zu übernehmen. Es brauchte das Theater nicht als Forum für die Diskussion öffentlicher Belange oder brennender philosophischer Probleme, wie sie die kleine Elite bürgerlicher Intellektueller umtrieben; das Theater war ihm Stätte privater Erbauung und Unterhaltung, wo es seine Innerlichkeit pflegen und sich von den Strapazen des Arbeitslebens erholen konnte. Das vom Fürsten getragene Hoftheater genügte seinen Ansprüchen vollauf.

2.2 Entwicklung einer neuen Schauspielkunst

2.2.1 Theater als imitatio naturae

Kunsttheorie und Ästhetik des 18. Jahrhunderts definieren Kunst in Anlehnung an Aristoteles nicht nur in wirkungsästhetischen Termini (s.o.), sondern zuallererst als Mimesis, als Nachahmung der Natur.[73] Die zeitgenössischen Bestimmungen, welche allgemein die Kunst – und im engeren Sinne das Theater – betreffen, sind insofern stets auf eine andere, ihr vorgeordnete Größe zu beziehen: auf den Begriff der Natur.

In der Frühaufklärung wurde die Natur als eine apriorische Ordnung verstanden. Man ging davon aus, daß ihrer vernünftigen Einrichtung durch Gott als Organon ihrer Erkenntnis die Vernunft korrespondiert, mit der Gott den Menschen begabt hat. Voraussetzung der Erkenntnis ist allerdings, daß der Mensch lernt, von seiner sinnlichen Erfahrung abzusehen. »Wo man [...] bloß bey den Sinnen bleibet, und bey den undeutlichen Sätzen der Erfahrung es bewenden lasset, da kommt man nicht weiter als zu Meinungen [...].«[74] Denn die Ordnung der Welt ist, wie Christian Wolff weiter ausführt, als eine apriorische Ordnung zu begreifen, nicht aber als eine empirische, mit den Sinnen wahrnehmbare Ordnung. Sie muß folglich gedacht werden als ein universeller Verbund von allgemeinen Wahrheiten, die entsprechend auch nur mit Hilfe der Vernunft als Regel-Ordnung erkannt werden können.

Wenn man den Zusammenhang der Dinge dergestalt einsiehet, daß man die Wahrheiten miteinander verknüpfen kan, ohne einige Sätze aus der Erfahrung anzunehmen, so ist die Vernunft lauter: hingegen wenn man Sätze aus der Erfahrung mit zu Hülffe nimmet: so wird Vernunft und Erfahrung mit einander vermischet, und wir sehen den Zusammenhang der Wahrheit miteinander nicht völlig ein.[75]

Um ohne Rekurs auf die Erfahrung die Wahrheiten miteinander verknüpfen zu können, braucht die Vernunft allerdings spezielle Zeichen, die als Repräsentationen dieser Wahrheiten zu fungieren vermögen. Denn die vernunftgemäße Verknüpfung der Wahrheiten erscheint nur als erfahrungsunabhängige Kombination von Zeichen möglich zu sein.

Wenn für die Kunst die Forderung einer *imitatio naturae* zum allgemeinen Postulat erhoben wird, folgt daraus, daß die Kunst die Natur im Sinne jener apriorischen Ordnung nachahmen soll: Das einzelne Kunstwerk muß also als Abbildung dieser Ordnung hervorgebracht werden. »Weil in der Natur alles verknüpfet ist, weil alles ordentlich gemacht worden: so muß es auch in den Künsten seyn; weil sie Nachahmungen derselben sind.«[76] Damit die Kunst die Natur nachahmen kann, muß sie folglich nach eben jenen Regeln verfahren, welche die Vernunft als fundamental für die Ordnung der Welt erkannt und eingesehen hat. Die »Regeln der Kunst«, nach denen der Künstler vorzugehen hat, sind also »aus der Vernunft und Natur« hergeleitet worden.[77] Indem der Künstler sie bei der Herstellung seines Werkes zugrundelegt und methodisch befolgt, stellt er sie im Werk selbst dar. Insofern nun die Ordnung der Natur und die Ordnung des Kunstwerks auf identischen Regeln beruhen, vermag auch das einzelne Kunstwerk, die Ordnung der Welt als ihre adäquate Repräsentation abzubilden. Die Nachahmung der Natur, wie sie hier gefordert wird, läßt sich also als angemessene Repräsentation der Ordnung beschreiben und erfassen, welche der Natur zugrundeliegt.

Für das Theater folgt daraus einerseits, daß es auf der Bühne nichts Widersprüchliches und in diesem Sinne Unwahrscheinliches zulassen darf, weil es apriorische Vernunft-Regeln nachzuahmen hat. Deswegen polemisiert Gottsched so heftig gegen Shakespeare, die Haupt- und Staatsaktionen sowie gegen die Oper mit ihrem Wunder- und Zauberapparat. Andererseits folgt aus der so bestimmten Naturnachahmung die Forderung nach dem guten Geschmack. Denn der Geschmack galt seinerseits als auf die vernunftbestimmten Regeln bezogen.

Beide Forderungen wurden nicht nur für die Dramaturgie, sondern auch für die Schauspielkunst grundlegend und leitend. Da die Schauspielkunst des Barocktheaters spezielle Regeln vorsah, nach denen Deklamation, Gesichtsausdruck, Körperhaltung, Gesten und Bewegungen zu gestalten waren, konnten die auf diese Weise hervorgebrachten Repräsentationen als Produkte von Regelbefolgungen angesehen werden. Insofern war es möglich, sie als Nachahmungen der Natur im Sinne Wolffs oder Gottscheds zu deklarieren und zu verstehen. Während auf dem Barocktheater jedoch gerade die Entgegensetzung von Regelbefolgung (z.B. beim Märtyrer) und Regeldurchbrechung (z.B. beim Narren oder beim Tyrannen) die Schauspielkunst als ein angemessenes System von Repräsentationen etabliert hatte, konnten im Theater der Frühaufklärung nur noch die nach Regeln hervorgebrachte maßvolle und schickliche Deklamation und Gestik zugelassen werden, weil sie in ihrer regelgeleiteten Gestaltung als adäquate Repräsentationen der vernünftigen Ordnung der Natur anzusehen und zu interpretieren waren.

Über die Schauspielkunst der Neuberin schreibt Schütze in seiner *Hamburgischen Theatergeschichte*:

Bisher hatte man die Verse der unvollkommenen Theaterstücke erbärmlich skandirt; sie fieng zuerst an, den Ton der tragischen Deklamation zu versuchen. Selbst in prosaischen Stücken ward skandirt; sie fieng zuerst an ohne zu merkliche Skansion zu rezitiren. Sie deklamirte freilich noch immer mangelhaft, und in abgezirkelten Modulationen, wie es die Alexandriner der ersten regelmäßigen Stücke und deren abgezirkelte Mensur beinah unvermeidlich machte; doch sie zerarbeitete nicht Lunge und Hals, um, wie ihre Mitspieler und Mitspielerinnen, durch Stimmenstärke und widersinnig herausgezwungene Töne sich den Beifall des großen Haufens zu er-schreien. Die Neuberin war die erste Schauspielerin, welche es wagte, ein verwöhntes Publikum durch natürlichere, wenn gleich immer noch steife, körperliche Bewegungen und Gesten, durch minder übertriebnes, verzerrtes Mienenspiel auf eine einzig wahre Kunst des Schauspielers aufmerksam zu machen. (S. 210)

Die von der Neuberin begründete sogenannte Leipziger Schule wurde von Schönemann und seiner Truppe weitergeführt.[78] Ihr Schauspielstil wurde wesentlich von den regelgeleiteten Repräsentationen des Barocktheaters bestimmt, die sich im Lichte des apriorischen Naturbegriffs des frühaufklärerischen Rationalismus ›umfunktionieren‹ und in diesem Sinne uminterpretieren ließen. Denn gerade die maßvolle schickliche Geste, die nach den Regeln »der Vernunft und der Natur« hervorgebracht wird, schien in besonderer Weise geeignet, den Menschen als ein von der Vernunft bestimmtes und geleitetes Wesen darzustellen, wie es dem Zuschauer als Vorbild für seine eigene Lebensführung vom Theater eingeprägt werden sollte. Die mit den künstlichen Repräsentationen des Barocktheaters arbeitende Schauspielkunst der Frühaufklärung ist in diesem Sinne uneingeschränkt als Nachahmung der Natur zu verstehen und zu beschreiben.

Um die Mitte des 18. Jahrhunderts etwa zeichnete sich in

Deutschland eine Entwicklung ab, die zur Veränderung des in der Frühaufklärung geltenden Naturbegriffs führte. Unter dem Einfluß des englischen Sensualismus setzte sich zunehmend die Auffassung durch, daß es keine Vorstellungen im Verstand geben könne, die nicht aus der sinnlichen Wahrnehmung herstammen.[79] Der rationalistische Naturbegriff, welcher die Natur als eine apriorische Ordnung bestimmt, wurde von einem empirischen Naturbegriff abgelöst, der die Natur als das sinnlich Wahrnehmbare voraussetzt und ihrer Erforschung zugrundelegt: Die Naturalia unterscheiden sich nach Linné von den Coelestia und Elementa gerade aufgrund des Kriteriums, daß sie dazu bestimmt sind, sich direkt den Sinnen darzubieten.[80]

Die Ordnung der Natur kann daher auch nicht mit Hilfe bestimmter logischer Operationen – also ausschließlich durch das Organon der Vernunft – erkannt werden. Notwendig werden vielmehr sorgfältige Beobachtungen, die es erlauben, Identitäten und Unterschiede zwischen den einzelnen Lebewesen festzustellen und so zu ihrer Klassifizierung zu gelangen. Erst die Darstellung der Gesamtheit solcher Klassifizierungen kann als Darstellung jener Ordnung, welche der Natur zugrunde liegt, begriffen werden. Die Erkenntnis dieser Ordnung hat also die Beobachtung der empirisch gegebenen Natur zu ihrer Voraussetzung: Während ein Blinder, wie Diderot in seinem *Lettre sur les sourds et les muets* (1751) ausführt, sehr wohl Geometer sein kann, ist er zum Naturforscher folglich ganz untauglich.[81] Denn dessen erste und fundamentale Aufgabe besteht in der Beobachtung der Natur, wie sie sich den Sinnen – die im 18. Jahrhundert überwiegend mit dem Gesichtssinn gleichgesetzt werden – darbietet. Der Naturforscher sieht sich entsprechend mit dem Problem konfrontiert, Zeichen zu suchen und zu verwenden, welche die beobachtete Ordnung der Natur zu repräsentieren imstande sind.

Diese Aufgabe stellte sich nicht nur dem Chemiker und Botaniker, sondern auch dem Anthropologen. Denn »auch die Wissenschaft vom Menschen ist eine Naturwissenschaft, eine Wissenschaft der Beobachtung«[82]. Folglich gilt, daß »der moralische Mensch dem Beobachter [...] wenigstens eben so viel werth« sei, »als einem Trembley der Polyp oder Bonnet die Blattlaus«[83]. Der neue Naturbegriff und die aus ihm resultierende neue Methode der Beobachtung und Vergleichung affizierten also außer den Naturwissenschaften auch Kulturwissenschaften wie Anthropologie, Ethnologie,

Psychologie, Physiognomik oder Sprachursprungsforschung. Nicht zuletzt endlich hatte er einen fundamentalen Einfluß auf die Entwicklung der Schauspielkunst.

Wenn man von der empirisch gegebenen Natur ausging, mußte die in der Frühaufklärung durchgesetzte und von einzelnen Schauspielern noch bis in die siebziger Jahre hinein praktizierte Schauspielkunst im höchsten Grade unnatürlich, gekünstelt und insofern lächerlich erscheinen. Die Veränderung des Naturbegriffs sowie die aus ihr resultierende neue Funktionsbestimmung der Zeichenkonstitution hatten entsprechend weitreichende Folgen für das Theater und ganz allgemein für Kunsttheorie und Kunstproduktion der Epoche. Wenn das Theater weiterhin als Nachahmung der Natur gelten und als moralische Anstalt wirken sollte, ergab sich als notwendige Folge das Postulat, eine neue, an der empirisch gegebenen Natur orientierte Schauspielkunst entwickeln zu müssen.

Diese Entwicklung wurde in der Diskussion derjenigen Probleme begonnen und vorangetrieben, deren Erörterung auch für die allgemeine Kunsttheorie als konstitutiv angesehen werden kann. Dabei wurden insbesondere jene Argumente berücksichtigt, welche in der entsprechenden Debatte in Frankreich, die schon bedeutend früher eingesetzt hatte, bereits ausgetauscht worden waren. Es galt, vor allem folgende Fragen zu lösen:

1. Was für eine Art von Zeichen stellt die Schauspielkunst, insbesondere die Geste des Schauspielers dar? Welche Gegenstände der Natur vermag sie bevorzugt abzubilden?[84]
2. Welche dieser Gegenstände soll sie auf welche Weise abbilden?
   a) Sollen unter ihren möglichen Gegenständen nur diejenigen ausgewählt werden, die als »schöne Natur« gelten?
   b) Sollen »nicht schöne« Gegenstände von ihr verschönert und unvollkommene vervollkommnet werden?
   c) Welche charakteristischen Merkmale, die sie nachahmen soll, sind auszuwählen?
3. Auf welche Weise bzw. mit welcher Methode sind die gestischen Zeichen der Schauspielkunst, die aufgrund der Beantwortung der vorhergehenden Fragen als zur Nachahmung in besonderer Weise geeignet erscheinen, am sichersten und genauesten hervorzubringen?

Die theoretische Erörterung dieser Fragen sollte zu einer Klärung der von ihnen aufgeworfenen Probleme und auf diesem Wege zur Entwicklung einer neuen Schauspielkunst auf den deutschen Bühnen führen. Denn man ging davon aus, daß die gestischen Zeichen, die in der Praxis beim Publikum die gewünschte Wirkung auslösen sollten (es beispielsweise zum Mitleid bewegen), mit Hilfe theoretischer Überlegungen gefunden, sorgfältig abgegrenzt, beschrieben und in ihrer Verwendung festgelegt werden müßten, wenn man nicht Gefahr laufen wollte, die Wirkung des Theaters durch einen eher zufälligen Einsatz unbegründeter und daher im schlechten Sinne mehrdeutiger Zeichen ernsthaft zu gefährden. Die Entwicklung einer neuen, an der empirisch gegebenen Natur orientierten Schauspielkunst folgte insofern denselben wissenschaftlichen Prinzipien, die in der zweiten Hälfte des 18. Jahrhunderts auch für die Botanik, die Zoologie, die Chemie, die Anthropologie, Ethnologie oder Psychologie galten. Es erscheint daher sinnvoll, die Entwicklung einer neuen Schauspielkunst mit einem *wissenschafts- bzw. geistesgeschichtlichen Ansatz* zu untersuchen.[85]

2.2.2 Der Körper als natürliches Zeichen der Seele

Die in Deutschland geführte Diskussion um die Entwicklung einer neuen Schauspielkunst war von Anfang an wesentlich von der Auseinandersetzung mit jenen Argumenten beeinflußt, die in der entsprechenden französischen Debatte bereits ausgetauscht worden waren. Ungefähr ab 1750 wurde das deutsche Publikum – größtenteils durch die Vermittlung Lessings in Übersetzungen, auszugsweisen Übersetzungen und ausführlichen Besprechungen – mit den wichtigsten diesbezüglichen Arbeiten bekannt gemacht, wie zum Beispiel mit Rémond de Sainte Albines Schrift *Le Comédien* (Paris 1747), François Riccobonis *L'Art du Théâtre* (Paris 1750) sowie mit verschiedenen Schriften Denis Diderots.

Die Frage nach der Eigenart der gestischen Zeichen wird in aller Deutlichkeit zuerst von Diderot in seiner Schrift *Lettre sur les sourds et les muets* gestellt, die Lessing noch im Jahr ihres Erscheinens in einer ausführlichen Besprechung dem deutschen Publikum bekannt machte. Bei seinem in konkreten Kommunikationssituationen mit Taubstummen empirisch durchgeführten Vergleich zwischen den sprachlichen und den gestischen Zeichen kommt Diderot zu dem

Schluß, daß beide Arten von Zeichen in gleicher Weise geeignet sind, Handlungen, konkrete Gegenstände und solche Ideen auszudrücken, die sich durch eine übertragene Benennung darstellen lassen. Während allerdings gestische Zeichen zur Darstellung eines abstrakten Zusammenhanges kaum eingesetzt werden können, übertreffen sie die sprachlichen Zeichen, wenn es um den Ausdruck außerordentlicher Empfindungen und extremer seelischer Zustände geht, welche »die erhabenen Gesten« auf eine Weise darzustellen fähig sind, wie »auch die größte Beredsamkeit [sie] niemals wiedergeben kann«[86]. Darüber hinaus hat die gestische Sprache den Vorteil, leichter verständlich zu sein als die Wortsprache, weil sie »keine gestifteten Zeichen« kennt und ihre Syntax jedem unmittelbar von »der Natur nahegelegt«[87] wird. Diderot begreift und bestimmt in diesem Sinne die Sprache der Gesten als eine »Natursprache«.[88]

Für Lessing, der die Frage nach der Eigenart der gestischen Zeichen theoretisch untersucht, ist diese letztgenannte Differenz die wesentliche. Er führt im *Laokoon* (1766) die für die kunsttheoretische Diskussion ganz allgemein bedeutsame Unterscheidung zwischen »natürlichen« und »willkürlichen« Zeichen ein, die auch von späteren Theoretikern – z.B. von Engel – in diesem Zusammenhang übernommen wird. Als »natürliche Zeichen« bestimmt er diejenigen Zeichen, welchen ihre Bedeutung kraft Ähnlichkeit mit dem bezeichneten Gegenstand zukommt.[89] Wer die bezeichneten Gegenstände kennt, muß daher auch die Bedeutung der sie bezeichnenden Zeichen »natürlicherweise« verstehen können.

Insofern nun die Gesten als »natürliche Zeichen«[90] zu klassifizieren sind, kann man den Schluß ziehen, daß sie zur Nachahmung aller jener Gegenstände vorzüglich geeignet sind, zu denen sie in eine Relation der Ähnlichkeit zu treten vermögen. Da die gestischen Zeichen sich sowohl im Raum erstrecken – wie die Zeichen der Malerei – als auch in der Zeit aufeinander folgen – wie die Zeichen der Dichtung –, sind sie auch fähig, den »wahren sinnlichen Eindruck«[91] sowohl von nebeneinander existierenden als auch von aufeinanderfolgenden Gegenständen hervorzurufen, sowohl Körper als auch Handlungen nachzuahmen. Weil sie dergestalt auf beide Arten von Gegenständen zugleich bezogen sind, ahmen sie also Körper nach, die sich bewegen und verändern, bzw. Handlungen, die von bestimmten Körpern ausgeführt werden. Daraus folgt, daß die gestischen Zeichen aufgrund ihrer Eigenart vor allem zur

Darstellung menschlicher Körper, Handlungen und Bewegungen besonders geeignet erscheinen.[92]

Aus dieser spezifischen Mittelstellung zwischen den Zeichen der Malerei und den Zeichen der Dichtung ergeben sich für Lessing auch die allgemeinen Prinzipien, nach denen die konkreten, von den gestischen Zeichen nachzuahmenden Gegenstände ausgewählt und die jeweiligen gestischen Zeichen gestaltet werden sollen: »Wahrheit« und »Schönheit«[93]. Denn

> [...] die Kunst des Schauspielers stehet [...] zwischen den bildenden Künsten und der Poesie mitten inne. Als sichtbare Malerei muß zwar die Schönheit ihr höchstes Gesetz sein; doch als transitorische Malerei braucht sie ihren Stellungen jene Ruhe nicht immer zu geben, welche die alten Kunstwerke so imponierend macht. Sie darf sich, sie muß sich das Wilde eines Tempesta, das Freche eines Bernini öfter erlauben; es hat bei ihr alles das Ausdrückende, welches ihm eigentümlich ist, ohne das Beleidigende zu haben, das es in den bildenen Künsten durch den permanenten Stand erhält. Nur muß sie nicht allzu lang darin verweilen, nur muß sie es durch die vorhergehenden Bewegungen allmählich vorbereiten und durch die darauf folgenden wiederum in den allgemeinen Ton des Wohlanständigen auflösen, nur muß sie ihm nie alle die Stärke geben, zu der sie der Dichter in seiner Bearbeitung treiben kann. Denn sie ist zwar eine stumme Poesie, aber die sich unmittelbar unseren Augen verständlich machen will.[94]

Diejenigen gestischen Zeichen müssen also ausgewählt werden, die, wie später auch Engel fordert, »zugleich am schönsten und am wahrsten«[95] sind.

Das Ideal der Schönheit – darin sind sich alle Theoretiker der Geste von Lessing über Lichtenberg bis Engel einig – kann allein durch die genaue Befolgung der Regeln realisiert werden, welche der Ausführung der Hogarthschen »line of beauty« zugrunde liegen, deren Einhaltung Lichtenberg so lobend bei Garrick hervorhebt.[96] Zwar darf das Agieren auf keinen Fall »in weiter nichts, als in der Beschreibung solcher schönen Linien«[97] bestehen, weil »jede Bewegung [...] bedeutend sein«[98] muß. Dennoch aber hat es den »ästhetischen Fundamentalgesetzen«[99] zu folgen und die »Schönheitslinie« immer da einzuhalten, wo es möglich ist, ohne gegen die zweite wichtigere Forderung nach Wahrheit zu verstoßen. Da in der Wirklichkeit die »line of beauty« wohl nur in seltenen Fällen anzutreffen sein wird, folgt daraus, daß die Gesten des Schauspielers nicht als sklavische Kopien der Gesten, wie sie in der Wirklichkeit zu beobachten sind, hervorgebracht werden können. Ihre Gestaltung hat vielmehr speziellen, rein ästhetischen Gesetzen und aus ihnen abgeleiteten Regeln zu folgen, damit »unsere Augen« nicht »beleidiget« werden.[100]

Das Prinzip der Schönheit ist allerdings demjenigen der Wahrheit deutlich untergeordnet. Die wichtigste Forderung, die an die gestischen Zeichen zu stellen ist, geht dahin, daß sie »wahr« zu sein haben, und zwar sowohl, wenn sie Empfindungen und seelische Zustände der Rollenfiguren ausdrücken sollen, als auch wenn sie auf ihren individuellen Charakter oder ihre Standeszugehörigkeit bezogen sind. Während die Gesten, welche Empfindungen oder den individuellen Charakter darstellen, in der deutschen Diskussion von allen Theoretikern behandelt werden – im Unterschied zur französischen, welche sich weitgehend auf die Erörterung der die Empfindungen ausdrückenden Zeichen beschränkt –, werden die auf die Standeszugehörigkeit verweisenden Gesten allein von Lichtenberg in die Untersuchung einbezogen. Ihre sonst übliche Vernachlässigung in theoretischen Erörterungen – keineswegs in verschiedenen Einzelbeschreibungen – mag ihren Grund darin haben, daß diese Gesten nicht auf ein Naturgesetz zurückgeführt werden können, wie es von den erstgenannten Gesten ganz allgemein und übereinstimmend angenommen wurde. Muster zu ihrer Gestaltung auf der Bühne lassen sich vielmehr allein durch Beobachtung in der gesellschaftlichen Wirklichkeit finden. Denn diese Gesten sind nicht durch die Natur des Menschen, sondern ausschließlich durch eine bestimmte gesellschaftliche Hierarchie und Ordnung bedingt. In seinem *Vorschlag zu einem Orbis Pictus* (1780) stellt Lichtenberg eine Reihe solcher Gesten, die auf die Standeszugehörigkeit verweisen, zusammen und empfiehlt sie den Schauspielern zur gehörigen Beachtung. Er beginnt mit einer entsprechenden Charakterisierung der männlichen und weiblichen Bediensteten. Denn »die Beobachtung der geringern Klasse von Menschen, die jedem freisteht, erleichtert aber doch auch von der andern Seite die Sache wieder. Ja ich glaube, daß sich die höhern ohne Kenntnis der niedrigen nicht einmal gut beobachten lassen. Die Klasse des Pöbels enthält die Originale zu unseren Versteinerungen der höheren Welt.«[101] In welch engem Zusammenhang diese gestischen Zeichen mit dem besonderen Kostüm bzw. bestimmten Teilen des Kostüms stehen, geht unmittelbar aus den Anweisungen hervor, die Lichtenberg für einen Schauspieler zusammenstellt, der einen Bediensteten spielen soll:

Er liest gern Federn vom Hut, und hascht Fliegen wie ein Sterbender, dreht den Hut vor dem Nabel wie eine Windmühle. Dieses muß sparsam gebraucht werden. Poliert Knöpfe mit dem Rockärmel, oder bürstet den Hut damit, oder einen Ärmel mit dem andern [...]. Schlägt, wenn er seidene Strümpfe an hat, Stechfliegen mit großem Anstand auf den Waden tot. Faßt seinen Kameraden in der Erzählung bei den Rockknöpfen [...].[102]

Derartige an bzw. mit Requisiten vollzogene gestische Handlungen, wie sie in der gesellschaftlichen Wirklichkeit zu beobachten sind, erscheinen Lichtenberg in besonderer Weise geeignet, als Zeichen für die jeweilige Standeszugehörigkeit und die aus ihr abgeleitete Eigenart der Rollenfigur zu dienen.

Die gestischen Zeichen, welche Empfindungen ausdrücken oder auf den individuellen Charakter verweisen, lassen sich dagegen ganz allgemein auf die menschliche Natur beziehen. Denn man ging von der generellen Voraussetzung einer Relation der Ähnlichkeit zwischen seelischen und körperlichen Veränderungen aus, wie sie auch von der physiologischen Forschung der Zeit untersucht und behauptet wurde.[103] Soweit diese Analogie für Empfindungen und ihren körperlichen Ausdruck angenommen wurde, galt sie durchgehend als ein Faktum, von dem auszugehen war. Uneinigkeit herrschte jedoch über die mögliche Ausdehnung der Gültigkeit des Prinzips. Während Physiognomen das Prinzip auch auf die Beziehung zwischen der festen Gestalt des Körpers und dem Charakter einer Person angewendet wissen wollten[104], wies Lichtenberg ein solches Vorgehen als pseudowissenschaftlich scharf zurück und wollte das Prinzip der Analogie ausschließlich für die Beziehung zwischen psychischen und physischen Bewegungen und Veränderungen gelten lassen.[105] Lessing und vor allem Engel dagegen sind bereit, dies Prinzip auch für die Beziehung zwischen bestimmten von einer Person bevorzugten Posen und Stellungen und ihrem Charakter als gültig anzuerkennen. So setzt Lessing beispielsweise in seinem Fragment *Der Schauspieler* (1754) die Gültigkeit dieser Analogie stillschweigend voraus, wenn er »das Gehen mit dem steifen und gestreckten Fuß« als natürliches Zeichen für einen »stolzen und ruhmredigen«[106] Charakter anführt. Engel beruft sich ausdrücklich auf das Prinzip der Analogie und geht entsprechend davon aus, daß die Stellung des Körpers, der Gang, die Haltung als Zeichen für den Charakter der betreffenden Person aufgefaßt und gedeutet werden können. Denn so wie »sich auf der ruhigen Fläche des Gesichts die unterscheidenden Charakterzüge nie verwischen, und vielleicht in diesem Zustande der Ruhe am sichersten und reinsten erkannt werden; so bleiben auch in der ruhigen Stellung und Lage des Körpers merkliche Spuren des individuellen Charakters übrig.«[107] Die Wahrheit der Geste in bezug auf den Charakter der dramatis personae besteht folglich darin, daß die Geste nach diesem Prinzip der Analogie gestaltet wird: Da beispielsweise der Stolze sich selbst für größer und bedeutender als andere halte, müsse er durch eine Gestik dargestellt werden, die den Schauspieler in seinen Ausmaßen ebenfalls größer und weiträumiger erscheinen lasse (wie beispielsweise erhobenes Haupt, vorgestreckte Brust, vorgestelltes Bein etc.); da der Faule als eine schlaffe Seele zu denken sei, müsse der Schauspieler bei seiner Darstellung alle Körperteile schlaff an sich herunterhängen lassen usw. Die gestischen Zeichen, welche solcherart den Charakter der dramatis persona ausdrücken sollen, werden allerdings in dieser Funktion wesentlich durch Maske, Frisur und Kostüm unterstützt, was Engel zwar übersieht, zumindest nicht erwähnt, Lichtenberg jedoch in seinen Beschreibungen zu Garricks verschiedenen Rollendarstellungen ausdrücklich hervorhebt. Diese charakterisierenden Posen und Haltungen fungieren für den Schauspieler als Grundpositionen, die er dem jeweiligen Charakter der Rollenfigur entsprechend einzunehmen und von denen aus er im weiteren Verlauf zu agieren hat.

Die besondere Fähigkeit der gestischen Zeichen, Empfindungen auszudrücken, ist für alle Theoretiker der Zeit, ob in Frankreich, England oder Deutschland, vollkommen unstrittig und bedarf keiner speziellen theoretischen Begründung. Denn insofern sie bei den Menschen jedes Alters, Standes und jeder Nation sich beobachten läßt, ist sie allen weiteren Erörterungen als ein Faktum, die menschliche Natur betreffend, vorgegeben: Alle Menschen pflegen ihre Empfindungen durch körperliche Veränderungen auszudrükken.[108] Soll die Geste des Schauspielers dieselbe Funktion erfüllen, hat sie folglich die Zeichen jener »unwillkürlichen Gebärden-Sprache« nachzuahmen, »die von den Leidenschaften in allen ihren Gradationen über die ganze Erde geredet wird«[109]. Die Schauspielkunst bedarf daher der »ganzen Semiotik der Affekten oder der Kenntnis der natürlichen Zeichen der Gemütsbewegungen«[110].

Damit aber ist ein besonderes Problem aufgeworfen, auf das Lessing in seiner ausführlichen Besprechung von Rémond de St. Albines *Le Comédien* nachdrücklich hinweist.

Der Herr Remond de Sainte Albine setzt in seinem ganzen Werk stillschweigend voraus, daß die äußeren Modifikationen des Körpers natürliche Folgen von der inneren Beschaffenheit der Seele sind, die sich von selbst ohne Mühe ergeben. Es ist zwar wahr, daß jeder Mensch ungelernt den Zustand seiner Seele durch Kennzeichen, welche in die Sinne fallen, einigermaßen ausdrücken kann, der eine durch dieses, der andre durch jenes. Allein auf dem Theater will man Gesinnungen und Leidenschaften nicht nur einigermaßen ausgedrückt sehen, nicht nur auf die unvollkommene Weise, wie sie ein einzelner Mensch wenn er sich wirklich in eben denselben Umständen befände, vor sich ausdrücken würde: sondern man will sie auf die allervollkommenste Art ausgedrückt sehen, so wie sie nicht besser und nicht vollständiger ausgedrückt werden können.[111]

Ähnlich äußern sich später Lessing noch einmal in der *Hamburgischen Dramaturgie* (1769), Diderot in den *Observations sur une brochure intitulée Garrick ou les acteurs anglais* (1770) sowie in dem *Paradoxe sur le comédien* (1769–1778) und Engel in den *Ideen zu einer Mimik* (1785/86). Weil die natürliche Sprache der Gesten keineswegs zum vollkommenen Ausdruck der Empfindungen fähig ist, können die sie umstandslos nachahmenden Gesten des Schauspielers auch dem Postulat nach Wahrheit nicht genügen. Der von der Natur entwickelte gestische Kode ist vielmehr im Hinblick auf die mit seiner Hilfe auszudrückenden Leidenschaften so wenig »deutlich und nachdrücklich«[112], daß er einer Korrektur durch den Schauspieler bedarf. Um die gestischen Zeichen zu finden, welche die Leidenschaften jeweils auf die »allervollkommenste Art ausdrücken«, ist nach Lessings Überzeugung daher »kein anderes Mittel, als die besonderen Arten, wie sie sich bei dem und bei jenem ausdrücken, kennen zu lernen und eine allgemeine Art daraus zusammenzusetzen, die umso viel wahrer scheinen muß, da ein jeder etwas von den seinigen darinnen entdeckt«. Diejenigen gestischen Zeichen, welche dem Postulat der Wahrheit genügen wollen, können also nicht als kopierende Nachahmungen der in der Wirklichkeit vorfindlichen Gesten hervorgebracht werden, sondern entstehen als Resultat eines komplizierten Beobachtungs-, Registrier-, Auswahl- und Synthetisierungsprozesses.

Als Methode zu ihrer Hervorbringung scheidet daher das von St. Albine propagierte Verfahren – die Gefühle, die dargestellt werden sollten, selbst zu empfinden – unwiderruflich aus. Die »richtigen« gestischen Zeichen sind vielmehr »auf eine gewisse mechanische Art zu erlernen, auf eine Art aber, die sich auf unwandelbare Regeln gründet«[113].

Während Lessing auch in späteren Schriften diese Regeln nie

detailliert erläutert noch weiter ausführt, versucht Engel, sie sowohl allgemein zu begründen als auch im einzelnen zu formulieren. Er legt dabei das schon erwähnte »Gesetz« oder »die Regel der Analogie« zugrunde, die besagt, daß die körperlichen Veränderungen den seelischen Modifikationen analog verlaufen. Daraus folgt, daß sich die »richtigen« – d.h. dem Postulat der Wahrheit genügenden – gestischen Zeichen nur entwickeln lassen, wenn eine umfassende Kenntnis der seelischen Vorgänge, welche sie ausdrücken sollen, gegeben ist. Denn die einzelnen Teile oder Elemente einer Geste müssen den einzelnen Abschnitten des psychischen Verlaufs vollkommen analog nachgebildet sein. Daher stellt den ersten Schritt zur Konstituierung eines gestischen Kodes für Engel eine Klassifizierung der Zustände der menschlichen Seele dar. Er baut sie nach dem binären Prinzip auf und erhält folgende Ordnung:

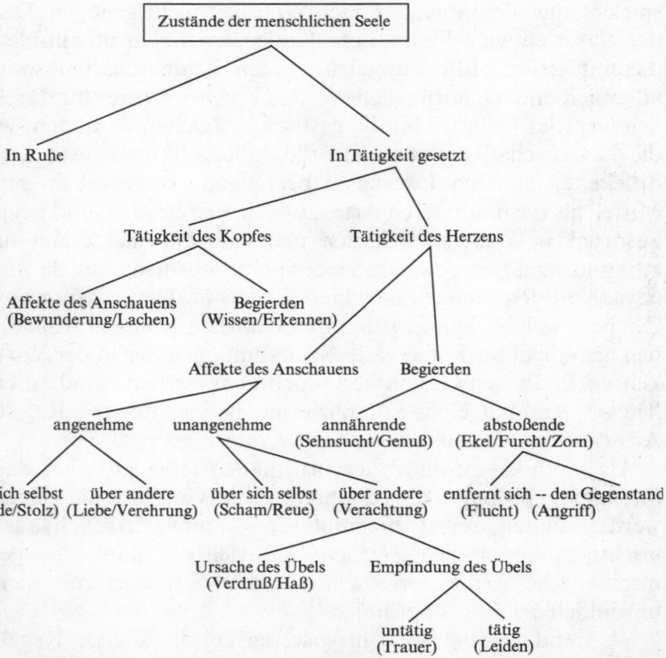

Diese Klassifikation erhebt den Anspruch, alle einfachen, nicht zusammengesetzten Empfindungen berücksichtigt und erfaßt zu haben. Alle übrigen müssen folglich den vermischten, zusammengesetzten zugerechnet werden. Für jeden in der Klassifikation enthaltenen Zustand liefert Engel eine ausführliche Beschreibung und leitet dann daraus nach dem Prinzip der Analogie die Beschreibung des gestischen Zeichens, welches diesen Zustand auf das vollkommenste ausdrücken soll, ab. So beschreibt Engel beispielsweise den Zorn als »Begierde nach Wegräumung, nach Zerstörung eines Übels«, die zugleich »mit Straf- und Rachbegierde eins ist«[114]: »die sämmtlichen Kräfte der Natur strömen nach außen, um die Freude des Boshaften durch ihren fürchterlichen Anblick in Schrecken, durch ihre verderbliche Wirkung in Schmerz, hingegen unseren eignen bitteren Verdruß in wollüstiges Gefühl unsrer Stärke, unserer Furchtbarkeit zu verwandeln«.[115] Aus diesem Zustand folgt per analogiam der körperliche Ausdruck:

> Der Zorn rüstet [...] alle äußeren Glieder mit Kraft; vorzüglich aber waffnet er diejenigen, die zum Zerstören geschickt sind. Wenn überhaupt die mit Blut und Säften überfüllten äußeren Teile strotzen und zittern, und die gerötheten rollenden Augen Blicke wie Feuerstrahlen schießen: so äußert sich besonders in Händen und Zähnen eine Art von Empörung, von Unruh: jene ziehen sich krampfhaft zusammen, diese werden gefletscht und knirschen [...] alle Bewegungen sind eckig und von der äußersten Heftigkeit; der Schritt ist schwer, gestoßen, erschütternd.[116]

Jede einzelne körperliche Veränderung hat in einer bestimmten seelischen Regung ihre Ursache und weist daher auf sie hin. Die Gesamtheit dieser Veränderungen als gestisches Zeichen für Zorn bildet dergestalt den vollkommenen Ausdruck der betreffenden Empfindung ab. Während die entsprechenden, bei wirklichem Zorn hervorgebrachten Modifikationen in ihrer Gesamtheit als indexikalisches Zeichen zu verstehen sind, das auf die Empfindung, die sie verursacht, hinweist, stellen die auf der Bühne nach den von Engel formulierten Regeln hervorgebrachten gestischen Zeichen ihre sie vervollkommnende Nachahmung dar: Es sind ikonische Zeichen, welche die indexikalischen Zeichen der Wirklichkeit auf angemessene und vollkommene Weise repräsentieren. Sie sind selbst weder spontaner Ausdruck der Empfindung noch auch ihr willkürliches, konventionelles Zeichen, sondern adäquate Repräsentationen des in der Wirklichkeit zu beobachtenden gestischen Zeichens, das als spontaner Ausdruck der betreffenden Empfindung entstanden ist.

Da nun auf dem Theater nicht nur einfache unvermischte noch auch lauter einzelne Empfindungen zur Darstellung gelangen, kann »die Grammatik der Schauspielkunst«[117] erst dann als vollständig gelten, wenn sie auch über Regeln verfügt, nach denen die im Repertoire enthaltenen Zeichen für einzelne, einfache Empfindungen miteinander kombiniert werden können, so daß sich sowohl vermischte Empfindungen als auch eine Abfolge von Empfindungen darstellen lassen.

Als allgemeine Regel für die sukzessive Kombination gilt dabei diejenige von der »Continuität des Spiels«. Das heißt, es müssen ununterbrochen Zeichen hervorgebracht werden, da es im »Gebehrdenspiel«, anders als in der Rede, keinerlei Stillstände gibt: »jeder Anblick in jedem Moment ist bedeutend, sei es durch wirklichen Ausdruck eines bestimmten Affectes, oder selbst durch Ruhe, durch Gleichgültigkeit, durch Zerstreuung«[118]. Da es keine Pausen im Hervorbringen gestischer Zeichen geben kann, muß folglich auf ihre »richtige« sukzessive Kombination besondere Sorgfalt verwandt werden. Dabei sind prinzipiell drei Möglichkeiten zu unterscheiden: 1. die Verbindung mehrerer ruhiger Tätigkeiten; 2. der Übergang aus der Ruhe in den Affekt und aus dem Affekt zurück in die Ruhe, und 3. die Verbindung mehrerer leidenschaftlicher Bewegungen.

Die Regeln für die Kombination der gestischen Zeichen lassen sich in allen Fällen wiederum nach dem Prinzip der Analogie aufstellen, d.h. sie gehen aus der Gesetzmäßigkeit der psychischen Abläufe hervor. Es dürfen also nur solche Zeichen direkt miteinander kombiniert werden, die Zustände der Seele bedeuten, welche auch natürlicherweise unmittelbar aufeinander zu folgen vermögen. Die »mimische« Kenntnis folgt auch hier aus der psychologischen. Denn eine jede sukzessive Kombination gestischer Zeichen hat die Abfolge unterschiedlicher Zustände der Seele exakt so abzubilden, wie die bei allen als gleich vorauszusetzende menschliche Natur sie als möglich erscheinen läßt.

Sie ist dazu fähig, weil jedes ihrer Zeichen eine feste, unveränderliche Bedeutung besitzt. Die Aneinanderreihung der Zeichen bedeutet daher auch zunächst nur die präzise Aufeinanderfolge der einzelnen, von ihnen jeweils bedeuteten Zustände der Seele, ohne auch nur die geringste Modifikation der Bedeutungen der einzelnen Zeichen nach sich zu ziehen. Wird nun diese Kombination ihrerseits als ein komplexes Zeichen betrachtet, kann sich die Bedeutung dieses Zeichens folglich auch nur aus der Aneinanderreihung der Bedeutungen ihrer einzelnen Zeichen ergeben. Da die gestischen Zeichen kontinuierlich hervorgebracht werden, ist das komplexe Zeichen ihrer Kombination durch Beginn und Ende einer Szene abgegrenzt. Insofern nun jede Kombination an psychologischen Gesetzmäßigkeiten, an der »Natur der Seele« orientiert ist, muß sie sich auch umgekehrt als Zeichen für diese Gesetzmäßigkeiten interpretieren lassen. Die Bedeutung einer Kombination ist folglich als jeweils jene psychologische Gesetzmäßigkeit zu bestimmen, welche die Abfolge der unterschiedlichen, von den einzelnen gestischen Zeichen bedeuteten Zustände der Seele regelt. Da die Summe dieser Gesetzmäßigkeiten die zugrundeliegende Ordnung der menschlichen Seele ausmacht, die sich in der sichtbaren Ordnung der in der Wirklichkeit aufeinanderfolgenden gestischen Zeichen manifestiert, kann die kontinuierliche Kombination gestischer Zeichen auf dem Theater auch nur als vollkommene Abbildung der von der Natur gegebenen und festgelegten Ordnung der menschlichen Seele angemessen begriffen und bestimmt werden.

2.2.3 Die Schauspielkunst als repräsentatives Sinnsystem im Diskurs der Aufklärung

Den theoretischen und experimentellen Bemühungen, welche so illustre Geister der Epoche wie Diderot, Lessing und Lichtenberg auf die Entwicklung einer neuen Schauspielkunst wandten, korrespondierte die Faszination, welche die Schauspielkunst auf die Zuschauer ausübte. Sie gingen nicht ins Theater, um ein bestimmtes Stück zu sehen, sondern um sich von der Schauspielkunst in Bann schlagen zu lassen. So schreibt der Rezensent der Berliner *Litteratur- und Theaterzeitung* in der Ausgabe vom 22. Mai 1784 über die Aufführung von F. L. Schröders *Stille Wasser sind betrüglich*: »Nach der dritten Vorstellung werd' ich im Stande seyn, Ihnen den Inhalt und die Folge der Auftritte mitzutheilen.« Und in der Ausgabe vom 3. Juli 1784 entschuldigt er sich für sein diesbezügliches Versäumnis auch noch nach der dritten Aufführung mit der Begründung: »Ich bin noch immer nicht im Stande, Ihnen einen genauen Auszug des Stückes zu schicken. Meine Aufmerksamkeit richtet sich so sehr an das Spiel einiger Schauspieler, daß ich nicht an die Folge der Scenen denken kann.« Man ging ins Theater, um Exempel der Schauspielkunst zu bewundern; und die Theaterkritik, die sich auf Darstellung und Bewertung der Leistungen der Schauspieler beschränkte, entsprach damit vollkommen der Interessenlage der Zuschauer.

Besonders hervorgehoben wurden zunächst Details der Darstellung, die auf genaue Beobachtung oder auch auf konsequente Anwendung des »Gesetzes der Analogie« zurückzuführen waren. So lobt Lessing im 13. Stück der *Hamburgischen Dramaturgie* die Schauspielerin Friederike Sophie Hensel für ihre Ausarbeitung der Sterbeszene in seinem Trauerspiel *Miß Sara Sampson* (6. Mai 1767):

> Madame Henseln starb ungemein anständig; in der malerischsten Stellung; und besonders hat mich ein Zug außerordentlich überrascht. Es ist eine Bemerkung an Sterbenden, daß sie mit den Fingern an ihren Kleidern oder Betten zu rupfen anfangen. Diese Bemerkung machte sie sich auf die glücklichste Art zu nutze; in dem Augenblicke, da die Seele von ihr wich, äußerte sich auf einmal, aber nur in den Fingern des erstarrten Armes, ein gelinder Spasmus; sie kniff den Rock, der um ein weniges erhoben ward und gleich wieder sank: das letzte Aufflackern eines verlöschenden Lichts; der jüngste Strahl einer untergehenden Sonne.[119]

Ein Meister im Auffinden und Ausarbeiten derartiger Details scheint Conrad Ekhof gewesen zu sein. Über sein Spiel als Odoardo in Lessings *Emilia Galotti* (IV, 7), das Friedrich Nicolai 1773 in Weimar sah, schreibt Nicolai:

> In der vortrefflichen Szene [...] zwischen Orsina und Odoardo, wo dieser, nachdem er von der Gräfin den Dolch empfangen hat, erst nach und nach erfährt wer sie ist, fing Ekhof während dieser Entdeckung an, mehreremale an seinem in der linken Hand vor sich habenden Federhute zu zupfen, indem er die Gräfin von Zeit zu Zeit bedeutend von der Seite ansah. Man verstand sehr klar aus seinem stummen Spiele, daß der Gedanken, den er in einer folgenden Szene ausspricht: »Was hat die gekränkte Tugend mit der Rache des Lasters zu schaffen?« ihn innerlich ergriff, und immer desto mehr, je wüthender Orsina ihre Rache ausdrückt.[120]

Die Wirkung, die Ekhof mit einer derartigen Spielweise in den Zuschauern auslöste, faßt Johann Friedrich Schink in den Worten zusammen:

> Daher kam auch die gewaltige Täuschung, zu der er uns hinriß. Man konnte von ihm sagen, was Pope von Shakespeare sagt: Er war nicht der Nachahmer der Natur, er war die Natur selbst, und man muß nicht sowohl sagen, daß er nach der Natur, sondern durch sie gespielt habe. Von Richard III. bis zum Masuren, vom Favel bis zum Advokaten Patelin, war sein Spiel immer tiefes Studium der

Natur, immer Spiegel des Lebens. Das Herz wie Wachs zu schmelzen, Ströme von Zähren aus dem Auge zu locken, aus einer Brust, hart wie Kieselstein, die feurigsten Funken des Mitleids zu schlagen und all den Sturm der Leidenschaften in unsre Seele zu stürmen – war für Ekhofs Talent ein Spiel.[121]

Es ist Ekhofs Schauspielkunst, welche einerseits auf der Bühne die Illusion von Wirklichkeit herstellt, die seit Diderot und Lessing von allen Theoretikern eines bürgerlichen Theaters der Aufklärung gefordert wird[122], und welche andererseits im Zuschauer Empfindungen erweckt, wie es die Poetik des rührenden Lustspiels und des bürgerlichen Trauerspiels als wichtigstes Ziel der Dramaturgie postuliert. Die Schauspielkunst – beispielsweise eines Ekhof – stellte also sicher, daß die Ziele des bürgerlichen Theaters erreicht wurden; und zwar auch dann, wenn sie aus den gespielten Stücken selbst (beispielsweise aus Trivialdramen) nicht unmittelbar abzuleiten waren. Daraus erhellt sich die dominierende Stellung einer an der empirisch gegebenen Natur orientierten und in diesem Sinne realistischen Schauspielkunst im bürgerlichen Illusionstheater, ohne die – wie Diderot bereits in seinem Roman *Les bijoux indiscrèts* (1748) festgestellt hatte – es unmöglich sein würde, seine Ziele zu verwirklichen.[123]

Die Aufmerksamkeit, welche Theoretiker, Theaterkritiker und Zuschauer der Schauspielkunst widmeten, erscheint insofern nur allzu verständlich. Ende der siebziger und vor allem in den achtziger Jahren wurden nun nicht mehr nur bestimmte auffallend gelungene Details der Darstellung notiert, sondern ganze Rollenportraits verfaßt. Als wichtiges Vorbild dienten Lichtenbergs *Briefe aus England* (1775), in denen er ausführliche Beschreibungen des berühmtesten Schauspielers der Epoche, David Garricks (1717–1779), in den verschiedensten Rollen liefert; er konzentriert sich dabei – ähnlich wie Lessing und Nicolai – vor allem auf verschiedene charakteristische Details wie einen kleinen mimischen Zug bei der Darstellung des John Brute: »Er hatte nämlich die beiden Winkel [...] [des Mundes] etwas heraufgezogen, wodurch er sich ein äußerst liederliches und versoffenes Ansehen gab. Diese Figur des Mundes behielt er bis ans Ende bei, nur mit dem Unterschiede, daß sich der Mund etwas mehr öffnete, so wie sein Rausch anwuchs.«[124]

In Deutschland forderten außer Ekhof vor allem die Schauspieler Friedrich Ludwig Schröder (1744–1816), Johann Franz Hieronymus Brockmann (1745–1812), August Wilhelm Iffland (1759–1814) und Johann Friedrich Ferdinand Fleck (1757–1801) die Kritiker zu derartigen Rollenportraits heraus. Über Schröders Darstellung des Lear (17. Juli 1778) schreibt beispielsweise Johann Friedrich Schink in den *Zeitgenossen*:

Der höchste Triumph dieses mimischen Meisterwerks war Lears Erwachen aus dem dumpfen Schlafe des Wahnsinns in Kordelias liebender Nähe und die ihm folgende Szenenreihe. In einem Lehnstuhle schlummernd, von einem reichen Schlafgewande umschlossen, vor ihm die knieende Kordelia, ihm zur Seite der Arzt und Kent, lag er da. Das leichenblasse, in allen seinen Zügen abgespannte Gesicht, die tiefgeschlossenen Augen, die leisen Odemzüge des leicht geöffneten Mundes, die schlaff niedergesunkenen Hände gaben die lebendigste Veranschaulichung seiner inneren und äußeren Natur in dieser Gemüts- und Seelenlage. Bald verkündete ein höheres Ausathmen sein Erwachen. Matt erhob er die geöffneten Augen und mit halb erloschener Sehkraft richtete er sie auf die ihn Umstehenden. Kordelia redet ihn an. Und nun verweilt sein noch immer irrer Blick auf ihr. Eine dunkle Erinnerung an sein verstoßenes Kind durchfliegt ihn und in dem Wahne man hab ihn seinem Grab entnommen, ist sie ihm eine Abgeschiedene, ein sel'ger Geist. Länger hängt sein Auge an der holden Gestalt und heller, lebendiger tritt sie vor seine Erinnerung. Aber noch ist sein Geist befangen, ein Wahnbild scheint ihm, was er sieht. Zweifelnd schüttelt er das Haupt, und indem er wieder um sich blickt und sich überall von fremden Gegenständen umringt sieht, glaubt er sich ganz täuschenden Blendwerken hingegeben; ja sich selbst fremd geworden, zweifelt er sogar an seiner eigenen Persönlichkeit. Das verkündet sein prüfender Blick, die rührende Wehmut, die aus allen Zügen seines Gesichtes spricht, der elegische Laut seiner Stimme. Und als nun Kordelias Bild immer lebendiger, immer überzeugender Wahrheit, Wirklichkeit vor ihm wird, als er in den Tönen der kindlichen Liebe immer sprechender, eindringender, ergreifender die alten einst so geliebten Klänge wieder vernimmt, da wird sein Auge heller, da streckt er die für Freude zitternden Arme aus und die Umstehenden freudig, wehmüthig anblickend, ruft er mit schmelzender in Thränen erlöschender Stimme: »Lacht nicht über mich, denn so wahr ich lebe, ich denke diese Lady hier, sey mein Kind Kordelia.« Und sie nun ganz erkennend, umfassen sie seine Arme und seine Seele fliegt in ihren kindlichen Küssen in ihre Seele über.
Dann die Szene, wo er mit Kordelias Leiche auftrat. Welche Töne erschütternden Schmerzes, welche Laute des schneidensten Herzenswehes! Das Weh einer ganzen Erde schien in ihm zusammengepreßt! Und wenn er ihr den Spiegel vorhielt, ängstlich auf den Hauch harrend, der das Glas trüben sollte, auf einen einzigen Laut, nur auf ein leises Wispern ihrer sanften Stimme lauschend. Dann die schreckliche Gewißheit, ihr Leben sei entflohen, ihm ward, sein Herz zusammenpreßte, seine Brust engte, den Schlag seiner Pulse hemmte, und mählich des Todes Farbe sein eigenes Gesicht überzog, sein Leben nur noch in leisen Athemzügen an seinen Lippen hing und sein ersterbendes Auge, nur immer auf die Verblichene gerichtet, endlich brach, sein gequälter Geist auf ihren Lippen entschwebte! Wem kam da auch nur die kleinste Erinnerung an Dichtung, an Bühne, an mimische Kunst? Die Wirklichkeit war da, Alles ging vor, der unglückliche Lear entlockte uns Thränen und Mitgefühl![125]

Man begnügte sich bald nicht mehr mit einzelnen Beschreibungen, sondern fing an, Vergleiche zwischen den Darstellungen derselben Rolle durch verschiedene Schauspieler anzustellen. Während Brockmann beispielsweise als Lear in der Wahnsinnsszene (IV, 6) bei den Worten: »Ich will Dir predigen – gib Acht!« auf einen Baumstumpf stieg, legte Schröder diese Szene so an, daß Lear bei dem Versuch den Baumstumpf zu ersteigen, mit versagenden Kräften zurücksinkt. Diese Variante wurde von den Zeitgenossen als eine besondere Feinheit vermerkt, weil sie mehr »Wahrheit« über Lear enthielt.

Der Rezensent der *Litteratur- und Theaterzeitung* (1779) vergleicht in dem Rollenportrait, das er von Schröder als Hamlet anfertigt, an verschiedenen Stellen Details der Darstellung Schröders mit solchen der Darstellung Brockmanns, des ersten gefeierten Hamlet. Er schließt seinen Bericht mit der Beschreibung der Szene mit der Mutter (III, 4) in der Sequenz, nachdem der Geist des Vaters erschienen ist:

> Bey den Worten: »Wie steht es um Euch Mutter?« vermied Schröder wiederum einen Fehler, den Brockmann begangen. Letzterer blickte dabei nach seiner Mutter um. Ersterer that ohne sein Auge vom Geist im mindesten abglitschen zu lassen, auf den es fest geheftet war, seiner Mutter, die er mit schwankender Hand hielt, die Frage.[126]

Die psychologische Wahrheit derartiger »Feinheiten« ergab sich zum einen aus ihrer offensichtlichen Übereinstimmung mit entsprechenden wissenschaftlichen Erkenntnissen. So rühmt Karl August Böttiger in seinem Portrait von Ifflands Franz Moor, daß Ifflands Spiel dem psychologischen Wissen der Zeit Rechnung getragen habe.

> Beym schreckhaften Zusammenfahren, welches sehr oft mit den Pausen im tragischen Spiel verbunden zu seyn pflegt, und wenigstens in der Darstellung des Franz Moor fast immer dem starren Entsetzen vorausgehen muß, beobachtete Iffland durchaus die physiologische Regel: daß das Zittern in den unteren Theilen des Körpers, und besonders in den Knieen anfängt, und sich von da erst durch den Rückgrat den obern Gliedmaßen, den Armen, dem Halse und den Lippen mittheilt. So alt und bekannt diese Behauptung ist, so selten sehn wir sie doch auf der Bühne ganz so, wie die Natur es fordert, in Ausübung gebracht.[127]

Zum anderen verschafften diese »Feinheiten« einen psychologischen Erkenntnisgewinn, da sie häufig über den gesicherten Wissensstand hinausgingen und in psychologisches Neuland vorstießen.

So entsprach Ifflands Spiel als Franz Moor in den Schreckensszenen zwar vollkommen den Regeln, die Engel in seinen *Ideen zu einer Mimik* aufgestellt hatte, es ging jedoch in entscheidenden Punkten noch über sie hinaus.

Iffland dachte gewiß hier [Monolog am Ende von IV, 2] nicht an *Engels* Schilderung des Furchtsamen, der, den Körper noch immer gegen die Schreckgestalt gewendet, oft mehrere Schritte rückwärts taumelt, weil er den gefürchteten Gegenstand gern im Auge behalten und sich gegen ihn schützen will; und doch war es gerade dieß Rückwärtsschreiten mit unverwandt starrendem Auge und verhaltenen Armen, was seinem Geberdenspiel die höchste Täuschung und Kraft gab. Noch war dabei eine eigene Feinheit bemerkenswerth. Die rechte Hand ist weiter vorgehalten als die linke, die in einem spitzen Winkel mehr hinterwärts gebogen ist und gleichsam zum Succurs der rechten im Hinterhalt steht. Auf einmal berührt er ganz unwillkührlich mit der linken sich selbst in der Seite. Dieß giebt ihm plötzlich, wie durch einen elektrischen Schlag, die Vorstellung, als packe ihn eine zweyte Schreckgestalt hinten im Rücken. Er schaudert aufs neue zusammen, dreht sich im Huy herum, weil er sich gegen das Gespenst im Rücken sichern will, und – verschwindet. (S. 309–11)

Der kontinuierliche Fluß der schauspielerischen Aktion wird in allen diesen Beschreibungen in eine Abfolge von Momenten zerlegt, die aufgrund ihrer »Feinheit« eine psychologische Wahrheit vermitteln. Diese Momente versuchte man auch in Zeichnungen festzuhalten. Die Gebrüder Henschel (Friedrich, August, Wilhelm und Moritz) fertigten über 500 Zeichnungen und Kupferstiche zum Spiel der Berliner Schauspieler Iffland, Devrient, Unzelmann, P. A. Wolff an. Der größte Teil galt Ifflands Rollendarstellungen: dem Geizigen, Nathan, Abbé de l'Epée, Sopir, Régulus, Philipp II., Fürst Konstantin, Wilhelm Tell, Wallenstein, Rudolf von Savern, Marinelli, Henning, Fels, Posert, Samuel, Graf Wodmar, Lorenz Stark, Wildenhain, Wittburg, Warberger, dem alten Moor, Hofrat Reinhold, Hartenfeld, Morhof, Dominik, Rapid, Louis, Herb, Hirsch, Riemen, Langsalm, Ruttler, Hettman, Schewa, Shylock, Don Ranudo, Laemmermeier, Sturz, Bourdas, Bittermann, Robert, Dupperig, Lindner, Dumas, Rückenmark, Flappert, Kindlein, Luther, Graf Braunstädt, Constant. Allein zum Geizigen sind über 60 Zeichnungen überliefert, die jeweils einen charakteristischen Moment festhalten, wie es das Beispiel der nachfolgenden kleinen Auswahl zeigt:

IFFLAND ALS »DER GEIZIGE«

I.7 Aber Tausend Luidors

III.5 Lassen Sie sich umarmen

III.11 Höre mir doch einer...

V.3 Ach, meine kleine, liebe, süße Kassette!

V.5 Der ist wirklich Ihr Sohn da?

V.7 Wenn Du mir nur treu bleibst...

aus: Heinrich Härle: Ifflands Schauspielkunst, I. Teil, Schriften der Gesellschaft für Theatergeschichte, Berlin 1925.

Theater wurde hier nicht als Institution zur Vermittlung von Literatur begriffen, sondern als Ort der Schauspielkunst. Nicht auf das jeweilige Stück richtete sich die Neugierde, sondern auf die »Feinheiten«, die Details der Schauspielkunst. Insofern braucht es nicht wunderzunehmen, daß die Mehrzahl der Zeichnungen der Gebrüder Henschel Rollen gelten, die heute weitgehend vergessen sind, weil sie der dramatischen Gebrauchsliteratur des ausgehenden 18. Jahrhunderts entstammen. Auch Böttigers Rollenportraits, die er während Ifflands Gastspiel am Weimarer Hoftheater im April 1796 anfertigte, beziehen sich hauptsächlich auf Rollen aus Ifflands eigenen Stücken (wie *Scheinverdienst*, *Dienstpflicht*, *Der Spieler*, *Die Hagestolzen*, *Die Aussteuer*, *Der Herbsttag*). Nicht der literarische Wert der Rolle oder gar des Stücks stand hier zur Diskussion, sondern einzig die psychologische Wahrheit, die erst der Schauspieler durch sein Spiel, durch seine Gestaltung der Rolle zu schaffen vermochte. Und für diesen Zweck boten die Rollen der Gebrauchsdramatik nicht weniger Möglichkeiten als die des dramatischen Kunstwerks.

Das besondere Interesse der Rezensenten – und wohl auch der Zuschauer – galt in allen diesen Fällen ganz offensichtlich der Frage, welche Kenntnis über die Seele der Rollenfigur die vom Schauspieler geschaffenen Details der Darstellung vermitteln. Der Schauspielkunst kam hier zweifellos die Funktion zu, die Kenntnis des Zuschauers über die menschliche Seele beträchtlich und in entscheidenden Punkten zu erweitern. Das Theater nahm daher nicht nur die Aufgaben einer moralischen Anstalt wahr, sondern auch die einer wissenschaftlichen Anstalt: Hier vermochte der Zuschauer Psychologie an den verschiedenartigsten Fallbeispielen zu studieren. Er ging dabei ebenso wie die Theoretiker der Schauspielkunst vom Gesetz der Analogie aus: Was sich in der Seele vollzieht, bringt einen entsprechenden körperlichen Ausdruck hervor. Da der vom Schauspieler geschaffene Ausdruck von allen Zufälligkeiten und Unvollkommenheiten der Natur gereinigt ist und daher als vollkommene Repräsentation eines seelischen Zustandes gelten kann, vermag der Zuschauer von ihm zweifelsfrei auf den betreffenden Zustand der Seele zurückzuschließen. Auf dem Theater kann er folglich weit mehr über die menschliche Seele erfahren als in der gesellschaftlichen Wirklichkeit.

Es braucht insofern nicht wunderzunehmen, daß sich die Entwicklung einer neuen Schauspielkunst in Theorie und Praxis parallel bzw. in Anlehnung an Entwicklungen und Hypothesen in jenen Wissenschaften vollzog, die sich in besonderer Weise die Erforschung der menschlichen Natur zum Ziel gesetzt haben: Anthropologie, Ethnologie, Psychologie und Physiologie. Während die beiden letzteren zu diesem Zeitpunkt bereits auf eine lange Tradition zurückblicken konnten, die es im Lichte der neuen Forschungsintentionen nun zu reformulieren galt – man denke beispielsweise an die Affekten- und die Temperamentenlehre – verdankten Anthropologie und Ethnologie ihre Entstehung erst dem spezifischen Wissenschaftsinteresse dieses Jahrhunderts.[128]

Eines der zentralen Probleme der Physiologie des 18. Jahrhunderts stellte die Frage nach der Beziehung zwischen Körper und Seele dar. Führende Mediziner der Zeit haben sich eingehend ihrer Untersuchung gewidmet und bei allen Divergenzen in ihren Theorien doch übereinstimmend eine direkte Beeinflussung des körperlichen Zustandes durch psychische Vorgänge festgestellt und behauptet.[129] Aus ihren Forschungen läßt sich der für die Schauspielkunst so wichtige Schluß ziehen, daß der Körper des Menschen als ein veränderbarer sozusagen von Natur aus als Zeichen für unterschiedliche seelische Vorgänge und Zustände geeignet und prädestiniert ist. Das »Naturgesetz der Analogie« wurde also ausdrücklich von der Physiologie bestätigt.

Ausgehend von den Ergebnissen der medizinischen Forschung entwickelte sich ungefähr seit der Jahrhundertmitte eine spezielle psychologische Wissenschaft, die sich in Deutschland unter dem Namen »Erfahrungsseelenkunde« oder auch »Experimental-Seelenlehre« verbreitete. Wahrhaft populär wurde die Psychologie allerdings erst in den achtziger Jahren, als Karl Philipp Moritz mit der Herausgabe einer psychologischen Zeitschrift, dem *Magazin für Erfahrungsseelenkunde*, begann. Zwischen 1783 und 1793 erschienen zehn Bände, in denen bevorzugt Berichte über besondere seelische Zustände, krankhafte oder abweichende Verhaltensweisen, Selbstbeobachtungen u.ä. publiziert wurden, weniger theoretische Reflexionen. Moritz' gigantischem Unternehmen folgte bis zur Jahrhundertwende eine wahre Flut psychologischen Schrifttums, das sich breite Leserkreise erschloß.[130] Die Kenntnis der menschlichen Seele avancierte zu einer der wichtigsten Zielsetzungen des ausgehenden Jahrhunderts. Die Schauspielkunst trug zu ihrer Realisierung bereits seit den sechziger Jahren wesentlich bei.

Da die Schauspielkunst vollkommene Repräsentationen für die

verschiedenen seelischen Zustände und Vorgänge erarbeitet, befördert sie wohl einerseits das psychologische Studium, kann aber auch andererseits als Wiederherstellung der »ursprünglichen« Gestensprache der Menschen, der durch die Zivilisation verdorbenen und verloren gegangenen natürlichen Universalsprache der Menschen angesehen werden. Auch in dieser Hinsicht leistete die neue Schauspielkunst ihren Beitrag zur wissenschaftlichen Diskussion der Epoche, nämlich zur Frage nach der Ursprache. Ihr galt beispielsweise die Preisfrage der friederizianischen Akademie von 1771: »Angenommen, die Menschen wären ihren natürlichen Fähigkeiten überlassen; wären sie dann imstande, die Sprache zu erfinden, und mit welchen Mitteln?«

Seit Condillac die These aufgestellt hatte, daß die urspüngliche Sprache eine »langage d'action« gewesen sei, die aus Verrenkungen und Verzerrungen des Körpers bestanden habe, war es allgemein geltende Vorstellung, daß die Gestensprache als Ursprache anzusehen war.[131] Ihrer Rekonstruktion diente einerseits die Schauspielkunst, andererseits die Entwicklung einer Taubstummensprache, wie sie der Leiter der Pariser Taubstummenanstalt Sicard vornahm. Seine Ergebnisse (die er 1808 in dem zweibändigen Werk *Théorie des signes pour l'instruction des sourds-muets* veröffentlichte) waren so bedeutsam, daß man sie auch für die ethnologische Forschung zu nutzen suchte. Degérando gab daher dem Kapitän Baudin, der sich im Jahr 1800 auf eine großangelegte Forschungsreise begeben wollte, ein ausführliches Memorandum zur Kommunikation mit den Eingeborenen mit. Er empfahl den Reisenden, »methodisch die Zeichen im einzelnen kennenzulernen, die der Bürger Sicard so erfolgreich anwendet, um seine ersten Beziehungen zu den Taubstummen zu knüpfen. Denn der Taubstumme ist ebenfalls ein Wilder, und allein die Natur kann ihm die ersten Unterweisungen seiner Lehrer übersetzen.«[132] Die Reisenden sollten versuchen, mit Hilfe dieser Zeichen mit den Eingeborenen zu kommunizieren. Denn da deren Lautsprache, wie man wohl wußte, auch aus konventionellen Zeichen besteht, »so liegt es auf der Hand, daß man für eine erste Verständigung auf die der Natur näherstehenden Zeichen zurückgreifen muß; man muß bei ihnen, wie bei den Kindern, mit der Aktionssprache beginnen«[133]. Denn sie galt als wiederhergestellte Ursprache und daher als Universalsprache des Menschen.

Die Parallelen und Querverbindungen zwischen der Entwicklung einer neuen Schauspielkunst auf der einen und Tendenzen und Resultaten der angeführten Wissenschaften vom Menschen auf der anderen Seite sind evident. Ein direktes Abhängigkeitsverhältnis muß allerdings – allein schon wegen der zeitlichen Differenzen und Verschiebungen – ausgeschlossen werden. Die Annahme paralleler Entwicklungen dagegen scheint plausibel. Die grundlegenden Umwälzungen und Veränderungen, die sich im Laufe des 18. Jahrhunderts vollzogen haben, betreffen in besonderer Weise die bis dahin geltenden Vorstellungen vom Menschen, von seiner Natur und seiner Bestimmung. Aus diesem Prozeß folgt einerseits die Notwendigkeit einer wissenschaftlichen Erforschung der menschlichen Natur auf empirischer Grundlage und damit die Ausbildung neuer – bzw. eine spezifische Veränderung bestehender – Wissenschaften, andererseits aber das Bedürfnis nach einer neuen, diesen Veränderungen angemessenen künstlerischen Darstellung des Menschen.

Während die Konzentration auf die Entwicklung der Schauspielkunst im ausgehenden 18. Jahrhundert im Lichte eines sozialgeschichtlichen Ansatzes eher als Eskapismus zu bewerten ist, der durch die Einrichtung stehender Bühnen als Hoftheater nahegelegt wurde, erfährt sie im Rahmen eines wissenschafts- bzw. geistesgeschichtlichen Ansatzes daher eine völlig andere Einschätzung. Die Schauspielkunst erscheint in diesem Kontext vielmehr als ein spezifisches Sinnsystem, das sich einerseits als Folge, andererseits als konstitutives und zugleich repräsentatives Element jenes epochalen Diskurses entfaltet hat, welcher die zweite Hälfte des 18. Jahrhunderts kennzeichnet und dominiert.[134]

2.3 Das Weimarer Hoftheater – die Experimentierbühne der Klassiker

2.3.1 Autonomie der Kunst

Im Januar 1791 übernahm Goethe die Leitung des Weimarer Hoftheaters, die er trotz mehrfacher Rücktrittsdrohungen erst 1817 niederlegte.[135] In diesen 26 Jahren schuf er eine Musterbühne, die sich in entscheidenden Punkten von den anderen deutschen Hof- und Nationaltheatern grundsätzlich unterschied. 1796 gelang es Goethe, Schiller für die Mitarbeit an seinem Theater zu gewinnen. Gemeinsam entwickelten sie eine neue Theaterästhetik, die nur als konstitutiver und integrierender Bestandteil der sogenannten Weimarer Klassik angemessen zu verstehen ist.[136] Das Weimarer Theater wurde bewußt als Gegenposition zum allgemein herrschenden bürgerlichen Illusionstheater umgestaltet, das Goethes und Schillers beißenden Spott herausforderte:

> Uns kann nur das christlichmoralische rühren,
> Und was recht populär, häuslich und bürgerlich ist [...]
> Was? Es dürfte kein Cesar auf euren Bühnen sich zeigen,
> Kein Anton, kein Orest, keine Andromacha mehr?
> [...] Nichts! Man siehet bei uns nur Pfarrer, Commerzienräthe,
> Fähndriche, Sekretairs oder Husarenmajors.
> (*Xenien*, Nr. 402–404, WA, Bd. 5 I, S. 264)

Die antibürgerliche Stoßrichtung des Weimarer Theaters mag insofern zunächst befremden, als Goethe und Schiller selbst wesentlich zur Entwicklung eines bürgerlichen Dramas beigetragen hatten. Goethes *Götz von Berlichingen* (1771) galt als Prototyp und Programmstück der Sturm und Drang-Bewegung, die eine radikale Durchsetzung der bürgerlichen Ideale der Aufklärung proklamierte. Und Schillers *Kabale und Liebe* (1784) führte in markanter Weise die Entwicklung des bürgerlichen Trauerspiels weiter, das Lessings *Miß Sara Sampson* (1755) unter deutlicher Anspielung auf Lillos *The London Merchant* (1731) auf dem deutschen Theater eingeführt und heimisch gemacht hatte.[137] Dennoch hatten beide – und zwar unabhängig voneinander – Ende der achtziger Jahre mit der *Iphigenie auf Tauris* (Endfassung 1787) und dem *Don Carlos* (Buchausgabe Juni 1787; Uraufführung bei Schröder in Hamburg am 29. August 1787) die Abwendung von den Prinzipien des bürgerlichen Theaters bereits vollzogen bzw. eingeleitet. In *Wilhelm Meisters Lehrjahren* (1795/96) und in Schillers *Briefen über die ästhetische Erziehung des Menschengeschlechts* (1795) wurden später implizit und explizit eine Erklärung und geschichtsphilosophische Begründung für diesen scheinbaren Bruch sowie die nachfolgende Entwicklung einer neuen Ästhetik nachgeliefert. Das hier hergestellte *Verhältnis von Ästhetik und Geschichtsphilosophie* soll den Leitfaden für unsere Untersuchung des Weimarer Theaters unter Goethes Leitung abgeben.

Goethes und Schillers Kritik am bürgerlichen Theater richtete sich sowohl gegen die produktionsästhetische Maxime einer *imitatio naturae* als auch gegen die wirkungsästhetischen Postulate der Einfühlung und Identifikation des Zuschauers sowie vom Theater als einer moralischen Anstalt. Ihr entsprang die Einführung der Verssprache (Jamben) in der *Iphigenie* und im *Carlos*, die – vor allem in der *Iphigenie* – für individuelle Unterschiede kaum mehr durchlässig ist, sowie die Ersetzung des bürgerlichen Personals durch mythologische Figuren und Angehörige von Fürstenhäusern, die »mehr oder weniger idealisierte Masken und keine eigentlichen Individuen« sind (Brief Schillers an Goethe vom 4. April 1797). Die Personen der Dramen sind folglich nicht mehr »mit uns von gleichem Schrot und Korne«, so daß es den Zuschauern schwer fallen wird, sich mit ihnen in ähnlicher Weise zu identifizieren wie mit den »Pfarrern, Commerzienräthen, Fähndrichen, Sekretairs oder Husarenmajors« oder mit den Vätern und Töchtern, Müttern und Söhnen der bürgerlichen Dramatik.

Bei der Entwicklung ihrer neuen antibürgerlichen Theaterästhetik arbeiteten Goethe und Schiller entsprechend solche produktions- bzw. werkästhetischen und rezeptionsästhetischen Grundsätze aus, die von der Naturnachahmung und der empfindsamen Einfühlung wegführen sollten. In seinem 1788 im *Teutschen Merkur* erschienen Aufsatz *Frauenrollen auf dem römischen Theater durch Männer gespielt* verwendet Goethe den Begriff der Nachahmung zwar noch als positiven Begriff, wenn er resümierend feststellt:

[...] man empfand hier das Vergnügen, nicht die Sache selbst sondern ihre Nachahmung zu sehen, nicht durch Natur sondern durch Kunst unterhalten zu werden, nicht eine Individualität sondern ein Resultat anzuschauen. (WA, Bd. 47, S. 274)

Aber diese Verwendung macht andererseits deutlich, daß hier »Nachahmung« nicht mehr Herstellung der Illusion von Wirklichkeit meint, sondern den Rückverweis auf den Kunstprozeß selbst, mit dem nachgeahmt wird.

Die hier vorgenommene Unterscheidung zwischen Natur und Kunst wird in dem zehn Jahre später entstandenen »Gespräch« *Über Wahrheit und Wahrscheinlichkeit der Kunstwerke* (1798) am Beispiel der Oper weiter ausgeführt und prinzipiell begründet:

ANWALD: [...] Z.B. also wenn Sie in der Oper sind, empfinden Sie nicht ein lebhaftes vollständiges Vergnügen?

ZUSCHAUER: Wenn alles wohl zusammenstimmt, eines der vollkommensten, deren ich mir bewußt bin.

ANWALD: Wenn aber die guten Leute da droben singend sich begegnen und becomplimentiren, Billets absingen, die sie erhalten, ihre Liebe, ihren Haß, alle ihre Leidenschaften singend darlegen, sich singend herum schlagen, und singend verscheiden, können Sie sagen, daß die ganze Vorstellung, oder auch nur ein Theil derselben, wahr scheine? ja ich darf sagen auch nur einen Schein des Wahren habe?

ZUSCHAUER: Fürwahr, wenn ich es überlege, so getraue ich mich das nicht zu sagen. Es kommt mir von allem dem freilich nichts wahr vor.

ANWALD: Und doch sind Sie dabei völlig vergnügt und zufrieden.

ZUSCHAUER: Ohne Widerrede. Ich erinnre mich zwar noch wohl, wie man sonst die Oper, eben wegen ihrer groben Unwahrscheinlichkeit, lächerlich machen wollte, und wie ich von jeher dessen ungeachtet das größte Vergnügen dabei empfand, und immer mehr empfinde, je reicher und vollkommener sie geworden ist.

ANWALD: Und fühlen Sie sich nicht auch in der Oper vollkommen getäuscht?

ZUSCHAUER: Getäuscht, das Wort möchte ich nicht brauchen – und doch ja – und doch nein! [...]

ANWALD: Sie möchten also die Empfindung, in welche Sie durch eine Oper versetzt werden, nicht gerne Täuschung nennen?

ZUSCHAUER: Nicht gern, und doch ist es eine Art derselben, etwas das ganz nahe mit ihr verwandt ist.

ANWALD: Nicht wahr, Sie vergessen beinah sich selbst?

ZUSCHAUER: Nicht beinahe, sondern völlig, wenn das Ganze oder der Theil gut ist. [...]

ANWALD: [...] gewiß am meisten, wenn alles zusammenstimmte.

ZUSCHAUER: Ohne Widerrede.

ANWALD: Stimmte eine solche vollkommne Aufführung mit sich selbst, oder mit einem andern Naturproduct zusammen?

ZUSCHAUER: Wohl ohne Frage mit sich selbst.
ANWALD: Und die Übereinstimmung war doch wohl ein Werk der Kunst?
ZUSCHAUER: Gewiß.
ANWALD: Wir sprachen vorher der Oper eine Art Wahrheit ab; wir behaupteten, daß sie keinesweges das, was sie nachahmt, wahrscheinlich darstelle; können wir ihr aber eine innere Wahrheit, die aus der Consequenz eines Kunstwerks entspringt, abläugnen?
ZUSCHAUER: Wenn die Oper gut ist, macht sie freilich eine kleine Welt für sich aus, in der alles nach gewissen Gesetzen vorgeht, die nach ihren eignen Gesetzen beurtheilt, nach ihren eignen Eigenschaften gefühlt sein will.
ANWALD: Sollte nun nicht daraus folgen, daß das Kunstwahre und das Naturwahre völlig verschieden sei, und daß der Künstler keinesweges streben solle noch dürfe, daß sein Werk eigentlich als ein Naturwerk erscheine? (WA, Bd. 47, S. 259ff.)

Die von Gottsched als Gipfel der Unnatur verunglimpfte und dezidiert für ein Theater des vernünftigen Bürgers abgelehnte Oper avanciert hier zum Inbegriff des vollkommenen Kunstwerks. Für die Bewertung sind im wesentlichen zwei Kriterien ausschlaggebend. Zum einen wird hervorgehoben, daß die Oper nicht »mit einem anderen Naturprodukt« übereinstimmt; sie ist nicht als Nachahmung der Natur zu begreifen und stellt entsprechend auch nicht die Illusion von Natur her. Die Gesetze der Natur können daher auf sie keine Anwendung finden. Für die Oper gelten vielmehr zum anderen ganz »eigene Gesetze«, die dafür verantwortlich sind, daß in ihr alle einzelnen Elemente »wohl zusammenstimmen«. Die Oper schafft also ihre eigene ästhetische Wirklichkeit, die daher auch nur nach ihren eigenen ästhetischen Gesetzen beurteilt werden kann, nicht aber unter Bezug auf eine andere, ihr äußere Wirklichkeit wie die Natur. Die Oper ist als Kunstwerk gerade von der Natur unabhängig – sie ist in diesem Sinne autonom.

Damit ist »dem Naturalism in der Kunst offen und ehrlich [...] [der] Krieg [...] erklärt«, wie Schiller in der Vorrede zu seinem Trauerspiel *Die Braut von Messina* (1803) »Über den Gebrauch des Chors in der Tragödie« befriedigt feststellt. Wenn das Theater Kunst sein soll, muß es aufhören, die vorgegebene Wirklichkeit von Natur und Gesellschaft nachzuahmen, und sich dagegen zum »Symbol des Wirklichen« ausbilden.

Die künstlerischen Mittel, die auf dem Theater eingesetzt werden, um dieses Ziel zu erreichen, nötigen zugleich dem Zuschauer eine radikal andere Rezeptionshaltung ab. Dramatische Figuren, die in

Versen sprechen und »keine wirklichen Wesen« sind, »sondern ideale Personen und Repräsentanten ihrer Gattung«, sowie der Chor, der »zwischen die Passionen« der Figuren »mit seiner beruhigenden Betrachtung tritt«[138], machen dem Zuschauer eine identifikatorische Einfühlung in die dramatischen Personen unmöglich und halten ihn in einer gewissen ästhetischen Distanz zum Bühnengeschehen:

> [...] das Gemüth des Zuschauers soll auch in der heftigsten Passion seine Freiheit behalten, es soll kein Raub der Eindrücke seyn, sondern sich immer klar und heiter von den Rührungen scheiden, die es erleidet. Was das gemeine Urtheil an dem Chor zu tadeln pflegt, daß er die Täuschung aufhebe, daß er die Gewalt der Affekte breche, das gereicht ihm zu seiner höchsten Empfehlung, denn eben diese blinde Gewalt der Affekte ist es, die der wahre Künstler vermeidet, diese Täuschung ist es, die er zu erregen verschmäht.[139]

Sowohl in werkästhetischer als auch in rezeptionsästhetischer Hinsicht wollten Goethe und Schiller das Theater aus allen unmittelbaren lebenspraktischen Bezügen herauslösen: Es sollte unabhängig von der vorgegebenen Wirklichkeit der Natur und Gesellschaft seine eigene Wirklichkeit schaffen und zum anderen dem Zuschauer weder nützliche moralische Maximen zur Bewältigung des bürgerlichen Lebens predigen noch ihm eine empfindsame Einfühlung in die handelnden Personen gestatten. Das Theater sollte aufhören, als moralische Anstalt unmittelbar auf den Zuschauer einzuwirken, und sich in ästhetischer Distanz zum Zuschauer als autonomes Kunstwerk neu konstituieren.

2.3.2 Die Aufführung als »Symbol des Wirklichen«

Es wäre ein großer Fehler – zu dem vielleicht die obigen Ausführungen verleiten könnten –, sich Goethes und Schillers Theaterarbeit so vorzustellen, als hätten sie zunächst – quasi auf dem Reißbrett – ihre Theorien entworfen, dann die Ärmel hochgekrempelt und sich daran gemacht, sie in Bühnenwirklichkeit umzusetzen. Die zitierten theoretischen Äußerungen formulieren vielmehr Einsichten, die sich in dieser Schärfe und Klarheit erst in jahrelanger praktischer Theaterarbeit herauskristallisiert haben. Die Entwicklung einer neuen Theaterästhetik läßt sich insofern wohl am angemessensten als ein dialektischer Prozeß beschreiben, der in der Vermittlung von praktischer Theaterarbeit – als Dramatiker, Dramaturg, Schauspiellehrer, Regisseur oder Bühnenbildner – und theoretischer Reflexion vollzogen wurde. Das Weimarer Hoftheater wurde entsprechend als Experimentierbühne geführt.

Da man weder von einer klaren Theorie noch von einem abgegrenzten Set ästhetischer Normen und Regeln ausging, war Offenheit allen Möglichkeiten gegenüber, welche die verschiedensten Traditionen bereit hielten, leitende Devise. Zum ersten Mal in der europäischen Theatergeschichte finden wir hier eine Situation vor, in der eine neue theatralische Form weder allein durch Weiterentwicklung noch als Antithese zu bestehenden Traditionen herausgebildet wird, noch auch in der bewußten Auseinandersetzung mit und produktiver Rezeption *einer* fremden theatralischen Tradition (wie dem tragischen Theater der Griechen zum Beispiel), sondern in experimenteller Erprobung verschiedener, im Laufe der europäischen Theatergeschichte verwirklichter Möglichkeiten, über die man frei verfügte. Das Ergebnis dieser Experimente stand nie im vorhinein fest; es blieb abzuwarten, ehe die nächsten Schritte geplant und ausgeführt werden konnten.

Gewißheit bestand lediglich über das, was man nicht wollte. Das war zum einen »das gespreizte Wesen und [...] [der] bombastische Ton«, welcher den älteren Schauspielern »von der französischen Tragödie anhing«[140], zum anderen der »Naturalismus«[141], dessen Auswüchse mit aller Deutlichkeit vor Augen führten, »wie es mit jenen Natürlichkeiten eigentlich beschaffen gewesen und wie der sogenannte Konversationston zuletzt in ein unverständliches Mummeln und Lispeln ausgelaufen, sodaß man von den Worten des Dramas nichts mehr habe verstehen können und sich mit einem nackten Gebärdenspiel begnügen müssen«[142]. Gegen den von Schröder und seinen Schauspielern praktizierten »naturalistischen« Schauspielstil führte Goethe als positives Beispiel Iffland an, der nach seinem Weimarer Gastspiel (1796) Goethes Schauspielern als Vorbild galt. Dies mag zunächst erstaunen, weil Iffland ganz zweifellos die psychologisch-realistische Schauspielkunst der Aufklärung weiterentwickelte, welche die Kenntnis der menschlichen Seele zur Voraussetzung (beim Schauspieler) und zum Ziel (beim Zuschauer) hatte. Aus Goethes Brief an Heinrich Meyer (1796) geht allerdings deutlich hervor, daß ihn an Ifflands Schauspielkunst die

Verleugnung der eigenen Individualität und die kunstmäßige Herstellung der Rollenfigur bestachen:

Durch ihn [Iffland] wird der gleichsam verlorne Begriff von dramatischer Kunst wieder lebendig; es ist das an ihm zu rühmen was einen ächten Künstler eigentlich bezeichnet: er sondert seine Rollen so von einander ab, dass in der folgenden kein Zug von der vorhergehenden erscheint. Dieses Absondern ist der Grund von allem übrigen, eine jede Figur erhält durch diesen scharfen Umriss ihren Charakter, und eben so wie es dadurch dem Schauspieler gelingt bey der einen Rolle die andere völlig vergessen zu machen, so gelingt es ihm auch sich von seiner eigenen Individualität, so oft er will zu separiren und sie nur da, wo ihn die Nachahmung verlässt, bei gemüthlichen, herzlichen und würdigen Stellen hervortreten zu lassen. Der Vortheil durch die schwächsten Nüancen bedeutend und mannigfaltig zu werden, liegt auch gleich zur Hand, und alles übrige, was zur Erscheinung kommt entspringt aus dieser tiefen Quelle. Er hat eine grosse Gewandtheit seines Körpers und ist Herr über alle seine Organe, deren Unvollkommenheiten er zu verbergen, ja sogar zu benutzen weiss. Die grosse Fähigkeit seines Geistes, auf die Eigenheiten der Menschen aufzumerken und sie in ihren charakteristischen Zügen wieder darzustellen, erregt Verwunderung, so wie die Weite seiner Vorstellungskraft, und die Geschwindigkeit seiner Darstellungsgabe.
Schliesslich aber, so wie anfänglich, ist mir der grosse Verstand bewundernswerth, durch den er die einzelnen Kennzeichen des charakteristischen auffasst und so zusammenstellt, dass sie ein, von allen andern unterschiedenes Ganze ausmachen.[143]

Goethe sind in Ifflands Spiel zwar die typischen Merkmale aufklärerischer Schauspielkunst, nämlich die Darstellung der »einzelnen Kennzeichen des charakteristischen«, nicht entgangen, er interpretiert sie allerdings bereits im Lichte seiner neuen Ästhetik um, wenn er Ifflands Fähigkeit hervorhebt, sie so zusammenzustellen, »dass sie ein, von allen andern unterschiedenes Ganze ausmachen«. Nicht der Bezug der einzelnen Kennzeichen auf die Natur fungiert hier als Bewertungskriterium, sondern die Bezüge, die sie untereinander herstellen, so daß ein »Ganzes« entsteht.

Bei der Entwicklung einer neuen Schauspielkunst orientierte Goethe sich keineswegs nur an Iffland, sondern griff auch auf Traditionen des Barocktheaters zurück, die ihm wohl von der Oper her bekannt waren.[144] Seinen jungen neu engagierten Schauspielern wie Christiane Neumann und Pius Alexander Wolff hielt Goethe regelmäßig Vorlesungen über die Schauspielkunst, wobei er sich selbst zusammen mit seinen »Lehrlingen« »nach und nach emporstudierte« und eine »Grammatik« der Schauspielkunst »ausbildete«[145]. Diese »Grammatik« ist in Goethes *Regeln für Schauspieler* niedergelegt.

In den *Regeln* hat Goethe Grundsätze formuliert, die einerseits die Rollengestaltung sowie die interne Kommunikation zwischen den Rollenfiguren betreffen und andererseits die externe Kommunikation zwischen Bühne und Zuschauer. Beide Arten lassen unmißverständlich die antiillusionistische Stoßrichtung der neuen Theaterästhetik erkennen. Die leitende Maxime, welche die externe Kommunikation regelte, bestimmte das grundsätzliche Verhältnis zwischen Schauspielern und Zuschauern folgendermaßen: »[...] der Schauspieler muß stets bedenken, daß er um des Publicums willen da ist. (§ 38)« (WA, Bd. 40, S. 154) Entgegen Diderots Forderung von der vierten Wand soll der Schauspieler gerade nicht so sprechen, als wenn kein Zuschauer anwesend sei, sondern Grundlage seines Spiels soll vielmehr das Bewußtsein abgeben, daß alles, was auf der Bühne geschieht, »um des Publikums willen« geschieht, daß die Aufführung für das Publikum veranstaltet wird. Die interne Kommunikation zwischen den Rollenfiguren darf daher auch nicht nach denselben Regeln und auf dieselbe Weise vollzogen werden wie in der alltäglichen gesellschaftlichen Wirklichkeit:

> § 39. [...] [Die Schauspieler] sollen daher auch nicht aus mißverstandener Natürlichkeit unter einander spielen, als wenn kein Dritter dabei wäre; sie sollen nie im Profil spielen, noch den Zuschauern den Rücken zuwenden. Geschieht es um des Charakteristischen oder um der Nothwendigkeit willen, so geschehe es mit Vorsicht und Anmuth.
> § 40. Auch merke man vorzüglich, nie ins Theater hineinzusprechen, sondern immer gegen das Publicum. Denn der Schauspieler muß sich immer zwischen zwei Gegenständen theilen: nämlich zwischen dem Gegenstande, mit dem er spricht, und zwischen seinen Zuhörern [...]. (S. 154)

Die hier festgelegte Eigengesetzlichkeit der Bühne begründet auch die leitenden Prinzipien der Rollengestaltung:

> § 35. Zunächst bedenke der Schauspieler, daß er nicht allein die Natur nachahmen, sondern sie auch idealisch vorstellen solle, und er also in seiner Darstellung das Wahre mit dem Schönen zu vereinigen habe. (S. 153)

Aus dieser Grundforderung wurden nicht nur die Postulate einer dialektfreien Sprache, einer Deklamierkunst als einer »prosaischen Tonkunst« sowie eines rhythmischen, den Versen angemessenen Vortrags abgeleitet, sondern auch Gesten und Stellungen, deren Künstlichkeit geradezu programmatischen Charakter annimmt. So sollen die Finger des Schauspielers »theils halb gebogen, theils gerade, aber nur nicht gezwungen gehalten werden. Die zwei mittleren Finger sollen immer zusammenbleiben, der Daumen, Zeige- und kleine Finger etwas gebogen hängen« (§ 47/48). (S. 156)

Für den Dialog gilt folgende grundsätzliche Regel:

§ 41. Ein Hauptpunkt aber ist, daß unter zwei zusammen Agierenden der Sprechende sich stets zurück, und der, welcher zu reden aufhört, sich ein wenig vor bewege. Bedient man sich dieses Vortheils mit Verstand und weiß durch Übung ganz zwanglos zu verfahren, so entsteht sowohl für das Auge als für die Verständlichkeit der Declamation die beste Wirkung, und ein Schauspieler, der sich Meister hierin macht, wird mit Gleichgeübten sehr schönen Effect hervorbringen und über diejenigen, die es nicht beobachten, sehr im Vortheil sein. (S. 155)

Während auf dem Barocktheater derartige künstliche Gesten und Stellungen als Zeichen fungierten, welche einen Affekt repräsentierten oder eine Ordnung abbildeten, kommt ihnen in Goethes Theater keine abgrenzbare eigene Bedeutung zu. Sie haben vielmehr die Funktion, die Eigengesetzlichkeit der Aufführung als eines Kunstwerks gegenüber der Natur oder der gesellschaftlichen Wirklichkeit zu markieren. Eine Bedeutung erhalten sie erst aus dem Bezug auf andere Elemente der Aufführung, mit denen zusammen sie die Aufführung als ein Ganzes konstituieren.

Im Aufsatz *Proserpina* (1815) hat Goethe eine Aufzählung und Gliederung dieser Elemente vorgenommen:

Die verschiedenen Elemente nun, aus welchen die erneute Darstellung auferbaut worden, sind folgende: 1. Decoration, 2. Recitation und Declamation, 3. körperliche Bewegung, 4. Mitwirkung der Kleidung, 5. Musik.... Alles dieses wird 6. durch ein Tableau geschlossen und vollendet. (WA, Bd. 40, S. 108)

Wird die Aufführung als ein »Ganzes« konzipiert, das nur dann »vollkommen« ist, wenn seine einzelnen Elemente »wohl zusammenstimmen«, tritt eine Funktion in den Vordergrund, die in der Geschichte des deutschen Theaters bisher eher zweitrangig gewesen ist, auch wenn sie von einem Ekhof oder Schröder durchaus wahrgenommen wurde: die Funktion der Regie. Die Aufführung wird zur Inszenierung.[146]

Diese grundlegende Dominantenverschiebung macht eine Reihe prinzipieller Veränderungen auf dem Theater notwendig. Goethe schaffte nicht nur die Rollenfächer ab und zwang jeden Schauspieler vertraglich, auch kleine, ja bisweilen sogar lediglich Statistenrollen zu übernehmen[147]; er kämpfte auch erbittert gegen das Virtuosentum einzelner »großer« Schauspieler und für ein konsequentes Ensemblespiel: »Virtuosität muß von der dramatischen Kunst ferngehalten werden. Keine einzelne Stimme darf sich geltend machen; Harmonie muß das Ganze beherrschen, wenn man das Höchste erreichen will.«[148]

Die Forderung nach Dominanz des Ensemblespiels gegenüber der Einzelleistung des Virtuosen brachte das Weimarer Theater in einen scharfen Gegensatz zur herrschenden Tendenz, die sich im 19. Jahrhundert eher noch verstärken sollte: Der »große« Schauspieler reiste von Ort zu Ort, um dem Publikum den Genuß seiner virtuosen Leistung zu verschaffen, wobei die örtlichen Schauspieler lediglich als Hintergrund notwendig waren, von dem sich die Leistung des »Stars« umso heller abhob.

In Weimar dagegen wurde den Schauspielern Einordnung in ein Ensemble abverlangt, was nur von wenigen Schauspielern in seiner Notwendigkeit eingesehen und ausdrücklich bejaht wurde.[149] Goethes »Schüler« P. A. Wolff war einer der wenigen, der das Ensembleprinzip unterstützte. Denn, wie er formulierte,

> [...] die Werkstatt des Schauspielers ist die Bühne. Alles was er für sich zuhause in seiner Kunst unternimmt, sind nur individuelle Studien; denn da er nie für sich allein steht, sondern nur als ein Glied zu einem Ganzen wirkt, so kann er die Darstellung seiner Rolle und den Vortrag derselben auch nur im Verein mit seinen Mitspielern einüben und ausarbeiten. Er wird von seinen Gegenspielern bestimmt, und kann die Wirkung des Spiels nur im Zusammenhang mit ihnen berechnen. Und nur auf diese Weise wird ein Ensemble gebildet.[150]

Um das Ensemblespiel einzuführen und zu perfektionieren, um die neue Konzeption der Aufführung zu verwirklichen und »die Darstellung zu einem reinen harmonischen Kunstwerk zu erheben«, waren Proben in einem Ausmaß nötig, wie sie bisher auf dem deutschen Theater unbekannt waren. Goethe hielt gewöhnlich eine Reihe von Leseproben ab und anschließend einige Bühnenproben. Seine Probenzeiten mögen im Vergleich mit der heutiger Regisseure eher als eine quantité négligeable erscheinen, im Kontext des ihm zeitgenössischen Theaters dagegen waren sie außergewöhnlich lang. Wie P. A. Wolff sich ausdrückte, bestand der Sinn und Zweck der Proben darin,

> [...] so lange zusammen einzuüben, bis alle Teile bequem und sicher ineinander greifen, bis jede Lücke ausgefüllt, jeder Darsteller nicht nur mit seiner eigenen, auch mit der Rolle seiner Gegenspieler so bekannt ist, daß [...] [er] [...] die Zwischenreden der anderen doch dem Sinne nach weiß; bis alles [...] gleich einer Oper nach bestimmten mit Verstand und Gefühl gewählten Zeitmaßen sich bewegt, und dennoch in allen Teilen zwanglos erscheint.[151]

Ensemblebildung und Einführung von Proben erscheinen in diesem Kontext als notwendige Instrumente bei der Lösung des grundlegenden Regieproblems, wie die einzelnen Elemente zueinander in eine Beziehung gesetzt werden können, damit die Aufführung als ein »harmonisches Ganzes« entsteht. Ihnen vorgeordnet sind in jedem Fall die leitenden Prinzipien, nach denen dieses »Ganze« gebildet werden soll.

Bei ihrer Ausarbeitung waren zweifellos die *Briefe über die gegenwärtige französische tragische Bühne* von großer Bedeutung, die Wilhelm von Humboldt im August 1799 aus Paris nach Weimar schickte. Goethe, der aus ihnen für seine Zeitschrift *Propyläen* einen Aufsatz zusammenstellte, schrieb immerhin an Humboldt: »Dieser Aufsatz, welcher sehr zur rechten Zeit kam, hat auf mich und Schillern einen besonderen Einfluß gehabt und unser Anschauen des französischen Theaters völlig ins klare gebracht.« (28. Oktober 1799)[152]

Humboldt nimmt in seinen Briefen eine grundlegende Unterscheidung zwischen der deutschen und der französischen Schauspielkunst vor:

> Der deutsche Schauspieler [...] setzt mehr, nur auf seine Weise, blos die Arbeit des Dichters fort, die Sache, die Empfindung, der Ausdruck sind ihm das erste, oft das einzige worauf er sieht. Der französische verbindet mehr mit dem Werke des Dichters das Talent des Musikers und des Malers, darum ist er aber auch weniger stark in dem Charakterausdruck und macht eine weniger tiefe Wirkung.[153]

Humboldt sieht die Ursache dafür, »daß wir auf diesen eigentlichen Kunstglanz zu wenig Gewicht legen«, darin, »daß wir nicht sinnlich genug ausgebildet sind, unser Ohr nicht musikalisch, unser Auge nicht mahlerisch genug« (S. 804). Für das deutsche Theater zieht er daraus den Schluß: »Decoration, Kostüm und, wenn der Schauspielerkunst eine eigne Erziehung gewidmet würde, vor allem die Bildung des Körpers selbst, sollte mit mehr Sorgfalt behandelt werden« (S. 808). Dem deutschen Schauspieler legt er ans Herz, »daß er das Dichterische und Mahlerische seiner Kunst nicht trenne«. Denn er muß bedenken: »Keine Kunst ist der Schauspielkunst in gewisser Rücksicht so nahe verwandt als der Tanz« (S. 809). Da der Schauspieler wie jeder Künstler »verbunden« ist »zu idealisieren« (S. 811), könne er aus dem Tanz lernen,

> [...] wie [...] der gute Tänzer sich nie begnügt einzelne Schönheiten zu zeigen, sondern nach Schönheit und Harmonie im Ganzen strebt, wie er nie einzelne edle und gratiose Bewegungen, sondern einen Körper zeigen will, der sich nicht anders als edel und gratios zu bewegen vermag, wie er den Zuschauer endlich

dahin bringt, nichts als die innere organische Kraft zu bewundern, die sich in tausend mannichfaltigen Gestalten entwickelt und alle beherrscht und in allen ästhetisch harmonisch erscheint, [...]. (S. 809)[154]

Diese Briefe bestätigten Goethe in seiner Auffassung, daß die leitenden Prinzipien bei der Inszenierung das Musikalische und vor allem das Malerische sein müßten. Nicht umsonst wird im *Proserpina*-Aufsatz an erster Stelle die Dekoration genannt. Sie stellte den Hintergrund des »Bildes« bzw. des »figurlosen Tableaus« dar, »worin der Schauspieler die Staffage macht« (*Regeln für Schauspieler*, § 83, S. 116). Sie soll, so lautet die wichtigste Anforderung, »symbolisch« sein. Entsprechend hob Goethe in einem Brief an A. W. Schlegel (27. Oktober 1803) während der Proben zu Shakespeares *Julius Caesar* lobend hervor:

Wir führen hier den Julius Caesar, wie alle Stücke, die einen größern Apparat erfordern, nur mit symbolischer Andeutung der Nebensachen auf und unser Theater ist wie ein Basrelief oder ein gedrängtes historisches Gemählde eigentlich nur von den Hauptfiguren ausgefüllt. (WA, IV. Abth., Bd. 16, S. 335)

Damit der Schauspieler sich harmonisch in das Tableau einfügt, müssen sein Kostüm und seine Bewegungen besondere Anforderungen erfüllen. Beim Kostüm achtete Goethe vor allem auf die Farben, und zwar sowohl hinsichtlich ihres Verhältnisses zu den Farben der Dekoration[155] als auch – wie beispielsweise bei der Inszenierung von A. W. Schlegels *Ion* (1802) – im Hinblick auf ihre symbolische Bedeutung gemäß seiner Farbenlehre.[156]

Die Symbolik der äußeren Erscheinung war auch für die Experimente des Weimarer Theaters mit Masken der leitende Gedanke. Im *Ion* beispielsweise hatte man »die Gestalt der beiden ältern Männer [...] durch schickliche Masken in's Tragische gesteigert«[157]. Ein Jahr vorher hatte man bereits für Goethes *Paläophron und Neoterpe* sowie für Terenz' *Die Brüder* zum ersten Mal Masken eingesetzt. Während man sich hier auf die antike Maskentradition bezog, auch wenn man nur Halbmasken benutzte, wurde bei der Inszenierung von Gozzis/Schillers *Turandot* auf die Tradition der Commedia dell'arte zurückgegriffen. Dieses Stück erschien für das Experiment mit Masken besonders geeignet, weil es eine Art von Stück ist, welche den »Zuschauer« daran »erinnert [...], daß das ganze theatralische Wesen nur ein Spiel sei, über das er, wenn es ihm ästhetisch, ja moralisch nutzen soll, erhoben stehen muß, ohne deßhalb weniger Genuß daran zu finden«[158].

So wie die Masken verwendet wurden, um das Symbolische der äußeren Erscheinung des Schauspielers und damit das Kunstmäßige der Aufführung zu betonen, wurden die Gänge der Schauspieler quer über die Bühne sowie ihre Stellung auf der Bühne nach dem Prinzip des Malerischen, das zugleich symbolisch sein soll, festgelegt. Der Schauspieler Genast berichtet:

Höchst störend war es ihm, wenn zwei Personen oder gar drei und vier, ohne daß es die Handlung nötig machte, dicht beieinander auf einer oder der anderen Seite, oder in der Mitte vor dem Souffleurkasten standen und dadurch leere Räume im Bilde entstehen ließen; da bestimmte er genau die Stellung und gab durch Schritte die Entfernung von der einen zur andern Person an. Er wollte in dem Rahmen ein plastisches Bild haben und behauptete, daß selbst zwei Personen ein solches, das dem Auge wohl tun mußte, durch richtige Stellung schaffen könnten. (S. 51)

Indem der Regisseur Goethe die verschiedenen Elemente der Aufführung nach den Prinzipien des Musikalischen und vor allem des Malerischen gestaltete und miteinander kombinierte, schuf er die Inszenierung als ein »harmonisches Ganzes«, als ein autonomes Kunstwerk, das seinen Begriff des Theatralischen durchaus zu erfüllen imstande war:

»Es ist nichts theatralisch, was nicht für die Augen symbolisch wäre.« (*Maximen und Reflexionen*, Nr. 931, WA, Bd. 42 II, S. 251).

2.3.3 Bildung und ästhetische Erziehung

Die Fähigkeit zur ästhetischen Distanz, welche die Weimarer Inszenierungen voraussetzten bzw. entwickeln sollten, stellte auch die conditio sine qua non für Goethes Spielplangestaltung dar. Er monierte an den gängigen Spielplänen der Theater seiner Zeit, daß sie zuviel triviale Alltagskost enthielten, die bereits nach wenigen Jahren nicht mehr genießbar sei. Dagegen strebte er ein Repertoire an, das »man der Nachwelt überliefern könnte«. Dafür sei es allerdings notwendig,

[...] daß der Zuschauer einsehen lerne, nicht eben jedes Stück sei wie ein Rock anzusehen, der dem Zuschauer völlig nach seinen gegenwärtigen Bedürfnisssen auf den Leib gepaßt werden müsse. Man sollte nicht gerade immer sich und sein nächstes Geistes-, Herzens- und Sinnesbedürfnis auf dem Theater zu befriedigen gedenken; man könnte sich vielmehr öfters wie einen Reisenden betrachten, der in fremden Orten und Gegenden, die er zu seiner Belehrung und Ergötzung besucht, nicht alle Bequemlichkeit findet, die er zu Hause seiner Individualität anzupassen Gelegenheit hatte.[159]

Goethe fing daher an, ein Repertoire zu entwickeln, das neben der literarisch avancierten Gegenwartsproduktion, in der Schillers und seine eigenen Dramen die Dominante bildeten, sowie der unvermeidlichen Trivialdramatik eines Iffland und Kotzebue die bedeutenden Dramen der europäischen Theatergeschichte umfaßte: Dramen von Sophokles und Euripides, von Plautus und Terenz, von Shakespeare, Calderón, Corneille, Molière und Racine, von Goldoni und Gozzi, Voltaire und Lessing. Hinzu kamen sämtliche Opern Mozarts. Damit das Publikum bereit blieb, sich an diese »fremden Orte und Gegenden« führen zu lassen, mußte allerdings Sorge dafür getragen werden, daß sie ihn nicht zu fremd anmuteten. Goethe war daher zu weitgehenden Abänderungen und Umarbeitungen bereit, worin ihn Schiller nachhaltig und tatkräftig unterstützte. Aus Rücksicht auf die moralischen Vorstellungen und Normen des Weimarer Publikums ließ Schiller in *Macbeth* (1800) die Pförtnerszene weg, die er als obszön und anstößig empfand, und ersetzte sie durch ein frommes Tagelied. Aus ähnlichen Gründen arbeitete Goethe *Romeo und Julia* (1812) gar soweit um, daß seine Fassung von einem späteren Shakespeare-Forscher als eine »amazing travesty« bezeichnet wurde.[160] Besonders gelungen war offensichtlich Schillers Bearbeitung von Gozzis *Turandot* (1802); für jede Aufführung schrieb Schiller neue Rätsel und konnte dabei auf eine Fülle von Vorschlägen zurückgreifen, die ihm begeisterte Zuschauer einsandten.[161]

Goethe ließ sich bei seinen Bearbeitungen von der »Maxime« leiten, »das Interessante zu concentriren und in Harmonie zu bringen«, wie er Caroline von Wolzogen in einem Brief (28. Januar 1812, WA, IV. Abth., Bd. 22, S. 246) erläuterte.

Mit dieser Methode scheint es Goethe durchaus gelungen zu sein, dem Weimarer Publikum Werke einer fremden Kultur zu vermitteln, zumindest sie rezipierbar zu machen. Über seine Inszenierung des *Standhaften Prinzen* von Calderón schrieb er am 4. Februar 1811 an Sartorius: »Dießmal [...] haben wir ein Stück, das vor nahe 200 Jahren, unter ganz anderm Himmelsstriche für ein ganz anders gebildetes Volk geschrieben ward, so frisch wiedergegeben, als wenn es eben aus der Pfanne käme.« (WA, IV. Abth., Bd. 22, S. 29)

Goethe realisierte mit diesem Spielplan ein Programm, das er Eckermann gegenüber später in die berühmt gewordenen Worte faßte: »Nationalliteratur will jetzt nicht viel sagen, die Epoche der Weltliteratur ist an der Zeit, und jeder muß jetzt dazu wirken, diese Epoche zu beschleunigen.« (31. Januar 1827) Goethe konnte dieses ehrgeizige Programm auf der Weimarer Bühne allerdings nur mit gewissen Einschränkungen verwirklichen; die außereuropäische Dramatik blieb ausgeschlossen. Zwar hatte Goethe das Drama *Sakontala* des indischen Dichters Kalidasa, das Georg Forster 1791 ins Deutsche übertragen hatte, gelesen, und diese Lektüre hatte auch, wie er in der *Italienischen Reise* bekannte, »den größten Einfluß auf mein ganzes Leben« (WA, Bd. 31, S. 20). Seine enthusiastische Rezeption fand auch in seinem Werk ihren Niederschlag. So entnahm er die Idee des »Vorspiels auf dem Theater« für seinen *Faust* dem indischen Drama. Dennoch scheute er davor zurück, es für die Weimarer Bühne zu bearbeiten und ihrem Repertoire einzuverleiben. In den *Tag- und Jahresheften* vom Jahr 1821 stellte Goethe mit Bedauern fest, »daß bei uns Empfindung, Sitten und Denkweise so verschieden von jener östlichen Nation sich ausgebildet haben, daß ein so bedeutendes Werk unter uns nur wenige [...] sich gewinnen möchte« (WA, Bd. 36, S. 193). Selbst dem Weimarer Publikum war das Stück daher nicht zuzumuten.

Goethe hatte von diesem seinem Publikum durchaus keine schlechte Meinung:

> Man kann dem Publicum keine größere Achtung bezeigen, als indem man es nicht wie Pöbel behandelt. Der Pöbel drängt sich unvorbereitet zum Schauspielhause, er verlangt, was ihm unmittelbar genießbar ist, er will schauen, staunen, lachen, weinen und nöthigt daher die Directionen, welche von ihm abhängen, sich mehr oder weniger zu ihm herabzulassen und von einer Seite das Theater zu überspannen, von der andern aufzulösen. Wir haben das Glück, von unsern Zuschauern, besonders wenn wir den Jenaischen Theil, wie billig, mitrechnen, voraussetzen zu dürfen, daß sie mehr als ihr Legegeld mitbringen und daß diejenigen, denen bei der ersten sorgfältigen Aufführung bedeutender Stücke noch etwas dunkel, ja ungenießbar bliebe, geneigt sind, sich von der zweiten besser unterrichten und in die Absicht einführen zu lassen. Bloß dadurch, daß unsere Lage erlaubt, Aufführungen zu geben, woran nur ein erwähltes Publicum Geschmack finden kann, sehen wir uns in den Stand gesetzt, auf solche Darstellungen loszuarbeiten,welche allgemeiner gefallen.[162]

Auch wenn Goethe hier seinem Publikum ganz offensichtlich schmeichelte, war seine gute Meinung keineswegs unbegründet. Immerhin konnte eine so fremdartige Komödie wie Terenz' *Brüder*, bei deren Inszenierung erst zum zweitenmal auf dem Weimarer Theater Masken verwendet wurden, bis 1804 achtmal wiederholt werden. Bei der geringen Bevölkerungszahl Weimars (und auch Jenas) ist das jedesmal ausverkaufte Haus in der Tat als Beweis für das große Interesse zu bewerten, welches das Publikum Goethes Experimenten entgegenbrachte.

Mit der Inszenierung von Schlegels *Ion* hatte Goethe die Fähigkeit seines »erwählten Publikums« zu ästhetischer Distanz allerdings erheblich überschätzt. Das Publikum, von dem Goethe generell eine konzentriert aufmerksame, ruhige und durch und durch disziplinierte Haltung erwartete, wurde wiederholt unruhig, ja brach an den »unpassendsten« Stellen in lautes Gelächter aus.[163] Die Aufführung wurde ein glatter Reinfall. Karl Bertuch sah die Ursache dafür in folgendem Sachverhalt:

> [...] da man hier kein bloß ästhetisches, sondern ein solches Publikum hat, dessen Moralität, wenigstens scheinbar, öffentlich geschont werden muß, so hatten viele ganz entblößte Stellen des »Ion« einen gewaltigen Rumor unter unseren züchtigen Frauen und Mädchen.[164]

Das Weimarer Publikum bestand also auch nach zehn Jahren Goethescher Theaterarbeit immer noch darauf, das Theater als eine moralische Anstalt zu betrachten, und weigerte sich standhaft, es nach rein ästhetischen Gesichtspunkten zu bewerten. Ein beredtes Zeugnis für diese Haltung legt Karoline Herders wütender Verriß ab:

> Das neueste Gesetz des Theaters, das hier regiert und täglich unverschämter und frecher wird, setzt die dramatische Kunst auf Repräsentation und Declamation; der Inhalt des Stücks ist diesen erst tief untergeordnet oder kommt gar nicht in Betracht in Ansehung des Zuschauers. Als hölzerne Puppen sollen wir unten im Parterre sitzen und die hölzernen Puppen auf der Bühne anschauen und declamiren hören, übrigens mir nichts, dir nichts, leer und trostlos von dannen gehn.[165]

Der eklatante Mißerfolg des *Ion* mag Goethe bewogen haben, die im Juni desselben Jahres stattfindende Eröffnung des neuen Schauspielhauses in Lauchstädt, der Sommerbühne des Weimarer Hoftheaters, dazu zu nutzen, das implizit seinem Theater zugrunde liegende Programm und Ziel nun ganz ausdrücklich zu proklamieren. So unterbricht in dem eigens für diese Gelegenheit geschriebenen »Vorspiel« *Was wir bringen* Merkur nach fünfzehn Szenen das Spiel nicht nur, um die symbolische Bedeutung der bisherigen Handlung zu erläutern und so darauf hinzuweisen, daß die Bühnenereignisse nicht wörtlich – und das heißt nicht moralisch –, sondern symbolisch aufgefaßt werden müssen, sondern auch um unumwunden den Zweck eines solchen symbolischen Theaters anzugeben: »Daß, schauend oder wirkend, alle wir zugleich/ Der höhern Bildung unverrückt entgegen gehn.« (WA, Bd. 13 I, S. 73)

Damit ist der Begriff gefallen, der als eine Art Leitbegriff für Goethes Theaterarbeit fungierte. Unter »Bildung« verstand Goethe den Weg bzw. Prozeß zur freien Entfaltung der Persönlichkeit. Wilhelm Meister erklärt entsprechend in den *Lehrjahren*: »Daß ich dir's mit Einem Wort sage, mich selbst, ganz wie ich da bin, auszubilden, das war dunkel von Jugend auf mein Wunsch und meine Absicht.« (Fünftes Buch, Drittes Kapitel, S. 149) Das Ziel der Bildung verwirklicht also ein Ideal, welches die Aufklärung propagiert hatte, und zwar nicht als ein Ideal allein der bürgerlichen Klasse, sondern der gesamten Menschheit, dessen Realisierung von der bürgerlichen Klasse im Namen der Menschheit und für die Menschheit erkämpft werden sollte. Insofern besteht kein Bruch zwischen den von der Sturm und Drang-Dramatik des jungen Goethe verfochtenen Idealen und den Idealen des Weimarer Hoftheaters. Lediglich über den Weg zu ihrer Verwirklichung bestehen grundlegende Differenzen. Der »klassische« Goethe sprach dem Bürgertum die Fähigkeit, sie zu realisieren, aufgrund seiner Einsicht in die Bedingungen der herrschenden Gesellschaftsordnung ab. So heißt es in Fortsetzung der oben zitierten Stelle im *Wilhelm Meister*:

> [...] aber in Deutschland ist nur dem Edelmann eine gewisse allgemeine, wenn ich sagen darf personelle, Ausbildung möglich. Ein Bürger kann sich Verdienst erwerben und zur höchsten Noth seinen Geist ausbilden; seine Persönlichkeit geht aber verloren, er mag sich stellen wie er will. [...] Wenn der Edelmann durch die Darstellung seiner Person alles gibt, so gibt der Bürger durch seine Persönlichkeit nichts und soll nichts geben. [...] Jener soll thun und wirken, dieser soll leisten und schaffen; er soll einzelne Fähigkeiten ausbilden, um brauchbar zu werden, und es wird schon vorausgesetzt, daß in seinem Wesen keine Harmonie sei, noch sein dürfe, weil er, um sich auf eine Weise brauchbar zu machen, alles übrige vernachlässigen muß.
> An diesem Unterschiede ist nicht etwa die Anmaßung der Edelleute und die Nachgiebigkeit der Bürger, sondern die Verfassung der Gesellschaft selbst schuld; [...]. (Fünftes Buch, Drittes Kapitel, WA, Bd. 22, S. 149/151)

Adlige Lebensformen galten Goethe als Voraussetzung für die allseitige Entfaltung der Persönlichkeit, nicht jedoch der Adel als gesellschaftliche Klasse. Damit erhob sich das Problem, wie dem Bürger die Möglichkeit zu diesen Lebensformen zurückgewonnen werden könnte, damit auch er in den Stand gesetzt würde, den idealen Begriff des Menschen zu erfüllen. Eine politische Lösung kam für Goethe nicht in Betracht. Seine ablehnende Haltung der Französischen Revolution gegenüber ist bekannt – von der bürgerlichen Klasse konnte er eine Verwirklichung der Menschheitsideale nicht erwarten. Wie sein Wilhelm Meister favorisierte Goethe die individuelle Lösung – den Bildungsprozeß des einzelnen. Diesen zu befördern, erschien ihm nun das Theater, wenn es die Aufführung als ein autonomes Kunstwerk schafft und so den Zuschauer zu ästhetischer Distanz anhält, in ganz hervorragender Weise geeignet:

> Und bietet aller Bildung nicht die Schauspielkunst,
> Mit hundert Armen, ein phantast'scher Riesengott,
> Unendlich mannichfalt'ge, reiche Mittel dar?[166]

Die Herauslösung des Theaters aus allen unmittelbaren lebenspraktischen Bezügen wird also damit begründet, daß nur auf diesem Wege die Bildung des Zuschauers erreicht werden und so das Ideal der Aufklärung sich im einzelnen verwirklichen kann: die allseitige Entfaltung seiner Persönlichkeit.

Dieser Zusammenhang wird in Schillers ästhetischen Schriften, die nach Abschluß des *Don Carlos* und vor Beginn der Arbeit am *Wallenstein* entstanden, systematisch entfaltet und begründet. Schiller stellt ihn in den umfassenden Kontext der Weltgeschichte, des fortschreitenden Zivilisationsprozesses. Vor Beginn des »künstlichen Zustandes der Kultur« gab es seiner Auffassung nach keinen Gegensatz zwischen dem Anspruch des Individuums auf freie Entfaltung und den realen Bedingungen der Gesellschaft:

> So lange der Mensch noch reine, es versteht sich, nicht rohe Natur ist, wirkt er als ungetheilte sinnliche Einheit und als ein harmonirendes Ganze. Sinne und Vernunft, empfangendes und selbstthätiges Vermögen, haben sich in ihrem Geschäfte noch nicht getrennt, vielweniger stehen sie im Widerspruch miteinander. Seine Empfindungen sind nicht das formlose Spiel des Zufalls, seine Gedanken sind nicht das gehaltlose Spiel der Vorstellungskraft; aus dem Gesetz der *Nothwendigkeit* gehen jene, aus der *Wirklichkeit* gehen diese hervor. (*Über naive und sentimentalische Dichtung*, 1795, NA, Bd. 20, S. 436f.)

Dies ist das Zeitalter, in dem die griechische Kultur sich ausbildete.

In ihr konnte sich das Individuum »zur Gattung steigern« (*Briefe über die ästhetische Erziehung des Menschengeschlechts,* 1795, 2. Brief, NA, Bd. 20, S. 312), »der Mensch in der Zeit mit dem Menschen in der Idee zusammentreffen« (4. Brief, S. 316). Der fortschreitende Zivilisationsprozeß machte dann »eine strengere Absonderung der Stände und Geschäfte notwendig« und

> [...] so zerriß auch der innere Bund der menschlichen Natur [...]. Jene Polypennatur der griechischen Staaten, wo jedes Individuum eines unabhängigen Lebens genoß, und, wenn es Noth tath, zum Ganzen werden konnte, machte jetzt einem kunstreichen Uhrwerke Platz, wo aus der Zusammenstückelung unendlich vieler, aber lebloser, Theile ein mechanisches Leben im Ganzen sich bildet. Auseinandergerissen wurden jetzt der Staat und die Kirche, die Gesetze und die Sitten; der Genuß wurde von der Arbeit, das Mittel vom Zweck, die Anstrengung von der Belohnung geschieden. Ewig nur an ein einzelnes kleines Bruchstück des Ganzen gefesselt, bildet sich der Mensch selbst nur als Bruchstück aus, ewig nur das eintönige Geräusch des Rades, das er umtreibt, im Ohre, entwickelt er nie die Harmonie seines Wesens, und anstatt die Menschheit in seiner Natur auszuprägen, wird er bloß zu einem Abdruck seines Geschäfts, seiner Wissenschaft. (6. Brief, NA, Bd. 20, S. 323)

Innerhalb von Schillers dreistufigem Geschichtsmodell entbehrt dieser Prozeß nicht einer gewissen historischen Notwendigkeit, soll sich die Gattung als Ganzes weiterentwickeln. Auch die Griechen hätten nicht auf der einmal erreichten Stufe stehenbleiben können, »und wenn sie zu einer höheren Ausbildung fortschreiten wollten, so mußten sie, wie wir, die Totalität ihres Wesens aufgeben, und die Wahrheit auf getrennten Bahnen verfolgen. Die mannichfaltigen Anlagen im Menschen zu entwickeln, war kein anderes Mittel, als sie einander entgegen zu setzen.« (6. Brief, S. 326) Die fragmentarische Ausbildung des modernen Menschen, die Goethe vor allem beim Bürger beklagt, ist nach Schiller als unvermeidbare Folge des Zivilisationsprozesses anzusehen, der die Gattung zur vollkommenen Entfaltung aller in ihr angelegten Möglichkeiten vorantreiben soll. Schiller sah seine eigene Zeit in diesem Prozeß als eine Umbruchzeit an, in der das Hauptziel aller menschlichen Tätigkeit sein muß, jedem Individuum das Recht auf freie Entfaltung der Persönlichkeit zurückzugewinnen.

> Kann aber wohl der Mensch dazu bestimmt seyn, über irgend einem Zwecke sich selbst zu versäumen? Sollte uns die Natur durch ihre Zwecke eine Vollkommenheit rauben können, welche uns die Vernunft durch die ihrigen vorschreibt? Es muß also falsch seyn, daß die Ausbildung der einzelnen Kräfte das Opfer ihrer Totalität notwendig macht; oder wenn auch das Gesetz der

Natur noch so sehr dahin strebte, so muß es bey uns stehen, diese Totalität in unserer Natur, welche die Kunst zerstört hat, durch eine höhere Kunst wieder herzustellen. (6. Brief, S. 328)

Eine rein individuelle Lösung, wie Wilhelm Meister sie für sich anstrebt, konnte Schiller nicht befriedigen. Ihm war nur allzu klar bewußt, daß die grundsätzliche Möglichkeit zur freien Entfaltung der Persönlichkeit ohne eine politische Neuordnung nicht zu haben sein würde. Nur wenn der Staat dem Bürger gestattet, sich ganzheitlich auszubilden, wird der Bürger diesem Bedürfnis auch nachzukommen vermögen. »Aber eben deswegen, weil der Staat eine Organisation seyn soll, die sich nur durch sich selbst und für sich selbst bildet, so kann er auch nur in so ferne wirklich werden, als sich die Theile zur Idee des Ganzen hinauf gestimmt haben.« (4. Brief, S. 317)

Es besteht also eine Wechselwirkung zwischen individueller persönlicher und allgemeiner politischer Freiheit. Damit stellt sich die Frage nach ihrer Priorität. Während Schiller im *Don Carlos* eine politische Lösung noch für möglich und erforderlich hielt, beantwortet er nach der Französischen Revolution die Frage in den *Briefen* zugunsten des Individuums: »Ich hoffe, Sie zu überzeugen, [...] daß man, um jenes politische Problem in der Erfahrung zu lösen, durch das ästhetische den Weg nehmen muß, weil es die Schönheit ist, durch welche man zu der Freiheit wandert.« (2. Brief, S. 312)

Nicht durch eine Revolution also sollen die Bedingungen geschaffen werden, die jedem Bürger eine freie Entfaltung seiner Persönlichkeit erlauben würden, sondern auf dem Wege einer ästhetischen Erziehung. Damit wird dem Theater (und generell der Kunst) die Funktion zugewiesen, dem Menschen die in der historisch-gesellschaftlichen Wirklichkeit verlorene Totalität wiederherzustellen. Denn »der Mensch spielt nur, wo er in voller Bedeutung des Worts Mensch ist, und *er ist nur da ganz Mensch, wo er spielt*« (15. Brief, S. 359). Daraus erhellt unmittelbar, wieso die Kunst diese Funktion nur dann erfüllen kann, wenn sie autonom ist: Nur das symbolische Kunstwerk vermag das Sittlich-Vernünftige sinnlich darzustellen und so dem Zuschauer die Möglichkeit zu eröffnen, in der ästhetischen Distanz des Rezeptionsprozesses »das Ganze unsrer sinnlichen und geistigen Kräfte in möglichster Harmonie auszubilden« (21. Brief, S. 376). Die Autonomie der Kunst ist damit geschichtsphilosophisch begründet: Sie allein ist imstande, den Übergang der Menschheit in die dritte Phase der Menschheitsgeschichte zu gewährleisten, in der freie Individuen sich in einem freien Staat zusammenfinden.

Man wird sich verwundert fragen, wieso diese weltumspannenden utopischen Entwürfe ausgerechnet auf dem Theater des kleinen provinziellen Weimar verwirklicht werden sollten. Bereits die Zeitgenossen waren sich dieses Widerspruchs bewußt. So verglichen sie zu seiner Erklärung die deutsche Kleinstaaterei, die für den Provinzialismus verantwortlich war, mit der griechischen Verfassung. In seiner Rede *Zu brüderlichem Andenken Wielands* (1813) stellte Goethe, ganz ähnlich wie vor ihm schon Möser, fest: »Die deutsche Reichsverfassung, welche so viele kleine Staaten in sich begriff, ähnlichte darin der griechischen.« (WA, Bd. 36, S. 311) Entsprechend wurde Weimar als »deutsches« oder »Ilm-Athen« apostrophiert. 1782 hatte Goethe – wie vor ihm bereits Wieland – Weimar noch mit Bethlehem verglichen, da es trotz, oder besser gerade wegen seiner Kleinheit, seiner politischen Bedeutungslosigkeit ›erwählt‹ sei: So heißt es in dem Gedicht *Auf Miedings Tod* (Mieding war Bühnenbildner und Tischler des Weimarer Liebhabertheaters gewesen): »O Weimar! dir fiel ein besonder Loos: / Wie Bethlehem in Juda, klein und groß!« Ironisch fährt Goethe allerdings fort:

> Bald wegen Geist und Witz beruft dich weit
> Europens Mund, bald wegen Albernheit.
> Der stille Weise schaut und sieht geschwind,
> Wie zwei Extreme nah verschwistert sind.
> (WA, Bd. 16, S. 134)

Provinzialität und Weltbürgertum stießen hier unmittelbar aneinander und schufen so Lebensbedingungen, unter denen das Besondere und das Allgemeine stets aufeinander bezogen blieben. »Goethe wie Schiller haben in Weimar ein Gemeinwesen vorgefunden, das bei aller provinziellen Beschränktheit für sie doch ein wesentliches Moment der vollkommenen politischen Ordnung verkörperte: Einheit des Politischen und Konkret-Menschlichen.«[167] Diese Situation machte es nicht nur möglich, auf der Bühne des kleinen provinziellen Weimarer Hoftheaters ein Repertoire zu entwickeln, welches die bedeutendsten Dramen des Welttheaters enthielt, sondern berechtigte auch zu der Hoffnung, das Weimarer Publikum »bilden« bzw. »ästhetisch erziehen« zu können. Nicht nur im Hinblick auf die jeweilige Auswahl der Darstellungsmittel war das Weimarer Hoftheater also eine Experimentierbühne, sondern auch in bezug auf den Fortgang der Menschheitsgeschichte: Hier wurden die Bildungsfähigkeit des einzelnen sowie die Möglichkeiten zu seiner ästhetischen Erziehung sozusagen unter Laborbedingungen getestet. Wenn auch manche Einzelerfolge die vorschnelle Schlußfolgerung nahelegen mochten, daß das Experiment geglückt sei, läßt der Abbruch des Experiments nach 26 Jahren wohl eher darauf schließen, daß auf überzeugende Ergebnisse nicht mehr zu hoffen war. Ob damit die mangelnde Bildungsfähigkeit der Zuschauer als bewiesen gelten konnte oder die geringe Eignung des Theaters, Bildungsprozesse zu initiieren, ist schwer zu entscheiden. Goethe selbst wird wohl das Scheitern des Experiments eher zuungunsten des Publikums ausgelegt haben. Denn noch 1815 schrieb er in den *Annalen* über das Theater:

Von der ideellen Seite steht das Theater sehr hoch, so daß ihm fast nichts, was der Mensch durch Genie, Geist, Talent, Technik und Übung hervorbringt, gleichgestellt werden kann. Wenn Poesie mit allen ihren Grundgesetzen, wodurch die Einbildungskraft Regel und Richtung erhält, verehrenswerth ist; wenn Rhetorik mit allen ihren historischen und dialektischen Erfordernissen höchst schätzenswerth und unentbehrlich bleibt; dann aber auch persönlicher mündlicher Vortrag, der sich ohne eine gemäßigte Mimik nicht denken läßt: so sehen wir schon, wie das Theater sich dieser höchsten Erfordernisse der Menschheit ohne Umstände bemächtigt. Füge man nun noch die bildenden Künste hinzu, was Architektur, Plastik, Mahlerei zur völligen Ausbildung des Bühnenwesens beitrage, rechne man das hohe Ingrediens der Musik, so wird man einsehen, was für eine Masse von menschlichen Herrlichkeiten auf diesen einen Punct sich richten lassen. (WA, Bd. 36, S. 278f.)

3. Vision und Wirklichkeit

3.1 Wiener Volkstheater

3.1.1 Volkstheater als »theatralisches« Theater

Zu Beginn des 19. Jahrhunderts kam Wien ganz zweifellos das Prädikat zu, die theaterfreudigste Stadt im Deutschen Reich zu sein. In dieser Hinsicht waren nur Paris und London Wien vergleichbar. An manchen Tagen konnten die Wiener zwischen mehr als zehn Theatern ihre Auswahl treffen. Ihre breite Skala wurde auf der einen Seite von den beiden Hofbühnen markiert: dem seit 1776 als Hof- und Nationaltheater geführten Burgtheater und dem Theater am Kärntnertor. 1810 wurde zwischen beiden eine klare Funktionstrennung vorgenommen: Das Burgtheater diente als reines Sprechtheater ausschließlich dem Drama, und das Theater am Kärntnertor war als Musiktheater der Oper und dem Ballett gewidmet. Die andere – breitere – Seite der Skala wurde von den vielen Vorstadtbühnen eingenommen; unter ihnen ragten das Theater in der Leopoldstadt (gegründet 1781), das Theater an der Wien (1787) und das Theater in der Josefstadt (1788) in besonderer Weise hervor.

Diese drei Theater galten als Inbegriff und Synonym für das Wiener Volkstheater. Seine Geschichte[1] beginnt nachweislich 1712, als Joseph Anton Stranitzky, der Begründer des Wiener Narren Hanswurst, mit seinen »Teutschen Comoedianten« das Theater am Kärntnertor übernahm. Sie wurde von seinen Nachfolgern Gottfried Prehauser, der auch die Figur des Hanswurst »erbte«, und Felix von Kurz, dem Erfinder der neuen komischen Figur Bernardon, weitergeführt. Ihr möglichst schnell und nachhaltig ein Ende zu bereiten, war das Ziel des Wiener Hanswurst-Streits, der 1747 von Wiener Gottschedianern vom Zaun gebrochen und mit großer Vehemenz geführt wurde. Die erste Runde ging an Hanswursts Gegner: 1752 erließ Maria Theresia das Extemporierverbot, welches dem Stegreifspiel endgültig den Garaus machen sollte. Felix von Kurz verließ Wien und Prehauser ließ sich von Wilhelm Weiskern (1710–1768), Philipp Hafner (1735–1769) u.a. Burlesken, Sittenstücke, Parodien und Lokalstücke schreiben, in denen der Part des Hanswurst so aus- und festgeschrieben war, daß er für Lazzi genügend Anlässe und Raum bot. Dennoch war hiermit eine erste Verbürgerlichung des Volkstheaters erreicht.

Die zweite Runde im Hanswurst-Streit ging jedoch an die Vertreter des Volkstheaters. Als 1776 das Privileg des letzten Pächters des Hoftheaters, dem das gesamte Theaterwesen in Wien unterstand, erlosch, gründete Josef II. nicht nur das Hof- und Nationaltheater, sondern verkündete auch die allgemeine »Spektakelfreiheit«; sie ließ einerseits den Wanderbühnen in Wien größeren Spielraum, und ermöglichte andererseits eine Fülle von Theaterneugründungen in den Vorstädten. In diese Phase fällt auch die Gründung der drei wichtigsten Vorstadtbühnen. Sie wurde 1794 von einem kaiserlichen Dekret beendet, das weitere Neugründungen verbot. Bis 1860 blieb die Zahl der Wiener Theater gleich, obwohl die Bevölkerungszahl in diesen Jahren explodierte.

Das Publikum, das zu den Hof- und Vorstadtbühnen strömte, war in allen Theatern gemischt. So wurde das Theater in der Leopoldstadt, das sich in kurzer Zeit den ehrenvollen Beinamen des »Lachtheaters« Europas erwarb, nicht nur von allen Schichten des Bürgertums, sondern auch vom Adel besucht; ja, selbst der Kaiser und seine Suite beehrten es mit ihrer Gegenwart. Entsprechend nennt der Fürst Hermann von Pückler-Muskau das Theater in der Leopoldstadt in einem Brief vom 13. Januar 1807 das »eigentliche National-Theater«[2]. Umgekehrt fanden sich auf der obersten Galerie des Burgtheaters auch Angehörige der mittleren und unteren Bürgerschichten ein.

Dennoch war das jeweilige Zielpublikum ständisch klar definiert: Im Burgtheater war es der Adel. Noch 1833 schildert der Berliner Kritiker Willibald Alexis die Situation folgendermaßen: »Bis in den zweiten Rang gehört jedes schöne Gesicht der hohen eingeborenen Aristokratie oder der Diplomatie an, erst im dritten gelingt es den reichen Bankiers, eigne Logen zu gewinnen. Sie sind hier unter sich, das Theater ist ihr Salon«.[3]

Das Zielpublikum der Vorstadtbühnen war dagegen das »Volk«, welches der Baron Braun von Braunthal 1834 mit den Worten charakterisiert:

Volk, als Classe betrachtet, die zwischen dem Gemeinen und dem Gebildeten in bürgerlicher Schlichtheit die Mitte hält, findet sich, dem vollen Begriffe nach, nur in Wien, in Berlin nur zum Theil. Hier, wo Alles nach einer gewissen

Intelligenz strebt, trifft man nur auf Menschen, die über dem Begriff Volk oder unter demselben stehen und dem Pöbel angehören; während die Gemütlichkeit des Wieners und ein gewisser Tact sich ebenso fern von Anmassung als Gemeinheit halten, und seiner lebhaften Einbildungskraft freien Spielraum lassen zur Entwicklung dessen, was wir Volksleben nennen: daher in Wien eine Volksbühne besteht und immer bestehen wird, deren zum Theile classische Producte mit allem ihren Zauber sich selbst in Berlin geltend machen, wo es nie ein Volkstheater gegeben hat, noch geben kann. Denn, der Volksdichter braucht Volksleben, Volksleben aber braucht der Öffentlichkeit, und öffentlich lebt das Volk nur in Wien.[4]

Das Volkstheater kann insofern als öffentliches Forum des Volkes begriffen werden. Ihrem jeweiligen Zielpublikum entsprechend unterscheiden sich die Theater auch in ihrem Selbstverständnis: Während das Burgtheater den Anspruch eines Bildungstheaters erhob, begnügten sich die Vorstadtbühnen mit der wesentlich bescheideneren Zielsetzung, der Unterhaltung ihres Publikums zu dienen.

In Übereinstimmung mit dieser Zielsetzung wurde die Figur des Narren auf die Bühne zurückgeholt. Unbestrittener »Star« des Leopoldstädter Theaters war seit seiner Eröffnung der »Kasperle«-Darsteller Johann Laroche. Als Lumpenhändler oder Mausefallenkrämer, als Sesselträger oder Anstreicher, als Totengräber oder Limoni-Verkäufer unterhielt Kasperle in den Burlesken Marinellis (1774–1803), den Märchen- und Zauberspielen Perinets (1765–1816) und Henslers (1759–1825) das Publikum mit seinen Späßen:

Er kennt so den Geschmack des Publikums; weiß mit seinen Gebärden, Gesichterschneiden, seinem Stegreifwitz die Hände der in den Logen anwesenden hohen Adligen, der auf dem zweiten Parterre versammelten Beamten und Bürger und des im dritten Stock gepreßten Janhagels so zu elektrisieren, daß des Klatschens kein Ende ist.[5]

Vergleicht man Kasperle mit seinen Vorgängern, dem Bernardon und dem Hanswurst, so fällt eine grundlegende Veränderung ins Auge. Zwar hat auch Kasperle eine durch und durch materialistische Weltsicht; ihm fehlen jedoch Aggressivität und Vitalität. Wie seine Vorgänger ist Kasperle ein Aufschneider, wenn er seinen Mut nicht unter Beweis stellen muß, jedoch ängstlich und feige, wenn es ernst wird; aber auf die Idee, seinen Herrn zu beschimpfen oder gar zu prügeln, verfällt Kasperle ganz gewiß nicht. Von Hanswursts vitalen Bedürfnissen ist ihm nur der ewige Hunger geblieben, auch wenn seine Verleumder ihm einen gelegentlichen Hang zu Zoten nachsagen. Kasperle ist brav geworden – wenn er auch kindlich geblieben ist. Und so kann er sich mit Recht beklagen:

Was ist Böses an Kasperl! Wann hat er je etwas Schmutziges oder eine Zote gesagt? Sind nicht alle Stücke vorgeschrieben, censuriert? Wacht nicht das Ohr der Polizei, um über jeden Vorfall der hohen Stelle Bericht davon zu geben [...]? Und wie kann bewiesen werden, daß Kasperl jemals seinen Herrn geprügelt und daß diese gemeiniglich die wichtigste Stelle sei? Dieses ist niemals und wird in Zukunft nie geschehen.[6]

Die von Kasperle verwirklichte Tendenz wurde vom Thaddädl Anton Hasenhuts (1766–1841) eher noch verstärkt. Thaddädl war noch infantiler als Kasperle, noch ungeschickter, noch erschrockener:

»Wenn er bei einer Tür hinausging und stolperte, wenn er sich auf einen Tisch oder Stuhl lehnte und ausglitschte, so machte er das alles so natürlich, daß man glauben mußte, es wäre zufällig geschehen [...].«[7] Von 1787–1803 trat er neben Kasperle im Leopoldstädter Theater auf, anschließend bis 1819 am Theater an der Wien.

In den beiden letzten Narrenfiguren der Wiener Tradition, dem Kasperle und dem Thaddädl, kehrte nicht der groteske Leib des Karnevals auf die Bühne zurück. Diese grundlegende kulturgeschichtliche Funktion des Narren im Zivilisationsprozeß des 17. und frühen 18. Jahrhunderts, gegen deren Wahrnehmung Gottsched und in seinem Gefolge Sonnenfels und die Wiener Gottschedianern nicht genug wettern konnten, war von der gesellschaftlichen Entwicklung offensichtlich überholt und insofern obsolet geworden. Die bürgerlichen Werte ernsthaft in Frage zu stellen oder gar zu gefährden, waren diese Narren nicht mehr imstande. Denn ihrer Komik eignete nichts Subversives mehr; sie entsprang vielmehr ihrer Infantilität und erlaubte daher noch dem Dümmsten oder sonstwie Benachteiligten unter den Zuschauern, sich ihnen gegenüber unendlich überlegen zu fühlen. Kasperle und Thaddädl setzten wohl die Tradition des Narren im Wiener Volkstheater fort, banden sie jedoch in die vorherrschende Tendenz zu seiner Verbürgerlichung ein.

Diese Verbürgerlichung galt allerdings nur hinsichtlich der von ihm propagierten und bestätigten Werthaltungen und Handlungsnormen. Sie betraf nicht die Ästhetik des Wiener Volkstheaters und ihre Dominantenbildung. Die Literarisierung des Theaters, welche seit Gottsched die bürgerlichen Intellektuellen als Strategie zur Verbürgerlichung des Theaters gefordert und weitgehend durchgesetzt hatten, meinte nicht nur das Ende des Stegreifspiels und seine Substitution durch die Aufführung geschriebener Texte. Sie zielte auch auf das Primat der Literatur vor dem Theater, der Sprache vor den übrigen theatralischen Mitteln. Nicht umsonst war Gottsched gegen die Oper, gegen Pantomimen, Singspiele und Ballette unnachsichtig zu Felde gezogen. Das gesprochene Wort sollte die Dominante der Aufführung bilden.

Diese Literarisierung wurde nun vom Wiener Volkstheater nicht nachvollzogen. Musik und Ausstattung behielten durchgehend ihren hohen Stellenwert bei. Spätestens seit den Tagen der »teutschen Arien« des Kurz-Bernadon waren musikalische Einlagen aus einer Aufführung des Volkstheaters nicht mehr wegzudenken. Entsprechend wurden auch im Leopoldstädter Theater »die bald zärtlichen, bald weinerlichen, aber immer lustigen Duette zwischen Thaddädl und der von ihm angeschwärmten Wirtstochter, auf die Kasperl selbst ein Auge hat, schnell zu einem unentbehrlichen Bestandteil«[8].

Neben der Musik spielte die Ausstattung eine wichtige Rolle. Die Bühnen der Vorstadttheater waren mit Kulissen und effektvoller Theatermaschinerie als Verwandlungsbühnen eingerichtet, welche den kompliziertesten Anforderungen gerecht zu werden vermochten. In den Märchen-Singspielen und Zauberspielen des Leopoldstädter Theaters erfüllte die Verwandlungsbühne eine ebenso grundlegende Funktion wie in den Aufführungen von Opern, die Schikaneder – angefangen mit Mozarts *Zauberflöte* (1791) – bis 1802 auf die Bühne des Theaters an der Wien brachte, und in den Balletten und Pantomimen des Josefstädter Theaters.

Nicht zuletzt endlich kam auch der Schauspielkunst im Volkstheater ein anderer Stellenwert zu als im bürgerlichen Illusionstheater. Während sie dort den literarischen Text interpretieren, seelische Zustände und Vorgänge eines Individuums abbilden und zum Ausdruck bringen sollte, fiel ihr im Volkstheater die Aufgabe zu, komische Figuren, komische Konstellationen und komische Situationen herzustellen, ohne an die Psychologie bürgerlicher Individuen gebunden zu sein.

Das Wiener Volkstheater unterschied sich also hinsichtlich seiner Ästhetik grundlegend von dem ihm zeitgenössischen bürgerlichen Illusionstheater. Es ging zwar auch von literarischen Texten aus, die größtenteils jedoch nicht gedruckt wurden, weil sie ihre Funktion nicht als Lesetexte, sondern nur als Element einer Aufführung zu erfüllen vermochten. Entsprechend kam auch dem gesprochenen Wort kein Primat vor den anderen theatralischen Systemen zu – im Gegenteil: Mimus, Musik und Ausstattung bildeten unbestreitbar die Dominante.

Wohl propagierte das Wiener Volkstheater zu Beginn des 19. Jahrhunderts dieselben bürgerlichen Werte, dieselbe Ideologie wie das bürgerliche Illusionstheater; es realisierte sie jedoch in einem völlig anderen ästhetischen Modus. Während das bürgerliche Illusionstheater sich als literarisches Theater verwirklichte, welches die unangefochtene Dominanz der Sprache über die übrigen theatralischen Mittel zur Doktrin erhob, war das Wiener Volkstheater ein antiillusionistisches theatralisches Theater, das dem gesprochenen Wort lediglich eine untergeordnete Funktion einräumte.

Da die Vorstadttheater keine Subventionen erhielten, sondern als kommerzielle Unternehmen von den Einnahmen der Kasse abhingen, konnten sie es sich nicht leisten, an den Bedürfnissen ihres Publikums vorbei zu produzieren. Insofern liegt es nahe, die für sie charakteristische Vermittlung bürgerlicher Werte auf dem Wege einer »theatralischen« Ästhetik mit der Mentalität ihrer Zuschauer sowie mit deren spezifischer sozialer Situation um die Jahrhundertwende in Verbindung zu bringen. Wir werden daher bei der Untersuchung des Wiener Volkstheaters und seiner Entwicklung im 19. Jahrhundert von der Kombination eines *mentalitätsgeschichtlichen* mit einem *sozialgeschichtlichen Ansatz* ausgehen.

3.1.2 Der Narr als Bürger – die Bühne als Bild der Welt

Die glanzvolle Zeit des Wiener Kongresses wurde von einem großen Teil der Wiener Bevölkerung alles andere als glanzvoll erlebt. Steuererhöhungen, mehrere Mißernten, steigende Mieten und Preise sowie Industrialisierungsprozesse in der Textil- und Eisenproduktion verursachten soziale Verunsicherung und wirtschaftliche Not bis hin zur Verelendung. Nach dem Staatsbankrott im Jahre

1811 konnte die Ernährung der Bevölkerung nur durch karitative Organisationen sichergestellt werden, die ihre dünnen Süppchen verteilten. Akute Wohnungsnot ließ ganze Familien obdachlos werden. In den *Briefen eines Eipeldauers an seinen Vetter in Kakran* aus dem Jahre 1811 liest sich das so:

Jetzt sind die letzten Täg von der Ausziehzeit, und da schaut das Ding aus, als wenn d'halbete Wienstadt auswandern wollt. In allen Straßen begegnt man Lastwagn, die mit Möbeln vollgladen sind. Aber gut wär's freilich, Herr Vetter, wenn die überflüssigen Einwohner von hier auswanderten, damit die notwendigen Einwohner mehr Platz hätten; denn von der gmanern Klass hat mehrere's Schicksal troffen, daß ihnen aufgsagt worden ist, und daß s'kein Wohnung kriegt habn, und da habn einige samt Weib und Kindern ein paar Täg unter freien Himmel ihr Lager aufgschlagn ghabt.[9]

Die Arbeitslosenzahlen schnellten in einem bisher in Wien nicht gekannten Ausmaß in die Höhe. 1812 gab es in Wien bei einer Bevölkerungszahl von 240.000 Einwohnern 30.000 Arbeitslose. Am 13. November 1817 berichtet die Polizeihofstelle »von vielen Entlassungen in den Fabriken. Von manchen Professionen gehen sogar die Meister betteln. Die Fabrikanten sehen sich genötigt, mit ihren Waren stückweise hausieren zu gehen, um nur leben und den nötigsten Lohn bezahlen zu können.«[10]

In dieser Situation übten die staatlichen Lotterieunternehmen eine fast unwiderstehliche Anziehungskraft auf weite Kreise des oberen und unteren Mittelstandes aus. Das Spekulationsfieber ergriff viele Kleingewerbetreibende, die so von einem auf den andern Tag zum Bettler oder zum gemachten Mann wurden. Auch diese Tendenzen entgingen der Polizei nicht. Der Wiener Polizeidirektor ereiferte sich: »Die Wut, im Papierhandel das Glück zu versuchen, hat sich seit einiger Zeit sogar der gemeinsten Menschen bemächtigt, von denen man kaum glauben würde, daß sie derlei Geschäfte auch nur dem Namen nach kennen.«[11]

Dieser Erfahrungshorizont prägte das tägliche Leben der Zuschauer in den Vorstadttheatern. Auf der Bühne dagegen war nichts von alledem wiederzufinden. Dies mag zum Teil durchaus auf die Zensur zurückzuführen sein. Die Wiener Vorstadttheater waren die einzigen Stätten, an denen sich das Volk öffentlich versammelte. Sie hatten daher besonders schwer unter der Zensur zu leiden. Deren Vorschriften betrafen nicht nur das Einhalten des Extemporierverbotes, das auch »Kleidungsarten und Attribute« betraf, »welche nicht in dem Exemplar bezeichnet sind, hauptsächlich aber

Geberden, durch welche oft eine an sich unschuldige Rede zur größten Zote werden kann«[12]. Um 1800 wurden diese Vorschriften noch erheblich verschärft und vor allem in der Ära Metternich besonders restriktiv gehandhabt: Es durften nun weder geistliche Personen dargestellt und religiöse Motive oder Requisiten verwendet werden, noch Staat, Staatsverwaltung und Obrigkeit in ein komisches Licht gerückt, noch Handlungen, die Laster, Verbrechen oder Auflehnung gegen die Obrigkeit darstellten, gezeigt werden.[13] Über die Einhaltung der Vorschriften wachte rigoros die Theaterpolizei, die für die Aufrechterhaltung der Ordnung im Theater – sowohl das Publikum, als auch die Schauspieler betreffend – zuständig war. Jeglicher Ansatz zu einer »revolutionären Gesinnung« sollte im Keim erstickt werden. Als Ort harmloser Unterhaltung, Ablenkung oder auch Affirmation der bestehenden Ordnung dagegen konnten die Vorstadttheater staatlicher Billigung und Unterstützung stets gewiß sein.

Diese Zusammenhänge erkannte der Eipeldauer ganz klar. An seinen Vetter schreibt er:

> Da soll in Frankreich z'Paris der Polizeiminister Sartin selbst in seiner Gsellschaft erzählt habn, daß er an den Tägn, wo kein Theater ist, immer seine Wachten verdoppeln muß, weil grad an denselben Tägen z'Paris die meisten Exzessen gschehn. Herr Vetter, das könnt vielleicht auch in unsrer lieben Wienstadt der Fall sein denn eine unschuldige Theaterunterhaltung kann halt von mancher Ausschweifung abhalten.[14]

Wenn also auch die Zensur dafür verantwortlich gemacht werden kann, daß die Theaterunterhaltung auf den Vorstadtbühnen »unschuldig« blieb, so ist doch die besondere Struktur der Vorstellungen nicht auf sie zurückzuführen. Zwar wurden die im ausgehenden 18. Jahrhundert gültigen Traditionen im wesentlichen weitergeführt. Dennoch sind spezifische Veränderungen festzustellen, die durchaus in einer Beziehung zur realen sozialen Situation des bürgerlichen Zielpublikums zu sehen sind.

Die alles beherrschenden Textlieferanten der Vorstadtbühnen waren – vor und neben Ferdinand Raimund (1790–1836) – bis in die dreißiger Jahre hinein Josef Alois Gleich (1772–1841), Karl Meisl (1775–1853) und Adolf Bäuerle (1786–1859), der darüberhinaus als Herausgeber der *Wiener Theaterzeitung* von 1806–1859[15] ganz zweifellos eine gewisse Machtstellung im Wiener Kulturleben einnahm. Zwischen 1804 und 1835 wurden ihre fast fünfhundert Stücke an 30.000 Spielabenden gegeben. Die Veränderungen, die sie auf den Vorstadtbühnen einführten und heimisch machten, betreffen vor allem zwei Aspekte der theatralischen Ästhetik: die komische Figur sowie eine spezifische Funktionalisierung der Verwandlungsbühne.

In seinem Erfolgsstück *Die Bürger von Wien* (1813) verzichtet Bäuerle auf den effektvollen Märchen- und Zauberapparat. Er beschränkt sich auf die Darstellung des kleinbürgerlichen Lebens in Wien. Vorgeführt werden Aufstörung und letztendliche Beruhigung des kleinbürgerlichen Milieus: Intaktheit, Frieden und Glück der Familie des Handwerksmeisters Redlich werden durch den Negotianten Müller bedroht, einen Spekulanten, ein moralisch verkommenes Subjekt. Er erdreistet sich nicht nur, um die Tochter Käthchen zu werben, sondern schreckt auch nicht davor zurück, die Widerstrebende gewaltsam zu entführen. Am Ende ist Müllers Schurkerei entlarvt und Käthchen mit dem richtigen Mann verheiratet; sie bekommt ihren Dichter Karl, der sie nicht nur aus den Donauwellen gerettet, sondern auch gerade im richtigen Augenblick eine Anstellung als Sekretär bei einem Grafen erhalten hat, so daß die Zukunft des jungen Paares wirtschaftlich gesichert ist.

In dies Milieu führt Bäuerle eine neue komische Figur ein: den Parapluiemacher Staberl, einen Handwerker unter Handwerkern. Die neue komische Figur ist insofern sozial fest in die Bürgerwelt eingebunden. In anderer Hinsicht setzt sie die Tradition der Narren fort: Sie ist für den Fortgang der Handlung eigentlich entbehrlich und ihr Charakter weist eine Reihe von Merkmalen auf, die bereits bei Kasperle und Thaddädl zu finden waren: Staberl ist neugierig und geschwätzig, er schneidet auf und kann unverschämt werden, kneift aber, wenn es ernst wird; er ist gefräßig (»Ich esse alles, was mich nicht ißt«) und ein Schmarotzer. Seine materialistische Weltsicht findet in seiner stehenden Redensart ihren Niederschlag: »Wenn ich nur was davon hätt'.« Während die handelnden Bürger wirtschaftlich erfolgreich sind, ist der komische Bürger Staberl letztlich ohne Ehrgeiz, ohne Geschäftssinn und daher ohne Erfolg. Staberl handelt nicht, sondern kommentiert die Handlungen der anderen – ein unvernünftiger Raisonneur und raunzender Fatalist.[16]

Staberl, der komische Bürger oder verbürgerlichte Narr, vermittelt zwischen den Bürgern auf der Bühne und den Bürgern im Auditorium. Er beschließt die Aufführung mit einem Couplet, in dem er alle Wiener Bürger feiert und hochleben läßt:

Auf, Brüder in fröhlicher Runde,
Singt jubelnd ein lustiges Lied
Und feiert die herrliche Stunde,
Wo Kummer und Sorge entflieht.
Wenn's draußen auch stürmet und blitzet,
Wir zagen und fürchten nie;
Uns schirmet und decket und schützet
Der Götter ihr Gunstparapluie
[...]
Sie wissen Verdienste zu lohnen,
Das zeiget ihr freundlicher Sinn;
Ja, Gnade und Liebe, sie wohnen
Im schönen, erhabenen Wien.
Drum töne das Loblied dem Feste;
Wir bringen's mit dankbarem Sinn:
Es leben die gnädigen Gäste,
Es leben die Bürger von Wien.

Adolf Bäuerle: Ausgewählte Werke, Bd. 1. Wien, Leipzig o. J., S. 78f. (= Alt-Wiener Volkstheater Bd. 5)

Da Staberl ein Bürger ist wie die Zuschauer im Parkett und auf der Galerie, kann sich das Publikum soweit mit ihm identifizieren, daß es in ihm seinen Vertreter auf der Bühne – nämlich als Zuschauer des Bühnengeschehens, als Kommentator, aber nicht als handelnde Figur – anerkennen kann; da Staberl jedoch eine komische Figur ist und daher eher Zerrbild als Ebenbild des Bürgers, ermöglicht er dem Zuschauer eine gewisse Distanz – sowohl zu seiner Figur als auch zum Bühnengeschehen. Die rückhaltlose Verherrlichung des Wiener Bürgerlebens auf der Bühne, das mit dem alltäglichen Leben der Bürger im Auditorium kaum in Einklang zu bringen war, konnte so in gleicher Weise als Wunschbild genossen, wie in sehnsüchtiger oder auch ironischer Distanz als bloßes Wunschbild erkannt werden. Staberl sorgte dafür, daß die Fiktion nicht die Realität verdrängte, leugnete, oder gar als gut bestätigte, sondern lediglich ihre Mängel kompensierte. Darin liegt der wesentliche Unterschied zu den thematisch verwandten Familienrührstücken des bürgerlichen Illusionstheaters.

Das Bedürfnis nach einer derartigen Kompensation war offensichtlich groß. Staberl wurde ein durchschlagender Erfolg. Der Eipeldauer schreibt seinem Vetter: »Die Wiener laufen dem Staberl z'G'fallen in'd Leopoldstadt hinaus, als wenn sie sich d'Köpf'zerstoßen wollten und sein Sprichwort ›Wann ich nur was davon hätt'‹ ist jetzt ein Lieblingssprücherl bei'n Leopoldern geworden.«[17] Der

Staberl war dem Komiker Ignaz Schuster (1779–1835) auf den Leib geschrieben, der ihn – wie weiland Laroche den Kasperl – in unzähligen weiteren Stücken verkörperte. Sein »verzwicktes« Mienenspiel, seine »versteckte Schlauheit, angeborene Spaßhaftigkeit, Vorwitz und Neugierde, nebst etwas tölpischer Gutmütigkeit und schnellem Übergang von Leid und Freud« – wie Bäuerle seine Darstellungskunst charakterisierte[18] – verhalfen dem Staberl zu einer ungeheuren und anhaltenden Popularität.[19]

Neben Bäuerles Lokalstudien mit dem komischen Bürger Staberl erfreuten sich vor allem die als »Besserungsstücke« bezeichneten Zauberspiele Meisls und Gleichs beim Publikum einer nicht nachlassenden Beliebtheit. Sie führen einen – meist jugendlichen – Helden vor, der vom Pfade bürgerlicher Moral und Tugenden abzukommen droht und unter Aufwendung des ganzen komplizierten Zauberapparates der Verwandlungsbühne endgültig zu Bescheidenheit, Familien- und Bürgersinn, Ordnungsliebe und Tüchtigkeit bekehrt wird. Den wichtigsten und stärksten Wirkungsfaktor stellten in diesem Genre die Verwandlungen dar: die Verwandlungen des Lichts, der Orte, des Milieus, die Verwandlungen des Kostüms, die durch besonders raffinierte sogenannte »Zugkleider« vollzogen werden konnten, die Verwandlungen der Stimme und Sprechweise, der Mimik, Gestik, Körperhaltung und Gänge der Schauspieler, wie sie vor allem Ferdinand Raimund virtuos zu vollziehen verstand.

Über Raimunds Darstellung des Wassergeistes Ydor, der in Gleichs Scherz- und Zauberspiel *Ydor, der Wanderer aus dem Wasserreiche* auf dem Weg zu seiner Besserung verschiedene menschliche Gestalten annehmen muß, schreibt der Rezensent der *Theaterzeitung* am 19. Februar 1820:

> Fünf ganz entgegengesetzte Charaktere sind es, die ihm mit gleicher Kunstgewandtheit zu lösen übergeben sind. Er kommt sonach als dummer Bauernjunge, hartherziger Amtmann, reicher gutmütiger Verschwender, Geizhals und lebenslustiger Musikant vor. Die Gegensätze in diesen Charakteren sind auffallend. Hr. Raimund wußte sie wie ein wahrer Künstler in den Grenzen des Glaubwürdigen lebendig, ergreifend und gehalten darzustellen. Vorzüglich waren seine Gemälde als Verschwender, Geizhals und Musikant, [...].[20]

Während der Wandel in der gesellschaftlichen Wirklichkeit vom Bürger überwiegend als bedrohlich erfahren wurde, als ein prinzipiell destabilisierender Faktor, erschien er in den Besserungsstücken als Vorbedingung für die Rückkehr zu bürgerlicher Ordnung und

Moral, für die Stabilisierung des Milieus und der eigenen bürgerlichen Identität.[21] Die exzessiv praktizierte theatralische Verwandlung bestätigte so den Bürger in seiner Überzeugung, daß auch in einer sich wandelnden Welt bürgerliches Milieu und bürgerliche Identität stabil bleiben würden, daß also die bürgerliche Wirklichkeit selbst sich letztlich nicht wandelte. In dieser Hinsicht entsprachen die Besserungsstücke völlig der bei der Mehrheit der bürgerlichen Zuschauer vorherrschenden Mentalität. Sie erfüllten so eine wichtige und therapeutische Funktion bei der von den Betroffenen gewünschten Stabilisierung des durch die gesellschaftlichen Entwicklungen veränderten Milieus.

Die beiden wichtigen Veränderungen, die Bäuerle, Meisl und Gleich im Volkstheater eingeführt hatten – Verbürgerlichung der komischen Figur und spezielle Funktionalisierung der Verwandlungsbühne – griff Raimund auf; er radikalisierte sie und setzte sie in ein spezifisches Verhältnis zueinander. Er realisierte auf diese Weise Möglichkeiten, welche dem theatralischen Theater immer schon inhärent sind, in vergleichbarer Weise aber zuletzt im Barocktheater genutzt wurden.

Ferdinand Raimund begann seine Theaterlaufbahn als Schauspieler. Er war viele Jahre in diesem Beruf am Leopoldstädter Theater tätig, ehe er anfing, selbst Stücke zu schreiben und in Szene zu setzen. Als Schauspieler unterschied er sich von den anderen komischen Volksschauspielern seiner Zeit in einer wichtigen Hinsicht, die in dieser Deutlichkeit nur von dem Berliner Willibald Alexis erkannt wurde:

> Herr Raimund ist ein Schauspieler von nicht vorteilhafter Theaterfigur, aber auch von der anderen Seite von keiner so posierlichen, die von selbst zum Lachen auffordert, nicht groß, nicht schlank, nicht dick, nicht verwachsen, nicht agil, ihm geht eine klangreiche Stimme ab, seine ist belegt, er kämpft mit Buchstaben, die Buffo-Bonhommie, die Freundlichkeit, die zuweilen auf den ersten Blick gewinnt, gehen ihm ab – seine Augen sind dafür zu klug, doch ohne besonders sprechend zu sein –, ihm fehlt die angeborene komische Kraft, wie sie die Natur zuweilen schafft, man weiß nicht woraus, und auch die Witzesblitze, die frappieren und fesseln, glaubten wir nicht an ihm zu erkennen. Kurz gesagt, er hat nicht die genialen Buffo Mittel...und doch ist Raimund der größte Komiker, den wir sehen.[22]

In den relativ wenigen Stücken, die Raimund – verglichen mit der seriellen Massenproduktion der Bäuerle, Meisl, Gleich u.a. –

zwischen 1823 und 1834 verfaßte[23], schuf er komische Figuren, die dieser besonderen Art von Komik angepaßt waren.

Die Verbürgerlichung der komischen Figur, wie Bäuerle sie im Staberl vollzogen hat, treibt Raimund in Richtung auf eine Vermenschlichung der komischen Figur weiter voran. Sein Bauer Fortunatus Wurzel (aus *Das Mädchen aus der Feenwelt oder Der Bauer als Millionär*, 1826), sein Misanthrop Herr von Rappelkopf (aus *Der Alpenkönig und der Menschenfeind*, 1828) oder sein braver Tischler Valentin (aus *Der Verschwender*, 1834) – alles Rollen, die Raimund sich selbst auf den Leib schrieb – sind keine festen Charaktertypen (wie Staberl), sondern individuelle Charaktere; sie treten nicht als die Handlung lediglich kommentierende Randfiguren und Raisonneure auf, sondern sind als die Hauptfiguren tief in die Handlung verstrickt. Zugleich sind sie die Gestalten, deren »Besserung« im Verlauf des Stückes erreicht werden soll (dies gilt vor allem für Wurzel und Rappelkopf) und die daher eine Serie von Verwandlungen durchlaufen müssen, welche nun allerdings psychologisch motiviert sind.

Dem Zuschauer wird durch dieses Verfahren einerseits eine gefühlsmäßige Identifikation mit der komischen Figur ermöglicht, wie sie bisher im Wiener Volkstheater nicht üblich war. Da aber die Figur bei alledem komisch bleibt, der Zuschauer – im Unterschied zu ihr – Einblick in die Zusammenhänge erhält und so ihr gegenüber immer einen überlegenen Standpunkt einnimmt, wird andererseits eine gewisse Distanz stets gewahrt.

Diese den Raimundschen Figuren innewohnenden Tendenzen wurden durch Raimunds Spiel offensichtlich noch verstärkt. Im Unterschied zu anderen Komikern seiner Zeit setzte Raimund durchaus die psychologische Schauspielkunst des bürgerlichen Illusionstheaters bei der Darstellung seiner komischen Figuren ein. Ein Rezensent beschreibt sein Spiel als Fortunatus Wurzel:

[...] (eine) durchgeführte Charakteristik, der Schauspieler blickt auch in keinem Momente vor, er ist aufgegangen in dem Charakter des tölpischen, übermütigen, dumm-dreisten Bauern; (eine) grotesk-feine (Gegensätze begegnen sich überall!) Komik. [...] Jetzt kommt der Übergang; die Jugend [...] verläßt ihn, das hohe Alter kommt. Der Meister zeigt sich in den Übergängen, jede Muskel, jede Sehne, jede Miene, jede Bewegung spielt mit, indem er altert. Der Greis ist fertig; aber ein ebenso widerwärtiger Greis, als er ein unangenehmer Mann war. Man fühlt es in aller Wahrheit, aber diese Wahrheit zieht noch nicht an. Nun kommt das Unglück hinzu und die Zufriedenheit reicht dem armen Aschenmann die Hand. Er wird neu geboren, das Gefühl spricht aus dem Druck des Alters in der Not, man sieht, es war etwas Besseres in ihm, das nur lange erdrückt und verborgen war. Es bekommt Luft und der Mann wird ein anderer, ein tief tragischer Charakter. Hier ist Raimunds Hauptstärke; das, wird jeder inne, ist Wahrheit, das spricht vom Herzen zum Herzen. Diese Töne des Aschenliedes berühren in ihren einfachen Worten, ihrer einfachen Weise, Schmerzen, die, durch das ganze Weltall vibrierend, den Widerhall in jeder Brust finden. Dazu diese rührende Gestalt, diese rührende Miene, es zittert alles, und nur die Hoffnung hält wie ein letzter schwacher Faden das zerbrechliche Gebäude zusammen.[24]

In Raimunds komischen Figuren konnten die Zuschauer einerseits sich selbst emotional wiederfinden und andererseits zu sich selbst in eine gewisse Distanz treten.

Dieser doppelten Zielsetzung dienten auch die Lieder, die sich sehr schnell von den Aufführungen ablösten und zu Volksliedern wurden, wie das Aschenlied oder das Lied der Jugend: »Brüderlein fein« (*Bauer als Millionär*), das Lied der aus ihrer Hütte ausziehenden Familie: »So leb denn wohl du liebes Haus« (*Alpenkönig und Menschenfeind*) oder Valentins Hobellied: »Das Schicksal setzt den Hobel an und hobelt alle gleich«.[25]

Besonders gelobt wurden an Raimunds Produktionen durchgehend die Dekorationen (»Vorzüglich schön ist die Spiegeldekoration, die Alpengegend, zu Ende des ersten Aktes und der Lawinenpalast in der ersten Szene des zweiten Aktes.«[26]) und der reibungslose Einsatz der Theatermaschinerie (»Die Maschinerie ging fehlerlos, und verriet ebenso, wie das Arrangement, eine fleißige Einübung.«[27]) Ihre spezifische Funktion wird in den zeitgenössischen Besprechungen nicht erwähnt.

Auf Raimunds Bühne findet die bürgerliche Wertewelt eine bildlich-allegorische Darstellung: Die Zufriedenheit zum Beispiel lebt weltabgewandt in einem Tal, umgeben von den auf dem Bühnenprospekt sichtbaren Bergen des Ruhms und Gipfeln des Ehrgeizes, die so gefährlich für den Bürger werden können. Kleinbürgerliche Sprichwörter und Redensarten werden im Bühnenbild umgesetzt: Nicht zu hoch hinauf; Hochmut kommt vor dem Fall; Bleibe zuhause und nähre dich redlich, usw. usw.

Raimund setzt die Allegorien und den Zauberapparat auf eine Weise ein, daß im Bühnenraum bildlich dargestellt und verwirklicht wird, wie äußere Mächte, die ihre eigenen Ziele verfolgen und den handelnden Figuren letztlich undurchschaubar bleiben – während der Zuschauer in sie Einblick erhält –, sich hinter ihrem Rücken durchsetzen und sie von außen bei ihren Handlungen steuern. Die

Menschen, mit denen der Zuschauer sich aufgrund der psychologischen Schauspielkunst identifizieren kann, erscheinen so als fremdbestimmt und außengesteuert; nicht ihr freier Wille liegt ihren Handlungen zugrunde, sondern sie erfüllen lediglich die Pläne von fremden Mächten, die ihnen selbst jedoch unbekannt und verborgen bleiben. Wie Volker Klotz gezeigt hat, stellte die Aufführung der Raimundschen Stücke »eine szenische Großmetapher für zeitgenösssische Erfahrungswelt« dar, »für das unbegriffene, aber desto schmerzlichere Produkt aus wirtschaftlichen, politischen, gesellschaftlichen, sozialpsychologischen Faktoren der Wiener Restaurationszeit«[28]. Die Verwandlungsbühne erhielt so eine zusätzliche Semantisierung. Die theatralischen Mittel wurden derart eingesetzt, daß sie dem Zuschauer auf dem Wege sinnlicher Wahrnehmung unmittelbare Einsicht in seine eigene lebensweltliche Situation ermöglichten.

Raimund hat so das theatralische Theater seiner Vorgänger um eine Erkenntnisfunktion erweitert, welche die Aufklärer meinten, nur einem literarischen Theater übertragen zu können. Was sich ihrer Meinung nach in der und durch die Sprache als intellektuelle Tätigkeit vollziehen sollte, geschah in Raimunds Theater in und durch die nonverbalen theatralischen Mittel als sinnliche Erfahrung.[29]

Dieser Erkenntnismodus entsprach ganz zweifellos der Mentalität des bürgerlichen Publikums im Wiener Volkstheater und wurde von Raimunds Theater auf nahezu vollkommene Weise verwirklicht. Dennoch sollte man sich von diesem Befund nicht zu der Schlußfolgerung verleiten lassen, daß es sich hier um ein lokal begrenztes, namentlich um ein rein Wiener Phänomen handelte. Das romantische Theater überall in Deutschland – und ebenso in England und Frankreich – nahm gegenüber dem bürgerlichen Theater des 18. Jahrhunderts generell eine Dominantenverschiebung vor: Die Ausstattung avancierte zu einem der wesentlichen Faktoren der Aufführung; Oper und Ballett traten für ein bürgerliches Publikum verstärkt neben das Sprechtheater und drängten es immer mehr in den Hintergrund. Mit besonderer Sorgfalt wandte man sich der Pflege der visuell-theatralischen Komponenten wie Posen, Kostüme, Dekorationen, Beleuchtung (vor allem nach Erfindung der Gasbeleuchtung) zu. Die Dramatik des Welttheaters geriet eher an die Peripherie und mußte den trivialen, aber populären Gattungen des Melodrams, des Schicksals- und Schauerstücks weichen. In ihnen machten die großen Schauspieler der Epoche Sensation wie Ludwig Devrient (1784–1832) in Deutschland, Edmund Kean (1787–1833) in England und Frédérick Lemaître (1800–1833) in Frankreich und feierten wahre Triumphe.

Sehr häufig allerdings lief das romantische Theater Gefahr, die Erkenntnisfunktion der theatralischen Mittel verkümmern zu lassen und zum bloßen Schautheater mit eskapistischen Tendenzen zu degenerieren.

Eine entsprechende Entwicklung läßt sich auch auf dem Wiener Volkstheater beobachten. Sie wird besonders nachdrücklich vom Erfolg der Aufführung des *Zauberschleiers* dokumentiert. Das Feenspiel, das Franz Xaver Told nach einem Libretto von Eugène Scribe, *Le Lac des Fées*, verfaßt hatte, wurde im Februar 1842 im Josefstädter Theater mit einer opulenten Ausstattung herausgebracht:

> Die Ausstattung, deren Besprechung in den Referaten über die Stücke desselben Verfassers gewöhnlich den Reigen eröffnen mußte, ist diesmal noch glänzender, prachtvoller denn jemals ausgefallen, und um so mehr zu loben, da das Bild des Rahmens auch wert. Der Glanz des Kostümes, die schwelgerische Farbenpracht der Dekoration ist in diesem Stück nicht verschwendeter Luxus der Ausstattung, ist nicht bei den Haaren herbeigezerrt, und wie man so sagt, mit vollen Händen zum Fenster hinausgeworfen worden, es ist fast alles sinnig, harmonisch geordnet, die glänzende Hülle birgt auch einen größtenteils gesunden Körper.[30]

Besondere Sensation machte eine filmartig ablaufende Wandeldekoration (Theodor Jachimowicz), welche die Gegenden am Rhein zeigte und seit der – noch im selben Jahr stattfindenden – 150. Vorstellung die schönsten Stellen entlang der Donau von Walhalla bei Regensburg bis Wien.

Diese prachtvollen Dekorationen waren nun keineswegs imstande, dem Zuschauer einen sinnlichen Einblick in seine eigene lebensweltliche Situation zu eröffnen und so eine Erkenntnisfunktion zu erfüllen. Sie lieferten vielmehr das luxuriöse Ambiente für die Flucht des Helden aus seiner Wirklichkeit in die Feenwelt[31] und befriedigten so entsprechende eskapistische Bedürfnisse beim Zuschauer.

Die Aufführung hatte einen im Wiener Volkstheater beispiellosen Erfolg. Bereits am 1. Januar 1842 fand die 100., am 10. Februar 1843 die 200., am 20. November 1846 die 300. und am 13. Januar 1848 die 400. Vorstellung statt. Die Inszenierung brachte es im Laufe der Zeit auf über 600 Vorstellungen. Das Bedürfnis des Publikums, im Theater seine eigene bürgerliche Wertewelt bestätigt, ja zum Teil sogar verherrlicht zu finden, war offensichtlich einem

Bedürfnis nach Flucht aus eben dieser Wirklichkeit gewichen. Und das Wiener Volkstheater, das von den Bedürfnissen seiner Zuschauer ausging, ohne sie erziehen oder bilden zu wollen, fand auch in diesem Fall treffsicher die wirkungsvollsten Mittel zu ihrer Befriedigung.

3.1.3 Der Bürger als Narr – Hanswurst kehrt zurück

Ein tiefgreifender Wandel hatte auf den Vorstadtbühnen bereits in den dreißiger Jahren eingesetzt. Am abruptesten und konsequentesten wurde er von den Theatern vollzogen, die Karl Carl (Karl Bernbrunner, 1787 oder 1789–1854) als Direktor leitete. Ab 1826 beherrschte er das Theater an der Wien für fast zwanzig Jahre, bis 1832 außerdem das Josefstädter Theater und von 1838 bis 1845 das Theater in der Leopoldstadt, ehe er sich an dessen Stelle 1847 ein neues Theater bauen ließ, das Carltheater.

Carl begriff »die Leitung eines Theater-Geschäfts als das schwerste, unsicherste und darum gefährlichste *industrielle* Geschäft«[32]. Um aus diesem Geschäft möglichst viel Profit herausschlagen zu können, leitete er sein Theater in der Tat wie ein Industrieunternehmen. Er erließ repressive Theatergesetze und schloß mit Schauspielern und Autoren ausbeuterische Verträge ab.[33] Man muß allerdings festhalten, daß seine Vorgehensweise unter damaligen Theaterunternehmern keineswegs eine Ausnahme darstellte. Immerhin entlohnte er seine Schauspieler besser als die anderen Bühnen und ließ seinen Stars sogar Spitzengagen zahlen.[34] Um möglichst schnell an ausländische – vor allem französische und englische – Stücke heranzukommen, wurde bereits vereinzelt mit Theateragenturen zusammengearbeitet. Spätestens in den fünfziger Jahren waren die Theateragenturen für die Aufrechterhaltung eines vielseitigen und ständig Novitäten aufweisenden Spielbetriebs unentbehrlich geworden.[35]

Da der Direktor als kapitalistischer Unternehmer »das Theater ausschließlich mit kaufmännischem Geiste betreibt«[36], konnte er es sich weniger denn je leisten, Geschmack und Wünsche des Publikums zu ignorieren. Profit war nur zu machen, wenn das Publikum in die Theater strömte. Das Publikum, der Kunde, war König. Entsprechend schlug Bäuerle in der *Wiener Theaterzeitung* – man ist versucht zu sagen, in gezielter Antithese zu der von Goethe im Aufsatz *Das Weimarische Hoftheater* (1802) vertretenen Ansicht – vor:

> [...] es wäre überhaupt zum Gedeihen der dramatischen Kunst ersprießlich, wenn Bühnennovitäten am ersten Abend den stimmfähigen Zuschauern nur zur Probe vorgeführt werden könnten, damit die Elaborate wie Kleidungsstücke nach den *Bedürfnissen* des herrschenden Geschmacks sich zur allgemeinen Zufriedenheit umändern ließen.[37]

Es ist daher ganz undenkbar, daß Veränderungen im Theater gegen den Wunsch und Willen des Publikums vorgenommen wurden. Der Wandel, der seit den frühen dreißiger Jahren vollzogen wurde, wird insofern mit einem entsprechenden Mentalitätswandel beim bürgerlichen Publikum Hand in Hand gegangen sein.

Das theatralische Theater der Vorstadtbühnen erfuhr in Carls Theatern einige spezifische und ganz charakteristische Veränderungen. Sie betrafen zum einen das Repertoire: Anstelle des jahrzehntelang beherrschenden Zauberspiels stieg die Posse zur populärsten Gattung auf. Zum anderen galten sie dem Darstellungsstil: Im Theater an der Wien wurde eine neue »moderne Komik«[38] entwickelt, deren wichtigste Exponenten die Schauspieler Karl Carl, Wenzel Scholz (1787–1875)[39] und Johann Nestroy (1801–1862) waren.

Sowohl als Verfasser der erfolgreichsten Possen als auch als Begründer und Repräsentant eines neuen komischen Spielstils war Nestroy maßgeblich am Wandel beteiligt.

Wie Raimund fing Nestroy erst auf der Grundlage einer soliden Bühnenerfahrung als Schauspieler an, Stücke zu schreiben – vor allem, um sich und seinen Kollegen effektvolle Rollen und dem Publikum neue Stücke zu verschaffen. Damit aber hören bereits die Parallelen auf; Nestroy kann vielmehr in jeder anderen Hinsicht als Antipode zu Raimund begriffen werden.

Nestroy war ein ausgesprochener Vielschreiber. Er hat über siebzig Stücke für das Volkstheater verfaßt. Dies war natürlich nur möglich, weil er weniger nach »Originalstücken« trachtete als nach geeigneten Vorlagen Ausschau hielt, die sich in seinem Sinn bearbeiten ließen – französische, zum Teil auch englische Stücke, die er über Agenturen und andere Kanäle erhielt. Während Raimund sich in seinen Zauberspielen dezidiert vom Theater des niederen Stils abwandte und für das Volkstheater eine Stilmischung anstrebte, knüpfte Nestroy ganz bewußt an die Tradition des niederen Stils, an die Tradition des Lachtheaters an.

Daraus läßt sich bereits schließen, daß Nestroy das bürgerliche Milieu nicht wie Raimund als eine letztlich heile Welt schildert; ganz im Gegenteil legt er unbarmherzig die Mechanismen seines Funktionierens offen und gibt sie schonungslos dem Gelächter preis. Als Triebfeder allen menschlichen Handelns stellt er immer wieder den Eigennutz, den puren Egoismus heraus, der sich, vor allem bei den Angehörigen der oberen Schichten – des Großbürgertums und des Adels – nur allzu gern mit den Vorwänden von Idealen tarnt, um sich desto ungehinderter durchsetzen, behaupten und befriedigen zu können. Neben den Eigennutz tritt immer wieder eine Macht, die nicht bewirkt, sondern höchstens ausgenutzt werden kann: der Zufall. Er spielt neben dem Egoismus in Nestroys Possen meist die zweite Hauptrolle, die durchaus auch einmal die erste an die Wand zu spielen vermag. Egoismus und Zufall sind die bewegenden Kräfte in Nestroys Theaterwelt, die ihren Lauf in Gang halten.[40]

Um diesen Mechanismus zu verdeutlichen, bedient Nestroy sich immer wieder der besonderen Erkenntnisfunktion des theatralischen Theaters, allerdings wieder in charakteristischer Abweichung von Raimund. Sie wird in Nestroys Theater intellektualisiert. Im *Talisman* (1840) zum Beispiel werden der schnelle soziale Aufstieg und Fall des Helden Titus Feuerfuchs durch eine rasche Folge verschiedener Kostümierungen – als Vagabund, Gärtner, Kammerjäger, Sekretär der Gräfin, Vagabund – und entsprechende Dekorationen sinnfällig vor Augen geführt. Während bei Raimund die »szenische Großmetapher« Autor, Schauspieler und Zuschauer unbewußt bleiben konnte, wird sie bei Nestroy kommentiert und explizit gemacht. Die Sprache erhält hier eine neue Funktion.

Dies wird vor allem durch eine ungeheure Theatralisierung der Sprache verwirklicht. Sie zeigt sich zum einen in ihrem Rollencharakter. So inszeniert Titus sich sprachlich seinem jeweiligen Kostüm und seiner jeweiligen Umgebung entsprechend. Von einer auf die Gärtnerei bezogenen blumigen Sprache: »[Ich bin] ein exotisches Gewächs: nicht auf diesem Boden gepflanzt, durch die Umstände ausgerissen und durch den Zufall in das freundliche Gartengeschirr Ihres Hauses versetzt, und hier, von der Sonne Ihrer Huld beschienen, hofft die zarte Pflanze, Nahrung zu finden« (I, 17), wechselt er zu bewundernden Galanterien an die Kammerjungfer über: »Diese Hoheit in der Stirnhaltung, diese herablassende Blickflimmerung, dieser edle Ellbogenschwung« (I, 20), ehe er sich in eine metaphorische »Dichtersprache« der schriftstellernden Gräfin gegenüber kleidet: »[Mein Vater] betreibt ein stilles, abgeschiedenes Geschäft, bei dem die Ruhe das einzige Geschäft ist; er liegt von höherer Macht gefesselt, und doch ist er frei und unabhängig, denn er ist der Verweser seiner selbst – er ist tot.« (II, 17).

Zum anderen wirkt die komische Theatralisierung der Sprache in Wortzusammenstellungen wie »millionärische Gewinnvermehrungspassion« (*Talisman*, I, 17), in Namen wie Lumpazivagabundus, Sulphurelektrimagnetikophoshoratus und Walburgiblocksbergisemtembrionalis oder auch in der Nebeneinanderstellung empfindsamer bzw. gehobener und trivialer Ausdrücke: So sagt der Herr Gundlhuber (*Eine Wohnung ist zu vermieten*, 1837), als er seine heimliche Flamme erobern will: »Jetzt werd' ich mich umschauen, wo die Gewisse loschiert. Die Zeit muß ich benützen, weil's meine häusliche Seligkeit nicht sieht. Wenn nur der Kutscher nicht so lang ausbleibt mit'nem klein' Geld, denn trotz meiner Sehnsucht lass' ich's kleine Geld doch nicht im Stich« (III, 8). Während die Person sich mit der Sprache in die Sphäre der Erhabenheit, der hohen Ideale hineinstilisieren will, entlarvt gerade ihre Sprache sowohl Hohlheit und Falschheit dieser Ideale als auch die Niedrigkeit ihrer wahren Beweggründe.

Indem die Sprache solcherart theatralisiert wird, erhält sie einerseits einen neuen Stellenwert im Volkstheater – Komik ist nun bis zu einem gewissen Grad sprachliche Komik – und verursacht dadurch andererseits eine Intellektualisierung der theatralischen Erkenntnisfunktion. Ihre veränderte Position und Funktion wirken sich entsprechend bei ihrer Verbindung mit Musik und Geste aus.

Die Couplets werden nun zu Kristallisationspunkten für eine aggressive Kritik, in denen die vorgeführten Tendenzen zusammengefaßt und auf den Begriff gebracht werden. Sie erlauben nicht einfühlsame Identifikation, sondern fordern zu bloßstellendem, erkennendem Gelächter heraus.[41]

Für die Entwicklung der neuen Komik wird der spezifische Bezug zwischen Wort und Geste konstitutiv. Ein zeitgenössischer Beobachter schreibt über Nestroys Darstellungskunst:

Nestroy kann weit gehen, ohne uns stutzen zu machen, denn er weiß genau, wie weit er gehen will. – Mit dieser Fähigkeit hängt die rapide Darstellungsweise des Hn. Nestroy zusammen. Nirgends ist eine Pause oder Lücke; der Fluß der Sprache und des bezeichnenden Gebärdenspieles ergießt sich ununterbrochen, ohne jemals in ermüdende übermäßige Beweglichkeit auszuarten, weil Herr Nestroy in der flüchtigsten Darstellungsweise immer die Ruhe der Selbstbeherrschung zu bewahren weiß. Unglaublich ist der Nachdruck, den er mit einem Blicke, mit einer leichten Geste, mit einer bezeichnenden Stimmbeugung dem Worte zu geben weiß.[42]

Während Bernhard Gutt hier die spezifische Relation der Geste zum Wort lediglich als »Nachdruck« beschreibt, qualifiziert der konservative Kritiker Moritz Gottlieb Saphir sie im *Humoristen* sehr viel genauer:

[...] wer kann die *Mienen*, die *Gebärden*, den *Ton*, das *Augenzwinkern* von Darstellern überwachen, die selbst, wenn sie eine Perle zum Verkauf bringen, sie erst im Schlamme herumwälzen [...] bis sie der Cloacina ihr Schandopfer gebracht haben? Im Lesen ist oft alles rein und makellos; der Darsteller, dem die Roheit der Gesittung zur Natur, die bestialische Gemeinheit der Zote zum Studium geworden ist, verwandelt das unschuldige Wort in ein ekelhaftes Bild, die harmlose Phrase in eine empörende Gemeinheit.[43]

Nach Saphir leistet also bei Nestroy die Geste in Bezug auf das Wort genau das, was mit der Zensur zu verhindern, seinerzeit Sonnenfels zum Ziel seines Feldzuges gegen Hanswurst und sein Stegreifspiel erhoben hatte: »eine an sich unschuldige Rede zur größten Zote« zu machen. Saphir weiß sich bei diesem seinem Urteil in schönstem Einklang mit dem konservativen Wien und allen voran mit der Zensur. Gegen deren wiederholten Vorwurf von Zotigkeit hatte Nestroy sich zur Wehr zu setzen versucht: »Wenn man Zoten finden will, dann ist auch jeder Satz eine Zote. Die Worte ›Vater, Mutter, Sohn, Tochter‹ sind lauter Zoten, weil man, wenn man will, dabei an den unerläßlichen damit verbundenen Zeugungsakt denken kann.«[44] Die Zensurbehörde konterte eiskalt: »Die ganze Argumentation [...] gränzt an Unverschämtheit, da Nestroy mit seinen Stücken wesentlich zur Entsittlichung des Wiener Volkes beygetragen und bis auf den heutigen Tag nur zu oft die harmlosesten Worte durch sein Mienen- und Händespiel zur gemeinen Zote werden.«[45]

Aus diesen Vorwürfen können wir schließen, daß die Geste bei

Nestroy in ein ähnliches Verhältnis zum Wort trat, wie an manchen Stellen seiner Stücke die triviale zur erhabenen Sprache: Die Geste entlarvt die von der Sprache vorgetäuschte Idealität oder auch nur Unschuld und Harmlosigkeit als Lüge, als Betrugsmanöver und deckt so die wahren niedrigen Beweggründe der sprechenden Figur auf. Der Geste kommt die Funktion zu, die durch und durch materialistische, egoistische Einstellung der Figur offenzulegen, die sie mit ihrer Sprache kaschieren will.

Die Anspielung auf Hanswurst, die der Vorwurf der Zotenhaftigkeit impliziert, kommt insofern nicht von ungefähr. Wenn man sich Szenenbilder von Nestroy in verschiedenen Aufführungen ansieht[46], fällt auf, daß er häufig mit eingeknickten Knien und nach vorn gekipptem Oberkörper dasteht – also eine Körperhaltung einnimmt, wie sie für den Narren des 17. Jahrhunderts und für Hanswurst typisch war. Nestroy schließt sich insofern mit seiner Gestik bewußt an die Tradition des Hanswursts an, die allerdings durch den veränderten Bezug auf die Sprache in einen neuen Kontext gestellt wird: Während Raimund mit seiner psychologischen Schauspielkunst die komische Figur weiter verbürgerlichte und vermenschlichte, zielt die Wiederbelebung von Hanswursts Gestik und Körperhaltung bei Nestroy darauf, im Bürger den Hanswurst aufzudecken. Die Bürger in Nestroys Possen unterscheiden sich hinsichtlich ihrer materialistischen Weltsicht nicht im mindesten von Hanswurst; Eigennutz und Zufall (Fortunawechsel) stellen seine und ihre einzigen Handlungsantriebe dar. Während Hanswurst dies jedoch nicht zu beschönigen oder gar zu leugnen sucht, setzen sich Nestroys Bürger Sprachmasken der Uneigennützigkeit und des Edelmutes auf. Wenn die Geste des Komikers sie herunterreißt, kommt unter ihnen die alte wohlbekannte Gestalt des Hanswurst zum Vorschein.

Die Geste erfüllte in diesem Fall ihre Erkenntnisfunktion so vollkommen, daß sie auch die Zuschauer mit der Nase darauf stieß, die sich mit allen Kräften gegen die Erkenntnis zur Wehr setzten, daß sie – die Bürger – nichts anderes als Hanswürste seien. Voll Abscheu schreibt Theodor Vischer:

Wir wollen nicht die tierische Natur des Menschen, wie sie sich just auf dem letzten Schritte zum sinnlichsten Genuß gebärdet, in nackter Blöße vors Auge gerückt sehen, wir wollen es nicht hören, dies kotig gemeinte »Eh« und »Oh« des Hohns, wo immer ein edleres Gefühl zu beschmutzen ist, wir wollen sie nicht vernehmen, diese stinkenden Witze, die zu erraten geben, daß das innerste Heiligtum der Menschheit einen Phallus verberge.[47]

Wenn in der Komik Nestroys, Carls, und Scholz' der groteske Leib des Karnevals auf die Bühne zurückkehrt, so erfüllt er keine Entlastungsfunktion mehr, sondern eine Erkenntnisfunktion. Der Zuschauer soll sich nicht mit ihm identifizieren, um so wenigstens in seinem Stellvertreter seine vitalen Bedürfnisse ausleben und befriedigen zu können, sondern er soll in ihm seinen eigenen Egoismus und die Zufallsbedingtheit seiner eigenen Existenz wiedererkennen – *tua res agitur*, d.h. der Bürger als Hanswurst.

Das Publikum war mit dieser Veränderung seines theatralischen Theaters nicht von Anfang an einverstanden:

Um der Wahrheit die Ehre zu geben, muß constatiert werden, daß Wien, das sich so lange an Raimund's und Korntheuer's »solider« Komik ergötzte, von der grotesken Darstellungsweise und der »Scharfzüngigkeit« Nestroy's anfänglich nicht gleich vollkommen gepackt fühlte, vielmehr gegen den verwegenen »Umstürzler« sich etwas reserviert hielt.[48]

Aber das änderte sich bald, zum großen Ärger der konservativen Publizistik und der Polizeibehörden. Ihr Präsident Sedlnitzky beklagte sich über die Wiener: »Sehen Sie! dieser Nestroy hat anfänglich nicht recht gefallen, *jetzt* ist er der Abgott der Wiener. Hat Nestroy sich geändert? Nein! *Er* ist derselbe geblieben, aber die *Wiener* sind andere geworden.«[49] Die Auswirkungen der industriellen Revolution hatten in den dreißiger Jahren auch die Wiener erreicht. Im bürgerlichen Publikum der Vorstadtbühnen, das noch zu Raimunds Zeiten hinsichtlich seiner Wertewelt relativ homogen gewesen war, brachen nun durch die industrielle, wirtschaftliche und soziale Entwicklung bedingte und verursachte Gegensätze auf: Die von der Proletarisierung bedrohten unteren und mittleren Bürgerschichten und das Großbürgertum sowie die zum Großbürgertum aufsteigenden Bürgerschichten standen sich nun aufgrund ihrer jeweiligen Interessenlage antagonistisch gegenüber.

Diese Aufspaltung machte sich auch im Theater bemerkbar. Häufig finden sich jetzt in den Rezensionen Bemerkungen wie die folgende: »die Gallerien waren entzückt, das Parterre mißvergnügt, oben lauter Beifall, unten detto Mißfallen, oben lachte man sich die Haut voll, unten wollte man vor Langeweile aus der Haut fahren«[50].

Die konservative Kritik unterschied entsprechend zwischen einem »besseren« und einem »schlechteren« Teil des Publikums:

Man applaudierte nur jenen Stellen, die gemein, die zweideutig waren. Daran hat Hr. N. einen gewissen Theil des Publikums gewöhnt! Dieser gewisse Theil des Publikums, von dem sich jeder gebildete Mensch ausschließt, lauert mit faunischer Lust auf eine Stelle, eine Geberde, in der er einen entarteten Sinn, eine Zweideutigkeit, eine Gemeinheit findet; bei diesen Stellen bricht dieser gewisse kleine Theil des Publikums [...] in ein grauses Gelächter und Wiehern aus, sodaß der gebildete Theil des Publikums mit Entrüstung sich abwendet.[51]

Entsprechend empfahl Saphir diesem »besseren« Teil des Publikums, den »*Rädelsführern der Zoten-Klaquerie* durch ein mutiges Entgegentreten öffentlich so entgegenzuarbeiten, daß sie das durchbohrende Gefühl ihrer Entartung erkennen und verstehen«[52]. Der Burgschauspieler Karl Ludwig Costenoble brachte die Angst der Konservativen vor Nestroy mit folgenden Worten auf den Begriff: »Sein Wesen [...] erinnert immer an diejenige Hefe des Pöbels, die in Revolutionsfällen zum Plündern und Totschlagen bereit ist. Wie komisch Nestroy auch zuweilen wird, er kann das Unheimliche nicht verdrängen, welches den Zuhörer beschleicht.«[53]

Aber nicht nur die konservative Kritik bekämpfte Nestroy als »Napoleon der Gemeinheit«[54]. Auch die politisch progressive jungdeutsche Publizistik warf ihm vor, das Publikum zu verderben. Der Berliner Journalist Glassbrenner nannte Nestroy bereits 1834 einen »Pöbeldichter«, keinen »Volksdichter«[55]. Dingelstedt beklagte es als verhängnisvoll, daß »mit dieser Verwilderung des Geschmacks [...] zugleich auch eine tiefe und giftige Demoralisierung aus Nestroys Stücken in das Publikum über[geht], deren Einflüsse umso rascher, so gefährlich werden, als eben die Popularität derselben im Wachsen begriffen ist«[56]. Nach Heinrich Laube hat Nestroys Theater den Wienern »eine Neigung des Ätzens und Vergiftens« beigebracht, »welche tiefen Schaden verursacht hat«[57]. Und Karl Gutzkow warf Nestroy gar vor, den »Volkscharakter« zerstört zu haben:

Das ist entsetzlich, wie Nestroy, [...] in seinem Spiel mehr noch als in seinen Produktionen dem sittlichen Grundgefühl und der gläubigen Naivität des Volkes Hohn spricht. Man denke sich die bis zum Giebel gefüllten Theater, besetzt von Handwerkern und ihren Frauen und Töchtern und sehe diese Gestikulationen, diese Mienen, höre diese Späße, dieses Anwitzeln jeder überlieferten edlen Empfindung, diese zweideutigen Randglossen zu den Motiven von Tugend und Edelmut [...]. Da steht nichts mehr fest, keine Liebe, keine Freundschaft, keine großmüthige Hingebung. Die schamlosen gesungenen Couplets [...] sagen es ja deutlich, daß »alles einen Haken hat«, daß Eigennutz die Triebfeder jeder Handlung ist. Es ist das fürchterlich, eine Bevölkerung solchen blasierten Anschauungen überliefert zu sehen.[58]

Während die Jungdeutschen in Nestroys Volkstheater ihre romantische Vorstellung vom »Volk« nicht wiederzufinden vermochten, ja verhöhnt sahen, ging Bäuerles *Wiener Theaterzeitung* von den sich täglich im Theater manifestierenden realen Bedürfnissen und Wünschen des »Volkes« aus. Dem Erfolgsautor und Erfolgsschauspieler zollte sie uneingeschränkt Lob:

> Wie Hr. Nestroy mit jedem Jahr seinen Wirkungskreis als Dichter vergrößert, [...] auf eine ähnliche Art sammelt er sich durch seine Kunstausflüge die herrlichsten Zeugnisse für sein Prometheus-Talent als komischer Darsteller [...]. Er strebt den Gedanken und Scenen mit dem Hohlspiegel der Satire das Gepräge des Karikierten aufzudrücken, und dieses Verfahren ist das eigentliche Element, wodurch sich seine Produkte und sein Spiel von dem bisher Bekannten wesentlich unterscheiden.[59]

Es kann kein Zweifel bestehen, daß Nestroys Theater in den dreißiger und vierziger Jahren die Bedürfnisse eines breiten Publikums – und keineswegs nur eines kleinen Teils – vollkommen befriedigte. Die Decouvrierung des Bürgers als Hanswurst sorgte für volle Häuser und volle Kassen, weil sie offenbar einer realen gesellschaftlichen Erfahrung des Publikums entsprach. Während in der Wirklichkeit die bedrohliche und beängstigende Komponente dieser Erfahrung überwog, überantwortete die theatralische Erkenntnis sie dem befreienden Gelächter. Das theatralische Theater wurde hier zu einem populären Instrument der Kritik. Es mag insofern nicht wundernehmen, daß die Wiener Revolutionäre von 1848 das Carltheater, die Nachfolgeinstitution des Leopoldstädter-Theaters, nun tatsächlich zum »Nationaltheater« ausriefen.

Um die Mitte der vierziger Jahre setzte allerdings eine Entwicklung ein, die zu einer grundlegenden Veränderung der Publikumsstruktur im Volkstheater führte und Nestroys kritischem Theater die Basis entzog. Drastische Erhöhungen der Eintrittspreise auf der einen und eine weitere Verelendung der mittleren und unteren Schichten auf der anderen Seite verdrängten einen großen Teil von Nestroys Stammpublikum aus dem Theater.[60] Die soziale Schicht, auf die das 1847 errichtete Carltheater sich überwiegend stützte, war das Großbürgertum. Seit den fünfziger Jahren wurde es durch touristisches Publikum ergänzt. Die »überall vorhandenen Eisenbahnen, die schnell und wohlfeil den Besuch größerer Städte möglich machten«[61], brachten Tausende wohlhabender Fremder aus der Provinz und aus dem Ausland nach Wien, für die ein Besuch des Vorstadttheaters eine wichtige Attraktion im touristischen Unterhaltungsprogramm darstellte.

Das markt- und erfolgsorientierte Carltheater reagierte auf diese Entwicklung mit einer Veränderung des Repertoires. So wurde eine alte Gattung des Volkstheaters wiederbelebt – die Literatur- und Opernparodie.[62] Mit seiner Hebbel-Travestie *Judith und Holofernes* (1849) und seinen Wagner-Parodien *Tannhäuser* (1857) und *Lohengrin* (1859) leistete Nestroy einen wesentlichen Beitrag zu diesem Genre. Ihm kommt auch das Verdienst zu, als Direktor (zusammen mit Wenzel Scholz und Karl Treumann seit Carls Tod)[63] die neue Gattung der Operette in Wien eingebürgert zu haben[64]: Am 16. Oktober 1858 hatte Jacques Offenbachs *Hochzeit bei Laternenschein* im Carltheater Premiere. Damit begann der Siegeszug der Operette in Wien. Innerhalb von 14 Monaten wurden Offenbachs Einakter 1212mal aufgeführt. In der abendfüllenden Offenbach-Operette *Orpheus in der Unterwelt*, die das Carltheater am 17. März 1860 in Nestroys Bearbeitung herausbrachte, spielte er selbst die Rolle des Pan: »Nestroy als Pan vermehrte die Gallerie seiner komischen Schöpfungen um eine Meisterleistung. Er war in Spiel, Rede und Gesang von unwiderstehlicher Komik. Der Dialog, der einen Hauptvorzug der Novität bildet, stammt aus Nestroys geistreicher Feder und überströmt von Satire, Witz und Laune.«[65]

Franz Pokornys mit dem Carltheater konkurrierendes Theater an der Wien reagierte auf diesen Erfolg mit der Aufführung eines Operetten-Einakters, den sein Kapellmeister Franz von Suppé (1819–1895) geschrieben hatte. Am 24. November 1860 ging die Wiener Operette *Das Pensionat* in Szene. Sie wurde ein voller Erfolg:

> Das Pensionat [...] hatte sich einer recht enthusiastischen Aufnahme zu erfreuen. Das Libretto ist recht pikant und enthält eine Reihe wirksamer Situationen. Suppé, der schon zu wiederholten Malen seine hervorragende Befähigung für die Spieloper dargethan, hat abermals ein ebenso melodienreiches als reizend und brillant ausgearbeitetes Tonwerk geliefert. Reichthum und Effekt in der Instrumentation erhöhen den musikalischen Werth des neuen Opus Suppés.[66]

Die Wiener Operette, die mit Strauß, Suppé und Millöcker ihren ersten Höhepunkt erreichte, setzte für ein neues Publikum und unter gewandelten gesellschaftlichen Bedingungen die Tradition eines der Unterhaltung seiner Zuschauer verpflichteten theatralischen Theaters fort[67], wie sie das Wiener Volkstheater begründet hatte.

3.2 »... ein dämmerndes Wähnen, ein Wahrträumen des nie Erlebten ...« – das Theater Richard Wagners

3.2.1 Revolution oder revolutionäre Kunst? Von Weimar nach Bayreuth

Richard Wagner (1813–1883) verfügte bereits über eine langjährige Erfahrung im deutschen Theaterbetrieb, als er 1848 der Dresdner Hoftheaterverwaltung seine Reformschrift *Entwurf zur Organisation eines deutschen Nationaltheaters für das Königreich Sachsen* übersandte. Er war Musikdirektor bei der Theatergruppe in Lauchstädt sowie in den Theatern von Königsberg und Riga gewesen. Seit 1843 arbeitete er als Königlich Sächsischer Hofkapellmeister am Hoftheater in Dresden. Er hatte hier nicht nur wichtige Repertoirereformen vorgenommen – die Opern Webers und Glucks bildeten nun den Mittelpunkt –, sondern auch seine eigenen Opern *Rienzi* (1842), *Der Fliegende Holländer* (1843) und *Tannhäuser* (1845) uraufgeführt. Wagner wußte insofern nur zu genau, was reformbedürftig im deutschen Theaterbetrieb war.

Seine Schrift hatte nicht die gewünschte Resonanz. Als im Mai 1849 in Dresden der Aufstand zur Durchsetzung der Reichsverfassung ausbrach, schien ihm die längst überfällige und ersehnte Revolution auf dem Theater unmittelbar bevorzustehen. Wagner, der mit dem Sozialisten August Röckel (1814–1876) befreundet war, mit Georg Herwegh (1817–1875) und Michail Bakunin (1814–1876) verkehrte, beteiligte sich am Kampf um die – von Gottfried Semper (1803–1879) errichteten – Barrikaden; er durchschritt das Feuer der den Sachsen zu Hilfe eilenden preußischen Artillerie und verteilte Manifeste.

Der Aufstand wurde niedergeschlagen. Wagner, der steckbrieflich gesucht wurde, mußte ins Exil gehen. Erst 1860 konnte er nach der Teilamnestie des sächsischen Königs wieder nach Deutschland zurückkehren.[68] Der größte Teil seiner theoretischen Schriften und seiner Musikdramen (*Das Rheingold* 1854, *Die Walküre* 1856, *Tristan und Isolde* 1859 sowie das Textbuch zu *Siegfried* und *Die Götterdämmerung* und Kompositionsentwürfe zum *Siegfried*) entstanden im Exil, ohne daß Wagner die Möglichkeit gehabt hätte, seine Werke und seine Ideen in praktischer Theaterarbeit zu erproben und zu realisieren. Die Revolution auf dem Theater wurde am Schreibtisch im Exil vorbereitet: Hier wurden die Voraussetzungen geschaffen, um 1) das theatralische Theater in eine gegliederte »Sprache des Theaters« zu transformieren und um 2) eine völlig neue Organisationsform zu entwickeln, die es erlaubte, das marktorientierte Repertoiretheater durch ein Festspieltheater zu ersetzen.

Da Wagner sich selbst – vor allem in der Kunst – als Revolutionär sah, mag es überraschen, daß er sein eigenes Theater dezidiert in eine bestimmte Tradition eingerückt hat: Er verstand es als den legitimen Erben und die zeitgemäße Fortsetzung des Theaters der deutschen Klassik.[69]

In der überwiegend für ein französisches Publikum bestimmten Schrift *Zukunftsmusik* (1860) grenzt Wagner die Entwicklung deutscher Kunst von derjenigen Frankreichs, Italiens und Spaniens ab. Während die »romanischen Nationen« schon früh eine »gefällige und ihrem Wesen entsprechende Form sich bildeten«[70], versuchte die »deutsche Bewegung« nach einer Periode der mißglückten Nachahmung der romanischen Form am Ende des 18. Jahrhunderts, eine »ideale Kunstform« zu schaffen, »in welcher das ewig Giltige einer jeden Kunstform, befreit von den Fesseln des Zufälligen und Unwahren, sich ihm darstellte« (VII, 95).

So drängte die Bewegung entschieden zum Auffinden einer idealen, rein menschlichen, einer Nationalität nicht ausschließlich angehörenden Form hin. Die ganz eigenthümliche, neue und in der Kunstgeschichte nie dagewesene Wirksamkeit der beiden größten deutschen Dichter, Goethe und Schiller, zeichnet sich dadurch aus, daß zum ersten Male ihnen dieses Problem einer idealen, rein menschlichen Kunstform in ihrer umfassendsten Bedeutung Aufgabe des Forschens wurde, und fast ist das Aufsuchen dieser Form der wesentlichste Hauptinhalt auch ihres Schaffens gewesen. Rebellisch gegen den Zwang der Form, die noch den romanischen Nationen als Gesetz galt, gelangten sie dazu, diese Form objektiv zu betrachten, mit ihren Vorzügen auch ihrer Nachtheile inne zu werden, von ihr aus auf den Ursprung aller europäischen Kunstform, derjenigen der Griechen, zurückzugehen, in nöthiger Freiheit das volle Verständniß der antiken Form sich zu erschließen und von hier aus auf eine ideale Kunstform auszugehen, welche, als rein menschliche, vom Zwange der engeren nationalen Sitten befreit, diese Sitte selbst zu einer rein menschlichen, nur den ewigsten Gesetzen gehorchenden ausbilden sollte. (VII, 94)

Da jedoch die Verschiedenheit der Sprachen diesen kosmopolitischen Bestrebungen eine unüberwindliche Grenze setzt, kann die ideale Kunstform im Sprechtheater letztlich nicht verwirklicht werden. Dies bleibt dem Musiktheater vorbehalten. Denn »das jetzige einzig mögliche Katholikon ist die Musik«, wie Wagner zu Cosima bemerkte (7. Juni 1874)[71]. Erst in Wagners Musikdrama realisiert sich also die ideale Kunstform, welche die deutsche Klassik zu entwickeln angetreten war.

Wie die Weimarer setzte Wagner den Kosmopolitismus der »deutschen Bewegung« in eine unmittelbare Beziehung zum deutschen Provinzialismus, zur deutschen Kleinstaaterei. Bereits in seinem frühen, ebenfalls für ein französisches Publikum verfaßten Feuilleton *Über deutsche Musik* (1840) beschreibt er nach einleitenden Klagen über die deutsche Misere der kleinstaatlichen Zersplitterung ihre Vorzüge für die Entwicklung der Kunst:

> Dieser Mangel an Centralisation [...] ist nichtsdestoweniger der Grund, daß die Musik bei den Deutschen einen so innigen und wahren Charakter durchaus erhalten hat. Eben weil es z.B. an einem großen Hofe fehlt, der Alles um sich versammelte, was Deutschland an künstlerischen Kräften besitzt, um diese vereint nach einer Richtung zum höchsterreichbaren Ziele zu treiben, – eben deßhalb finden wir, daß jede Provinz ihre Künstler aufzuweisen hat, die selbständig ihre theure Kunst pflegen. Die Folge ist also die allgemeine Verbreitung der Musik bis in die unscheinbarsten Ortschaften, bis in die niedrigsten Hütten. (I, 153)

Im Bewußtsein der engen Beziehung zwischen Weltbürgertum und Provinz hätte Wagner nur zu gerne mit Franz Liszt (1811–1886) das »Weimarische Wunder« (VIII, 38) am gleichen Ort wiederholt, die von Goethe und Schiller angestrebte »ideale Kunstform« mit seinem »Musikdrama« in Weimar verwirklicht. Die äußeren Bedingungen schienen hierfür nicht ungünstig. Franz Liszt war 1842 als »Hofkapellmeister in außerordentlichen Diensten« nach Weimar berufen worden. Er plante, mit Hilfe einer neu zu errichtenden »Goethe-Stiftung« Weimar wieder zur Kunstmetropole zu machen, seinen Ruf eines »Neu-Athen« zu festigen und einen »zentralisierenden Einfluß auf dem Gebiete der Literatur und der Künste« zu sichern.[72] In seinem Testament vom 14. September 1860 faßt er rückblickend seine Intentionen zusammen, das silberne Zeitalter Weimars heraufzuführen: »Zu einer bestimmten Zeit [...] hatte ich für Weimar eine neue Kunstepoche erträumt, ähnlich der von Karl

August, wo Wagner und ich die Führer gewesen wären, wie einst Goethe und Schiller.«[73]

Zwar wurde Wagners *Lohengrin* 1850 in Weimar unter der Leitung von Franz Liszt uraufgeführt. Aber alle weitergehenden Pläne zerschlugen sich – aus wohlbekannten Gründen. Nicht in Weimar konnte Wagner sein Festspielhaus errichten, sondern erst ein Vierteljahrhundert später in Bayreuth. Die Wahl der Provinz erscheint in diesem Kontext als Programm. In seiner Einführung zum ersten Stück der *Bayreuther Blätter* schrieb Wagner 1878 entsprechend: »In Deutschland ist wahrhaftig nur der ›Winkel‹, nicht aber die große Hauptstadt produktiv gewesen.« (X, 22)

Nicht erst bei der Verwirklichung seines Programms schloß Wagner sich unmittelbar an das Theater der deutschen Klassik an, sondern bereits bei seinem Entwurf. In seinen frühen theoretischen Schriften *Die Kunst und die Revolution* (1849), *Das Kunstwerk der Zukunft* (1849) und *Oper und Drama* (1850/51) begründet er die Notwendigkeit eines neuen Theaters, indem er wie Schiller *ästhetische* und *geschichtsphilosophische Reflexion* auf spezifische Weise miteinander verbindet. Von dieser Verbindung wollen wir nachfolgend ausgehen.

Wagner entwickelt seine Konzeption im Kontext eines dreistufigen Geschichtsmodells, wie es vergleichbar bei Schiller, beim Deutschen Idealismus und bei Karl Marx vorliegt. Auch für ihn – wie für Schiller – stellt die griechische Polis den idealen Staat der Vergangenheit dar, weil in ihm jeder einzelne sich sowohl als Individuum als auch als Gattungswesen vollkommen zu entfalten vermochte. Entsprechend war auch die »öffentliche Kunst der Griechen, wie sie in der Tragödie ihren Höhepunkt erreichte, [...] der Ausdruck des Tiefsten und Edelsten des Volksbewußtseins« (III, 23). Der Besuch des Theaters war daher selbst eine öffentliche Angelegenheit:

[...] dieses Volk strömte von der Staatsversammlung, vom Gerichtsmarkte, vom Lande, von den Schiffen, aus dem Kriegslager, aus fernsten Gegenden, zusammen, erfüllte zu Dreißigtausend das Amphitheater, um die tiefsinnigste aller Tragödien, den *Prometheus*, aufführen zu sehen, um sich vor dem gewaltigsten Kunstwerke zu sammeln, sich selbst zu erfassen, seine eigene Thätigkeit zu begreifen, mit seinem Wesen, seiner Genossenschaft, seinem Gotte sich in die innigste Einheit zu verschmelzen und so in edelster, tiefster Ruhe *Das* wieder zu sein, was es vor wenigen Stunden in rastlosester Aufregung und gesondertster Individualität ebenfalls gewesen war. [...] Denn in der Tragödie fand er sich ja selbst wieder, und zwar das edelste Theil seines Wesens, vereinigt mit den edelsten Theilen des Gesammtwesens der ganzen Nation. (III, 11f.)

Die griechische Tragödie stellt daher das »vollendete Kunstwerk« dar. Zum einen ist sie als »freie schöne Öffentlichkeit« (III, 29) Ausdruck des individuellen und des öffentlichen Bewußtseins. Zum anderen manifestiert sich in ihr der »ganze, vollkommene Mensch«, der aus der »innigsten« Vereinigung des »Leibesmenschen« mit dem »Gefühls-« und »Verstandesmenschen« (III, 67) hervorgeht. Denn diesen drei Aspekten des Menschen entsprechen seine »drei künstlerischen Hauptfähigkeiten«, die sich in »Tanzkunst, Tonkunst und Dichtkunst« niederschlagen. Als ungeschiedene Einheit dieser »drei urgeborenen Schwestern« stellt folglich die griechische Tragödie den vollkommenen Ausdruck des Menschen dar. Zuletzt endlich ermöglicht sie in dieser Einheit jeder der einzelnen Künste die Entfaltung »ihrer höchsten Fähigkeit« (III, 75).

Die griechische Tragödie, »das große griechische Gesammtkunstwerk« (III, 29), realisiert also sowohl ein politisch-gesellschaftliches als auch ein anthropologisches als auch ein ästhetisches Ideal. Mit der Auflösung des athenischen Staates setzte auch die Auflösung des Ideals ein: Individuum und Staat fielen auseinander. Einer wachsenden Verstaatlichung auf der einen Seite trat auf der anderen eine zunehmende Privatisierung, Arbeitsteilung und Spezialisierung des einzelnen gegenüber, die den Menschen zu einem »Werkzeug zu einem Zwecke« herabwürdigte, »der außer ihm selbst lag« (III, 33). Der »ganze Mensch« wurde in den Leibes-, den Gefühls- und in den Verstandesmenschen auseinandergerissen. Die einzelnen Künste bildeten sich nun »selbständig, aber einsam, egoistisch fort« (III, 29). Zwar konnten sie auf diesem Wege »alle ihre höchste Fähigkeit entwickeln«[74], ohne daß gegenwärtig jedoch eine weitere Steigerung möglich wäre: »Jede Einzelkunst kann heutzutage nichts Neues mehr erfinden, und zwar nicht nur die bildende Kunst allein, sondern die Tanzkunst, Instrumentalmusik und Dichtkunst nicht minder.«[75] Sie sind steril geworden.

Diese Entwicklung hat dazu geführt, daß in dem Wagner zeitgenössischen Stadium der Menschheitsgeschichte Individuum und Staat sich mit ihren Ansprüchen unversöhnt gegenüberstehen, der einzelne – statt Selbstzweck zu sein – in seiner Spezialisierung zu einem Werkzeug geworden ist, und »die Kunst, wie sie jetzt die ganze zivilisierte Welt erfüllt«, zur »Ware« herabgesunken ist: »Ihr wirkliches Wesen ist die Industrie, ihr moralischer Zweck der Gelderwerb, ihr ästhetisches Vorgeben die Unterhaltung der Gelangweilten.« (III, 19)

Die Diagnose, die Wagner seiner Zeit stellte, war vernichtend. Eine Wiederherstellung der Totalität im Menschen – als Vereinigung des Leibes- mit dem Gefühls- und dem Verstandesmenschen, als eine Versöhnung der Ansprüche von Individuum und Staat –, eine Wiederherstellung des Gesamtkunstwerks auf evolutionärem Weg schien völlig ausgeschlossen. Nur zwei Möglichkeiten waren denkbar, die zu einer radikalen Veränderung der Verhältnisse führen könnten: eine »Revolution« (III, 30) oder eine »revolutionäre Kunst« (III, 28). Während die Revolution zur Verwirklichung des Ziels bei den politisch-sozialen Bedingungen anzusetzen hätte, würde die revolutionäre Kunst von der Vereinigung der getrennten Einzelkünste ausgehen. Im Endergebnis würden sie jedoch übereinstimmen.

Da Wagner soeben die Auswirkungen einer gescheiterten Revolution am eigenen Leibe erfahren hatte, schätzte er die Aussichten auf eine gelungene deutsche Revolution nur äußerst gering ein. Ähnlich wie vor ihm Schiller entschied er sich für die zweite Möglichkeit, den Weg über eine revolutionäre Kunst. Dem »Gesammtkunstwerke der Zukunft« (III, 156) sprach er die Aufgabe zu, dem Menschen der »zivilisierten Welt« die verlorene Totalität zurückzugewinnen. Zwar würde es – wie das »Gesammtkunstwerk der Griechen« – sowohl eine politisch-soziale als auch eine anthropologische Dimension umfassen. Als revolutionäre *Kunst* hätte es allerdings zunächst die ästhetische zu privilegieren:

> Das große Gesammtkunstwerk, das alle Gattungen zu der Kunst zu umfassen hat, um jede einzelne dieser Gattungen als Mittel gewissermaßen zu verbrauchen, zu vernichten zu Gunsten der Erreichung des Gesammtzwecks *aller*, nämlich der unbedingten, unmittelbaren Darstellung der vollendeten menschlichen Natur, – dieses große Gesammtkunstwerk [...] [erscheint] nicht als die willkürlich mögliche That des Einzelnen, sondern als das nothwendig denkbare gemeinsame Werk der Menschen der Zukunft. (III, 60)

Die Verwirklichung des Gesamtkunstwerks der Zukunft auf dem Theater der Gegenwart würde eine Revolutionierung des Theaters bedeuten. Nichts Geringeres strebte Richard Wagner an, als er im Exil seine Musikdramen schrieb, in den sechziger Jahren sie in München zur Uraufführung brachte und König Ludwig II. von Bayern das – nie eingelöste – Versprechen abrang, ihm in München ein Festspielhaus zur Aufführung seiner Musikdramen zu errichten; als er endlich in Bayreuth sich sein Festspielhaus erbaute und es 1876 mit der ersten vollständigen Inszenierung des *Ring des Nibelungen* eröffnete. An eine Revolution glaubte Wagner längst nicht mehr [76] – ihn bewegte vielmehr die Frage, ob er mit den Bayreuther Festspielen tatsächlich sein Gesamtkunstwerk der Zukunft realisiert hatte: Unmittelbar nach Beendigung der Festspiele fiel er in tiefe Depressionen. Und ein Jahr später gestand er vor dem Bayreuther Patronat: »Mein Ideal ward mit den vorjährigen Aufführungen nicht erreicht.«[77]

3.2.2 Das Gesamtkunstwerk der Zukunft

Die Vereinigung der Künste, die zu einer Vereinigung des Leibes- mit dem Gefühls- und Verstandesmenschen führen soll, muß das Gesamtkunstwerk auf drei Ebenen vollziehen: 1) im Hinblick auf die Produzenten, die an der Aufführung beteiligten Künstler; 2) in der Aufführung und 3) mit Bezug auf die Rezipienten, die Zuschauer.

Als »Grund« und »Bedingung des Kunstwerks selbst« bestimmt Wagner »die freie künstlerische Genossenschaft« (III, 166), die zugleich die »Bedingung« für die freie Entfaltung des individuellen Künstlers darstellt. Während der Theaterbetrieb um die Mitte des 19. Jahrhunderts vom Virtuosentum gekennzeichnet war, in dem der einzelne Star sich auf ausgedehnten Gastspielreisen vor verschiedenem Publikum zur Geltung brachte, sah Wagner als grundlegende Bedingung für die Weiterentwicklung der Kunst den Zusammenschluß aller beteiligten Künstler – Dichter, Komponisten, Maler, Musiker, Bühnenarchitekten, Sänger, Schauspieler, Tänzer – in einer Genossenschaft an. In ihr sollte prinzipielle Gleichberechtigung aller Künstler herrschen. Das schließt nicht aus, daß dem Darsteller als dem »Mittelpunkt« des »gemeinsamen Kunstwerks« in gewisser Weise eine Sonderstellung eingeräumt wird:

> Der *Darsteller* wird in seinem Drange nach künstlerischer Reproduktion der Handlung [...] *Dichter*. Er ordnet nach künstlerischem Maaße seine eigene Handlung, sowie alle lebendigen gegenständlichen Beziehungen zu seiner Hand-

lung. Aber nur in dem Grade erreicht er seine eigene Absicht, als er sie zu einer gemeinsamen erhoben hat, als jeder Einzelne in dieser gemeinsamen Absicht aufzugehen verlangt, – genau also in dem Maaße, in welchem er vor allem seine besondere persönliche Absicht selbst auch in der gemeinsamen aufzugeben vermag, und so gewissermaßen im Kunstwerke die Handlung des gefeierten Helden nicht nur *darstellt*, sondern sie *moralisch* durch sich selbst *wiederholt*, indem er nämlich durch dieses Aufgeben seiner Persönlichkeit beweist, daß er auch in *seiner künstlerischen Handlung* eine nothwendige, die ganze Individualität seines Wesens verzehrende Handlung vollbringt. (III, 165f.)

Der vollkommene Darsteller galt Wagner daher als »der zum Wesen der Gattung erweiterte einzelne Mensch nach der höchsten Fülle seines eigenen besonderen Wesens« (III, 159).

Der Mime, der Sänger-Schauspieler, der im Kasperletheater – der »Geburtsstätte des deutschen Theaterspiels« – als »Improvisator Dichter, Theaterdirektor und Acteur zugleich« (IX, 182) ist, der in der »niedrigsten Sphäre des Schauspielwesens« »seinen Hauswirth, den Bierzapfer, den Polizeikommissarius, und wen ihm sonst der schwierig zu durchlebende Tag vorführte, täuschend nachahmt« (IX, 216), er stellte auch in Wagners Gesamtkunstwerk eine Dominante dar.

Wie die oben zitierten Sätze aus der Schrift *Über Schauspieler und Sänger* (1872) nachdrücklich belegen, war Wagner sich dieser Verwandtschaft seines Theaters mit dem Volkstheater nur allzu bewußt. Während seine allgemeine Zielsetzung und geschichtsphilosophische Begründung an das Theater der deutschen Klassik anschließen, verweisen Auswahl, Gestaltung und Dominantenbildung unter den theatralischen Mitteln in mancher Hinsicht auf das Volkstheater. Wagner hob ausdrücklich die Vorherrschaft des Mimischen und die Ausbildung eines sinnfälligen theatralischen Theaters als besondere Kennzeichen des Wiener Volkstheaters hervor: »Aus der Wiener Volksposse, mit ihren dem Kasperl und Hanswurste noch deutlich erkennbar nahe stehenden Typen, sehen wir die *Raymund*schen Zauberspiele bis in das Gebiet einer wahrhaft sinnigen theatralischen Poesie sich erheben.« (IX, 186) In seiner eigenen Theaterarbeit hat Wagner sich von diesen Vorzügen des Volkstheaters durchaus anregen lassen. So berichtet Heinrich Porges über die *Ring*-Proben 1876, Wagner habe dem Darsteller des Mime, der die Szenenanweisung, sich den Rücken zu streichen, nur andeutungsweise ausführte, zugerufen: »Sie können das Streichen des Rückens schon weiter ausdehnen und sich herzhaft den Arsch streichen! Die Piccolo-Flöte hat ohnedies so verdächtige

Trillerchen.«[78] So wie diese Regieanweisung auf die »Zoten« des Hanswursts deutet, gemahnen die von Wagner so sorgfältig ausgeführten Märcheneffekte wie das Erscheinen des Drachen in *Siegfried* an das Wiener Volkstheater mit seinen Zauberspielen, die Verwandlungsbühne und den Zauberapparat. Am Volkstheater scheint Wagner vor allem fasziniert zu haben, daß die Verwendung der theatralischen Mittel so »sinnig« geschah, d.h. daß hier das theatralische Theater imstande war, eine Erkenntnisfunktion zu erfüllen.

Wagner ging in dieser Hinsicht viel weiter. Die Vereinigung der Einzelkünste im Gesamtkunstwerk zielte bei ihm auf eine vollkommene Transformation des theatralischen Theaters in eine gegliederte theatralische Sprache, in der jedes Element »bedeutend« wird.

Die »Vereinigung aller Künste« ist daher nicht so zu denken, »daß, z.B. in einer Gemäldegalerie und zwischen aufgestellten Statuen ein Goethe'scher Roman vorgelesen und dazu noch eine Beethoven'sche Symphonie vorgespielt würde« (IV, 3). Ebensowenig ist sie mit der bloßen Beteiligung der verschiedensten Künste im Theater zu verwechseln, wie sie in der Oper von Anbeginn gegeben war. In der Großen Oper, der zu Wagners Zeit populärsten Form der Oper, erreichte die für die Oper ohnehin charakteristische Addition der Künste ihren Höhepunkt: Das Ballett trat hinzu und die Dekoration schwelgte in stimmungsvoller Landschaftsmalerei. Die Große Oper stellte wohl ein theatralisches Theater dar, war jedoch außerstande, eine Erkenntnisfunktion zu erfüllen, weil sie entweder der »Mode« (III, 55)[79] folgte oder sich ins »Monumentale« (IV, 241)[80] steigerte, in jedem Fall aber bedeutungslos blieb. Die Addition der Künste diente in ihr lediglich der Maximierung des Effektes und verstärkte so den Eindruck der Zusammenhangslosigkeit, der von der Oper ohnedies hervorgebracht wird. »Das Zusammenhangslose war so recht eigentlich der Charakter der Opernmusik.« (IV, 201)

Die Schaffung einer theatralischen Sprache dagegen hatte zur Voraussetzung, daß alle Elemente der Aufführung dem Postulat der »künstlerischen Einheit« unterstellt wurden. Das Gesamtkunstwerk sollte entsprechend »dem Inhalt und der Form nach aus einer Kette [...] organischer Glieder« (IV, 196) bestehen. Die Idee der »organischen Einheit«, die unmißverständlich auf die Kunstvorstellung der deutschen Klassik zurückweist, erhält hier allerdings einen signifikant anderen Kontext. Sie erscheint als die Bedingung der

Möglichkeit für die Konstitution einer theatralischen Sprache, die sich als eine »Kette organischer Glieder« realisiert.

Zwar sind die Einzelkünste an der Konstitution dieser »organischen Glieder« beteiligt, jedoch als einzelne Künste in ihnen nicht mehr identifizierbar. So hat zum Beispiel »das Orchester zunächst nach seinem besonderen Vermögen [...] die *dramatische Gebärde* der Handlung« auszudrücken. Der Sänger weiß sich als »Darsteller einer zunächst sprachlich ausgedrückten und bestimmten dramatischen Persönlichkeit« und ist daher imstande, »die zum Verständnisse der Handlung erforderliche Gebärde dem Auge kundzugeben« (IV, 217f.). Es wird also zunächst auf jene kleineren Einheiten zurückgegegangen, in die sich die einzelnen beteiligten Künste zerlegen lassen, wie die Gebärde, den sprachlichen Ausdruck, die Tonfolge. Diese Einheiten treten nun auf eine Weise zueinander in Relation, daß sie zusammen als komplexe Einheiten die »organischen Glieder« bilden. Ein solches »organisches Glied« stellt beispielsweise die »Handlung« dar, die sowohl vom Orchester als auch vom Gesang des Sängers ausgedrückt wird, oder auch die »dramatische Persönlichkeit«, an deren Aufbau wiederum Orchester, Gesang, Sprache und Gebärde beteiligt sind. Die Einzelkünste bewerkstelligen also den Aufbau solcher komplexer Einheiten wie Figur und Handlung, sind aber als Einzelkünste in ihnen ausgelöscht und aufgehoben.

Die »organischen Glieder«, die sie als Zusammenschluß ihrer kleinsten Einheiten bilden, realisieren sich als semantische Einheiten, aus denen sich die theatralische Sprache zusammensetzt. Die Vereinigung der Einzelkünste, die jene semantischen Einheiten entstehen läßt, bewirkt auf der einen Seite eine starke Semantisierung der Musik und der Geste, auf der anderen Seite eine gewisse Desemantisierung der Sprache. Die Verständlichkeit der Worte erfährt in ihr eine Reduktion, wodurch nachhaltig verhindert wird, daß die »Wortsprache« die theatralische Sprache dominiert. Entsprechend äußerte sich Wagner über die große Szene zwischen Alberich und Hagen in der *Götterdämmerung*: »Das wird wirken, wie wenn zwei seltsame Tiere miteinander sprechen, man versteht nichts, und alles ist interessant.«[81]

In den so gebildeten komplexen Einheiten der theatralischen Sprache ist zwar weder eine Einzelkunst als solche identifizierbar, noch dominiert eine über die anderen. Das heißt aber nicht, daß alle bei ihrem Aufbau dieselbe Funktion wahrnehmen. Der Musik kommt vielmehr für die Bedeutungskonstitution eine ganz besondere Rolle zu: Sie stellt das »Mutterelement« dar, »aus dessen Schooße [...] das Wort und die Wortsprache« (IV, 102) – ebenso wie die Geste und Körperbewegung – hervorgegangen sind. Wagner bestimmt daher »das unermeßlich vermögende Orchester« als den »Mutterschooß des idealen Drama's« (IX, 199). Es ist in dieser Funktion als unmittelbare Nachfolgerin der griechischen Orchestra zu begreifen, die »der eigentliche Zauberherd, der gebärende Mutterschooß des idealen Dramas« gewesen ist, das »Mittelglied zwischen dem Publikum und der Bühne«, die »Vermittlerin der Idealität des Spieles« (IX, 196). Bei seinem Entwurf für ein Festspielhaus zur Aufführung der Wagnerschen Musikdramen in München berücksichtigte Gottfried Semper diese Funktion des Orchesters. Am 14. Oktober 1865 schrieb er erläuternd:

Wagner wollte nemlich zwei Dinge, erstens *centrale Lage des Orchesters* an der gleichen Stelle wie sie, freilich zu etwas verschiedenen Zwecken, sich im altgriechischen Theater befand und zweitens möglichste Trennung der idealen Bühnenwelt von der durch den Zuschauerraum repräsentirten Realität und zwar so, daß durch *das Verstecken des Orchesters* sowie *des unteren Bühnenrandes* den Zuschauern der Maßstab der Vergleichung möglichst entrückt werde.[82]

Er schuf daher mit dem versteckten Orchester den »mystischen Abgrund«, der wie die antike Orchestra einerseits zwischen Bühne und Zuschauern vermittelt, andererseits sie voneinander trennt. In Abwandlung des berühmten Ausspruchs von Gurnemanz aus dem *Parsifal* »Zum Raum wird hier die Zeit.« ließe sich die Verwandlung der griechischen Orchestra in Wagners Orchester mit den Worten beschreiben: »Zur Zeit wird hier der Raum.«[83]

Der spezifische Stellenwert der Musik, vor allem des Orchesters, hat nun für den Aufbau einer theatralischen Sprache zwei wichtige Konsequenzen. Er erlaubt zum einen die »Wiedergeburt« des Mythos, ohne den das Gesamtkunstwerk überhaupt nicht geschaffen werden könnte. Denn »bewußte Individualität«, welche aus der Vereinigung des Leibes- mit dem Gefühls- und Verstandesmenschen hervorgeht, ist weder an historischen noch an fiktiven Stoffen darstellbar, sondern nur im Mythos. Durch den »Einfluß des ständisch uniformierenden Staates« (III, 269) kann »Individualität« nämlich in der historischen und aktuellen Wirklichkeit nur noch »gedacht«, aber nicht mehr erfahren, also auch nicht »dargestellt« werden. (IV, 69) Dagegen ist »das Unvergleichliche des Mythos [...], daß er jederzeit wahr, und sein Inhalt, bei dichtester Gedrängtheit, für alle Zeiten unerschöpflich ist« (IV, 64). In seinem Mittelpunkt steht »das Wesen der Individualität« und sein »Inhalt« ist daher »die reinste Menschlichkeit«. Die Musik ermöglicht nun die Wiedergeburt des Mythos, weil das symphonische Orchester seine ursprünglichen Strukturen und Konstellationen mit ständig wechselnden Nuancen und Schattierungen versieht, welche ihn befähigen, die Bedeutungsvielfalt des modernen Lebens in sich aufzunehmen.[84]

Der solcherart erweiterte Mythos avanciert nun zu einem privilegierten semantischen Element in Wagners theatralischer Sprache. Denn so wie »aller Gestaltungstrieb des Volkes im Mythos« dahin »geht«, »den weitesten Zusammenhang der mannigfaltigen Erscheinungen in gedrängtester Gestalt sich zu versinnlichen« (IV, 32), griff Wagner auf den Mythos zurück, um in mythischen Bildern, die – phylogenetische und ontogenetische – Urgeschichte des Subjekts sinnlich darzustellen und auf der Bühne zu bedeuten. »Alle unsere Wünsche und heißen Triebe, die in Wahrheit uns in die Zukunft hinübertragen, suchen wir aus den Bildern der Vergangenheit zu sinnlicher Erkennbarkeit zu gestalten, um so für sie die Form zu gewinnen, die ihnen die moderne Gegenwart nicht verschaffen kann.« (IV, 311) Die Utopie läßt sich für Wagner nur in entsprechenden mythischen Bildern auf der Bühne zur Darstellung bringen. Solche Bilder sind zum Beispiel der Raub des Rheingoldes durch Alberich; die versklavten Arbeiter in Nibelheim; Siegfried, der den Drachen erschlägt; Siegfried, der Wotans Speer, in den die Gesetze und Verträge eingeritzt sind, mit einem Schwerthieb spaltet; die Rückgabe des Rings an die Rheintöchter oder auch die Fülle der Rituale in Wagners Musikdramen: Beschwörungsrituale (Anrufungen, Gebete, Schwur und Fluch, Segen, Verwünschung, Bann, Naturzauber), Liebesrituale (bzw. Verführungsrituale), Tauf-, Hochzeits-, Toten-, Gerichts-, Vertrags-, Sühne-, Spiel-, Rätsel- und Kampfrituale, ritualisierte Begegnungen, Erkennungs- und Abschiedsszenen. In mythischen Bildern wird so die Genealogie des Subjekts theatralisch-sinnfällig vollzogen.

Der besondere Stellenwert der Musik bewirkt zum anderen, daß sich die Erkenntnisfunktion der theatralischen Sprache im Gesamtkunstwerk im Modus des Gefühls realisiert. Die Desemantisierung der Sprache in den komplexen Einheiten der »organischen Glieder« führt zu einer Aufhebung der Dominanz des Verstandes. Ihr korrespondiert die erhöhte Semantisierung der Musik, die durch die »Anlehnung« des Orchesters »an die Gebärde« (IV, 186) erreicht wird. Diese Semantisierung befähigt sie zum »Aussprechen« des »Unaussprechlichen«. Als »Vermögen der Kundgebung des *Unaussprechlichen*« (IV, 173) bezieht sich das Orchester sehr viel stärker auf die Geste als auf die Wortsprache. Das heißt, die Versprachlichung bzw. Semantisierung der Musik, wie sie vor allem in den Leitmotiven immer wieder bemerkt wurde, ist nicht als musikalische Wiederholung von Aussagen zu begreifen, die ebensogut in der Wortsprache gemacht werden können, sondern als musikalische Formulierung von Aussagen, die in der Wortsprache gar nicht möglich wären. Das Leitmotiv übernimmt in diesem Sinn die Funktion sowohl der »Erinnerung« als auch der »Ahnung« (IV, 186), die so – auf dem Wege über das Orchester – sinnlich im Theater appräsentiert werden.[85]

Die Aussage, welche mit den Mitteln der theatralischen Sprache gemacht wird, kann daher auch nicht vom Verstand aufgenommen und begriffen werden: »Die Kunst hört, genaugenommen, von da an Kunst zu sein auf, wo sie als Kunst in unser reflektierendes Bewußtsein tritt.« Die Aussagen des Musikdramas können nur mit dem Gefühl erfaßt werden: »Im Drama müssen wir *Wissende* werden« – aber Wissende wie Brünnhilde am Ende der *Götterdämmerung* oder wie Parsifal im dritten Akt: »durch das Gefühl« und nicht durch den »vermittelnden Verstand. »Vor dem dargestellten dramatischen Kunstwerke darf nichts mehr dem kombinierenden Verstande aufzusuchen übrig bleiben: Jede Erscheinung muß in ihm zu dem Abschlusse kommen, der unser Gefühl über sie beruhigt.« Die »bestimmt erfassenden Organe« des Gefühls aber sind die »Sinne«. Die dramatische Handlung muß daher vollständig auf dem Wege der »sinnlichen Anschauung« vermittelt werden (IV, 78f.). Entsprechend schreibt Wagner in *Zukunftsmusik*: »Müssen wir diejenige Kunstform als die ideale ansehen, welche gänzlich ohne Reflexion begriffen werden kann, [...] so ist, wenn wir im musikalischen Drama [...] diese ideale Kunstform erkennen wollen, das Orchester des Symphonikers das wunderbare Instrument zur einzig möglichen Darstellung dieser Form.« (VII, 130).

Die theatralische Sprache, die Wagner durch die Vereinigung der Einzelkünste geschaffen hat, verwirklicht die von der deutschen Klassik intendierte ideale Kunstform, indem sie die Reflexion, die jene in Gang zu setzen suchte, weit hinter sich zurückläßt. Als Universalsprache, in der Musik und Mythos eine besondere semantische Funktion zukommt, wendet sie sich unmittelbar an das Gefühl und kann daher von jedem verstanden werden, unabhängig von seiner Nationalität. Wenn die Aufführung diese Sprache spricht, gelingt ihr »jene ideale Täuschung, [...] die uns in ein dämmerndes Wähnen, in ein Wahrträumen des nie Erlebten einschließt«[86].

Dieser Zustand kann allerdings beim Zuschauer nur eintreten, wenn er bereit ist, eine völlig neue Rezeptionshaltung einzunehmen. Weder die einfühlende Identifikation des bürgerlichen Illusionstheaters noch gar das zerstreute Amüsement eines Unterhaltungstheaters noch auch die reflexionsauslösende ästhetische Distanz des Weimarer Bildungstheaters sind dem Gesamtkunstwerk adäquat. Eine neue Kunst des Zuschauens muß gelernt werden, deren wichtigste Bedingungsfaktoren »Sammlung« und »Teilnahme« darstellen. Bereits in seinem frühen Nationaltheater-Entwurf hatte Wagner einen neuen Zuschauer im Blick: »Diese Theilnahme des Publikums muß eine thätige, energische, – nicht schlaffe oberflächlich genußsüchtige sein.« (II, 248) Das Gesamtkunstwerk verlangt einen aktiven Zuschauer; er soll nicht nur zum »organisch mitwirkenden Zeugen« (IV, 192) werden, sondern zum »nothwendigen Mitschöpfer des Kunstwerkes« (IV, 186) aufsteigen. Erst im Zuschauer nämlich, in seinem Gefühl kann das Gesamtkunstwerk sich vollenden.

Dieser Anspruch war nun in der Tat revolutionär: Der Zuschauer, der bisher im Theater erzogen, gebildet oder unterhalten werden sollte, er avancierte zum aktiven Mitschöpfer der Aufführung, gar zu ihrem »notwendigen Mitschöpfer«, ohne den sie folglich unvollendet bleiben müßte. Insofern antizipierte die Aufführung als Gesamtkunstwerk nun tatsächlich auch die politisch-soziale Utopie: Als »Zeugen« und »Mitschöpfer« repräsentieren die Zuschauer jene »gemeinsame Öffentlichkeit«, die in der gesellschaftlich-politischen Wirklichkeit erst durch eine Revolution hergestellt werden kann. Das Publikum wird durch seine aktive Rezeption vom Gesamtkunstwerk aus einer zufälligen Ansammlung gelangweilter, gleichförmiger und egoistischer Privatleute zur Gemeinschaft einer repräsentativen Öffentlichkeit »erlöst«, deren jedes Mitglied selbst kreativ ist: »das Genie wird nicht vereinzelt dastehen, sondern alle werden am Genie tätig teilhaben, das Genie wird ein gemeinsames sein«[87].

3.2.3 Theater als Fest

Eine solche ›Zuschaukunst‹ war im zeitgenössischen Theaterbetrieb jedoch nicht zu erwerben. Wagner zweifelte zunächst, ob der neue Zuschauer sich überhaupt ohne eine grundlegende gesellschaftliche Umwälzung würde finden lassen. Am 12. November 1851 schrieb er an seinen Dresdner Freund Theodor Uhlig:

> An eine *Aufführung* kann ich *erst nach der Revolution* denken, erst die Revolution kann mir die Künstler und die Zuhörer zuführen, die nächste Revolution muß notwendig unserer ganzen *Theaterwirtschaft* das Ende bringen: sie müssen und werden alle zusammenbrechen, dies ist unausbleiblich. Aus den Trümmern rufe ich dann zusammen, was ich brauche: ich werde, was ich bedarf, *dann* finden. Am Rheine schlage ich dann ein Theater auf und lade zu einem großen dramatischen Feste ein: nach einem Jahr Vorbereitung führe ich dann im Laufe von *vier* Tagen mein ganzes Werk auf. Mit ihm gebe ich den Menschen der Revolution dann die *Bedeutung* dieser Revolution nach ihrem edelsten Sinne zu erkennen. *Dieses Publikum* wird mich verstehen; das jetzige kann es nicht.[88]

Im selben Jahr allerdings verfaßte Wagner in Zürich seine Reformschrift *Ein Theater in Zürich* (1851), in der er die Voraussetzungen skizzierte, unter denen am Ort auch unter den bestehenden gesellschaftlichen Verhältnissen eine grundlegende Reform des Theaters denkbar wäre. Im Laufe der nächsten zwanzig Jahre verfaßte er noch eine Reihe derartiger Reformschriften, die jeweils auf die besonderen lokalen Bedingungen abgestimmt waren und daher in einzelnen Punkten voneinander abweichen. In einem Punkt jedoch besteht von der ersten bis zur letzten völlige Übereinstimmung: im kompromißlosen Kampf gegen die in der bürgerlichen Gesellschaft herrschende Vorstellung, daß Theater eine »industrielle Anstalt« und die Aufführung eine reproduzierbare Ware seien, auf die das zahlende Publikum jederzeit nach Bedarf seinen Anspruch wie auf ein beliebiges Industrieprodukt geltend machen kann.

Solange diese Einstellung vorherrscht, kann es den neuen Zuschauer nicht geben. Dies stellte Wagner noch einmal mit aller Deutlichkeit in seinem Traktat *Deutsche Kunst und Deutsche Politik* fest, das 1867 als Artikelserie in der *Süddeutschen Presse* erschien. Zu der geforderten aktiven Rezeptionshaltung des Publikums sei, so führt er aus,

> [...] auf dem Wege des täglichen Verkehres zwischen Theater und Publikum, namentlich auf der Basis der Erwerbsinteressen, unmöglich zu gelangen, [...].

Dieses Beispiel kann nur auf einem von den Bedürfnissen und Nöthigungen des alltäglichen Theaterverkehrs gänzlich eximirten Boden gegeben werden, [...]. Bedingung hierfür ist die *Außerordentlichkeit* in Allem und Jedem, wie sie in erster Linie nur durch größere Seltenheit gewährleistet werden kann. [...] Die gewerbliche Tendenz im Verkehre zwischen Publikum und Theater wäre hier vollständig aufgehoben: der Zuschauer würde nicht mehr von dem Bedürfnisse der Zerstreuung nach der Tagesanspannung, sondern dem der Sammlung nach der Zerstreuung eines selten wiederkehrenden Festtages geleitet, in den von seinen gewohnten allabendlichen Zufluchtsorte für theatralische Unterhaltung abgelegenen, eigens nur dem Zwecke dieser außerordentlichen, eximirten Aufführungen sich erschließenden, besonderen Kunstbau eintreten, um hier seiner höchsten Zwecke willen die Mühe des Lebens in einem edelsten Sinne zu vergessen. (VIII, 122f.)

Aus der Kritik am Warencharakter der Aufführungen ergeben sich folgerichtig die wichtigsten notwendigen organisatorischen Veränderungen: An die Stelle der beliebigen Reproduzierbarkeit muß die Einmaligkeit des Ereignisses treten – Theater muß zum Fest werden. Um dieses Fest feiern zu können, müssen die Menschen aus den großen Städten ausziehen und sich an einem besonderen Ort versammeln – auf der Festwiese am Rhein beispielsweise oder in einem »provisorischen Theater«, das »so einfach wie möglich, vielleicht bloß aus Holz, und nur auf künstlerische Zweckmäßigkeit im Innern berechnet, ausgerichtet werden« sollte (VI, 273). In ihm werden die Teilnehmer des Festes als Gäste empfangen, nicht aber als zahlende Kunden. Nur unter diesen Bedingungen werden die Zuschauer imstande sein, eine neue, aktive Rezeptionshaltung einzunehmen, wie sie allein den Aufführungen in der neuen theatralischen Sprache angemessen ist; nur unter diesen Bedingungen wird die Festgemeinde antizipierend die Utopie der »freien schönen Öffentlichkeit« verwirklichen können. An diesem Maßstab sind die Bayreuther Festspiele zu messen.

Die Realisierung der Festspielidee in Bayreuth hing wesentlich von den Möglichkeiten ihrer Finanzierung ab. Denn wenn der Zuschauer nicht bezahlen soll, muß das Geld aus einer anderen Quelle fließen. Zwar stellte die Stadt Bayreuth das Grundstück für den Bau des Festspielhauses auf einem Hügel vor der Stadt 1871 unentgeltlich zur Verfügung, zwar erklärten sich die Sänger und Musiker bei den ersten Festspielen bereit, auf eine Gage zu verzichten, und waren mit einer Aufwandsentschädigung zufrieden. Die Kosten jedoch, die für den Bau des Hauses, die Einrichtung der Bühnentechnik sowie der gesamten Bühnenausstattung zu veranschlagen waren, beliefen sich nach ersten Schätzungen auf eine Summe von 300.000 Thalern (= 900.000 Mark). Sie sollte durch die Ausgabe von eintausend Patronatsscheinen à 300 Thalern aufgebracht werden. Mit dem Kauf eines Patronatsscheins wurde das Recht auf Teilnahme an den drei geplanten Festspielzyklen der Tetralogie des *Rings des Nibelungen* in Bayreuth erworben.[89]

Wagner plante also, die interessierte Öffentlichkeit zur Finanzierung heranzuziehen und so zum Träger der Festspiele zu machen. In verschiedenen Städten wurden Richard-Wagner-Vereine gegründet, deren Mitglieder für den Kauf von Patronatsscheinen warben und je nach eigener Vermögenslage selbst einzeln oder als Anteilnehmer Patronatsscheine zeichneten. Aber dieser zunächst plausibel klingende Finanzplan wies einige erhebliche Schönheitsfehler auf. Zum einen mußte Wagner die bittere Erfahrung machen, daß das Interesse der Öffentlichkeit für die Festspielidee nicht so groß war, daß ausreichend Patronatsscheine verkauft werden konnten.[90] Hätte Ludwig II. sich nicht in letzter Minute entschlossen, die erforderliche Garantiesumme von 100.000 Thalern zur Verfügung zu stellen, wäre die Bayreuther Unternehmung geplatzt. Man war daher gezwungen, in völligem Gegensatz zum ursprünglichen Konzept wie jedes andere Theater Karten an der Kasse zu verkaufen.[91]

Zum anderen schloß das Verfahren der Patronatsscheine, wenn die restlichen Karten verkauft werden mußten, unbemittelte Kreise der Bevölkerung aus. Auch die 1882 von Wagner noch kurz vor seinem Tode gegründete Stipendienstiftung, die den »Bedürftigsten unter Germaniens Söhnen« die kostenlose Teilnahme an den Festspielen ermöglichen sollte, konnte dies nicht verschleiern. Zu den Festspielen strömte nicht das »Volk«, wie Wagner und auch sein königlicher Mäzen es sich erträumt hatten, sondern die Mächtigen und Reichen: Kaiser und Könige, Fürsten und Herzöge, Großgrundbesitzer, Industrielle und Bankiers. Als Mäzene hielten sie sich zwar – mit Ausnahme von Ludwig II. – merklich zurück; als zahlendes Publikum dagegen waren sie es, die den Festspielhügel dominierten. Natürlich gab es auch unter diesem Publikum einzelne Zuschauer, die bereit und fähig waren, die von Wagner geforderte Rezeptionshaltung einzunehmen, aber zweifellos auch jene »Badereisenden Faulenzer«, die Wagner kategorisch aus seinem Publikum ausgeschlossen wissen wollte.[92] Als Repräsentant einer »freien schönen Öffentlichkeit« war dies Publikum jedenfalls nicht zu begreifen. Und so konnte das große demokratische Fest, zu dem

Wagner die Freunde seiner Kunst hatte einladen wollen, nicht zustande kommen.

Im Festspielhaus fand sich ein ganz gewöhnliches Opernpublikum – oder besser: Hoftheaterpremierenpublikum – ein, das auch seine lieb gewordenen Theatergewohnheiten – wie halblaute Unterhaltung während der Aufführung, Fächeln, Blicken und Lorgnettieren – nicht aufzugeben bereit war, obwohl Wagner sie ihm mit einer der »Sammlung« förderlichen Dunkelheit im Zuschauerraum merklich erschwerte. Dabei war das Innere des »provisorischen Theaters« – ein Ausdruck, auf dem Wagner bis zu seinem Tode insistierte [93] – nun in der Tat für eine demokratische Festversammlung hergerichtet. Die fast 2000 Sitzplätze waren nach dem Vorbild eines antiken Amphitheaters angeordnet[94] und stiegen in einem Kreissegment vom Proszenium allmählich ohne jede weitere Untergliederung zur Rückwand hin an. Das demokratische Theater, welches als Gegenmodell zum höfischen Logentheater die Bürger des 18. Jahrhunderts sich zu errichten weder willens noch fähig waren, hier wurde es realisiert. Als leitender Architekt zeichnete der Leipziger Hofbaumeister Otto Brückwold verantwortlich. Im wesentlichen wurden jedoch die Pläne zugrunde gelegt, die Gottfried Semper bereits 1865/66 für das von Ludwig II. geplante Festspielhaus entworfen hatte.

In seinem »Bericht über die Grundsteinlegung« *Das Bühnenfestspielhaus zu Bayreuth* beschreibt Wagner den Eindruck des potentiellen Zuschauers in diesem Theater mit folgenden Worten:

> Jener befindet sich jetzt, sobald er seinen Sitz eingenommen hat, recht eigentlich in einem »Theatron«, d.h. einem Raume, der für nichts Anderes berechnet ist, als darin zu schauen, und zwar dorthin, wohin seine Stelle ihn weist. Zwischen ihm und dem zu erschauenden Bilde befindet sich nichts deutlich Wahrnehmbares, sondern nur eine, zwischen den beiden Proscenien durch architektonische Vermittelung gleichsam im Schweben erhaltene Entfernung, welche das durch sie ihm entrückte Bild in der Unnahbarkeit einer Traumerscheinung zeigt, während die aus dem »mystischen Abgrunde« geisterhaft erklingende Musik, gleich den, unter dem Sitze der Pythia dem heiligen Urschooße Gaia's entsteigenden Dämpfen, ihn in jenen begeisterten Zustand des Hellsehens versetzt, in welchem das erschaute scenische Bild ihm jetzt zum wahrhaftigsten Abbilde des Lebens selbst wird. (IX, 337f.)

Die Architektur des Festspielhauses schuf auf diese Weise die denkbar günstigsten Voraussetzungen, damit der Zuschauer die Aufführung in der geforderten Haltung der Sammlung und aktiven Teilnahme rezipieren konnte.

Wagner hatte diese Aufführungen als Musterinszenierungen geplant, mit denen er seine neue theatralische Sprache modellhaft der Öffentlichkeit präsentieren wollte. Wie aus allen Probenberichten – vom Dessauer Ballettmeister Richard Fricke, Wagners Assistenten Heinrich Porges oder dem Korrepetitor Felix Mottl[95] – übereinstimmend hervorgeht, bemühte Wagner sich vor allem darum, jedem einzelnen Sänger seine neue spezifische Art des Singens und Sich-Bewegens zu übermitteln und einzuprägen. Mottl schreibt:

> Wagner beschäftigte sich nun hauptsächlich mit den einzelnen Künstlern nach der Seite der Darstellung hin. Er wird mir ewig unvergeßlich bleiben, wie er jede Bewegung selbst vormachte. Alles was er zeigte, war schauspielerisch so bestimmt und charakteristisch, daß es jedem, der an diesen Proben teilnehmen durfte, einleuchten mußte. Besonders eiferte er gegen die üblichen überflüssigen Bewegungen und drang darauf, daß nur dann eine Bewegung gemacht wurde, wenn sie auch wirklich etwas zu sagen hatte.[96]

Wagner war sich vollkommen dessen bewußt, daß mit den Darstellern seine Musterinszenierungen standen und fielen. Die Einsicht in die Notwendigkeit ihrer besonderen Schulung war bereits 1865 der Grund für seinen *Bericht an Seine Majestät König Ludwig II. von Bayern über eine in München zu errichtende deutsche Musikschule* gewesen. Was eigentlich eine gründliche längere Ausbildung leisten sollte, versuchte Wagner nun auf den Proben nachzuholen: in den Sängern die Fähigkeit zu entwickeln, Gesang und Bewegung in signifikanter Weise zueinander in Beziehung zu setzen.[97] Wie Heinrich Porges ausführt, sollte die Inszenierung das Ziel erreichen, »den realistischen Styl der Shakespear'schen mit dem idealistischen der antiken Tragödie zu verschmelzen [...]. Eine ideale Natürlichkeit und eine ganz zur Natur gewordene Idealität, das war es, wozu der Meister die ausführenden Künstler hinzuleiten suchte.«[98] Es läßt sich denken, daß seine Bemühungen nicht bei allen zum gewünschten Erfolg führten. Von einer »mustergültigen« Inszenierung kann daher im Hinblick auf die Darstellung nicht die Rede sein. Immerhin gelang es Wagner, seine Sänger soweit in die neue theatralische Sprache einzuführen, daß sowohl ihre Novität als auch ihre Eigenart von kompetenten Zuschauern durchaus erfaßt wurden. So berichtet Camille Saint-Saëns über *Bayreuth und den Ring des Nibelungen (1876)*:

> Die Rampe, in ihrem geschickten Übergang von Saal zu Bühne, entschwindet umso eher, als die Sänger ihr fast niemals nahekommen. Sie bleiben gewöhnlich

in Höhe der zweiten Kulisse, wo sie von den Soffitten und der Rampe aus grell beleuchtet werden und so bei der vollständigen Abdunkelung des Saals die ganze Aufmerksamkeit auf sich konzentrieren [...]. Die szenische Illusion zieht [...] unzweifelhaft daraus großen Gewinn.[99]

Wenn die Darsteller die ganze Aufmerksamkeit auf sich zogen und die szenische Illusion nicht störten, müssen sie wenigstens bis zu einem gewissen Grad Wagners Vorstellungen realisiert haben.

Ein sehr viel schwerer wiegendes Problem stellten die Kostüme und vor allem die Dekorationen dar. Mit routinierten Theatermalern wollte Wagner nicht zusammenarbeiten; seine Verhandlungen mit Arnold Böcklin und Hans Makart scheiterten jedoch. Er gewann endlich den Professor der Wiener Akademie Josef Hoffmann, der die Dekorationen als große heroisierende Landschaften im Stil der Odyssee-Fresken von Friedrich Preller d. Ä. entwarf; er erwies sich allerdings als unfähig, sie in den Bühnenraum umzusetzen. Da er auf Wagners Änderungsvorschläge nicht einging, beauftragte Wagner die Coburger Theatermaler Max und Gotthold Brückner mit der Ausführung der Dekorationen. Ihre Werkstatt arbeitete ebenfalls für das Theater der Meininger und belieferte Theater in ganz Deutschland, ja in aller Welt, mit fertigen Dekorationen aus dem Bestellkatalog.

Mit den Kostümentwürfen betraute Wagner den Berliner Professor Carl Emil Doepler. Am 17. Dezember 1874 schrieb er ihm:

Ich glaube, die von mir gestellte Aufgabe als ein reiches, der Erfindung dargebotenes Feld ansehen zu müssen. Denn im Grunde genommen, verlange ich nicht weniger, als ein in einzelnen Figuren aufgeführtes charakteristisches Gemälde, welches mit zutreffender Lebhaftigkeit persönliche Vorgänge aus einer, jeder Erfahrung, oder Anknüpfung an eine Erfahrung, fernliegenden Kultur-Epoche uns vorführen soll. [...]. Es stünde, meiner Ansicht nach, demjenigen Künstler, welcher sich den ihm von mir gegebenen Vorwurf zu eigen machen wollte, daher ein eigentümliches Feld, sowohl für geistvolle Kompilation, wie für seine Erfindung offen.[100]

Dennoch entwarf Doepler die Kostüme nach den Prinzipien der Meininger, d.h. aufgrund ausführlicher archäologischer Studien im Germanischen Museum und in Ausstellungen nordischer Altertümer. Cosima notierte in ihrem Tagebuch, daß die historische Realistik die Sache entstelle.[101]

Wagner war mit diesen Lösungen nicht zufrieden. Noch 1881 schimpfte er über »Dekorationen, welche immer so entworfen werden, als ob sie ganz für sich alleine dastehen sollten, um etwa, wie in einem Panorama, nach Belieben betrachtet zu werden«. Er wollte sich statt dessen lieber mit Dekorationen bescheiden, welche »nur als schweigend ermöglichender Hintergrund und Umgebung einer charakteristischen dramatischen Situation mitwirken«[102]. Die Dekoration in ein semantisches Element seiner theatralischen Sprache zu verwandeln, versuchte Wagner längst nicht mehr – es fehlte der kongeniale Bühnenbildner. Der meldete sich erst nach Wagners Tod. 1891/92 entwarf der junge Schweizer Adolphe Appia (1862–1928), der 1882 in Bayreuth Wagners eigene Inszenierung des *Parsifal* gesehen hatte, Bühnenbildskizzen für den *Ring*. Durch Vermittlung von Wagners Schwiegersohn Houston S. Chamberlain konnte er sie Cosima Wagner vorlegen, die jedoch jede Änderung an den Inszenierungen des Meisters ablehnte. Mit den von Appia vorgeschlagenen szenischen Lösungen wäre nun endlich auch der Bühnenraum in ein semantisches Element der theatralischen Sprache transformiert und so Wagners Revolution auf dem Theater vollendet worden.[103]

Wagner mußte sich dagegen mit Kostümen und Dekorationen im Stil des Meininger Historismus und Realismus zufriedengeben. Sein von Cosima notierter Verzweiflungsseufzer: »...nachdem ich das unsichtbare Orchester geschaffen, möchte ich auch das unsichtbare Theater erfinden« (23. 9. 1878)[104], wird von daher nur allzu verständlich.

Immerhin klappte die komplizierte Bühnentechnik, für die der Darmstädter Theatertechniker Karl Brandt zuständig war: Besondere Sorgfalt wurde dem Feuerzauber in der *Walküre* gewidmet, dem Drachenkampf im *Siegfried* und der Götterburg Walhall, zu der eine Brücke führte, die durch »Frohs Zauber« aus einem »natürlichen Regenbogen« entstehen sollte. Wie aus dem bereits zitierten Bericht Saint-Saëns hervorgeht, verfehlten die szenischen Effekte ihre Wirkung nicht: »Das ist ein Triumph der bühnentechnischen Illusion.« Besonders gelungen schien ihm offenbar der Feuerzauber:

> Der Gott stößt seinen Speer in die Erde, die Flamme züngelt empor und hüllt den Felsen ein, auf dem Brünnhilde schlafend in voller Wehr und Waffen ruht. Das Loge-Motiv breitet sich mit Feuerseile aus und wächst und schwillt zu einem Flammenmeer. Die Geigen schwirren, die Harfen rauschen, die Glocken klingen. Die Walküre schließt mit einem zauberischen Gemälde, dessen Töne und Farben gleichermaßen Ohr wie Auge blenden.[105]

Der Drachenkampf fiel anscheinend nicht ganz so imposant aus:

Der Drache, das greuliche Ungeheuer, stürzt heraus. Er reißt den Rachen auf, rollt die Augen, erhebt sich auf die Hintertatzen und schlägt mit dem Schweif um sich. Man lächelt unwillkürlich ein bißchen über dieses Ungeheuer. Und doch ist es ein ganz ehrbarer Kulissendrache.[106]

Aber das lag vielleicht nur daran, daß der Hals des in London angefertigten Bühnenungeheuers nach Beirut statt nach Bayreuth abgegangen war und daher der Kopf direkt an den Rumpf montiert werden mußte. Abgesehen von derartigen Pannen, welche die Bayreuther nicht zu verantworten hatten, erreichte die Bühnentechnik einen beachtlichen Standard.

Die erste vollständige Inszenierung des *Ring des Nibelungen* bei den ersten Bayreuther Festspielen im Jahr 1876 war wohl imstande, einer staunenden Öffentlichkeit sozusagen ein erstes rudimentäres Vokabular und die dürftigsten syntaktischen und semantischen Regeln der neuen theatralischen Sprache zu übermitteln. Den Anspruch einer Musterinszenierung hingegen erfüllte sie nicht. Wagner sah dies klarer als jeder andere. Kompromißlos stellte er fest, daß dies »das letzte Mal gewesen« sei, »daß wir hier den ›Ring des Nibelungen‹ in der alten Weise aufführten, und wohin es führen sollte, sehe ich nicht ein. Nur das sehe ich ein, daß wir nicht sowohl viel werden nachholen müssen – auch das Wort ›nachholen‹ ist hier nicht am Platz; ich habe das Fehlende alles vorausgewußt – wir müssen vielmehr etwas ganz anderes bekommen.«[107]

Die Bilanz – nicht nur die finanzielle – der ersten Festspiele sah nicht ermutigend aus: Weder das große demokratische Fest noch die Musterinszenierung waren zustande gekommen. Es braucht insofern nicht wunderzunehmen, daß Wagner in Depressionen verfiel. Und doch hatten diese Festspiele auf die wenigen sensiblen Zuschauer im Publikum eine unüberhörbare Signalwirkung ausgeübt. So schreibt der Komponist Peter I. Čajkovskij (1840–1893) in seinen *Erinnerungen an Bayreuth (1876)*:

Ich muß sagen, daß jeder, der an die zivilisatorische Kraft der Kunst glaubt, von Bayreuth einen sehr erquickenden Eindruck mitfortnehmen muß, angesichts dieses großartigen künstlerischen Unternehmens, das durch seinen inneren Wert und seine Wirkung geradezu einen Markstein in der Geschichte der Kunst bilden wird. [...]

Ob Richard Wagner recht getan hat, indem er im Dienst seiner Idee bis zum Äußersten gegangen ist, ob er das Prinzip des ästhetischen Gleichgewichts vernachlässigt hat und ob die Kunst noch weiter auf demselben Wege, den er als Ausgangspunkt bezeichnet, fortschreiten wird, oder ob der Nibelungenring zugleich den Punkt bedeutet, von dem aus die Reaktion beginnen wird – wer wollte das heute entscheiden? Sicher ist nur, daß sich in Bayreuth etwas vollzogen hat, woran sich noch unsere Enkel und Urenkel erinnern werden.[108]

Den Schritt hin zur Reaktion, den Čajkovskij immerhin schon 1876 als gefährliche Möglichkeit gegeben sah, vollzog Wagner mit den zweiten Bayreuther Festspielen 1882, auf denen nur *Parsifal* aufgeführt wurde. Zwar hatte Wagner der Versuchung widerstanden, seine Festspiele in den Dienst eines chauvinistischen Deutschtums zu stellen, die in den Tagen des Deutsch-Französischen Krieges und der Reichsgründung durchaus virulent war: Er brauche, so sagte er am 12. Dezember 1870 zu Cosima, »einen Kaiser [...] für das Kunstwerk der Zukunft«[109]. Aber bereits bei der Grundsteinlegung am 22. Mai 1872 wehrte Wagner jeden Bezug zur Nationalgeschichte ab. Wohl habe er »den Deutschen ein ihnen eigenes Theater gründen« wollen, ein ›Nationaltheater‹ sei dies jedoch nicht. Denn »ich bin nicht berechtigt, diese Beziehung als giltig anzuerkennen. Wo wäre die ›Nation‹, welche dieses Theater sich errichtete?« (IX, 328) Andererseits war der Bezug zur Revolution, von dem Wagner ausgegangen war, in diesen Tagen weniger aktuell als je. Wagner zog sich aus dem Dilemma, indem er sein Festspielhaus mit einem »Tempel« verglich. Die Ästhetik wurde also von der Geschichtsphilosophie abgekoppelt, die Kunst bereits andeutungsweise in den Rang einer Religion erhoben. Der hier eingeschlagene, zumindest jedoch avisierte Weg wurde mit dem *Parsifal* fortgesetzt. Während die Inszenierung des *Rings* als modellhafte Muster-Inszenierung geplant war, die auf die Bühnen der »normalen« Theater übernommen werden sollte, bestimmte Wagner den *Parsifal* von Anfang an ausschließlich für Bayreuth:

In der Tat, wie kann und darf eine Handlung, in welcher die erhabensten Mysterien des christlichen Glauben's offen in Scene gesetzt sind, auf Theatern, wie den unsrigen [...] vorgeführt werden? [...] Im ganz richtigen Gefühle hiervon betitelte ich den »Parsifal« ein »Bühnen*weih*spiel«. So muss ich ihm denn nun eine Bühne zu weihen suchen, und diess kann nur mein einsam dastehendes Bühnenfestspielhaus in Bayreuth sein. Dort darf der »Parsifal« in aller Zukunft einzig und allein aufgeführt werden: nie soll der »Parsifal« auf irgend einem anderem Theater dem Publikum zum Amusement dargeboten werden.[110]

Die Umwertung des Festspielhauses vom Ort für eine demokratische Festversammlung zum Tempel einer Kunstreligion, die sich in der Rede zur Grundsteinlegung erst vorsichtig abzeichnete, ist hier definitiv vollzogen, das große demokratische Fest endgültig in einen Gottesdienst verwandelt. Bayreuth war zum Wallfahrtsort geworden, zu dem aus aller Welt die Jünger und Anhänger der Kunst Richard Wagners voller Andacht hinpilgerten. Diese von Wagner selbst noch eingeleitete Entwicklung wurde durch die Institutionalisierung der Festspiele nach seinem Tod für Jahrzehnte zementiert. Die Revolutionäre des Theaters, die das Heiligtum zu entweihen drohten, wurden vom Kunsttempel ferngehalten. Dafür sorgte die Witwe Cosima, die nicht nur den ersten Eindringling Appia mit flammendem Schwert erfolgreich abzuwehren wußte.

Festspielidee und Entwicklung einer theatralischen Sprache, die in Wagners Begriff des Gesamtkunstwerks unmittelbar aufeinander bezogen waren, fielen nun unrettbar auseinander. Aber außerhalb Bayreuths erwiesen sich Wagners Werke und Ideen weiterhin als Brandsätze, die das überlieferte Theater in die Luft zu sprengen drohten. Nicht nur Appia wurde zu seinen grundlegenden Reformen des Bühnenraums und zu seinem Konzept der Inszenierung von Wagner angeregt: Edward Gordon Craig (1872–1966) fühlte sich zu Beginn des neuen Jahrhunderts stimuliert, seine epochemachenden Ideen vom Theater als einer spezifischen Kunst in produktiver Negation von Wagners Begriff des Gesamtkunstwerks zu entwickeln.[111] Wenige Jahre später nahm Vsevolod E. Meyerhold (1874–1940) Wagners Diktum vom Zuschauer als dem »notwendigen Mitschöpfer« auf und entwickelte als Gegenmodell zur illusionistischen Guckkastenbühne eine Theaterform, welche den Zuschauer in permanente Aktivität versetzte.[112] Das zuerst von Wagner formulierte Programm, eine theatralische Sprache auszubilden, in der jedes Element »bedeutend« ist – also eine semantische Funktion übernimmt –, wurde von ihnen aufgegriffen, modifiziert und jeweils auf ihre Weise erneut verwirklicht.[113]

3.3 Der Streit um die Meininger

3.3.1 Ein Provinztheater geht auf Welttournee

Wagners Diktum von der Produktivität des »Winkels« in Deutschland läßt sich nicht nur unter Hinweis auf Weimar und Bayreuth belegen. Ein weiteres eindrucksvolles Exempel liefert das weltabgeschiedene Residenzstädtchen Meiningen. Sein erst 1831 gegründetes Hoftheater stieg unter der Leitung des regierenden Herzogs Georg II. zu internationalem Ruhm auf.

Georg II. (1826–1914) hatte den Thron des winzigen thüringischen Kleinstaates Sachsen-Meiningen nach dem Deutsch-Österreichischen Krieg 1866 bestiegen, nachdem Bismarck seinen Vater, einen glühenden Anhänger Österreichs, zur Abdankung gezwungen hatte. Georg II. propagierte bereits zu dieser Zeit die Wiedereinführung der Kaiserkrone; er erklärte sich also schon bei Regierungsantritt mit seiner eigenen weitgehenden Entmachtung einverstanden. Folgerichtig beschränkte er sein Wirkungsfeld auf die inneren Angelegenheiten seines Herzogtums. Nach der Thronbesteigung veranlaßte er zunächst den Wiederaufbau seiner Residenzstadt und führte tiefgreifende Reformen in der Verwaltung und im Hoftheaterwesen durch. Wegen der angespannten Finanzlage löste Georg II. die besonders kostenintensive Hofoper auf und konzentrierte seine Bemühungen darauf, ein vorbildliches Sprechtheater und später darüber hinaus ein hervorragendes Orchester aufzubauen.[114]

Im Unterschied zu anderen Fürsten begnügte Georg II. sich jedoch nicht mit der Rolle des Mäzens, sondern beanspruchte einen aktiven Part bei der Neugestaltung des Sprechtheaters. Er entwarf die Dekorationen und Kostüme, bestimmte die Richtlinien der Bewegungs- und Massenregie[115], überwachte die Proben[116] und übernahm 1870 auch persönlich die Leitung des Hoftheaters.[117] Er vereinigte also in seiner Person die Ämter des Bühnenbildners, Regisseurs und Intendanten, die er alle mit fürstlicher Autorität ausübte.[118] Der Schlendrian, der an anderen Bühnen jeden Reformwillen noch im Keim erstickte, konnte daher sein Reformvorhaben nicht gefährden.

Die Reformen, die Georg II. auf der Bühne seines Hoftheaters durchführte, setzten sein Theater in mancher Hinsicht in einen krassen Gegensatz zu den Tendenzen, die in den sechziger Jahren auf den deutschen Bühnen dominierten. Wie Max Grube, ein langjähriges Mitglied der Meininger, in seinen Erinnerungen ausführt, »fußt« die »Bühnenkunst« des Meininger Hoftheaters »auf den großen Grundsätzen, daß die Bühne die Aufgabe hat, ein Gesamtbild der Dichtung zu geben, dem sich der lebende wie der tote Apparat nach dem zielbewußten Willen eines einzelnen Spielleiters einzufügen hat. Das war das Große und Neue, was Herzog Georg dem Theater gab.«[119] Diesen Grundsätzen entsprechend erließ Herzog Georg als erster Theaterleiter ein Gebot zur »Werktreue«. Aus ihm folgte nun dreierlei:

1. Der Text des Dichters ist möglichst nicht zu streichen. Sollten wegen der Länge des Stückes Striche und entsprechende Veränderungen notwendig werden, so sind sie nicht gemäß den Zensurrichtlinien, sondern nach einer der Dichtung immanenten Logik zu setzen.

2. Der Schauspieler hat sich der Dichtung unterzuordnen. Er muß sich daher als Mitglied eines Ensembles verstehen, nicht dagegen als herausragender Star. Die Teilnahme an der Probenarbeit ist verpflichtend, ebenso die Übernahme von kleinen oder sogar von Statistenrollen. Solotourneen sind ausgeschlossen.

3. Die Ausgestaltung der Inszenierung hat aus der Dichtung hervorzugehen. Angaben über Zeit, Ort, Zugehörigkeit der Figuren zu einer gesellschaftlichen Schicht u.ä. sind genauestens zu befolgen. Eine historische und sozial korrekte Ausgestaltung bis in die kleinsten Details hinein ist daher absolut verpflichtend.

Diese Richtlinien widersprachen den herrschenden Gepflogenheiten eklatant. So wurde anstelle des Originaltextes überwiegend eine Bearbeitung zugrunde gelegt, die einerseits in Einklang mit den jeweils gültigen Zensurvorschriften stand und andererseits das betreffende Drama der Dramaturgie des 19. Jahrhunderts, wie Freytag sie in seiner *Technik des Dramas* (1863) zusammenfassend formuliert hatte, sowie den geltenden moralischen Einschätzungen und Werthaltungen (wie idealistisches Menschenbild, hohe Wertschätzung der Familie, Ignorieren alles Körperlichen usw.) anpaßte.

Die Bildung eines Ensembles, die bereits Goethe gefordert hatte, machte das herrschende Virtuosentum unmöglich. Das Theater des 19. Jahrhunderts dominierte weitgehend der Schauspieler-Virtuose, der seine Kunst auf ausgedehnten Tourneen einem enthusiastischen Publikum zur Schau stellte, das geradezu süchtig danach verlangte, sich von ihm »überwältigen« zu lassen. Die Namen der berühmtesten und gefeiertsten Stars waren in aller Munde – zu Beginn des Jahrhunderts lediglich in ihrem eigenen Land, später dann in ganz Europa, ja selbst in Amerika: Ludwig Devrient und Edmund Kean, Frédérick Lemaître und Tommaso Salvini (1829–1915), Sarah Bernardt (1844–1923) und Eleonora Duse (1858–1924). Für diese Virtuosen bildeten die übrigen Schauspieler nur den Hintergrund, auf dem sich ihr eigenes einzigartiges Talent umso wirkungsvoller entfalten konnte. Sie waren das Theater – ihre Einordnung in ein Ensemble erschien ganz undenkbar.

Die Forderung nach einem historisch »richtigen« Kostüm hatte immerhin bereits Gottsched erhoben.[120] Sie wurde ansatzweise allerdings erst vom Grafen Brühl verwirklicht, der während seiner Leitung der Berliner Hoftheater (1815–1828) den Trend zu realistischen, streng historischen Kostümen durchzusetzen suchte; er konnte jedoch nicht immer den gewünschten Erfolg verbuchen. Wie Grube berichtet, besaßen die Theater im allgemeinen fünf Garnituren: die antike, mittelalterliche, spanische, Wallensteinzeit und Rokoko.[121] Nicht viel besser sah es bei den Dekorationen aus:

> Das Schauspiel mußte sich mit den abgebrauchten Dekorationen der Oper begnügen, im übrigen verfügte es über einen ›Generalfundus‹, höchst gelahrt auch ›fundus instructus‹ genannt. Er bestand aus einer Anzahl von Hintergründen, die in jedem Stück wiederzukehren hatten. Da gab es den ›wilden‹ und den ›offenen‹ Wald, die ›freie Gegend‹, ›den Park‹, die ›altdeutsche‹ und die ›moderne Stadt‹, den ›Rittersaal‹ usw. Ein Schauspiel auszustatten, für eine Dichtung eine besonders charakteristische Szenerie herstellen zu lassen, fiel keinem Direktor ein.[122]

Im übrigen Europa sah es nicht viel besser aus.

In England hatte allerdings Charles Kean bereits seit den vierziger Jahren versucht, hier Abhilfe zu schaffen. In seinen sogenannten Shakespeare-Revivals war er weitgehend dem Prinzip eines historischen Realismus gefolgt.[123] Seine Praxis wurde dem deutschen Publikum zum einen durch Besprechungen bekannt gemacht[124] und zum anderen durch das Gastspiel Samuel Phelps in Berlin 1859 sowie durch eine nach Keans Vorbild hergestellte Modellinszenierung des *Kaufmanns von Venedig*, die Friedrich Haase 1867 in Coburg und 1871 in Leipzig herausbrachte.[125]

Wenn auch Herzog Georg keineswegs der erste war, der die seinen Richtlinien zugrunde liegenden Forderungen erhob, so kommt ihm doch unbestritten das Verdienst zu, sie als erster alle konsequent befolgt und kompromißlos durchgesetzt zu haben.

Das Repertoire, das die Meininger auf der Grundlage seiner Prinzipien erarbeiteten, umfaßte hauptsächlich Klassiker: Dramen von Shakespeare, Schiller, Kleist, Grillparzer sowie von Molière. Von der zeitgenössischen Dramatik waren immerhin Ibsens *Kronprätendenten* und *Gespenster* sowie Björnsons *Zwischen den Schlachten* vertreten, außerdem einige triviale historische Stücke von Minding, Lindner und Fitger.[126]

Ausgangspunkt und Prüfstein stellten Shakespeares Dramen dar.[127] 1867 wurde die Arbeit an der später legendär gewordenen Inszenierung des *Julius Caesar* aufgenommen. Erst nach zwei Jahren hatte sie ein Stadium erreicht, das den Vorstellungen des Herzogs weitgehend entsprach. Man entschloß sich, den einflußreichen Berliner Kritiker Karl Frenzel nach Meiningen einzuladen und sowohl diese Inszenierung als auch die inzwischen erarbeitete Shakespeare-Komödie *Der Widerspenstigen Zähmung* seinem Urteil zu präsentieren. Die Ergebnisse der Arbeit überzeugten Frenzel. Er machte sie nicht nur in seiner durchweg positiven Besprechung in der Berliner *National-Zeitung* (vom 16. 1. 1870) einem breiten Publikum bekannt, sondern suchte auch zwei Jahre später (in der *National-Zeitung* vom 12. 9. 1872) dieses Publikum für ein längeres Gastspiel der Meininger in der neuen Reichshauptstadt zu gewinnen.

Das erste Gastspiel[128] der Meininger in Berlin wurde am 1. Mai 1874 im Friedrich-Wilhelm-Städtischen Theater mit *Julius Caesar* eröffnet. Es wurde ein triumphaler, ja sensationeller Erfolg bei Publikum und Kritik. Dem ersten Berliner Gastspiel folgte ein zweites, drittes und viertes, folgten bis 1890 Gastspiele durch ganz Deutschland, ja durch ganz Europa. Mit ihrem Londoner Gastspiel 1881 begründeten die Meininger ihren Weltruhm. Sie zeigten ihre Inszenierungen in St. Petersburg, Moskau, in Kiew und Odessa, in Warschau, Stockholm, Kopenhagen, in Antwerpen, Rotterdam, Brüssel, in Prag, Wien, Budapest und in Triest. Überall wurden sie von Publikum und Kritik begeistert aufgenommen. Ein deutsches

Provinztheater war zu einem internationalen Kulturereignis geworden.[129]

Dieser Prozeß, der an sich schon bemerkenswert ist, war von interessanten Umständen begleitet: Wo immer in Europa die Meininger ihre Inszenierungen zeigten, lösten sie in der Presse eine heftige, zum Teil mit Leidenschaft geführte Diskussion um die ihren Inszenierungen zugrunde liegenden Prinzipien aus. Eine derartige international geführte Debatte stellte ein völliges Novum in der Theatergeschichte dar. Sie ist insofern für uns nicht weniger interessant als die Meininger und ihre Prinzipien, auf die sie sich bezog. Es erscheint daher sinnvoll, einen *rezeptionsgeschichtlichen Ansatz* zu wählen und die Prinzipien der Meininger im Kontext ihrer zeitgenössischen Rezeption zu besprechen.

3.3.2 Die Prinzipien der Meininger im Kontext ihrer zeitgenössischen Diskussion

Die Meininger wagten es als erste, das deutsche Publikum des 19. Jahrhunderts dem Schock der *»Original«-Klassiker* auszusetzen. Sie konfrontierten das Publikum mit den Anstößigkeiten und Obszönitäten der Pförtnerszene in *Macbeth*[130] ebenso wie mit den »Derbheiten«[131] im *Eingebildeten Kranken.* Sie muteten ihm zu, einen Prinzen von Homburg als Schlafwandler zu erleben und in seiner höchsten Todesangst.[132] Sie schreckten nicht einmal davor zurück, ihm die groteske Häßlichkeit Kunigundes[133] im *Käthchen von Heilbronn* vor Augen zu führen. Während das Theater des 19. Jahrhunderts sonst sein Publikum vor Häßlichkeit und Obszönität, abnormem und normwidrigem Verhalten zu schützen suchte, ersparten die Meininger ihm nichts, was in ihren Klassikern stand. Und das Publikum reagierte mit Applaus und ausverkauften Häusern.

Die Meininger begründeten ihre Rückkehr zu den Originaltexten der Klassiker sowie die wenigen Änderungen, zu denen sie sich gezwungen sahen, mit einem wirkungsästhetischen Argument: »Je vollständiger eine Tragödie gegeben wird, desto mächtiger wird ihre Wirkung sein. [...] Kürzungen und Zusammenziehungen getrennter

Szenen sind nur da zu entschuldigen, wo der häufige Decorationswechsel allzu störend eingreifen würde; [...] endlich können, ohne Schaden, solche Szenen gekürzt und weggelassen werden, welche nicht wesentlich in den Gang der Handlung eingreifen.«[134] Da bei den Meiningern erklärtermaßen die Dichtung im Mittelpunkt stand, ging man davon aus, daß jeder größere Eingriff in ihren Text die Wirkung ihrer Inszenierung beeinträchtigen müsse.[135]

In der Presse entfachte ihre Rückkehr zu den Originaltexten einen heftigen Streit. Die wenigen Befürworter dieses Prinzips erkannten die Mittelpunktstellung der Dichtung an und werteten den Versuch, sie möglichst ungekürzt auf die Bühne zu bringen, als einen Beweis für die »Pietät« der Meininger dem Dichter gegenüber[136]: Während der Bearbeiter wie ein Chirurg handle, der das natürliche Auge des Menschen durch ein Glasauge ersetzt, nur weil das natürliche Auge, obwohl funktionsfähig, nicht mit seinem Verständnis von relativer Schönheit und Ebenmaß übereinstimmt, hätten die Meininger die Funktionsfähigkeit des natürlichen Auges und damit seine ihm eigene Schönheit demonstriert.[137] Die Befürworter argumentierten also im wesentlichen von einer historistischen, werkästhetischen Position aus: Die Klassiker sind als Werke der Vergangenheit in ihrer eigentümlichen Schönheit anzuerkennen und auf der Bühne erst noch zu entdecken.

Die Gegner führten ein wirkungsästhetisches Argument ins Feld. Heinrich Laube ließ die Möglichkeit des Originals wohl für ein Provinzpublikum gelten, das noch nicht so stark von der herrschenden Mode und dem allgemeinen Zeitgeist affiziert sei, nicht aber für ein Großstadtpublikum.[138] Auch im *Shakespeare-Jahrbuch* 1871 wurde bezweifelt, daß »der *unveränderte* Shakespeare [...] für unser *großes, alltägliches* Publikum paßt«[139]. Der Shakespeare-Bearbeiter Wilhelm Oechelhäuser begründete diesen Zweifel mit der Überlegung, daß die Originaltexte »eine bedeutend höhere Aufwendung an Intelligenz, Zeit und Kraft, als eine verkürzte, der modernen Bühne und den modernen Anschauungen und Gewohnheiten näherliegende Bearbeitung« verlange.[140]

Betrachtet man diese Argumente genauer, entpuppt sich der Streit um die Vorzüge von Originaltext und Bearbeitung als Streit um die Funktion des Theaters. Die Anhänger des Originaltextes begreifen das Theater als eine Institution, die der Kunst, speziell der Dichtung gewidmet ist. Zu ihrem Dienst veranschlagen sie keinen Aufwand an »Intelligenz, Zeit und Kraft« als zu hoch. Die

Funktion des Theaters besteht für sie darin, dem Publikum seine Klassiker in all ihrer Fremdheit, ihrem Anderssein als Werke einer vergangenen Epoche wieder zu entdecken und lebendig zu erhalten.

Die Befürworter der Bearbeitungen dagegen sehen das Theater wesentlich durch seine Unterhaltungsfunktion bestimmt; es soll das ständig wachsende Unterhaltungsbedürfnis eines immer größer werdenden Publikums, seine Gier nach Novitäten, möglichst schnell und reibungslos, d.h. mit möglichst geringem Aufwand an »Intelligenz, Zeit und Kraft« befriedigen. Die Kosten-Nutzen-Relation muß gewahrt bleiben, wenn das Theater als kommerzielles Unternehmen reüssieren, wenn es Profit bringen soll.

Dem Streit um Originaltext und Bearbeitung liegt also ein tiefgehender Dissens um den Theater-Begriff zugrunde. Dem im 19. Jahrhundert vorherrschenden Theater als kommerziellem Unterhaltungsbetrieb, der die Aufführungen als leicht konsumierbare Ware verkaufte, setzten die Meininger und ihre Anhänger die Vorstellung vom Theater als Kunst-Institution, von der Aufführung als einem Kunstwerk entgegen.

Die Dichtung in den Mittelpunkt zu stellen, hieß für die Meininger, ihrer spezifischen Historizität szenische Gestalt zu verleihen. Auf der Bühne sollte jeweils die betreffende vergangene Epoche wieder lebendig werden. Hinsichtlich der *Ausstattung* befolgte Herzog Georg daher die Linie eines radikalen *historischen Realismus*.[141] So entwarf er Bühnenbild und Requisiten für *Julius Caesar* an Hand von Zeichnungen, die der Direktor des Archäologischen Instituts in Rom, Pietro Visconti, zu diesem Zweck für ihn angefertigt hatte. Aufgrund von Viscontis Aussagen, daß das Forum im Bürgerkrieg völlig zerstört war, wurde es als Baustelle dargestellt. Bevor Herzog Georg Schillers *Jungfrau von Orléans* inszenierte, reiste er nach Domrémy, um eine zutreffende Vorstellung von der Örtlichkeit zu bekommen; anläßlich der Inszenierung von Ibsens *Gespenstern* erbat er sich direkt beim Dichter detailgenaue Auskunft über die Innenausstattung eines typischen norwegischen Bürgerhauses.[142] Die in Übereinstimmung mit dem jeweiligen Forschungs- bzw. Wissensstand angefertigten Bühnenbildentwürfe wurden nach genauen Angaben des Herzogs im Atelier der Gebrüder Brückner in Coburg in Dekorationen umgesetzt. Alle Objekte (Requisiten) und Kostüme wurden nach historischen Vorlagen im jeweiligen Originalmaterial hergestellt (die Waffen bei einer Spezialfirma in Paris). Für die Kostüme wurde die zwischen 1856 und 1859 erschienene dreiteilige Kostümkunde von Konrad Weiß benutzt, zum Teil – für besonders knifflige Fragen wie das korrekte Anlegen einer römischen Toga – auch der Verfasser selbst konsultiert. Von der ersten Probe an wurde im Kostüm sowie in den Originaldekorationen geprobt, damit die Schauspieler ihre Bewegungen der jeweiligen Örtlichkeit, vor allem aber ihren Kostümen und Requisiten anpassen konnten.

Um die Illusion der vergangenen Wirklichkeit noch zu verstärken, wurden auch Spezialeffekte in der Beleuchtung (wie ein elektrischer Scheinwerfer bei der Erscheinung von Caesars Geist in *Julius Caesar* bei sonstiger Gasbeleuchtung), Gerüche (Pulverdampf, Weihrauch) und vor allem Geräusche eingesetzt (Knirschen, Schreien, Orgelmusik, Fanfarenbläser, Kirchenglocken, Gesang usw.). Besonders eindrucksvoll soll zeitgenössischen Berichten zufolge das effektiv ausgebaute System von Geräuschen in Grillparzers *Ahnfrau* (die Erscheinungsszene), Lindners *Bluthochzeit* (Bartholomäusnacht) und in Schillers *Jungfrau von Orléans* (Krönungszug) verwendet worden sein.[143]

Die Figuren der Dramen, ihr Handeln und Verhalten, sollten soweit wie nur irgend möglich aus ihrer Umwelt heraus verständlich gemacht werden. Dieses Ziel wurde offenbar erreicht. Jedenfalls urteilte Theodor Fontane, daß die Meininger in ihre Kostüme »hineinwachsen«, daß sie so historisches Bewußtsein bzw. das »Altmodische« des Stücks zu vermitteln vermochten: »Ich hatte bei Aufführungen durch die Meininger das Gefühl, mich unter Menschen eines anderen Landes und einer anderen Zeit zu bewegen, und doch wieder ganz und gar ihnen zuzugehören, und ohne jede Fremdheit gemüthlich mit ihnen zu plaudern.«[144]

Dennoch – oder auch gerade deshalb – löste diese konsequente Form eines historischen Realismus eine heftige Kontroverse aus. Ihre Verteidiger bewerteten es sowohl unter werkästhetischen als auch unter wirkungsästhetischen Gesichtspunkten als positiv, daß vom gegenwärtig erreichten Stand der Wissenschaft ausgegangen wurde. So schreibt Karl Frenzel:

Denn was ist die Schauspielkunst? Etwa die Kunst, eine Anzahl Verse mit richtiger Betonung in rhetorischem Schwunge herzusagen? Nein, den Zuschauer in fremde Zeiten, Sitten, Verhältnisse hineinzuversetzen, daß er in ihnen und mit ihnen zu leben scheint: das gilt es. Wie soll mir da ein ärmliches Gemach den Salon eines Fürsten versinnlichen? [...] Wem es gleichgültig ist, ob Othello gepudert und Desdemona in der Crinoline oder in dem venetianischen Kostüm des 15. Jahrhunderts erscheinen, der gehört allerdings nicht in den Theatersaal der Meininger. Er thut am klügsten daran, sein Geld und seine Zeit zu sparen. Umgekehrt, wer seine dramatische Dichtung in der Landschaft, der Zeit, worin die spielt, in der Beleuchtung sehen will, in die sie der Poet gestellt hat, wer Augen für malerische Schönheiten, Sinn für die historische Darstellung hat, wem es aufgegangen, daß die Menschen im Renaissancekostüm sich anders bewegen mußten, als im Staatskleid des Rokoko – der wird sich immer auf's Neue von diesen Meiningen'schen Aufführungen angezogen und erfreut fühlen.[145]

Nach Frenzel war es also eben dieser penible, genau jedes Detail berücksichtigende Bezug auf das verfügbare historische Wissen, der eine adäquate Inszenierung erst ermöglichte.

Wirkungsästhetisch argumentierten die Verteidiger, daß ein gebildetes Publikum auch nur durch größte historische Treue in die gewünschte Illusion zu versetzen sei, da dem Gebildeten ein Verstoß gegen sie als eine »unerträgliche Verletzung des ästhetischen Gefühls«[146] erscheine: »Ist es denn besser, daß der gebildete Theil des Publicums von den haarsträubendsten Anachronismen gestört wird, als daß der Ungebildete über dem Detail der Ausstattung einige Worte der Diction verliert?«[147]

Die Gegner des historischen Realismus bestritten seine Fähigkeit, eine adäquate Inszenierung der klassischen Dramen zu ermöglichen. Der Berliner Kritiker Hans Hopfen monierte: »Die Bühne ist zum Guckkasten, zur Raritätenkammer, zum Museum, zum Panopticum geworden. Das ist keine Tragödie mehr, sondern ein Ausstattungsstück. Die Dichtung selber hat nicht mehr Werth als den eines gefälligen Kleiderständers, an dem ein archäologischer Liebhaber seine Merkwürdigkeiten aufhängen kann.«[148] Mit anderen Worten: Der historische Realismus werde den klassischen Dichtungen nicht nur nicht gerecht, sondern verstelle geradezu den Zugang zu ihnen. Damit war der – bis heute währende – Streit um die Frage ausgebrochen, wie Klassiker angemessen zu inszenieren seien.

Diese Frage wurde in der Debatte jeweils vom Standpunkt der eigenen Kunstauffassung beantwortet. Die Vertreter einer idealistischen Kunstauffassung stimmten wohl mit Herzog Georg darin überein, daß das Theater der Kunst verpflichtet sei und die Dichtung in den Mittelpunkt stellen müsse. Sie bestimmten jedoch den Kunstcharakter des Theaters in Anlehnung an Goethe und sein Weimarer Theater als seinen symbolischen Charakter. Entsprechend forderte Rudolph Genée eine symbolische Ausstattung, die zwar »einfach«, wenn auch nicht »dürftig«, dafür aber »sinnreich«

und »richtig« sei.[149] Diesen Standpunkt vertrat auch der Kritiker Otto Brahm, der später als Gründungsmitglied der Freien Bühne sowie als Direktor des Deutschen Theaters zum Vorkämpfer und Advokat des naturalistischen Theaters in Deutschland wurde. 1882 scheint er eine eher idealistische Kunstauffassung vertreten zu haben. Gegen den historischen Realismus der Meininger argumentierte er:

Ihr Streben nach historischer ›Echtheit‹ hat sie, im Einklang mit der allgemeineren naturalistischen Strömung dieser Tage, nur dahin gebracht, es für ein Großes zu halten, wenn sie nicht mehr die Abkürzungen der Wirklichkeit, die der Bühne genügen, sondern die Wirklichkeit selbst auf die Bühne bringen: ihre Schilde und Helme und Panzer rasseln genau so laut (vielleicht noch etwas lauter) als wirkliche Schilde und Panzer, ihre Türen sind nicht von Pappe, sondern von wahrhaftigem Holze, und fallen, sozusagen mit einem hörbaren Ruck, ins Schloß. Es ist im Grunde dieselbe Erscheinung, wie wenn der leibhaftige Rudolf Dressel bei einer Lustspielszene, die in seinem Lindenrestaurant spielt, über die Bühne des Wallnertheaters geht; es beruht auf derselben Vermischung von Wirklichkeit und Kunst, es macht das Nichtige zum Wichtigen, dieses wie jenes.[150]

Auch unter wirkungsästhetischen Gesichtspunkten lehnten die Vertreter einer idealistischen Kunstauffassung den historischen Realismus ab. Er lenke das Publikum vom Wesentlichen, der Dichtung, ab auf Nebensächliches, nämlich die Ausstattung, und unterstütze so seine »platte Schaulust«[151]. Die Bühne dürfe daher unter keinen Umständen den Versuch unternehmen, die Wirklichkeit nachzuahmen – auch und gerade nicht eine vergangene Wirklichkeit.

Dagegen knüpften die Vertreter einer realistischen Kunstauffassung in gewisser Weise wieder an das bürgerliche Theater der Aufklärung an; sie postulierten, das Theater solle eine möglichst vollständige und perfekte Illusion von Wirklichkeit herstellen. Während das Theater der Aufklärung allerdings zur Verwirklichung dieser Ziele eine neue Schauspielkunst entwickelt hatte, und zwar auf der Basis der Methoden der empirischen Wissenschaften, rekonstruierten die Meininger möglichst vollkommen die jeweilige historische Umwelt, wobei sie sich auf die Ergebnisse der historischen und archäologischen Forschung stützten.[152] Die jeweils anders definierte Illusion von Wirklichkeit, die auf der Bühne hergestellt werden sollte, befand sich in völliger Übereinstimmung mit dem Stand der jeweiligen Leitwissenschaften. Die in ihnen ermittelten Naturgesetze bzw. positiven Fakten[153] traten nicht in einen Gegensatz zur Kunst, sondern ermöglichten erst die ›Erfüllung‹

ihres jeweils anders formulierten Ziels. Der Streit um die Ausstattung der Meininger war insofern nichts anderes als ein Kampf um den geltenden Kunstbegriff.

Nicht weniger umstritten als die Ausstattung war das *Ensembleprinzip* der Meininger. Kein Schauspieler hatte bei ihnen Anspruch auf ein bestimmtes Rollenfach oder auch nur auf bestimmte Rollen; jeder war vielmehr vertraglich verpflichtet, jede Rolle zu übernehmen und sogar als Statist zu agieren.[154] Der Herzog begründete das Prinzip mit dem Ziel seiner Inszenierungen, ein Gesamtbild der Dichtung zu geben.

Bei der Diskussion des Ensembleprinzips wird auffallend wenig auf diese erklärte Intention eingegangen. Lediglich der Kritiker der *Berliner Montags-Zeitung* (3. 5. 1875) hebt auf ihre Bedeutung ab:

> [...] welche unserer Ansicht nach darin gipfelt, daß hier zum ersten Male in bewußter Weise dem sich pfauenhaft brüstenden, Dichter und Dichtung als Nebendinge – als Folie für den Glanz einer Paraderolle betrachtenden *Virtuosenthum* eine Verlebendigung des *Stückes* entgegengesetzt wird, die nur durch das Unterordnen jeder einzelnen, auch der bedeutendsten Kraft unter das *Ganze* zu erreichen ist! Die Darstellung entsprach diesem Streben nach künstlerischer Einheitlichkeit vollkommen.[155]

Eine derartige auf die Inszenierung bezogene Argumentation findet sich, wie gesagt, selten. Im Mittelpunkt des Interesses scheint vielmehr die Frage gestanden zu haben, welche Position der große Schauspieler im Ensemble einnehmen könne und solle. Merkwürdigerweise gingen Gegner ebenso wie Befürworter des Prinzips in ihrer großen Mehrheit von der stillschweigenden Voraussetzung aus, daß ein Ensemble sich nur mit mittelmäßigen Kräften bilden lasse, weil dazu eine strenge Disziplin nötig sei. Während die Anhänger des Ensemblespiels eine solche Disziplin im Hinblick auf die Wirkung, die Herstellung einer vollkommenen Illusion befürworteten, lehnten die Gegner sie als »Dressur«, als Vergewaltigung der schöpferischen Kraft des »genialischen« Menschendarstellers kompromißlos ab. »Man stelle sich einmal die Frage, ob hervorragende schauspielerische Kräfte, ob echte Künstler gewillt wären, das Joch eines so üppig ausgebildeten Schauspielerchores zu tragen.«[156] Wie der Wiener Kritiker Ludwig Speidel beantworteten auch der Londoner Kritiker Clement Scott und der belgische Kritiker Gustave Frédérix diese Frage eindeutig negativ. Denn »in der Kunst gilt vor allem das Individuum«, wie Speidel (1875) befand[157], »we do also want individual expression«, wie sein

Londoner Kollege 1881 konstatierte[158], und »La passion d'un certain homme et la passion d'une certaine femme, voilà qui aura toujours action sur nous, mille fois plus d'action que toutes les passions collectives« (Frédérix 1888)[159]. Zwar hatte Stanislavskij beim Moskauer Gastspiel diesen individuellen Ausdruck durchaus im Spiel eines »Höflings« in der *Jungfrau von Orléans* gefunden und war tief von ihm bewegt worden: »Mit ihm [dem Höfling] weinten die Zuschauer, mit ihm weinte auch ich, da der Einfall des Regisseurs ganz von sich aus die besondere Stimmung schuf und klar das Wesen des Augenblicks darlegte.«[160] Aber dies war der individuelle Ausdruck lediglich eines Höflings, einer Nebenrolle. Dagegen moniert Speidel: »Das bedeutende Individuum fehlt.«[161] Das bedeutende Individuum konnte nur der große Schauspieler-Virtuose in einer großen Rolle sein. Dieser aber vermochte sich bei den Meiningern nicht zu entfalten, sondern wurde vielmehr als störendes Element empfunden: Bei dem Versuch, während des Berliner Gastspiels 1878 die Rolle des Prinzen von Homburg abwechselnd vom Meininger Schauspieler Josef Kainz und von dem gefeierten Virtuosen Emmerich Robert spielen zu lassen, schnitt »der unzulängliche Herr Kainz«[162] besser ab. Der Kritiker der *Nassauischen Zeitung* bemängelte an Robert: »Man kann nicht zu jener Illusion gelangen, die wenigstens für Augenblicke vergessen macht, daß man sich im Theater befindet, man glaubt nicht den Prinzen von Homburg vor sich zu sehen, man sieht immer nur den Virtuosen, der ihn darstellt.«[163] Da das Ensembleprinzip also offensichtlich das bedeutende Individuum, den großen Schauspieler ausschloß, war es zu verurteilen. Damit aber mußte es letzten Endes zu einer unerträglichen Nivellierung führen: »Wenn das Ideal der dramatischen Kunst darin bestünde, daß Alle gleich schlecht spielen, dann könnte man allerdings durch scharfe Dressur von Statisten dem höchsten Ziele am nächsten rücken.«[164]

Wenn die Inszenierung mit dem »unzulänglichen Herrn Kainz« in der Hauptrolle für besser gehalten wurde als mit dem Virtuosen-Schauspieler Emmerich Robert und dennoch das Ensembleprinzip zugunsten des Virtuosentums des »großen Schauspielers« verdammt, so können hierfür keine künstlerischen Argumente den Ausschlag gegeben haben.

Wie Richard Sennett[165] überzeugend dargelegt hat, war das 19. Jahrhundert die Epoche der »großen Persönlichkeit«, die sich vor der Masse auszeichnete und exponierte und daher Anspruch auf ihre Bewunderung hatte. Der Virtuose wie Paganini und Liszt und vor allem der Schauspieler-Virtuose galten als Inbegriff der großen Persönlichkeit, des bedeutenden Individuums.[166] Um den gefeierten Star wurde entsprechend ein wahrer Kult getrieben. Insofern das Ensembleprinzip der Meininger als Kriegserklärung an das Virtuosentum begriffen wurde, galt es auch als Angriff auf die große Persönlichkeit und ihre besonderen Rechte gegenüber der Menge. Ganz ähnlich wurde es auch von den Anhängern des Ensembleprinzips verstanden. So bezeichnete ein Brüsseler Kritiker die Meininger als »cette troupe vraiment démocratique, dont toute hiérarchie est bannie« (1888)[167], und Artur Fitger befand: »Da also das demokratische Nivellieren nicht darin bestand, das Große herabzudrücken, sondern das Kleine zu heben, so sollte man den Meiningern dieses nur zum Lobe, und nie zum Tadel anrechnen.« (1890)[168]

Die Diskussion des Ensembleprinzips wurde also weniger als Streit um künstlerische Prinzipien geführt denn als Debatte um ein Schlüsselkonzept der Epoche: um die Anerkennung der großen Persönlichkeit und ihrer besonderen Rechte oder deren Negation zugunsten eines demokratischen Prinzips. Die Irritation, welche das Ensemblespiel der Meininger bei vielen Kritikern überall in Europa auslöste, wird insofern verständlich: Es galt hier, einen Angriff auf das gültige Menschenbild, auf die Leitwerte der bürgerlichen Gesellschaft im 19. Jahrhundert abzuwehren.[169] Die Diskussion um das Ensembleprinzip decouvriert sich so als Grundsatzdebatte um einen tiefgreifenden kulturellen Wandel.

Entsprechendes gilt für die Diskussion der *Massenszenen.* Wo immer die Meininger hinkamen, waren es neben der Ausstattung vor allem die Massenszenen, die Furore machten und kaum je ihre Wirkung verfehlten. In fast jeder Kritik findet sich eine eingehende Beschreibung und Besprechung einer derartigen Massenszene. So schreibt beispielsweise Josza Savits über den Krönungszug in der *Jungfrau von Orléans*:

Die mit mehreren hundert Personen vollgestopfte Bühne: der König mit seinem zahlreichen Gefolge, Ritter, Knappen, Pagen, Soldaten, Bürger und Bauern, Edelfrauen, Männer, Weiber und Kinder auf der Bühne terassenförmig aufgestellt, und an den Fenstern auf der Bühne Männer, Frauen, Kinder, alle in grelle, bunte, schreiende Farben gekleidet, von einem stechenden, blendenden Effektlicht beleuchtet. Und alle schrieen, bewegten, fuchtelten die Arme, meistens beide zugleich, warfen mit Mützen, schwenkten mit Tüchern. Daneben hörte man scharfes Trompetengeschmetter, Glockenläuten, Trommelwirbeln. Auf der Bühne schrie, raste, zappelte alles. Der rasende Tumult verpflanzte sich von der Bühne in das Publicum, auch im Saale schrie, zappelte, raste, applaudirte alles, – ich natürlich auch. Bis nach einer Weile alles erschöpft innehielt und die Vorstellung ihren weiteren Verlauf nahm.[170]

Während sonst die Statisten, wie André Antoine, der Gründer des Pariser Théâtre Libre, es für die Comédie Française beschreibt, »im Saal umherschauen oder [...] die Sozietäre mit ehrfurchtsvoll stummer Bewunderung anstaunen«[171], übten sie bei den Meiningern die Funktion von Schauspielern aus. Dadurch hörte die Menge auf, lediglich die Staffage für die handelnden Personen abzugeben; die Menge, das Volk wurde so vielmehr selbst handelnde Person. Die Anhänger des Virtuosentums, des Konzeptes der großen Persönlichkeit verurteilten daher die Massenszenen scharf. Hans Hopfen sah in der Durcharbeitung der Volksszenen eine »übertriebene Pflege des Nebensächlichen«. Die »Wirkung«, welche die Meininger mit ihnen erzielten, sei »verwerflich«, weil sie »nicht durch den Werth und die Bedeutung der schauspielerischen Leistung begründet« sei, »sondern die Aufmerksamkeit des Hörers mit allen Mitteln von derselben ablenkt«[172]. Ganz ähnlich urteilte Clement Scott: »The crowd gradually becomes of superior instead of subordinate importance. We are looking at the citizens instead of listening to Brutus, Cassius, and Casca.«[173] Und Ludwig Speidel klagte: »ich will mich am warmen Atem eines Künstlers ergötzen, und ihr werft mir ganze Rotten gestikulierender, sumsender und schreiender Statisten entgegen; ich will gerührt, erbaut, erschüttert sein, und statt dessen macht man mich zum geblendeten, verblüfften und bestürzten Maulaffen.« Da er sich in »das bedeutende Individuum« einfühlen wollte, lehnte er die Volksszenen als »lächerliche Emanzipation der Massen« strikt ab.[174]

William Archer dagegen hob beim Londoner Gastspiel am *Julius Caesar* gerade die Verschiebung des Fokus vom »bedeutenden Individuum« auf die »Masse« des römischen Volkes als künstlerische Errungenschaft hervor. Während sonst der Darsteller des Marc Anton seine große Begräbnisrede direkt an das Publikum richtete, wandte sich Ludwig Barnay an das Volk.

It must have been evident to all that Herr Barnay, while he delivered Antony's address with absolute mastery, did not extract from it such a great *personal* effect as some actors might have obtained. The reason was that he did not address himself to the imagination of the audience, but to the living and moving populace before him [...]. We see how it moves the crowd, and by an act must so move it. The distinction is a delicate one, and could no doubt be better expressed; but to understand it thoroughly the reader must have witnessed the scene and felt the difference for himself.[175]

Die Menge in den Volksszenen wurde auch von Antoine, der ihre »außerordentliche Echtheit«[176] bewunderte, ausdrücklich als handelnde Person anerkannt, ebenso wie von dem bereits zitierten Brüsseler Kritiker, der über die erwähnte Volksszene in *Julius Caesar* urteilt: »Quiconque a pris part à quelque réunion publique où la voix d'un tribun populaire remue et soulève les masses a dû être frappé, en assistant à la scène du Forum, de la vérité de ce tableau, dont l'illusion est complète.«[177]

Die durch die Massenszenen bewirkte Schwerpunktverlagerung weg von den großen Persönlichkeiten hin zur Masse des Volkes erklärte Frenzel mit der »demokratischen Richtung der Zeit, die von dem Einfluß und dem Gewicht der Menge eine höhere Schätzung hat als Shakespeare und Schiller«[178]. Diese »demokratische Richtung« stellt das Volk als handelnde Person zumindest als gleichberechtigt neben die bedeutenden Individuen, die »großen« Männer, die Geschichte machen. Insofern weisen die Massenszenen der Meininger auf das Ende einer Epoche hin, die vom bürgerlichen Individuum dominiert war. Wer sich diesem Wandel entgegenstellte, dem mußten solche Massenszenen ebenso wie die ungeheure Wirkung, die sie beim Publikum auslösten, Angst einflößen. Als eine Schlüsselstelle für das Verständnis der Massenszenen in diesem Sinne erscheint die häufig erwähnte Szene auf dem Forum aus *Julius Caesar*, die Frenzel folgendermaßen beschreibt:

In der Scene auf dem Forum folgen, sich einander überbietend, die großartigen und überraschenden Momente: wie Antonius auf die Schultern der Menge gehoben wird und so, inmitten der wildesten Bewegung, das Testament Cäsar's vorliest; wie die Wüthenden die Bahre mit dem Leichnam ergreifen, wie Andere mit Fackeln herbeistürmen; wie endlich Cinna, der Poet, im wildesten Getümmel getödtet wird. Man glaubt den Anfängen einer Revolution beizuwohnen.[179]

Die Massenszenen der Meininger, welche die Menge des Volkes als handelnde Person vorführten, schienen die Ankunft eines neuen Zeitalters, eines Zeitalters der Massen, anzukündigen, eine Revolution in den Horizont des Möglichen zu rücken. Die Auseinandersetzung um die Massenszenen, deren Wirkung auf das Publikum nicht geleugnet, sondern nur kritisiert werden konnte, läßt sich daher implizit auch als Debatte um das Ende der Epoche des bürgerlichen Individuums begreifen.[180]

3.3.3 Die Meininger und der »Zeitgeist« der Gründerjahre

Die in der internationalen Presse geführte Diskussion um die Meininger stellte drei Problembereiche in den Mittelpunkt des Interesses: den Theaterbegriff, den Kunstbegriff sowie das Verhältnis von Individuum und »Masse«.

Der Anspruch, auf dem Theater Kunst produzieren zu wollen, stand in eklatantem Gegensatz zur herrschenden Praxis. Seit 1869 die Gewerbefreiheit für das Theater verkündet war[181], schossen kommerzielle Neugründungen wie Pilze aus dem Boden. Die dezidierte Wendung gegen ein kommerziell betriebenes Unterhaltungstheater teilte Herzog Georg mit Wagner. In dieser Hinsicht besteht eine deutliche Affinität des Meininger Theaters zum Theater Richard Wagners. Beide verstanden sich als Protest und Gegenmodell zu den gängigen Tendenzen.

Andererseits weist der Kunstanspruch auf Goethe und sein Weimarer Theater zurück. Auch Goethe war von der Voraussetzung ausgegangen, daß nicht nur die Dichtung, die inszeniert wird, sondern auch die Aufführung selbst als Kunstwerk zu konzipieren und zu rezipieren sei. Zuletzt endlich läßt dieser Anspruch das Meininger Theater in gewisser Weise als Vorläufer und Wegbereiter der Kunsttheater-Bewegung erscheinen, die Ende der achtziger Jahre in ganz Europa einsetzte: 1887 gründete André Antoine in Paris das »Théâtre libre«, das sich vor allem der naturalistischen Dramatik widmete; 1889 wurde in Berlin unter Beteiligung von Otto Brahm die »Freie Bühne« gegründet, die Gerhard Hauptmann durchsetzte; 1891 entstand in London die »Independant Theatre Society«, die Bernhard Shaw auf die Bühne brachte, und 1898 eröffnete Konstantin Stanislavskij als Nachfolgerin der »Gesellschaft für Kunst und Literatur« das »Moskauer Künstlertheater«, das Anton Čechov auf dem Theater etablierte.

Der Anspruch, die Aufführung als Kunstwerk zu schaffen, begründete eine völlig neue Funktion der Regie. Während der Regisseur bisher lediglich die Aufsicht über den geregelten Ablauf der von den Schauspielern vorgenommenen Proben geführt hatte, wurde von Herzog Georg und seinem Regisseur Ludwig Chronegk jedes Detail festgelegt.[182] Mit den ersten Bühnenbildentwürfen und Skizzen von Kostümen, Posen, Gruppierungen, die der Herzog nach sorgfältigen historischen und archäologischen Vorarbeiten anfertigte, wurde der Regieplan begonnen und auf den Proben sowohl umgesetzt als auch häufig noch korrigiert und verändert. Die Aufführungen waren so als mit kollektiver Anstrengung geschaffene Kunstwerke zu begreifen, die »nach dem zielbewußten Willen eines einzelnen Spielleiters« entstanden.

Die Meininger vollzogen damit den Wechsel vom Schauspieler- zum Regietheater. Mit ihnen setzte eine Entwicklung ein, welche den postulierten Kunstcharakter der Aufführung an die Dominanz des Regisseurs bindet. Die Kunst des Theaters wird die Kunst des Regisseurs, der die von »anderen« Künsten zur Verfügung gestellten Elemente den eigenen Intentionen gemäß organisiert. Insofern nimmt es kaum wunder, daß der bedeutende russische Regisseur Stanislavskij als innovative, für seine eigene Laufbahn besonders wichtige künstlerische Errungenschaft der Meininger »die Regiemethoden zur Herausarbeitung des geistigen Wesens eines Werkes«[183] hervorhebt. Die Geschichte der »modernen« Regie beginnt mit den Meiningern.

Die Regie der Meininger war es, welche dem Publikum die durch Zensur und hohle Deklamation völlig verleideten Klassiker neu erschloß. Damit begann die bis heute andauernde Auseinandersetzung um eine »adäquate« Inszenierung der Klassiker. In ihr wurden zwar auch Argumente für oder wider das Regieprinzip ausgetauscht[184], grundsätzlich jedoch wurde sie als Streit um den Kunstbegriff geführt. Da die Meininger in der Ausstattung einem rigorosen historischen Realismus folgten, in der Schauspielkunst jedoch – vor allem in der Deklamation – einem idealistischen Konzept anhingen, boten sie für die Vertreter beider Kunstbegriffe eine Fülle von Angriffspunkten. Auch in dieser Hinsicht läßt sich eine gewisse Entsprechung zu Wagners Theater konstatieren: So wie in Wagners Inszenierungen die historisch-realistische Ausstattung das Konzept des Gesamtkunstwerks empfindlich störte, wurde bei den Meiningern die realistische Darstellung der Umwelt durch die idealistische

Schauspielkunst beeinträchtigt. In beiden Fällen wirkten sich diese Inkonsequenzen dahingehend aus, daß vielfach der Eindruck eines pompösen Stils entstand, wie er vom Publikum der Gründerjahre allerdings durchweg goutiert wurde.

Der Versuch der Meininger, den Menschen aus seiner Umwelt heraus verständlich zu machen, mit dem sie durchaus auf den Naturalismus vorausweisen, blieb so in den Anfängen stecken. Nach seinen ersten eigenen Versuchen mit der Gründung eines naturalistischen Theaters erkannte Otto Brahm dieses Dilemma klar. 1891 schreibt er:

> Das Prinzip der Echtheit [...] ist heute, sofern es sich um die Fragen des Kostüms und der ganzen Inszenesetzung handelt, ein kaum noch bestrittenes: und was ist dieses Prinzip, dieses Meiningertum auf der Bühne anderes als ein erster großer Sieg des Realismus? Stehenbleiben können wir auf dieser Stufe der Entwicklung nicht. Es ist ein Widerspruch, in der Ausstattung der Szene der Natur so nahe zu kommen wie nur möglich, und dann in diesen stilvoll echten Räumen Menschen sich bewegen zu lassen in konventionellen Gebärden und Gefühlen, in der Sprache der Bücher, nicht des Lebens. Realistisch wie die Szene, wie die Dichtung muß die Schauspielkunst werden [...]. Der idealistische Stil in der Darstellungskunst, die plastische Pose, die Deklamation, sie traten zurück vor dem Streben nach beseelter Natürlichkeit.[185]

Der Bezug, den Brahm hier zwischen den Meiningern und dem naturalistischen Theater herstellt, wurde auch von Antoine gesehen. Er bemerkte, daß die Meininger das von den naturalistischen Bühnen radikalisierte Guckkastenprinzip der vierten Wand konsequent befolgten: »Niemand wagt sich in das Proszenium hinaus. [...] Ich habe es in wohl zwölf Aufführungen nicht ein einziges Mal gesehen, daß jemand näher als bis auf zwei Meter an den Souffleurkasten herangekommen wäre. Hinzu kommt noch das Verbot, in den dunklen Saal zu spähen. Nahezu alle Hauptszenen spielen sich im Hintergrund ab, während die Komparsen – den Rücken gewendet – die Blicke auf die Schauspieler richten.«[186]

Antoine sah sogar im Repertoire der Meininger naturalistische Tendenzen verwirklicht. Am 22. Dezember 1886 hatten die Meininger in Anwesenheit des Dichters die deutsche Erstaufführung von Ibsens *Gespenstern* herausgebracht.[187] Dies Stück war sonst von der Zensur überall in Deutschland verboten. Wenige Jahre später avancierte es zum Programmstück der naturalistischen Bühnen. Antoine bezeichnete den »Einfall« des Herzogs, das »sehr revolutionierende« Stück »vor dem Verfasser und den eingeladenen

Kritikern der deutschen Presse zu spielen«, als »ganz Théâtre-Libre«[188].

Diese Linie läßt sich auch in anderer Hinsicht ausziehen. Von den Volksszenen der Meininger führt durchaus ein Weg zu Hauptmanns *Webern* oder Gorkijs *Nachtasyl*. Die von Speidel als »lächerlich« gerügte »Emanzipation der Massen« hat sich hier in der Darstellung eines Kollektivs, einer Gruppe von Menschen aus den unteren Volksschichten als »Bühnenhelden« verwirklicht. Das bedeutende Individuum, die große Persönlichkeit ist damit endgültig von der Bühne abgetreten.

Die Meininger charakterisiert insofern eine eigentümliche Zwischenstellung. Einerseits führten sie bestehende Tendenzen fort, die sie entweder nur leicht modifizierten (wie die idealistische Schauspielkunst) oder radikalisierten (wie das realistische Prinzip in der Ausstattung), andererseits verwirklichten sie Tendenzen, die auf einen tiefgreifenden kulturellen Wandel hinweisen. Ihre historische Bedeutung läßt sich daher auch weniger als grundlegende Reform des Theaters, sondern eher aus dieser Zwischenstellung bestimmen. Sie boten Anknüpfungspunkte für völlig unterschiedliche ästhetische und gesellschaftliche Überzeugungen und Anschauungen. Sie wirkten insofern als eine Art Katalysator, der Publikum und Kritik dazu verhalf, Stellung zu beziehen, die eigene Position zu definieren, ihre neuen Bedürfnisse und Forderungen an das Theater und die Gesellschaft, aber ebenso ihre Ängste vor Veränderung bewußt zu machen und zu formulieren. Das Theater wurde hier zum Brennpunkt, in dem die widersprüchlichsten Tendenzen einer Umbruchzeit zusammenliefen, sich kreuzten und gebündelt zurückgeworfen wurden.[189] Im Streit um die Meininger stand der »Zeitgeist« der Gründerjahre zur Diskussion.

3.4 Vollendung und Ende des bürgerlichen Illusionstheaters

3.4.1 Wiederherstellung der Bühne als öffentliches Forum

Eine Auseinandersetzung mit den aktuellen und brennenden Problemen der Zeit war auf dem Theater zu Beginn der sechziger Jahre in Deutschland – ebenso wie im übrigen Europa – nahezu unmöglich. Wo immer ein Dramatiker sich auf solche Probleme einließ, wurde sein Stück – wenn es überhaupt zur Aufführung angenommen wurde – von der Zensur bis zur Unkenntlichkeit verstümmelt. Für die Diskussion der Frauenfrage, des Sozialdarwinismus, der Vererbungslehre, des Atheismus, des Sozialismus etc. etc. blieb das Theater als ein öffentliches Forum verschlossen. Ein Ausweg aus diesem Dilemma öffnete sich mit der Gründung von Theatervereinen, die durch den Verkauf von Mitgliedschaften oder Abonnements »geschlossene« – und damit private – Aufführungen nur für Vereinsmitglieder anbieten und so die Zensur umgehen konnten. Ihr erklärtes Ziel war es, jene Autoren zu fördern und zur Diskussion zu stellen, die von den staatlichen und kommerziellen Theatern abgelehnt wurden. Die Kunsttheater-Bewegung, die Ende der achtziger Jahre überall in Europa entstand, ist insofern als demonstrativer Protest gegen die gängige Theaterpraxis zu begreifen. Sie war zugleich die erste internationale Bewegung in der europäischen Theatergeschichte, wie sie im 20. Jahrhundert typisch für die Avantgarden werden sollte.

Der erste, der den Ausweg einer Vereinsgründung einschlug, war André Antoine. 1887 gründete er in Paris das »Théâtre libre«, das sich vor allem der naturalistischen Dramatik widmete. Ihm trat 1890 das von Paul Fort gegründete »Théâtre d'Art« entgegen, das ab 1893 von Aurélien Lugné-Poë als Theater des Symbolismus unter dem Namen »Théâtre de l'Œuvre« weitergeführt wurde.

Unter ausdrücklicher Berufung auf Antoine und sein »Théâtre

libre« wurde 1889 in Berlin die »Freie Bühne« gegründet. Ihr folgte eine Reihe von Theatergründungen in Berlin, darunter die 1890 von Bruno Wille eröffnete »Freie Volksbühne« und die im gleichen Jahr entstandene »Deutsche Bühne«, die zu ihren leitenden Kräften u.a. die Brüder Heinrich und Julius Hart, Karl Bleibtreu und Conrad Alberti zählte.

In London gründete J. T. Greins 1891 die »Independant Theatre Society«, welche die Serie von Club-Theater-Gründungen einleitete, die als »Repertory-Theatre-Movement« das englische Theatersystem reformierte. Als Nachfolgerin der »Independant Theatre Society« wurde 1899 die »English Stage Society« ins Leben gerufen. In Dublin wurde 1899 das »Irish Literary Theatre« eröffnet, zu dessen Gründern William Butler Yeats gehörte, und 1902 die »Irish National Theatre Society«. Beide gingen später im »Abbey Theatre« auf, das A. E. Horniman 1904 gründete.

Bereits 1888 hatte in Moskau Konstantin Sergeevič Alekseev unter dem Künstlernamen Stanislavskij die »Gesellschaft für Kunst und Literatur« ins Leben gerufen. Als ihre Nachfolgerin eröffnete er 1898 zusammen mit Nemirovič-Dančenko das »Moskauer Künstlertheater«, welches bereits im ersten Jahr seines Bestehens mit der Inszenierung der *Möwe* von Anton Čechov nicht nur seinen legendären Ruf begründete, sondern auch den Dramatiker Čechov auf dem Theater etablierte.

Diese durchweg als Privatbühnen gegründeten Kunsttheater hatten es sich zum Ziel gesetzt, die für das Theater des ausgehenden 19. Jahrhunderts so charakteristische Kluft zwischen Literatur und Theater aufzuheben. Das Theater sollte in diesem Sinne »reliterarisiert« werden. Das Repertoire bestand entsprechend fast ausschließlich aus Dramen zeitgenössischer Dichter. Auf diesen Bühnen gelangten die Werke Ibsens, Björnsons, Gorkijs, Hauptmanns, Hofmannsthals, Wedekinds, Maeterlincks, Wildes, Yeats', Galsworthys, Shaws zur Aufführung. Fast jede dieser Aufführungen rief bei Publikum und Kritik die heftigsten Reaktionen hervor – sei es in Form begeisterter Zustimmung, sei es als dezidierte kompromißlose Ablehnung. Die bedeutendsten Kritiker der Zeit berichteten in den maßgeblichen Tageszeitungen über Stücke und Inszenierungen und setzten damit die im Theater begonnene Diskussion innerhalb einer größeren Öffentlichkeit fort. Mit der Kunsttheaterbewegung war so der aktuellen Dramatik die Bühne als öffentliches Forum zurückerobert.

Eine besondere Bedeutung kam in diesem Prozeß dem dramatischen Werk Henrik Ibsens zu. Nachdem Ibsen bereits 1869 im *Bund der Jugend* aktuelle Verhältnisse der norwegischen Politik zum Gegenstand eines Dramas gemacht, die Verssprache aufgegeben und die realistische Alltagssprache auf der Bühne eingeführt hatte, wandte sich der fast Fünfzigjährige mit *Stützen der Gesellschaft* (1877) endgültig dem Genre des Gesellschaftsstücks zu.

Genaue Zustandsbeschreibungen von Zeit und Gesellschaft, das Aufdecken von Schwächen und Mißständen wurden von nun an das Zentrum seines dramatischen Schaffens. Die Uraufführung von *Stützen der Gesellschaft* fand am 14. November 1877 im »Teatret Odense« statt. Zwei Wochen später folgte die norwegische Erstaufführung in »Det Norske Teater« in Bergen. 1878 gab es eine ganze Serie von Aufführungen auf deutschen Bühnen. Allein in Berlin wurde das Stück im Februar 1878 von drei Theatern in drei verschiedenen Übersetzungen gespielt. Mit diesem Stück knüpfte Ibsen in mancher Hinsicht an die Tradition eines bürgerlichen Theaters an, wie die Aufklärung sie begründet hatte: Er begriff und benutzte das Theater als eine moralische Anstalt, in der sich die bürgerliche Gesellschaft mit den in ihr geltenden Normen und Werten auseinandersetzen sollte.[190] Über den ungeheuren Eindruck, den die Aufführung der *Stützen der Gesellschaft* auf ihn und viele seiner Generation machte, schrieb Paul Schlenther, einer der Mitbegründer der »Freien Bühne«, in seinen Erinnerungen:

> Wer [...] wie ich, durch die *Stützen der Gesellschaft* zwei der größten Kunstoffenbarungen empfangen hat, kam von diesem erobernden und erleuchtenden Drama nicht wieder los. 1878 wurde es in Berlin, zu einer Zeit, da die schickliche Hofbühne bei Lubliner und Gensichen, das Sensationstheater bei Sardou und Dumas hielt, in drei verschiedenen Vorstädten gegeben. Über all dem blinkenden und schillernden Theaterplunder ringsum gingen uns damals die jungen Augen auf. Wir bebten und jauchzten. Anders als im Sinne Fausts riefen wir denen um Konsul Bernick zu: ›Das ist eine Welt! Das heißt eine Welt!‹ Wir gingen immer wieder ins Theater; tagsüber lasen wir in Wilhelm Langes scheußlichem Deutsch das Stück. Weder die poesielose, papierene Übersetzung noch die bretternen Seelen der Vorstadtschauspieler konnten gegen die Gewalten dieser Dichtung an. So muß neunzig Jahre früher Schillers *Kabale und Liebe* auf die nicht mehr ganz unreife Jugend gewirkt haben.[191]

Es mag insofern nicht wundernehmen, daß die »Freie Bühne« (am 29. September 1889) mit einem Ibsen-Drama eröffnet wurde: mit den lange Zeit verbotenen *Gespenstern.*[192] Auf Initiative der Kritiker Theodor Wolff und Maximilian Harden war der Verein »Freie

Bühne« am 5. 4. 1889 unter Mitwirkung der Kritiker und Schriftsteller Otto Brahm, Paul Schlenther, Heinrich und Julius Hart, Julius Stettenheim, des Verlegers und Buchhändlers Samuel Fischer, des Rechtsanwalts Paul Jonas und des Theateragenten Stockhausen gegründet worden. Zum Vorsitzenden wählte man Otto Brahm.[193] Im Gründungsaufruf, der Anfang Juni 1889 versandt wurde, hieß es u.a.:

Uns vereinigt der Zweck, unabhängig von dem Betriebe der bestehenden Bühnen und ohne mit diesen in einen Wettkampf einzutreten, eine BÜHNE zu begründen, welche FREI ist von den Rücksichten auf Theatercensur und Gelderwerb. Es sollen während des Theaterjahres, beginnend im Herbst 1889, in einem der ersten Berliner Schauspielhäuser etwa zehn Aufführungen moderner Dramen von hervorragendem Interesse stattfinden, welche den ständigen Bühnen ihrem Wesen nach schwerer zugänglich sind.[194]

Der Aufruf hatte eine gute Resonanz: Ende Juni zählte der Verein bereits 350 Mitglieder, am Jahresende 900 und am Ende der Spielzeit über 1000. Damit war eine solide finanzielle Grundlage gesichert. Die Preise waren gestaffelt und entsprachen in etwa denen der öffentlichen Theater. Die Mitglieder entstammten hauptsächlich dem Bürgertum; außer Literaten, Theaterdirektoren, Schauspielern und Kritikern waren vorzugsweise Kaufleute, Bankiers, Anwälte, Ärzte, Professoren und hohe Beamte vertreten. Die Liste der Mitglieder enthielt kaum Angehörige aus Hof-, Adels- und Offizierskreisen und nur zwei Reichstagsabgeordnete.[195]

Gespielt wurde am Sonntagvormittag. In der ersten Spielzeit war die »Freie Bühne« im Lessingtheater zu Gast; ihre Schauspieler mußte sie sich von den verschiedenen Berliner Bühnen ausborgen. Mit Beginn der zweiten Spielzeit wurde sie vom Residenztheater beherbergt, auf dessen Ensemble sie – vertraglich abgesichert – zurückgreifen konnte.[196]

Als seine vornehmste Aufgabe betrachtete der Verein die Förderung der aktuellen Dramatik, die aus Zensurrücksichten nicht von den öffentlichen Bühnen gespielt wurde, und in diesem Sinn eine »Reliterarisierung« des Theaters. Entsprechend heißt es im Programm, das in der *National-Zeitung* vom 30. 9. 1889 abgedruckt wurde:

Befreit von den Rücksichten des täglichen Theaterbetriebes wollen wir der stockenden Entwicklung des deutschen Dramas frische Impulse zuführen durch die dramatische Verwicklung einer neuen Kunst. Den Sieg, den moderne Anschauungen [...] über das Schablonenhafte und die leere Routine bereits gewonnen haben, wollen wir auch auf dem Theater erringen helfen, und den großen Vertretern realistischer Kunst bei den fremden Nationen wollen wir die Versuche der Deutschen wagend beigesellen.[197]

Der Spielplan der ersten Spielzeit, den Otto Brahm zusammenstellte, umfaßte folgende Dramen: Ibsens *Gespenster*, Hauptmanns *Vor Sonnenaufgang*, *Henriette Maréchal* der Brüder Goncourt, Björnsterne Björnsons *Der Handschuh*, Tolstojs *Macht der Finsternis*, Anzengrubers *Das vierte Gebot*, *Die Familie Selicke* von Arno Holz und Johannes Schlaf, Artur Fitgers *Von Gottes Gnaden* und Hauptmanns *Friedensfest*. Die Forderung nach zeitgenössischer Dramatik hieß also für die »Freie Bühne« vor allem Kampf um das naturalistische Drama.

Die Eröffnungsvorstellung mit Ibsens *Gespenstern* wurde daher in gewisser Weise als eine Art Vorhut-Scharmützel gewertet. Im Unterschied zu manch anderem Kritiker hielt Theodor Fontane diese Stückwahl für eine kluge Strategie und dies nicht nur als »Huldigung gegen Ibsen, der [...] als Ältester wie als Haupt der neuen realistischen Schule dasteht. [...] Mit den ›Gespenstern‹ beginnen, hieß [...] nach Möglichkeit einen Theil jener Gefahren aus dem Wege gehen, wie sie jedes neue Unternehmen so gern umlauern; das Stück hatte seine Feuerprobe bereits bestanden.«[198]

Die eigentliche Kampfphase der »Freien Bühne« setzte erst mit der Uraufführung von Hauptmanns *Vor Sonnenaufgang* (am 20. Oktober 1889) ein. Die Aufführung löste einen ganz beispiellosen Skandal aus. Das Publikum lieferte »ein Schauspiel im Schauspiel [...]. Die Kämpfe zwischen Begeisterung und Ablehnung, Bravo und Pfui, Zischen und Klatschen, die Zwischenrufe, die Demonstrationen, die Unruhe, die Erregung, welche jedem Akt folgten, ja in das Spiel hineinplatzten, schufen das Lessing-Theater in ein Versammlungslokal um, das eine leidenschaftliche, wogende Volksmenge füllt.«[199] Die Presse geiferte fast einstimmig gegen das »wüste formlose und rohe Schnapsdrama«[200], gegen »alle Unfläthigkeiten, mit denen es reich gesegnet ist«[201], gegen seine »Rohheiten und Obscönitäten«[202].

Der Skandal blieb in der ersten Spielzeit das Markenzeichen der »Freien Bühne«. Immer wieder ist in den Rezensionen von »Zischen und Klatschen, Geschrei und Beifallsgejohle« die Rede, die »aus dem Theatersaal den richtigen Circus« machten[203]. In der zweiten Spielzeit ließ die Anteilnahme des Publikums bereits merklich nach, obwohl die konservative Presse die aufgeführten naturalistischen Dramen (Strindbergs *Vater*, Hauptmanns *Einsame Menschen*, Henri Becques *Raben*, Zolas *Thérèse Raquin*) weiterhin scharf ablehnte.[204]

In der dritten Spielzeit lieferte der Verein seinen Mitgliedern nur eine einzige Aufführung – Strindbergs *Comtesse Julie* wurde nach einem einführenden Vortrag von Paul Schlenther von Publikum und Kritik freundlich aufgenommen. Der *Börsen–Courier* befand, daß »›Comtesse Julie‹ in einer ganz vortrefflichen Aufführung die Kraft erwies, ein gebildetes, zur Bühnenkunst in engeren, ernsteren Beziehungen stehendes Publikum zu fesseln«[205].

Die vierte Spielzeit wurde mit Hauptmanns *Webern* eröffnet (am 26. Februar 1893), die eigentlich am Deutschen Theater hatten herauskommen sollen. Die Zensur hatte jedoch eine öffentliche Aufführung des Stückes »aus ordnungspolizeilichen Gründen« verboten.[206] Die Aufführung der »Freien Bühne« konnte bei Publikum und Kritik einen überwältigenden Erfolg verbuchen. »Im Zuschauerraum war von der altgewohnten Physiognomie der Aufführungen der ›freien Bühne‹ nichts zu merken. Da war nichts von Parteiungen, nichts von Kämpfen die Rede, da war nur andächtige Aufmerksamkeit überall und freudige Anerkennung, die in ihren Ausbrüchen zuweilen sogar über den Werth nicht etwa des Werkes, aber doch vielleicht *über* den seiner Bühnenwirkung hinausging.«[207] Das naturalistische Drama hatte sich beim bürgerlichen Publikum durchgesetzt.

Hauptmanns Dramen erhielten von nun an einen festen Platz im Repertoire der öffentlichen Theater. Sein *Hannele* wurde bereits am 14. November 1893 sogar vom Berliner Hoftheater, dem Königlichen Schauspielhaus, uraufgeführt.

Am 30. Juni 1894 übernahm Otto Brahm die Intendanz des Deutschen Theaters. Hier pflegte er in den folgenden zehn Jahren mit einem sorgfältig aufgebauten Ensemble ein vorwiegend zeitgenössisches Repertoire und entwickelte konsequent den neuen, in den Aufführungen der »Freien Bühne« am naturalistischen Drama bereits ausgearbeiteten Inszenierungs- und Schauspielstil weiter. Paul Schlenther, der ihm zunächst auf den Vorsitz der »Freien Bühne« folgte, ging 1898 nach Wien und übernahm die Leitung des Burgtheaters. Die »Freie Bühne« war, wie Otto Brahm 1911 rückblickend feststellte, »am Erfolge« gestorben.[208] Das naturalistische Theater war fester Bestandteil der bürgerlichen Theaterkultur geworden.

Die eigentliche Kampfphase der »Freien Bühne« hatte nur knapp vier Jahre gedauert. Ihren Anfang und ihr Ende markieren die Aufführungen von Hauptmanns *Vor Sonnenaufgang* und *Die Weber*. Während das Publikum auf *Vor Sonnenaufgang* mit »zornige[r] Empörung, Widerwillen, Hohn« reagiert hatte, mit einem »leidenschaftlichen, langandauernden Kampfe zwischen Beifall und Pfeifen, zwischen Bravorufen und [...] wüsten Rufen ›Unsinn!‹, ›Gemeinheit‹«[209], war das ganz zweifellos ähnlich strukturierte Publikum von den *Webern* »hingerissen« und »tief ergriffen«[210]. Als Erklärung für das jeweilige Publikumsverhalten führen die Kritiker zum einen ästhetische und dramaturgische Gründe an. So wird immer wieder auf die »Rohheiten und Obscönitäten«[211] hingewiesen, auf die »Häßlichkeitswelt«[212], die »unsaubere Verpackung«[213], den »unwürdigen Stoff« der »schnapsduftenden Säufergeschichte«[214], auf den »Misthaufen«[215]. Unter dramaturgischem Gesichtspunkt wird vor allem »der epische Charakter«[216] scharf gerügt. *Die Weber* dagegen werden als »ein Meisterwerk dramatischer Dichtung« gelobt, »wenngleich das Stück trotz alledem kein Drama ist«[217]; ihre »allgemeine, große Menschlichkeit«[218] wird gepriesen und ihren Figuren bescheinigt, daß sie »keine Photographien, sondern voll ausgebildete Gestalten von Fleisch und Blut, von Leben und Empfindung« sind, die »in der Phantasie und im Herzen des Dichters leben«[219]. Vergleichbare ästhetische und dramaturgische Befunde erfahren von denselben Kritikern eine diametral entgegengesetzte Bewertung.

Ähnliches gilt für das zweite Argument, den Bezug des jeweiligen Dramas auf die zeitgenössische Gesellschaft. Während an *Vor Sonnenaufgang* getadelt wird, daß es eine »Tendenzdichtung« sei, die »gegen die heutige Gesellschaft«[220] gerichtet ist, wird den *Webern* attestiert, daß »in der Dichtung nicht eine Spur von [...] Tendenzpoesie« steckt; »alles Politische und Sozialistische hat sich hier abgeklärt zu reinster künstlerischer Bildung und über dem nackten Interesse schwebender Menschlichkeit«[221]. Ganz offensichtlich war die Polizeibehörde hier zu einem völlig anderen Schluß gekommen; sonst hätte sie die öffentliche Aufführung des Stücks nicht verboten. Interessanterweise schätzte die Sozialdemokratie die revolutionäre Sprengkraft des Dramas ähnlich ein wie das Polizeipräsidium. Franz Mehring bezeichnete *Die Weber* ausdrücklich als »revolutionär und höchst aktuell« und hatte keinerlei »Zweifel an der mächtigen revolutionären Wirkung, die das Schauspiel auf ein empfängliches und genußfähiges Publikum haben müßte«[222].

Das bürgerliche Publikum dagegen kam zu einer anderen Einschätzung. Hier war »die Rührung [...] allgemein«[223], obwohl sich in den *Webern* Ästhetik, Dramaturgie und sozialpolitische Tendenz von *Vor Sonnenaufgang* fortsetzten. Wie also läßt sich der durchgreifende *Geschmackswandel*[224] erklären, der beim bürgerlichen Publikum innerhalb von nur vier Jahren eingetreten war? Die beiden von der Kritik angeführten Argumente, das *ästhetische* und das *sozialpolitische*, sind offensichtlich so nicht stichhaltig. Sie sollen nachfolgend noch einmal genau überprüft werden.

3.4.2 Die Ästhetik des naturalistischen Theaters

Als oberster Leitwert galt dem naturalistischen Theater die »Wahrheit«. In Ibsens Notaten zu den *Gespenstern* heißt es:

> Forderung unbedingter Naturwahrheit [...]. Die Sprache muß natürlich klingen und für alle Personen im Stück charakteristisch sein. [...] Die Wirkung des Stückes hängt zum großen Teil davon ab, daß der Zuschauer etwas zu sehen und zu hören meint, was sich im wirklichen Leben abspielt. [...] Ich glaubte, die *Wahrheit* sei schon *Schönheit an sich.*[225]

Diese Formulierungen weisen unüberhörbar auf das Theater der Aufklärung zurück. So hatte Diderot in seinen verschiedenen Schriften immer wieder laut die Forderung nach »Wahrheit« und nach »Natur« im Drama und auf der Bühne erhoben, hatte Lessing »Wahrheit« und »Schönheit« zu den »höchsten« und »ersten Gesetzen« der Kunst erklärt, dasjenige der »Schönheit« jedoch demjenigen der »Wahrheit« deutlich untergeordnet.[226] Wenn Ibsen die »Schönheit« mit der »Wahrheit« gleichsetzt, führt er also mit dieser Radikalisierung letztlich nur die von der Aufklärung begründete Tradition weiter.

Diese Traditionslinie wird von Zola explizit ausgezogen. In seiner Schrift *Le naturalisme au théâtre* (1881) bezeichnet er die Naturalisten ausdrücklich als »fils direct de Diderot«[227]. Entsprechend definiert er den Naturalismus als »le retour à la nature«[228] und wiederholt seine zuerst 1865 formulierte Bestimmung des Kunstwerks: »L'art est un coin de la nature vu à travers un tempérament.«[229] Mit der Frage des Naturalismus ist daher per definitionem

»la question de la vérité«[230] gestellt. Und Arno Holz, der profilierteste Theoretiker des deutschen Naturalismus, stellt im Anschluß an Zola – wenn auch mit der erklärten Absicht, ihn zu »korrigieren« – sein »Kunstgesetz« auf: »Die Kunst hat die Tendenz, wieder die Natur zu sein. Sie wird sie nach Maßgabe ihrer jeweiligen Reproduktionsbedingungen und deren Handhabung.«[231] Auf eine knappe Formel gebracht lautet das »Gesetz«: »Kunst = Natur – x«, wobei der Künstler die Aufgabe hat, das »x« soweit wie möglich gegen »0« streben zu lassen.

Wie für die »imitatio naturae« – Forderung der Aufklärung wird auch für den Naturalismus der zugrunde liegende Naturbegriff zum Schlüsselkonzept. Der Naturalismus geht vom empirischen Naturbegriff der zeitgenössischen Naturwissenschaften aus. Der Künstler muß sich folglich »dem Naturforscher nähern«. Sein Vorgehen wird auf der »Erfahrung« beruhen; »Beobachtung«, »Analyse« und »Experiment« stellen seine wichtigsten Instrumente dar, um die »unveränderlichen Gesetze«[232] aufzufinden, denen der positivistischen Philosophie zufolge alle Vorgänge unterworfen sind.[233]

Gegenstand der Untersuchung ist in jedem Fall der Mensch. Sie wird daher als eine »anatomie de l'homme« durchgeführt, wobei die Physiologie, die Biologie – vor allem die Darwinsche Abstammungslehre sowie seine Lehre von der natürlichen Zuchtwahl – und eine biologistische Soziologie[234] als Leitwissenschaften fungierten. Zola forderte entsprechend vom Theater: »J'attends qu'on plante debout au théâtre des hommes en chair et en os, pris dans la réalité et analysés scientifiquement [...]. J'attends que les milieux déterminent les personnages et que les personnages agissent d'après la logique des faits, combinée avec la logique de leur propre tempérament.«[235] Dem naturalistischen Theater stellte sich so die Aufgabe, die »Gesetze« zu ermitteln, denen das Verhalten des Menschen unterworfen ist.

Während die allgemeinen Forderungen des naturalistischen Theaters nach »Wahrheit« und »Natur« an die Tradition der Aufklärung anknüpften, machte seine spezielle Aufgabenstellung eine neue Dramaturgie notwendig. Da der Mensch keine bekannte Größe mehr darstellte, die vorausgesetzt werden kann, sondern den Gegenstand der Untersuchung bildete, büßte die Kategorie der Handlung ihre dominante Position ein. An ihre Stelle traten penible Zustandsbeschreibungen, die möglichst vollständig alle Faktoren berücksichtigen sollten, die in der gegebenen Situation das Verhalten der betreffenden Figur bestimmen. Daraus resultierte der anfangs von der Kritik so scharf gerügte »epische Charakter« naturalistischer Dramen.

Eine besonders radikale Veränderung erfährt die Figurenkonzeption. Das »autonome Individuum« und sein »freier Wille« wurden als ideologische Konstrukte verabschiedet. Der Dramatiker als Experimentator sollte vielmehr erst die »Gesetze« ermitteln, nach denen menschliches Verhalten abläuft. Im Prinzip konnte er diese Untersuchung an jeder beliebigen Figur durchführen, gleich welchen gesellschaftlichen, moralischen und geistigen Standes sie sei. De facto wählten die naturalistischen Dramatiker jedoch Figuren aus kleinbürgerlichem und proletarischem Milieu und auch hier häufig »Außenseiter«: Säufer, Geisteskranke, Dirnen, Bettler, Krüppel und Selbstmörder. Wilhelm Bölsche erklärte dies mit der Notwendigkeit zu wissenschaftlicher Distanz und Objektivität:

> Die wissenschaftliche Psychologie und Physiologie sind durch Gründe, die Jedermann kennt, gezwungen, ihre Studien überwiegend am erkrankten Organismus zu machen, sie decken sich fast durchweg mit Psychiatrie und Pathologie. Der Dichter nun, der sich in berechtigtem Wissendrange bei ihnen direct unterrichten will, sieht sich ohne sein Zuthun in die Atmosphäre der Clinic hineingezogen, er beginnt sein Augenmerk mehr und mehr von seinem eigentlichen Gegenstande, dem Gesunden, allgemein Menschlichen hinweg dem Abnormen zuzuwenden; [...] es entsteht jene Literatur des kranken Menschen, der Geistesstörungen, der schwierigen Entbindungen, der Gichtkranken [...].[236]

Die Wahl derartiger – zumindest vom bürgerlichen Standpunkt aus – nicht normaler Figuren sicherte dem Dramatiker besonders günstige Ausgangsbedingungen für die Anwendung der naturalistischen Methode. Zum einen schuf sie bei einem bürgerlichen Publikum die für eine beobachtende Rezeptionshaltung notwendige Distanz zu den Figuren. Zum anderen bot sie aufgrund des unüberhörbaren Unterschieds zwischen der Alltagssprache dieser Figuren und der sanktionierten Literatursprache ausreichend Gelegenheit, der Forderung nach Wahrheit geradezu programmatischen Ausdruck zu verleihen. Im sogenannten »Sekundenstil«[237] konnte so der Ablauf einer gestörten sprachlichen Kommunikation im jeweiligen Dia-, Sozio- und Psycholekt[238] detailliert wiedergegeben werden.

Lessing und Diderot hatten längere Szenenanweisungen in das bürgerliche Drama eingeführt; in ihnen wurden Mimik und Gestik der Figuren beschrieben, welche die verbal ausgedrückten psychischen Zustände und Vorgänge ergänzen, illustrieren und verstärken sollten. Die naturalistischen Dramatiker lieferten ausführliche und detaillierte Beschreibungen von Mimik, Gestik, Körperhaltung, Bewegungen und Abständen zwischen den Figuren, um den unvollständigen, verstümmelten und unzutreffenden verbalen Ausdruck durch die non-verbalen Zeichen zu ersetzen, zu modifizieren, zu annullieren oder auch ihm zu widersprechen. Diese Beschreibungen weisen auf die tatsächlichen Gefühle und seelischen Vorgänge in den Figuren hin, die von ihren Reden weder dargestellt noch ausgedrückt werden. Die Figuren erschliessen sich also nur aufgrund der Interferenz von Redetext und Szenenanweisung, wobei das in den Szenenanweisungen beschriebene Verhalten in der Bedeutung überwiegt.[239]

Diese – hier nur kurz in ihren wichtigsten Punkten skizzierte – neue Dramaturgie[240] verlangte eine neue Schauspielkunst, einen neuen Inszenierungsstil. Sie zu entwickeln, war das erklärte Ziel Otto Brahms, das er zunächst in der »Freien Bühne«, dann im Deutschen Theater und zuletzt bis zu seinem Tod im Lessing-Theater (1904–1912) verfolgte.

Die Ausstattung betreffend konnte Brahm an die Meininger anknüpfen. Das Prinzip der »Echtheit« war lediglich aus vergangenen Epochen der Geschichte in das kleinbürgerliche Milieu der Gegenwart zu transponieren. Max Reinhardt, der jahrelang als Schauspieler den »Kohlgeruch«[241] Brahmscher Inszenierungen eingeatmet hat, karikierte in seiner Parodie *Karle. Eine Diebskomödie* die charakterisierende Funktion des Bühnenbildes bei Brahm folgendermaßen:

> Ein einfaches, graues, trüberleuchtetes Zimmer. Hinten und rechts vorne je eine Thüre. Links ein altes, wurmstichiges, rostbraunes Bettgestell mit zerrissenen Strohsäcken. Darauf die Mutter, mit einem braunrot karierten Laken bedeckt. Davor ein windschiefer Wandschirm, welcher verstellbar ist. Rechts ein wackelnder Tisch mit drei Rohrstühlen, deren Geflecht zum Teil geflickt, zum Teil durchlöchert ist. An der Wand, welche feuchte Flecke aufweist, hängen verschiedene Öldrucke und eine billige Uhr, die stets nachgeht. Unter dem Bette befindet sich ein Stiefelknecht und Sonstiges. Ein Teil des Fussbodens wird von einem alten Teppiche bedeckt, von welchem von Zeit zu Zeit einige Motten auffliegen. Die Dielen krachen, und das Bett knarrt bedenklich bei jeder Wendung der Mutter Spanke. Im ganzen atmet der Raum die Stimmung schwindender Wohlhabenheit und materieller Sorge. Dazu kommt jene dunstige Atmosphäre, welche von einem Krankenbett ausgeht.[242]

Da die Schauspieler, die in solchen Räumen agierten, konsequent das Prinzip der vierten Wand verwirklichten, dessen Einhaltung bereits Diderot gefordert hatte[243], ermöglichte die Guckkastenbühne im naturalistischen Theater dem Zuschauer, die Position eines distanzierten Beobachters einzunehmen: Sie fokussierte seinen Blick auf das dargestellte Milieu und die von ihm bestimmten Figuren wie auf einen Lebensausschnitt, eine »tranche de vie«, den er so wie durch ein Mikroskop betrachten konnte.

Dies war allerdings nur möglich, weil die Schauspieler auf alle im 19. Jahrhundert üblichen und allgemein verbreiteten theatralischen Effekte verzichteten und das Prinzip der »Echtheit« auf die Gestaltung ihrer Figuren übertrugen. Der Schauspieler Emanuel Reicher, der bereits an den Aufführungen der »Freien Bühne« in wichtigen Rollen beteiligt war, charakterisierte diese neue Orientierung in einem Brief an Hermann Bahr folgendermaßen:

> Wir wollen nicht mehr effektvolle Szenen spielen, sondern ganze Charaktere, mit dem ganzen Konglomerat von Ober-, Unter- und Nebeneigenschaften, die ihnen anhängen; wir wollen nichts anderes sein als Menschen, welche durch den einfachen Naturlaut der menschlichen Sprache aus ihrem Innern heraus die Empfindungen der darzustellenden Person ermitteln, ganz unbekümmert darum, ob das Organ schön und klingend, ob die Gebärde graziös, ob dies oder das in dies oder jenes Fach hineinpaßt, sondern ob es sich mit der Einfachheit der Natur verträgt und ob es dem Zuschauer das Bild eines ganzen Menschen zeigt.[244]

Neben Reicher waren die wichtigsten Vertreter dieser »neuen Schauspielkunst« an Brahms Bühnen Else Lehmann und Rudolf Rittner. Else Lehmann wurde von Brahm für die Rolle der Helene in *Vor Sonnenaufgang* an die »Freie Bühne« geholt und hier als naturalistische Schauspielerin par excellence »entdeckt«: »Elsa Lehmann vom Wallner-Theater hatte in der Helene wohl zum ersten Male eine Rolle gefunden, in der sie sich ganz auszuleben und die Größe ihres Talents [...] dem Publikum zu offenbaren vermochte. Sie nimmt von heute an unter den Künstlern, die der realistischen Darstellungsweise mächtig sind, eine der ersten Stellen ein; ihr Spiel war [...] bestrickend einfach und natürlich, in Zartheit wie in Tragik [...] gleich bedeutend.«[245] Else Lehmann kreierte in der Folgezeit alle großen Frauenrollen in Hauptmanns Dramen.[246]

Rudolf Rittner war Brahm durch eine »scheinbare Kleinigkeit« aufgefallen: »ich sah ihn zur Tür hinausgehen, nichts weiter. Er hatte einen Brief gelesen [...] und wie er nun davonstrebte, ganz erfüllt von der Trauerbotschaft und doch ganz schlicht seinen Weg schreitend – dergleichen glaubte ich nie gesehen zu haben.«[247] Rittner verschmähte den »schönen Abgang« der »alten Schule«, verzichtete auf jeden beifallheischenden theatralischen Effekt. Er spielte bei Brahm u.a. den Moritz Jäger in den *Webern* und die Titelfigur in Hauptmanns *Fuhrmann Henschel* (mit Else Lehmann als Hanne Schäl). Julius Bab hob an ihm hervor:

Seine Gesten sind nicht groß an Zahl und wiederholen sich oft – keine öfter und ausdrucksvoller als die Bewegung, mit der die Kante der Hand sich gegen die beiden Augen preßt, wie um einen Schmerz aus der Stirnhöhle zu reiben. Ein Ton von großer Erbitterung, melancholisch und gereizt zugleich, geht mit prachtvoll dunklem Glanz durch Rittners Kunst: er dröhnt voll zitternder Empörung im Weberlied des Jägermoritz, er schwillt an zum Liede vom brennenden Menschenleid, wenn er vor uns den Untergang eines Hauptmann-Menschen lebt, wie er als Henschel-Wilhelm in Dumpfheit erstickt, als Florian Geyer in trauriger Schönheit verblutet.[248]

Die naturalistische Schauspielkunst entwickelte alle jene non-verbalen Zeichen, die – in den Szenenanweisungen ausführlich beschrieben – mehr über die Figur aussagen als ihre Redetexte, zu denen sie häufig in Widerspruch treten. Der Schauspieler erschließt seine Figur vor allem durch den körperlichen Ausdruck. Die auf die Rede fixierte Kritik bemerkte daher zuallererst die »Kunstpausen«, allerdings schon bald die Stärke der non-verbalen Ausdrucksmittel. In den *Gespenstern* fielen »das fahle, müde Antlitz, der Blick [...] die Haltung« auf[249], mit denen Emmerich Robert die seelische Bedrücktheit Oswalds darstellt. Im *Handschuh* bewunderte man Olga Wohlbrück »mit ihrem lebhaften Augenausdruck«[250], im *Vater* wurden die »Kummeraugen« Emanuel Reichers in der Titelrolle und der »Blick von Eis«[251] der Rosa Bertens als Laura notiert, in *Comtesse Julie* der besondere Vorgang, in dem Rosa Bertens (in der Titelrolle) die zunächst »weitgeöffneten Augen« in einen »todesmatten Blick« übergehen ließ.[252]

Diese »neue«, naturalistische Schauspielkunst[253], als deren »Prediger« Otto Brahm sich öffentlich bekannte[254], rückte Brahm ganz ausdrücklich in die Tradition der von der Aufklärung entwickelten realistischen Schauspielkunst eines Ekhof und Schröder, eines Beil und Iffland ein. »Menschendarstellung« sei »ihre erste und letzte Pflicht«[255], und diesen Grundsatz habe Goethe und sein Weimarer Stil vernachlässigt und mit Füßen getreten. Die naturalistische Schauspielkunst erfülle nichts anderes »als im Sinne der Zeit zwar veränderte, doch dem Wesen nach altüberlieferte Forderungen germanischer Schauspielkunst«[256]. Diese Forderungen beträfen »Wahrheit« und »Natur« der Darstellung, »Naturwahrheit«[257]:

[...] die Natur suche der Schauspieler, nichts darüber. Er suche sie ganz, in ihrer seelenvollen Fülle: so wird er vor Flachheit bewahrt sein und vor Trivialität. Er suche sie außer sich und in sich, in der Welt und in der eigenen Brust: und je reiner und reicher er dann seine Persönlichkeit entwickelt, je stärker das Temperament ist, durch das er, nach Zolas allgültiger Zauberformel, die Natur betrachtet, desto tiefer auch wird er Leben fassen und Leben geben.[258]

Der Anteil Brahms an der Entwicklung einer solchen Schauspielkunst ist beträchtlich, auch wenn er auf dem Theaterzettel niemals als Regisseur firmierte noch auch den Schauspielern klare Anweisungen gab, wie sie zu spielen hätten. Der Schauspieler Eduard von Winterstein charakterisiert Brahms Tätigkeit in seiner Autobiographie folgendermaßen:

Er [Brahm] hat niemals selbständig in die Regie eingegriffen, aber er war ein kritischer Kopf allerersten Ranges. Er saß auf allen Proben still im Parkett, hörte aufmerksam zu, ließ sich kein Wort entgehen. In den Probenpausen, zum Schluß eines Aktes oder einer Szene kam er dann auf die Bühne, sprach mit den einzelnen Schauspielern und sagte ihnen, was er für richtig fand und was für falsch. Auf sein Urteil konnte man sich unbedingt verlassen. Er sagte einem zwar nicht und konnte einem nicht sagen, wie man es machen sollte, aber seine Kritik gab den Schauspielern die wertvollsten Fingerzeige. [...] Das harmonische Zusammenspiel der Schauspieler auf der einen Seite und das feine, kritische Urteil Brahms auf der anderen Seite waren es, die das Deutsche Theater jener Zeit zu einer Kultstätte deutscher Schauspielkunst machten.[259]

Das hier hervorgehobene »harmonische Zusammenspiel der Schauspieler« war nicht zuletzt das Ergebnis einer sorgfältigen Pflege des Ensembles, das Brahm aufbaute und zusammenhielt.[260] Die Fluktuation des Ensembles im Deutschen Theater war im ganzen gering. Brahm konnte sich bei der Inszenierung der zeitgenössischen Dramen auf ein gutes Dutzend hervorragender Schauspieler stützen, deren langjährige Zusammenarbeit zu dem gerühmten harmonischen Zusammenspiel führte. In dieser Hinsicht blieben die Inszenierungen Brahms lange Zeit konkurrenzlos, wie Arnold Zweig rückblickend (1928) hervorhob:

Nur wer in ihrer gedämpften, geheimnisvoll harten Ausgefeiltheit und ihrem von Gestalt zu Gestalt schwingenden Menschenton die großen Cyklen der Ibsendramen gesehen hat, weiß hierzulande, bis zu welchem Gipfel der Selbstverleugnung und Selbsterfüllung, nämlich der Überwindung des Theatralischen, das Theater aufsteigen kann. Die Durchseelung, die diskrete Natürlichkeit, die Kammermusik zwischen Menschen, eine Atmosphäre voll leise drängenden Bewegungen des Gemüts, des Herzens, der Freundschaft und Feindschaft, der Ablehnung und des Ineinandersinkens ist nie wieder auf der Szene so offenbar geworden wie in den Spielen, die Brahm und seine Leute als Ibsenzyklus, als Hauptmannabende in Berlin aufrichteten.[261]

Brahms Inszenierungen stellten eine vollkommene Illusion von Wirklichkeit her und ließen auf der Bühne Menschen lebendig werden, die »Fleisch von unserem Fleisch und Bein von unserem Bein«[262] sind.

Es erscheint mehr als fraglich, daß diese Schauspielkunst den Zuschauer zu beobachtender Distanz anhielt. Sie gestattete ihm vielmehr, wie Alfred Polgar anläßlich der *Gespenster*-Inszenierung aus Brahms Ibsen-Zyklus im Lessingtheater bemerkte, »Erschütterungen, Haß, Liebe [...], ohne daß er zu deren Rechten auch deren Pflichten übernehmen müßte. Sie gestattet die wönniglich-gefährlichen Räusche des Lebens und erspart den Katzenjammer.«[263] Der Zuschauer konnte sich mit den dargestellten Figuren identifizieren und war daher »tief ergriffen«.

Damit kehren wir zu unserer Ausgangsfrage zurück. Bei *Vor Sonnenaufgang* erlebten Publikum und Kritik zunächst den Schock des völlig Ungewohnten. Das Milieu der Trinkerfamilie, die »anomalen« Figuren, die epische Struktur, die spezifische Dialogführung und die zum ersten Mal zumindest in Ansätzen verwirklichte realistische Schauspielkunst ließen das Publikum auf einen völligen Bruch mit den bestehenden Theatertraditionen schließen und machten es blind für die Anknüpfung des naturalistischen Theaters an bürgerliche Traditionen des 18. Jahrhunderts. Nach einer gewissen Gewöhnungsphase lernte das bürgerliche Publikum jedoch, im Proletarier nicht mehr ein exotisches Wesen gruselnd zu bestaunen oder den Vertreter des vierten Standes zu argwöhnen, sondern den »Menschen« zu sehen – so wie es im 18. Jahrhundert gelernt hatte, im König auf der Bühne nicht mehr die Standesperson zu bewundern und zu fürchten, sondern den zum Mitempfinden herausfordernden Menschen zu bemitleiden. Die bürgerliche Mitleidsästhetik konnte nun auf die zunächst fremden Figuren des naturalistischen Theaters ausgeweitet werden, wobei offensichtlich die naturalistische Schauspielkunst die Identifikation des bürgerlichen Zuschauers mit den dargestellten nicht-bürgerlichen Figuren erheblich erleichterte. Die Radikalisierung des mimetischen Prinzips durch das naturalistische Theater, das die Forderungen der Aufklärung nach Wahrheit und Natur auf die Darstellung aller Stände ausdehnte und eine vollkommene Illusion von – auch »häßlicher« –

Wirklichkeit herstellte, konnte so als Vollendung des bürgerlichen Illusionstheaters der Aufklärung begriffen werden.[264]

In gewisser Weise markiert jedoch diese Radikalisierung zugleich das Ende des bürgerlichen Illusionstheaters, wie es sich in der Aufklärung konstituiert hatte. Alle Theoretiker des Theaters in der zweiten Hälfte des 18. Jahrhunderts stimmten in der Auffassung überein, daß der Schauspieler seine Zeichen durch eine rationale, ja wissenschaftliche – nämlich auf Beobachtung, Vergleich und Schlußfolgerung beruhende – Methode finden und ausarbeiten müsse. Die Einfühlung in die Figur wurde ausdrücklich abgelehnt. Die Pointe von Diderots *Paradoxe sur le comédien* zielt gerade auf den Nachweis, daß der Schauspieler nur unter der Bedingung die Illusion eines fühlenden Menschen erzeugen und beim Zuschauer Gefühl erregen könne, daß er selbst gefühllos bleibt. Diese Maxime wird vom naturalistischen Theater aufgegeben. Der Schauspieler strebt nun eine möglichst vollkommene Identifikation mit der von ihm dargestellten Figur an, die sogar zum Verlust seiner Persönlichkeit führen kann, wie André Antoine es bei der Darstellung des Oswald in den *Gespenstern* erlebte: »ich war einem mir bis dahin unbekannten Phänomen ausgeliefert, nämlich dem nahezu völligen Verlust meiner Persönlichkeit. Vom zweiten Akt an erinnere ich mich an nichts mehr, weder an das Publikum noch an die Wirkung des Schauspiels. Nach dem Fallen des Vorhanges fand ich mich zähneklappernd, erschöpft und eine Weile unfähig, meine Besinnung zurückzuerlangen, wieder.«[265]

Der Schauspieler erfüllt die Forderung nach »Wahrheit« und »Natur« also nicht, indem er der Natur wie ein Wissenschaftler beobachtend gegenübertritt, sondern indem er sich selbst als einen Teil der Natur begreift und so ihre ›tieferen‹ Vorgänge durch Versenkung zu erspüren sucht. Anstelle der rationalen Methode des Naturforschers schlägt er den Weg der Identifikation, der »magischen Verwandlung« ein: Er stellt nicht die Illusion eines fühlenden Menschen her, sondern verwandelt sich in diesen fühlenden Menschen. Wenn der Zuschauer ihn betrachtet, läßt er sich nicht von einer Illusion gefangennehmen, sondern vom Leben selbst. Hier hat die Kunst in der Tat »die Tendenz, wieder die Natur zu sein.« Die Grenze zwischen Fiktion und Wirklichkeit wird verwischt, Theater in Leben überführt. Die naturalistische Schauspielkunst erfüllt das Postulat der Wahrheit also nicht, indem sie die Natur möglichst genau und vollkommen nachahmt, sondern indem sie selbst Natur wird: Der Schauspieler »verkörpert« seine Rollenfigur, er lebt auf der Bühne ihr Leben.[266] Ausgehend von diesen beiden Faktoren der naturalistischen Schauspielkunst, dem Verkörpern und dem Erleben, hat Stanislavskij am Moskauer Künstlertheater sein berühmtes »System« einer psychologisch-realistischen Schauspielkunst ausgearbeitet. Aufgrund einer spezifischen »Psychotechnik« setzt es den Schauspieler in den Stand, jederzeit die »intuitive Methode« des Erlebens und Verkörperns anwenden zu können.[267] Auch Stanislavskijs Systematik vermag jedoch nicht darüber hinwegzutäuschen, daß die naturalistische Schauspielkunst das von der Aufklärung begründete, auf Rationalität beruhende Paradigma des bürgerlichen Illusionstheaters außer Kraft gesetzt hat. Die Radikalisierung des mimetischen Prinzips hat in dieser Hinsicht zu seiner Aufhebung geführt.[268]

3.4.3 Theater und Gesellschaft

Als die »Freie Bühne« gegründet wurde, war das 1878 vom Reichskanzler Bismarck erlassene »Gesetz gegen die gemeingefährlichen Bestrebungen der Sozialdemokratie« noch in Kraft. Es hatte eine weitere Entfaltung der Partei verhindern sollen, jedoch de facto zu einer Verstärkung der Solidaritätsbewegung in der Arbeiterschaft geführt. Während die Sozialdemokraten bei den Reichstagswahlen 1878 lediglich 7,5% der Stimmen erringen konnten, gelang es ihnen 1890 – also im Jahr der Aufhebung des Sozialistengesetzes –, ihren Stimmenanteil auf 19,7% zu erhöhen.[269] Seinen nächsten Höhepunkt erreichte der Kampf gegen die Sozialdemokratie mit der Reichstagsdebatte zur sogenannten Umsturzvorlage, welche die konservativen Parteien 1894 einbrachten.[270]

Von konservativen Kritikern wurde das naturalistische Theater von Anfang an mit dem Sozialismus und der Sozialdemokratie gleichgesetzt. Johannes Volkelt sah in *Vor Sonnenaufgang* dieselben Tendenzen der »Mechanisierung«, »Enthumanisierung« und »Nivellierung« verwirklicht[271], mit denen auch die Sozialdemokratie die Grundlagen der bürgerlichen Moralordnung zu untergraben strebe. Karl Frenzel bezeichnete den Naturalismus und den Sozialismus ausdrücklich als »zwei Bäche, die aus einer gemeinsamen Quelle entsprungen sind«. Auf der Grundlage einer »antibürgerlichen Weltanschauung«, nämlich dem philosophischen Materialismus, arbeiteten beide auf den Umsturz hin. »Die Sozialdemokratie will auf dem gesellschaftlichen, der Naturalismus auf künstlerischem Gebiete die Erneuerung vorbereiten.«[272] Das naturalistische Theater sei daher als »Waffe in dem politisch-socialen Kampf« zu betrachten.[273]

Diese Meinung, welche die konservativen Kritiker – sogar noch nach 1894 – zu wiederholen nicht müde wurden, machte sich offensichtlich auch der überwiegende Teil des Publikums von *Vor Sonnenaufgang* und der übrigen Aufführungen der »Freien Bühne« im ersten Jahr ihres Bestehens zu eigen. Zustimmung erfuhren sie nur von den Zuschauern, deren Namen, wie Karl Frenzel monierte, »sich nicht auf der gedruckten Liste der Mitglieder finden« und »die sich nicht den Luxus einer Mitgliedschaft gestatten können«[274]. Das bürgerliche Publikum dagegen wähnte sich sozialistischer Propaganda ausgesetzt. So wurde Alfred Loth, »eine gärende Mischung von Schwärmer, Demagoge und Stromer«[275], als Sozialdemokrat und Sprachrohr des Dichters mißverstanden. Für die Mehrheit des Publikums ging die Gleichung »Naturalismus = Sozialismus bzw. Sozialdemokratie« ohne Rest auf. Die durch die Sozialistengesetze geschürte Hysterie fiel hier auf fruchtbaren Boden.

Interessanterweise erkannten die Sozialdemokraten im naturalistischen Theater von Anfang an die Fortsetzung bürgerlicher Traditionen, vor der das bürgerliche Publikum seine Augen verschloß. In seinem *Brief aus Berlin* vom 25. März 1891 stellte Liebknecht klar: »Loth ist *kein* Sozialist, er hat vom Sozialismus nicht eine blasse Idee, – *solche* Sozialisten hat auch das ›junge Deutschland‹ schon auf die Bühne gebracht; *der* Sozialismus ist nur Puder, der über Haar und Haut gestäubt ist, nicht aber in Fleisch und Blut steckt.«[276] Und in zwei anonym erschienenen *Briefen aus Berlin*, die 1890/91 in der *Neuen Zeit* publiziert wurden, wird dargelegt, daß der Naturalismus ein Produkt bürgerlicher Weltanschauung sei, wenn auch ein Versuch, deren Fesseln zu sprengen. Die Naturalisten seien

> [...] auf künstlerischem Gebiet eine Art bürgerliche Sozialisten; sie treffen mit bitterer Kritik die Auswüchse der kapitalistischen Gesellschaft, aber nicht um diese Gesellschaft zu vernichten, sondern gerade um sie zu reinigen, zu stärken und als ihren unveräußerlichen Nährboden zu erhalten. Sie schildern das verlumpte und verthierte, aber nicht das arbeitende und kämpfende Proletariat.[277]

Für den Umsturz der bestehenden Gesellschaft sei daher das naturalistische Theater nicht nur nicht geeignet, sondern eher hinderlich.

Diese Einsicht erschloß sich dem bürgerlichen Publikum erst allmählich. Bei der Uraufführung der *Weber* durch die »Freie Bühne« – also drei Jahre nach der Aufhebung der Sozialistengesetze – war es offensichtlich imstande, den Naturalismus in seine eigene Tradition einzurücken. In diesem Zusammenhang sind die Begründungen gegen eine öffentliche Aufführung der *Weber* durch die Berliner Zensurbehörde von besonderem Interesse. In der ersten Begründung heißt es:

> In ordnungspolizeilicher Richtung geben zu erheblichen Bedenken Anlaß: a) Die geradezu zum Klassenhaß aufreizende Schilderung der Charaktere der Fabrikanten im Gegensatz zu denjenigen der Handweber im 1. und 4. Akt, b) die Deklamation des Weberliedes im 2. Akt und am Ende des 3. Aktes, c) die Plünderung bei Dreißiger im 4. Akt und d) die Schilderung des Aufstandes im 4. und 5. Akt. Es steht zu befürchten, daß die kraftvollen Schilderungen des Dramas, die zweifellos durch die schauspielerische Darstellung erheblich an Leben und Eindruck gewinnen würden, in der Tagespresse mit Enthusiasmus besprochen, einen Anziehungspunkt für den zu Demonstrationen geneigten sozialdemokratischen Theil der Bevölkerung Berlins bieten würde, für deren Lehren und Klagen über die Ausbeutung und Ausnutzung des Arbeiters durch den Fabrikanten das Stück durch seine einseitige tendenziöse Charakterisierung hervorragende Propaganda macht.[278]

Hier wird also keineswegs behauptet, daß eine Aufführung der *Weber* das bürgerliche Publikum zu revolutionären Umtrieben aufstacheln könnte. Es wird vielmehr ausdrücklich auf den »zu Demonstrationen geneigten sozialdemokratischen Theil der Bevölkerung Berlins« abgehoben. Dieses Argumentationsmuster ist offensichtlich auch für das zweite Verbot ausschlaggebend. In der Begründung wird ausgeführt:

> Mag auch der urtheilsreifere Theil des Publikums die Schilderung der Arbeiter-Nothlage als übertrieben erkennen oder sie doch sicherlich nicht auf das Loos heutiger gewerblicher Arbeiter anwendbar finden, so ist die Befürchtung eine wohlbegründete, daß die den unteren Bevölkerungsklassen angehörenden Theaterbesucher unter dem Eindrucke der Bühnenhandlung, aus welcher ihnen die täglich gehörten Schlagworte der Socialdemokratie von der seitherigen Unterdrückung des Proletariats und seinem nahenden Siege widerklingen, in ihrer Neigung zu gewaltthätiger Auflehnung gegen die bestehende Ordnung werden bestärkt werden, ja daß sie sich zu öffentlichen Ausbrüchen der Parteileidenschaft fortreißen lassen werden. Aus diesen Erwägungen ist der Censurbehörde die öffentliche Aufführung des Stückes in hiesiger Stadt und zu einer Zeit, in welcher die socialrevolutionäre Bewegung noch in stetem Wachsthum begriffen

ist, mit dem Interesse der Aufrechterhaltung der öffentlichen Ordnung nicht vereinbar erschienen.[279]

Dem »urtheilsreiferen Theil des Publikums«, das sich von einer Aufführung des Stückes kaum zu irgendwelchen politischen Aktivitäten würde stimulieren lassen, stellt der Berliner Polizeipräsident warnend »die den unteren Bevölkerungsklassen angehörenden Theaterbesucher« gegenüber, die sich durch das auch von Mehring konstatierte revolutionäre Potential des Dramas zu Aufruhr und Gewalt hinreißen lassen könnten.

Es war insofern ein kluger Schachzug von Hauptmanns Anwalt Grelling, darauf hinzuweisen, daß die Arbeitslosen von Berlin es sich kaum würden leisten können, die hohen Preise im Deutschen Theater zu bezahlen. Die Freigabe der *Weber* für eine Aufführung am Deutschen Theater erfolgte am 2. Oktober 1893 dann auch mit der Begründung, daß dieses Haus wegen der teuren Plätze »vorwiegend nur von Mitgliedern derjenigen Gesellschaftskreise besucht wird, die nicht zu Gewaltthätigkeiten oder anderweitiger Störung der öffentlichen Ordnung geneigt sind«[280].

Zwar identifizierte sich dieses bourgeoise Publikum zum Entsetzen der konservativen Kritiker bei der öffentlichen Erstaufführung am Deutschen Theater (am 25. 9. 1894) in einem schier unvorstellbaren Ausmaß mit den ausgebeuteten Webern:

[...] mit einem Schlage hatte sich jene innige Verbindung zwischen Publikum und Bühne hergestellt, die aus diesen beiden scharf getrennten Hälften des Hauses eine Einheit schuf, die Zuschauer in ihren Empfindungen fast zu Mithandelnden in dem wilden Drama vor ihnen machte. Wie in einer stürmisch bewegten Volksversammlung ein Massengeist waltet, der auch ruhige Naturen ergreift, wie man bei Rebellen gesehen hat, daß bisher vollständig Unbetheiligte, Neutrale von einem Taumel erfaßt werden und wilden Thaten sich anschließen, so sah man einen Theil wenigstens des Publikums den rasenden Zerstörungsthaten auf der Bühne zujubeln. Rufe aus den Höhen des Saals ermunterten die den Saal des Fabrikanten plündernden Haufen, noch kräftiger zuzulangen. Und als der Vorhang über der Szene fiel, ließ der frenetische Jubel, der sich austobte, es ungewiß, ob die dichterisch-szenische Darstellung oder die That als solche so begeisternd gewirkt hatte.[281]

Aber diese emotionale Identifikation blieb gesellschaftlich folgenlos. Sie stellte die Autonomie der Kunst, die Abgehobenheit des Theaters von der gesellschaftlichen Wirklichkeit für das bürgerliche Publikum nicht in Frage. Nach Verlassen des Theaters war die Identifikation beendet. Zurück blieb höchstens ein geschärftes Bewußtsein für die Existenz und Brisanz der »sozialen Frage«.[282]

So geht Bölsche davon aus, daß ihre Lösung als Ideal den *Webern* inhärent sei: »Das besondere Raffinement besteht aber hier darin, daß diese Ideale vom Hörer unwillkürlich als Kehrseite ›erschlossen‹ werden, *ohne* daß sie plump in Worten ausgedrückt oder gar in die Dinge hineingeworfen sind.«[283] Entsprechend bewertet er den Schluß als offen; seine Funktion sei es, »im *Hörer* die Lösung gleichsam selbsthätig, durch eine Art intuitiver Reaktion entstehen zu lassen«[284]. Insofern nimmt Bölsche durchaus eine, wenn auch mittelbare gesellschaftliche Wirkung des naturalistischen Theaters beim bürgerlichen Zuschauer an. Eintritte in die sozialdemokratische Partei als Folge von Besuchen einer *Weber*-Aufführung sind allerdings nicht aktenkundig geworden.

Insofern war gewiß die Einschätzung des Berliner Polizeipräsidenten und des Preußischen Oberverwaltungsgerichtes sehr viel realistischer, die von einem bürgerlichen Publikum weder Ausschreitungen noch Umsturzbewegungen befürchteten. Bei einem proletarischen Publikum dagegen sahen sie die öffentliche Ordnung durch eine Aufführung der *Weber* ernsthaft gefährdet.

Eine solche Aufführung wurde nun nach Freigabe des Dramas für das Deutsche Theater, aber noch vor seiner dortigen Aufführung von der »Freien Volksbühne« veranstaltet. Die »Freie Volksbühne« war nach dem Vorbild der »Freien Bühne« auf Initiative Bruno Willes 1890 gegründet worden. In der konstituierenden Versammlung am 8. August wurden Bruno Wille zum ersten Vorsitzenden, der Tapezierermeister Carl Wildberger zum Kassierer und Julius Türk zum Schriftführer gewählt. Zu den Beisitzern gehörten Otto Brahm, Julius Hart, Wilhelm Bölsche, der Theaterredakteur des *Berliner Volksblatts* Carl Baake, der Redakteur der *Volkstribüne* Dr. Conrad Schmidt und der Schuhmacher Richard Baginski. Der Verein beschloß in § 1 seiner Satzung: »Der Verein Freie Volksbühne stellt sich die Aufgabe, die Poesie in ihrer modernen Richtung dem Volke vorzuführen und insbesondere zeitgemäße, von Wahrhaftigkeit erfüllte Dichtungen darzustellen, vorzulesen und durch Vorträge zu erläutern.«[285]

Den erklärten Adressaten, den Arbeitern, wurde die Mitgliedschaft durch extrem niedrige Beiträge ermöglicht. Beim Eintritt war 1 Mark Einschreibgebühr zu entrichten, anschließend ein Monatsbeitrag, der sich von Oktober bis März auf je 50 Pf belief und von April bis September auf 25 Pf. Damit erwarben die Mitglieder das Recht auf mindestens eine Vorstellung in den Monaten Oktober bis März. Die Vorstellungen fanden Sonntagnachmittags statt. Die Karten wurden jeweils verlost. Der Spielplan unterschied sich nicht wesentlich von dem der »Freien Bühne«. Man eröffnete mit *Stützen der Gesellschaft* (19. 10. 1890) und fuhr mit *Vor Sonnenaufgang* fort.

Die naturalistischen Dramen erlaubten einem proletarischen Publikum, die Figuren und Geschehnisse auf der Bühne an seine eigene Lebenswirklichkeit anzuschließen. Daneben versuchte die Volksbühne allerdings von Anfang an, den Arbeitern auch das »Erbe« einer revolutionären bürgerlichen Dramatik zu erschließen. So wurden bereits in der ersten Spielzeit Schillers *Kabale und Liebe* und *Die Räuber* gegeben. Der Volksbühne kommt auch das Verdienst zu, Büchner, den die Naturalisten als ihren Vorläufer betrachteten, endlich auf die Bühne gebracht zu haben.[286]

Vor dem Publikum der »Freien Volksbühne« fand am 3. Dezember 1893 am Berliner Nationaltheater eine Aufführung der *Weber* statt. Zwar reagierte das proletarische Publikum merklich anders als das bürgerliche:

> Am unmittelbarsten trat die Gewalt der Hauptmannschen Dichtung wieder hervor im fünften Akt, als Luise, die Schwiegertochter des alten Hilse, die Männer auffordert, nun endlich sich aufzuraffen zur Tat. Hier mußte das Spiel ausgesetzt werden vor dem stürmischen Beifall der Zuhörer [...]. Manchmal blieb der Dichter vom Publikum auch unverstanden. Die prächtige Scene des letzten Aktes, in welcher der alte Baumert seinem Freunde, dem gottesfürchtigen Hilse, seine Erlebnisse während der Revolte erzählt, erregte bei nicht wenigen der Zuhörer Lachen.[287]

Einen Aufruhr löste die Aufführung der *Weber* beim proletarischen Publikum jedoch nicht aus. Die Befürchtungen der Zensurbehörde erwiesen sich also als grundlos. War sie vielleicht auf eine »typisch bürgerliche« Auffassung vom Theater als einer moralischen Anstalt zurückzuführen?

Franz Mehring schätzte die Funktion des Theaters für den Klassenkampf eher gering ein. Seiner Auffassung nach war die »Freie Volksbühne« nicht mehr als »ein dienendes Glied im großen Emanzipationskampf der arbeitenden Klasse [...]. Tatsächlich beruht aber die Emanzipation der Arbeiterklasse durchweg auf der Selbstbefreiung und Selbsterziehung der Arbeiter.«[288] Ein Beitrag in der *Neuen Zeit* (1892/93) bewertete die Überzeugung der emanzipatorischen Kraft des Theaters ausdrücklich als eine bürgerliche Vorstellung:

Von vornherein liegt auf der Hand, daß die Schaubühne für die Emanzipation der arbeitenden Klasse niemals auch nur entfernt die gleiche Bedeutung haben kann, wie sie, namentlich in Deutschland, sie für die Emanzipation der bürgerlichen Klasse gehabt hat. So beschränkt unser Preß- und Vereinsrecht sein, so mangelhaft auch noch das allgemeine Wahlrecht sein mag, so tritt hinter diesen Hebeln des proletarischen Emanzipationskampfes das Theater doch vollständig in den Hintergrund [...]. In dem Emanzipationskampfe des Proletariats wird das Theater nie eine entscheidende oder auch nur besonders einflußreiche Rolle spielen; darüber können sich nur unheilbare Wirrköpfe täuschen.[289]

Mit diesen »Wirrköpfen« waren ganz zweifellos Bruno Wille und sein Anhang gemeint. Wille hatte bereits im Gründungsaufruf, der am 23. März 1890 in der sozialdemokratischen Parteizeitung *Berliner Volksblatt* abgedruckt wurde, konstatiert: »Das Theater soll eine Quelle hohen Kunstgenusses, sittlicher Erhebung und kräftiger Anregung zum Nachdenken über die großen Zeitfragen sein.«[290] Die »Freie Volksbühne« war daher für ihn ein »volkspädagogisches Institut«, dessen Aufgabe darin bestand, »die Zöglinge zu erziehen, d.h. empor zu ziehen auf einen höhern Standpunkt, den [...] die Zöglinge vor der erzieherischen Leistung nicht einnahmen«[291] – nämlich den bürgerlichen Standpunkt. Seine Parole »Kunst dem Volke« zielte entsprechend darauf, »auf Geist und Gemüt« der Arbeiter »durch die Kunst veredelnd ein[zu]wirken und so zur Fortentwicklung des Volkes überhaupt bei[zu]tragen«[292]. Nicht zum Klassenkampf sollte die Volksbühne folglich aufrufen und beitragen, sondern zur »Bildung« des Volkes. Sie war also als Ausweitung des bürgerlichen Illusionstheaters auf ein neues, proletarisches Publikum geplant.[293]

Dieser Intention setzten Mehring und der zitierte Beiträger der *Neuen Zeit* dezidiert das Diktum vom Ende des bürgerlichen Illusionstheaters entgegen. Die Volksbühne sollte im Emanzipationskampf der Arbeiter nur eine nachgeordnete, dienende Funktion übernehmen. Diese grundsätzliche Meinungsverschiedenheit führte zum Bruch. In der Generalversammlung am 4. Oktober 1892 wurde Wille als Vorsitzender nicht bestätigt. Am 12. Oktober wurde Franz Mehring als neuer Vorsitzender gewählt. Daraufhin gründeten Wille und seine Anhänger am 15. Oktober 1892 die »Neue Freie Volksbühne«. Beide Organisationen wurden erst 1913 wieder vereinigt.[294]

Diese Vorgänge akzentuieren einen grundsätzlichen Gegensatz im Meinungsstreit, der mit der Spaltung der Volksbühne keineswegs endgültig entschieden war: Sollte die Arbeiterklasse die bürgerliche

Kultur und das bürgerliche Theater übernehmen und sich das Erbe auf diese Weise aneignen, oder sollte sie eine eigene proletarische Kulturpraxis entwickeln, in der das Theater neue Funktionen übernehmen könnte, die zu diesem Zeitpunkt noch gar nicht zu bestimmen und festzulegen waren?[295] Hier setzte eine Diskussion ein, die im 20. Jahrhundert von unterschiedlichen ideologischen Standpunkten aus als Diskussion um ein Massentheater, um ein »neues Volkstheater« mit Vehemenz weitergeführt werden sollte.

4. Entgrenzung des Theaters und Theatralisierung des Lebens

4.1 Die Revolution des Theaters[1] als Kulturrevolution

4.1.1 Aufbruch zu neuen Spielräumen

Das naturalistische Theater erschien bereits um die Jahrhundertwende einer neuen Generation von Künstlern und Intellektuellen – der »Generation von 1870«[2] – völlig überlebt, sein Ende notwendig und gekommen. Man warf ihm vor, sich damit zu begnügen, lediglich Abbild und Kopie der Wirklichkeit zu sein und keinen Anspruch darauf zu erheben, als eigenständige Kunst mit eigenen Gesetzen zu gelten. Einen ähnlichen Vorwurf hatten schon hundert Jahre zuvor Goethe und Schiller gegen das bürgerliche Illusionstheater erhoben und daher «dem Naturalism in der Kunst [...] den Krieg«[3] erklärt. Während sie allerdings daraus zunächst die Notwendigkeit ableiteten, dem bürgerlichen Drama ein neues nicht-realistisches Drama entgegenzusetzen, folgte für die Reformer um 1900 aus diesem Vorwurf die Forderung nach einer radikalen Entliterarisierung des Theaters. Denn sie waren der Überzeugung, daß »der Dichter nicht zum Theater gehört, daß er niemals vom Theater hergekommen ist und niemals zum Theater gehören kann«[4], wie Edward Gordon Craig es 1905 formulierte. Sie verstanden das Theater vor allem als Kunst der Inszenierung, für die der Regisseur verantwortlich ist.

Die Anwendung des mimetischen Prinzips wurde konsequent abgelehnt. Anstelle der illusionistischen Bildbühne forderte man eine gegliederte und mit Licht gestaltende Raumbühne[5], anstelle der psychologisch-realistischen, auf »Menschendarstellung« gerichteten Schauspielkunst eine an Pantomime und Tanz geschulte rhythmische Bewegungskunst, anstelle von Literatur Musik. Im Anschluß an bzw. in Auseinandersetzung mit Wagners Ideen verlangte man, das »Theater zu retheatralisieren«[6]. Im Gegensatz zu Wagner meinte diese Forderung nicht nur eine Synthese der Künste, sondern auch eine Einbeziehung von Formen und Gattungen der Volkskultur und der sich erst herausbildenden Massenkultur: Jahrmarkt, Zirkus, Varieté, Kabarett, Revue, Music-Hall, Film sollten dem Theater integriert werden bzw. galten als Modelle für ein neues Theater, für die »Schaubühne der Zukunft«[7].

In diesen Forderungen waren sich die Theateravantgardisten in ganz Europa einig. Sie wurden von Adolphe Appia, Peter Behrens (1868–1940), Georg Fuchs (1868–1949) und Edward Gordon Craig vertreten, von Vsevolod E. Meyerhold (1874–1940) und Alexander Tairov (1885–1950), von Jaques Copeau (1879–1949) und von den italienischen Futuristen.

Die »Revolution des Theaters«, welche die Avantgardisten anstrebten, war von Anfang an nicht als eine rein innertheatralische Angelegenheit konzipiert und betrieben. Ihr zweiter prinzipieller Vorwurf gegen das naturalistische Theater macht deutlich, daß sie es als repräsentativen Bestandteil des bürgerlichen Kultursystems begriffen und attackierten. Sie warfen ihm vor, die Zuschauer zur völligen Passivität zu verdammen, die durch die Rampe des Guckkastentheaters verursacht und zementiert würde: »Der Zuschauer erlebt nur passiv, was von der Bühne kommt. Jene Grenze zwischen Zuschauer und Schauspieler wurde gezogen, die heute als Rampe das Theater in zwei einander fremde Welten teilt: die nur handelnde und die nur aufnehmende – und es gibt keine Adern, die diese beiden getrennten Körper zu einem gemeinsamen Kreislauf verbinden.«[8]

Dieser Vorwurf mag zunächst überraschen. Denn es war ja gerade das naturalistische Theater gewesen, das den Theaterskandal wiederbelebt hatte. Die Uraufführungen von Hauptmanns *Vor Sonnenaufgang* (1889) und *Die Weber* (1894) hatten das Publikum in eine derartige Aktivität versetzt, daß die Kritiker das Theater als ein »Versammlungslokal« charakterisiert hatten, »das eine leidenschaftliche, wogende Volksmenge füllt«, und das Verhältnis zwischen Zuschauern und Schauspielern mit den Worten beschrieben: »mit einem Schlage hatte sich jene innige Verbindung zwischen Publikum und Bühne hergestellt, die aus diesen beiden scharf getrennten Hälften des Hauses eine Einheit schuf, die Zuschauer in ihren Empfindungen fast zu Mithandelnden in dem wilden Drama vor ihnen machte«[9].

Von Passivität des Zuschauers im naturalistischen Theater konnte insofern nicht die Rede sein. Festzuhalten ist allerdings, daß die Aktivität des Publikums sich hier als keineswegs eingeplantes Nebenprodukt einstellte, dagegen von den Avantgardisten zum

Programm erhoben wurde. Unter Berufung auf die griechische Orchestra und die mittelalterliche Marktplatzbühne, auf Shakespeares Proszeniumsbühne und den »hanamichi« des japanischen Kabuki-Theaters verlangten sie die Abschaffung der Rampe, die, wie sie nicht müde wurden zu beklagen, die Zuschauer von den Schauspielern trenne und so zur Passivität verurteile. Die von der Rampe vorgenommene Trennung in Handelnde und Zuschauende galt ihnen als »typische Eigenart der bürgerlichen Ordnung«[10]. Ihr oberstes Ziel war es dagegen, zwischen Akteuren und Publikum eine Einheit herzustellen: Denn »Spieler und Zuschauer, Bühne und Zuschauerraum sind ihrem Ursprung und Wesen nach nicht entgegengesetzt, sondern eine Einheit«[11]. Neue Spielräume, welche die Einheit von Spielern und Zuschauern ermöglichen sollten, wurden zur Forderung der Stunde.

Zunächst wurden diese neuen Spielräume als neue Theatergebäude geplant. Für die »Darmstädter Spiele 1901«, die als Teil der Ausstellung »Dokument deutscher Kunst« in der 1899 gegründeten Darmstädter Künstlerkolonie stattfanden, erbaute Joseph Maria Olbrich (1867–1908) ein Theater mit ungegliedertem Zuschauerraum und einem rampenlosen Übergang zur Bühne. Die Bühne ragte sogar, nach dem Vorbild der Shakespearebühne, in den Saal hinein.[12]

Als Modelltheater war das Münchner Künstlertheater (Eröffnung 1908) konzipiert, das Max Littmann in enger Zusammenarbeit mit Georg Fuchs entworfen hatte. Die Einheit zwischen Bühne und Zuschauerraum war durch ein weit in den Zuschauerraum vorspringendes Proszenium sowie den um das Proszenium herumgelagerten, amphitheatralisch ansteigenden Zuschauerraum hergestellt. Die Bühne war dreigeteilt: Sie bestand aus dem großen Proszenium, das in Höhe und Breite verstellbar war, einer ebenfalls in der Höhe verstellbaren Hauptbühne und einer Hinterbühne. Zwar hatte bereits Wagner das Logen- und Rangtheater durch einen »demokratischen« amphitheatralischen Zuschauerraum ersetzt. Die Rampe hatte er im Prinzip jedoch nicht angetastet, auch wenn er an ihrer Stelle den »mystischen Abgrund« plaziert hatte. Durch das Proszenium dagegen sollte die Bühnenhandlung geradezu programmatisch weit in den Zuschauerraum hineingetragen werden.

Ein ähnliche Konzeption lag Henry van de Veldes Werkbundtheater zugrunde, das 1914 auf der Werkbundausstellung in Köln errichtet und bereits 1920 wieder abgetragen wurde. Auch hier wurden neben technischen Neuerungen wie dem Rundhorizont oder der dreigeteilten Bühne, welche das Problem zeitaufwendiger Szenenwechsel lösen sollte, ein amphitheatralisch gestalteter Zuschauerraum und eine zwischen Zuschauerraum und Bühne vermittelnde Proszeniumsbühne verwirklicht. Das Proszenium galt in beiden Fällen als architektonischer Garant und Ausdruck für die Einheit zwischen Spielern und Zuschauern.

Max Reinhardt (1873–1943) allerdings reichte in dieser Funktion weder das Proszenium noch auch irgendeine andere Bühnenform allein aus. Er machte den Theaterbau geradezu zum Experimentierfeld. »Seit ich beim Theater bin, wurde ich von einem bestimmten Gedanken verfolgt und schließlich geleitet: die Schauspieler und die Zuschauer zusammenzubringen – so dicht aneinandergedrängt wie nur möglich.«[13] Um dies Ziel zu erreichen, ließ er über zwanzig Theater neu erbauen oder umbauen: Kleinsttheater mit der Atmosphäre privater Geselligkeit, Kammerspiele, Massentheater in Großraumhallen, Arena- und Raumbühnen wurden errichtet und in ihrer Zweckmäßigkeit für die genannte Zielsetzung erprobt.[14] Bereits 1901 ließ er sich für sein Kabarett »Schall und Rauch« in den ehemaligen Festsälen des Hotels Arnim in Berlin von Peter Behrens ein kleines Theater errichten, in dem Bühne und Zuschauerraum durch Stufen miteinander verbunden waren. Dieses Prinzip wurde 1905 beim Bau der Kammerspiele wieder aufgenommen.

Im Münchner Künstlertheater, das Reinhardt für die Spielzeit 1909/10 übernommen hatte, legte er für die Pantomime *Sumurun* einen »hanamichi« durch den Zuschauerraum. Georg Fuchs hatte in seiner 1905 publizierten Schrift *Die Schaubühne der Zukunft* das japanische Theater als Modell für die Entwicklung eines neuen Theaters herausgestellt und vor allem auf die Möglichkeiten des »hanamichi« hingewiesen: »Das japanische Theater hält diese Einheit noch fest durch die Brücke, auf welcher der Akteur aus dem Zuschauerraum selbst auf die Bühne vorgeht.«[15] Reinhardt probierte dieses Modell tatsächlich aus. Der beispiellose Erfolg beim Publikum veranlaßte ihn, bei der Inszenierung von Offenbachs *Schöner Helena* (1911) den Versuch zu wiederholen.

Nach dem ersten Weltkrieg ließ Reinhardt sich den Berliner Zirkus Schumann vom Architekten Hans Poelzig in ein »Volkstheater« mit Arena-Bühne umbauen. Der ranglose Zuschauerraum, der für 3200 Zuschauer konzipiert war, zog sich in einem von der Arena bestimmten Halbrund um eine vierteilig gestaffelte Bühne mit Orchestra, zwei versenkbaren Vorbühnen und einer Hauptbühne mit Kuppelhorizont.

Noch weiter als Hans Poelzigs Großes Schauspielhaus ging allerdings der Entwurf eines sogenannten »Totaltheaters«, den Walter Gropius 1927 für Erwin Piscator (1893–1966) schuf. Piscator, der dezidiert die Idee eines politisch-proletarischen Theaters verfocht, war der Überzeugung, daß der Zuschauer nur dann aktiviert werden könne, wenn die Konstellation nicht mehr »Bühne gegen Zuschauerraum« wäre, »sondern ein einziger großer Versammlungssaal, ein einziges großes Schlachtfeld, eine einzige große Demonstration«[16]. Walter Gropius entwarf ihm für diesen Zweck ein 2000 Zuschauer fassendes Theatergebäude, das vollkommen variabel war; Bühne und rangloser Zuschauerraum ließen sich so gegeneinander verschieben, daß nach Bedarf eine Arena-, eine Proszeniums- oder eine dreiteilige Tiefenbühne eingerichtet werden konnte. Darüber hinaus war ein den gesamten Zuschauerbereich flankierender Spielring als weitere potentielle Spielfläche geplant. Bei Einrichtung des Theaters als Arenabühne hätten aus vierzehn Quellen entrollte Leinwandflächen um das einräumige Theater herum filmisch genutzt werden können. Wie Gropius ausführte, hatten Architektur und technische Ausstattung seines Totaltheaters ausdrücklich das Ziel, »das Publikum in seiner intellektbetonten Apathie aufzurütteln, zu bestürmen, zu überrumpeln und zum Miterleben des Spiels zu nötigen«[17]. Da sich kein Geldgeber fand, wurde der Entwurf nicht realisiert.

Um- und Neubauten von Theatergebäuden genügten Max Reinhardt schon bald nicht mehr. Er entwickelte eine schier unerschöpfliche Phantasie im Auffinden und Erschließen neuer Räume für das Theater. Es wurde in Ausstellungs- und Festhallen, in den Zirkus und auf den Marktplatz, in die Kirche, in Gärten und Parks, auf Plätze und Straßen der Städte getragen. Im Sommer 1910 brachte er in der Münchner Musik-Festhalle, die er in eine Arena umgestaltet hatte, Sophokles' *König Ödipus* heraus. Im November desselben Jahres wurde die Produktion in den Berliner Zirkus Schumann übernommen und anschließend in den großen Städten Europas und Amerikas in der jeweiligen Zirkusarena gezeigt. Im Zirkus Schumann inszenierte Reinhardt 1911 Aischylos' *Orestie* und Hugo von Hofmannsthals *Jedermann.* Im selben Jahr ließ er sich die Londoner Olympia Hall von seinem Bühnenbildner Ernst Stern in einen spitzbogigen gotischen Dom umbauen, der Zuschauer und Spieler für die Inszenierung von Vollmoellers *Mirakel* vereinigte. 1920 setzte Reinhardt zur Eröffnung der Salzburger Festspiele den *Jedermann* auf einem Brettergerüst vor dem Salzburger Dom in Szene und 1922 Hofmannsthals *Salzburger Großes Welttheater* in der Salzburger Kollegienkirche.

Shakespeares *Sommernachtstraum*, den Reinhardt zum ersten Mal 1905 unter spektakulärer Nutzung der neu eingebauten Drehbühne inszeniert hatte, verlegte er in den folgenden Jahren in tatsächliche Wälder, Parks und Gärten: 1910 ließ er ihn in einem Föhrenwald in Berlin-Nikolasee aufführen, im selben Jahr im Seidl-Park in Murnau, wo er durch Bespielen von Hügel, Birkenallee und Weiher geradezu ein »Theater-Environment« schuf. Im Mai 1933 inszenierte er ihn in den Boboli-Gärten von Florenz und im Sommer desselben Jahres auf den Wiesen von Southbank Headington in Oxford. Shakespeares *Kaufmann von Venedig* verlegte er gar auf den »Originalschauplatz«: 1934 ließ er ihn auf dem Campo di San Trovaso in Venedig spielen. Reinhardts Experimente stellten eindrucksvoll unter Beweis, daß ein Theater, das Spieler und Zuschauer zusammenbringen will, nicht unbedingt auf besondere Theatergebäude angewiesen ist, sondern sich letztlich überall ereignen kann, wo Menschen sich versammeln: Die ganze Welt kann zum Theater werden.

Während sich bei Reinhardt die Menschen an allen diesen Orten versammelten, um Theater zu erleben, führten die Dadaisten ihre happeningartigen Aktionen an Orten durch, an denen sich die Menschen ausdrücklich zu ganz anderen Zwecken versammelt hatten. Der Dada-Chronist Walter Mehring berichtet:

> Am Sonntag, 17. November 1918, ging Baader zum Vormittags-Gottesdienst in den Berliner Dom. Als Hofprediger Dryander seine Predigt beginnen wollte, rief Baader mit lauter Stimme: »Einen Augenblick! Ich frage Sie, was ist Ihnen Jesus Christus? Er ist Ihnen Wurst...!« Weiter kam er nicht; es gab einen fürchterlichen Tumult [...]. Später, 1919 fuhr Baader nach Weimar [zu einer Parlamentssitzung]. Wieder unterbrach er von einer Tribüne des Sitzungssaales aus die Verhandlungen und warf große Mengen eines Flugblattes, das er verfaßt hatte *Die grüne Leiche*, in die Versammlung [...]. Es war aber auf dem Flugblatt unter anderem zu lesen: REFERENDUM – Ist das deutsche Volk bereit, dem Oberdada freie Hand zu geben? Fällt die Volksabstimmung bejahend aus, so wird Baader Ordnung, Friede, Freiheit und Brot schaffen... Wir werden Weimar in die Luft sprengen. Berlin ist der Ort DA-DA.[18]

Das Theater der Dadaisten trug sich an den Schauplätzen bürgerlicher Rituale – wie Kirche und Regierungssitz – zu und entlarvte

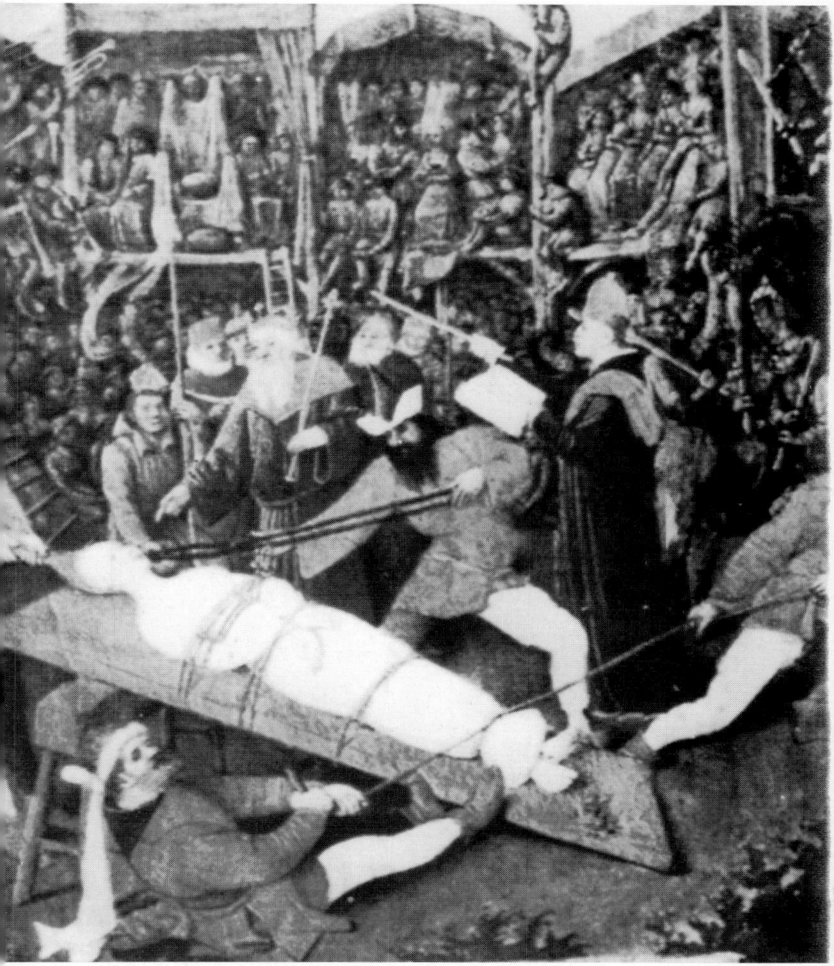

Abb. 1: J. Fouquet: Das Martyrium der Hl. Appolonia. Musée Condé, Chantilly, Frankreich, 15. Jahrhundert.

Abb. 2: L. O. Burnacini: Das Opernhaus Leopold I. in Wien. Kupferstich. Theaterabteilung der Nationalbibliothek Wien.

Abb. 3: J. O. Harms: Planetenballett, Jupiter, Dresden 1678. Herzog Anton Ulrich-Museum Braunschweig. Foto: Bernd-Peter Keiser.

Abb. 4: Kupferstich von Adam Georg Puschner. Blatt 29 aus Gregorio Lambranzis *Neue und curieuse Tantz-Schul*, Nürnberg 1716. Theatermuseum München. Foto: Marlies Hansen.

Abb. 5: Brockmann als Hamlet sieht den Geist, seine Mutter versucht ihn zurückzuhalten. Stich von D. Chodowiecki, Berlin 1778. Aus: Theater-Lexikon, hrsg. v. Henning Rischbieter, Zürich / Schwäbisch Hall: Orell Füssli, 1983, Sp. 206.

Abb. 6: Friedrich Ludwig Schröder spielt den König Lear. Zeichnung von F. Kobell, 1780. Aus: Theater-Lexikon, hrsg. v. Henning Rischbieter, Zürich / Schwäbisch Hall: Orell Füssli, 1983, Sp. 1157.

Abb. 7: Szenenbild der Uraufführung von *Wallensteins Lager* in Weimar (1798). Stich von Müller. Nat. Forschungs- und Gedenkstätten, Weimar. Aus: Kindermann, Heinz: Theatergeschichte Europas, Bd. V, Salzburg: Otto Müller, 1965, S. 192.

Abb. 8: Ferdinand Raimund als Aschenmann in Raimunds Zaubermärchen *Der Bauer als Millionär*. Farbstich von Kriehuber nach Schwind. Aus: Kindermann, Heinz: Theatergeschichte Europas, Bd. V, Salzburg: Otto Müller, 1965, S. 288.

Abb. 9: Szene aus Nestroys *Talisman*. Uraufführung im Theater an der Wien, Dezember 1840. Farbstich von Geiger nach Schoeller. Aus: Kindermann, Heinz: Theatergeschichte Europas, Bd. VII, Salzburg: Otto Müller, 1965, Abb. 22.

Abb. 10: *Siegfried*, II. Akt, Bühnenbildentwurf von Joseph Hoffmann (Ausschnitt). Inszenierung: Richard Wagner, 1876. Aus: Barth, Herbert (Hrsg.): Der Festspielhügel. Richard Wagners Werk in Bayreuth 1876–1976, München: Paul List, 1973.

Abb. 11: *Don Juan und Faust* (Grabbe), 1897 bei den Meiningern. In der Mitte der Komtur, der Don Juan bei der Hand nimmt. Links der Teufel, rechts Leporello. Aus: Theater-Lexikon, hrsg. v. Henning Rischbieter, Zürich / Schwäbisch Hall: Orell Füssli, 1983, Sp. 878.

Abb. 12: Rudolf Rittner in der Titelrolle von Gerhart Hauptmanns *Fuhrmann Henschel,* Deutsches Theater Berlin, 1898, Inszenierung: Otto Brahm. Aus: Kindermann, Heinz: Theatergeschichte Europas, Bd. VIII, Salzburg: Otto Müller, 1965, S. 64.

Abb. 13: *Wilhelm Tell*, Berlin 1919, Inszenierung: Leopold Jessner, Bühnenbild: Emil Pirchan. Bühnenbildmodell der Kreuzweg-Szene (IV, 3). Institut füt Theaterwissenschaft, Universität Köln.

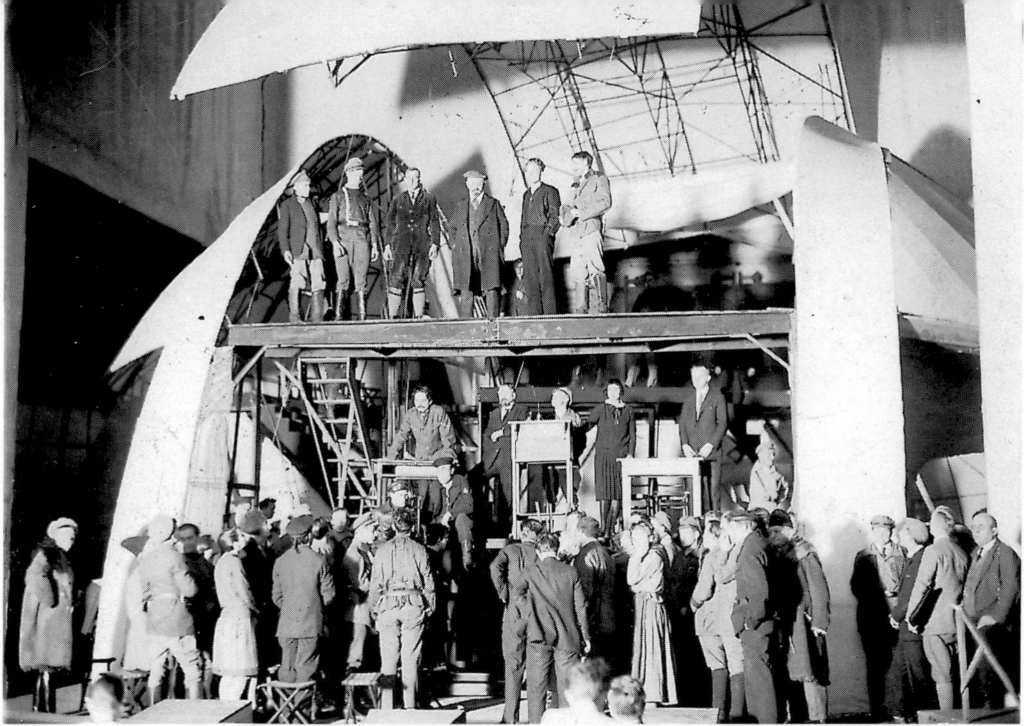

Abb. 14: *Rasputin, die Romanows, der Krieg und das Volk, das gegen sie aufstand*, Szenenfoto, Berlin 1927, Inszenierung: Erwin Piscator. Institut für Theaterwissenschaft der Freien Universität Berlin.

Abb. 15: Sophokles / Hofmannsthal, *König Ödipus*, Zirkus Beketow, Budapest, 1911. Inszenierung: Max Reinhardt. Szene mit dem Chor der Greise. Aus: Max Reinhardt. Sein Theater in Bildern, hrsg. v. der Max-Reinhardt-Forschungsstätte Salzburg, Velber: Erhard Friedrich & Wien: Österreichischer Bundesverlag, 1968, S. 129.

Abb. 16: *Das Frankenburger Würfelspiel* auf der Dietrich-Eckart-Bühne in Berlin, 1936. Aus: H. Eichberg / M. Dultz / G. Gadberry / G. Rühle: Massenspiele. NS-Thingspiel, Arbeiterweihespiel und olympisches Zeremoniell, Stuttgart-Bad Canstatt: frommann-holzboog, 1977, S. 16.

Abb. 17 u. 18: Oskar Schlemmer, *Raumtanz*, uraufgeführt zur Einweihung des Bauhauses in Dessau 1926. (c) 1992, Oskar Schlemmer, Theater-Nachlaß, Badenweiler. Fotoarchiv C. Raman Schlemmer, Oggebio, Italien.

Abb. 19: Helene Weigels »stummer Schrei« in Bertolt Brechts *Mutter Courage*-Inszenierung, Berlin 1949. Aus: Theaterarbeit. 6 Aufführungen des Berliner Ensembles, hrsg. v. Berliner Ensemble, Helene Weigel, Dresden 1952, S. 265.

Abb. 20: *Torquato Tasso*, Bremen 1969, Inszenierung: Peter Stein. Foto: Vierow. Aus: Theater heute, H. 5, 1969, S. 15.

Abb. 21: *Don Carlos*, Stuttgart 1979, Inszenierung: Hansgünther Heyme. Die Bühne von Wolf Münzner.

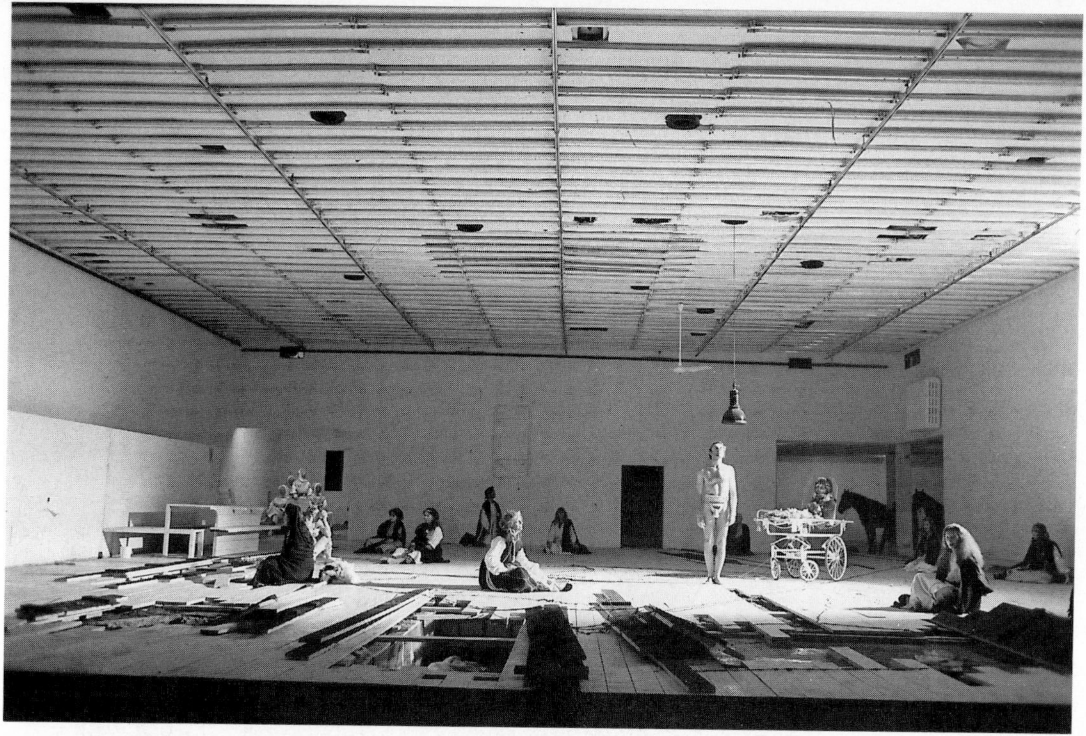

Abb. 22: *Die Bakchen*, Berlin 1974, Inszenierung: Klaus Michael Grüber. Foto: Ruth Walz.

Abb. 23: Robert Wilsons Inszenierung von Heiner Müllers *Hamletmaschine* am Hamburger Thalia-Theater 1986. Foto: Elisabeth Henrichs. Aus: Theater heute, H. 12, 1986, Titelbild.

so die Rituale selbst: Gottesdienst, Parlamentssitzung – als theatralische Vorgänge. Die vermeintlichen Zuschauer – die Dadaisten – entpuppten sich als die wahren Protagonisten, während die vermeintlichen Handelnden – der Hofprediger, die Parlamentarier – in die Rolle von Zuschauern gedrängt wurden: Die ganze bürgerliche Welt war als Theater decouvriert.

Während das bürgerliche Theater seit seinem Einzug in spezifische Theatergebäude im 18. Jahrhundert diese nicht mehr verlassen hatte, begann in der ersten Dekade des 20. Jahrhunderts der Auszug aus den überlieferten Häusern. Während sich die Grundzüge des Theaterbaus seit dem 17. Jahrhundert nicht wesentlich geändert hatten, wurde von der Jahrhundertwende an eine Fülle von neuen Konzeptionen entworfen und erprobt. Es ging dabei der Theateravantgarde offensichtlich nicht darum, den vorherrschenden Stilen des bürgerlichen Theaters – dem realistischen und dem idealistischen – einen neuen Stil entgegenzusetzen; es ging vielmehr um ein völlig neues Verständnis von Theater.

Seit dem 18. Jahrhundert wurde Theater vorwiegend unter Bezug auf seine Darstellungen definiert. Im Mittelpunkt der ästhetischen Reflexion standen Struktur und »Botschaft« der Aufführungen, mit denen das Theater seine jeweilige Funktion erfüllen sollte: den Zuschauer zu belehren, zu bessern, zu rühren, zu erheben, zu bilden, zu unterhalten. Das Interesse konzentrierte sich entsprechend auf die interne Kommunikation zwischen den Figuren auf der Bühne, die für die vorgegebene Form der Guckkastenbühne konzipiert war. Jetzt dagegen verlagerte sich der Schwerpunkt auf die externe Kommunikation zwischen Schauspielern und Zuschauern: Theater wurde als ein spezifisches Verhältnis zwischen Bühne und Auditorium, zwischen Akteuren und Zuschauern begriffen und daher als Interaktionsprozeß bestimmt, der wesentlich durch die Raumkonzeption des Theaters, durch die jeweilige räumliche Zuordnung von Schauspielern und Zuschauern determiniert ist.

Das bürgerliche Theater hatte nach Überzeugung der Avantgardisten durch Festhalten an Rampe und Guckkasten dieses Verhältnis als eine strikte Trennung der Handelnden von den Zuschauenden realisiert und so den Interaktionsprozeß auf eine Art Einweg-Kommunikation reduziert, die der bürgerlichen Ideologie entsprach. Dagegen postulierten sie die prinzipielle Einheit von Akteuren und Zuschauern, die sie als unabdingbare Voraussetzung dafür ansahen, die Zuschauer in Aktivität zu versetzen und so in Handelnde zu verwandeln.

Diese Aktivität war allerdings jeweils anders konzipiert. Während der konservativ-nationalistische Georg Fuchs ebenso wie die sozialdemokratischen Veranstalter der Leipziger Massenspiele (in den zwanziger Jahren) sie als »Gemeinschaft des Erlebens« oder als »Gemeinschafts-Erlebnis« verstanden, in dem der einzelne sich als Glied einer Gemeinschaft bzw. eines Kollektivs fühlt, planten die Dadaisten sie als wütende Attacken und aggressive Reaktionen des durch gezielte Provokationen in seiner gewohnten Rezeptionshaltung irritierten – bürgerlichen – Publikums, erwarteten Piscator und die kommunistische Proletkultbewegung sie als Parteinahme für das Proletariat sowie als Äußerung der Kampfbereitschaft im Klassenkampf.

Diese Vorstellungen verdeutlichen, daß es den Avantgardisten nicht nur um ein neues Theater ging, sondern um eine neue Kultur: Das neue Theater war so entworfen, daß es als kulturschaffender Faktor hervorzutreten vermochte – daß es den Weg in eine neue Kultur zugleich eröffnete und selbst bereits darstellte. Die Revolution auf dem Theater war als Kulturrevolution konzipiert.

Die neue Kultur, die es zu schaffen galt, sollte sich u.a. in zwei wesentlichen Punkten von der bürgerlichen Kultur unterscheiden: 1. Als ihr Schöpfer und Träger war nicht mehr die große Persönlichkeit, das bürgerliche Individuum gedacht und intendiert, sondern ein Kollektiv, eine Gemeinschaft[19] und 2. sollten in ihr Kunst und Leben nicht mehr voneinander getrennt sein, sondern ineinander übergehen, eine Einheit bilden.

Um diese neue Kultur zu schaffen, waren um die Jahrhundertwende Lebensreform- und Jugendbewegung angetreten, wurden Gartenstädte und Körperkultur propagiert. 1897 wurden (unter Beteiligung von Peter Behrens) die »Vereinigten Werkstätten für Kunst und Handwerk« gegründet, die 1907 mit den »Dresdner Werkstätten« zu den »Deutschen Werkstätten« fusionierten. 1899 wurde die Darmstädter Künstlerkolonie ins Leben gerufen. 1909 begann man mit der Anlage der Hellerauer Gartenstadt bei Dresden, d.h. mit dem Bau der ersten Werkstätten und Wohnungen. 1910 wurde der Werkbund gegründet; 1919 von Walter Gropius in Weimar das Bauhaus, das 1933 seine Tätigkeit einstellen mußte. Diesen Unternehmungen lag die Idee zugrunde, Städteplanung, Wohnungsbau, Wohnkultur, Gebrauchsgegenstände der Lebens-

und Arbeitswelt nach dem Prinzip eines ästhetischen Funktionalismus zu entwerfen und zu realisieren. Ziel war eine durchgreifende und umfassende Ästhetisierung der Lebenswelt für jedermann.

Diese Einrichtungen organisierten in der Regel auch theatralische Aktivitäten. So wurden die »Darmstädter Spiele 1901«, mit deren Planung und Durchführung Behrens, Fuchs und Olbrich betraut waren, als Bestandteil der von der Darmstädter Künstlerkolonie veranstalteten Ausstellung »Dokument deutscher Kunst« durchgeführt. In Hellerau eröffnete 1911 Emile Jaques-Dalcroze seine »Bildungsanstalt für Musik und Rhythmus«, die ab 1912 im Rahmen ihrer Schulfeste zum Abschluß des Schuljahres Aufführungen veranstaltete, an denen außer Jaques-Dalcroze maßgeblich Adolphe Appia beteiligt war.[20] Dem Bauhaus war seit 1921 eine Bühne angegliedert, die 1921–1923 Lothar Schreyer und 1923–1929 Oskar Schlemmer leitete. Das Theater figurierte hier jeweils als eine Art Labor, in dem unter besonders günstigen Bedingungen unterschiedliche Aspekte der anvisierten neuen Kultur experimentell getestet und partiell verwirklicht wurden.

Die Überzeugung von der spezifischen kulturschaffenden Potenz des Theaters schien vor allem in seiner Eigenart begründet, eine von Kollektiven produzierte und rezipierte Kunst zu sein, die sich nicht nur als Text, als Artefakt, sondern als Aktion, als Ereignis realisiert. Zu Beginn des 20. Jahrhunderts war diese Überzeugung nicht nur bei den avantgardistischen Künstlern zu finden, sondern so weit verbreitet, daß theatralische Aktivitäten von der Kulturbewegung der Arbeiterjugend ebenso wie von den national-völkischen und den kirchlichen Jugendverbänden initiiert und gefördert wurden. Besonders favorisiert wurde das Laienspiel auf Freilichtbühnen.

Die Freilichttheaterbewegung war bereits in den sechziger Jahren entstanden, wurde aber erst jetzt wahrhaft populär. Als »Naturtheater«, »Heckentheater«, »Waldbühnen«, »Burgtheater«, »Waldoper«, »Heimatbühne« u.ä. errichtete man bis 1930 eine Fülle von Freilichttheatern, dessen größtes 8048 Plätze umfaßte (Freilichtbühne Wienkopp bei Bochum), das kleinste 150 (Bonner Freilichtbühne).

Neben Laienspiel und Freilichtbühnen wurde die Idee von »Volks-Festspielen« propagiert. Auf Anregung von Fuchs wurde 1910 in München der »Verein Münchner Volksfestspiele« gegründet; 1911 folgte in Berlin eine »Deutsche Volksfestspiel-Gesellschaft«. Aber nicht nur konservativ-nationale Kreise machten sich für die Durchführung von Volks-Festspielen stark, auch die Arbeiterbewegung setzte sich für sie ein. Erich Mühsam beispielsweise befand: »Die Idee der Volksfestspiele kann von freiheitlich gesinnten Menschen gar nicht laut genug begrüßt werden.«[21]

Die Fähigkeit des Theaters, bei der Schaffung einer neuen Kultur sozusagen an vorderster Front mitzuwirken, war offensichtlich allgemeiner Konsens. Sie schien mit der postulierten Einheit von Akteuren und Zuschauern unmittelbar gegeben und begründet zu sein. Entscheidende Differenzen bestanden allerdings im Hinblick auf die nähere Bestimmung dieser Einheit (z.B. als kultisch-religiöse Gemeinschaft, politische Versammlung, Volksgemeinschaft) sowie hinsichtlich der Mittel und Wege, auf denen die Einheit hergestellt werden sollte (z.B. durch Schock, Rausch, Trance, Verfremdung). Entsprechend finden sich eine Fülle verschiedener engerer Definitionen: Theater wurde als Fest, Kult, Ritual, Feier, Provokation, Happening, Agitpropveranstaltung u.ä. verstanden und praktiziert. In jedem Fall realisierte sich Theater als Teil des Lebens, als kulturelle Praxis. Es soll daher nachfolgend unter *kulturhistorischem Aspekt* untersucht werden.

4.1.2 Theater als Fest

Die Vorstellung von Theater als Fest war besonders populär. Sie wurde von national-völkischen, kirchlichen und sozialdemokratischen Kreisen vertreten, von Künstlern wie Behrens, Fuchs, Appia, Jaques-Dalcroze, Reinhardt u.a.. Angesichts der schon fast stereotyp anmutenden Verbindung der Begriffe »Theater« und »Fest« ist kaum anzunehmen, daß alle mit ihr dasselbe meinten. Es ist eher davon auszugehen, daß die spezifische kulturschöpferische Leistung von Theater, verstanden als Fest, jeweils anders begriffen und definiert wurde.

Behrens und Fuchs hatten ihre Auffassung vom Theater als einem Fest bereits um die Jahrhundertwende in einer Schrift ausgeführt und vertreten: Fuchs in *Die Schaubühne – ein Fest des Lebens* (*Wiener Rundschau*, Jg. III, 1899) und Behrens in *Feste des Lebens und der Kunst* (Leipzig 1900). Bei der Inszenierung des von

Fuchs verfaßten Festspiels *Das Zeichen*, das zur Eröffnung der Ausstellung »Dokument deutscher Kunst« auf der großen Freitreppe des Atelierhauses der Künstlerkolonie aufgeführt wurde, hatten sie zum ersten Mal Gelegenheit, ihre Ideen zu verwirklichen.[22] Zwar stimmten beide nicht nur in ihrer allgemeinen Auffassung vom Theater als einem Fest überein, sondern auch in den detaillierten Forderungen, die sie daraus ableiteten, wie Abschaffung der Rampe, Proszeniumsbühne mit Reliefbühne, eine rhythmische am Tanz geschulte Schauspielkunst. Dennoch läßt sich nicht übersehen, daß beide mit dem Begriff des Festes jeweils etwas anderes meinten.

Für Behrens ist das Fest »ein Sinnbild unseres Überschusses an Kraft«, eine »Feier unserer Kultur«. Diese Kultur wurde durch Arbeit geschaffen: »Wir haben durch Arbeit gelernt unsre Zeit, unser eigenes Leben verstehen; [...] Wir haben uns und unsre Zeit erkannt, unsre neuen Kräfte, unsre neuen Bedürfnisse. Wir können unsre Kräfte bethätigen, unsre Bedürfnisse befriedigen.«[23] Grundlegend für Behrens' Verständnis ist die Reflexion des Verhältnisses von Kunst und Leben, Fest und Alltag. Beiden liegen die gleichen Prinzipien zugrunde: Zweckmäßigkeit, Schönheit, Rhythmus. Während im Alltag nach diesen Grundsätzen Kultur als Einheit von Kunst und Leben geschaffen wird, dient das Fest dazu, sie zur Darstellung zu bringen und so den Teilnehmern ihre eigene kulturschöpferische Leistung ins Bewußtsein zu heben. Der von der Alltagskultur erarbeitete und angesammelte »Überschuß an Kraft« – an materieller und geistiger Energie – wird entsprechend im Fest verbraucht.

Theater als Fest »feiert« also die Kultur als Einheit von Kunst und Leben und »erhebt« so die Zuschauer, die durch ihre »Begeisterung« für die von ihnen geschaffene Kultur »Mitkünstler geworden sind«, »nicht abwartende Zuschauer«, sondern »von der Schwelle an Teilnehmer an der Offenbarung des Lebens«. Die Forderungen, die Behrens zur Reform des Theaters erhebt, sind aus dieser Vorstellung vom Theater als Fest abgeleitet.

Bei Fuchs dagegen steht ein ganz anderer Gesichtspunkt im Vordergrund. Als Anhänger Nietzsches betrachtet er die »Individuation als Urgrund des Übels« und sieht im Fest einen Weg, den »Bann der Individuation zu zerbrechen«, die verlorene »Einheit« wiederherzustellen.[24] Theater als Fest dient nach seiner Auffassung daher der Befriedigung einer »orgiastischen Begierde nach Lebenssteigerung«. Ihre »Erfüllung« können »wir als einzelne nie und nimmer erleben«[25]. Denn sie besteht in jenem »seltsamen Rausch, der uns überkommt, wenn wir uns als Menge, als einheitlich bewegte Menge fühlen. [...] das ist sicher, daß uns ein Schauer durchschüttelt, sobald wir uns mit anderen, ungezählten anderen in einer Leidenschaft als ungeheure Einheit, als Masse empfinden.«[26]

Theater als Fest hat entsprechend die Aufgabe, die »Leiden der Individuation« aufzuheben. Der einzelne soll sich nicht länger mehr als Individuum fühlen, sondern als Teil einer Gemeinschaft und so eine »Lebenssteigerung« erfahren. Der Begriff »Fest« meint hier eine Art kultisches Ritual: Das Theater als Fest erscheint als »rite de passage«, der die einzelnen Teilnehmer – Schauspieler und Zuschauer – auf dem Weg einer atavistischen Regression in einen archaischen Rauschzustand in ein Gemeinschaftswesen, einen neuen »transindividuellen« Menschen verwandeln soll. Für Fuchs steht im Gegensatz zu Behrens im Zentrum seines Entwurfs einer neuen Kultur das Gemeinschafts-Erlebnis, das der Rausch vermitteln soll.[27] Entsprechend konzipiert er die Reformforderungen, in denen er sich mit Behrens einig ist, als Strategien, um den Rausch herbeizuführen bzw. zu ermöglichen.[28] Auch die Einheit von Kunst und Leben ist dieser Funktion nachgeordnet. Beide Größen bezieht Fuchs durch sein Konzept vom Körper aufeinander.

Fuchs bestimmt die Schauspielkunst als »rhythmische Bewegung des menschlichen Körpers im Raum, ausgeübt [...] in der Absicht, [...] daß man andere Menschen in gleiche oder ähnliche rhythmische Schwingungen und damit in einen gleichen oder ähnlichen Rauschzustand versetzt«[29]. Die rhythmische Bewegung des Körpers gilt also als die via regia zum gewünschten Rauschzustand.

Fuchs geht einerseits davon aus, daß die Rhythmik »uns eingeboren ist«[30], mit dem »Kreislauf des Blutes, das eine magische Eurhythmie durchpulst«[31], immer schon gegeben. Andererseits sieht er die Krise der abendländischen Kultur dadurch verursacht, daß sie den Körper in einer Weise unterdrückt und deformiert hat, die es dem Rhythmus unmöglich macht, sich als alles gestaltende Kraft durchzusetzen. Diesen Vorwurf erhebt Fuchs vor allem gegen die deutsche Tradition, in der Kultur immer »etwas rein Geistiges«[32] meinte. Hier muß eine körperliche Kultur überhaupt erst entwickelt werden. Sie aber erscheint als Vorbedingung für eine ästhetische Kultur: »Unsere Kinderpflege, Hygiene, Massage, Gymnastik, unsere Leibesübungen und Sports und was alles damit zusammenhängt, verfeinern sich unausgesetzt, verfeinern sich so sehr, daß sie ganz von selbst und ohne bewußte künstlerische Absicht sich ins Ästhetische umsetzen.«[33]

Eine entwickelte Körperkultur, so argumentiert Fuchs, macht den Körper wieder empfänglich für rhythmische Schwingungen. Sie ermöglicht so eine »allumfassende Lebenskultur«, in welcher der Körper »zum Mittel künstlerischer Formschöpfung«[34] avanciert. Theater vermag nun den Rausch hervorzurufen: Die »Leiden der Individuation« können im Gemeinschafts-Erlebnis überwunden werden. Auf welche Weise allerdings die solcherart in Gemeinschaftswesen Transformierten wieder in die Alltagskultur inkorporiert werden sollten, darüber scheint sich Fuchs keine Gedanken gemacht zu haben.[35]

Während er anfangs sein Theater als ein Fest für die kleine Elite derer entworfen hatte, »die nicht ›großes Publikum‹ sind«[36], sollte es später als »Volks-Festspiel« für jene veranstaltet werden, die durch die hohen Preise der Theater »von den künstlerisch wirklich bedeutungsvollen und epochemachenden Darbietungen der Schaubühne [...] ausgeschlossen« sind: den »kunstempfänglichen und aufwärtsstrebenden Arbeiter, Handwerker und Angestellten« sowie die »breite Masse der gebildeten Schichten«[37]. Diese Ausweitung führte anläßlich der Münchner Volksfestspiele 1910 und 1911 zur Zusammenarbeit mit Reinhardt.

Dies mag insofern verwundern, als Reinhardt allgemein als Exponent eines zwar künstlerisch hochstehenden, jedoch kommerziell für das »große Publikum« betriebenen Theaters galt. Da nach dem finanziellen Desaster der beiden ersten, von Fuchs verantworteten Spielzeiten des Münchner Künstlertheaters jedoch ein Kassenerfolg gebraucht wurde und Reinhardt ganz im Sinne Fuchsens plante, in der Musik-Festhalle eine griechische Tragödie auf einer Arena-Bühne für ein Massenpublikum in Szene zu setzen, wurde Fuchs zum Propagator für Reinhardts Idee eines »Theaters der Fünftausend«.

Reinhardt ging ebenso wie Fuchs davon aus, daß es die »eigentliche Bestimmung« des Theaters sei, sich als »festliches Spiel« zu realisieren. Bereits 1902 entwarf er den Plan eines »Festspielhauses«,

> [...] vom Alltag losgelöst, ein Haus des Lichtes und der Weihe, im Geiste der Griechen [...] in der Form des Amphitheaters, ohne Vorhang, ohne Kulissen, vielleicht sogar ohne Dekoration, ganz auf die reine Wirkung der Persönlichkeit [...] gestellt, den Schauspieler mitten im Publikum, und das Publikum selbst, Volk geworden, mit hineingezogen, selbst ein Teil der Handlung, des Stückes.[38]

Im Unterschied zu Fuchs begriff Reinhardt das Fest jedoch als völlig losgelöst vom Alltag und stellte dem »Volk gewordenen« Publikum die »Persönlichkeit« des einzelnen Schauspielers gegenüber. Seine Konzeption des Theaters als Fest verweist insofern unmißverständlich auf die bürgerliche Kultur. Andererseits waren deren Träger, die gebildeten bürgerlichen Schichten, nicht bereit, die Grenze zwischen Theater und Wirklichkeit zu überschreiten und selbst »Teil der Handlung« zu werden. »Das sogenannte ›gute‹ ist nämlich in Wirklichkeit das schlechteste Publikum. Abgestumpfte unnaive Menschen. Unaufmerksam, blasiert, selbst gewöhnt im Mittelpunkt der Aufmerksamkeit zu stehen...Gut ist nur die Galerie.«[39] Also mußte Reinhardt für sein Theater ein neues, ein naives Publikum gewinnen. Dies brachte ihn auf seine Idee eines »Theaters der Fünftausend« und führte ihn zu den Volks-Festspielen.[40]

1910 inszenierte Reinhardt in der zum Arenatheater umgebauten 3200 Zuschauer fassenden Münchener Musik-Festhalle Sophokles' *König Ödipus* (in der Bearbeitung von Hugo von Hofmannsthal) und 1912 Aischylos' *Orestie* (bearbeitet von Karl Vollmoeller). Dominierend war in beiden Inszenierungen die Masse. Der Masse auf den Zuschauertribünen korrespondierte die Masse des zum ganzen Volk bzw. zu allen Frauen erweiterten Chores, der sich – von mehr als hundert Personen gebildet (zum Teil ist sogar von 500 bzw. 1000 Mitgliedern des Chores die Rede) – immer wieder mitten zwischen das Publikum ergoß und so das Drama mitten unter die Zuschauer trug.[41]

Während die akademisch gebildete Kritik sich gegen das Massentheater wandte (zum Teil mit den gleichen Argumenten, mit denen seinerzeit die Kritik die Massenszenen der Meininger als Irrweg verteufelt hatte), zumindest jedoch starke Bedenken äußerte[42], zeigte das Publikum – zuerst in München, dann in Berlin sowie auf der anschließenden Welttournee – sich erschüttert und mitgerissen.

Die Inszenierung der *Orestie* wurde im November 1919 zur Eröffnung des Großen Schauspielhauses in Berlin wieder aufgenommen. In der aus Anlaß dieses Ereignisses 1920 von Reinhardts »Deutschem Theater« herausgegebenen Broschüre *Das Große Schauspielhaus* erschien eine Reihe von Beiträgen, welche die bisherigen Erfahrungen mit dem Massentheater für das neu eröffnete Große Schauspielhaus auszuwerten suchten. Reinhardts Dramaturg Heinz Herald schrieb im Vorwort über dies neue Theater, es wolle »die

Kunst der Volksgemeinschaft, aus der sie ihre besten Kräfte saugt, wieder näher bringen. [...] Es will den Blutkreislauf der Kunst wieder an den großen Blutkreis des Lebens anschließen.«[43] Carl Vollmoeller äußerte die Überzeugung, daß es »die Zusammenfassung eines Theaterraumes von Tausenden zu einer Gemeinsamkeit von mithandelnden, mitgerissenen und mitreißenden Bürgern und Volksgenossen« möglich mache.[44] Kurt Pinthus sah hier die Grundlagen für ein »zukünftiges Volkstheater« gegeben, das nur »aus der gemeinsamen Sehnsucht« der Massen, »dem gemeinsamen enthusiastischen Willen einer neuwerdenden Menschheit organisch erzeugt« werden könne. Es »kann nur ein Theater für diese Massen sein, in welche auch die zersprengten Reste der alten Gesellschaft schließlich einmünden werden«[45].

Diese Äußerungen legen den Schluß nahe, daß Reinhardts Massentheater durchaus kulturrevolutionäre Zielsetzungen verfolgte. Dabei wird allerdings übersehen, daß hier keineswegs Beschreibungen von Reinhardt-Aufführungen vorliegen, sondern den Vorstellungen, Wünschen und Erwartungen der jeweiligen Verfasser Ausdruck verliehen wird. Wohl mögen einzelne Inszenierungen wie *Ödipus* oder *Mirakel* die Zuschauer zu Teilnahme, ja Erschütterung mitgerissen haben. Aber als »Gemeinschafts-Erlebnis« läßt sich diese Reaktion kaum qualifizieren. Der Weg zu einer neuen Kultur wurde jedenfalls damit nicht eröffnet. Reinhardts Aufführungen kommt eher das Verdienst zu, aufgrund relativ niedriger Eintrittspreise den Theaterbesuch solchen Bevölkerungskreisen ermöglicht zu haben, »die sonst nur selten oder gar nie einem derartig hochbedeutsamen Kunstereignis beiwohnen können«[46]. D.h. aber nichts anderes, als daß er ihnen Teilhabe an der bürgerlichen Kultur ermöglichte, wie es auch die Volksbühne anstrebte.[47]

In diese Richtung weist auch das Repertoire, das bis 1923 im Großen Schauspielhaus gegeben wurde: *Orestie*, *Ödipus*, *Hamlet*, *Jedermann*, *Kaufmann von Venedig*, *Sommernachtstraum*, *Räuber*, *Götz*, Rollands *Danton*, Hauptmanns *Weißer Heiland*, *Florian Geyer* und *Weber*, Kaisers *Europa* und Tollers *Maschinenstürmer* – kurz, ein bildungsbürgerlich-repräsentativer Spielplan. Später wurde dann das Haus für Filmvorführungen, Operetten und Ausstattungsrevuen – also für die bürgerliche Unterhaltungskultur – genutzt.

Ebensowenig lassen sich Reinhardts spektakuläre Freilichtaufführungen als kulturrevolutionäre Aktivitäten interpretieren. Wenn beim *Jedermann* auf dem Salzburger Domplatz die Rufe vom Dom die Bevölkerung der Stadt zusammenzurufen, das Glockengeläut der benachbarten Kirchen, die auffliegenden Tauben, die sich dräuend zusammenballenden Wolken mitzuspielen schienen und der Spielort sich so auf die ganze Stadt, ja die ganze umliegende Landschaft ausweitete, wenn die Zuschauer beim *Sommernachtstraum* im Seidl-Park oder in den Boboli-Gärten und beim *Kaufmann von Venedig* auf dem Campo di San Trovaso sozusagen an den Originalschauplätzen zusammenkamen, gleichsam selbst als Mitspieler des theatralischen Geschehens, dann wurde damit nicht Kunst in Leben überführt, sondern in echt barocker Manier die Grenze zwischen Kunst und Leben, Theater und Wirklichkeit verwischt.[48]

Die Grenzüberschreitung zwischen Fiktion und Realität wurde vor allem durch die spezifische Verbindung von Spielort und Schauspielkunst ermöglicht und bewirkt. Reinhardt hatte zwar auch Tanz und Pantomime in sein Theater eingeführt, hielt aber im Unterschied zu den Avantgardisten am Prinzip der psychologisch-realistischen Schauspielkunst, am Grundsatz der »Menschendarstellung« fest. Seine Schauspieler, zu denen neben den verdienten Brahm-Schauspielern Gertrud Eysoldt und Alexander Moissi, Tilla Durieux und Agnes Sorma, Paul Wegener und Albert Bassermann, Adele Sandrock und Hermine Körner, Hermann und Helene Thimig, Ernst Deutsch, Max Pallenberg, Paul Hartmann, Emil Jannings, Werner Krauß u.v.a. mehr gehörten[49], entwickelten sie weiter und verfeinerten sie derart, daß sie auch bei der Inszenierung von Stücken, die nicht der realistischen Richtung zugehören, wirkungsvoll eingesetzt werden konnte. Die Zuschauer meinten daher, in ihren Lebensräumen (Kirche, Marktplatz, Park, Garten, Straße) »wirklichen« Menschen aus einer anderen Welt zu begegnen, deren Freuden und Leiden sie zu teilen, mit denen sie sich zu identifizieren vermochten.[50] Die vom Theater geschaffene Wirklichkeit überlagerte so die tatsächliche Welt der Zuschauer und trat an ihre Stelle. Die Zuschauer konnten für die Dauer der Aufführung der Illusion erliegen, selbst dieser anderen Welt anzugehören.

Diese Wirkung der Reinhardtschen Freilicht-Inszenierungen ist immer wieder als »Verzauberung« beschrieben worden, als eine vorübergehende »Entrückung« des Zuschauers aus seiner grauen Alltagswelt in die schöne Welt des ästhetischen Scheins. Das Fest, das Reinhardt den Zuschauern mit seinem Theater bereitete, stand in keiner produktiven Wechselbeziehung mit ihrem Alltag, sondern täuschte diese Beziehung lediglich vor. Es eröffnete daher auch seinen Teilnehmern nicht den Weg in eine neue Kultur, sondern war glanzvoller Höhepunkt der bestehenden bürgerlichen Kultur, aus der es hervorging. Es ermöglichte ihnen die zeitlich begrenzte Flucht aus einer immer drückender werdenden Realität in einen berückend schönen Traum, der in ihrer Welt Wirklichkeit zu werden schien, ohne sie doch tatsächlich zu verändern. Anstatt eine Einheit von Kunst und Leben herzustellen, schuf Reinhardts Theater ihre vollkommene Illusion.

Die »bürgerlichen« Vertreter der Auffassung vom Theater als Fest hatten seit der Jahrhundertwende kontinuierlich ihre Idee durch Gründung entsprechender Festspiele zu verwirklichen gesucht. Innerhalb der Arbeiterbewegung beschritt man einen anderen Weg. Hier integrierte man in der Zeit der Weimarer Republik Theater in eine bereits bestehende Festkultur. Theater wurde zum festen Bestandteil von Gewerkschaftsfesten, Arbeiter-Sportfesten und Maifeiern. Die Aufführungen waren als Massenspiele organisiert, an denen jeweils bis zu 5000 Mitspieler und bis zu 65.000 Zuschauer beteiligt waren.[51] Sie fanden in Radrennbahnen, auf freien Plätzen von Messegeländen, in Fest- und Messehallen, Stadien, Vergnügungsparks und an ähnlichen Orten statt.

Die Leipziger Gewerkschaftsfeste wurden seit 1897 gefeiert und von Arbeiterchören und Arbeiterturnern ausgestaltet. 1919 wurden sie durch Hans-Sachs-Spiele auf Freilichtbühnen erweitert. 1920 begann dann die Serie der Massenspiele mit *Spartakus*; 1921 folgte *Der arme Konrad*, ein Spiel über den Bauernkrieg, 1922 *Bilder aus der französischen Revolution* von Ernst Toller, 1923 *Krieg und Frieden* von Toller und 1924 *Erwachen* von Toller und Adolf Winds.

Anläßlich der Aufführung von *Krieg und Frieden* schrieb der Rezensent der *Leipziger Volkszeitung* (vom 14. 8. 1923):

Große Gemeinschaften bedürfen, um ihrer selbst bewußt zu werden, immer von neuem geschlossener Kundgebungen, gemeinsamer Feiern, Kundgebungen der Freude, der Trauer, der Entschlossenheit, des Angriffs und der Abwehr in Dingen, die alle Glieder der Gemeinschaft betreffen. Es ist Aufgabe der Kunst, solchen Augenblicken des gesteigerten Gemeinschaftswillens den hinreißenden Ausdruck, die Weihe zu geben. Nicht zu allen Zeiten und nicht in allen ihren Formen ist die Kunst, ist vor allem die Dichtung geeignet, diese Aufgabe zu erfüllen. Wir blicken auf Jahrhunderte zurück, wo die Dichtung im wesentlichen individualistisch und aristokratisch war und den Gemeinschaftsgeist höchstens als Ausfluß humaner Stimmungen pflegte. Dem klassenbewußten Proletariat der letzten Zeit mußten deshalb die dichterischen Formen für ihre Kundgebungen und Feiern fehlen. Das Massenfestspiel mit Sprechchören ist ein bedeutsamer Anfang in diese Richtung oder bereits mehr als ein Anfang. Hier weitet sich der enge Raum des Theaters oder des Saales zur Riesenhalle oder die Mauern fallen und der Himmel gibt das Dach, die Natur oder die Stadt im Hintergrund. Hier sind Proletarier die Spieler, die von der Drehbank oder aus dem Schreibtischzimmer kommen. Hier sprechen Dichter, die die Bestrebungen des Proletariats ganz in sich aufgenommen haben. Hier vereinen sich Dichter, Spieler und Zuschauer zu einer großen Gemeinschaft des Erlebens.[52]

Die Konstellation, die den Massenspielen der Gewerkschaftsfeste zugrunde lag, war offensichtlich völlig anders als die der Münchner Volksfestspiele oder auch der Salzburger Festspiele: Die Gemeinschaft war nicht das gewünschte Ergebnis des Festes, sondern sein Fundament – das Fest ging aus der Gemeinschaft hervor, nicht umgekehrt. Akteure und Zuschauer bildeten nicht erst aufgrund des besonderen Spielortes und der Raumkonzeption – wie der Arena- oder Podiums- oder Treppenbühne, die hier realisiert wurde – eine Einheit, sondern weil sie als Proletarier Mitglieder derselben Gemeinschaft waren. Entsprechend waren auch die Rollen der Handelnden und Zuschauenden nicht festgelegt: Aus den Zuschauenden konnten jederzeit Handelnde werden und umgekehrt. Die Aufführung wurde daher als gemeinsame kulturelle Praxis vollzogen. Ihr Ziel war es, den Teilnehmern ihre Zugehörigkeit zu dieser Gemeinschaft bewußt zu machen, die auf ihrer gemeinsamen Lage, gemeinsamen Interessen und Handlungsabsichten beruhte, wie sie auch Gegenstand der Aufführung wurden (Klassenkampf 1920/21; Volksrevolution 1922; pazifistischer Kampf 1923/24). Diesem Ziel diente der spezifische Einsatz der Mittel: Sprech- und Gesangschöre, Scheinwerfereffekte, Tanz und Massenbewegung.

Auch bei diesen von der Sozialdemokratie organisierten Festen und theatralischen Aktivitäten standen Gedanke und Bewußtsein im Vordergrund, damit eine neue Kultur zu schaffen. Diese »neue Festkultur« galt als Teil einer »sozialistischen Gefühlsbildung«, die man der »Überschätzung des formalen Wissens« entgegensetzte, wie sie in der bürgerlichen Kultur vorherrschte:

Die Weltanschauung eines Menschen erwächst aus der gefühlsmäßigen Einstellung. Das Gefühl steht vor der Erkenntnis. Es sind Gefühle wie Haß, Auflehnung usw., die die meisten Arbeiter zur sozialistischen Bewegung gebracht haben [...]. Auch der Wille wird zuerst vom Gefühl bestimmt. Den Willen zur Tat zu wecken und zu stärken, darauf kommt es in erster Linie an.[53]

Diese neue, proletarische Festkultur setzte sich dezidiert von der bürgerlichen Festspielidee ab. 1925 fand in Frankfurt am Main die Erste Internationale Arbeiter-Olympiade statt, in deren Rahmen das Weihespiel *Kampf um die Erde* von Alfred Aubach aufgeführt wurde. Über dies Weihespiel, das der Rezensent der *Arbeiter-Turn-Zeitung* als »Neubelebung alter Volkskunst aus dem Mittelalter mit neuen Zielen«[54] empfand, war in der Festschrift zur Arbeiter-Olympiade zu lesen:

Nicht Festspiel, sondern Weihespiel! Denn es bricht mit der leidigen bürgerlichen Festspielmacherei, die mit pathetischen Reimen und byzantinischen Phrasen arbeitet. Damit hat unser Olympiade-Spiel nichts gemein [...]. Internationale Arbeiter-Olympiade hat tieferen Sinn, als die nur sportlichen Wettkämpfe. Ihr dramatischer Ausdruck und Auftakt ist deshalb kein Phrasen-Festspiel alten Stiles, sondern kraftvolles, wuchtiges Menschheits-Weihespiel.[55]

1932 erreichte die von der Sozialdemokratie initiierte und propagierte proletarische Festkultur ihren Höhepunkt mit einer ganzen Serie von Neuaufführungen, darunter das Festspiel *Wir* von Hendrik de Man im Rahmen der Frankfurter Maifeier, das ausdrücklich als Lehrstück und zugleich als »kultisches Stück« deklariert wurde. Die neue Gefühlskultur sollte hier »religiöse Massengefühle« integrieren.[56]

Die kommunistische Kulturbewegung favorisierte dagegen Theater als Agitation. Daneben brachte sie allerdings auch Sprechchorwerke aus sozusagen kultischen Anlässen wie Fahnenweihe und Totenehrung zur Aufführung, so z.B. den Sprechchor *Chor der Arbeit* von Gustav von Wangenheim zur Weihe der dem Berliner Bezirk 1923 gestifteten Aserbeidschanfahne oder im selben Jahr Berta Lasks *Die Toten rufen* aus Anlaß einer Gedenkfeier für Karl Liebknecht und Rosa Luxemburg. Häufig wurden diese Feiern mit dem gemeinsamen Gesang von »Brüder, zur Sonne, zur Freiheit« oder der Internationale abgeschlossen. Aber auch bei diesen Feiern stand ähnlich wie beim Agitproptheater die Absicht zur Mobilisierung der Massen im Vordergrund.[57] Die KPD-Zeitung *Die rote Fahne* schrieb 1924 über eine derartige Feier:

Es gibt in unseren Stücken keine Zuschauer, die nur betrachtend passiv sind. Ein Erleben, ein Rhythmus umspannt Darsteller und »Publikum« und zündet Gewissen und Aktion...Es kommt nur darauf an, die betrachtende Passivität des Zuschauers umzusetzen in eine aktive Bewegung [...]. Ja, aber die »Handlung«? Zum Teufel mit der Handlung. Die Handlung sind wir, unsere Empörung, unser Mitleid, unser neugeweckter Opferwille, unsere entflammte Kampfbereitschaft: »Wir kommen.« Da liegt die Handlung, in diesen beiden Worten.[58]

Auch bei den ausdrücklich als Feier deklarierten Veranstaltungen realisierte sich das Theater also weniger als feierliches Ritual, geschweige denn als Fest, sondern als Agitation.

4.1.3 Theater als Agitation

Im März 1919 gründete Erwin Piscator zusammen mit Hermann Schüller ein »Proletarisches Theater«[59]. Im Programm, das als Flugblatt verbreitet wurde, stellten die Verfasser ausdrücklich klar, daß ihr Theater nicht Proletariern Kunst vermitteln sollte, sondern als bewußte Propaganda angelegt sei. »Wir verbannten das Wort ›Kunst‹ radikal aus unserem Programm, unsere ›Stücke‹ waren Aufrufe, mit denen wir in das aktuelle Geschehen eingreifen und ›Politik treiben‹ wollten.«[60] Das »Proletarische Theater« war von Anfang an als Instrument im Klassenkampf konzipiert.

Dennoch stand die Kommunistische Partei ihm skeptisch gegenüber. Die Einwände, die in der *Roten Fahne* formuliert wurden, entsprachen allerdings durchweg einem bürgerlichen Kunstverständnis: »Man will nicht ›Kunst genießen‹. Dazu ist zu sagen: Dann wähle man nicht den Namen Theater, sondern nenne das Kind bei seinem rechten Namen: Propaganda. Der Name Theater verpflichtet zu Kunst, zu künstlerischer Leistung!...Kunst ist eine zu heilige Sache, als daß sie ihren Namen für Propagandamachwerk hergeben dürfte!« (17. 10. 1920).[61]

Das Theater spielte mit Arbeiter-Schauspielern und einfachsten Dekorationen in Sälen und Versammlungslokalen, um die Massen direkt in ihren Wohngebieten zu erreichen.

Bürgerliche Kritiker waren zu den Aufführungen nicht zugelassen. Bereits im April 1921 fand mit einer Inszenierung von Jungs *Kanaker* die letzte Aufführung des »Proletarischen Theaters« statt. Wie aus der Besprechung der *Roten Fahne* hervorgeht, scheint es sein Ziel einer Aktivierung des proletarischen Publikums, einer Überführung von Kunst in Leben, wenigstens zum Teil erreicht zu haben:

Das ist das grundlegend Neue an diesem Theater, daß Spiel und Wirklichkeit in einer ganz sonderbaren Weise ineinander übergehen. Du weißt oft nicht, ob du im Theater oder in einer Versammlung bist, du meinst, du müßtest eingreifen und helfen, du müßtest Zwischenrufe machen. Die Grenze zwischen Spiel und Wirklichkeit verwischt sich...Das Publikum fühlt, daß es hier einen Blick in das wirkliche Leben getan hat, daß es Zuschauer nicht eines Theaterstücks, sondern eines Stückes wirklichen Lebens ist...Daß der Zuschauer mit einbezogen wird in das Spiel. (12. 04. 1921).[62]

Drei Jahre später hatte die KPD ihre Vorbehalte gegenüber Theater als Propaganda offensichtlich aufgegeben. Man beauftragte Piscator, für die Kampagne zu den Reichstagswahlen 1924 eine entsprechende Veranstaltung zu organisieren. Zusammen mit Felix Gasbarra und dem Komponisten Edmund Meisel brachte er die *Revue Roter Rummel* heraus. In loser Folge wechselten sich die pointierten Sketche der Schauspielerszenen mit Akrobatik, Schnellzeichnung, Sport, Projektion, Film, Ansprache ab, wobei die Musik als wesentliches dramaturgisches Mittel eingesetzt wurde. Unter Rückgriff auf die »klassischen« Conferencier-Figuren der Operette, »compère« und »commère«, wurden die Typen des »Proleten« und des »Bourgeois« eingeführt, die durch ihre Kommentare und Streitereien das Geschehen vorwärtstrieben und so die einzelnen Bilder für den Zuschauer unmißverständlich interpretierten.

Die *Revue Roter Rummel* hatte von der ersten bis zur letzten der vierzehn Vorstellungen einen ungeheuren Erfolg. »Das Publikum spielt mit. Hui, wie sie da pfeifen, schreien, toben, anfeuern, die Arme schleudern und in Gedanken mithelfen.«[63] Spontan wurde am Schluß der Veranstaltungen die Internationale gesungen. Theater und Leben gingen hier ineinander über, bildeten eine Einheit wie die Akteure und die Zuschauer. Der Rezensent der *Roten Fahne* berichtet:

Zehntausende von Proletariern und Proletarierinnen haben während der letzten 14 Tage diese Revue in ihren Bezirken gesehen: in den Pharussälen, in der Hasenheide, in Lichtenberg, in den Sophiensälen und in anderen großen Versammlungsräumen Berlins...Die Wirkung der Bilder auf die erregten und gierigen Zuschauer ist beispiellos. Eine solche mitgehende, ja schon mitspielende Menge gibt es in keinem anderen Theater. (8. 12. 1924)[64]

Dennoch konnte sich die KPD nicht entschließen, die Revuetruppe zu einer ständigen Einrichtung zu machen. Immerhin beauftragte sie Piscator im folgenden Jahr, anläßlich des Berliner Parteitages im Großen Schauspielhaus eine Aufführung herauszubringen. Wieder waren auch Gasbarra und E. Meisel beteiligt. In Kollektivarbeit von Verfasser, Regisseur, Musiker, Bühnenmaler und Schauspielern entstand die Revue *Trotz alledem!*. Als »Montage von authentischen Reden, Aufsätzen, Zeitungsausschnitten, Aufrufen, Flugblättern, Fotographien und Filmen des Krieges und der Revolution, von historischen Personen und Szenen«[65] setzte sie sich mit der Epoche vom Ausbruch des Ersten Weltkrieges bis zur Ermordung von Rosa Luxemburg und Karl Liebknecht auseinander. Der Titel zitierte einen Ausspruch von Liebknecht.[66]

Über das Publikum schreibt Piscator:

Tausende füllten am Abend der Aufführung das Große Schauspielhaus. Jeder verfügbare Platz war besetzt, alle Treppen, Korridore, Zugänge zum Bersten voll. Eine Begeisterung des Zuschauenkönnens beherrschte von vornherein diese lebendige Masse, eine unerhörte Bereitschaft dem Theater gegenüber war spürbar, wie sie nur im Proletariat zu finden ist.
Aber schon bald steigerte sich diese innere Bereitschaft zu wirklicher Aktivität: die Masse übernahm die Regie. Sie, die das Haus füllten, hatten alle zum großen Teil diese Epoche aktiv miterlebt, es war wahrhaft ihr Schicksal, ihre eigene Tragödie, die sich vor ihren Augen abspielte. Das Theater war für sie zur Wirklichkeit geworden und sehr bald war es nicht mehr: Bühne gegen Zuschauerraum, sondern ein einziger großer Versammlungssaal, ein einziges großes Schlachtfeld, eine einzige große Demonstration. Diese Einheit war es, die an dem Abend endgültig den Beweis erbrachte für die Agitationskraft des politischen Theaters.[67]

In den Besprechungen der verschiedenen Blätter wird immer wieder auf die ungeheure Wirkung der Aufführung auf die Zuschauer hingewiesen, ihre offensichtlich ganz ungewöhnliche Aktivität hervorgehoben. Jakob Altmeier verglich in der *Frankfurter Zeitung* diese Wirkung mit derjenigen von Reinhardt-Aufführungen im selben Haus:

Mochte man alle Tendenz und Übertreibungen abziehen, man kam nicht mehr verständnislos in die Nacht und auf die Straße. Mochte Jessner »Wallensteins Tod« oder den »Prinzen von Homburg« zaubern, Reinhardt mit seinem »Was ihr wollt« und mit seiner Bergner einen Himmel bereiten, nach den Vorstellungen erschien einem jedesmal die Stadt wie ein Urwald, in dem man sich nicht wieder zurechtfand...Nach einer solchen Revue aber schien es, als habe man gebadet. Kräfte wuchsen! Es ließ sich auf der Straße gut schwimmen und rudern. Verkehr und Licht, Brausen und Technik hatten einen Sinn.[68]

Obwohl auch die zweite Aufführung ausverkauft war und Hunderte abgewiesen werden mußten, verschloß sich die Partei Piscators Wunsch, die Aufführung wenigstens zwei Wochen zu wiederholen, um eine Massenwirkung zu erreichen (und auch um die Unkosten einzuspielen). Die erfolgreiche Agitproparbeit mußte eingestellt werden.

Bei den Inszenierungen, die Piscator in der Folgezeit an der Volksbühne (1924–1927) und anschließend an seinen eigenen Piscator-Bühnen herausbrachte, konnte von einem vergleichbar homogenen Publikum nicht mehr ausgegangen werden. Kleinbürgerliches Publikum (in der Volksbühne) und großbürgerliche Schickeria (in den Piscator-Bühnen) dominierten, das proletarische Publikum blieb in der Minderzahl. Um den revolutionären Anspruch seines Theaters unter den derart veränderten Kommunikationsbedingungen aufrecht erhalten zu können, reagierte Piscator mit einer Verlagerung des Schwerpunktes auf die Dramaturgie. Auch einem überwiegend bürgerlichen Publikum sollte deutlich werden, daß »nicht mehr das Individuum mit seinem privaten, persönlichen Schicksal, sondern die Zeit und das Schicksal der Massen [...] die heroischen Faktoren«[69] des neuen Theaters bildeten. Die Erkenntnis, daß er ein solches Theater nicht als ein rein künstlerisches Ereignis rezipieren könne, losgelöst von seinem Leben und seiner Wirklichkeit, konnte dem bürgerlichen Zuschauer allerdings günstigstenfalls erst im Laufe bzw. am Ende der Aufführung aufgehen. Um dies Ziel zu erreichen, entwickelte Piscator die neue Form des epischen Theaters.

Mit Piscators beiden im Auftrag der KPD produzierten politischen Revuen war die Geschichte des Agitproptheaters in Deutschland keineswegs beendet. Im Gegenteil – von ihm nahm sie ihren Ausgang. Nach den Aufführungen der *Revue Roter Rummel* fanden sich in den Berliner Bezirken jeweils ganz spontan Gruppen junger Arbeiter zusammen, um »ihren« roten Rummel aufzuziehen. In der Folgezeit entstanden hunderte von Agitpropgruppen, die in kabarettistisch-revuehafter Form Agitation betrieben: »Das rote Sprachrohr«, die »Roten Raketen«, »Die roten Blusen«, »Die Nieter«, »Die Galgenvögel«, »Kolonne links« u.v.a.[70] Eine zweite Gründungswelle wurde durch die Gastspielreise der sowjetischen Agitproptruppe »Die Blauen Blusen« ausgelöst, die 1927 Deutschland bereiste.

Die »Blauen Blusen« charakterisierten sich selbst u.a. mit folgenden Thesen:

1. Die ›Blaue Bluse‹ ist eine dramatische lebende Zeitung, die aus dem Referat (aus der gesprochenen Zeitung) hervorgegangen ist.

2. Die ›Blaue Bluse‹ ist eine Form der Agitation, eine aktuelle Bühne, die durch die Revolution geboren wurde, sie ist eine Montage politischer und allgemeiner Erscheinungen vom Standpunkt der Klassenideologie des Proletariats aus.
3. Die ›Blaue Bluse‹ ist eine gewandte, lebendige, saftvolle, scharfe und bewegliche Wanderbühne, die an jedem Ort, unter jeden Bedingungen arbeitet.
4. Die ›Blaue Bluse‹ ist eine Klubform, eine Art Estrade, sie ist eine besondere Form der Laienkunstarbeit im Arbeiterclub.[71]

Das Gastspiel, das den ersten unmittelbaren Kontakt zwischen dem deutschen und dem sowjetischen Arbeitertheater herstellte, führte nicht nur zu einer Reihe von Neugründungen von Agitpropgruppen, sondern hatte auch eine ästhetische Neuorientierung der bereits bestehenden zu Folge. Während man bisher die Form der abendfüllenden roten Revue bevorzugt hatte, probierte man jetzt die Form des Kabaretts aus, wie die »Blauen Blusen« sie vorführten: kurze, abwechslungsreiche, voneinander unabhängige schlagfertige Szenen.

Bei der Wahl ihrer ästhetischen Mittel bewiesen die Agitproptruppen Phantasie und Einfallsreichtum. Sie griffen Elemente aus der Volkskultur auf (wie Kasperle, Moritat), aus der proletarischen Subkultur, aus den neuen Medien Radio, Schallplatte und Film sowie aus den verschiedenen Arten der kommerziellen Massenunterhaltung. Revue, Schlager, Jazz, Stepptanz, Montage, Slapstick usw. wurden für die agitatorischen Ziele funktionalisiert und entsprechend verwendet. Als zentrale ästhetische Kategorie galt »Tempo« – das Tempo der Präsentation korrespondierte dem durch Bandarbeit, Refa-Zeitmessung und Beschleunigung des Verkehrs verursachten schnelleren Arbeitsrhythmus sowie dem hektischen Lebensrhythmus der Metropole.[72]

Diesem Rhythmus entsprach auch der prononcierte Einsatz von Musik. Die Lieder hatten im wesentlichen eine doppelte Funktion zu erfüllen. Zum einen sollten durch sie »die Texte, die wir sangen, leichter faßbar für den Zuschauer sein und haften bleiben. Was man einmal gesungen hat, behält man besser. Die Melodien sollten klar und unkompliziert sein, damit der Zuhörer mitsingen kann. Wer mitsingt, der denkt mit. Wer mitsingt oder auch nur mitsummt oder auch nur im Rhythmus mitgeht, ist schon aktiv dabei.«[73]

Zum anderen sollte das gemeinsame Singen das Zusammengehörigkeitsgefühl stärken, »die Kraft des Kollektivs und des kollektiven Handelns«[74] herausstellen. Dies galt vor allem für das Absingen des Truppenliedes, mit dem die Veranstaltungen begannen und endeten.[75]

Diese Gemeinsamkeit sowohl untereinander als auch mit den Zuschauern wurde darüber hinaus durch das »Kostüm« betont. Man trug eine an Arbeitskleidung orientierte Einheitskleidung. Zur Charakterisierung der verschiedenen Figuren verwendete man unterschiedliche Kopfbedeckungen und sog. Applikationen, die mit Druckknöpfen auf den Anzügen angebracht werden konnten, wie Attribute einer Polizeiuniform oder angeknöpfter Kragen und Krawatte zur Darstellung von Leuten aus gehobenen Kreisen. Diese Kostüme ließen genügend Bewegungsfreiheit bei den vielen pantomimischen und akrobatischen Einlagen.

Die Texte entstanden in kollektiver Arbeit. In gewisser Weise war auch das Publikum in ihre Produktion einbezogen, weil auf Kritik und Anregung von den Zuschauern stets mit entsprechenden Änderungen reagiert wurde.

Gespielt wurde auf Lastwagen, in Saalecken und Hinterhöfen. Bei der Zusammenstellung ihres Nummernprogramms ging beispielsweise die »Kolonne links« so vor, daß sie im ersten Teil Szenen zeigte, »die auch bei Nichtgenossen, bei Parteilosen und sozialdemokratischen Arbeitern unbedingte Zustimmung fanden. Szenen gegen die Nazis, gegen den bürgerlichen Parlamentarismus, gegen den Kitschfilm, gegen das Konkordat, gegen die bürgerliche Sportkanonenzüchterei.«[76]

Im zweiten Teil folgte dann die Kritik an der Sozialdemokratie und die direkte Werbung für die KPD.

Béla Balász bezeichnete 1930 die Agitproptruppen als »eine der bedeutendsten kulturhistorischen Erscheinungen unserer Zeit«. Ihre kulturhistorische Bedeutung sah er vor allem in zwei Phänomenen begründet: zum einen in dem Entstehen einer neuen Kunstform, einer neuen Volkskunst. »Denn die Arbeiter schreiben sich, improvisieren sich ihre Stücke selber. Sie übernehmen sie voneinander, ändern sie um, kennen keine Urheber und kein Urheberrecht. Arbeitertheater ist die Volksdichtung des klassenbewußten Proletariats.«[77]

Zum anderen stützte sich Balász bei seiner Argumentation auf die neue Rolle des Publikums, auf die spezifische Beziehung zwischen Akteuren und Zuschauern.

Denn die Geschichte des Theaters ist die Geschichte des Publikums. Aus dem Sein des Publikums entsteht das Bewußtsein auch in Form des Theaters. Darum ist heute in Europa das Arbeitertheater das einzige, das ein einheitliches Publikum hat. Hier gibt es keine Zufallswirkungen. Die einzig mögliche Wirkung wartet bereits und fordert ihren bestimmten Anlaß. Neue Pointen kommen, denn die geringste Anspielung genügt. Dieses Publikum ist genau informiert. Neue Abkürzungen ergeben sich. Denn es sind ja laufende, gemeinsame Angelegenheiten. Neue Symbole erscheinen. Denn dieses Publikum weiß Bescheid. So bringt es die Bedingungen mit und schafft sich eine neue Kunst.[78]

Die Einheit von Spielern und Zuschauern mußte in diesem Theater nicht erst durch neue Raumkonzeptionen und entsprechende ästhetische Verfahren hergestellt werden, sondern sie war ihm bereits vorgegeben. Dies galt umso mehr, als die Spieler der Agitproptruppen ihre Arbeit nicht als spezielle künstlerische Betätigung begriffen, häufig nicht einmal als Freizeitbeschäftigung. Viele waren seit Jahren arbeitslos. Sie kämpften denselben Kampf ums Überleben wie ihre Zuschauer und sie kämpften ihn mit den Waffen des Agitproptheaters. Das Theater war für sie Lebenspraxis. In ihm vermochten sie dem Klassenbewußtsein Ausdruck zu verleihen, aus dem sie ihre eigene Identität bezogen, und es bei ihren Zuschauern zu stärken und zu aktivieren. Diese neue proletarische Kultur realisierte sich in der Tat in vollkommener Antinomie zur herrschenden bürgerlichen Kultur, der sich die Volksbühnenbewegung weitgehend angenähert, wenn nicht gar integriert hatte.

Anfang der dreißiger Jahre stieß die Arbeit der Agitproptruppen zunehmend auf Kritik aus kommunistischen Kreisen. Auf dem 1932 stattfindenden »Zweiten erweiterten Plenum des Internationalen Revolutionären Theaterbundes« wurde vor allem gegen den »Schematismus« zu Felde gezogen, mit dem »die Schreiber und Spieler von Agitpropszenen es sich leicht machen«:

»Der« Fabrikant war ein fetter Wanst mit Zylinder auf dem Kopf, »der« Bonze war ein fetter Spießer, er trug die Aktenmappe, »der« Faschist hatte eine Mördervisage und war bis an die Zähne bewaffnet, »der« Sozialdemokrat war ein vertrottelter »Sozialfaschist«, »der« Proletarier war ehrlich und verhungert. So entstand die »Walze«, der Agitpropstil![79]

Man warf den Agitproptruppen vor, daß sie nur Zuschauer erreichten, mit denen bereits ein prinzipielles Einverständnis bestand, daß sie aber unfähig seien, »dem Angestellten und Mittelständler den komplizierten Proletarisierungsvorgang seines Standes klarzumachen, die Notwendigkeit einer Einreihung in die gemeinsame Klassenfront!«[80]. Diese Kritik betraf und ignorierte zugleich das Fundament und die Voraussetzung des Agitproptheaters: die vorab gegebene Einheit von Akteuren und Zuschauern. Die Homogenität des Publikums, die Balász gerade hervorgehoben hatte, wurde in

Frage gestellt. Man verlangte von den Agitproptruppen, für ein »neues« Publikum zu spielen, das de facto zwar bereits auch proletarisiert war, davon jedoch nichts wissen wollte. Damit waren sowohl die Kommunikationsbedingungen als auch die Ziele des Arbeitertheaters neu definiert. Denn jetzt galt es nicht mehr, ein bereits vorhandenes Klassenbewußtsein in einer bestimmten Richtung zu aktivieren, sondern dies Klassenbewußtsein mußte erst einmal geschaffen werden. Dazu aber bedurfte es der Überzeugungsarbeit durch umfassende Information und präzise Analyse, wie sie die pointierte Agit-Kurzszene selbstverständlich nicht zu leisten vermochte.

Als Lösung des Problems wurde unter Hinweis auf die Dramatiker Brecht und Friedrich Wolf die Rückkehr des Dramatikers gefordert, weil »in Wirklichkeit kein Theater ohne dramatische Dichtung auskommen«[81] könne. Und Friedrich Wolf zog den Schluß, daß der Schritt »von der Agitpropszene zum Arbeiterstück« zugleich als Schritt vom Agitproptheater der Arbeiterschauspieler, der »Laien«, zum »Berufstheater der Arbeiterschaft«[82] vollzogen werden müsse. Das Agitproptheater mit seinen spezifischen Kommunikationsbedingungen wurde damit als eine notwendige frühe, mit dem »Anmarsch des Faschismus seit 1931/32«[83] aber überholte Phase im Klassenkampf und in der Entwicklung einer proletarischen Kultur beurteilt. Die nächste Phase wurde jedoch bereits in ihren Anfängen durch die Machtübernahme der Nationalsozialisten beendet.

Die Einheit von Schauspielern und Zuschauern, welche die Avantgardisten seit der Jahrhundertwende als Voraussetzung und Bedingung für die Verwirklichung ihrer verschiedenen kulturrevolutionären Ziele forderten, erfuhr eine spezifische Neudefinition durch das Lehrstück-Theater, das Bertolt Brecht (1898–1956) zwischen 1928 und 1931 entwickelte.

Die Lehrstücke waren nicht für die bestehenden professionellen Theater geschrieben, sondern ausdrücklich für »Laien« – für Gruppen von Schülern, Lehrlingen, jungen Arbeitern. Eine Trennung in Schauspieler und Zuschauer konnte hier nicht eintreten, weil die Spieler zugleich die einzigen zugelassenen Zuschauer sein sollten:

> Das Lehrstück lehrt dadurch, daß es gespielt, nicht dadurch, daß es gesehen wird. Prinzipiell ist für das Lehrstück kein Zuschauer nötig, jedoch kann er natürlich verwertet werden. Es liegt dem Lehrstück die Erwartung zugrunde, daß der Spielende durch die Durchführung bestimmter Handlungsweisen,

Einnahme bestimmter Haltungen, Wiedergabe bestimmter Reden und so weiter gesellschaftlich beeinflußt werden kann.[84]

Die Beteiligten vereinigten also jeweils in ihrer Person die Rollen der Handelnden und der Zuschauenden.

Im Lehrstück gibt es keinen »positiven Helden«, kein Ideal, das der Spielende und zugleich Zuschauende durch Einfühlung und Identifikation übernehmen soll: Weder das Einverständnis – das Jasagen – noch seine Verweigerung – das Neinsagen – werden als per se ideale oder verwerfliche Verhaltensmuster eingeführt, in die das Spielen einüben oder gegen die es resistent machen soll. Indem der Spielende probeweise und kritisch diese Haltungen im Spiel übernimmt, öffnet sich ihm vielmehr die Möglichkeit, entweder unter den vom Stück gesetzten Bedingungen neue Haltungen und Verhaltensweisen zu entwickeln oder auch die Bedingungen zu verändern. Wenn das Lehrstück nach Brecht die Aufgabe hat, »den die Menschen unserer Zeit mit ganz anderer Gewalt auseinanderzerrenden Kollektivbildungen auf breitester und vitalster Basis auch nur für Minuten ein Gegengewicht zu schaffen«[85], so hat das Spielen = Zuschauen die Funktion, das Verhältnis zwischen dem einzelnen und dem Kollektiv neu zu bestimmen. Das Spielen = Zuschauen wird so Teil der Lebenspraxis der Spielenden = Zuschauenden.

Umstritten ist allerdings, ob Brecht die Lehrstücke in diesem Sinn als Kampfmittel gegen die bürgerliche Kultur und Gesellschaft konzipiert hat oder als utopische Vorwegnahme sozialistisch/kommunistischer Gesellschaftsverhältnisse. Aus dem Jahr 1929 stammt folgende, auf die Lehrstücke bezogene Notiz: »unsere haltung kommt von unseren handlungen, unsere handlungen kommen von der not. wenn die not geordnet ist, woher kommen dann unsere handlungen? wenn die not geordnet ist kommen unsere handlungen von unserer haltung.«[86]

Die von den Lehrstücken angestrebte Veränderung der Spielenden durch die spielerische Einnahme von Haltungen kann insofern nur in einer Gesellschaft möglich sein, in der die Not bereits »geordnet« ist. Festzuhalten bleibt immerhin, daß Brecht sich um eine sofortige Aufführung seiner Lehrstücke bemühte. Der *Jasager* und der *Neinsager* wurden zwischen 1930 und 1932 (danach verboten) 48mal aufgeführt und zwar tatsächlich von Schulen und Arbeitertheatern. Der *Ozeanflug* und *Das Badener Lehrstück vom Einverständnis* wurden beide im Rahmen der Musikfestwochen in

Baden-Baden (27./28. 7. 1929) uraufgeführt. Brecht versuchte hier, das Publikum wenigstens als Menge einzubeziehen und – wie die Agitproptruppen – mit- bzw. nachsingen zu lassen, was von der Kritik als »Gemeinschaftsmusik« bezeichnet wurde und auf Unverständnis stieß:

Wenn Herr Brecht meint, mit dem Publikum Schindluder treiben zu können, so hat dasselbe das Recht, sich dagegen aufzulehnen, und wir freuen uns, daß es von diesem Recht der Selbsthilfe durch Pfeifen und Toben Gebrauch machte, [...] weil mit einer Brutalität auf die Nerven der Leute, die ohnehin schon überreizt waren, herumgetrampelt wurde, die etwas geradezu Sadistisches hatte.[87]

Die Aktivität, zu der Brecht sein bürgerliches Publikum hier herausforderte, realisierte sich ähnlich wie seinerzeit bei den Dadaisten als aggressiver Protest und wütende Attacke.

Eine Aufführung der *Maßnahme* wurde von der künstlerischen Leitung der Neuen Musik Berlin 1930 abgelehnt; sie wurde dann »von denen gemacht, für die sie bestimmt [ist] [...] und die allein eine Verwendung dafür haben: von Arbeiterchören, Laienspielgruppen, Schülerchören und Schülerorchestern«[88]. Die nun als Veranstaltung der Internationalen Tribüne (13. 12. 1930) realisierte Aufführung wurde ein sensationeller Erfolg. Weitere Aufführungen folgten 1931 und 1932 in Berlin und Wien, jedoch an professionellen Theatern.

Überblickt man die Aufführungsgeschichte der Lehrstücke, läßt sich sehr schwer einschätzen, ob die Aufführungen tatsächlich als »Übungsstücke« zur Veränderung der Spielenden fungieren sollten oder eher als Provokation für die bürgerliche Institution des professionellen Theaters und seines Publikums geplant waren, die Brecht mit der Aufführung der *Dreigroschenoper* im Theater am Schiffbauerdamm (1928) soeben noch bestens bedient hatte.

4.1.4 Theater als völkische Feier

Die Machtergreifung der Nationalsozialisten bedeutete das Ende der Avantgarde. Als Exponenten »entarteter Kunst« und »des Kulturbolschewismus« beschimpft, wurden ihre Vertreter aus politischen, ideologischen und rassischen Gründen verfolgt, ihrer Ämter enthoben, verhaftet, ins Exil getrieben. Peter Behrens verlor jeden Einfluß in öffentlichen Institutionen. Das Gebäude des Bauhauses in Berlin wurde von der SA besetzt, woraufhin das Professorenkollegium seine Auflösung beschloß. Viele Bauhauslehrer emigrierten. 1937 gründeten dann einige von ihnen in Chicago »The New Bauhaus«, zu dessen Direktor sie László Moholy-Nagy wählten, der bereits in Dessau am Bauhaus gelehrt hatte und wesentlich an den Theaterexperimenten beteiligt gewesen war. Oskar Schlemmer ging zunächst in die Schweiz. Ab 1938 verdiente er sich seinen Lebensunterhalt als Angestellter eines Malereibetriebes in Stuttgart und versah Kasernen, Gaswerke u.ä. mit Tarnanstrichen. Piscator war bereits 1931 in die Sowjetunion gegangen und emigrierte von dort in die USA. Brecht reiste über Prag, Wien, Zürich und Paris nach Dänemark, wo er sich vorläufig mit seiner Familie niederließ. Friedrich Wolf emigrierte über die Schweiz und Frankreich in die Sowjetunion. Max Reinhardt verließ Berlin eine Woche nach der Premiere des *Salzburger großen Welttheaters* im Großen Schauspielhaus (1. März 1933). Nachdem er die ihm angetragene »Ehrenarierschaft« ausgeschlagen hatte, wurden seine Berliner Theater enteignet. Während Reinhardt zunächst noch sowohl in Wien und Salzburg als auch in Italien, England und den USA arbeitete, übersiedelte er 1937 endgültig in die Vereinigten Staaten. Eine der bedeutsamsten Epochen der deutschen Theatergeschichte war gewaltsam beendet worden.

Die »Revolution des Theaters« ging allerdings weiter. Trotz ihrer diffamierenden und bösartigen Kampagnen gegen die Avantgardisten hatten die Nationalsozialisten nicht die geringsten Skrupel, sie für die Durchführung ihrer »nationalen« Kulturrevolution in ihrer Thingspielbewegung in gewisser Hinsicht zu beerben.

Die Thingspielbewegung ging aus der Freilichtbühnen- und Laienspielbewegung hervor. Wilhelm Karl Gerst, der seit 1919 in führender Position beim katholischen Bühnenvolksbund tätig war, hatte bereits 1926 einen »Reichsausschuß deutscher Heimatspiele« gegründet, dessen Aufgabe in der Förderung des Laienspiels bestand. 1931/32 rief er eine neue Organisation ins Leben, den »Reichsausschuß für deutsche Volksschauspiele«, der darauf hinwirken sollte, »daß das deutsche Volksschauspiel mehr und mehr zum volkstümlichen Mittler zwischen Kunst und Alltag [...] wird«.[89]

Egon Schmid, ein anderer Pionier des Naturtheaters, der bis 1933 bereits zwanzig derartige Bühnen begründet hatte, rief 1932 die erste »Tagung deutscher Dramatiker« in Weißenburg/Bayern zusammen, um die Bemühungen um das Freilichttheater zu koordinieren. Im Sommer 1933 wurde dann der »Reichsbund der Deutschen Freilicht- und Volksschauspiele« gegründet, dessen Präsident Otto Laubinger wurde, der Leiter der Theaterabteilung im Goebbels-Ministerium für Volksaufklärung und Propaganda. Diese Organisation vereinnahmte die unabhängig vom Nationalsozialismus entstandene und vor allem in den 20er Jahren äußerst populäre Freilichttheater- und Laienspielbewegung und instrumentalisierte ihre Reformimpulse im Sinne nationalsozialistischer Kulturpolitik.

Auf der anderen Seite galt die Machtergreifung vielen Dichtern und Stückeschreibern als der lange erwartete »Umbruch der Zeit«. Gottfried Benn sprach davon, daß die Geschichte mutiere und ein Volk sich züchten wolle.[90] Georg Fuchs schrieb sein 1919 zum Gedenken an die Toten des Weltkriegs uraufgeführtes »Passions-Spiel« *Christus* um und gab ihm den Titel: *Der Heliand. Passions- und Weihespiel der Deutschen Wiedergeburt.* Eine Fülle entsprechender Feier- , Chor- und Weihespiele drängte in diesen Jahren auf die Bühnen der Freilichttheater, von Werks- und Ausstellungshallen oder auch einfach auf Straßen und Plätze, darunter Kurt Eggers *Annaberg* und *Das Spiel von Job dem Deutschen*, Richard Euringers *Deutsche Passion*, Gustav Goes *Aufbricht Deutschland*, Kurt Heynickes *Neurode*, August Hinrichs *Die Stedinger* oder Eberhard Wolfgang Möllers *Anruf und Verkündigung der Toten.*[91]

Der Reichsbund hatte die Aufgabe, alle diese von verschiedenen Richtungen ausgehenden Bemühungen um das Volksschauspiel zusammenzufassen und entsprechend zu kanalisieren.[92] Anstelle des Begriffs »Volksschauspiel«, den man anfangs noch verwendete, bürgerte sich schon bald der Begriff »Thingspiel« ein, den der Kölner Theaterwissenschaftler Carl Niessen vorgeschlagen hatte.[93] Mit dem Begriff waren eher diffuse Vorstellungen verbunden. Das Thingspiel galt als »völkische Liturgie« und »Kultstätte des ewigen deutschen Wortes« (Wilhelm von Schramm)[94], als »monumentale Kanzel, von der aus der Nationalsozialismus gepredigt wird« (Walter Tießler), als »nationalsozialistischer Gottesdienst« (Günther L. Barthel), als »Einkehr in sich und die heilige Idee des Nationalsozialismus«, als »weltanschauliche Glaubensgestaltung« und »künstlerische Wallfahrt« (Wolfgang Braunmüller), als »staatliche Festtagsfeier«, »Gericht« und »Totenkult« (Richard Euringer). In jedem Fall war es als *das* nationale Theater konzipiert.

Interessanterweise folgte aus dieser Konzeption keine Kampfansage an die Guckkastenbühne des bürgerlichen Illusionstheaters: »Niemand tastet das Theater an [...]. Thingspielstätte und Theater sind zwei Dinge, aber sie sind sich nicht feindlich [...]. Niemals wird die Rampe fallen.«[95] Eine friedliche Koexistenz der »neuen« nationalen Kultur mit der herrschenden bürgerlichen Kultur war demnach von Anfang an geplant.[96]

Im August 1933 wurde eine Tagung der »Akademischen Arbeitsgemeinschaft für Architekten« über den Bau von Thingspielplätzen veranstaltet und noch im selben Jahr mit der Planung und dem Bau der ersten Plätze begonnen.[97] Nach Goebbels Vorstellungen sollten sie als »Theater der Fünfzig- und der Hunderttausend«[98] angelegt werden. Nicht zufällig erinnert diese Formulierung an Reinhardts »Theater der Fünftausend«. Wie Reinhardt in den Münchner Volks-Festspielen orientierte man sich am Vorbild des griechischen Theaters. Die Thingstätten sollten möglichst an »heiligen« Orten errichtet und in die jeweilige Landschaft eingepaßt werden.[99] Die Arenabühne war durch verschiedene Stufen und Treppenaufbauten gegliedert, der Zuschauerraum durch breite Gassen, so daß die Thingplätze auch für Aufmärsche und Kundgebungen genutzt werden konnten.[100]

In seiner Rede *Vom kommenden Volksschauspiel*, die der Reichsdramaturg Rainer Schlösser 1934 vor dem Reichsbund hielt, bestimmte er es als die Funktion dieser Architektur, »Ausdruck der Volkgemeinschaft«[101] zu sein, ein »Gemeinschaftserlebnis« zu ermöglichen. »An die Stelle des eindimensionalen Spielschauens der Rampenbühne tritt ein mehrdimensionales. Die großen nationalsozialistischen Versammlungen haben diese Bewegung ausgelöst und ein erstes Beispiel für das Gemeinschaftserlebnis gegeben, aus dem das neue kultische Schauspiel erwachsen kann.« Erst im Rahmen dieses neuen Raumes sei »der Zuschauer Mitakteur und der Schauspieler Volksgenosse«[102]. Für die Architektur der Thingplätze wurde insofern die Forderung nach Einheit von Schauspielern und Zuschauern konstitutiv, die seit der Jahrhundertwende die Avantgardisten einmütig erhoben hatten.

Um auf den riesigen Thingplätzen, die für Tausende von Darstellern und Zehntausende von Zuschauern entworfen waren, diese Einheit auch tatsächlich sicherzustellen, bedurfte es spezifischer

Verfahren. Möller setzte in seinem *Frankenburger Würfelspiel* den Chor als »Bindeglied zwischen den Zuschauern und den szenischen Vorgängen« ein[103] und Heynicke ließ sein Thingspiel *Der Weg ins Reich* damit beginnen, daß »der Hauptchor [...] von verschiedenen Seiten ins Spielfeld strömt, eine unmittelbare Verbindung mit den Zuschauern schaffend«[104]. Ähnliche Verfahren hatte bereits Reinhardt praktiziert.

Aus der sozialdemokratischen Festkultur und aus der kommunistischen Feierpraxis wurde offensichtlich der Gedanke übernommen, die Aufführung von Thingspielen an den neuen nationalsozialistischen Fest- und Feiertagskalender anzubinden: an den Tag der Arbeit (1. Mai), den Jahrestag der Erstürmung des Annaberges (22. Mai), die Sonnenwende (24. Juni)[105], den Reichsparteitag (1. September), das Erntedankfest (1. Oktober). Die Thingplätze waren entsprechend »als Mittelpunkt des gesamten festlichen, nationalpolitischen und künstlerischen Lebens der einzelnen Städte gedacht«[106], an dem Kunst und Leben sich unter dem »Primat der Politik«[107] vereinigen sollten.

Dem Avantgardetheater sowie dem sozialdemokratischen und kommunistischen Arbeitertheater wurden auch die künstlerischen Formen entlehnt. Schlösser empfahl: »Erstens das Oratorium, will heißen ein Programm aus Chören und Einzelsprüchen, zweitens die Pantomime – die Allegorie, lebende Bilder, Fahnenweihe, Festakte –, drittens der Aufzug – Paraden, Festzüge, Versammlungen – und viertens der Tanz – Ballett, Ausdruckstanz, Gymnastik, Sportfeste.«[108]

Als »bindendes Mittel« zwischen diesen »Elementen« stellte er die Musik heraus. Diese Funktion sollte die Musik vor allem durch den Rhythmus erfüllen. Daher kritisierte man an der Thingstättenweihe in Heidelberg 1935 den vielstimmigen, melodiösen Männerchor.

> Mit erschreckender Eindeutigkeit aber hat sich immer wieder erwiesen, daß austobende Tremolo-Tenöre oder psalmodierende ›Kantaten‹ zum Formwillen des Nationalsozialismus nie und nimmer passen. Ihre spießbürgerliche und oft sogar reaktionäre Grundhaltung, die sich gerade im Patriotismus nicht genug tun kann, grenzt schon an eine Diffamierung der nationalsozialistischen Idee. Die Lieder des Volkes von heute sind [...] die Marsch- und Kampflieder der Straße, sind die revolutionären Fanfaren einer Einheit und nicht eines individuell-liberalistischen Stammtisches stimmgewaltiger Vielheit.[109]

Eine rhythmisch scharf akzentuierte Musik, wie Carl Orff sie zum Beispiel in seinem Weihespiel *Olympische Jugend* (1935) schuf, galt als angemessener Ausdruck der »Bewegung«. Da vor allem der Sprechchor die Funktion zu erfüllen vermochte, Spieler und Zuschauer in rhythmische Bewegung zu versetzen, blieb er trotz aller politischen Bedenken aus NS-Kreisen gegen seinen »kommunistischen« Charakter bis 1936 fester Bestandteil der Thingspiele.

Eine solche Musik erschien auch hervorragend geeignet, die Einheit von Spielern und Zuschauern auf den riesigen Thingspielstätten herzustellen und zu betonen. So forderte Euringer für seine *Deutsche Passion 1933*: »Das hörende Volk muß mitsingen können. So soll der Schlußmarsch geartet sein.«[110] Entsprechend waren gerade die Schlußszenen so angelegt, daß sie zum gemeinsamen Absingen der Nationalhymne oder von Kampfliedern herausforderten.

Dennoch bestanden gewisse Besorgnisse, daß »die Wirkungen im Musikalischen und im Mimischen« und auch die vollkommenste »Choreographie des Tanzes« nicht ausreichen würden, um die Zuschauer in die gewünschte Aktivität zu versetzen. Schlösser warnte daher vor einer »einseitigen Bevorzugung des chorisch-deklamatorischen Massenspiels«[111], und verlangte statt dessen »Aktion und wieder Aktion [...], Tat und immer wieder Tat«[112], wie sie nur die »Fabel«[113] garantieren könne, auf die er daher die Aufmerksamkeit lenkte: Aktivierung des Zuschauers sei nur durch rhythmische Bewegung *und* Aktion zu erreichen.

Das Thingspiel vereinigte dergestalt in sich auf eigentümliche Weise Züge des Theaters als Fest und des Theaters als Agitation: Auf der einen Seite sollte es in den Teilnehmern ein Gemeinschaftserlebnis auslösen, das ihnen das Gefühl vermittelte, Mitglied der »Volksgemeinschaft« zu sein, die jenseits aller Klassengegensätze »den mit allen akademischen Wassern gewaschenen Sachkenner ebenso in sich begreift wie das ›unbeschriebene Blatt‹, den vom bisherigen Bildungsbetrieb verschonten voraussetzungslosen Volksgenossen«[114], und so diese Volksgemeinschaft bestätigen. Auf der anderen Seite sollte es die Massen mobilisieren für die Ziele der »nationalen Revolution«. Dieser doppelten Funktion entsprechend bediente sich das Theater als völkische Feier ganz gezielt aus dem großen Reservoir an kulturellen Praktiken und ästhetischen Verfahren, die das avantgardistische Theater der verschiedensten Richtungen entwickelt und erprobt hatte – ohne allerdings auf diese Ursprünge hinzuweisen.

Die Olympischen Spiele in Berlin 1936 markieren in gewisser Weise den Höhepunkt und zugleich das Ende der Thingspielbewegung. Im Rahmen des Kulturprogramms[115] wurde am 2. August 1936 auf der neu errichteten Dietrich-Eckart-Bühne Eberhard W. Möllers Thingspiel *Das Frankenburger Würfelspiel* uraufgeführt. Die Regie hatten Matthias Wiemann (der zugleich die Rolle des Geharnischten spielte) und Werner Pleister übernommen, der kurz vor der Machtergreifung 1933 in Berlin das mittelalterliche *Spiel vom Antichrist* in Szene gesetzt hatte. Die Chöre hatten Carl Orff und Werner Egk komponiert. Die Schauspieler trugen Kothurne und entsprechend verstärkte Kostüme.

Nach Möllers eigener Einschätzung kam die geforderte Einheit von Akteuren und Zuschauern tatsächlich zustande:

> Es gehört zu den größten Erlebnissen, die ich je in meinem Leben gehabt habe, als der Graf Herbersdorf, der dargestellt wurde von Alexander Golling, [...] auf einen Einwurf des Chores die ganze orchestra unten abschritt, in dem Rund an den Zuschauern vorbeiging und hinaufrief: ›Wer ruft? Wer warnt? Wer ängstigt meine Schafe?‹ Das war ein atembeklemmender Augenblick, die 20.000 Menschen hielten buchstäblich den Atem an. Allein diese Konfrontation des Publikums und des Schauspielers, das war das, was es bis dahin im Theater nicht mehr gab. Hier wurde zum ersten Mal wieder die Einheit des theatralischen Vorgangs im Sinne des griechischen Theaters hergestellt. Das Volk nahm unmittelbar teil, und die Schauspieler sprechen über die Rampe hinweg das Publikum an.[116]

Stück und Aufführung wurden von der Kritik sehr unterschiedlich beurteilt, auch von nationalsozialistischer Seite. Während der Rezensent des *Völkischen Beobachters* sich begeisterte: »Er hat, das darf man mit stolzer Freude sagen, die tragenden Elemente des deutschen Weihespiels, wie wir es wollen, erkannt und zum ersten Mal in einer geläuterten und überzeugenden Form zusammengefügt«[117], und der Berliner Theaterwissenschaftler Hans Knudsen sich gar im *Angriff* dazu verstieg, von einer »theatergeschichtlichen Wendestunde« zu sprechen, kritisierte die Rosenberg-Gruppe die christlichen Tendenzen des Stückes, von denen vor allem der an zentraler Stelle plazierte Bauernchoral zeugte: »O Gott, wie bist du wunderbar. / Du reichst dein Blut den Menschen dar / Und stirbst, damit wir leben.« Die katholische Kirche dagegen sah in dem Stück einen protestantischen Angriff, der die Glaubensunterdrückung im Dreißigjährigen Krieg einseitig darstellte, und setzte das Stück auf den Index.

Die ausländische Kritik betraf vor allem ästhetische Fragen. Der *Nieuwe Rotterdamsche Courant* rühmte zwar die räumliche und akustische Wirkung, fand das Stück jedoch mißlungen: »Was in dem Stück an Kunst steckt, ist nicht neu, was hingegen daran neu ist, ist keine Kunst.« *Le Temps* kritisierte die Statik des Handlungsablaufs, lobte jedoch wiederum die räumliche und akustische Wirkung und kam zu dem Schluß: »Trotz seiner Schwäche hatte das Stück einen wirklichen Erfolg, der die Empfänglichkeit des Publikums für die Formen der neuen Kunst zeigte.« Das Urteil des englischen Germanisten und Kritikers Geoffrey Evans fiel dagegen nahezu uneingeschränkt positiv aus:

Es ist unmöglich, in Worten die Wirkung dieser Inszenierung wiederzugeben. Wer den Zapfenstreich kennt, weiß um die besondere emotionale Wirkung, die durch reine Massenhaftigkeit, Massenbewegung, Farbfluten und nachhallende Klänge hervorgerufen wird. [...] [In Möllers Stück] wurden zum ersten Mal alle diese Mittel (Literatur, Aufzüge, Leben) zu einem dramatischen und künstlerischen Ganzen verschmolzen. Darum sehe ich in diesem Stück die Ansätze für etwas Neues.

Im ganzen überwogen im In- und Ausland die anerkennenden Stimmen.

Umso unverständlicher mag erscheinen, daß im selben Jahr noch die Thingspielbewegung abflaute.[118] Bereits im Mai 1936 hatte Goebbels ein Sprechchor-Verbot erlassen[119] und damit eines der wichtigsten künstlerischen Mittel der Thingspiele getroffen. Nach den Olympischen Spielen hob er die sog. »Reichswichtigkeit« der Thingspiele und des Freilichttheaters auf. Die Freilichtbühnen verloren damit ihre besondere staatliche Förderung. Die traditionellen Freilichtbühnen – wie Naturtheater, Markt-, Burg-, Schloß-, Garten- und Waldbühne – expandierten desohngeachtet weiter und produzierten hauptsächlich gängige Heimatstücke. Für die Thingspielbewegung dagegen bedeutete die Entbindung von der Reichswichtigkeit eine empfindliche Einschränkung, wenn auch nicht das Ende. Einige repräsentative Thingplatz-Anlagen wurden noch fertiggestellt wie Segeberg (1937), Annaberg (1938) und Loreley (1939); daneben entstanden außerdem noch eine Reihe kleinerer Thingplätze, deren Bau auf mehr oder minder örtliche oder private Initiative zurückging. Interesse für die Thingspielbewegung war insofern noch vorhanden. In diesem Sinne schrieb Felix Emmel 1937 in seiner Schrift *Theater aus deutschem Wesen*:

Verlieren die Thingplätze [...] ihre Bedeutung überhaupt? Nein. Sie behalten ihren großen Sinn – auch wenn sie, wie die Erfahrungen beweisen, mit dem deutschen Nationaltheater nichts oder noch nichts zu tun haben. Sie sind mit dem Nationalsozialismus entstanden und haben von ihm ihre unverfälschte Aufgabe übernommen, politische Feierstätten des neuen Deutschland zu sein.[120]

Die kulturrevolutionäre Stoßrichtung des Thing-Theaters befand sich allerdings 1936 schon längst nicht mehr in Übereinstimmung mit den Richtlinien der aktuellen Kulturpolitik. In der Thingspielbewegung hatten sich vor allem Gruppen der NSDAP artikuliert, die nach der »Vollendung der nationalsozialistischen Revolution« und dem Aufbau einer echt »faschistischen Kultur« verlangten. Gegen diese tendenziell revolutionären Kräfte, insbesondere in der SA, hatte man bereits nach dem »Röhmputsch« Mitte 1934 den entscheidenden Schlag geführt. Die Entbindung von der Reichswichtigkeit erscheint insofern als deutliches Signal, daß mit einer nationalsozialistischen Kulturrevolution nicht mehr zu rechnen sei. Sowohl innen- als auch außenpolitisch hatten die Nationalsozialisten sich 1936 konsolidiert. Die Kultur und mit ihr das Theater konnten wieder andere Funktionen (wie Ablenkung, Zerstreuung) übernehmen.

Bereits ab 1935 wandten sich Aufmerksamkeit und Förderung verstärkt den traditionellen Theatern zu. Während bisher nur die notwendigsten Erneuerungen im Bereich der Bühnentechnik durchgeführt worden waren, setzte jetzt eine umfangreiche und aufwendige Umbautätigkeit der repräsentativen Theatergebäude ein (wie in Berlin der Deutschen Oper, des Schillertheaters, des Staatlichen Schauspielhauses, des Theaters des Volkes). Die Reichsdramaturgie propagierte ab 1937 als wichtigste dramatische Form die heroische Tragödie, um die sich in der Folgezeit die nationalsozialistischen Dramatiker bemühten (so Möller mit seinem Struensee-Drama *Der Sturz des Ministers*, uraufgeführt am 25. April 1937 in Leipzig, und mit *Der Untergang Carthagos*, uraufgeführt am 23. Oktober 1938 in Hamburg).

Das Theater wurde weitgehend entpolitisiert, die Rückkehr zur bürgerlichen Kultur vollzogen. 1939 erklärte Wanderscheck: »Das Theater hat keine politische oder sonstwie geartete Zweckabsicht, [...]. Der Zweck der Bühne ist nicht, das Volk zu belehren. Alle Dramatik gipfelt in der Erhebung und Erlösung, eine Erziehung also auf mittelbarem Wege.«[120]

Die politische Agitation konzentrierte sich jetzt auf das Massenmedium Rundfunk und zum Teil auch auf den Film. Dem Theater wurden wieder die »klassischen« Funktionen der »Erhebung«,

»Erbauung«, der »Bildung« und der »Unterhaltung« übertragen. Das bürgerliche Bildungs- und Unterhaltungstheater, das man nie bekämpft hatte, wurde nun völlig »rehabilitiert« und restauriert.[122] Seine prominentesten Vertreter wie der Generalintendant des Staatstheaters Berlin, Gustaf Gründgens, oder der Intendant des Deutschen Theaters, Heinz Hilpert, (oder auch Saladin Schmitt in Bochum) führten seine Tradition nach dem Ende des Dritten Reiches nahezu bruchlos auch in der Bundesrepublik bis zum Beginn der sechziger Jahre weiter.

4.2 Retheatralisierung des Theaters: Konstruktion neuer theatralischer Kodes

4.2.1 Theater als Kunst

Die Selbstreflexion des Theaters, die um die Jahrhundertwende einsetzte, hatte nicht nur eine grundlegende Neubestimmung des Theaterbegriffs zur Folge. Sie wurde zugleich auch als Reflexion auf die Mittel des Theaters vollzogen. Die Avantgardisten führten sie sowohl theoretisch in Manifesten, Reden, Programmschriften u.ä. durch, als auch in ihrer künstlerischen Arbeit als Entwicklung einer neuen Ästhetik. Ausgangspunkt für ihre Forderung nach einer Retheatralisierung des Theaters stellte die Einsicht dar, daß »die Bühnenkunst [...] eine selbständige Kunst« und entsprechend »das Bühnenkunstwerk [...] ein selbständiges Kunstwerk« sei.[123]

In seiner Schrift *Die Kunst des Theaters*, die bereits 1905 ins Deutsche übersetzt wurde[124], stellte Craig fest:

> [...] die Kunst des Theaters ist weder die Schauspielkunst noch das Theaterstück, weder die Szenengestaltung noch der Tanz. Sie ist die Gesamtheit der Elemente, aus denen diese einzelnen Bereiche zusammengesetzt sind. Sie besteht aus der Bewegung, die der Geist der Schauspielkunst ist, aus den Worten, die den Körper des Stückes bilden, aus Linie und Farbe, welche die Seele der Szenerie sind, und aus dem Rhythmus, der das Wesen des Tanzes ist.[125]

Ähnliche Formulierungen finden sich in den Schriften Meyerholds (1907), Wassily Kandinskys (1912), Lothar Schreyers (1916), Tairovs (1915–1920) u.a.[126] Sie waren zum einen gegen das naturalistische Theater gerichtet. Sowohl seine Bereitschaft, als Vermittlungsinstitution für die dramatische Literatur zu fungieren, sich also mit der Rolle einer »Magd der Literatur« zu begnügen, wurde kritisiert als auch die zentrale Stellung, die es dem Schauspieler einräumte. Denn der Schauspieler versuche lediglich, »Natur zu reproduzieren [...]; niemals träumt er davon, etwas Eigenes zu *schaffen* [...]. Das heißt Nachahmer, nicht Künstler sein. Es bedeutet, daß man sich in die Verwandtschaft des Bauchredners begibt.«[127] Dagegen verlangte Theater als Kunst, daß eine eigene theatralische Sprache geschaffen wird.[128] Denn, wie Kandinsky anmerkt, »jede Kunst hat eine eigenständige Sprache, d.h. die nur ihr eigenen Mittel«[129].

In der Forderung nach einer besonderen theatralischen Sprache scheinen die Avantgardisten zum anderen unmittelbar an Wagner anzuknüpfen. Während Wagner jedoch zu ihrer Ausbildung sein Konzept des Gesamtkunstwerks entwarf, zielt Craigs Definition auf eine Kritik eben dieses Konzeptes: »Wie können alle Künste sich vereinigen und eine einzige Kunst ergeben? Ein Witz kann sich daraus ergeben.«[130] Craig argumentiert dagegen, daß jede Kunst sich durch die Eigenart ihres Materials definiere. Deswegen lassen sich als die das Theater konstituierenden Elemente auch nicht die beteiligten »Einzelkünste« bestimmen. Um sie abgrenzen zu können, muß vielmehr auf die Materialien zurückgegangen werden, welche das Theater verwendet. Diese lassen sich nur dadurch ermitteln, daß man die »Einzelkünste« in ihre kleinsten konstitutiven Elemente zerlegt: Bewegung, Wort, Linie, Farbe und Rhythmus. Sie fungieren als die elementaren, das Theater konstituierenden Materialien.[131]

Der von Craig eingeschlagene Weg wurde auch von anderen Avantgardisten beschritten. Differenzen zwischen ihnen ergaben sich vor allem in der Abgrenzung der kleinsten konstitutiven Elemente. So unterscheidet Kandinsky drei Elemente: den »musikalischen Ton und seine Bewegung«, den »körperlich-seelischen Klang und seine Bewegung durch Menschen und Gegenstände ausgedrückt« und den »farbigen Ton und seine Bewegung« (1912).[132] Lothar Schreyer dagegen geht von vier Arten von Elementen aus: den »Grundformen« (mathematische Körper und Flächen), den »Grundfarben« (schwarz, blau, grün, rot, gelb, weiß), den »Grundbewegungen« (die waagrechte und senkrechte, die aufsteigende und absteigende Bewegung, die sich öffnende und sich schließende Spiralbewegung) und den »Grundtönen« (reine Töne).[133]

Die Aufführung entsteht also nicht durch die »Vereinigung« verschiedener Künste, sondern wird durch Auswahl und Kombination derartiger kleinster konstitutiver Elemente geschaffen. Beide Verfahren – Auswahl und Kombination – nimmt der Regisseur vor, der »als Künstler« »den Gebrauch der Bewegungen, Worte, Linien, Farben und des Rhythmus beherrscht«[134]. Der Schöpfer des Bühnenkunstwerks ist der Regisseur.[135]

Das naturalistische Theater bildete die sinnlich wahrnehmbare

Welt ab und stellte so die Illusion von Wirklichkeit her. Die Zeichen, die es verwendete, waren entsprechend Nachahmungen von sinnlich wahrnehmbaren Gegenständen: Eine Kücheneinrichtung bedeutete eine Küche, ein auf die Leinwand der Kulissen gemaltes Bild eines Waldes einen Wald, der heftige Gang des Schauspielers A den heftigen Gang einer Rollenfigur R (= ihre Unruhe oder ihren Zorn), sein Seufzer ihren Seufzer (= ihre Trauer), sein abgeschabter Anzug ihren abgeschabten Anzug (= ihre Armut) usw. Die Bildung der theatralischen Zeichen erfolgte also nach dem Kriterium ihrer abbildenden bzw. deskriptiven Leistung. Ihre Kombination wurde durch die Logik des Handlungsverlaufs und die Psychologie der dramatischen Figuren geregelt. Da die Zuschauer sowohl die Gegenstände, welche die theatralischen Zeichen abbildeten, als auch die Prinzipien ihrer Kombination aus ihrer Wirklichkeit kannten, waren sie in der Lage, ihnen ad hoc entsprechende Bedeutungen beizulegen.

Dagegen sollte das avantgardistische Theater einerseits gerade das nicht mit den Sinnen Wahrnehmbare sinnlich erfahrbar machen: ein metaphysisches Erlebnis im Sinne einer »Vision«, wie es die Expressionisten verkündeten; die »Kraft der Bewegung«, die Craig im Blick hatte; die von Plancks Quantentheorie und Einsteins Relativitätstheorie konstituierte vierdimensionale »Raum-Zeit«, auf die sich die Futuristen mit ihrer polydimensionalen Raumbühne beriefen; oder auch die sozialen Bedingungen und ökonomischen Gesetzmäßigkeiten, welche der politisch-gesellschaftlichen Realität zugrundeliegen und die bewußt zu machen, das epische Theater antrat. Andererseits sollte der Dominantenverschiebung von der internen zur externen Kommunikation entsprechend auf dem Wege über die sinnliche Wahrnehmung auf den Zuschauer eingewirkt werden, in ihm ein Erlebnis, Choc, Rausch, eine Trance, Erfahrung oder Erkenntnis ausgelöst werden, die ihn in einen »neuen« Menschen zu verwandeln imstande war. Die theatralische Sprache, die es zu (er-)finden galt, mußte zu diesen spezifischen Leistungen fähig sein.

Die Avantgardisten sahen sich also einem *semiotischen Problem* konfrontiert, das sich in folgenden Fragen formulieren läßt:

1. Nach welchen Kriterien sollen aus den abgegrenzten kleinsten Einheiten entsprechende theatralische Zeichen gebildet werden?
2. Welche Prinzipien regeln die Kombination der solcherart gebildeten theatralischen Zeichen?

3. Welche Bedeutungen können diesen Zeichen unter welchen Bedingungen beigelegt werden, bzw. welche Wirkungen vermögen sie unter welchen Bedingungen auszulösen?

Das wichtigste Kriterium, an dem man sich beim Prozeß der Zeichenbildung orientierte, war das der Funktionalität: Gefragt wurde zunächst nach der Funktion, welche die entsprechenden Zeichen erfüllen sollten. So ging Appia in seiner wegweisenden Schrift *Die Musik und die Inszenierung* (1899) bei der Erörterung der Gestaltung des Bühnenraumes von der Voraussetzung aus, daß der Bühnenraum dem Darsteller den größtmöglichen »Ausdrucksgehalt« seiner Stellungen und Bewegungen ermöglichen müsse. Daraus folgte für ihn nicht nur die Aufgabe jeglicher gemalter Dekorationen und die Forderung nach einer plastischen Raumbühne, sondern auch eine völlig neue Gestaltung des Bühnenbodens, des »Terrains«, und eine revolutionierende Verwendung des Lichtes. Die »Rhythmischen Räume«, die Appia beispielsweise für Jaques-Dalcroze in Hellerau entwarf, gliedern den Bühnenboden durch unterschiedliche Treppen, Stufen und Podeste, die nicht »Treppen«, »Stufen« und »Podest« abbilden oder bedeuten sollen, sondern ausschließlich dem Darsteller bestimmte Stellungen und Bewegungen ermöglichen. Es sind aus geometrisch-kubischen Formen aufgebaute, semantisch neutrale Elemente, deren Gestaltung sich nach ihrer Funktion richtet. Die »Terrainanordnung« erfolgt zu dem einzigen Zweck, »dem Darsteller gegenüber ausdrucksfähig und ausdrucksvoll« zu sein.[136] Da jedoch »der Ausdruck fehlt«, wenn »das Licht fehlt«[137], muß die Beleuchtung so eingesetzt werden, daß sie im Spiel von Licht und Schatten die prinzipielle Ausdrucksfähigkeit des Bühnenraumes und speziell des Terrains für den Darsteller optimiert. Das Licht avanciert damit zu einem herausragenden Gestaltungsmittel.[138]

Die Orientierung an der Funktion hat zum zweiten eine prinzipiell veränderte Einstellung dem Körper des Schauspielers gegenüber zur Folge. Craig zweifelte sogar daran, daß der menschliche Körper überhaupt imstande sei, diesen neuen Anforderungen gerecht zu werden. Denn

> [...] Kunst beruht auf Plan. Es versteht sich daher von selbst, daß zur Erschaffung eines Kunstwerks nur mit den Materialien gearbeitet werden darf, über die man planend verfügen kann. Der Mensch gehört nicht zu diesen Materialien [...]. Der Schauspieler ist seinen Gefühlen *preisgegeben*. Er tanzt nach ihrer Pfeife,

[...] wie einer der von Sinnen ist [...]. Der menschliche Körper ist [...] *von Natur aus* als Material für eine Kunst untauglich.[139]

Er kam daher zu dem Schluß, daß »der Schauspieler [...] das Theater räumen« muß, »seinen Platz wird die unbelebte Figur einnehmen«[140], die »Über-Marionette«. Meyerhold dagegen ging bei der Entwicklung seiner Biomechanik davon aus, daß der Schauspieler seinen Körper durch ein spezielles Training durchaus in eine ökonomisch und effizient zu handhabende »Arbeitsmaschine« umwandeln könne, die jede beliebige Bewegung sozusagen auf Abruf zu produzieren vemag. Das heißt allerdings, daß der menschliche Körper in jedem Fall einer besonderen »Bearbeitung« bedarf, um als Material für die Hervorbringung von Zeichen qualifiziert zu werden, mit denen sich je unterschiedlich definierte spezielle Funktionen erfüllen lassen.[141]

In entsprechender Weise richtet sich die Gestaltung auch der übrigen theatralischen Zeichen nach ihrer Funktion. So hebt Meyerhold anläßlich seiner Inszenierung des *Lehrers Bubus* (1925) hervor, daß hier die Musik »nicht die gleichen Aufgaben wie die Melodeklamation« habe, sondern »mit der Funktion des altchinesischen und altjapanischen Theaters identisch« sei:

[...] das Publikum in Spannung zu halten. Um dies Ziel zu erreichen, wird man oft zwei paradoxe Ebenen aufbauen: auf der einen geht ein ruhevolles Spiel vor sich, auf den anderen – in der Musik nämlich – kann etwas Spannungsgeladenes durchklingen, etwas Erregtes, viel stärker als das, was sich auf der Bühne abspielt, oder auf der Bühne kann umgekehrt etwas Aufregendes vorgehen, während dort monotone Musik erklingt.[142]

Aus dem Prinzip der Funktionalität folgt unmittelbar, daß nicht ein festes Repertoire von Zeichen ausgebildet werden kann, auf das sich bei jeder Inszenierung zurückgreifen ließe, wie dies in anderen antiillusionistischen Theaterformen wie z.B. im Barocktheater der Fall war oder auch in den von den Avantgardisten immer wieder als Modell angeführten traditionellen japanischen und chinesischen Theaterformen. Der jeweiligen Funktion entsprechend können vielmehr ständig neue theatralische Zeichen hervorgebracht werden. Das heißt auch, daß jedes beliebige Element jedes anderen kulturellen Systems (wie des Jahrmarkts, Zirkus, Kabaretts, Varietés, Films, Rundfunks oder auch vergangener und fremder Theaterformen) übernommen und als theatralisches Zeichen eingesetzt werden kann, wenn es die betreffende Funktion zu erfüllen vermag.

Die Kombination der solcherart ihrer jeweiligen Funktion entsprechend gebildeten bzw. »gefundenen« theatralischen Zeichen sollte nach rhythmischen Prinzipien erfolgen. Obwohl aus den Äußerungen der Theaterreformer nicht immer ganz klar hervorgeht, was sie unter dem Begriff des Rhythmus verstehen, sind sie sich offensichtlich in der Überzeugung einig, daß mit Hilfe des Rhythmus »Raum« und »Zeit« und »Mensch« aufeinander bezogen werden können: »rhythmische Räume« werden mit »rhythmischen Bewegungen« der Darsteller, der Objekte und des Lichtes koordiniert, mit rhythmischer Sprache, rhythmisierten Geräuschen und mit Musik. Insofern nimmt es nicht wunder, daß in vielen Inszenierungen die Musik als eine Art Dominante fungierte.[143]

Da die theatralischen Zeichen und die Prinzipien ihrer Kombination »abstrakt«, d.h. semantisch neutral sind oder, wenn sie anderen kulturellen Systemen entstammen, ihre dortige »ursprüngliche« Bedeutung durch ihre spezifische Verwendung in der Inszenierung einbüßen, kann ihre Rezeption in keinem Fall als Wiedererkennen des Bekannten und Einordnen in vertraute Kontexte vollzogen werden. Der Zuschauer ist also nicht in der Lage, ihnen ad hoc eine Bedeutung beizulegen; um den Prozeß einer Bedeutungskonstitution vollziehen zu können, muß er sich vielmehr auf eine aktive und kreative Beziehung zur Inszenierung einlassen. Der spezifische Modus der Zeichenverwendung versetzt dergestalt den Zuschauer in permanente Aktivität und fordert seine entsprechende Teilnahme heraus.

Damit wird auch der Zusammenhang deutlich, der zwischen der postulierten kulturrevolutionären Funktion des Theaters und der Forderung nach dem Theater als Kunst besteht. Denn nur wenn die Inszenierung als Kunstwerk im oben ausgeführten Sinn entworfen und realisiert wird – d.h. nach den Prinzipien der Funktionalität und des Rhythmus –, dominieren die syntaktische und vor allem die pragmatische Dimension die semantische.[144] Die theatralischen Zeichen entfalten ihr Bedeutungs- und Wirkpotential aufgrund der spezifischen Auswahl und Kombination erst im Prozeß der Rezeption. Die neue räumliche Zuordnung von Schauspielern und Zuschauern, die neuen Spielräume schaffen dafür lediglich die Voraussetzungen, indem sie Rahmenbedingungen herstellen, die eine unmittelbare Einwirkung auf den Zuschauer begünstigen. Die Revolution des Theaters kann sich jedoch nur dann als Kulturrevolution vollziehen, wenn es gelingt, eine »Sprache des Theaters«

auszubilden, mit der nicht lediglich »Botschaften« formuliert, sondern Reaktionen evoziert bzw. provoziert werden – in der also nicht die semantische, sondern die pragmatische Dimension dominiert.

Ein entsprechend funktionierender theatralischer Kode war den Inszenierungen nun nicht vorgegeben; er wurde vielmehr vom Regisseur – als dem Schöpfer des Theaterkunstwerks – mit jeder einzelnen Inszenierung neu und anders konstituiert. Die einzelne Inszenierung erhielt dadurch einen grundsätzlich neuen Status: Sie war nicht länger als »Äußerung« in einer Sprache zu verstehen, die entweder bereits ausgebildet vorlag oder für deren Ausbildung entsprechende Forderungen formuliert waren, d.h. als Befolgung von allgemein gültigen Regeln.

Die einzelnen Inszenierungen der avantgardistischen Regisseure stellten dagegen die Regeln erst auf, denen sie folgten. Insofern hatten die Regeln jeweils auch nur für diese eine Inszenierung (bzw. für eine Reihe derartiger Inszenierungen) Gültigkeit. Damit wurde eine spezifische Dialektik von »Kode« und »Äußerung« ausgelöst: Jede Formulierung einer »Äußerung« (d.h. jede Inszenierung) konnte zum Wandel bzw. zur Umbildung des theatralischen »Kodes«[145] führen. Das heißt, der neue theatralische Kode war im Sinne einer permanenten Dynamisierung derart konstituiert, daß ihm das Prinzip eines ständigen Kodewandels implizit zugrunde lag und ihn definierte.

Wohl galten also die oben erörterten allgemeinen Prinzipien der Kodebildung (wie Funktionalisierung, Rhythmisierung, Dominanz der pragmatischen Dimension) generell für das avantgardistische Theater der ersten drei Dekaden des 20. Jahrhunderts. Aber aus ihnen folgte nicht die Konstitution *eines* theatralischen Kodes. Vielmehr bildete jeder Regisseur seine eigene »Sprache« aus – wie Leopold Jessner, Berthold Viertel, Karl Heinz Martin, Jürgen Fehling, Erwin Piscator, Erich Engel, Bertolt Brecht – in der Regel experimentell in der Arbeit an mehreren Inszenierungen, manchmal allerdings auch bereits mit einer einzigen Inszenierung. Ausgangspunkt für das Vorhaben einer Beschreibung dieser verschiedenen theatralischen Kodes können daher nur die einzelnen Inszenierungen sein.[146]

4.2.2 Expressionistisches Theater

Zu den ersten Inszenierungen, welche die zeitgenössische Kritik mit großer Übereinstimmung dem expressionistischen Theater zurechnete, gehörten Richard Weicherts Mannheimer Inszenierung von Hasenclevers *Sohn* (Premiere am 18. Januar 1918), Karl Heinz Martins Inszenierung von Tollers *Wandlung* an der Berliner Tribüne (30. September 1919) und Jessners *Wilhelm Tell* am Staatlichen Schauspielhaus Berlin (12. Dezember 1919). Von expressionistischen Inszenierungen war also erst in der Weimarer Republik die Rede. In Malerei und Dichtung war der Expressionismus[147] dagegen schon vor dem Ersten Weltkrieg entstanden (ca. um 1910). Mit ihm revoltierten bürgerliche Jugendliche gegen die marode bürgerliche Gesellschaft. Die Kulturkrise, die im wilhelminischen Deutschland vor allem durch eine rapide Industrialisierung und Urbanisierung virulent wurde, suchten sie durch einen bürgerlichen Kulturradikalismus zu überwinden. Dem gegenwärtigen verrotteten Zustand der bürgerlichen Kultur stellten sie ihre »ursprünglichen« Werte gegenüber. Im Rückgriff auf das Bild von Menschlichkeit und Brüderlichkeit, wie es die bürgerliche Revolution entworfen und das zu verwirklichen sie versprochen hatte, proklamierten sie den »neuen Menschen«, der als Individuum und zugleich als Gemeinschaftswesen den Begriff der »Gattung« erfüllen und daher imstande sein sollte, eine neue bürgerliche Kultur heraufzuführen.[148] Der von der bürgerlichen Gesellschaft verursachten und zu verantwortenden »Menschheitsdämmerung«[149] setzten sie die geradezu mythische Vision eines »Frühlings«[150] entgegen, in dem sich die Wiedergeburt »des« Menschen ereignen würde.[151]

Aus der völligen Degenerierung der bürgerlichen Kultur leiteten die Expressionisten die Notwendigkeit nicht ihres Endes, sondern ihrer totalen Erneuerung ab. In deutlicher Anspielung auf den jungen Schiller erhob Walter Hasenclever den »Ruf nach dem Theater als moralischer Anstalt«[152], dem nur der »Dichter« nachzukommen vermöchte. Dem expressionistischen Drama fiel entsprechend die Aufgabe zu, die Bühne »zum Medium zwischen Philosophie und Leben« zu machen, zur »Vermittlerin der ersten und heiligsten Extasen«[153]. Denn »was wäre ein Theater, das nicht hieße: Änderung der vorhandenen Welt!«[154]. Die Erneuerung des Theaters als Erneuerung der Kultur sollte also wie in den frühen Zeiten des bürgerlichen Theaters durch die Literatur, durch das Drama eingeleitet und bewirkt werden.

Aber in diametralem Gegensatz zum Drama des 18. Jahrhunderts war dem expressionistischen Drama von Anfang an das Programm einer Retheatralisierung des Theaters eingeschrieben. In den Szenenanweisungen zu Ernst Barlachs *Totem Tag* (1906/07), Oskar Kokoschkas *Mörder Hoffnung der Frauen* (1907/10), Kandinskys *Gelbem Klang* (1909/10 bzw. 1912), Hasenclevers *Sohn* (1912), Reinhard Sorges *Bettler* (1912), Georg Kaisers *Von morgens bis mitternachts* (1912) und *Die Bürger von Calais* (1914) finden sich eine Fülle von Angaben zu einer völlig neuen Verwendung von Licht, Farbe, Musik, Geräuschen, Körperbewegungen, wie sie vergleichbar die Avantgardisten um die Jahrhundertwende gefordert (Behrens, Fuchs) oder zum Teil bereits realisiert hatten (Appia, Craig).

Dennoch begründete die bloße Aufführung dieser Dramen nach Meinung der Zeitgenossen noch keineswegs das expressionistische Theater. Im September 1916 wurde Hasenclevers bereits 1914 vorgelesener *Sohn* in Dresden in Gegenwart des aus dem Feld als Kriegsgegner zurückgekehrten Autors vor geladenen Gästen in einer geschlossenen Vorstellung uraufgeführt. Obwohl in dieser Inszenierung Ernst Deutsch, der »in Trance durch die Akte« schritt, »tiefäugig, glühend, gegängelt von höherem Willen«[155], als ekstatischer Sprecher für das expressionistische Theater entdeckt wurde, folgte die Aufführung im wesentlichen den Prinzipien des realistischen Theaters. Auf derselben Dresdner Vorstadtbühne, dem von Albert Edgar Licho geleiteten Albert-Theater, setzte im Juni 1917 Kokoschka seine drei Einakter *Mörder Hoffnung der Frauen*, *Hiob* und *Der brennende Dornbusch* in Szene. Alfred Kerr hob das »Malerische« der Inszenierung hervor, das »ganz für die Bretter gedacht« war. Die »traumschweren Beleuchtungen [...] ein Violett, ein Grün; ein Rot« gaben ihm »den Begriff einer halb japanischen Bühne«[156]. Camill Hoffmann sah hier zum ersten Mal »die Einheit von gesprochenem und sichtbarem Rhythmus« verwirklicht.[157] Das »Malerische« und das »Musikalische« reichten allerdings kaum hin, um die Aufführung als expressionistisch zu charakterisieren.

Im selben Jahr richtete Max Reinhardt am Deutschen Theater eine Versuchsbühne ein, die im Rahmen von geschlossenen Vorstellungen vor Mitgliedern der neu gegründeten Gesellschaft »Das junge Deutschland« zeitgenössische Dramatik zur Aufführung bringen sollte. Bis August 1920 zeigte sie zehn Inszenierungen. Zur Eröffnung inszenierte Reinhardt Sorges *Bettler* (23. Dezember 1917). Heinz Herald, der Dramaturg Reinhardts, rühmte die Inszenierung als erste expressionistische:

Es wird auf der leeren Bühne gespielt. Nichts ist verstellt, kein Aufbau engt ein und verkleinert. Aus dem großen schwarzen Raum [...] reißt das Licht einen Teil: hier wird gespielt. Oder ein Mensch steht, allein, als Lichtfleck vor einer schwarzen Fläche. [...] Alles huscht vorbei; aus dem Dunkel ins Licht, aus dem Licht ins Dunkel.[158]

Siegfried Jacobsohn dagegen monierte, daß Reinhardt sich selbst »in jede seiner Szenen verliebt hatte und jede zögernd von der nächsten ablösen ließ. Auf Kosten des Tempos und der Abwechslung.«[159]

Als zweite Veranstaltung des »jungen Deutschland« brachte Reinhardt *Die Seeschlacht* von Reinhard Goering heraus. In dem Spiel des Schauspielers Werner Krauß, der den Part des vierten Matrosen übernommen hatte, sah Herbert Ihering rückblickend eine Vorwegnahme expressionistischer Regie: »Das Wort war die Gebärde, das Wort wurde Körper. Krauß spielte so konzentriert, daß er wie mit vertauschten Sinnen spielte: er sah den Ton und hörte die Bewegung.«[160] Damit aber brachte er sich in einen Widerspruch zu Reinhardts Inszenierung. Während Reinhardt das Erlebnis einer wirklichen Seeschlacht akustisch ausmalte, spielte Krauß

[...] nur die Spannung »Schlacht«, die Empfindungsintensität »Todesnähe«. Er löschte für sich und seinen Ausdruck die Inszenierung aus und spielte so, als ob Reinhardt mit seiner Laut- und Dekorationsregie nicht die Realität, sondern den Extrakt gegeben, als ob er mit seinen verworrenen Schlachtgeräuschen die Aktion des Schauspielers nicht stimmungsvoll untermalt, sondern zu intensiver Entladung gebracht hätte. Krauß nahm Martin und Jeßner voraus.[161]

Drei Wochen nach Reinhardts Eröffnungsvorstellung mit dem *Bettler* kam in Mannheim Weicherts Inszenierung des *Sohnes* heraus, in der Ludwig Sievert als Bühnenbildner mitgearbeitet hatte. Zwischen beiden Inszenierungen gab es auffallende Parallelen. Auch der *Sohn* spielte auf einer fast leeren, mit schwarzen Plüschvorhängen abgegrenzten Bühne. Lediglich die weißen Konturen von Fenstern und Türen zeichneten sich rechts und links von den schwarzen Plüschvorhängen ab. Wie bei Reinhardts *Bettler* hoben die Kritiker bei Weicherts *Sohn* die völlig neuartige Lichtbehandlung hervor. Obwohl also einzelne theatralische Zeichen und Zeichenkombinationen in beiden Inszenierungen Verwendung fanden, schuf Weichert doch einen völlig anderen Typus von Inszenierung.[162]

Weichert funktionalisierte alle Mittel im Hinblick auf eine Grundidee. Er ging davon aus, daß dies »Drama eines seelischen Aufbruchs« sich in der »Brust des Sohnes« abspielt.[163] Aufgabe der Inszenierung sollte es daher sein, die Subjektivität des Sohnes, seine Innerlichkeit »hemmungslos herauszuschleudern«, wie er ausdrücklich im Regiebuch vermerkte. Die Verwendung der theatralischen Zeichen war dieser Zielsetzung untergeordnet.

Der Sohn war fast durchgehend auf der Bühne präsent.[164] Seinen Platz bildete ein einfacher Blocksessel, der im Zentrum der Bühne plaziert war. Allein der Sohn agierte im Lichtkegel eines Scheinwerfers. Die Farbgebung war auf ihn bezogen. In der Hotelzimmerszene des 4. Aktes z.B. dominierte Rot durch das rote Licht der Ampel und den grellrot gefärbten Wandschirm. Als Adrienne, mit der der Sohn die Nacht verbracht hatte, das Zimmer verließ, folgte er ihr bis zur Tür und löschte dort mit einer »phantastischen« Bewegung das rote Licht. Über die Bühne senkte sich ein fahles trübes Grau.

Der Sohn (Fritz Odemar) agierte mit weit ausholenden Gängen und Gesten, ganze Kreise beschreibend und das Eckige und Linkische durch zusätzliche Markierung übertreibend. Seiner Bewegung entsprach eine »visionäre«, »ekstatische« oder »wahnsinnig fahrige« Satzmelodie (Regiebuch). Die Monologe waren eruptiv rhythmisiert »in jauchzendem innerlich gesteigertem Lebensgefühl [...]. Der lodernde Rhythmus der Satzgefüge wurde förmlich herausgeschleudert, abgestuft und gesteigert.«[165] Entsprechend lobte die Kritik die »subtile Ausarbeitung von Wort und Geste«[166].

Im Gegensatz zum Sohn agierten die übrigen Figuren mit jähen, eckigen, überstürzten und automatenhaften Bewegungen. Quasi durch die Emotionen des Sohnes in Gang gesetzt, erschienen sie lautlos und marionettenhaft auf der Bühne. Hörte der Sohn auf, sich mit ihnen zu beschäftigen, verschwanden sie wieder im Dunkeln. Sprach er in ihrer Anwesenheit frontal ins Publikum oder wandte seinen Blick von ihnen, erstarrten sie. Wenn sein Blick sie traf, ging ein Ruck durch ihren Körper und sie erwachten wieder zu automatenhaftem Leben, bewegten sich hektisch und redeten in forciertem Tempo.

Die anderen Figuren waren als Abspaltungen von der Sohn-Seele angelegt. Ihr spezifisches Verhältnis wurde jeweils durch die Choreographie der Bewegung ausgedrückt. Der Freund (Max Grünberg) agierte als »alter ego« des Sohnes: Beide bewegten sich in exakter Gleichzeitigkeit. Das Fräulein verkörperte die guten und positiven Gedanken. Als zu Beginn des zweiten Aktes diese die Oberhand gewannen, bewegte sich das Fräulein (Thila Hummel) zur Mitte hin und nahm sogar auf dem zentralen Sitz der Sohnes Platz. Der Vater (Robert Garrison) dagegen stellte das despotische, wilhelminisch autoritäre »Über-Ich« des Sohnes dar, von dem es sich zu befreien galt. In der Auseinandersetzung im letzten Akt saßen beide in strenger Profilansicht »Auge in Auge« sprungbereit einander gegenüber, sprangen gleichzeitig auf und versuchten, das Zentrum zu besetzen. Weichert hatte hierzu im Regiebuch notiert: »Wer siegt, gewinnt die Mitte.«[167]

Während der ganzen Aufführung wurde nicht ein einziges Element verwendet, das nicht auf die Grundidee der Inszenierung bezogen gewesen wäre. Die Wirklichkeitsferne, der symbolische Einsatz von Licht, Farbe und Raum, die Abstraktion der Personen zu Aspekten einer Psyche, die wechselnd farcenhaft-groteske und statuarische Spielweise, die eruptiv ekstatische oder automatenhafte Sprechweise, die Rhythmisierung von Sprache und Bewegung, das hektische Tempo – alles diente ausschließlich dem Ziel, das Innere des Sohnes »hemmungslos herauszuschleudern«. Nicht nur die Kritik, sondern auch der Autor sahen in dieser Inszenierung eine vollkommene Realisierung des expressionistischen Theaters: »Was uns damals leidenschaftlich bewegte, war auf der Bühne Gestalt geworden.«[168]

Aufgrund dieser Inszenierung engagierte der 1917 von Dresden nach Frankfurt gewechselte Carl Zeiß Weichert 1918 nach Frankfurt. Hier schuf die Trias der Regisseure Zeiß, Gustav Hartung, Weichert zusammen mit dem Bühnenbildner Sievert in Schauspiel und Oper den »Frankfurter Expressionismus«. Um sie versammelten sich die Autoren Hasenclever, Paul Kornfeld, Fritz von Unruh, Alfred Döblin und Arnolt Bronnen und ließen ihre Stücke von ihnen uraufführen. Frankfurt wurde zum Zentrum des expressionistischen Theaters.[169]

In Berlin setzte sich der Expressionismus erst mit Karl Heinz Martins Inszenierung von Tollers *Wandlung* durch. Herbert Ihering befand, daß mit ihr »der Expressionismus des Theaters zum ersten Mal nicht Experiment, sondern Erfüllung«[170] gewesen sei. Martins und Weicherts Inszenierung erscheinen vor allem aufgrund ihrer allgemeinen Vorgehensweise vergleichbar. Auch Martin ging davon aus, »ein Stück als eine vom Schöpfer losgelöste organische Einheit zu nehmen, es unter die Dominante seiner Hauptidee zu stellen und von da aus den Ausgangspunkt für seine Inszenierung zu gewinnen«[171].

In Martins Inszenierung der *Wandlung* sah Ihering als »Hauptidee« den »Totentanz der Zeit« verwirklicht. »Und die Musik, die zu dem Gespensterreigen aufspielt, ist der Glaube an die Auferstehung.«[172]

Aus dieser »Hauptidee« waren die Grundprinzipien der Inszenierung sowie die Auswahl und Kombination der theatralischen Zeichen abgeleitet. Als dominierende Prinzipien wurden Verkürzung und Kondensation eingesetzt, die in einer engen Wechselbeziehung zum Prinzip des Grotesken standen, das die Gestaltung der theatralischen Zeichen bestimmte.

In der Dekoration (Robert Neppach) führte die Befolgung dieses Prinzips zu einer Andeutungsbühne. Auf einem vor einem schwarzen Stoffhorizont plazierten Paravent wurden lediglich bildliche Abbreviaturen des jeweiligen Schauplatzes gegeben. Ihering beschreibt die Abfolge:

> Transportzug – und vor dem dunklen Vorhang stand ein mittelhohes und mittelbreites Stück Wand mit Gitterfenster; Wüstenlager – und ein gemaltes Wachtfeuer war da; Drahtverhau – und ein kurzes Gestell; Lazarett – und ein getünchter Wandausschnitt wurde hingesetzt. [...] die Motive wurden gebunden und aufgelöst durch dunkelnde und hellende Beleuchtung.[173]

Die Schauspieler realisierten Verkürzung und Kondensation als konsequente Negation jeglichen Psychologismus. Nach Ihering gaben sie nicht »Psychologie und Entwicklung, sondern Ballung und Moment. Nicht Zeichnung, sondern Punktierung. Nicht Gebärde, sondern Kraft. Die innere Richtung war festgelegt. Die Richtung des Falles und des Aufstiegs.« Dieser rhythmischen Konzentration entsprechend wurden Sprache und Bewegung koordiniert: »Worte ballten sich rhythmisch und brachen auseinander. Schreie gingen auf und versanken. Bewegungen stießen vor und zurück.«

Diese Prinzipien wurden sowohl vom Darsteller der Hauptfigur, des Bildhauers Friedrich, (Fritz Kortner) befolgt, dessen »Ausdrucksformen« der Kritiker Emil Faktor als »zwischen heiß entzündbarer Pathetik und nervös flackernder Sinnlichkeit«[174] schwankend charakterisiert, als auch in den »Massenszenen«. In ihnen wurde »Masse« ebenfalls als Konzentrat gestaltet: in der Volksversammlung durch akzentuierte Gruppen und im Lazarett mit drei Krankenbetten, »auf denen je zwei Opfer der Kriegsfurie lagen«. Nach Faktors Bericht löste vor allem diese Szene eine große »Erschütterung des Zuschauers« aus:

> [...] siechendes, halb irres, verstümmeltes, gelähmtes, von schweren Körperqualen heimgesuchtes Menschentum. Jeder einzelne sprach von seinem Martyrium, alle schrien sie nach Erlösung. Es war ein Meisterstück, wie sich Qual von Qual unterscheiden machte [...] und trotz aller Furchtbarkeiten nicht der Eindruck der Greuel überwog, sondern etwas Heiliges seinen Zauber darüber legte.[175]

Alfred Kerr fand das Prinzip der Verkürzung auch in der Musik realisiert: »Das Spiel der einzigen Geige zwischen den Vorhängen tat so viel wie ein halbes Orchester.«[176]

Mit der konsequenten Befolgung seiner Grundprinzipien gelang Martin nach Iherings Urteil »die Dämonisierung des Sachlichen [...]. Er schuf geballte Stille und harten Ausbruch. Er brachte niemals Stimmung, niemals Begleitung. Immer Wesen. Innere Expression.«[177] Wie Faktor berichtet, spielte sich auf diese Weise vor den Zuschauern der »Totentanz der Zeit« ab: »Man hatte den Klang klappernder Knochen im Ohr, man sah Rippenfiguren und Totengesichter, man hörte diabolische Fistelstimmen.«[178]

Übereinstimmungen zwischen Weicherts *Sohn*- und Martins *Wandlungs*-Inszenierung lassen sich also hauptsächlich in der allgemeinen Vorgehensweise konstatieren: Beide gingen von einer »Grund-« bzw. »Hauptidee« aus, die sie im jeweiligen Drama verwirklicht sahen, und funktionalisierten Auswahl und Verwendung aller Mittel im Hinblick auf den szenischen Ausdruck dieser Idee. Darüber hinausgehende Gemeinsamkeiten, wie sie zum Beispiel in der teilweisen (Weichert) bzw. grundsätzlichen (Martin) grotesken Gestaltung der theatralischen Zeichen zu erkennen sind, lassen sich vor allem auf entsprechende gemeinsame Merkmale des literarischen »Materials«, der beiden expressionistischen Dramen, zurückführen, die mit der jeweiligen »Hauptidee« wesentlich zusammenhängen.

Mit Weicherts und Martins Inszenierung hatte das expressionistische Theater wohl überzeugende Siege errungen. Seine wahre

»Feuerprobe« stand ihm allerdings noch bevor: die Anwendung seiner zum großen Teil an expressionistischen Dramen ausgearbeiteten und gewonnenen Inszenierungsprinzipien auf nicht-expressionistische Dramen, vor allem auf die Klassiker.[179]

Diese Feuerprobe bestand das expressionistische Theater mit Jessners Inszenierung des *Wilhelm Tell*, die in der Theatergeschichte geradezu notorische Berühmtheit erlangt hat.[180] Es war die erste, die Ära Jessner begründende Inszenierung des neuen Intendanten am Staatlichen Schauspielhaus Berlin, dem vormaligen Hoftheater. Sie löste wilde Tumulte im Publikum aus, die der Tell-Darsteller Albert Bassermann mit der drohenden Aufforderung, die »bezahlte Bande rauszuschmeißen«, allerdings zum Verstummen brachte. Ihre Gründe waren auch wohl weniger ästhetischer als politischer Natur. Der Oberspielleiter Albert Patry kommentierte sie im *Berliner Tageblatt* vom 14. Dezember 1919:

> Wir waren schon [...] wiederholt darauf aufmerksam gemacht worden, daß in antisemitischen Kreisen der heftigste Zorn darüber herrsche, daß mit der Übernahme der Leitung des Staatlichen Schauspielhauses durch Herrn Jeßner nunmehr die ›letzte christliche‹ Direktion aus Berlin verschwunden wäre, und daß man in gewissen Kreisen gesonnen sei, dagegen mit allen zu Gebote stehenden Mitteln öffentlich zu demonstrieren.[181]

Mit Weichert und Martin teilte Jessner die Überzeugung, daß für den Regisseur »das vorliegende Dichtwerk das Material seiner Arbeit« bedeute. Da die Bühne ihre eigenen, von der Dichtung deutlich unterschiedenen Gesetze habe, müsse »der Regisseur das bereits geformte Werk der Dichtkunst zunächst einmal in seine einzelnen Bestandteile auflösen, um dann aus der Neuordnung dieser Bestandteile das *Bühnenwerk* zu formen«. Daraus folgte für ihn die Notwendigkeit, anstatt die »Fabel des klassischen Werkes« zu inszenieren, »das Werk von der herrschenden Idee anzupacken und von hier aus die Führung des Ganzen vorzunehmen«: die Textkürzungen, das »Ausbalancieren der Szene«[182], die Auswahl der theatralischen Zeichen.

Die »herrschende Idee« des *Tell* war aus Jessners Sicht der »Freiheitsschrei« eines von der Tyrannei geknechteten Volkes. Seinem szenischen Ausdruck diente die Inszenierung.

Der Bühnenbildner Emil Pirchan schuf als Grunddekoration ein terassenförmiges System von Treppen in graugrüner Färbung, die mit einem brückenartigen Aufbau in offenem Rechteck einen freien Platz umgaben. An den Seiten wurde es von dunklen Vorhängen und im Hintergrund von einem Rundhorizont abgeschlossen.[183] Diese Grunddekoration vermochte alle Räumlichkeiten zu bedeuten:

Der Phantasie sind keine Schranken gesetzt. Abgünde schließen rings uns ein, wenn sich im Hintergrund zwei dräuend schwarze Vorhänge spitzwinklig schneiden. Erreichen einander die Vorhänge nicht, so ist Platz für den Durchzug der Hochzeiter vor der Ermordung des Landvogts [...]. Bei Attinghausen unterbrechen die Rückwand des Saals belebend zwei bunte Bogenfenster. Um Zwing-Uri vorzustellen, türmt Mauerwerk sich zyklopisch auf.[184]

Die Dekoration war so gestaltet, daß sie auf der einen Seite die jeweilige Räumlichkeit durch Andeutung des ihr »Wesentlichen« suggerierte. In dieser Funktion wurde sie durch das Licht unterstützt: »Grau lastet der dumpfe Druck auf dem Volke, und golden bricht die Sonne, die immer um die Familie Tell gekringelt hat, in aller Hütten und Herzen.« In dieser Hinsicht korrespondierte ihr die symbolische Farbgebung der Kostüme: Weiß für Tell, Rot für Geßler.

Zum anderen ermöglichte das System von Treppenaufbauten und Brücken den Darstellern Konfigurationen, Positionen und einen besonderen Bewegungsmodus, die auf die »herrschende Idee« bezogen waren. Bei der »abgeklapperten oder wenigstens dafür geltenden Apfelschuß-Szene«[185] zum Beispiel ballte sich die Masse des Landvolkes »auf der Mitteltreppe zu einem unvergeßlich farbigen und dynamischen Bild«. Seitwärts und rückwärts wurde sie von einem starrenden Lanzenwald eingeschlossen. Oben auf dem Podium stand Geßler. »Die Treppe wogte von Haß. Der gleiche Haß schlug ihr von oben entgegen.«[186] Dann stießen »die stahlgeschienten Lanzenträger von oben herab wie Habichte auf sie und zwischen sie.«[187]

In ähnlicher Weise wurden durch die Stufenbühne Auftritte und Abgänge der Einzeldarsteller sowie ihre Bewegungen über die Bühne akzentuiert: Sie ermöglichte Tell, quasi aus dem Nichts auf die Bühne zu springen, so daß er plötzlich mitten im Bild stand, von einem Blitzstrahl erleuchtet. »Er taucht auf wie ein von Gott gesandter Retter in der Not«[188], die eher bieder-schlichten Worte: »Der Tell holt ein verlorenes Lamm vom Abgrund«, als wilden Aufschrei herausschleudernd.

Als starker Kontrast zu Tells erstem Auftritt war Geßlers (Fritz Kortner) Auftritt angelegt.

Wir hören noch hinter der Szene die jagende, tobende, blutüberfüllte, wutzitternde Stimme: »Treibt sie auseinander!« Und etwas Furchtbares, angsteinflößend Lähmendes steht vor unserem Inneren. Dann freilich tritt er hervor wie eine rote, stechende Flamme, breit, schwer und doch zu bebender Spannung straff aufgerichtet.[189]

Kortners Darstellung des Geßler, die ihn sozusagen über Nacht zum ersten Schauspieler des Staatstheaters machte, erschien den Kritikern geradezu als vollkommenes Exempel expressionistischer Schauspielkunst. Alfred Kerr jubelte: »Kortner versetzte dem Landvogt Shakespeare-Züge. Das war ein Sadist. Ein anderer Richard. Ein Zukurzgekommener, der sich rächt. Mit Orgiasmus in der Grausamkeit. Bei alledem keine Filmgestalt: sondern eine medizinische. Wundervoll. Aus einem Stück.«[190] Und Siegfried Jacobsohn begeisterte sich:

Und neues Leben blüht aus den Ruinen. Blüht? Es wuchert, es schießt mit geiler tropischer Pracht über alle Grenzen, sobald Fritz Kortner den feigen Tyrann zu einem gräßlich lachenden Kobold macht. Aus dem Krötenmaul dieser Märchenfigur zischt kein Satz, um den nicht schweflige Flammen flackern. Es lohnt sich, zu sehen, wie ihm die Reitgerte unter der Hand, in der Faust zu Dolchmesser, Degen, Peitsche wird.[191]

Der plakative Gegensatz zwischen Tell und Geßler entsprach dem zugrunde liegenden Strukturprinzip: Der Raum, Szenenfolgen, die Konstellationen, Positionen und Bewegungen der Darsteller, ihre Sprache und Gestik waren durch starke Kontraste und Einschnitte rhythmisiert. »Hinaufrasen einer Leidenschaft und jäher Absturz – schmetterndes Stakkato oder lang ausgehaltener Klagelaut.«[192] Höhepunkte wurden durch weitere Forcierung des ohnehin rasanten Tempos oder durch abrupten Stillstand markiert. In Jessners Inszenierung artikulierte sich dergestalt eruptiv der »Freiheitsschrei« eines geknechteten Volkes.

Vergleicht man die Äußerungen und Berichte über diese drei von den Zeitgenossen ausdrücklich als expressionistisch charakterisierten Inszenierungen, stellt sich die Frage, wieweit sich aus ihnen zumindest »Grundzüge« einer »Sprache des expressionistischen Theaters« ableiten lassen.

Gemeinsam sind ihnen in jedem Fall gewisse leitende Prinzipien:

- Den Ausgangspunkt für die Inszenierung bildet eine abstrakte Idee, die in der Regel bei der Lektüre eines Dramentextes gewonnen wird.

- Das Drama selbst stellt lediglich eines der Materialien für die Inszenierung dar. D.h. Eingriffe in seine Textgestalt sind nicht nur erlaubt, sondern meist unumgänglich.
- Auswahl und Kombination der theatralischen Zeichen erfolgen ausschließlich nach dem Kriterium ihrer optimalen Funktionalisierung im Hinblick auf die Idee, die szenisch zum Ausdruck gebracht werden soll. Die bloße Verwendung bestimmter Elemente – wie z.B. einer bestimmten Lichtgestaltung, symbolischer Farbgebung, grotesker Bewegungen – reicht nicht aus, um eine Inszenierung als expressionistisch zu qualifizieren. Jedes Element muß vielmehr für den »Ausdruck« der »Idee« eine wesentliche Funktion erfüllen.

Daraus folgt, daß sich die Sprache des expressionistischen Theaters nicht aufgrund des Einsatzes bestimmter theatralischer Zeichen identifizieren läßt. Es handelt sich bei ihr vielmehr um ein streng hierarchisch gegliedertes System, in dem der oberste Platz von der »Idee« besetzt wird, die es auszudrücken gilt. Ähnlichkeiten, die zwischen expressionistischen Inszenierungen in bezug auf die Gestaltung einzelner Elemente immer wieder konstatiert worden sind, lassen sich daher auch nur auf eine Vergleichbarkeit der zugrunde liegenden »Ideen« zurückführen, nicht aber auf ein verbindliches Repertoire von theatralischen Zeichen. Sie sind also ein – keineswegs notwendiges – abgeleitetes, nicht ein primäres Phänomen. Primär sind die »Ideen«, die auf die Wiedergeburt »des« Menschen, auf die totale Erneuerung der bürgerlichen Kultur zielen. In diesem Sinne betont Jessner, daß das expressionistische Theater nicht als »Mode oder Marotte eines Regisseurs« entstanden sei, sondern durch den »allgemeinen Wandel der Zeit – Krieg – Revolution«[193].

Da die oberste Position im System der theatralischen Sprache des Expressionismus von »expressionistischen« Ideen besetzt wird, erhellt unmittelbar, daß die Ersetzung derartiger Ideen durch beispielsweise eine »mechanische Exzentrik« (Moholy-Nagy) oder eine »politische Dramaturgie« (Piscator) trotz Beibehaltung des Prinzips der Funktionalisierung zu einer völlig anderen Auswahl und Kombination der theatralischen Zeichen führen muß. Dies schließt nicht aus, daß zum Beispiel in Piscators epischem Theater Elemente Verwendung finden können, die bereits vom expressionistischen Theater entwickelt wurden, wie eine spezifische Lichtführung oder eine groteske Figurengestaltung. Diese Elemente erhalten hier jedoch eine völlig andere Funktion.

Eine Auflistung der verwendeten Mittel erweist sich insofern kaum als sinnvoll. Die verschiedenen Sprachen – oder Dialekte – des avantgardistischen Theaters scheinen vielmehr weitgehend darin übereinzustimmen, daß sie nicht die Verwendung bestimmter Elemente vorschreiben, sondern eine funktionale Verwendung von welchen Elementen auch immer.

4.2.3 Die Bühnenwerkstatt am Bauhaus

Zwei Jahre nach Gründung des Bauhauses[194] wurde mit Einrichtung und Aufbau einer Bühnenwerkstatt begonnen. Zwar war, wie Oskar Schlemmer (1888–1943) 1927 rückblickend bemerkte, »Bühne am Bauhaus [...] mit dem ersten Tag seines Bestehens da, weil der Spieltrieb vom ersten Tag an da war [...]. Diese Gestaltungslust war in den Anfängen [...] des Bauhauses in Weimar besonders mächtig und äußerte sich in überschwenglichen Festen, beschwingten Improvisationen, im Bau fantastischer Masken und Kostüme.«[195] Unter diesen theatralischen Aktivitäten erlangten vor allem die Laternen- und Drachenfeste besondere Berühmtheit.

Konzeptuell ging Gropius bei der Gründung der Bühne von der strukturellen Ähnlichkeit zwischen Baukunst und Bühne aus:

> Das Bühnenwerk ist als orchestrale Einheit dem Werk der Baukunst innerlich verwandt, beide empfangen und geben einander wechselseitig. Wie im Bauwerk alle Glieder ihr eigenes Ich verlassen zugunsten einer höheren gemeinsamen Lebendigkeit des Gesamtwerks, so sammelt sich auch im Bühnenwerk eine Vielheit künstlerischer Probleme, nach diesen übergeordneten eigenen Gesetzen, zu einer neuen größeren Einheit.[196]

Diese strukturelle Einheit verdeutlicht auch Klees Skizze aus dem Jahre 1922 zur Organisation und zum Zusammenhang der verschiedenen Werkstätten des Bauhauses:

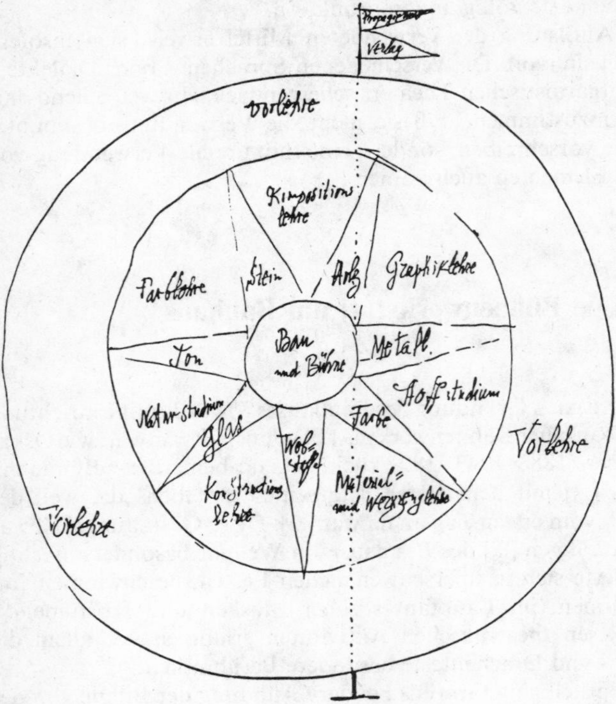

Paul Klee: Idee und Struktur des Staatlichen Bauhauses. Federzeichnung 1922. Privatbesitz Darmstadt,

aus: Hans M. Wingler, Das Bauhaus. 1919–1933 Weimar Dessau Berlin. Köln 1962.

Entsprechend sollte in der Bauhausbühne wie in allen anderen Werkstätten der gestalterischen Arbeit eine Klärung ihrer Bedingungen vorausgehen. Gropius skizzierte als Programm:

Klare Neufassung des verzwickten Gesamtproblems der Bühne und ihrer Herleitung von dem Urgrund ihrer Entstehung bildet den Ausgangspunkt unserer Bühnenarbeit. Wir erforschen die einzelnen Probleme des Raumes, des Körpers, der Bewegung, der Form, des Lichtes, der Farbe und des Tones. Wir bilden die Bewegung des organischen und des mechanischen Körpers, den

Sprachton und den Musikton und bauen den Bühnenraum und die Bühnenfiguren. Die bewußte Anwendung der Gesetze der Mechanik, der Optik und der Akustik ist entscheidend für unsere Bühnengestalt.[197]

Die Bauhausbühne sollte also – sozusagen unter Laborbedingungen – die spezifische Leistungsfähigkeit der Materialien testen, aus denen die heterogenen kleinsten konstitutiven Elemente bestehen, und die Gesetze erforschen, die ihnen zugrunde liegen bzw. die bei ihrer Verwendung berücksichtigt werden müssen. D.h. es war zunächst noch nicht die Konstruktion einer theatralischen Sprache geplant, sondern in einem ersten Schritt sollten die Bedingungen und Gesetze ermittelt werden, denen man bei der Entwicklung einer solchen Sprache zu folgen hätte.

Zum Leiter der Bühnenwerkstatt wurde der Maler, Dichter und »Bühnenkünstler« Lothar Schreyer (1886–1966) berufen, der seine Arbeit Ende 1921 mit einer kleinen Gruppe von Bauhäuslern aufnahm. Schreyer stand – wie viele »Meister« des Bauhauses – dem von Herwarth Walden mit der Herausgabe einer gleichnamigen Zeitschrift 1910 gegründeten »Sturm«-Kreis nahe. Zusammen mit Walden hatte er 1917 in Berlin die »Sturm«-Bühne als expressionistische Experimentalbühne zur Entwicklung einer autonomen Bühnenkunst ins Leben gerufen, die er ab 1919 in Hamburg unter dem Namen »Kampfbühne« weiterführte.[198] Hier wurden die expressionistischen Wortkunstwerke von August Stramm aufgeführt sowie Schreyers eigene Arbeiten für die Bühne *Kindsterben*, *Mann* und *Kreuzigung*.

Bei Schreyer lag der Schwerpunkt seiner Arbeit – im Gegensatz zu dem von Gropius verkündeten Programm – eindeutig auf der Konstruktion einer ganz spezifischen theatralischen Sprache. Ausgehend von den vier Grundelementen, die er abgegrenzt hatte, sollte sie nach mathematischen Prinzipien erfolgen. Die theatralische Sprache, die Schreyer ausbilden wollte, war als ein hierarchisches System konzipiert. Ihre Dominante stellte das Wort dar – allerdings nicht das Wort als Vermittler begrifflich-logischer Inhalte, sondern das Wort als Klang, der durch Tonhöhe, Tonstärke und Rhythmus festgelegt ist. Der erste Schritt der Arbeit bestand darin, daß der Darsteller in meditativer Versenkung durch das »Klangsprechen« seinen »Grundton« finden sollte, der sich häufig als ekstatischer Aufschrei oder Gestammel artikulierte, aber dennoch als nach Takteinheiten geordnete melodramatische Sprachmusik. Aus dem so gefundenen Grundton wurden dann die Bewegungen, die Farben und Formen abgeleitet.

Für jede Aufführung arbeitete Schreyer einen sogenannten Spielgang aus: eine Art von Partitur, in der mit spezifischen, von Schreyer erfundenen Zeichen und kurzen Regieanweisungen die Abfolge der aus Wort, Klang, Farbform und Bewegung zusammengesetzten Einheiten festgelegt war.

Im Vorwort zum Spielgang von *Kreuzigung* erläutert Schreyer die Grundsätze seiner Arbeit folgendermaßen:

> Der Leser des Spielgangs wisse: Die Schöpfung des Spielgangs und seiner Zeichen hat für die Bühnenkunst die gleiche Bedeutung wie die Schöpfung des Notensystems und der Noten für die Musik/ Lesen kann den Spielgang jeder/ der sich in den Wortton hören und die bewegte Farbform sehen kann.
> Der Spieler des Spielgangs wisse: Nach dem Spielgang spielen kann nur, wer nicht Berufsschauspieler ist/ wer nicht das Theatergeschäft unterstützt/ wer nicht Kritiker ist/ wer nicht sich will/ Nach dem Spielgang spielen kann jeder/ der in sich sehen und hören kann/ der sich ausser sich stellt/ der vorbehaltlos den Spielgang geht/ der mit den anderen Spielern in Gemeinschaft lebt.
> Der Hörer/ der Sehende des Spiels wisse: Das Spiel kann nur gesehen und gehört werden im Kreis der Freunde als gemeinsame Schau/ als gemeinsame Hingabe/ als gemeinsames Werk.[199]

aus: Dirk Scheper: Oskar Schlemmer – Das triadische Ballet und die Bauhausbühne. Schriftenreihe der Akademie der Künste. Berlin 1988, S. 68.

Der Spielgang stellt also die Notation von simultan und sukzessiv miteinander kombinierten theatralischen Zeichen dar, die unter bestimmten Bedingungen von jedem produziert und rezipiert werden können. Ihre Gestaltung und ihre Abfolge sind festgelegt. Abweichungen oder gar verändernde Eingriffe durch die Spieler sind nicht zugelassen. Nur auf diese Weise sind Bedeutung und Wirkung des Spiels als der Realisierung der solcherart fixierten theatralischen Zeichen garantiert: die Bedeutung eines »kosmischen Spiegels der Einheit des Lebens«[200] und die Wirkung der Erschaffung des »neuen Menschen« in Spieler und Zuschauer.

D.h. das Spiel ist auf der einen Seite als »Äußerung« in einer theatralischen Universalsprache konzipiert: Seine Bedeutung kann und muß von jedem Rezipienten verstanden werden. Auf der anderen Seite wird das Spiel als ein *rite de passage* durchgeführt, der alle Teilnehmer – Spieler und Zuschauer – in den »neuen Menschen« verwandelt.[201] Indem Akteure und Zuschauer sich im Spiel zu einer »gleichsam kultischen Gemeinschaftshandlung«[202] vereinigen, kommen Bedeutung und Wirkung des Spiels zur Entfaltung. Beides hängt offensichtlich davon ab, daß der Teilnehmerkreis rigoros eingeschränkt wird: Ausgeschlossen bleiben die Vertreter des Berufstheaters und darüberhinaus alle, die nicht zum engsten Kreis der »Freunde«, die nicht zur »Gemeinde« gehören.

Einerseits proklamierte Schreyer also die Entwicklung einer theatralischen Universalsprache, andererseits aber begrenzte er ihre Verwendung auf eine kleine Gruppe »Initiierter«. Es nimmt insofern nicht wunder, daß sich gegen seine sakral-religiöse Konzeption von Theater im Bauhaus von Anfang an Einwände erhoben, weil jede Art von Experiment, jede Erweiterung ausgeschlossen schien. Wohl stimmte Gropius mit Schreyer in der Überzeugung überein, daß die Bühne »in ihrem Urgrund [...] einer metaphysischen Sehnsucht« entstamme, also »dem Sinnfälligmachen einer übersinnlichen Idee«[203] diene. Während er daraus jedoch die Notwendigkeit ableitete, die Grundlagen des Theaters zu erforschen, ging es Schreyer um das Gemeinschaftserlebnis beim Finden, »Sprechen« und »Hören« der theatralischen Universalsprache.

Im Februar 1923 stellte Schreyer der Öffentlichkeit des Bauhauses sein *Mondspiel* vor, das er nach diesen Prinzipien mit einer kleinen Gruppe einstudiert hatte. Es handelte sich um ein kurzes Maskenspiel, bei dem die beiden Sprecher vollständig hinter ihrer ungegenständlichen Maskierung verborgen blieben: die Frau, »Maria im Mond«, und der Mann, der »Tänzer«. »Maria im Mond« war eine überlebensgroße halbplastische Figur, hinter der die Spielerin ihre Worte sprach. Zu den Füßen dieser Figur kauerte der »Tänzer«: eine das »Tanzschild« genannte Maske, in deren Zentrum das »Mondauge« gemalt war. Der Spieler hinter dem »Tanzschild« konnte diesen durch Drehen um den Mittelpunkt und Heben und Senken in der Vertikale gelegentlich in Bewegung setzen. »Maria im Mond« verkörperte »ein heilendes, ordnendes ›gutes‹ kosmisches Prinzip, das seine Huldigung durch den Mann, den ›Tänzer‹, den ›Mond‹, der ebenfalls in kosmische Bereiche erhoben ist, erfährt«[204].

Im Anschluß an diese Probeaufführung kam es zu heftigen Auseinandersetzungen über die von Schreyer angestrebte kultische Form des Theaters. Schreyer legte daraufhin die Leitung der Bühnenwerkstatt nieder und verließ im Herbst 1923 das Bauhaus.

Zum neuen Leiter der Bühnenwerkstatt wurde Oskar Schlemmer ernannt, der bisher als Formmeister der Holz- und Steinbildhauerei am Bauhaus vorgestanden hatte. Ähnlich wie Schreyer hatte sich Schlemmer für seine neue Tätigkeit bereits vor Eintritt in das Bauhaus qualifiziert. Bis auf das Jahr 1912 reichen seine ersten Bemühungen zurück, zusammen mit dem Tänzer-Ehepaar Albert Burger und Elsa Hötzel sein *Triadisches Ballett* zu entwickeln, das erst 1922 im Kleinen Haus des Württembergischen Landestheaters in Stuttgart uraufgeführt wurde.[205] Wie der Kritiker Hans Hildebrandt in der *Neuen Zürcher Zeitung* vom 24. 10. 1922 bemerkte, wurde hier der Versuch unternommen, die Bühne von einer völlig neuen Funktionszuschreibung des Kostüms her zu revolutionieren:

Das Kostüm des Tänzers war bisher mehr oder minder nur dekorative Zutat: Schlemmer gibt ihm gleichsam konstruktive Bedeutung [...] seine einzige Funktion ist die Ermöglichung, ja Erzwingung eines bestimmten Tanzes. Schlemmer hat das fließende, ständig die Form wechselnde Gewand beseitigt und meist durch starre Hüllen aus Papiermasse ersetzt [...]. Diese Hüllen wandeln nur ihre Lage zu den bewegten Gliedern, ihre Stellung im Raum, zu dem sie stets in klarer, eindeutiger Beziehung stehen [...]. Die Zahl der Bewegungen wird eingeschränkt, ihre Ausdruckskraft unerhört gesteigert. Der Tanz erscheint zwangsläufig und dennoch beseelt, unwirklich und dennoch wahr. [...] Das Triadische Ballett ist voller Sinn, aber das Wort kann ihn nicht fassen, er läßt sich nur erfühlen gleich dem Sinn der Musik [...]. Der Grund ist gelegt zu einem ganz modernen Ballett, das wirkliche Kunst ist.[206]

Obwohl das *Triadische Ballett* außerhalb des Bauhauses entstanden war, wurde es im Rahmen der Bauhauswoche im August 1923 im

Deutschen Nationaltheater in Weimar gleichsam als Arbeitsergebnis der Bühnenwerkstatt gezeigt.[207] Das lag insofern nahe, als Schlemmer hier das von Gropius für die Bühnenwerkstatt skizzierte Programm durchaus teilweise realisiert hatte: Erforscht wurde mit und im *Triadischen Ballett* die Beziehung zwischen dem Kostüm des Darstellers und seinen Bewegungen im Raum. Die Ergebnisse dieser Untersuchungen faßte Schlemmer in seinem Aufsatz »Mensch und Kunstfigur« (1924) zusammen, der 1925 im 4. Band der »Bauhausbücher« veröffentlicht wurde, welcher der *Bühne im Bauhaus* gewidmet war.

Schlemmer ging davon aus, daß die »Bühne, allgemein genommen, [...] der Gesamtbereich« ist, »der zwischen religiösem Kult und der naiven Volksbelustigung liegt«[208]. In welcher Form oder Gattung auch immer Theater sich realisiert, es hat das Problem zu lösen, wie Mensch und Raum aufeinander zu beziehen sind: »Der Organismus Mensch steht in dem kubischen, abstrakten Raum der Bühne. Mensch und Raum sind gesetzerfüllt. Wessen Gesetz soll gelten?«[209] Schlemmer untersuchte diese Frage im Hinblick auf das Kostüm, wobei er die Erkenntnisse auswertete, die er bei der Arbeit am *Triadischen Ballett* gewonnen hatte.

Er unterscheidet vier grundsätzliche Möglichkeiten für die Umwandlung des menschlichen Körpers durch das Bühnenkostüm:

1. Die Gesetze des umgebenden kubischen Raumes sind maßgeblich. Es werden also die kubischen Formen auf die menschlichen Körperformen übertragen und Kopf, Leib, Arme, Beine in räumlich-kubische Gebilde verwandelt. »Ergebnis: Wandelnde Architektur«.
2. Die Funktionsgesetze des Körpers bestimmen die Beziehung zum Raum. Die Körperformen werden folglich typisiert: »die Eiform des Kopfes, die Vasenform des Leibes, die Keulenform der Arme und Beine, die Kugelform der Gelenke, Ergebnis: Die Gliederpuppe.«
3. Es gelten die Bewegungsgesetze des menschlichen Körpers im Raum. Entsprechend dominieren die »Formen der Rotation, Richtung, Durchschneidung des Raumes: Kreisel, Schnecke, Spirale, Scheibe. Ergebnis: Ein technischer Organismus.«
4. Beherrschend sind die metaphysischen Ausdrucksformen als Symbolisierung der Glieder des menschlichen Körpers: »die Sternform der gespreizten Hand, das ∞ Zeichen der verschlungenen Arme, die Kreuzform von Rückgrat und Schulter; ferner Doppel-

kopf, Vielgliedrigkeit, Teilung und Aufhebung von Formen. Ergebnis: Entmaterialisierung.«[210]

In jedem dieser vier Fälle ermöglicht das Kostüm grundsätzlich andere Bewegungen seines Trägers, gilt folglich ein grundsätzlich anderes Verhältnis von Mensch und Raum.

Während Schlemmer dergestalt im *Triadischen Ballett* die Relation Mensch-Raum im Hinblick auf das Kostüm untersucht hatte, bestand das Programm für seine Arbeit an der Bühnenwerkstatt vor allem aus folgenden Punkten: Erforscht werden sollten die menschlichen Bewegungen auf geometrisch und auf kubisch gegliedertem Boden sowie im durch Wände gegliederten Raum; die Funktion von Requisiten und Masken; und die Gesetzmäßigkeiten der Materialien, die jeweils Verwendung fanden.

Dies Programm verwirklichte Schlemmer nach der Übersiedlung des Bauhauses von Weimar nach Dessau in den Jahren 1925–1929 mit einer Reihe von Projekten.[211] Der *Raumtanz*, der bei der Bauhaus-Einweihung 1926 uraufgeführt wurde, sollte die Grundformen der menschlichen Bewegungen im Raum abgrenzen.

Wir werden die 1, 2, 3 Akteure uniformieren und typisieren durch wattierte Trikots und kaschierte Masken, welche die differenzierten Körperglieder in einfache vereinheitlichende Formen zusammenfassen und wir werden die 3 Akteure in die Grundfarben Rot, Blau, Gelb kleiden. – Teilen wir jedem dieser Akteure eine bestimmte Schrittart zu – langsam, Normalschritt, trippelnd – und lassen wir sie im Takt der Pauke, Trommel und Holzschlag den Raum ausschreiten, so entsteht das, was wir ›Raumtanz‹ nennen.[212]

Auf dem Boden der ca. 6 x 6 m großen Bühnenfläche war ein Quadrat markiert, in das Achsen und Diagonalen eingezeichnet waren. Diese Linien wurden in etwa zwei Minuten von den Akteuren bei gleichbleibender Bühnenbeleuchtung in ihrer jeweiligen »Gangart« abgeschritten: »Drei Gangarten des menschlichen Körpers – drei Charaktere der Farbe – drei Charaktere der Form, alle unlöslich verbunden: gelbes, spitzes Hüpfen – rotes, volles Schreiten – blaues, stilles Gehen.«[213] Anschließend trafen sich die drei Akteure in der Mitte des Quadrates, wo sie in gleichem Bewegungsrhythmus einige Schritte und Gesten vollführten. Auf diese Weise zeigte der Raumtanz, daß der durch Maß und Zahl definierte Raum einerseits die in ihm vollzogenen Bewegungen bestimmt und daß andererseits die verschiedenen Tempi der Bewegung den Raum mit einer »überraschenden Intensität«[214] zum Ausdruck kommen lassen.

Das *Baukastenspiel* »Treppenwitz« (1927) testete die Möglichkeiten, die sich für die Bewegungen des Akteurs aus dem Aneinanderstellen von zwei treppenförmig abgestuften Kästen ergeben. Werner Siedhoff, der Akteur dieses Spiels, beschreibt es folgendermaßen:

> Auf der völlig schwarzen Bühne stand eine hölzerne Treppe, die auf beiden Seiten drei Stufen hatte. In weißem Trikot mit schwarzer Dreieckshose und schwarzer, enganliegender Kopfhaube trat ich aus dem Seitenvorhang, in der Hand einen silbernen Stab. Beim Erblicken der Treppe ein kurzes Stutzen, danach mit drei Schritten ein katzenhaftes Anschleichen. Ein Berühren der Treppe mit dem Stab, als wollte ich Maß nehmen. Dann ein Nachzeichnen der Treppenform mit den Händen. Schließlich ein kurzes Zurücktreten, als hätte ich die Möglichkeiten der Treppe als Gebrauchsgegenstand festgestellt. Wieder zwei Schritte an die Treppe heran, ein Ausprobieren, ob sie begehbar ist. Auf diese Weise machte ich mich Stück für Stück mit der Treppe und ihren Eigenschaften vertraut [...]. Jede Phase wurde durch Geräuschmusik begleitet, die die Höhepunkte, etwa das endgültige Erklimmen der Treppe oder dann das übermütige Herumturnen auf ihr, mit Beckenklirren und Paukenschlägen oder Trommelwirbeln hervorhob.[215]

Im *Kulissentanz* (1929) dagegen wurde untersucht, wie sich »Wände« auf die Struktur des Raumes und auf die Bewegungen der Akteure auswirken: »In dem durch vier farbige Kulissen gebildeten Raumorganismus entstehen ›Gassen‹ und ›Gänge‹, in denen das ›Durch‹, das ›Entlang‹, das ›Davor‹ und ›Dahinter‹ demonstriert wird.«[216] Auf der Bühne waren vier Paravents winklig zueinander aufgestellt, die schmale Durchgänge freiließen. Zwei Paravents waren rot, einer blau und einer gelb. Durch das Widerspiel von Licht und Schatten auf den Paravents und dem am Ende vorgenommenen Wechsel von »normalem« zu verdunkelndem grünblauem Licht wurden zusätzliche räumliche Wirkungen erzeugt. Zwischen den Paravents agierten drei Darsteller in schwarzen, unwattierten Tanztrikots, mit weißen Handschuhen, weißen Tanzschuhen und weißer Schminkmaske. Rhythmisierende Geräusche wurden einerseits mit Pauke, Holz, Sirene, Becken und Pfeife hervorgebracht, andererseits von den Darstellern, die unartikulierte Laute ausstießen und die Zahlen von 1 bis 8 in verschiedener Betonung und mit wechselndem Tempo aufsagten. Der Tanz dauerte fünf Minuten und war in 24 Phasen gegliedert: »Aus den Zwischenräumen erschienen in knapp gehackten Rhythmen Hände, Köpfe, Füße, Körper und – Worte! Zerstückt, verrückt, sinnlos, blödsinnig, banal, geheimnisvoll. Höchst lächerlich und höchst beängstigend.«[217]

Im *Formentanz* (1926) und im *Gestentanz* (drei Versionen zwischen 1926 und 1929) stand im Mittelpunkt des Interesses die Funktion von Requisiten und Versatzstücken im Hinblick auf die Aktion der Darsteller. Im Formentanz führten drei maskierte Akteure in rotem, blauem und gelbem Typenkostüm zu Schlagzeugrhythmen von Pauke, elektrischer Rassel und Becken in der Mitte und an der Peripherie eines Kreises Bewegungen aus, die ihnen von »elementaren Formen« nahegelegt wurden: Der rote Tänzer hielt einen kurzen Stab und eine ballonähnliche große weiße Kugel, der blaue Tänzer eine lange Holzlatte und der gelbe Tänzer eine kurze Keule und eine kleine silberglänzende Kugel. »In gleitenden, schwingenden oder eckigen Bewegungen fügen die Männer diese Formen zu einer Figur, lassen sie eine Weile verharren, lösen sie auf und fügen eine neue überraschende Kombination.«[218] In etwa anderthalb Minuten wurden auf diese Weise acht »konstruktive Kompositionen« fixiert, die weitgehend von den verwendeten »Requisiten« bedingt waren.

Beim Gestentanz waren im Bühnenraum eine lehnenlose Bank, ein Metallstuhl und ein drehbarer Hocker verteilt. An ihnen agierten der rote, blaue und gelbe Tänzer, die über ihrem Typenkostüm schwarze Westen mit Schwalbenschwänzen trugen und mit Handschuhen, Brille und Schnurrbart ausstaffiert waren. Sie vollzogen die Grundvorgänge von Stehen, Gehen, Sich-Setzen, Sitzen, Sich-Legen, Liegen, Aufstehen. Rhythmisiert und akzentuiert wurden diese einfachen Bewegungsabläufe durch Geräusche, Töne (von Becken, Pauke, Weckuhr, Sirene, Pfeife, Trompete, Posaune) und einige Takte Klavier- und Grammophonmusik: zu Beginn eine Klavier-Parodie des Torero-Marsches aus *Carmen*, zum Schluß das Walzerlied »Großmütterlein, Großmütterlein«. Die Beleuchtung wurde während der ca. 6 Minuten dauernden Aktion nicht verändert.

Die Wechselwirkung von Versatzstücken, Kostümteilen, Bewegungen der Akteure, Geräuschen und Musik ließ eine Parodie auf verschiedene »typisch männliche« Verhaltensweisen entstehen, ohne allerdings je in eine »illustrative Anekdote« abzugleiten. »Das Imitativ-Pantomimische nie als Zweck, sondern immer nur als Mittel, als isolierte abstrahierte Form, mit der der Mensch sein Spiel treibt.«[219] Aus der abstrakten raum-, form-, farbbezogenen Gestik ergab sich so quasi nebenbei ein handlungsmäßiges Element, welches die Figuren und ihre Bewegungsabläufe »grotesk« (Schlemmer) erscheinen ließ.

Eine ähnliche Wirkung war beim *Maskenchor* (1926/27) festzustellen. Er sollte das Element der Maske isolieren und ihre verschiedenen Funktionen erforschen. Wie Schlemmer ausführte, war hier »eine möglichst große Variabilität der Maskentypen, der Kopf-Formationen« angestrebt; »überlebensgroße gegen kleine, metallene gegen bunte usw.«[220]. Die Maskenträger waren in schwarze Tanztrikots, Monteuranzüge und Umhänge gekleidet, so daß ihre Körper im schattenhaften Dunkel der Bühne verschwanden und nur die Masken und ihre weiß behandschuhten Hände hervortraten.

Auf der Bühnenmitte stand mit der Längsseite zum Publikum ein langer Tisch, Stühle dahinter, Gläser darauf. Der Bühnenhorizont war blaugrün ausgeleuchtet, die übrige Bühne blieb dunkel. Der Auftritt jedes Maskierten (im ganzen zwölf an der Zahl) wurde dadurch angekündigt, daß sein dreifach vergrößerter Schatten auf die Bühne fiel. Jeder Auftritt und jede Aktion – Aufstehen, Glas-in-die-Hand-Nehmen, Anstoßen, Sich-Setzen – wurde von einem Gongschlag begleitet, ebenso das Herunterlassen und Heraufziehen der drei Puppenfiguren: des »Kleinen«, der nur halb so groß war wie die Maskierten, des »schwarzen Langen«, der sie um ca. ein Drittel überragte, und des »Präsidenten« mit einer silberfarbenen Maske, der die doppelte Größe maß. Der Rhythmus der zehn Minuten dauernden Aktion war durchgehend monoton: »Wesentlich ist: absolute Ruhe der Haltung, Gehen und Setzen in Zeitlupe, sich nicht umsehen.«[221]

Einerseits erzeugte die Synchronisierung der Masken, ihrer prononciert langsamen Aktionen, der Gongschläge und Glockenzeichen eine unwirkliche und unheimliche Stimmung. Andererseits ermöglichte sie eine Fülle von Bedeutungszuweisungen sowohl zu den einzelnen Masken als auch zum Gesamt ihrer Aktionen. Die Präzision der Bewegungsabläufe erwies sich dergestalt nicht als Einschränkung für die Phantasie des Zuschauers, sondern setzte vielmehr in ihm eine kreative Bedeutungsproduktion frei.

Bei den sogenannten Material-Tänzen stand die Frage im Vordergrund, wie das jeweilige Material die Bewegungen der Akteure bestimmt. Experimentiert wurde mit den Materialien Metall, Glas und Holz. Beim *Metalltanz* (1929) wurden die Wechselwirkungen von Licht und Metall getestet. Im Bühnenhintergrund waren vier dicht nebeneinander stehende metallische Säulen aufgebaut, an die seitlich vorne eine gewellte und eine winklig gebogene Metallfläche anschlossen. Auf dem von diesen drei Elementen umgrenzten Boden lag eine etwa 1 qm große Metallplatte. Die Beleuchtung erfolgte vom Bühnenhintergrund aus. Die Akteurin trug ein weißes Tanztrikot und eine metallisch glänzende Kopfkappe. In den Händen hielt sie Metallkugeln. Sie vollzog auf dem Bodenblech sparsame, »kantige und schwingende Bewegungen«[222], wodurch eine Fülle von Spiegelungen, Lichtreflexen, Licht- und Schattenwirkungen auf Bodenblech und Metallaufbauten entstand. Als Begleitung hatten Schlemmer und Alfred Erhardt eine »metallisch knappe, glatte, glänzende Musik«[223] für Klavier, zwei Becken und Holz komponiert.

Während der Metalltanz in gewisser Hinsicht als ein Raumtanz zu qualifizieren ist, weil er Möglichkeiten der Raumgestaltung und Raumerfahrung erprobte, sind der *Glastanz* (1929) und der *Stäbetanz* (1927/28) eher den Kostümtänzen zuzurechnen. Beim Glastanz, der auf schwarz ausgeschlagener leerer Bühne durchgeführt wurde, trug die Akteurin über dem Kopf eine Glasglocke, einen Schulterteller, der mit Glaskugeln behängt war, auf den Hüften einen großen Teller, von dem lange Glasstäbe bis auf den Boden herabhingen. In den schwarz behandschuhten Händen hielt sie eine große, an einem Faden hängende Glaskugel. Ihre einfachen Aktionen wie Schreiten, Verbeugen, Wippen, halbe und ganze Drehungen zu einer auf der Celesta und der Triangel gespielten Musik lösten im Licht der Scheinwerfer eine Vielzahl von Spiegelungen und Reflexen aus. Von besonderem Interesse war auch in diesem Fall das Zusammenspiel von Material und Licht.

Beim Stäbetanz dagegen sollte die Mechanik der Gelenke und damit die dem menschlichen Körper innewohnende Mathematik »durch überraschende Figurenbildungen« veranschaulicht werden. Der schwarz gekleideten Akteurin (Manda von Kreibig) waren an Arm-, Bein-, und Hüftgelenken zwölf Vierkant-Holzstangen von unterschiedlicher Länge angeschnallt, die als »Verlängerungs-Stangen der Bewegungswerkzeuge«[224] fungieren sollten. Auf der dunkel verhängten, blaugrün beleuchteten Bühne verschwand der Körper der Tänzerin weitgehend und nur die Bewegungen der Stäbe waren zu erkennen: »Die natürlichen Bewegungen des Hebens und Beugens der Glieder und des Rumpfes sind nur an dem feinen Lineament der Stäbe sichtbar, die da ein seltsam gesetzmäßiges

Eigenleben führen.«[225] Auch für diesen vier Minuten dauernden Tanz hatten Schlemmer und Erhardt eigens eine Komposition für Klavier, Becken, Triangel und Holzklapper geschaffen.

Die *Reifentänze* (1928) stehen mit den Formtänzen in engem Zusammenhang. Hier wurde mit Hilfe einfacher Kinderholzreifen, die als Requisiten verwendet wurden, gezeigt, wie ein bestimmtes Material und die aus ihm ableitbaren Formvariationen spezifische Bewegungsabläufe und eine spezifische Gestaltung des Raumes ermöglichen. In den aus vier Teilen von insgesamt vier Minuten Dauer bestehenden Tänzen manipulierte die Akteurin (Manda von Kreibig) jeweils einen, fünf, zehn Reifen verschiedener Größe. Sie »schwingt [sie] um sich, über sich, hoch, tief, gewellt – auf jede mögliche Weise«[226] und läßt durch das Zusammenspiel mit dem Licht eine Reihe von Licht- und Schatten-Effekten entstehen.

In allen diesen Projekten, die in Gemeinschaftsarbeit von den Mitgliedern der Bühnenwerkstatt entwickelt wurden, ging man so vor, daß zunächst ein Aspekt des allgemeinen Problems – Verhältnis von Mensch und Raum – isoliert und unter weitgehend kontrollierten Bedingungen getestet und erforscht wurde. Insofern betrieb man im Bauhaus »Bühne als Wissenschaft«[227]. Ziel dieses Vorgehens war es, eine Art »Harmonielehre der Bühne«[228] zu entwickeln, auf deren Grundlage erst eine neue Sprache des Theaters geschaffen werden könne. Schlemmer brachte 1929 rückblickend die bisher geleistete Arbeit auf folgenden gemeinsamen Nenner:

> Die Bühnenbestrebungen sind zunächst pantomimischer Art, ausgehend vom Raum, von der Form, von der Farbe und vom Material. Diese Elemente und ihre Gesetze wirken bestimmend auf das seelische und körperliche Gehaben, das mit den Begriffen ›maschinell‹ oder ›mechanisch‹ noch nicht erfaßt ist. ›Strenge Regularität‹ kann höchste Kunstform sein. Erstrebt wird eine Intensität in jeder Beziehung als der einzigen Quelle der Erneuerung; ein Stil, wie er beispielsweise dem japanischen und chinesischen Theater eigen war, und es wird erhofft, auf diesem Wege beizutragen zur allgemeinen Erneuerung der Bühnenkunst.[229]

Unüberhörbar ist in diesen Worten eine kritische Wendung gegen bestimmte theatralische Aktivitäten des Bauhauses, deren Tendenz mit den Begriffen »maschinell« und »mechanisch« getroffen ist. Schmidt und Teltscher hatten in den ersten Bauhausjahren ein *Mechanisches Ballett* entwickelt, das im Rahmen der Bauhauswoche 1923 öffentlich aufgeführt wurde. Hinter einfachen, fast ausschließlich rechteckigen Flächenformen in den Grundfarben und Schwarz und Weiß verborgen, bewegten Akteure diese Formen zu Musik von Hans Heinz Stuckenschmidt, die der Komponist selbst auf dem Klavier spielte, von Lonny Ribbentrop auf der Geige und mit dumpfem Paukenschlag begleitet. Die Choreographie bestand nach Schmidts Aussage »darin, durch Bewegungen, durch Verschiebungen immer neue Formen und Farbkompositionen zu bilden«[230]. Die nach den Prinzipien der konstruktivistischen Stijl-Gruppe[231] ausgearbeitete »Bühnenorganisation mit einfachen Formen« war als Vorstufe zu einer rein mechanischen Bühnenaktivität entworfen. Entsprechende Überlegungen stellte Schmidt an: »Würde auf einer Bühne ein beweglicher Ablauf von Formen durch Maschinen erfolgen, dann sind unendliche formale Möglichkeiten gegeben.«[232]

Sehr viel radikaler entwickelte diese Tendenzen László Moholy-Nagy in seinem Entwurf gebliebenen Plan einer »mechanischen Exzentrität« im Kontext eines »Theaters der Totalität« weiter. In seiner Skizze, die im Band *Die Bühne im Bauhaus* veröffentlicht wurde, fordert er eine »MECHANISCHE EXZENTRITÄT als eine Aktionskonzentration der Bühne in Reinkultur. Der Mensch, dem es nicht mehr gestattet sein sollte, sich als *geistiges* Phänomen in seinen geistigen (logisch-gedanklichen) Fähigkeiten zu repräsentieren, hat in dieser Aktionskonzentration keinen Platz mehr.«[233] Die wichtigste Funktion des Menschen besteht hier in derjenigen des Spielleiters, der vom Schaltbrett aus die auf einem mechanisch veränderbaren Bühnenaufbau gleichzeitig ablaufenden Aktionen kontrolliert.[234]

Gegenüber derartigen »allzusachlichen Tendenzen« am Bauhaus verstand Schlemmer die Bühnenwerkstatt als »den Sammelpunkt des Metaphysischen«[235]. Die Konstruktion einer gesetzmäßigen Ordnung bedeutete entsprechend für ihn nicht selbstgenügsame Funktionalisierung, sondern »Sinnfälligmachen einer übersinnlichen Idee«. In dieser Grundüberzeugung traf er sich nicht nur mit Gropius, sondern auch mit Kandinsky, dessen »abstrakte Bühnensynthese« *Bilder einer Ausstellung* zu Musik von Modest Mussorgsky, die 1928 im Dessauer Friedrich-Theater uraufgeführt wurde, die Ordnung des »Geistigen« sichtbar machen sollte.[236]

Nach Gropius' Rücktritt und der Ernennung des Architekten Hannes Meyer zum neuen Direktor des Bauhauses im Sommersemester 1928 wurde von den Studierenden zunehmend die Forderung erhoben, die Arbeit der Bühnenwerkstatt in den Dienst politischer Agitation zu stellen. Schlemmer, der ebenso wie Moholy-Nagy zwar mit Piscator zusammen gearbeitet hatte[237], stand derartigen Tendenzen dennoch äußerst kritisch gegenüber. Seiner Ansicht nach waren sie nur unter Voraussetzungen zu verwirklichen, wie sie in Rußland die Revolution geschaffen hatte. Die deutschen Verhältnisse dagegen ließen wegen des Fehlens einer Gemeinschaftsidee weder ein kultisches noch ein politisches Theater zu.[238] Schlemmer zog die Konsequenz aus seiner Überzeugung. Nach den erfolgreichen Gastspielen der Bauhausbühne 1929 in Berlin, Breslau, Frankfurt, Stuttgart und Basel, welche die Ergebnisse der jahrelangen Werkstattarbeit zum ersten Mal einer größeren Öffentlichkeit vorstellten, verließ er das Bauhaus und nahm eine Berufung an die Breslauer Akademie für Kunst und Kunstgewerbe an.

Die »Junge Bauhausbühne«, die sich bereits während Schlemmers Leitung konstituiert und den auch auf der Tournee gezeigten Sketch *Drei gegen Eine* erarbeitet hatte, setzte bis zu Hannes Meyers Entlassung im August 1930 ihre Tätigkeit fort und brachte mehrere Sketches heraus, die mit Mitteln des Agitproptheaters vor allem Mißstände im Bauhaus selbst – wie Ruhmsucht bestimmter Bauhausmeister, Konformismus der meisten Studierenden – aufs Korn nahmen. Danach stellte die Bühnenwerkstatt ihre Arbeit endgültig ein.

4.2.4 Episches Theater

4.2.4.1 Theater im technischen Zeitalter

Es läuft ein neues Schlagwort um, das heißt »Episches Drama«. Eine kleine, aber ungemein regsame Literatengruppe in Berlin hat es in die Welt gesetzt und suggeriert hie und da strebsamen Jünglingen im Reich, man müsse sich für das »Epische Drama« begeistern, wenn man irgendwie die Zeitläufe verstehen und auf der Höhe des Tages wandern wolle.[239]

Der Begriff, über den sich Julius Bab in einem Aufsatz in der *Volksbühne* aus dem Jahre 1929 zunächst mokierte und den er anschließend ernsthaft diskutierte, wurde zuerst von Piscator anläßlich seiner Inszenierung von Alfons Paquets *Fahnen* (6. Mai

1924) verwendet. Ab 1926 reklamierte Brecht den Begriff für sein Theater. Dies gelang ihm offensichtlich so vollkommen, daß bereits 1927 der Soziologe Fritz Sternberg in einem öffentlichen Briefwechsel mit Brecht schreiben konnte: »Sie sind nicht durch Marx dazu gekommen, den Niedergang des Dramas zu erkennen. Sie sind auch nicht durch Marx dazu gekommen, vom epischen Theater zu sprechen. Sie sind durch sich selbst dazu gekommen. Denn, sagen wirs doch ganz ruhig: Episches Theater, das sind Sie, lieber Herr Brecht.«[240]

Mit dieser Schlußfolgerung wird sich Piscator wohl kaum einverstanden erklärt haben. Wie auch immer – beide gebrauchten den Begriff, um jeweils das Innovative ihres eigenen Theaters zu bezeichnen. Ohne vorab in die Diskussion des Begriffs einzutreten oder gar den Versuch einer Definition zu unternehmen, läßt sich insofern einleitend feststellen, daß sowohl Piscator als auch Brecht den Terminus »Episches Theater« als Synonym für »zeitgemäßes Theater« verwendeten – was auch immer sie im einzelnen darunter verstanden.

Piscator entwickelte die ersten Grundlagen für sein episches Theater mit den Inszenierungen, die er zwischen 1924 und 1927 an der Berliner Volksbühne herausbrachte. Als Exemplare eines dezidiert politischen Theaters stießen sie auf den erbitterten Widerstand des Volksbühnenvorstandes. Bereits seine beiden ersten Inszenierungen an der Volksbühne – von Paquets Stücken *Fahnen* und *Sturmflut* (21. Februar 1926) – entfachten einen Streit um Funktion und Selbstverständnis der Volksbühne und führten zu einer Polarisierung ihrer Mitglieder: hier die Vertreter eines Bildungstheaters, die von der Volksbühne die Vermittlung des kulturellen Erbes erwarteten – dort die radikalen Jugendabteilungen, die das Theater als »wichtiges Instrument im Befreiungskampf der Arbeiterklasse« sahen.[241]

Piscators Inszenierung von Ehm Welks *Gewitter über Gottland* (23. Mai 1927) heizte den Streit weiter an und führte zuletzt zum definitiven Bruch mit der Berliner Volksbühne. Festgemacht wurde der Eklat an dem Film, den Piscator zu Beginn der Inszenierung als »historischen Aufriß« eingesetzt hatte: »Die Personen des Schauspiels, darunter Störtebeker und Asmus, gehen im Film auf den Zuschauer los und im Schreiten wechseln sie die Kleider; die Revolution in der Geschichte der Jahrhunderte, bis aus Asmus Lenin geworden ist.«[242] Während Alfred Kerr dies »unvergeßliche Kinobild« zu den »erschütterndsten Filmbildern« rechnete[243], sah sich der Vorstand der Volksbühne genötigt, gerade diese Teile des Films als »tendenziös-politische Um- und Ausgestaltung, zu der keine innere Notwendigkeit vorhanden war«, herauszustreichen, um die »grundsätzliche politische Neutralität der Volksbühne« zu wahren.[244] Damit war der Bruch vollkommen.

Durch Vermittlung der Schauspielerin Tilla Durieux gelang es Piscator, die für die Gründung eines eigenen Theaters notwendige Summe aufzutreiben. Die »Piscator-Bühne« nahm im Sommer 1927 im Theater am Nollendorfplatz ihre Arbeit auf. Da das für sie von Gropius entworfene Totaltheater aus finanziellen Gründen nie gebaut wurde, mußte sie sich mit Umbauten des bestehenden Theaters begnügen.

Das Publikum dieser Bühne war äußerst heterogen. Es wurde zum einen von den jugendlichen »Sonderabteilungen« der Volksbühne gebildet, denen jährlich fünf Vorstellungen der Piscator-Bühne garantiert waren; zum andern bestand es aus großbürgerlicher Schickeria, Intellektuellen und Künstlern. Auch für dieses Publikum wollte Piscator »politisches Theater« machen und als »revolutionärer Marxist« Agitation betreiben, um »die gesellschaftliche Diskrepanz zu einem Element der Anklage, des Umsturzes und der Unordnung zu steigern«.[245] Um dies Ziel bei einem derart heterogenen Publikum verwirklichen zu können, bedurfte es einer entsprechenden Weiterentwicklung der theatralischen Sprache, die Piscator bisher ausgebildet hatte.[246]

Aus der so begründeten Dominanz der pragmatischen Ebene leitete Piscator unmittelbar spezifische Forderungen für die Realisation der semantischen Ebene ab: Das epische Theater sollte komplexe historische, politische und wirtschaftliche Zusammenhänge analysieren, darstellen und erklären.

Nicht mehr das Individuum mit seinem privaten, persönlichen Schicksal, sondern die Zeit und das Schicksal der Massen sind die heroischen Faktoren der neuen Dramatik. [...] Nicht mehr er allein, losgelöst, eine Welt für sich, erlebt sein Schicksal. Er ist untrennbar verbunden mit den großen politischen und ökonomischen Faktoren seiner Zeit [...]. Der Mensch auf der Bühne hat für uns die Bedeutung einer gesellschaftlichen Funktion. Nicht sein Verhältnis zu sich, nicht sein Verhältnis zu Gott, sondern sein Verhältnis zur Gesellschaft steht im Mittelpunkt. Wenn er auftritt, dann tritt mit ihm zugleich seine Schicht auf. Seine Konflikte, moralisch, seelisch oder triebhaft, sind Konflikte mit der Gesellschaft [...]. Was sind die Schicksalsmächte unserer Epoche? [...] Wirtschaft und Politik sind unser Schicksal, und als Resultate beider die Gesellschaft, das Soziale.[247]

Entsprechend bildeten komplexe Probleme den Ausgangspunkt für seine Produktionen: *Hoppla, wir leben!* (3. September 1927) sollte mit einem »Aufriß eines Jahrzehnts deutscher Geschichte« das Scheitern der Novemberrevolution durchleuchten und erklären, *Rasputin, die Romanows, der Krieg und das Volk* (12. November 1927) »die Wurzeln und Triebkräfte der russischen Revolution«; in *Die Abenteuer des braven Soldaten Schwejk* (23. Januar 1928) sollte der »ganze Komplex des Krieges«[246] veranschaulicht werden und im *Kaufmann von Berlin* (6. September 1929) die »Inflation«, »eines der schmachvollsten Kapitel jüngster deutscher Geschichte, [...] in der ein ›anonymes Schicksal‹ das deutsche Volk fast um die Hälfte seines Vermögens brachte, den gesamten Mittelstand enteignete, die Arbeiterschaft unter den Lebensstandard des chinesischen Kulis herabdrückte«[249].

Dramen, die derartig umfassenden Ansprüchen genügt hätten, lagen nicht vor. »Das dramaturgische Kollektiv« der Bühne, dem außer Felix Gasbarra und Leo Lania für einzelne Produktionen auch Ernst Toller, Bertolt Brecht, Walter Mehring, Erich Mühsam und Alfred Döblin angehörten, bearbeitete zusammen mit Piscator den jeweils als Material für die betreffende Produktion am geeignetsten befundenen Text grundlegend: Tollers *Hoppla, wir leben!* (Piscator und Toller), *Rasputin oder die Verschwörung der Zarin* von Alexej Tolstoj und P. E. Schtscheglow, Jaroslaw Hašeks Roman *Die Abenteuer des braven Soldaten Schwejk*, für den bereits eine Dramatisierung von Max Brod und Hans Reimann vorlag, die im Besitz der Rechte waren, (Brecht, Gasbarra und Lania) und Walter Mehrings *Kaufmann von Berlin* (Piscator und Mehring).[250]

Im Unterschied also zu beispielsweise Jessner ging man nicht von einem Drama aus, das auf seine Hauptidee hin gelesen wurde, die szenisch zum Ausdruck gebracht werden sollte, sondern am Anfang der Arbeit stand ein komplexes Problem, für dessen szenische Darstellung und Erläuterung ein brauchbarer, ausschließlich als Material zu verwertender Text gesucht wurde.

Für die Auswahl und Kombination der theatralischen Zeichen galt entsprechend das Kriterium ihrer Fähigkeit und Eignung, einerseits als Mittel für die Darstellung und Explikation des betreffenden Problems zu fungieren und andererseits beim Publikum die intendierte Wirkung hervorzurufen. Die Gestaltung der syntaktischen Ebene war also unmittelbar sowohl auf die semantische als auch auf die pragmatische bezogen.

Der Bühnenraum sollte vor allem zwei Funktionen erfüllen – eine »symbolische« und eine »praktische«[251]. Er sollte zum einen sichtbar auf einen Grundaspekt des betreffenden Problems hinweisen, ihn sozusagen symbolisch bedeuten, und zum anderen den Einsatz von spezifischer Beleuchtung, von Projektionen und Film ermöglichen, einen reibungslosen Wechsel zwischen bzw. ein Nebeneinander von szenischer Darstellung, Film, Projektion gewährleisten sowie einen zügigen Ablauf des gesamten Geschehens.

Für *Hoppla, wir leben!* entwarf Traugott Müller ein konstruktivistisches Simultangerüst, das 11 m breit, 8 m hoch und 3 m tief war und aus dreizölligen Mannesmann-Rohren bestand. Vertikal war das Gerüst in drei Abschnitte gegliedert, der linke und der rechte wiederum horizontal in drei ungleich hohe Etagen. Der mittlere, turmartige Abschnitt wurde oben von einem kuppelartigen Raum abgeschlossen, der die beiden Seitenabschnitte deutlich überragte. Die verschiedenen Spielflächen waren durch mehrere Treppensysteme zugänglich und miteinander verbunden. Piscator sah in diesem Bühnenbau den »sozialen Querschnitt« sichtbar gemacht und so »die gesellschaftliche Ordnung versinnbildlicht«[252].

Auf der Hinterseite des Gerüstes war eine lichtdurchlässige Projektionsfläche angebracht. Außerdem konnte vor dem Szenengerüst eine weiße Leinwand herabgelassen werden, ebenso Schleier vor den einzelnen Spielflächen, vor die sich auch feste Projektionswände schieben ließen. Das Gerüst stand auf Schienen und konnte durch einen speziellen Mechanismus bewegt werden. Weitergehende Bewegung war dadurch möglich, daß alles auf die Drehbühne montiert war.

Für *Rasputin* wurde in Piscator »die Vorstellung des Erdballs« zwingend, »auf dem sich alle Geschehnisse in engster Verflechtung und gegenseitiger Abhängigkeit entwickelten«[253]. Traugott Müller ließ entsprechend auf der Drehbühne eine Halbkugel mit einem Durchmesser von 18 m und einer Höhe von 7.5 m aufbauen. Die Halbkugel war in zwei Ebenen gegliedert, deren untere sich aus sechs und deren obere sich aus fünf Spielflächen zusammensetzte. Jedes Segment konnte durch eine Klappe verschlossen werden. Die Oberfläche der Halbkugel war als Projektionsfläche ausgerüstet, auf der gleichzeitig bis zu drei Filme ablaufen konnten. Außerdem waren an den Portalen Leinwände fest installiert, auf die ein »Kalender« mit Daten zum historischen Geschehen sowie Texte zu seiner Erläuterung projiziert werden konnten.

Beim *Schwejk* ging Piscator von der »Vorstellung eines ununterbrochenen und rastlosen Ablaufs des Geschehens« aus. Zwischen zwei kulissenartig aufgestellen Leinwandrahmen und einer quasi als Hintergrundprospekt fungierenden abschließenden Leinwand wurden auf die Bühne zwei parallele 17 m lange, 2.70 m breite Fließbänder montiert, die unabhängig voneinander in Bewegung gesetzt werden konnten. Auf ihnen wurden Personen, Dekorationsteile und Requisiten auf die Bühne gefahren. »Und [...] ganz zufällig und nebenbei ›bedeutete‹ auch diese Form der Bühne wieder einen gesellschaftlichen Zustand: die Auflösung, das Abgleiten einer gesellschaftlichen Ordnung«[254]. Die Seiten der Leinwandrahmen und die abschließende Leinwand konnten als Projektionsflächen verwendet werden.

Beim *Kaufmann von Berlin* sah Piscator das Geschehen auf drei Stufen ablaufen: »einer tragischen (Proletariat), einer tragi-grotesken (Mittelstand) und einer grotesken (Oberschicht und Militär). Aus dieser soziologischen Aufteilung entstand das Drei-Etagen-System der Bühne, verkörpert durch die Fahrstuhlbereiche. Jede dieser sozialen Stufen sollte eine eigene Bühne besitzen – oben, Mitte, unten – und die Klassen sollten sich dann kreuzen, wenn die dramaturgischen Schnittpunkte es verlangten.«[255]

Moholy-Nagy konstruierte ihm eine entsprechende Bühnen-Apparatur, die außerdem ausreichend Projektionsflächen vorsah.

> Den beiden laufenden Bändern, auf die Drehscheibe gesetzt [...] sollten drei leichte, mit Fahrstuhlgeschwindigkeit bewegbare Brücken von oben her entsprechen. Es war die ideale Apparatur für dieses Stück. Auf den Bändern wanderte Kaftan durch Berlin, wie seinerzeit Schwejk nach Budweis, die Drehscheibe, mit den Bändern kombiniert, brachte die Straßen Berlins heran, Szenen ließen sich durchschneiden, indem die Brücken neue Szenen herabließen.[256]

Diese Konstruktionen waren nun nicht nur imstande, die gewünschten praktischen und symbolischen Funktionen zu erfüllen.[257] Sie erschienen zugleich auch als Resultat und Sinnbild des technischen Zeitalters, in dem »Raum« und »Zeit« grundsätzlich neuartig erfahren und zueinander in Beziehung gesetzt werden: »Simultaneität« und »Bewegung« hießen die Prinzipien, welche das Verhältnis des Menschen zu Raum und Zeit ebenso wie das Verhältnis von Raum und Zeit zueinander neu strukturieren und organisieren.[258] Piscators Bühnenkonstruktionen funktionierten auf der einen Seite als sich bewegende technische Architektur und in diesem Sinne als dynamisierte, als »vierdimensionale« Räume. Auf der anderen Seite ermöglichten sie den gleichzeitigen und gleichzeitig wahrnehmbaren Vollzug bzw. die gleichzeitige Präsentation von Geschehnissen, die sich in räumlicher und/oder zeitlicher Distanz voneinander ereignen bzw. ereignet haben. Die Bühne fungierte in dieser Hinsicht als vollkommenes Abbild und Sinnbild sowohl der von der Technik ermöglichten und bestimmten modernen Welt als auch der von der neuen Physik entdeckten »Raum-Zeit«. Sie verlangte entsprechend ihren Zuschauern völlig neue Wahrnehmungsleistungen ab.

In dieser Funktion wurden die Bühnengerüste durch den spezifischen Einsatz des Lichtes und vor allem des Filmes unterstützt und verstärkt. Nicht nur, daß Piscator das Licht verwendete, um die Zuschauer in ihren Rezeptionsgewohnheiten gezielt zu irritieren – wenn beispielsweise zu Beginn von *Hoppla, wir leben!* dreimal nacheinander im Zuschauerraum das Licht verlosch und wieder aufhellte[259]; er machte auch extensiv von allen Möglichkeiten Gebrauch, die zum einen das expressionistische Theater und zum anderen Lichtexperimente wie die *Reflektorischen Lichtspiele* der Bauhauskünstler Kurt Schwerdtfeger und Ludwig Hirschfeld-Mack[260] eröffnet hatten. In *Hoppla, wir leben!* beispielsweise bediente Piscator sich der Technik des isolierenden Lichtkegels, den er allerdings gleichzeitig auf verschiedenen Spielflächen einsetzte. In *Rasputin* ließ er beim Auftreten des Zaren Nikolaus II. den riesigen Schatten Rasputins auf ihn fallen[261] – wenn auch als Projektion auf der dahinter gelegenen Leinwand. Im *Kaufmann von Berlin* wurden auf Vorhänge und Schleier mitten zwischen dem Gerüst Farbendias (von George Grosz), Dollarzeichen und Billionenzeichen der Mark, Schatten und Filme projiziert. Generell erzielte man durch die Projektionen von Dias und Filmen eine Fülle reflektorischer Effekte, die u.a. dazu dienten, die massiven Eisengerüste in gewisser Weise zu »verflüssigen«. Daneben wurde mit den verschiedensten Arten der Beleuchtung durch gleichzeitigen Einsatz von Scheinwerfern aus verschiedenen Richtungen experimentiert, um Personen und Geschehnisse jeweils buchstäblich ins dramaturgisch notwendige und »richtige« Licht zu rücken.

Als »Markenzeichen« geradezu der theatralischen Sprache von Piscator stellten Parteigänger und Gegner immer wieder seine Verwendung des Films heraus.[262] In der Tat ließen sich mit Hilfe des Films eine Reihe diffiziler Probleme, welche die epische Dramaturgie aufwarf, gleichzeitig lösen. So verlangte der Anspruch, komplexe Zusammenhänge anstelle von Einzelschicksalen darzustellen, nach einer neuen Form der Exposition: Die Funktion einer derartigen »weltgeschichtlichen Exposition«[263] vermochte nun der Film hervorragend zu erfüllen. In *Hoppla, wir leben!* skizzierte der eröffnende Film (Curt Oertel) die historischen Zusammenhänge, in welche die nachfolgende Handlung eingerückt werden muß:

[...] man sah die nicht endenden Militärtransporte, den Sprung von Erdloch zu Erdloch, das Einschlagen der Granaten, das Zucken des Menschenleibs – Waffenstillstand! – der Berg der fortgeworfenen Ausrüstungsstücke wuchs an, Hand griff in Hand, es rollten und mahlten die Räder der Heimkehrzüge, ein General rüstete für die Flucht nach Schweden, Soldatenräte saßen da und verfügten, auf den Kriegsschiffen Meuterei, die befreite Masse zieht durch die Straßen, der Arbeiter findet im Arbeiter den Bruder [...]. Der Film rast weiter. Er zeigt die Jahresuhr. Und nun wechseln in höhnendem Nebeneinander die Bilder: Grubenkatastrophen – Tänzerinnenbeine; Straßenrevolten – Börsenspekulationen; Gefängnismauern – Sportvergnüglichkeiten.[264]

In ähnlicher Weise führte in *Rasputin* ein Film, »der über die geschlossene Kugel rinnt«[265], in die russische Geschichte und den »Untergang des Hauses Romanow«[266] ein. Leo Lania schrieb erklärend im Programmheft:

Diese grundsätzliche Einstellung zum historischen Schauspiel bedingt die vollkommene Sprengung der bisherigen dramatischen Form; nicht der innere Bogen des dramaturgischen Geschehens ist wesentlich, sondern der möglichst getreue und möglichst umfassende epische Ablauf der Epoche von ihren Wurzeln bis zu ihren letzten Auswirkungen. Das Drama ist nur insoweit wichtig, als es dokumentarisch belegbar ist.[267]

Im *Schwejk* wurde das Problem einer angemessenen Exposition mit den originellen Mitteln des Trickfilms (George Grosz) gelöst. Die Inszenierung begann mit den Drehorgelklängen eines tschechischen Volksliedes.

Dann belebte sich die hintere Leinwand: Von hinten projiziert huschte ein schwarzer Punkt über die Fläche, der in riesiger Geschwindigkeit gezackte und wie Stacheldraht rissige Linien hinter sich ließ. Plötzlich war im unverwechselbaren Stil George Grosz' ein österreichischer General mit Zwirbelschnurrbart und aufgedunsenem Gesicht auf der Leinwand entstanden. Seine Rechte umklammerte den Griff eines Schwertes, seine Linke ergriff die Hand einer Nachbarfigur, die sich bald als deutscher General entpuppte, mit ordenbesäter Brust, griesgrämigem Gesicht und Pickelhaubenhelm, hinter diesem Paar erschien die totenkopfförmige Gestalt eines Juristen, der in der Rechten eine Rute aus Paragraphen, in der Linken ein Gesetzesbündel hielt. Schließlich zeichnete sich rechts von dieser Gruppe ein feister Priester ab, vor seinem Unterleib die aufgeschlagene und mit dem Kreuz versehene Bibel, die beiden

Arme zum Himmel gereckt. Über einem überdimensionierten, unrasierten Doppelkinn balancierte eine Knollennase das Kreuz.[268]

Damit waren in knappster und zugleich präzisester Form die Bedingungsfaktoren eingeführt, die es bei der Bewertung der nachfolgenden Abenteuer Schwejks im Auge zu behalten galt.

Während die aus dokumentarischem Material zusammengestellten Expositionsfilme in der Regel die »Vorgeschichte« in das Bühnengeschehen hinein holten, also vergangene Zeit als Koordinate der auf der Bühne gegenwärtigen verdeutlichten, konnten ähnliche dokumentarische Filmstreifen auch – quasi als Kommentar – Ereignisse vorwegnehmen, die in bezug auf die szenische Handlung zukünftig erschienen, oder Handlungen simultan präsentieren, die sich zur gleichen Zeit wie das Bühnengeschehen an weit entfernten Orten abspielten: So wurde in *Rasputin* in die Szene der Beschwörung von Rasputins Geist eine filmische »Traumvision« eingeblendet, welche die erst sehr viel später erfolgende Erschießung der Zarenfamilie zeigte. Und während auf der Bühne die Zarin und ihr Berater Pläne für die Inhaftierung der Volksvertreter und die Zerschlagung der revolutionären Zellen schmiedeten, sah man auf der Leinwand Lenin im verschlossenen Waggon durch Deutschland fahren und sich unaufhaltsam der Revolution nähern.

In *Schwejk*, wo die Funktionen der Exposition und des Kommentars vom Trickfilm wahrgenommen wurden, diente der »naturalistische« Film als »Kulisse«: Während Schwejk von Frau Müller im Rollstuhl zur militärärztlichen Untersuchung gefahren wurde und Krücken schwingend rief: »Auf nach Belgrad«, lief im Hintergrund ein Film von den Straßen in Prag ab. Der Film, sozusagen das »zeitliche« Medium par excellence, wurde auf diese Weise zur deskriptiven Darstellung von Räumen eingesetzt.

Als Zeichen des Raumes fanden – sofern man aus dem vorliegenden, in dieser Hinsicht äußerst dürftigen Material schließen kann – auch Geräusche Verwendung. In dieser Funktion sowie zugleich in der entsprechenden Handlungsfunktion[269] wurden in *Hoppla, wir leben!* zum Beispiel sich nähernde und wieder entfernende Geräusche eines Automotors realisiert; zu Beginn der Szene »Radiostation« waren das Ticken eines Telegrammempfängers, Schiffszeichen, Vortragsfetzen, Musikklänge zu hören, dann Stimmengewirr, Heulsirenen, Pfeifen, Rufe in verschiedenen Sprachen, Herzschläge u.a.m.: Sowohl die Ereignisse, die sich zur gleichen Zeit an verschiedenen Punkten der Welt zutrugen, als auch die jeweiligen Räume wurden dergestalt auf der Bühne simultan sinnlich appräsentiert. Den zweiten Teil der Inszenierung leiteten zehn Sekunden dauernde Großstadtgeräusche ein. Diese Art der »Geräuschkulisse« wurde offensichtlich auch im *Kaufmann von Berlin* verwirklicht: »Die Trams läuten, die Autos hupen. Musik (sehr eindringlich von Hans Eisler) gibt den Takt an. Die Straße trampelt, die Straße schreit [...] der *Raum* hat seine *Rolle*: Die Straße gehört dem Verkehr.«[268]

Piscator setzte auf diese Weise zur Darstellung von Raum und Zeit (Geschehen, Handlung) alle Mittel ein, die ihm der avancierte Stand der Technik zur Verfügung stellte. Dabei wurde ein ständiger Funktionswechsel vorgenommen: Die sich bewegenden Bühnengerüste, der Film, das Licht und die Geräusche fanden wechselnd als theatralische Zeichen des Raumes und der Zeit Verwendung. Eine stabile und eindeutige Funktions- und Bedeutungszuweisung war ganz unmöglich. Der Zuschauer mußte daher nicht nur völlig neue Wahrnehmungsleistungen erbringen; er sah sich auch unablässig genötigt, soeben vorgenommene Funktions- und Bedeutungsattributionen im nächsten Moment wieder zu annullieren und durch andere zu ersetzen. Monty Jacobs gab in seiner Kritik zu *Hoppla, wir leben!* zu bedenken: »Ob Aufführungen dieser Art dem Zuschauer nicht eine zu starke körperliche Anspannung zumuten, muß die Zukunft lehren.«[271] Insofern kann wohl kein Zweifel daran bestehen, daß Piscators »Äußerungen« in seiner theatralischen Sprache den Zuschauer tatsächlich in permanente Aktivität versetzten – wenn auch nicht unbedingt in die von ihm ausdrücklich intendierte.

Es ist nachgerade symptomatisch, daß eine solche Schlußfolgerung gezogen werden kann, noch ehe ein Wort über die Schauspieler in Piscators Produktionen gefallen ist. Geradezu leitmotivisch taucht Ernst Heilborns Urteil über den Stellenwert der Schauspieler in Piscators Inszenierungen (das er in bezug auf *Hoppla, wir leben!* äußerte) in ähnlicher Form immer wieder in den Kritiken auf: »Hinter den Film, hinter den Bühnenaufbau, hinter die Musik tritt hier die darstellerische Leistung.«[272] Eine Ausnahme bildete in dieser Hinsicht die *Schwejk*-Inszenierung, in der Max Pallenberg in der Titelrolle wahre Triumphe feierte.[273]

Piscator entwickelte für sein episches Theater keine neue Schauspielkunst. Die psychologisch-realistische Schauspielkunst, wie sie an den Reinhardt-Bühnen ausgebildet und gepflegt wurde, ließ sich für die Ziele seines Theaters hervorragend verwerten. Denn sein Held »haßt, liebt, leidet« nicht »weniger als der Held der vorigen Generation«; auch der Mensch auf Piscators Bühne erlebt Konflikte, »moralisch, seelisch und triebhaft«[274]. Und für ihre Darstellung eben hatte sich die psychologisch-realistische Schauspielkunst bestens bewährt. Insofern nimmt es nicht wunder, daß auf der Piscator-Bühne Reinhardt-Schauspieler wie Paul Wegener (als Rasputin), Tilla Durieux (als Zarin), Max Pallenberg auftraten. Die wesentlich neue Leistung, die sie hier zu erbringen hatten, bestand in der Anpassung an »diese neue mathematische Art des Theaterspiels«[275], d.h. sie mußten ihr Spiel »timen« im Hinblick auf technische Medien, nämlich auf die gleichzeitig ablaufenden Projektionen und Filme.

Das weitergehende Ziel des epischen Theaters, den Menschen als »gesellschaftliche Funktion« zu zeigen, seine Konflikte als »Konflikte mit der Gesellschaft«, hatte nicht der Schauspieler zu verwirklichen, sondern der Regisseur, indem er die Darstellung des Schauspielers – sozusagen als eine Art ready-made – in entsprechende Kontexte einmontierte.[276] Damit avancierte das Verfahren der Kombination der theatralischen Zeichen zum wichtigsten strukturierenden Faktor in Piscators Inszenierungen.

Piscator kombinierte sowohl einzelne theatralische Zeichen (wie einen Gesichtsausdruck, ein Requisit) als auch komplexe theatralische Zeichen (wie eine Handlungssequenz, einen längeren Filmabschnitt) nach dem Prinzip der Montage. Er nahm sowohl simultane als auch sukzessive Montagen vor, montierte sowohl Zeichen desselben theatralischen Zeichensystems miteinander als auch Zeichen, die verschiedenen Systemen angehören. Die ganze Breite der mit dieser Kombinatorik erzeugten Möglichkeiten wurde ausgeschöpft.[277]

Die Montage hatte eine Vielzahl von Funktionen zu erfüllen, die aufgrund der Materiallage kaum vollständig zu erfassen sind. Zum einen diente sie – ähnlich wie die dokumentarischen Expositionsfilme – der Erläuterung von historischen Hintergründen. Im Prolog zu *Rasputin* beispielsweise wurden auf der Leinwand die Portraits der Zaren bis zu Nikolaus II. gezeigt, während auf den »Kalender« kurze Kommentare projiziert wurden wie: »Stirbt plötzlich«; »Stirbt im Wahnsinn«, oder »Endet durch Selbstmord«. Zum anderen hatte die Montage die Kluft zwischen individuellen und kollektiven Handlungen zu verdeutlichen, wie in dem bereits angeführten scharfen Kontrast der auf der Bühne planenden Zarin zum Filmausschnitt von Lenins Fahrt nach Rußland. In ähnlicher Weise sollte die Montage die unterschiedliche Beziehung der Klassen zu den Ereignissen bewußt machen: Während der Zar auf der Bühne Schlachtphotos sortierte, zeigte die Kuppelprojektion gefallene und verstümmelte russische Soldaten (mutmaßlich die Bilder, die der Zar sammelt), und über der Projektion erschien ein Satz aus einem Brief des Zaren an die Zarin: »Das Leben, das ich an der Spitze meiner Armee führe, ist gesund und wirkt kräftigend.«

Durch Montage wurde Religion als Ideologie im Dienste des Militarismus entlarvt: In der Drei-Kaiser-Szene in *Rasputin* beten die drei Kaiser – sozusagen ineinander geschnitten – zu Gott und erflehen seinen Beistand und seine Unterstützung für ihre jeweiligen nationalen Interessen. Den Text hatte Leo Lania aus historischen Dokumenten zusammengestellt:

»Wilhelm: Allmächtiger, gib Deutschland...
Franz Joseph: Vater unser, leihe dem Volk Österreichs...
Nikolaus: Um Christi Willen, schenke Rußland...«

Die nur einmal in der ersten geschlossenen Aufführung des *Schwejk* vor den Sonderabteilungen der Volksbühne gespielte Schlußszene des Krüppelaufmarsches vor Gott montierte simultan die Musik des Radetzkymarsches, auf dem laufenden Band marschierende Krüppel (»Bettler ohne Arme, [...] 20 Statisten mit Puppen, 5–6 richtige Krüppel; einer, der sich immer auf seine Gedärme tritt; einer, der sein Bein schultert; einer, der seinen Kopf unter dem Arm trägt, Arme und Beine aus Rucksack hängend: Alle mit Lehm und Blut beschmiert; zwei kleine Mädchen, sich an der Hand haltend, mit blutigen Gesichtern«[278]) und einen Trickfilm, der einen grausig-grotesken Gott zeigte, welcher im Gespräch mit Schwejk immer mehr zusammenschrumpfte.[279]

Die Montage erwies sich auch bestens geeignet, hinter den offiziellen Beweggründen die wahren Motive aufzudecken. Im *Rasputin* wurden die drei Vertreter der Rüstungsindustrie, Krupp, Creuzot und Armstrong, beim Austausch ihrer offiziellen Missionen: »Es geht um die Rettung des deutschen Wesen«, »La democratie et la civilisation doivent être défendues«, »We fight for the liberation of the world«, mit einem Film konfrontiert, der den rauchenden Wald der Essen und Schlote der Schwerindustrie vorführte. Auf vergleichbare Weise wurde in *Hoppla, wir leben!* das auf der Bühne im Separé – gleichzeitig mit Karl Thomas' Untersuchung durch den Irrenarzt – ablaufende Telefongespräch des

Bankiers über den rechtzeitigen Verkauf von Wertpapieren von dem auf einen Schleier projizierten Bild einer grinsenden Bankiersgrimasse kommentiert.

Die Montage wurde häufig zur Charakterisierung und Interpretation von Situationen eingesetzt. In *Hoppla, wir leben!* erschien zu Beginn der Audienzszene bei Minister Kilman auf der großen Leinwand des mittleren Abschnittes ein Kaiserbild: Die Audienzen der demokratischen Regierung verlaufen nicht viel anders als im Kaiserreich. Die Szene im Wahllokal wurde mit einer Projektion von Wahlplakaten und Aufrufschriften eingeleitet. Dagegen war das Geräusch von Trommelwirbeln gesetzt, wie sie im Zirkus Beginn oder Höhepunkt einer besonderen Nummer markieren: Die Wahl wurde so als Zirkusnummer denunziert. Die bereits erwähnte Untersuchungsszene am Ende des IV. Aktes endete mit abruptem Dunkelwerden. Unmittelbar anschließend setzte auf der Vorbühne der von Mary Wigman einstudierte Charleston-Tanz ein. Die mit Phosphorschminke als Gerippe geschminkten Tänzerinnen wurden von der Rampe mit ultraviolettem Licht so angeleuchtet, daß nur die Skelette sichtbar waren: Der Totentanz der Zeit war hier ausdrücklich als gesellschaftsbedingt ausgewiesen.[280]

Auch die Charakterisierung bestimmter zwischenmenschlicher Verhältnisse erfolgte mit den Mitteln der Montage: Im *Schwejk* beispielsweise wurden den Schauspieler-Darstellern Puppen-Darsteller gegenübergestellt: In der Szene »Arrest-Kapelle« rekrutierten sich die Zuhörer des Predigers ausschließlich aus Pappfiguren; ebenso war der Waggon, der die Soldaten an die Front verfrachtete, mit Pappfiguren angefüllt, während Schwejk aus der Türöffnung heraushing: die Landser als Objekte der Obrigkeit. Oder es wurde auf den Körper des Schauspielers, der einen Aufseher spielte, eine Tiermaske montiert oder eine aus Gaze und Watte hergestellte Riesenfaust – auf diese Weise den gesellschaftlich bedingten tierischen Charakter des Berufsstandes oder seine Reduktion auf eine einzige Funktion schlagartig beleuchtend.

Eine besondere Variante des bitter-ironischen Kommentars zum vorherigen und nachfolgenden Bühnengeschehen lieferten die einmontierten Chansons, die Augenzeugenberichten zufolge[281] die Zuschauer stark zu emotionalisieren vermochten. Von den Sängern war mit Hilfe schwarzer Vorhänge bzw. des isolierenden Lichtkegels stets nur das singende Gesicht zu sehen. In *Hoppla, wir leben!* sang Käte Kühl das von Walter Mehring geschriebene und von Edmund

Meisel komponierte Titel-Chanson zu Beginn des zweiten Teils vor dem zehn Sekunden dauernden Film »Nächtliche Stadt«. Der *Kaufmann von Berlin* eröffnete mit einem »Oratorium von Krieg, Frieden und Inflation«. Das Oratorium wurde von einem Chor von 24 Männern gesungen, das Rezitativ von Ernst Busch.[282] In beiden Fällen lieferten die Lieder eine bestimmte Perspektive für die Bewertung der nachfolgenden Bühnenhandlung, ohne durch ihr Thema oder die Person des Sängers unmittelbar auf sie Bezug zu nehmen.

Stärker noch als die oben beschriebenen Verfahren der Auswahl und Gestaltung der theatralischen Zeichen (Bühnengerüste, Lichteinsatz, Projektionen, Filme, Geräusche, Musik) verlangte die Montage als dominierendes Verfahren ihrer Verwendung und Kombination dem Zuschauer ganz neue Wahrnehmungs- und Erkenntnisleistungen ab. Ihm wurde nicht nur zugemutet, gleichzeitig semantische Einheiten größerer Komplexität zu identifizieren (wie: die Zarin arbeitet Pläne aus, um gegen die Revolution vorzugehen; und: Lenin fährt durch Deutschland). Er mußte auch in der Lage sein, diese Bedeutungen so zueinander in Relation zu setzen, daß er nicht bei ihrer puren Addition stehenblieb (die Zarin schmiedet Pläne und Lenin fährt durch Deutschland), sondern auf diesem Wege eine qualitativ neue und auch andere Bedeutung erzeugte (Während die herrschende Klasse noch meint, Herr des historischen Geschehens zu sein und es nach ihren Plänen zu lenken, haben sich längst die kollektiven Kräfte der Revolution formiert und unaufhaltsam in Gang gesetzt, um die herrschende Klasse zu überrollen). Die filmisch-szenische »Parataxe« mußte in eine gedankliche »Hypotaxe« umstrukturiert werden. Diese Leistung mußte jeweils sehr schnell erbracht werden, da die einzelnen »Fertigteile« der Inszenierung durchgehend nach dem Prinzip der Montage in flottem Tempo miteinander kombiniert waren.

Nur wenn der Zuschauer bereit und fähig war, sich derart aktiv und produktiv auf die gesamte Inszenierung einzulassen, konnte es ihm gelingen, die von ihr intendierte Darstellung, Analyse und Erklärung komplexer historischer, politischer und wirtschaftlicher Zusammenhänge zu erfassen und nachzuvollziehen. D.h. auf der syntaktischen Ebene war die konkrete »Äußerung« in Piscators theatralischer Sprache so strukturiert, daß der Zuschauer ihr nur eine Bedeutung beizulegen vermochte, wenn er den Prozeß der Rezeption als einen aktiven und kreativen Prozeß vollzog.

Ob Piscators Inszenierungen über diese Art der Aktivierung des Zuschauers hinaus imstande waren, ihm nicht nur zur Einsicht in die Notwendigkeit einer Veränderung der Welt zu verhelfen, sondern ihn auch zu sozialem Engagement und vor allem zu politischer Aktion zu stimulieren, darf füglich bezweifelt werden. Wohl konnte die Bedeutung der Inszenierung nicht ohne die Wirkung einer emotionalen und intellektuellen Aktivierung konstituiert werden, insofern sich die Bedeutung eben erst als Produkt eines aktiven Rezeptionsprozesses beilegen ließ. Daraus folgt jedoch kaum mit vergleichbarer Notwendigkeit, daß diese Konstitution von Bedeutung ihrerseits die Wirkung einer politischen Aktivierung hervorrufen mußte.

Die theatralische Sprache, die Piscator an seinen Bühnen entwickelte, war insofern zwar hervorragend geeignet, um den Zuschauer in Aktivität zu versetzten. Ob diese Aktivität allerdings in eine politische umschlug, hing von den »äußeren Kommunikationsbedingungen« ab, unter denen seine Inszenierungen produziert und rezipiert wurden. Sie entschieden über die Konsequenzen, die der einzelne Zuschauer aus der betreffenden Darstellung komplexer Zusammenhänge zog. Da in der bürgerlichen Gesellschaft der Weimarer Republik am Ende der zwanziger Jahre wohl eine Ästhetisierung der Lebenswelt eingesetzt hatte, von einer Aufhebung der Kluft zwischen Kunst und Leben jedoch nicht die Rede sein konnte, erwies sich der Anspruch, allein mit der Entwicklung einer auf Aktivierung des Zuschauers zielenden theatralischen Sprache zugleich eine politische Wirkung auslösen zu wollen, als illusionär.

Die kulturrevolutionäre Leistung von Piscators theatralischer Sprache liegt vielmehr in der von ihr erzwungenen grundlegenden Veränderung der Wahrnehmungs- und Rezeptionsgewohnheiten. Sie hat »Auge« und »Ohr« des Rezipienten nach ca. 300 Jahren mehr oder weniger gleichförmigen Funktionierens neu »eingestellt« und damit den »Prozeß der Zivilisation« im technischen Zeitalter wesentlich vorangetrieben.[283]

4.2.4.2 Theater im wissenschaftlichen Zeitalter

Während Piscators episches Theater sich aus den angeführten Gründen durchaus als Theater im technischen Zeitalter angemessen charakterisieren läßt, trifft auf Brechts episches Theater eher die Bezeichnung »Theater des wissenschaftlichen Zeitalters« zu. Bereits in den zwanziger Jahren stellte Brecht eine direkte Beziehung zwischen dem epischen Theater und der Wissenschaft her: »Die Versuche, episches Theater herzustellen, sind schon viel früher dagewesen. [...] Sie begannen zu der Zeit, wo die Wissenschaft ihren großen Start hatte, im vorigen Jahrhundert.« (1928)[284] Zwanzig Jahre später führte er in der Vorrede zu seinem *Kleinen Organon für das Theater* (1948) sein episches Theater ausdrücklich als »Theater des wissenschaftlichen Zeitalters« (16.662) ein. Hier stellte er noch einmal unmißverständlich klar, daß sein Theater »nicht Wissenschaft, sondern Theater« sei. Was es von der Wissenschaft zu übernehmen habe, sei »jener fremde Blick [...] mit dem der große Galilei einen ins Pendeln gekommenen Kronleuchter betrachtete [...]. Diesen Blick, so schwierig wie produktiv muß das Theater mit seinen Abbildungen des menschlichen Zusammenlebens provozieren. Es muß sein Publikum wundern machen.« (16.681f.) Das epische Theater erweist sich also in dem Sinne als Theater des wissenschaftlichen Zeitalters, daß es sich seinen »Objekten« mit dem von der Wissenschaft entlehnten »fremden Blick« nähert.

Aus dem solcherart postulierten Bezug auf die Wissenschaft ist daher auch keineswegs eine Privilegierung des didaktischen Moments, des Lehrtheaters abzuleiten. Brecht kritisierte vielmehr am Theater seiner Zeit, daß »Unterhaltung und Belehrung mehr und mehr in einen scharfen Konflikt geraten sind« (1939; 15.292). Während Reinhardts Experimente die »Amüsierkraft des Theaters« ungemein »bereichert« hätten (15.286f.), wurde »der radikalste Versuch, dem Theater einen belehrenden Charakter zu verleihen, [...] von Piscator unternommen« (15.289). Brechts episches Theater sollte dagegen »zugleich unterhaltend und lehrhaft sein« (15.305)[285]. Die »Untersuchungen«, die auf seiner Bühne durchgeführt wurden, sollten daher imstande sein, den Untersuchenden sowohl Erkenntnis als auch »Kunstgenuß« (15.293) zu verschaffen. Aus dieser doppelten Zielsetzung ergeben sich die Gemeinsamkeiten sowie die Unterschiede des Brechtschen Theaters zu den anderen Formen des Avantgarde-Theaters.

Wie allgemein im Theater der Avantgarde steht auch in Brechts epischem Theater die Beziehung zwischen Akteuren und Zuschauern im Mittelpunkt des Interesses. Für beide gilt die Forderung, »jenen fremden Blick« zu entwickeln. Das »Objekt«, auf das er gerichtet ist, den »Gegenstand der Untersuchung«, bildet »der veränderliche und der verändernde Mensch« (17.1009f.). Für den Schauspieler folgt daraus, daß seine Beziehung zum Publikum »die allerfreieste und direkteste sein« sollte. »Er hat ihm einfach etwas mitzuteilen und vorzuführen, und die Haltung des bloß Mitteilenden und Vorführenden sollte allem nunmehr unterliegen« (1940; 15.349). Diesem Modus des Zeigens durch den Schauspieler korrespondiert beim Zuschauer eine ganz spezifische Rezeptionshaltung.

> Das Wesentliche am epischen Theater ist es vielleicht, daß es nicht so sehr an das Gefühl, sondern mehr an die Ratio des Zuschauers appelliert. Nicht miterleben soll der Zuschauer, sondern sich auseinandersetzen. Dabei wäre es ganz und gar unrichtig, diesem Theater das Gefühl absprechen zu wollen. Dies käme nur darauf hinaus, heute noch etwa der Wissenschaft das Gefühl absprechen zu wollen. (27. November 1927; 15.132)

Der Haltung des Zeigens und Vorführens beim Schauspieler entspricht auf Seiten des Zuschauers die Haltung des kritischen Wahrnehmens, Begutachtens, Schlußfolgerns und Urteilens. Die Zuschauer sollen von den Akteuren weder in einen »Rausch« versetzt werden (wie bei Fuchs) noch »verzaubert« und der Wirklichkeit entrückt (wie bei Reinhardt) noch auch in ihrer »intellektbetonten Apathie« aufgerüttelt (wie bei Piscator). Die Einheit, die hier zwischen Akteuren und Zuschauern postuliert wird, ist vielmehr die einer »scientifique community« – die einer Gemeinschaft der »genüßlich« und »vergnüglich« Forschenden, Lehrenden und Lernenden.

Da diese Einheit durch eine spezifische Haltung der Schauspieler und Zuschauer hergestellt und gewährleistet wird, bedarf sie zu ihrer Verwirklichung keiner prinzipiell neuen Raumkonzeption: Auch auf einer Guckkastenbühne können die Schauspieler etwas vorführen und ausstellen; auch im Auditorium eines solchen Theaters können sich die Zuschauer entspannt im Sessel zurücklehnen und den auf der Bühne gezeigten Vorgängen amüsiert und kritisch urteilend folgen. Das epische Theater Brechts kann sich insofern überall ereignen; »auf einer Straße oder in einem Wohnzimmer [...] oder auf der Bühne, diesem abgemessenen, den Mitteilungen und Vorführungen reservierten Brett« (15.349). Bei der Entwicklung eines neuen theatralischen Kodes war Brecht daher nicht auf neue Theatergebäude oder andere neue Räume angewiesen. Er konnte von der überlieferten Raumkonzeption des Guckkastentheaters ausgehen.[286]

Der zweite wesentliche Unterschied, der zwischen Brechts Theater und den anderen Avantgardisten bestand, betraf Stellenwert und Funktion des Dramas. Während die Entliterarisierung des Theaters – wenn auch in jeweils unterschiedlichen Graden – für Craig, Meyerhold, Eisenstein, Tairov, Vachtangov, Artaud als Bedingung für seine Retheatralisierung galt, als Voraussetzung für seine Konstitution als eigenständige Kunst, vollzog Brecht die Retheatralisierung zu einem entscheidenden Teil durch die Entwicklung eines neuen, nicht-aristotelischen Dramas.[287] Das epische Drama bildet insofern einen konstitutiven und integrierenden Bestandteil seines epischen Theaters.

Brecht entwickelte und veränderte seinen neuen theatralischen Kode in einem Zeitraum von mehr als drei Jahrzehnten. Die Ausbildung wurde auf drei verschiedenen, allerdings eng aufeinander bezogenen Ebenen vorangetrieben: in der dramatischen Produktion, in theoretischen Reflexionen und in Inszenierungen. Der jeweilige Anteil dieser drei Elemente war zu verschiedenen Zeitpunkten unterschiedlich hoch und gewichtig. In der Zeit des Exils (1933–1947) beispielsweise bot sich für praktische Theaterarbeit wenig Gelegenheit.

Dennoch soll bei der Rekonstruktion des Brechtschen theatralischen Kodes wie in den vorhergehenden Fällen von den konkreten Inszenierungen ausgegangen werden: beginnend mit der Inszenierung von *Leben Eduards des Zweiten* in den Münchner Kammerspielen (1924) über *Mann ist Mann* (1931) bis hin zu *Mutter Courage* (1949) und dem *Kaukasischen Kreidekreis* im Berliner Ensemble (1954).[288] Die einseitige Privilegierung von Stücken und theoretischen Äußerungen durch die Theaterkritik und die Brecht-Forschung[289] hat zu einer Fülle von Mißverständnissen über Brechts Theater geführt, an denen Brecht sich nicht ganz unschuldig fühlte:

Ich kann es nicht lassen, die Leser und die Zuschauer in meine Technik und in meine Absichten einzuweihen, das rächt sich. Ich versündige mich, zumindest in der Theorie, gegen den ehernen Satz, übrigens einen meiner Lieblingssätze, daß der Pudding sich beim Essen beweist. Mein Theater [...] ist ein philosophisches, wenn man diesen Begriff naiv auffaßt: Ich verstehe darunter Interesse am Verhalten und Meinen der Leute. Meine ganzen Theorien sind überhaupt viel naiver, als man denkt und – als meine Ausdrucksweise vermuten läßt [...]. Ich wollte auf das Theater den Satz anwenden, daß es nicht nur darauf ankommt, die Welt zu interpretieren, sondern sie zu verändern. Die Änderungen, die sich aus dieser Absicht ergaben, einer Absicht, die ich selbst erst langsam erkennen mußte, waren, klein oder groß, immer nur Änderungen innerhalb des Theaterspielens, das heißt, eine Unmasse von alten Regeln blieb »natürlich« ganz unverändert. In dem Wörtchen »natürlich« steckt mein Fehler. Ich kam kaum je auf diese unverändert bleibenden Regeln zu sprechen, und viele Leser meiner Werke und Erklärungen nahmen an, ich wollte auch sie abschaffen. Sähen sich die Kritiker mein Theater an, wie es die Zuschauer ja tun, ohne meinen Theorien zunächst dabei Gewicht beizulegen, so würden sie wohl einfach Theater vor sich sehen, Theater, wie ich hoffe, mit Phantasie, Humor und Sinn, und erst bei einer Analyse der Wirkung fiele ihnen einiges Neues auf – das sie dann in meinen theoretischen Ausführungen erklärt finden könnten. (1953; 16.815f.)

Um derartigen Fehldeutungen und Mißverständnissen vorzubeugen, wollen wir daher von Brechts praktischer Theaterarbeit ausgehen.[290]

Ähnlich wie Meyerhold, Tairov und Vachtangov in der Sowjetunion, wie Copeau und Artaud in Frankreich oder wie Fuchs, Reinhardt und Schlemmer in Deutschland experimentierte Brecht bei der Entwicklung seines Theaters mit einer Fülle von Elementen, die er anderen theatralischen Formen und Spektakel-Gattungen entlehnt hatte: dem Bänkel- und Moritaten-Gesang, dem bayerischen Krippenspiel, dem Zirkus, der Revue und dem Boxring, dem Volkstheater der Komiker Karl Valentin und Liesl Karstadt, den Filmen Charlie Chaplins, der Commedia dell'arte, dem elisabethanischen Theater, dem japanischen und chinesischen Theater.[291] Während Reinhardt derartige produktive Rezeptionen vornahm, um für jede Inszenierung einen eigenen, ihr gemäßen Stil zu schaffen – weswegen von seinen Gegnern häufig der Vorwurf erhoben wurde, daß sein Stil darin bestünde, keinen eigenen Stil zu haben –, verleibte Brecht seinem Theater die unterschiedlichsten Elemente nach Maßgabe ihrer Fähigkeit ein, zur Ausbildung seines ganz spezifischen Stils beizutragen.

Dieses Bemühen um einen eigenen Stil hatte der Theaterkritiker Herbert Ihering bereits in den zwanziger Jahren klar erkannt und ausdrücklich auf seine theaterhistorische Funktion und Bedeutung hingewiesen. Anläßlich eines Gastspiels der Truppe Tokujiro Tsutsuis in Berlin im Oktober 1930 verglich Ihering das japanische und das europäische Theater: »[Bei den Japanern ist] der Schauspieler [...] nichts. Die Schauspielkunst ist alles. Bei uns ist es umgekehrt: der Schauspieler ist alles; die Schauspielkunst nichts. [...] Die Pole des Welttheaters sind: Max Reinhardt und die Japaner.«

Interessanterweise stellte Ihering anschließend eine Beziehung zwischen dem solcherart charakterisierten Theater der Japaner und dem Theater Brechts her:

Aber wir selbst gewinnen zu Versuchen der deutschen Bühne eine andere Einstellung, wenn wir sie vor der großen Überlieferung und den großen Leistungen des japanischen Theaters ansehen. Wir erkennen, wo viele Experimente bei uns, etwa die Versuche von Brecht, hinwollen. Nicht zur individuellen Zersetzung der Bühnenkunst, sondern zur Schaffung eines Grundstils, einer Grundhaltung, einer Form, einer Tradition. Die Grundsituationen und die mimischen Stationen des japanischen Theaters zeigen, was uns fehlt und was wir erreichen müssen. (4. Oktober 1930)[292]

Brecht versuchte in der Tat, eine theatralische Sprache zu schaffen, die hinsichtlich der Klarheit ihrer Gliederung, der Konkretheit, Präzision und Bestimmtheit ihres Ausdrucks der des japanischen oder chinesischen Theaters vergleichbar wäre, ohne jedoch deren »starre Symbole« (15.370) auszubilden. Auch wenn das Repertoire der theatralischen Zeichen sich entsprechend von Inszenierung zu Inszenierung veränderte, erfuhren die Prinzipien ihrer Auswahl, Gestaltung und Kombination von der ersten (1924) bis zur letzten Inszenierung (1954) in den wesentlichen Punkten lediglich mehr oder weniger geringfügige Modifikationen. Der von Brecht entwickelte theatralische Kode erwies sich über einen Zeitraum von dreißig Jahren als relativ stabil.

Bei der Konstruktion des Kodes seines epischen Theaters gingen Brecht und seine Mitarbeiter[293] von seiner spezifischen Definition des Verhältnisses zwischen Schauspielern und Zuschauern aus.[294] Die theatralischen Mittel waren folglich so auszuwählen, zu gestalten und einzusetzen, daß sie dem Zuschauer sowohl den geforderten »fremden Blick« auf die Bühnenvorgänge ermöglichten als auch ihm damit Vergnügen bereiteten: Sie durften ihn zum einen niemals vergessen lassen, daß er sich im Theater befindet, und sollten ihm zum anderen »Erkenntnisse und Impulse in Form von Genüssen vermitteln« (17.1240). Sie hatten also sowohl eine dramaturgische als auch eine ästhetische Funktion zu erfüllen.

Die Grenze zwischen Bühne und Zuschauerraum wurde in Brechts Inszenierungen seit den ausgehenden zwanziger Jahren von einer halbhohen flatternden Gardine markiert. Caspar Neher, Brechts Schulfreund und sein wichtigster Bühnenbildner seit seiner ersten Inszenierung (*Leben Eduards des Zweiten*), der entscheidend an der Entwicklung der Brechtschen theatralischen Sprache beteiligt war, hatte sie 1926 für die von Jacob Geis betreute Darmstädter Uraufführung von *Mann ist Mann* (25. 9. 1926) kreiert.[295] Diese Gardine entsprach den verschiedenartigen Anforderungen auf geradezu ideale Weise. Da sie den Bühnenraum nicht vollständig verdeckt, gestattet sie dem Zuschauer Einblicke in den Vorgang des Umbaus, ohne doch die neue Szenerie noch vor ihrer Öffnung den Blicken des Zuschauers preiszugeben. Der Zuschauer wird so beständig daran erinnert, daß er sich im Theater befindet. Darüber hinaus kann die Gardine als Projektionsfläche für die Projektion von Zwischentiteln verwendet werden. Und nicht zuletzt befriedigt sie durch ihr Material (Leinen, Seide, Leder o.a.) sowie ihr gefälliges Flattern ein ästhetisches Bedürfnis.

Auch das zweite »Markenzeichen« des Brechtschen Theaters kam in dieser Inszenierung zum ersten Mal zur Anwendung: die helle Ausleuchtung des Bühnenraums und die Sichtbarkeit der Lichtquellen.[296] Während sowohl Reinhardt als auch die Expressionisten ängstlich bemüht waren, die Lichtquellen vor den Augen der Zuschauer zu verbergen, um die Illusion nicht zu stören, wurden sie hier zu eben diesem Zweck offen ausgestellt. Dies Verfahren wurde von Brecht in all seinen späteren Inszenierungen übernommen:

> Wenn wir das Spiel der Schauspieler so beleuchteten, daß die Beleuchtungsanlage ins Blickfeld des Zuschauers fällt, zerstören wir einiges von seiner Illusion, einem momentanen, nichtgeprobten, wirklichen Vorgang beizuwohnen. Er sieht, es sind Anstalten getroffen, etwas zu zeigen, hier wird etwas wiederholt unter besonderen Umständen, zum Beispiel in hellstem Licht. (15.454)

Beide Elemente: die Gardine ebenso wie die Sichtbarkeit der Lichtquellen und die volle Ausleuchtung des Bühnenraumes setzten bestimmte Rahmenbedingungen für die Rezeption der Aufführung. Sie wurden als spezifische theatralische Mittel ausgestellt und wiesen so unmißverständlich auf ihren theatralischen Charakter hin – thematisierten die Theatersituation als solche. Während ihnen in den Inszenierungen der zwanziger Jahre ein beträchtlicher Neuigkeitswert und wohl auch eine entsprechende Choc-Wirkung zukamen, welche sie zur Erfüllung dieser Funktion hervorragend geeignet erscheinen ließen, gehörten sie in den Aufführungen des Berliner Ensembles in den fünfziger Jahren bereits zu den fest etablierten Konventionen einer Theateraufführung. Es ist daher kaum anzunehmen, daß sie die Rezeption noch in dieselbe Richtung zu steuern vermochten.

Es zeigt sich hier ein generelles Problem des Brechtschen Theaters. Er entwickelte seine Verfahren im wesentlichen in den zwanziger Jahren und brachte sie dann in den ausgehenden vierziger und den fünfziger Jahren erneut zur Anwendung. Die dramaturgischen Funktionen, zu deren Erfüllung sie ursprünglich erfunden und erprobt waren, konnten sie aufgrund des gewandelten Erfahrungs- und Erwartungshorizonts der Zuschauer nicht mehr in vergleichbarer Weise wahrnehmen. Der Fokus verschob sich daher von der dramaturgischen hin zur ästhetischen Funktion.

Die Bühnenräume für Brechts sämtliche Inszenierungen bis zum Exil sowie für die meisten nach seiner Rückkehr (*Antigone* 1948 in Chur, *Der Hofmeister* 1950, *Die Mutter* 1951, *Galileo Galilei*, Probenbeginn 1955, nach Brechts Tod von Erich Engel fertiggestellt) gestaltete Caspar Neher. Er ging auch beim Bühnenbau nach dem Grundsatz vor, die jeweils verwendeten theatralischen Mittel als theatralische auszustellen und so den Zuschauer niemals vergessen zu lassen, daß er vor einer Bühne Platz genommen hat. Um diese Wirkung zu erzielen, entwickelte er vor allem zwei Verfahren, die auch von Brechts späteren Bühnenbildnern (Teo Otto bei *Mutter Courage*, Karl von Appen beim *Kaukasischen Kreidekreis*) übernommen und befolgt wurden. Zum einen setzte er Projektionen ein. In *Leben Eduards des Zweiten* beispielsweise bestanden sie aus Daten und Hintergrundinformationen zur jeweils nachfolgenden Szene, in der *Dreigroschenoper* (1928) aus Zwischentiteln auf der Gardine und Bildprojektionen zum Moritaten-Gesang, in *Mann ist Mann* (1931) aus mathematischen Gleichungen – so eröffnete die zweite Szene mit der Projektion »4–1=3«, die vierte mit »3+1=4« und die achte mit »1=1«. Das Verfahren der Projektion behielt Brecht auch bei seiner Arbeit am Berliner Ensemble bei.[297]

Das zweite Verfahren bestand darin, ein »Spielfeld« (15.442) zu konstruieren, auf dem nur die Elemente gegeben und voll ausgearbeitet sind, die für das Spiel der Schauspieler eine Funktion übernehmen: eine Wand mit einer Tür, durch die jemand eintritt oder hinausgeht, Tische und Stühle, an bzw. auf die sich jemand setzt, stellt oder legt, ein Galgen, an dem jemand aufgeknüpft wird oder werden soll (in *Leben Eduards des Zweiten* und in der *Dreigroschenoper*), Puntilas Automobil, der Planwagen der Courage, die Brücke, über die Grusche mit dem Kind flieht, Galileis Modell. Jedes dieser Dekorationsteile war so hergestellt, daß es dem Schauspieler bestimmte Vorgaben machte, bestimmte Möglichkeiten eröffnete:

Wie sorgsam wählt er einen Stuhl und wie bedachtsam plaziert er ihn. Und alles hilft dem Spiel. Da ist ein Stuhl kurzbeinig und auch der Tisch dazu von studierter Höhe, so, daß die an ihm essen, eine ganz besondere Haltung einnehmen müssen, und das Gespräch der tiefer als gewöhnlich gebückten Esser bekommt etwas Besonderes, den Vorgang deutlich machendes. Und wie viele Wirkungen ermöglichen seine Türen von sehr verschiedener Höhe! (16.633)

Die sorgfältig ausgearbeiteten Dekorationsteile erfüllten auf diese Weise sowohl Handlungs- als auch Charakterisierungsfunktionen. Dagegen wurde alles, was nicht mitspielte, nur in Andeutungen skizziert. Dabei nahm Neher häufig eine Zweiteilung der Bühne vor: Auf der Vorderbühne baute er halbhoch ein Zimmer, einen Hof, eine Arbeitsstätte auf und schuf dahinter mit Projektionen, Bildern, Teppichen u.ä. eine weitere Umgebung, die sowohl das ganze Stück über unverändert bleiben oder auch mit jeder Szene wechseln konnte. Bei dieser zweiten, hinteren Umgebung herrschte die Andeutung vor. Sie vermochte zwar auch charakterisierende Funktionen zu übernehmen, diente jedoch hauptsächlich dazu, die Phantasie des Zuschauers anzuregen und zu beleben. Dies galt auch für Teo Ottos Rundhorizont in der *Courage*, der als eine Art Projektionsfläche für die Phantasie des Zuschauers fungierte, oder für Karl von Appens auf seidenen Prospekten ausgeführten chinesischen Tuschzeichnungen im *Kaukasischen Kreidekreis*[296]. In diesem Fall wurde die ästhetische Wirkung noch dadurch verstärkt, daß man die sonst üblichen Prospektlatten wegließ, so daß sich beim Herunterlassen und Heraufziehen die Prospekte leicht und gefällig hin und her bewegten.

Die ästhetische Funktion wurde allerdings auch von den ausgearbeiteten Objekten auf der Bühne wahrgenommen und zwar sowohl von den Dekorationsteilen als auch von den Requisiten, die man in dieser Museumsqualität zuletzt bei den Meiningern auf der Bühne gesehen hatte.

Dieser Meister kennt alle Handwerker und sorgt dafür, daß die Möbel kunstvoll gezimmert sind, auch die armseligen, denn die Wahrzeichen der Armseligkeit und Billigkeit müssen ja mit Kunst angefertigt werden. So sind die Materialien, Eisen, Holz, Leinwand, fachkundig behandelt und richtig gemischt, sparsam oder üppig, wie es das Stück verlangt. Er geht in die Werkstatt des Schmieds, um die Krummschwerter schmieden zu lassen, und in die Werkstatt der Kunstgärtner, um sich blecherne Kränze schneiden und flechten zu lassen. Viele der Requisisten sind Museumsstücke. Diese kleinen Gegenstände, die er den Schauspielern in die Hand gibt, die Waffen, Instrumente, Geldtaschen, Bestecke und so weiter, sind immer echt und halten der genauesten Untersuchung stand. (16.633)

Diese Kombination »echter« Dekorationsteile und Requisiten mit Andeutungen in der Bühnenarchitektur wies ausdrücklich darauf hin, daß die realen Objekte aus ihrem lebensweltlichen Kontext, dem sie zu entstammen schienen, in einen eingestandenermaßen theatralischen, in einen ästhetischen Raum versetzt waren. Sie wurden in ihm als bestimmte konkrete Objekte ausgestellt. Damit wurde die Aufmerksamkeit des Zuschauers sowohl auf die Gebrauchsfunktion als auch auf die Schönheit dieser Gegenstände gelenkt; die ästhetische Funktion schien aus der vollkommenen Realisierung der Gebrauchsfunktion unvermittelt hervorzugehen.

Während Nehers Verfahren, die Brecht seit seinem Moskau-Aufenthalt 1935 mit dem Terminus »Verfremdung« belegte, dem Zuschauer den fremden Blick auf die Bühne als einen theatralischen Raum ermöglichen sollten, schufen sie dem Schauspieler ein ganz spezifisches Spielfeld: Jedes Element auf der Bühne konnte von ihm »gebraucht« und so im Hinblick auf sein Spiel funktionalisiert werden.

Die äußere Erscheinung des Schauspielers, der auf diesem Spielfeld agierte, wurde nach denselben Prinzipien hervorgebracht wie die Gestaltung des Bühnenraums: Sie war imstande, sowohl eine dramaturgische – charakterisierende oder Handlungs- oder Verfremdungsfunktion – als auch eine ästhetische Funktion zu erfüllen. Die Kostüme waren so entworfen und hergestellt, daß sie den Eindruck von realistischen – historischen oder zeitgenössischen – Kostümen hervorriefen, ohne doch reale Alltagskleidung oder historisches Kostüm zu sein.

In der *Mutter* (1951) beispielsweise, so berichtet der Kostümgestalter, versuchte man es zuerst mit gebrauchten Kleidern;

> [...] aber in dem starken Bühnenlicht und wegen der großen Entfernung hatten sie auf der Bühne nur eine schwache Wirkung. Außerdem war es reiner Naturalismus, das heißt, es fehlte eine bewußte Auswahl und Verstärkung der wesentlichen Merkmale des Gebrauchten. Um zu realistischen Kostümen zu kommen, mußten wir Alter und Verschleiß der Stoffe auf künstlichem Wege erzeugen. [...] Das wurde malerisch gehandhabt, wie die Grundierung eines Bildes [...]. Es muß nämlich auf der Bühne auch das Arme und Billige schön aussehen.[299]

Besondere Sorgfalt wurde der Auswahl der Materialien gewidmet. Beim *Puntila* (1949) wählte man eine einzige Stoffart für alle Kostüme: Filz. Mit diesem Material war es möglich, den »Grundsatz für Kostüme« an Brechts Theater zu befolgen:

Sie müssen in der Schneiderwerkstatt überlebenswahr wirken, damit sie auf der Bühne lebenswahr wirken. Ein Beispiel: ich habe dem Schauspieler Schwabe, der im *Puntila* den Ober spielt, zunächst probeweise einen normalen Kellnerfrack angezogen. Anstatt der Gestalt erschien die Gestaltung subaltern. Erst ein Frack aus Filz vermittelt das Besondere, Typische. Jetzt war der Schauspieler ein Ober, der noch in früher Morgenstunde, übermüdet, ein Schatten seiner selbst, einen reichen Gast gut bedienen muß.[300]

Nach ähnlichen Kriterien erfolgte die Wahl des Schnitts und der Farbgebung. Bei der Wahl der Farbenskala wurde zum einen darauf geachtet, daß die Farben auf die jeweilige Situation und Handlung bezogen waren. Im *Galilei* (1947) wurde beispielsweise für jede Szene ein Grundton angenommen, auf den dann die übrigen abgestimmt waren, die Handlungsfunktion hatten.

Der gesellschaftliche Aufstieg des Galilei wurde auch in den Farben sichtbar. Das Silber und Perlgrau der vierten (Hof-) Szene leitete über in ein Notturno in Braun und Schwarz (Verspottung des Galilei durch die Mönche des Collegium Romanum) zu der achten, dem Ball der Kardinäle mit den phantastischen delikaten Einzelmasken (Damen und Herren) zwischen den Kardinälen in Karmesin. Dies war ein Ausbruch der Farbe, aber ihre Entfesselung kam noch, und zwar in der neunten, der Fastnachts-Szene. [...] Danach kommt der Abstieg in die stumpfen und grauen Farben. (17.1123)

Eine Farbsymbolik im Sinne des expressionistischen Theaters dagegen wurde ausdrücklich vermieden.

Die Farben der Kostüme waren zum anderen auf die im Bühnenraum verwendeten Farben abgestimmt. Bei *Mann ist Mann* zum Beispiel wurden für die Dekoration nur Schwarz und Weiß verwendet, für die Kostüme dagegen Grau (Galy Gay und seine Frau) und Khaki (die Uniformen der Soldaten). Auch in dieser Hinsicht fielen charakterisierende Funktion und ästhetische Funktion zusammen.

Die mit eben solcher Sorgfalt und Kunstfertigkeit wie die »echten« Requisiten hergestellten »realistischen« Kostüme wurden nun häufig mit Masken kombiniert. Dieses Verfahren wendete Brecht bereits in seiner ersten Inszenierung an. Bei den Proben zur Galgen-Szene in *Leben Eduards des Zweiten* war er lange Zeit mit der äußeren Erscheinung der Soldaten nicht zufrieden. Wie Marieluise Fleißer und Bernhard Reich in ihren Erinnerungen berichten, fragte er auf der Suche nach einer Lösung überall herum und so auch Karl Valentin: »Wie benehmen sich Soldaten vor einer Schlacht?«, »Furcht hams. Blass sans.«, erwiderte der.[301] Daraufhin ließ Brecht die Darsteller ihre Gesichter für diese Szene kalkweiß schminken, wie die von Zirkus-Clowns.

In *Mann ist Mann* baute Brecht dies Verfahren systematisch weiter aus:

Die Entwicklung der Figur ist sehr sorgfältig in vier Phasen eingeteilt, wozu vier Masken verwendet werden (das Packergesicht – bis in den Prozeß hinein; das »natürliche« Gesicht – bis zum Erwachen nach der Erschießung; das »unbeschriebene Blatt« – bis zur Aufmontierung nach der Leichenrede; am Ende – das Soldatengesicht). (17.986)

Das »unbeschriebene Blatt« wurde dabei durch die weiße Schminkmaske dargestellt. Das Verfahren, die Entwicklung der Figur durch Verwendung unterschiedlicher Masken zu zeigen, war ein geläufiger Kunstgriff des japanischen Kabuki-Theaters. Anläßlich des Gastspiels der Truppe Sadanji Ichikawas II. 1928 in Moskau bezeichnete Eisenstein ihn als »die rein filmische Methode des ›Darstellens ohne Übergänge‹«: »Der japanische Schauspieler [...] [hält] in einem bestimmten Moment seines Spiels [...] inne, der schwarz verkappte *Kurogo* verbirgt ihn dienstfertig vor den Zuschauern. Und seht, – er ist umgeschminkt neu erstanden. Und mit einer anderen Haartracht. Nun wird eine andere Phase seines emotionellen Zustands charakterisiert.«[302]

Brecht, der das Gastspiel der Truppe Tokujiro Tsutsuis in Berlin (Oktober 1930 und Januar 1931) nicht versäumt hatte, übernahm für seine Inszenierung von *Mann ist Mann* (Premiere am 26. 2. 1931) beide Verfahren: die unterschiedlichen Entwicklungsstadien der Figur wurden durch unterschiedliche Masken angezeigt; der Wechsel von einem Zustand zum anderen erfolgte auf offener Bühne: In Szene 4 funktionierten die Soldaten die Tische auf der Bühne zu einer Art Wandschirm um, hinter dem Galy Gay (Peter Lorre) seine Verwandlung vollzog.

In dieser Inszenierung experimentierte Brecht außerdem mit einer Art »Ganzmaske«, wie es bereits Oskar Schlemmer in seinen Kostümtänzen und Piscator im *Schwejk* praktiziert hatten: Uriah (Theo Lingen) und Polly (Wolfgang Heinz) benutzten in den langen Hosenbeinen verborgene Stelzen, Jesse (Alexander Granach) wurde ausgepolstert und die Soldaten erhielten falsche Nasen, große Ohren und Riesenfäuste. In seinen späteren Inszenierungen verwendete Brecht außer der Schminkmaske und Maskenelementen auch Stabmasken, Vollmasken und Halbmasken.

Mit der Maske konnte eine Vielzahl von Funktionen erfüllt werden. Während das realistische Kostüm Zeit, Ort, Klassenzugehörigkeit, Situation der Figur konkret und bestimmt angab, wies die mit ihm kombinierte Maske die Figur ausdrücklich als eine theatralische aus. Zugleich erlaubte sie, bestimmte wichtige Züge oder auch emotionale Zustände, die für die Figuren typisch und charakteristisch sind, zu fixieren und so zu markieren. Nicht zuletzt endlich konnte die Gegenüberstellung von maskierten und nicht maskierten Figuren im Hinblick auf die Darstellung zwischenmenschlicher Beziehungen produktiv gemacht werden.

Dabei galt keineswegs die einfache Gleichung: Masken für Angehörige der herrschenden Klasse, natürliches Gesicht für Proletarier. Im *Puntila* trugen vielmehr die Frauen von Kurgela, die Frühaufsteherinnen, ockerfarbene Schminkmasken, während die Gutsbesitzerstochter Eva unmaskiert blieb. Im *Kaukasischen Kreidekreis* wurden die zunächst auch für die Diener vorgesehenen Voll- und Halbmasken zwar auf einzelne Maskenelemente – wie große Nase, vorspringende Wangenknochen – zurückgeschnitten; der Eindruck von Krippenfiguren blieb auf diese Weise jedoch erhalten.[303]

Die Vorgaben, welche die Schauspieler nicht nur durch die Gestaltung des Bühnenraumes – des Spielfeldes –, sondern auch durch Kostüme und Masken für ihr Spiel erhielten, waren insofern beträchtlich. Dazu steht keineswegs im Widerspruch, daß das Brechtsche Theater – ähnlich wie Reinhardts Theater und im Gegensatz etwa zu Piscators Theater – ein Schauspieler-Theater war. Im Rahmen dieser Vorgaben konnte der Schauspieler vielmehr – wie der Schauspieler im ostasiatischen Theater – seine Fähigkeiten und Möglichkeiten voll entfalten.

Dies galt vor allem für die kunstvolle Verrichtung von Tätigkeiten an und mit den konkreten Gegenständen. Bereits in seiner ersten Inszenierung legte Brecht auf diesen Teil der Schauspielkunst größtes Gewicht. Reich berichtet in seinen Erinnerungen über die Probenarbeit an der Szene, in der Gaveston gehängt wird:

Die Darsteller der Soldaten, die den Favoriten des Königs zu hängen hatten, machten zuerst ein paar Gesten, die eine willige Fantasie als Henken hätte deuten können. Jeder andere Regisseur wäre weitergegangen. Brecht unterbrach. Er verlangte, die Akteure sollten es richtig machen: Schlinge knüpfen, das Seil am Querbalken befestigen usw. Achselzuckend versuchten die Schauspieler »irgendwie« den unerwarteten Anordnungen des Regisseurs nachzukommen. Brecht unterbrach abermals, forderte grimmig und unentwegt, das Henken zu wiederholen. Er stellte die Aufgabe, Gaveston *virtuos* zu hängen; das Publikum solle mit Vergnügen zusehen, wie man diesen Burschen aufknüpft. Brecht repetierte diese Szene geduldig und ernsthaft.[304]

Auf diese Weise kam der besondere Effekt der Szene zustande: Die weiß geschminkten Soldaten führten das Aufknüpfen nach allen Regeln des Handwerks durch.

Die solcherart an und mit konkreten Gegenständen vollzogenen praktischen Tätigkeiten (intentionalen Gesten) avancierten im Verlauf der weiteren Inszenierungen zu den Kristallisationspunkten der Aufführungen: Der Aufbau der Figur wurde zu einem entscheidenden Teil durch sie geleistet.

In *Mutter Courage* (1948) führte Helene Weigel die Figur durch eine Fülle derartiger Tätigkeiten vor. Geradezu leitmotivisch wurde immer wieder mit jeweils anderen Objekten ein Handel vollzogen: Sie nahm einen Gegenstand aus ihrem Wagen, demonstrierte seine Vorzüge, händigte ihn dem Käufer aus, nahm die Münze, prüfte sie häufig zwischen den Zähnen, öffnete die umgehängte Geldtasche, tat die Münze hinein und ließ die Geldtasche mit einem hörbaren Laut wieder zuschnappen. Zwischen ihren verschiedenen Geschäften sah man sie u.a. einen Kapaun rupfen, Wäsche von der Leine nehmen, Suppe löffeln, ihrer Tochter, der stummen Kattrin (Angelika Hurwicz), das Gesicht schwärzen, Messer putzen, Wäsche nähen, ihre Vorräte inventarisieren, Wein ausschenken, eine nagelneue Blache aus dem Wagen nehmen und über ihre tote Tochter breiten, den Ziehgurt des Wagens anlegen und mit dem Wagen weiterziehen.

An der Art und Weise, wie diese Handlungen durchgeführt wurden, war alles abzulesen, was an der Figur wichtig und interessant ist: ihr Verhältnis zu anderen Menschen (zu ihren Kindern, dem Koch, dem Prediger, der Lagerhure), ihre jeweilige gesellschaftliche und ökonomische Lage, ihr jeweiliger mentaler und emotionaler Zustand, die Situation, in der sie sich gerade befindet, sowie ihre Einstellung zum Leben allgemein und zum Krieg im besonderen. Die Möglichkeiten, die sich für den Aufbau der Figur durch diese praktischen Tätigkeiten ergeben, hat Brecht am Beispiel des Brotbackens durch die Weigel in den *Gewehren der Frau Carrar* folgendermaßen charakterisiert:

Wenn die Weigel [...] das *Brotbacken* zeigt, so ist dies das *Brotbacken* der Frau Carrar am Abend der Erschießung ihres Sohnes, also etwas ganz Bestimmtes, absolut Untransportables. In ihm ist viel vereinigt, das Backen des letzten Brotes, der Protest gegen andere Beschäftigung, wie es das Kämpfen wäre, und zugleich ist das *Brotbacken* die Uhr für den Verlauf des Vorgangs: ihre Verwandlung nimmt die Frist in Anspruch, die für ein *Brotbacken* ausreicht. (15.370)

Der Vollzug einer solchen Tätigkeit vermochte als völlig selbständiger Vorgang alles über die Figur zu erzählen, was in dieser Situation über sie zu wissen notwendig und wesentlich ist. Nur in ganz seltenen Ausnahmefällen wurde die Emotion einer Figur nicht durch die Art, wie sie eine Tätigkeit verrichtet, gezeigt, sondern durch eine eigene, besondere Geste: Nachdem die Courage, auf einem Schemel sitzend, die Salve gehört hat, die den von ihr verleugneten Sohn, den Schweizerkas, niederstreckt, biegt sie den Kopf zurück und öffnet den Mund wie zu einem lautlosen Schrei, während die Hände mit dem Tuch, mit dem sie eben noch Messer geputzt hat, reglos im Schoß liegen bleiben.[305] Auch diese emotionsausdrückende Geste wurde als ein in sich abgeschlossener selbständiger Vorgang realisiert und auf diese Weise als emotionsausdrückende Geste ausgestellt. Sie markiert (nicht zuletzt durch ihre Seltenheit) einen besonders wichtigen Punkt im Ablauf der Geschichte.

Außer dem gestischen System der praktischen Tätigkeiten baute Brecht vor allem das System der proxemischen Zeichen aus, der Abstände zwischen den Figuren, ihrer Gänge und Gruppierungen. Seine Möglichkeiten, Bedeutung zu erzeugen – insbesondere Bedeutungen, welche die Beziehungen zwischen den Figuren betreffen –, wurden erheblich erweitert.

Zu Beginn der ersten Szene von *Mutter Courage* beispielsweise stehen rechts vorne an der Rampe der Feldwebel und der Werber und halten Ausschau nach »Kanonenfutter«. Von links hinten rollt der Wagen der Courage auf die Bühne, gezogen von ihren beiden Söhnen Eilif (Ekkehard Schall) und Schweizerkas (Heinz Schubert). Vorne auf dem Wagen sitzen die Courage und ihre Tochter. Diese klare räumliche Aufteilung: rechts die Werber – links die Courage und ihre Familie, wird schnell gestört. Auf die Frage nach ihren Papieren steigt die Courage vom Wagen, überquert die Bühne hin zum Feldwebel. Derweil überquert der Werber die Bühne in umgekehrter Richtung. Er stellt sich zwischen die beiden Söhne, legt ihnen seinen Arm um die Schultern. Die Exposition der Situation ist damit unmißverständlich vorgenommen; die Gefahr, die der Courage droht, unübersehbar.

Die Szene endet damit, daß der Werber zusammen mit Eilif nach rechts abgeht, der Wagen, gezogen von Schweizerkas und Kattrin und geschoben von der Courage, hinterdrein fährt und zuletzt der Feldwebel folgt. Jeder Gang, jede neue Stellung und Gruppierung zwischen diesen beiden Punkten führt vor, welche Möglichkeiten die Courage gehabt hätte, ihren Sohn zu behalten, und mit welchen Schritten (wie ihrem Gang mit dem Feldwebel hinter den Wagen, um einen Handel abzuschließen) sie sich selbst um diese Möglichkeiten bringt. Die proxemischen Zeichen wurden in diesem Fall so eingesetzt, daß sie nicht lediglich den Vorgang der Abwerbung zeigten, sondern zugleich auch, daß er zu verhindern gewesen wäre und warum er nicht verhindert wurde.

Im *Kaukasischen Kreidekreis* (1954) wurde die Beziehung zwischen Grusche (Angelika Hurwicz) und dem Panzerreiter Simon Chachawa (Raimund Schelcher) vor allem durch Abstände, Körperhaltung und Blickrichtung entwickelt und qualifiziert. Die beiden begegnen sich zuerst am Tor des Palastes. Grusche will eine Gans für das Ostermahl in den Palast bringen und wird von Simon aufgehalten. Grusche steht am Torpfosten, Simon rechts hinter ihr. Sein Oberkörper ist leicht nach vorn zu Grusche hin geneigt, sein Blick auf sie gerichtet. Grusche dagegen wendet sich nicht nach ihm um: Sie erkennt sein Interesse an ihr noch nicht oder will es nicht erkennen.

Nach dem Fall des Gouverneurs findet ihre Verlobung statt, wiederum am Palasttor. Grusche und Simon stehen sich jetzt mit einem Abstand von zwei bis drei Schritten gegenüber. Ihre Körper sind einander zugewandt, ihre Köpfe leicht gesenkt, so daß sich ihre Blicke nicht treffen.

Bei ihrem Wiedersehen nach langer Zeit stehen sie sich an den beiden Ufern eines Baches gegenüber. Ihre Körper, ihre Arm- und Handbewegungen, ihre Blicke sind einander zugewandt. Nachdem Grusche Simon vergeblich zu erklären versucht hat, daß und warum sie verheiratet ist, wenden beide ihre Körper und ihre Blicke leicht zur Seite – voneinander weg. Beide lassen die Arme sinken. Die Verständigung ist erschwert, aber – so signalisiert der geringe Grad der Abwendung – nicht unmöglich.

Nach der Kreidekreis-Probe stehen Grusche und Simon nebeneinander, einen rechten Winkel mit ihren Körpern bildend und so eindeutig einander zugewandt. Zwischen ihnen steht das Kind. Beide blicken einander nicht an, aber ihre Blicke treffen sich sozusagen auf dem Kopf des Kindes, auf das beide hinunterblicken. Die spezifische Verwendung der proxemischen Zeichen verwies in diesem Fall nachdrücklich und es ausstellend auf das Einfache und Selbstverständliche dieser Beziehung, die trotz auftretender Gefährdungen und Komplikationen niemals pathetisch-heroisch oder gar melodramatisch wird.

Der Ausbau des gestischen Systems der praktischen Tätigkeiten sowie des Systems der proxemischen Zeichen in Brechts Theater eröffnete dergestalt die Möglichkeit, innere Vorgänge und komplexe Zusammenhänge restlos in sichtbares Bühnengeschehen umzusetzen, sie vollkommen zu externalisieren. Es war insofern durchaus möglich und sinnvoll, den Aufführungen wie »einer Pantomime, einer Art Stummfilm auf der Bühne« (17.1295) zu folgen, wie Brecht es für das Gastspiel des Berliner Ensembles in London (1956) annahm.

Daraus folgt nun keineswegs, daß die Sprache in Brechts Inszenierungen vernachlässigt worden oder gar zweitrangig gewesen wäre. Bereits in den zwanziger Jahren verwendete Brecht den Terminus des »gestischen Sprechens«. Wie er später erläuterte, war damit eine Art des Sprechens gemeint, bei der »ein Gestus [...] allein in Worten niedergelegt [wird] [...]; dann sind bestimmte Gestik und bestimmte Mimik in diese Worte eingegangen und leicht herauszulesen (eine demütige Verbeugung, ein Auf-die-Schulter-Klopfen)« (15.409).

Herbert Ihering hatte an Brechts Inszenierung von *Mann ist Mann* zwar die Sprechweise der Weigel als Witwe Begbick gelobt: »Sie sprach ebenso mimisch gelöst, liebenswürdig, schauspielerisch, wie sinngemäß, klar«, dagegen bei Peter Lorre (als Galy Gay) »Deutlichkeit, Klarheit und die Fähigkeit, anschaulich und darlegend zu sprechen«[306], vermißt. In einem Zeitungsartikel verteidigte Brecht ausdrücklich Lorres Sprechweise:

> Der Inhalt der Partien bestand aus Widersprüchen, und der Schauspieler mußte versuchen, den Zuschauer nicht etwa durch Identifizierung mit den einzelnen Sätzen selber in Widersprüche zu verwickeln, sondern ihn *darauszuhalten*. Es mußte eine möglichst objektive Ausstellung eines widerspruchsvollen inneren Vorgangs als ein Ganzes sein. So wurden bestimmte Sätze als besonders aufschlußreich sozusagen »am besten Platz ausgestellt«, also laut gerufen [...]. Die Sätze (Aussprüche) werden also nicht dem Zuschauer nahegebracht, sondern entfernt, der Zuschauer wurde nicht geführt, sondern seinen Entdeckungen überlassen. (17.984)

Offensichtlich war an Lorres Sprechweise gerade wesentlich, daß jeder Satz für sich selbst stehen konnte, der Schauspieler durch seine

Art zu sprechen nicht eine Verbindung zwischen ihnen herstellte, sondern dies den Zuschauern überließ. In seinen späteren Inszenierungen achtete Brecht allerdings sorgfältig darauf, daß dieser Effekt nicht durch ein stilisiertes bzw. überartikuliertes Sprechen erkauft wurde: »Allzu artikuliertes Sprechen erleichtert nicht, sondern erschwert die Verständlichkeit. Und Hochdeutsch lebt nur, wenn es von den Volksdialekten durchtönt wird. Die Schauspieler müssen die Sprache mit immer wachem Fleiß lebensnah erhalten, sie dürfen nie aufhören, ›dem Volk aufs Maul zu schauen‹.« (16.747) Auf diese Weise konnte leicht der Eindruck einer naturalistischen Sprechweise entstehen. Eric Bentley, der als Regieassistent an Brechts Inszenierung der *Mutter Courage* an den Münchner Kammerspielen (1950) mitarbeitete, schreibt in seinem *Brecht-Memoir*:

> Naturalism was a bad word in Brecht's vocabulary yet I think it must be applied to his voice work with actors. Many of the German actors made all plays sound grandly declamatory like Schiller, Brecht wanted, on the contrary, to sound down to earth like Büchner. So when they made his line sound like Schiller, he would send them out with Egon Monk and me for coaching in the desired kind of speech. We had to completely change their speech melody. If an actor had a long speech we would break it down into short units that could be treated as quick remarks in a present day conversation. »How could you say that, talking with me now, or to your wife at breakfast?« With some difficulty the actor would find what ought to have been the easier – the most natural – way of phrasing and intonation.[307]

Entsprechend wurden auch die von Brecht 1935 theoretisch entwickelten Verfahren der Verfremdung: »1. Die Überführung in die dritte Person. 2. Die Überführung in die Vergangenheit. 3. Das Mitsprechen von Spielanweisungen und Kommentaren.« (15.344) auf den Proben des Berliner Ensembles vordringlich eingesetzt, um eine natürlichere, beiläufige Sprechweise der Schauspieler zu erreichen. Dabei durfte allerdings weder das gestische Moment noch die Tendenz zur Verselbständigung der Aussagen Einbußen erleiden. (In der Aufführung wurden diese Verfahren selbstverständlich weggelassen – sie gehörten nur in die Probenphase.[308]) Daneben achtete Brecht vor allem auf die musikalische Qualität des Sprechens – insbesondere beim sogenannten Abnehmen des Tones.

Um es ein wenig überspitzt zu formulieren: Nicht nur ein Tauber vermochte einer Brecht-Inszenierung mit Erkenntnisgewinn und Vergnügen zu folgen, sondern ebenso ein Blinder.

Dazu trug nicht zuletzt die Musik bei. Brecht setzte in allen seinen Inszenierungen Musik ein. Während er anfangs die Musik »in ziemlich landläufiger Form« verwendete (»es handelte sich um Lieder oder Märsche, und es fehlte kaum je eine naturalistische Motivierung des Musikstücks«, 15.472) und die jeweils benötigte Musik selbst schrieb, erhielt die Musik in seinen Inszenierungen spätestens seit der *Dreigroschenoper* (1928 zusammen mit Erich Engel) eine wesentliche dramaturgische Funktion, die sie nur aufgrund ihres »Kunstcharakters (Selbstwertes)« zu erfüllen vermochte: Sie wurde für die jeweilige Inszenierung von so herausragenden Komponisten wie Edmund Meisel, Kurt Weill, Paul Hindemith, Hanns Eisler und Paul Dessau geschrieben. Brecht bezeichnete ihre Musik als »gestische Musik« und definierte:

> Praktisch gesprochen ist gestische Musik eine Musik, die dem Schauspieler ermöglicht, gewisse Grundgesten vorzuführen. Die sogenannte billige Musik ist besonders in Kabarett und Operette schon seit geraumer Zeit eine Art gestischer Musik. Die »ernste« Musik hingegen hält immer noch am Lyrismus fest und pflegt den individuellen Ausdruck. (15.476)

Das epische Theater Brechts kann in diesem Sinne als ein Musiktheater bezeichnet werden, in dem der Musik als einer gestischen eine konstitutive Funktion zukommt. Sie erfüllt diese Funktion, indem sie als selbständiger musikalischer Vorgang (in ihrem Selbstwert) zum einen zum gesungenen Text und zum anderen zu vorher, nachher oder gleichzeitig vollzogenen gestischen Vorgängen in eine Beziehung tritt.

So verschaffte in der *Mutter* (1932) die Musik Hanns Eislers

> [...] in dem kleinen Stück, in dem den Anschuldigungen, der Kommunismus bereite das Chaos, widersprochen wird, [...] durch ihren freundlich beratenden Gestus sozusagen der Stimme der Vernunft Gehör. Dem Stück »Lob des Lernens«, das die Frage der Machtübernahme durch das Proletariat mit der Frage des Lernens verknüpft, gibt die Musik einen heroischen und doch natürlichen, heiteren Gestus. (15.479)[309]

In der *Dreigroschenoper* (Musik von Kurt Weill) traten vor allem die einzelnen von den Darstellern der Straßenräuber ausgeführten gestischen Vorgänge zu den sie unterbrechenden Songs in eine Beziehung. Indem die Musik »sich rein gefühlsmäßig gebärdete und auf keinen der üblichen narkotischen Reize verzichtete«, wurden die »Empfindungen, Gefühle und Vorurteile« der handelnden Personen, nämlich der Straßenräuber, als exakt dieselben entlarvt wie die der durchschnittlichen Bürger und Theaterbesucher. Die Musik »wurde sozusagen zur Schmutzaufwirblerin, Provokatorin und Denunziantin« (15.473f.).

Sowohl in der *Dreigroschenoper* als auch in der *Mutter* waren die musikalischen von den übrigen Darbietungen streng getrennt. Sie wurden in ihrer Selbständigkeit durch einen Lichtwechsel markiert sowie durch Projektionen der Titel der einzelnen Gesangsnummern; außerdem nahmen die Schauspieler für den Vortrag eines Songs jeweils einen Stellungswechsel vor. Wie im ostasiatischen Theater waren die Musiker stets sichtbar anwesend: entweder in einer beleuchteten Proszeniumsloge oder direkt auf der Bühne.

Im *Kaukasischen Kreidekreis* (Musik von Paul Dessau) wurden dagegen die musikalische und die szenische Darbietung eng miteinander verknüpft. Während zum Beispiel der Darsteller des Gouverneurs (Erwin Geschonnek) den Fall des Gouverneurs in einer zeitlupenhaft vollzogenen, fast tänzerischen Pantomime vorführte, beschrieb der ebenfalls auf der Bühne anwesende Sänger (Ernst Busch) diesen Fall mit getragener Melodie. Und während Grusche und Simon am Bach verstummten und sich langsam voneinander abwandten, gaben die auf der hinteren Bühnenseite plazierten Sänger den Gedanken und Gefühlen dieser unglücklichen Brautleute Ausdruck. Die Handlung wurde auf diese Weise *gleichzeitig* als gestischer und als musikalischer Vorgang vorangetrieben. Dieser Kunstgriff, den Eisenstein in dem bereits zitierten Aufsatz am Kabuki-Theater bewunderte und entsprechend gewürdigt hatte[310], erfüllte hier die Funktion, ausdrücklich auf die Selbständigkeit der beiden theatralischen Systeme – Schauspielkunst und Musik – hinzuweisen.

Die Markierung dieser Selbständigkeit war für Brechts Inszenierungen ein grundlegendes ästhetisches Gesetz. Im *Kleinen Organon* bestimmt er als »das Hauptgeschäft des Theaters« die

> [...] Auslegung der Fabel und ihre Vermittlung durch geeignete Verfremdungen [...]. Und nicht alles muß der Schauspieler machen, wenn auch nichts ohne Beziehung auf ihn gemacht werden darf. Die *Fabel* wird ausgelegt, hervorgebracht und ausgestellt vom Theater in seiner Gänze, von den Schauspielern, Bühnenbildnern, Maskenmachern, Kostümschneidern, Musikern und Choreographen. Sie alle vereinigen ihre Künste zu dem gemeinsamen Unternehmen, wobei sie ihre Selbständigkeit freilich nicht aufgeben. (16.696f.)

Das Prinzip der Selbständigkeit gilt nun nicht nur, wie die hier in deutlicher Antithese gegen Wagner zugespitzte Formulierung suggerieren mag, für die einzelnen beteiligten »Künste«, sondern für jedes System theatralischer Zeichen und jeden in ihm formulierten »Satz«: für die gestischen, proxemischen, sprachlichen und musikalischen Vorgänge ebenso wie für die Masken, Kostüme, Gegenstände (Requisiten und Dekorationsteile), Projektionen und Raumabschnitte. Jeder erzeugte als selbständige syntaktische Einheit seine eigene Bedeutung, fungierte also in diesem Sinne auch als semantische Einheit. Entsprechend forderte Brecht, diese »einzelnen Geschehnisse« so zu verknüpfen, »daß die Knoten auffällig werden. Die Geschehnisse dürfen sich nicht unmerklich folgen, sondern man muß mit dem Urteil dazwischen kommen können. [...] Die Teile der Fabel sind also sorgfältig gegeneinanderzusetzen, indem ihnen ihre eigene Struktur, eines Stückchens im Stück, gegeben wird.« (16.694)

Jede dieser syntaktisch-semantischen Einheiten (Syntagmen) wurde auf der Bühne als selbständige Einheit ausgestellt; jede mußte so beschaffen sein, daß sie sowohl eine dramaturgische Funktion in Bezug auf die Fabel als auch eine ästhetische Funktion zu erfüllen vermochte. Jede mußte, wie Brecht für das kleine Zwiegespräch zwischen Richter und Advokat in der sechsten Szene des *Puntila* ausführt, »auf goldenem Teller gereicht« sein (17.1167). Die Kombination dieser einzelnen syntaktisch-semantischen Einheiten – sowohl in der Simultaneität als auch in der Sukzession – durfte diese Qualität auf keinen Fall beeinträchtigen.

Für die Kombination der Syntagmen galten daher folgende Regeln: Entweder sind die unmittelbar nebeneinander (bzw. gleichzeitig) oder nacheinander gesetzten syntaktisch-semantischen Einheiten nach unterschiedlichen Prinzipien strukturiert: z.B. Andeutung in der Bühnenarchitektur vs. konkreter Gegenstand; realistisches Kostüm vs. Maske; reale praktische Tätigkeit vs. maskierter Ausführender; Worte vs. Geste; räumliche Bewegung der Figur vs. Gegenbewegung der Drehbühne usw. Oder die unmittelbar miteinander kombinierten syntaktisch-semantischen Einheiten beziehen sich auf dasselbe Element der Fabel, ohne doch komplementär zu sein: z.B. musikalischer und gestischer Vorgang des Falles; musikalischer Vorgang und Filmbild des Ausbruchs der Revolution; Anordnung der Gegenstände im Raum als Brücke über die Schlucht und gestischer Vorgang der Flucht über die Brücke; Zweiteilung des Raums und Zweiteilung in der Gruppierung usw.

Da die Übergänge zwischen diesen selbständigen Einheiten nicht »verschmiert« (16.706) werden dürfen, sind sie in sozusagen hartem

Schnitt nebeneinander bzw. nacheinander zu setzen.[311] In diesem Sinne läßt sich die Kombination als Montage bezeichnen. Insofern kann die Montage als konstitutives Kombinationsverfahren »des« epischen Theaters gelten.

In Brechts Theater sind allerdings nicht nur Qualität und Struktur der montierten Einheiten grundlegend andere als in Piscators Theater, sondern auch die Funktionen der Montage. Während die Montage bei Piscator den Zuschauer auch physisch attackiert und ihm permanent bis dahin ungeahnte Wahrnehmungsleistungen abverlangt, überantwortet sie bei Brecht jeden einzelnen Vorgang dem Urteil des Zuschauers und gibt ihm Gelegenheit, auch seine Schönheit im ästhetischen Genuß angemessen zu würdigen. Die Montage ist insofern auf die allgemeine Zielsetzung von Brechts epischem Theater bezogen, »zugleich unterhaltend und lehrhaft« (15.305) zu sein.

Damit ist allerdings lediglich ihre generelle Tendenz gefaßt. Soweit sich aus den vorliegenden Dokumenten schließen läßt, wurde sie in den verschiedenen Phasen, die Brechts Theater durchlief, jeweils anders realisiert. Auf der Skala, die von den beiden Polen des »Lehrhaften« und des »Unterhaltenden« begrenzt wird, verschob sich entsprechend jedesmal der Schwerpunkt.

In der Zeit der Weimarer Republik hat Brecht das Verfahren der Montage selbständiger Einheiten offensichtlich nicht nur praktiziert, sondern auch seine Anwendung nachdrücklich ausgestellt. Die Kritiker konnten kaum umhin, es zu bemerken. Anfangs quittierten sie seine Präsentation mit Wohlwollen. Beim *Leben Eduards des Zweiten* wurde übereinstimmend das »Balladenhafte« der Inszenierung lobend hervorgehoben, die »endlose Bilderreihe«[312] bewundert, die in »Form der Moritat« jedes einzelne der »grandiosen, balladenhaft dunklen, wilden suggestiven Bilder«[313] voll zur Wirkung kommen ließ. Auch bei der »Moriballade« (Alfred Kerr)[314] *Dreigroschenoper* überwogen die positiven Bewertungen des Verfahrens. Ihering nannte die Inszenierung gar den »Triumph der offenen Form« und bejubelte die »Überwindung der Revue zu einer neuen Gattung und die Verschmelzung von Elementen des Varietés [...] zu einem lebendigen theatralischen Ausdruck«[315]. Auch das Publikum reagierte in diesem Fall nicht nur mit Zustimmung, sondern mit wahrer Begeisterung. Ganz unstrittig bereicherte hier das Verfahren »die Amüsierkraft des Theaters« beträchtlich.

In den letzten Jahren der Weimarer Republik dagegen setzte Brecht das Verfahren der Montage in seinen Inszenierungen ein, um ihren Lehrcharakter zu unterstreichen, ihren didaktischen Wert zu erhöhen. Die Kritik (zumindest die »bürgerliche«) reagierte jetzt ablehnend bis höhnisch. Gegen das »Bilderbogenhafte in der Aufführung« von *Mann ist Mann* wandte Kerr ein: »Mit dem Wort ›Bilderbogen‹, ›Ballade‹, ist noch nichts wettgemacht, es muß halt ein guter Bilderbogen, eine gute Ballade sein...«. Für die bekannten verfremdenden Verfahren hatte er nur noch Hohn und Spott übrig: »Daß im Szenischen alles frühstufig zurückgeschraubt ist, hinter Nehers Halbgardine, versteht sich von selbst. Ein Ansager in Zivil leitet manche, nicht alle Szenen ein. Die Inschriften sind eh bereits erwähnt...Das alles hat einen sehr tiefen Sinn.«[316]

Die Inszenierung der *Mutter* tat er gar als »analphabetischen Bluff« ab und war endgültig mit seinem Urteil über diese Art von Theater fertig. »Das ›epische Drama‹ ist ein Fremdwort für: das ›ungekonnte Drama‹. Für (entschuldigen!) das Idiotenstück.«[317] Selbst Ihering, der sich als eifriger Propagator und Verteidiger von Brechts Theater profiliert hatte, sah Brecht in *Mann ist Mann* auf einem Irrweg und warf ihm vor, hier sein eigenes System zu zerstören. »Der epische Stil, die Typenkunst ist hier Mittel der Kritik, der Zersetzung.«[318] Dagegen monierte er in der *Mutter* zwar auch eine Reihe von Mängeln: »Es wird noch zu sehr aufgesagt; und dieses mechanische Aufsagen, diese mechanischen Gänge und Stellungen würden am Ende [...] nicht so sehr von dem dramatischen Pathos und der heroisierenden Gruppenbildung entfernt sein«; machte hier jedoch eine neue Qualität aus: »Zweimal werden [im Stück] Demonstrationen geschildert [...]. Bei Brecht werden diese Demonstrationen gleichzeitig geschildert und dargestellt. Sprecher erzählen den Vorgang, währenddessen tritt die Mutter aus der Gruppe und stellt mit wenigen Gesten den Vorgang dar. Das scheint mir wirklich ein Weg zu sein.«[319] Was Ihering an dieser Szene als geglückt hervorhob, war eine spezifische Realisierung der Montage: die Selbständigkeit der theatralischen Zeichensysteme wurde betont und so die im Vorgeführten dominierende didaktische mit der ästhetischen Funktion versöhnt.

Diese »Dialektik« von Erkenntnis und Kunstgenuß erhob Brecht zum leitenden Prinzip für seine Inszenierungsarbeit am Berliner Ensemble. Anläßlich seiner Inszenierung des *Hofmeisters* (1950) beklagte er sich über eine zunehmende Tendenz, »Wahrheit« von »Poesie« zu unterscheiden.

Neuerdings untersuchen wir Kunstwerke oft überhaupt nicht mehr nach ihrer poetischen (künstlerischen) Seite hin und begnügen uns auch schon mit Werken, die keinerlei poetischen Reiz mehr haben, sowie Aufführungen, die keinerlei ästhetischen Reiz mehr haben. Werke und Aufführungen solcher Art mögen nun ihre Wirkung haben, aber es können kaum tiefe sein, auch nicht in politischer Richtung. Es ist nämlich eine Eigentümlichkeit der theatralischen Mittel, daß sie Erkenntnisse und Impulse in Form von Genüssen vermitteln; die Tiefe der Erkenntnis und des Impulses entspricht der Tiefe des Genusses. (17.1239)

Eine politische Wirkung des Theaters als Folge von Erkenntnis machte Brecht insofern von seinem ästhetischen Wert abhängig. Auch wenn er in den *Nachträgen zum »Kleinen Organon«* (1954) darauf besteht, den »Widerspruch zwischen Lernen und Sichvergnügen [...] scharf und als bedeutend« festzuhalten, weil Lernen erst »in Vergnügen und Vergnügen in Lernen verwandelt werden« könne, »wenn die Produktivität entfesselt ist« (16.701), wandte er bei seiner gleichzeitigen Inszenierungsarbeit größte Sorgfalt auf, um die ästhetische Qualität jedes Elementes, jedes Vorgangs und jeder Kombination von Elementen und Vorgängen soweit wie nur möglich zu steigern. Dabei behielt Brecht stets die spezifischen Bedingungen des jeweiligen Publikums im Auge. So erwog er vor dem Londoner Gastspiel des Berliner Ensembles die ästhetischen Verluste, welche entstehen könnten, weil das Publikum kein Deutsch verstand und ohnehin von der »alten Befürchtung« ausgehen würde, »die deutsche Kunst (Literatur, Malerei, Musik) sei schrecklich gewichtig, langsam, umständlich und ›fußgängerisch‹ «. Um einer möglichen Langeweile beim Londoner Publikum vorzubeugen und die Wirkung der Aufführungen zu garantieren, gab er den Ratschlag, das Tempo der Montage zu erhöhen:

Wir müssen [...] schnell, leicht und kräftig spielen. Es handelt sich nicht um hetzen, sondern um eilen, nicht nur um schnell spielen, sondern mehr um schnell denken. Wir müssen das Tempo der Durchsprechproben haben, aber dazu leise Kraft, eigenen Spaß fügen. Die Repliken sollen nicht zögernd angeboten werden, wie man jemandem die eigenen letzten Schuhe anbietet, sondern sie müssen wie Bälle zugeworfen werden. (17.1296)

Ob eine solche Artistik dem englischen Zuschauer nicht nur ästhetisches Vergnügen bereitete, sondern ihn tatsächlich auch zu schnellerem Denken anregte, darf zumindest bezweifelt werden. Die

Dialektik von Erkenntnis und Kunstgenuß scheint hier eher in eine Dominanz des Kunstgenusses – der ästhetischen über die didaktische Funktion – umgeschlagen zu sein.

Wie auch immer – ob in Brechts Inszenierungen die ästhetische oder die didaktische Funktion überwog oder ob beide eine Einheit bildeten, niemals wurde in seinem Theater der Zuschauer verzückt, in Trance versetzt, überrumpelt, indoktriniert, genötigt oder sonstwie bevormundet. Brechts Theater hat den Zuschauer in Freiheit gesetzt, hat ihn als Zuschauenden emanzipiert.

Diese These tritt weder zum Postulat der ›linken‹ Brechtforschung in Widerspruch, Brechts Theater als ein eminent politisches Theater zu begreifen, noch auch zu den Rettungsversuchen ›bürgerlicher‹ Kritiker, sein Theater als ›großes‹ Theater gelten zu lassen, weil es nachweislich seine Zuschauer tief zu erschüttern vermochte. Sie konkretisiert und interpretiert allerdings beide Positionen in einer spezifischen Hinsicht.

Brechts Theater setzte weder die Belehrung noch die Emotion – die es in der Tat nicht vermied[320] – so ein, daß dabei die ästhetische Distanz aufgehoben wurde. Es belehrte den Zuschauer nicht auf dem Wege der Propaganda oder der Indoktrination. Es hämmerte ihm nicht bestimmte ideologische Glaubenssätze ein noch vermittelte es fertige Problemlösungen, die es lediglich zu übernehmen galt. Es verzichtete auch auf den positiven Helden, dem der Zuschauer als einer exemplarischen Figur einfach nachzueifern hätte.[321] Brechts Inszenierungen begnügten sich vielmehr damit, Situationen, Handlungen und Verhaltensweisen so vorzuführen, daß sie dem Zuschauer die Möglichkeit des »fremden Blicks« auf sie eröffneten: ihn in Erstaunen versetzten und zu Fragen herausforderten. Antworten auf sie zu finden, war Aufgabe seiner eigenen, in diesem Sinne produktiven Rezeption. Die ›Belehrung‹ zielte also darauf, den Zuschauer zum permanenten eingreifenden Denken zu provozieren.[322]

Die Erregung von Emotionen findet in diesem Zusammenhang ihren Platz und ihre Begründung. Sie dient der Verstärkung der kritischen Haltung des Zuschauers, die keineswegs als leidenschaftslos gedacht werden darf. Sogar der Einfühlung kommt hier ein gewisser Stellenwert zu. Die emotionale Nähe, die sie schafft, kann durchaus eine Verschärfung des kritischen »fremden Blicks« bewirken – statt ihn zu trüben –, da sie stets nur vorübergehend auftritt. Denn während die Darstellung des einzelnen Vorgangs eine Einfühlung des Zuschauers zuließ, zuweilen sogar herausforderte, unterbrachen die Selbständigkeit der Vorgänge und der zu ihrer Darstellung verwendeten Zeichensysteme ebenso wie das spezifische Verfahren ihrer Montage die Einfühlung immer wieder und stellten so die ästhetische Distanz wieder her.[323] Das Gefühl des Zuschauers wurde auf diese Weise im Hinblick auf die Entfaltung seines eingreifenden Denkens funktionalisiert. Denn »uns drängen die Gefühle zur äußersten Anspannung der Vernunft und die Vernunft reinigt unsere Gefühle« (1955; 16.917).[324]

Brechts Theater verwirklichte dergestalt die von der Avantgarde zu Beginn des Jahrhunderts vollzogene Schwerpunktverlagerung von der internen zur externen theatralischen Kommunikation als eine konsequente Emanzipation des Zuschauers. Es befreite ihn nicht nur von narkotischen Gefühlszuständen und ideologischer Bevormundung, sondern es entließ ihn auch in die Freiheit zu einer produktiven Rezeption: Ihm war es aufgegeben, in der Realität eine Vermittlung zwischen den Bühnenvorgängen und der gesellschaftlichen Wirklichkeit zu vollziehen. Damit erhob Brechts Theater den Zuschauer zum wahren Subjekt des theatralischen – und auch des historischen – Prozesses.

4.3 Zwischen Historizität und Aktualität: Klassiker-Inszenierungen im 20. Jahrhundert

4.3.1 Probleme einer Aufführungsgeschichte. Am Beispiel *Don Carlos*

Als Max Reinhardt 1902 das Programm für sein zukünftiges Theater entwarf, wies er den Klassiker-Inszenierungen eine Schlüsselfunktion zu: »Von den Klassikern her wird ein neues Leben über die Bühne kommen: Farbe und Musik und Größe und Pracht und Heiterkeit. Das Theater wird wieder zum festlichen Spiel werden, das seine eigentliche Bestimmung ist.«[325] Diese Funktion vermöchten die Klassiker-Inszenierungen allerdings nur zu erfüllen, wenn das Theater den Klassikern gegenüber ein – im Vergleich zum 19. Jahrhundert – völlig neues Verhältnis entwickle: »Man muß die Klassiker neu spielen; man muß sie so spielen, wie wenn es Dichter von heute, ihre Werke Leben von heute wären. Man muß sie mit neuen Augen anschauen, mit derselben Frische und Unbekümmertheit anpacken, wie wenn es neue Werke wären, man muß sie aus dem Geiste unserer Zeit begreifen, mit den Mitteln des Theaters von heute.«[326]

Damit war – wie rudimentär und in gewissem Sinne naiv auch immer – doch unmißverständlich das hermeneutische Problem formuliert, mit dem von nun an jede Klassiker-Inszenierung zu kämpfen haben würde: *das Problem einer prinzipiellen und unaufhebbaren Spannung zwischen Historizität* (der Entstehungszeit des Dramas) *und Aktualität* (der Aufführungssituation).

Dem Theater des 19. Jahrhunderts war, wie der Streit um die Meininger gezeigt hat, die Vorstellung einer solchen Spannung fremd. Hier stritt man um die Frage, ob eine Klassiker-Inszenierung den historischen Gehalt des Dramas zur Darstellung bringen sollte *oder* seinen der Geschichte enthobenen »allgemein gültigen« Gehalt *oder* aber es durch eine der »herrschenden Mode und dem allgemeinen Zeitgeist« angepaßte Bearbeitung umstandslos in ein zeitgenössisches Stück verwandeln. Es ging in der Diskussion also nicht um eine Spannung zwischen Historizität und Aktualität, sondern um die Alternativen: Historizität oder Ahistorizität bzw. Historizität oder Aktualität. Nach übereinstimmender Meinung schlossen sich die einzelnen Terme dieser Alternativen gegenseitig aus: Es konnte nur *eine* »richtige« Art der Klassiker-Inszenierung geben.

Mit Reinhardt dagegen hielt das Bewußtsein Einzug ins Theater, daß die klassischen Dramen sowohl der Geschichte als auch der Gegenwart zugehören, daß ihre »Allgemeingültigkeit« gerade darin besteht, daß sie sich »aus dem Geiste« jeder Zeit neu »begreifen«, »mit den Mitteln des Theaters von heute« jeweils neu konkretisieren lassen.[327] Aufgrund dieser Eigenart und spezifischen Fähigkeit klassischer Texte hatten von nun an Klassiker-Inszenierungen immer wieder die Aufgabe zu übernehmen, ein neues theatralisches Programm zu formulieren und zu verkünden. Entsprechend häufig sind es im 20. Jahrhundert Klassiker-Inszenierungen, welche den Beginn einer neuen Epoche in der deutschen Theatergeschichte markieren: 1905 Reinhardts *Sommernachtstraum*, 1919 Jessners *Wilhelm Tell*, 1969 Peter Steins *Torquato Tasso*.

Mit der Einsicht in die prinzipiell gegebene Spannung zwischen Historizität und Aktualität hörte allerdings die mit den Meiningern begonnene Debatte um eine »adäquate« Inszenierung der Klassiker nicht auf. Bis heute wird vielmehr vehement darum gestritten, auf welche Weise eine Inszenierung zwischen Historizität und Aktualität vermitteln könne, solle, dürfe.[328] Dieser Streit kann hier nicht beigelegt, geschweige denn entschieden werden. Wir wollen lediglich herauspräparieren und begreifen, worum es in diesem Streit geht. D.h. wir werden die Frage verfolgen, auf welche Weise die für Klassiker-Inszenierungen des 20. Jahrhunderts konstitutive Spannung zwischen Historizität und Aktualität in verschiedenen Inszenierungen realisiert und von welchen Positionen aus diese Realisierung jeweils von der zeitgenössischen Kritik bewertet wurde.

Um mit vergleichbaren Daten und Ergebnissen arbeiten zu können, erscheint es sinnvoll, sich auf Inszenierungen eines häufig gespielten Klassikers – wie zum Beispiel des *Don Carlos* – zu beziehen. Wir werden entsprechend unsere Untersuchung als *Aufführungsgeschichte* dieses Dramas im 20. Jahrhundert durchführen.[329]

Die Aufführungsgeschichte des *Don Carlos* begann am 29. August 1787, als Friedrich Ludwig Schröder das Stück in Hamburg zur Uraufführung brachte. Wie aus den zeitgenössischen Berichten klar hervorgeht, stand im Mittelpunkt der Aufführung die Figur König Philipps II., den Schröder spielte. Seine psychologisierende, zur Identifikation herausfordernde Gestaltung der Rolle des Vaters und Herrschers, wie sie die zeittypischen Rollenportraits eines Schütze oder Schink übermitteln, begründete den Erfolg der Aufführung:

Diese zusammengezogenen Augenbrauen, diese düster glimmenden Blicke, diese starre Haltung des ganzen Körpers [...] wie lebendig veranschaulichen sie, was in ihm brütet, gärt und kocht; wie schrecklich wahr den in den verwundbarsten Teilen seines Herrscher-Ichs getroffenen Despoten! [...] Seht seine ermüdeten und doch brennenden Augen, unstet umherirrend und dann prüfend auf dem Eintretenden (e.A. Lerma) weilend! Hört die gepreßten dumpfen Töne seiner Stimme, in steigendem Affekte lauter und lauter sein tiefstes Inneres aufschließend![330]

In den *Don Carlos*-Aufführungen zu Beginn des 19. Jahrhunderts trat dagegen die Gestalt des Marquis Posa in den Vordergrund. Trotz der Verheerungen, welche die Zensur überall in Deutschland mehr oder weniger stark in seinem Text anrichtete, blieb diese Rolle bis ungefähr 1848 die Lieblingsfigur des Publikums. Besondere Erfolge feierte mit ihr der Virtuose Emil Devrient. Eine zeitgenössische Besprechung nennt folgende Gründe:

Posa gehörte immer zu den vollkommensten Partien des Emil Devrient, da sich in diesem idealistischen, als in sich klaren, männlich reifen Charakter der größte Teil der individuellen Künstlereigenschaften des Genannten widerspiegeln. Die stolze, freie Noblesse und graziöse Schönheit der äußeren Erscheinung, die intensive, von innen hervorquellende Gewalt des kosmopolitischen Denkens mit dem aller Größe zuströmenden Begeisterungsgefühl, die Würde und der poetische Klangzauber der Sprache und endlich das der ganzen Welt hochsinnig entgegenschlagende Herz ... – diese geistigen Hauptfarben des Posa sind wohl nie von einem Schauspieler mit so verklärender Kraft und Frische dargestellt worden. (Dresden, 13. Oktober 1849)[331]

Nach der Reichsgründung avancierte der Carlos zur Lieblingsgestalt des Publikums. Ihre gefeierte Verkörperung fand sie in Josef Kainz. Kainz spielte den Carlos während seiner Zeit bei den Meiningern (1877–80), in München (1880–83), Berlin (1883–89, 1892–99) und Wien (1899–1910). Er war der Carlos in den ersten drei ungekürzten *Don Carlos*-Aufführungen der Theatergeschichte: in einer Privataufführung für Ludwig II. in München, in Ludwig Barnays Inszenierung 1883 in Berlin, der das Stück an zwei aufeinander folgenden Abenden gab, und in Paul Schlenthers

Inszenierung 1905 am Wiener Burgtheater, der wie Barnay das Drama auf zwei Abende verteilte. Über seinen Carlos in dieser Inszenierung schreibt der Rezensent der Wiener *Neuen Freien Presse*: »Den Knaben Karl spielt er, indem er den Knaben nachdrücklich betont, wie ein verzogenes prinzliches Kind, das seine prickelnden Launen hat und der schönsten menschlichen Wallungen fähig ist. Das Pathologische des Charakters, immer mitklingend, kommt in der zweiten Hälfte deutlicher zum Ausdruck.«[332]

In Josef Kainz hatte das Publikum am Jahrhundertende einen Carlos gefunden, welcher den gegen seinen Vater aufbegehrenden gefühlvollen, ja neurotischen Jüngling von knabenhaft-kindlicher Labilität, als den man die Gestalt zu dieser Zeit vorwiegend begriff, auf geradezu ideale Weise verkörperte.

An der Aufführungsgeschichte des *Don Carlos* im 19. Jahrhundert fällt auf, daß sie sich durchgehend – d.h. in Bezug auf sowohl die erste als auch die zweite Hälfte des Jahrhunderts – als eine Geschichte dominanter psychischer Prototypen lesen läßt, obwohl die Aufführungen von grundsätzlich unterschiedlichen Prinzipien ausgingen: Während es sich in der ersten Hälfte des Jahrhunderts um umstandslos aneignende Bearbeitungen handelte, folgten die Inszenierungen nach der Reichsgründung überwiegend den historisierenden Verfahren der Meininger. In beiden Fällen jedoch geben die Aufführungen bzw. ihre Rezensionen Aufschluß über bestimmte zeittypische psychische Dispositionen, die jeweils hinter der Maske der historischen Figuren des klassischen Dramas ausagiert wurden. Insofern kann man durchaus auch für die Klassiker-Inszenierungen des 19. Jahrhunderts die Spannung zwischen Historizität und Aktualität als konstitutiv ansehen. Aber diese Spannung schlug sozusagen hinter dem Rücken der am theatralischen Prozeß Beteiligten durch; sie blieb ihrem Wissen und Wollen entzogen. Im 20. Jahrhundert dagegen trat sie als Bedingung der Möglichkeit von Klassiker-Inszenierungen scharf konturiert ins Bewußtsein. Die Aufführungsgeschichte des *Don Carlos* erlangte damit eine neue Qualität.[333]

4.3.2 Entwicklung zweier Grundmodelle: Die *Don Carlos*-Inszenierungen von Reinhardt (1909) und Jessner (1922)

Aus Anlaß von Schillers 150. Geburtstag brachte *Reinhardt* am 11. November 1909 den *Don Carlos* am Deutschen Theater (Berlin) heraus.[334] Die Aufführung dauerte sechs Stunden (von 18 bis 24 Uhr), unterbrochen von zwei Pausen, und wurde trotz ihrer Länge ein ausgesprochener Publikumserfolg: Das Publikum folgte der Aufführung »mit unverminderter Hingabe« (Jacobsohn) und »mit fast feierlicher Andacht« (*Das kleine Journal*). »Der machtvolle Eindruck löste sich oft in brausendem Beifallssturm, der, was an dieser Stelle ungewohnt, in die offene Szene hineindröhnte« (*Badische Landeszeitung*), und »auch am Schluß wollte, trotz der vorgerückten Stunde, der Applaus kein Ende nehmen« (*Das kleine Journal*). Das Publikum war also offenbar mit der Inszenierung nicht nur vollkommen einverstanden, sondern von ihr geradezu in Begeisterung versetzt.

Wie aus den Kritiken hervorgeht, verwirklichte Reinhardt hier sein Programm, die Klassiker »aus dem Geiste unserer Zeit [zu] begreifen«, vor allem durch zwei gezielt eingesetzte Verfahren: die Schaffung einer spezifischen Stimmung und eine von den traditionellen Mustern abweichende Rollengestaltung.

Die gewünschte Stimmung herzustellen, war in erster Linie Aufgabe des Bühnenbildes und der Ausstattung (Ernst Stern):

> In der allerersten Szene reicht der Garten von Aranjuez so dicht an die Rampe, daß er dem Prinzen Carlos fast den Raum zum Atmen nimmt: die mörderisch beklemmende Atmosphäre des Philippschen Königshofes ist mit einem Schlag lebendig. Sein steifes und strenges Zeremoniell malt das zweite Bild. Gleichwie die Bäume ihrer natürlichen Form beraubt und auf spanisch-französische Art zugestutzt und gedrillt sind, so sind die Frauen durch Krinolinen, Spitzenkrausen und Wulstfrisuren nicht nur um alle Bewegungsfreiheit, sondern auch um die Schönheit gebracht. [...] Von dem königlichen Palast zu Madrid sieht man bei Reinhardt halb so viel Räume wie bei Schiller [...]. Damit durch diese Konzentration das ›Milieu‹ nicht zu karg gerate, eröffnen sich aus den meisten Zimmern über eiserne Brüstungen hinweg und durch Fenster und Türen hindurch Ausblicke auf endlose, kahle, halbdunkle Gänge, in denen mönchische und ritterliche Gestalten auftauchen und verschwinden. Der Audienzsaal des Königs, an dessen rechter Seitenwand der Thron wie ein Galgen emporsteigt, ist in einem eiskalten Weiß mit einem drohenden Schwarz gehalten. (Jacobsohn)

Auf raffinierte Weise leistete diese Ausstattung eine Vermittlung zwischen Historizität und Aktualität: Sie schuf die unheimliche, beklemmende Atmosphäre einer total kontrollierten, zwanghaften Lebensform, die jede Natürlichkeit, jede spontane Lebensäußerung, überhaupt alles Leben bedroht, gnadenlos unterdrückt und abtötet. Diese Atmosphäre erschien nun einerseits als völlig charakteristisch für den Hof des Despoten Philipp II. Zugleich aber vermochte sie auch dem Zwangscharakter der bürgerlichen Lebenswelt im Wilhelminismus Ausdruck zu verleihen, wie er u.a. nur wenig später vom Drama des Expressionismus anklagend aufgedeckt wurde.

Die Figuren, die in dieser Atmosphäre agierten, verzichteten in ihrer Sprechweise auf das Hoftheaterpathos des »üblichen ›Schillerstils‹« (Karl Strecker). Sie versuchten, durch eine »zugleich kunstvolle und undeklamatorische Behandlung der Verse [...] die rechte Mitte zwischen Pathetik und Naturalismus zu halten; Schillers Psychologie zu erschöpfen, ohne den Flug seiner Sprache zu hemmen« (Jacobsohn). Sie wurden so aus der Sphäre rein theatralischer Figuren hinübergespielt in den Bereich einer ans Zeitgenössische angrenzenden Lebenswelt. Am weitesten ging dabei der als Ibsen-Darsteller berühmt gewordene Albert Bassermann in der Rolle Philipps II.: »Er führt einen überzeugten und hartnäckigen Kampf mit dem Vers und kriegt ihn unter. Er zersetzt, zerhackt, zersägt und zerschabt ihn kurz und klein.« (Jacobsohn) Dagegen verfolgte Alexander Moissi als Posa eine »Sprechkunst«, die manchmal »in Gesang« überging, ohne jedoch dem leeren Wortgeklingel des alten Hoftheaterpathos zu verfallen. In der Audienzszene z.B. ließ er Posas Rede, »die jeder auswendig kann, [...] Satz um Satz – und nicht nur aus seinen eigenen Einfällen, sondern auch aus den Reflexen des Eindrucks, die sie auf den König macht – entstehen und bleibt ihr trotzdem keinen Gran ihres verbrieften Schwunges schuldig.« (Jacobsohn)

Als weiteres Verfahren zur Annäherung der – historisch kostümierten – Figuren an die Lebenswelt der Zuschauer ließ Reinhardt jeweils bestimmte zeittypische Merkmale ausspielen. So markierte er den Vater-Sohn-Konflikt, der in den beiden Konstellationen: Philipp-Carlos und Philipp-Posa mit jeweils anderer Schwerpunktsetzung realisiert wurde.

Die Kritiker beschreiben Bassermanns Philipp als einen »hageren, grünäugigen, mißtrauischen, leberkranken Gewalthaber«, als einen »König, dessen Spielzeug die Inquisition, die Folter, das

Autodafé sind« (Norbert Falk), als einen »von Anfang an Leidenden, einen gequälten Quäler, hinter dessen starrem ablehnendem Pessimismus nicht nur forschendes Mißtrauen, sondern auch die krankhafte Sehnsucht des Unbefriedigten steckt«, als einen »Märtyrer der eigenen Grausamkeit, den zerrütteten Tyrannen«. Bassermann opfere »den vielberufenen Formen der Majestät, die er [...] so gut wie irgendeiner wahrt, keinen Zug der Individualität« (*Voss. Zeitung*). Auf der anderen Seite wird sein Philipp als »philiströser Oberlehrer Müller, Ordinarius der Untersekunda« (R.O.E.) begriffen und kritisiert, als »kleiner, krächzender, mißtrauisch verärgerter Herbergsvater«, der keinerlei Ähnlichkeit mit »einem spanischen König, der Verse spricht«, aufweise (*Die Literatur*). Wenn diese divergierenden Beschreibungen tatsächlich alle auf Bassermanns Philipp zutrafen, so kann man den Schluß ziehen, daß er in dieser Figur die in der Wilhelminischen Gesellschaft vorherrschende Vater-Imago in ihren verschiedenen Verkörperungen hat Gestalt annehmen lassen: den übermächtigen Vater, der als »König«, »Oberlehrer« oder »Herbergsvater« zum Tyrannen gegen die von ihm Abhängigen wird, ihnen jede Freiheit, jeden Raum zum Atmen nimmt und so sie und sich selbst zugrunde richtet. Während er als Despot zur Rebellion herausfordert, appelliert er als einsamer alter Mann an das Mitgefühl.

Diesem Vater traten als »Söhne« Carlos (Harry Walden) und Posa gegenüber. Beide Figuren werden von der Kritik als »Neurastheniker« gekennzeichnet (*Voss. Zeitung*). Walden spielte den Carlos als den Sohn, der von diesem Vater bereits zerbrochen ist: »einen mitleidswürdigen [...] Jüngling, den der große Impuls aus der Schwermut emporreißt und den jede Enttäuschung in die Melancholie zurückwirft, sympathisch im Wollen, kindlich warm im Ton, aber flackernd im Temperament, als einen Unglücklichen« (*Voss. Zeitung*). Zwar stimmen die Kritiker in ihrer Bewertung dieser Figur nicht überein, sie scheint ihnen jedoch durchaus die von Kainz vorgezeichnete Linie weiterzuführen.

Dagegen »gab Moissi uns einen in der Tat neuen Marquis Posa. Einen, der sich nicht am Schillerschen Rhythmus berauscht, [...] wohl aber an der Schillerschen Idee« (Karl Strecker). Moissis Posa war ein »zweiter Neurastheniker neben Don Carlos«, »ein Nervenmensch anstatt eines Herzmenschen« (*Voss. Zeitung*), »ein schwindsüchtiger Büßer mit hysterischen Augen, galizischen Handbewegungen, nervösen Zuckungen« (R.O.E.), dessen »körperliche Schmächtigkeit und allzu große Jugendlichkeiten in einem fast grotesken Kontrast zu der Heldentümlichkeit der populärsten Schillerfigur stehen« (Norbert Falk). »Er ergreift durch die Todgeweitheit, die ihn im Gefängnis förmlich verklärt und seine Sprache noch einmal zu Sphärenmusik steigert.« (Jacobsohn) Das Neue, so radikal vom bisher Gewohnten Abweichende an diesem Posa, der von der Kritik einerseits als »hinreißend« (*Bad. Landeszeitung*), andererseits als »Blasphemie« (R.O.E.), als eklatante Fehlbesetzung bewertet wurde, bestand offensichtlich in dem Versuch, die Figur zum einen dem Carlos anzunähern, zum anderen aber sie über diesen hinaus und in Richtung auf die – nur wenig später auftauchenden – expressionistischen Jünglinge – wie Sorges Dichter oder Hasenclevers Sohn – weiterzuführen: Posa spielte den »Sohn«, der – ebenso »Neurastheniker« wie der vom Vater zugrunde gerichtete Carlos – den übermächtigen Vater mit seiner »Vision« und seiner Opferbereitschaft besiegt und so seiner Sphäre entrückt wird in eine andere, bessere Welt.

Die zentralen Figuren wurden also nach zeitgenössischen »Prototypen« modelliert[335], ohne daß diese Modellierung in Widerspruch zum Text trat, wenn auch – vor allem bei Philipp und Posa – zum traditionellen Rollenverständnis. Auf diese Weise wurde der Zuschauer einerseits in seiner Überzeugung bestärkt, den »authentischen« *Don Carlos* zu sehen – zumal das ca. 6000 Verse umfassende Werk lediglich um 1000 Verse gekürzt war –, andererseits aber dazu eingeladen, sich mit den dargestellten Figuren zu identifizieren und die eigenen Konflikte hinter ihrer – historischen – Maske auszuagieren. Die solcherart geleistete Vermittlung zwischen Historizität und Aktualität stieß, da sie die Spannung nicht markierte, sondern vielmehr kunstvoll überspielte, auf breite Zustimmung beim Publikum und auch beim überwiegenden Teil der Kritik.

Jessners Don Carlos-Inszenierung dagegen, die am 13. Februar 1922 im Staatstheater Berlin Premiere hatte[336], fokussierte ausdrücklich diese Spannung. Sie wurde entsprechend von der Kritik als »ein Bruch mit aller Tradition« verstanden und entfesselte wie 1919 bereits sein *Wilhelm Tell* eine hitzige, kontrovers geführte Diskussion. Jessner ging wiederum von der Einsicht aus, daß »jede Zeit [...] das ihr Gemäße aus einem Werk«[337] herauslöst und daher jede Klassiker-Inszenierung eine Interpretation des Werkes darstellt. Den *Don Carlos* deutete er als ein »politisches Drama«

(Faktor). Zur szenischen Realisierung dieser Interpretation setzte er die bereits bewährten Verfahren einer entsprechenden dramaturgischen Bearbeitung, einer funktionalen und symbolischen Bühnengestaltung sowie einer sinnfälligen Choreographie ein.

Jessner kürzte den Text erheblich, so daß »eine der allerkürzesten ›Don Carlos‹-Aufführungen« (Faktor) zustande kam. »Ein jagendes Tempo, ein Fortlassen und Fortschneiden, auch von Szenen, die im Bau der Tragödie sehr feststehen, gibt den großen Szenen, auf die es Jeßner [...] ankam, Raum sich ausbreiten zu lassen« (Brandt). Die Bearbeitung stellte Philipp in den Mittelpunkt. Entsprechend wurde die Carlos-Posa-Handlung radikal beschnitten, trat das Komplott Alba, Domingo, Eboli stärker hervor. Auch die Schlußszene entfiel. Die Aufführung endete mit der Großinquisitor-Szene, an die der Schlußsatz Philipps angefügt wurde: »Kardinal, ich habe das Meinige getan, tun Sie das Ihre.« Dieser Schluß enthüllte schlagartig die faktische Machtlosigkeit Philipps, der zwar wähnt, Herrscher zu sein, jedoch nur als Instrument in den Händen des totalitären Systems der Inquisition agiert.

Die Tendenz dieser Bearbeitung wurde plakativ durch wechselseitige Funktions- und Bedeutungszuweisungen von Einheitsbühne und Gestaltung der proxemischen Zeichen verstärkt und herausgestellt. Die Bühne (Otto Strnad) bestand aus drei Treppen, die »von der Rampe bis zum Lufthorizont« (Hermann Kienzl) reichten, und mit Unterhöhlungen versehen waren, die »zwei schluchtartige Zugänge« ermöglichten. In der Mitte befand sich »eine verhältnismäßig schmale Plattform, auf der sich die Figuren zur Not bewegen konnten« (Klaar). Dieser Grundaufbau wurde mit Säulen, die den »Raum deklinierten« (Faktor), Vorhängen und Dekorationsteilen wie Ebolis Sofa oder Philipps Bett in den verschiedenen Szenen variiert.

»Am allerüberzeugendsten« bewährte sich nach Meinung Emil Faktors und Alfred Kerrs die Treppe beim Einzug des Königs mit seinem Hofstaat in Aranjuez.

So wirkungsvoll feierlich hat man das noch nicht gesehen. Hoch oben an der Treppenwölbung, die sich mit dem Horizont berührt, schreitet das Spanien Philipps II heran. Es ist schwarz von Granden, schwarz von Kutten. Links starrt in schweigender Etikette, rechts verfinstert sich vom düsteren Beichtvaterdunkel der Himmel. In der Mitte wandelt der einsame Herrscher des Riesenreichs. Die Treppe hilft der Regie zu einer ungewöhnlichen Steigerung des Symbolischen. (Faktor)

Diese Wechselbeziehung zwischen Treppenaufbau und Choreographie blieb in ihrer Symbolik charakteristisch für die ganze Aufführung. »Hübsche Einzelheiten, wenn Posa in seiner Rede vor Philipp unter dem Kreuz steht, daß die goldenen Strahlen wie ferne Gloriolen sein Haupt umgeben, oder wenn aus dunklen Türen zu beiden Seiten des Königs Alba und Carlos um seine Seele werben, und Alba im nächtlichen Hintergrund verschwindet, um wieder grau und siegreich hervorzuleuchten.« (Brandt)

Eine letzte Steigerung erfuhr dies Prinzip in der Schlußszene, die Faktor als »künstlerisch am höchsten« bewertet. Hier »kniete der König vorn nieder [...] und rückwärts auf erhöhtem Piedestal [hauchte] der blinde Großinquisitor auf zwei stumme Mönche gestützt (brennendes Rot düster geflankt) seine tyrannische Gesinnung wie Orakel eines Flammenreiches herüber« (Faktor).

Diesen die Konzeption Jessners umsetzenden und klar übermittelnden inszenatorischen Verfahren entsprach allerdings die Darstellung der Schauspieler nur ansatzweise. Anstelle Fritz Kortners, auf den hin die Rolle Philipps angelegt war, übernahm kurzfristig Decarli den Part, der »nur die Umrisse der Figur« (Brandt) gab und insofern der Mittelpunktstellung, die Jessners Konzeption Philipp zuwies, nicht gerecht zu werden vermochte. Statt seiner erschien als »Seele des Abends« den einen der Posa des Ernst Deutsch (Kerr, Brandt), den anderen der Carlos des Lothar Müthel (Faktor, Klaar). Einig waren sich alle Kritiker jedoch in dem Urteil, daß Jessners Konzeption von den Schauspielern nur höchst unzureichend umgesetzt wurde – auch wenn sie dieses Konzept selbst sehr unterschiedlich bewerteten.

Jessner leistete hier die Vermittlung von Aktualität und Historizität durch eine Interpretation des Stückes, die auf die Gegenwart der Weimarer Republik insofern bezogen war, als sie die Allgegenwart des Politischen auch im scheinbar privatesten Bezirk schonungslos aufdeckte: Jede Liebesgeschichte, jede Vater-Sohn-Beziehung erweist sich in diesen Zeiten als eine politische Konstellation. Dieser Deutung verlieh er mit den spezifischen Mitteln seines Theaters Gestalt. Er ging dabei von der Überzeugung aus, nicht willkürlich zu verfahren. Durch Abdruck entsprechender Auszüge aus Schillers *Briefen zum ›Don Carlos‹* im Programmheft wies er seine Interpretation ausdrücklich als eine von Schiller gedeckte und in diesem Sinne legitime Lesart aus. D.h. Jessner sucht die Aktualität im klassischen Werk auf oder besser: Der klassische Text sprach zu ihm als ein aktueller Text. »Es gibt im Grunde weder Klassiker noch moderne Autoren. Shakespeare, Schiller, Wedekind sind ebenso sehr als Sprecher dieser Generation zu betrachten wie die Jüngsten.«[338]

Jessners Gegner allerdings stritten eine solche Aktualität des klassischen Dramas von vornherein ab. Der Aufführungstradition des ausgehenden 19. Jahrhunderts verhaftet, warfen sie seiner *Don Carlos*-Inszenierung vor, daß ihr die »Andacht zur Dichtung« (Klaar) gefehlt habe, daß sie eine »willkürliche Auslegung«, eine »eigensinnige Zerstörung« des Werkes sei, die weder »Inhalt noch Eindruck« (Kienzl) gegeben habe, sondern nur der »Effekthascherei« und »Originalitätssucht eines Spielleiters« (Klaar) gedient. Kurz: »Der *Don Carlos* von *Leopold Jeßner*, – nicht von *Schiller !«* (Kienzl). Während die negativen Stimmen zu Reinhardts Inszenierung lediglich einzelne von der Tradition abweichende Rollenauffassungen kritisiert hatten, lehnten Jessners Gegner seinen Ansatz prinzipiell ab. Sie bestanden auf dem Primat des – möglichst vollständigen – Textes vor der szenischen Umsetzung seiner Essenz, auf dem Primat der Handlung des klasssischen Dramas vor seiner Idee. Die Spannung zwischen Historizität und Aktualität, die auch die meisten von ihnen keineswegs leugneten, wollten sie unter eindeutiger Dominanz der Historizität verwirklicht – wenn nicht gar aufgelöst – sehen.

Die *Don Carlos*-Inszenierungen von Reinhardt und Jessner repräsentieren in diesem Sinn die zwei »Stammlinien«, die Günther Rühle für die Klassiker-Inszenierungen des 20. Jahrhunderts ausgezogen hat: »Die eine, die ›das Stück, das ganze Stück‹ in seiner Komplexität will, enthält die Namensreihe: Max Reinhardt, Fehling, Hilpert, Gründgens, Hans Bauer, G. F. Hering, Rudolf Noelte – die andere, die seine Essenz will: Leopold Jessner, Erwin Piscator, Bertolt Brecht und seine variationsreichen Schüler; Zadek, Neuenfels, Grüber.«[339]

Unleugbar handelt es sich, wie wir gesehen haben, in beiden Fällen um eine Interpretation des klassischen Dramas. In dem auf Reinhardt zurückgehenden »Modell« bleibt jedoch die mit jeder Interpretation gesetzte Spannung zwischen Historizität und Aktualität eher verdeckt. Denn die Interpretation betrifft hier einzelne Teilstrukturen – wie Räume, Figuren – und wird dadurch szenisch umgesetzt, daß bei ihrer Gestaltung jeweils »historische« und »aktuelle« Momente sozusagen ineinander geblendet werden. Da bei diesem Verfahren weder in den Handlungsablauf noch in den Text des Stückes entscheidend eingegriffen werden muß, kann leicht die Illusion aufkommen, daß hier »vom Blatt gespielt werde« oder »der Dichter unmittelbar zu uns spreche«, wie bis heute Regisseure nicht müde werden zu behaupten und Kritiker zu fordern. Zu dem mit solchen Sprüchen postulierten Paradies einer hermeneutischen Unschuld ist uns jedoch der Rückweg endgültig versperrt. Dem Theater bleibt im 20. Jahrhundert kein anderer Weg zu den Klassikern offen, als den steinigen Boden der Interpretation im Schweiße seines Angesichtes zu beackern.

Das von Jessner begründete »Modell« läßt diese Voraussetzung keinen Augenblick vergessen. Seine Interpretation setzt nicht an Teilstrukturen des Dramas an, sondern am gesamten Text: Dieser wird im Hinblick auf ein »Grundmotiv«, »eine Idee«, einen Gesamtsinn gedeutet und diese Deutung dann mit theatralischen Mitteln szenisch zum Ausdruck gebracht und übermittelt.[340] Da ein solcher Ansatz Eingriffe in die Textgestalt, in den Handlungsablauf, in die Figurenkonstellationen nach sich ziehen kann, wird durch diese Verfahren die Spannung zwischen Historizität und Aktualität aufs Äußerste gesteigert und damit für jeden unübersehbar markiert.

Während man Reinhardts Verfahren gerecht wird, wenn man nach der Bedeutung einzelner Räume und Szenen fragt, nach der »Auffassung« einer Rolle und ihrer schauspielerischen Gestaltung, fordert Jessners Vorgehen dazu auf, die Plausibilität der zugrunde gelegten Deutung sowie die Eignung der gewählten szenischen Mittel zu ihrer theatralischen Verwirklichung zu diskutieren. Insofern handelt es sich um ein völlig fruchtloses Mißverständnis, wenn Inszenierungen des einen Typus nach Kriterien beurteilt werden, die am anderen Typus entwickelt wurden. Die Geschichte der deutschen Theaterkritik erscheint allerdings seit Jessners *Wilhelm Tell*-Inszenierung zu einem großen Teil als eine Geschichte derartiger Mißverständnisse.

4.3.3 Variationen der Grundmodelle von Jürgen Fehling (1935) bis zu Alexander Lang (1985)

Mit der Machtergreifung der Nationalsozialisten wurde das von ihnen als »entartete Kunst« und Zeugnis des »Kulturbolschewismus« gebrandmarkte Jessnersche Modell von der deutschen Bühne verbannt. Für Klassiker-Inszenierungen war von nun an bestenfalls noch das von Reinhardt entwickelte Modell möglich.[341]

Im Frühjahr 1935 inszenierte Jürgen *Fehling*, der in der Weimarer Republik neben Jessner am Berliner Staatstheater gearbeitet hatte, am Deutschen Schauspielhaus Hamburg den *Don Karlos*.[342] Er unternahm hier den Versuch, in das Reinhardt-Modell Elemente des Jessner-Modells zu integrieren.[343]

Wie Jessner ging Fehling von einer Interpretation des *Don Carlos* als eines politischen Dramas aus. Den gewandelten politischen und gesellschaftlichen Verhältnissen entsprechend fand er den aktuellen politischen Bezug jedoch im Motiv der Rebellion, des Widerstandes des einzelnen gegen eine ihn zermalmende Staatsmacht. Die Strichfassung, die Fehling zugrunde legte, schnitt die »privaten« Handlungsstränge – wie Liebestragödie, Eifersuchtsdrama, Vater-Sohn-Konflikt, Freunschaftsdrama – weitgehend zurück. Die Redetexte der Figuren wurden so zusammengestrichen, daß die politische Motivation ihres Handelns deutlich in den Vordergrund trat: So erschien Philipp als ein souveräner und in diesem Sinne allein verantwortlicher Herrscher, der seine Entscheidungen unabhängig von der Kirche trifft und durchsetzt, avancierte Carlos zum ebenbürtigen Partner Posas und damit zum kämpferischen Rebellen gegen den Gewaltherrscher. Da diese Bearbeitung den Handlungsablauf nicht antastete und von Umstellungen nur höchst sparsam Gebrauch machte[344], schien sie sich auf »Kürzungen« zu beschränken, »die das übliche Maß kaum überschreiten« (Kobbe).[345]

Wie Jessner arbeitete Fehling mit einer Einheitsdekoration (Cesar Klein), die jedoch nicht erst durch die Aktionen der Schauspieler semantisiert wurde, sondern bereits als solche eine symbolische Bedeutung und »beklemmende Atmosphäre« (Thiessen) übermittelte:

Auf schräg ansteigendem, aber völlig ebenen Boden, der bis an die Rampe schachbrettartig gemustert ist, führen zwei geschlossene Wände in die Tiefe, die wie die Decke und der Bühnenrahmen ganz und gar mit vorspringenden, gebuckelten Knäufen bedeckt ist. Wenn dann – mit Ausnahme der ersten und letzten Szene, die vor einem blauen Lufthintergrund spielen – noch die Hinterwand in derselben Weise geschlossen wird, entsteht der unheimlich zwingende Eindruck eines gepanzerten Kerkers, von dessem grellen Gelb sich die schwarzen Kostüme scharf abheben. Wenige Möbel genügen, um den Schauplatz zu verändern. (Ruppel)

Dieser »gepanzerte Kerker«, in dem der einzelne wie auf einem Schachbrett hin- und hergeschoben werden soll, vermochte das Spanien Philipps II. ebenso zu symbolisieren wie das Dritte Reich der Deutschen. Dieses gleichzeitig Historisches und Aktuelles aufrufende und bedeutende Verfahren wurde auch bei Gestaltung und Einsatz von Details der Ausstattung befolgt: Wenn König Philipp in den Staatsszenen auftrat, umgeben von der »eisenklirrenden« schwarz uniformierten Leibwache und den in schwarze Kutten gewandeten Dominikanern, senkte sich »ein riesenhaftes, mit Totenschädeln angefülltes schwarzes Kreuz von der Decke herab« (Ruppel), flankiert von schwarzen Fahnen. Dieses Kreuz konnte sowohl als theatralisches Zeichen für die von Philipp und der Inquisition geschaffene »Friedhofsruhe« gelesen werden als auch als Hinweis auf den ebenfalls schwarz uniformierten zeitgenössischen »Orden unter dem Totenkopf«, die SS. Dieser aktuelle Bezug wurde durch Elemente einer ›faschistischen Ästhetik‹ wie die Fahnen oder die vielen »Aufzüge und Massenszenen« (Meumann), den »verschwenderischen Aufwand mit Statisterie« (Kobbe) und die »serienweise« auftauchenden Kostüme (Kobbe) – wenn auch weitgehend im »spanischen Trachtenstil des Zeitalters« (Kobbe) – unübersehbar markiert. Das von Reinhardt entwickelte Verfahren der Überblendung wurde hier bis an seine äußerste Grenze vorangetrieben. In seiner Inszenierung von Shakespeares *Richard III.* 1937 im Berliner Staatstheater überschritt Fehling dann diese Grenze; hier aktualisierte er mit einem eher an Piscator gemahnenden Verfahren: »Als die Mörder des Clarence im Kerker ihre Mäntel abwarfen und mit Koppel und Schulterriemen dastanden wie die Totschläger der SA, stockte den Zuschauern der Herzschlag.« (Ruppel)[346]

Fehling ging auch insofern über Reinhardts Modell hinaus, als er nicht den realistisch-psychologischen Schauspielstil zum Muster erhob. Er ließ seine Darsteller vielmehr einen Sprach- und Bewegungsausdruck verwirklichen, den ein Kritiker als eine »vorsichtige Neuauflage der expressionistischen Formengebung« bezeichnete (Kobbe).

Er ist Symphoniker, der weiß, was Aufbau ist, was Dynamik bedeutet, was hinreißende Steigerung bewirkt [...]. Er holt aus [seinen Darstellern] an Sprechtechnik, spielerischem Feuer und fast akrobatischer Gewandheit des Körpers das Letzte heraus. Sie sprechen im Schnellzugstempo Sätze, die innerlich gegliedert und verständlich sind. Sie schlagen der Länge nach hin, daß man denkt, sie würden nie mehr aufstehen. Auch an Stimmkraft fordert er von ihnen Ungeheuerliches – zugunsten der rhetorischen Steigerung, wenn auch nicht immer zugunsten der Wahrscheinlichkeit [...]. Mitunter nimmt er Zeitmaße, so wirbelartig schnell, daß einem beim Zuhören schwindelt. Das ist schönstes Schillersches Feuer. (Meumann)

Eine auf Einfühlung beruhende Identifikation des Zuschauers mit den Figuren wurde durch den Einsatz solcher Mittel konterkariert. Sie wurden vielmehr gezielt verwendet, um die Figuren und ihre Konstellationen gemäß der in der Strichfassung skizzierten Tendenz aufzubauen und zu semantisieren. Entsprechend erschien Werner Hinz' Posa als Mittelpunkt der Inszenierung:

Das große Freiheitsplädoyer Posas vor dem König wird zu einer Forumsrede, deren innere Spannkraft die ganze Welt umfaßt. (Werner Hinz [...] spielt die Audienzszene mit solch geistiger Besessenheit und so elementarem Feuer, daß auf dem Höhepunkt minutenlanger Beifall die Aufführung unterbricht. Dieser Posa ist kein Schönredner, sondern ein Prophet seines Glaubens.) (Ruppel)

Herbert Ihering dagegen sah den Carlos des Hansgeorg Laubenthal als die Hauptrolle an, »in der die Jugend gegen das Alter, die Empfindung gegen das Zeremoniell, die Leidenschaft gegen die höfische Regel und die Menschlichkeit gegen die Inquisition rebelliert. Karlos, nicht der Schwärmer, Karlos der Rebell, dem selbst die Liebe zur Königin nicht verzweifelte Resignation, sondern Empörung und Aufruhr bedeutet.« (Ihering) Posa und Carlos agierten so als Widerstandskämpfer gegen die Gewaltherrschaft König Philipps.

Ihn spielte Karl Wüstenhagen als »Träger« einer »fanatisch eifernden Staatsräson«, als einen »in fürchterlicher Einsamkeit verdorrten, erloschenen Menschen« (Ruppel), der in »stolzer einsamer Höhe über seinem Riesenreich thront« (Thiessen). Dieser Philipp war kein Instrument in den Händen der Inquisition oder des sie verkörpernden Großinquisitors, den Gustav Knuth als »die klinische Studie eines pathologischen Sadisten« (Ruppel) gab. Er war vielmehr Despot kraft eigener Entscheidung, der nicht unter

Berufung auf »pathologischen Sadismus« zu entlasten oder gar zu entschuldigen war.

Die von der Inszenierung immer wieder interpolierten Massenszenen, in denen – wie bei Reichsparteitagen und anderen nationalsozialistischen Feiern – »Massen« Uniformierter (Militärs, Mönche und Damen) »mit ihren Leibern den Raum bauten« (Ihering), der die/den einzelne/n schützend oder drohend umgab, standen so im Wechsel mit Szenen, in denen jeweils einzelne sich für Gewalt und Mord (Philipp, Alba, Domingo, Eboli) oder für Widerstand und Rebellion auch um den Preis des eigenen Lebens (Posa, Karlos, Elisabeth) entschieden. Gewaltherrschaft und Widerstand wurden so als bewußtes und vom einzelnen zu verantwortendes Handeln ausgewiesen, jenseits jeglichen »Pathos des Verhängnisses« (Ruppel). Indem Fehling allerdings in der Bewegungsregie seiner Einzeldarsteller so stark stilisierte, »daß die Bewegungen seiner Schauspieler sich wie in Scharnieren vollziehen und das Spiel an die Marionettenbühne erinnert« (Meumann), wies er unübersehbar auf die Deformationen hin, die jedem einzelnen durch das herrschende Gewaltsystem zugefügt wurden: Auch die einzelnen, die sich zum Widerstand entschlossen, waren nicht mehr die »großen Persönlichkeiten« des 19. Jahrhunderts, sondern vom sie fast erdrückenden totalitären Herrschaftssystem zutiefst Beschädigte.

Die Historizität des klassischen Werkes erscheint hier geradezu als Bedingung der Möglichkeit für die Aktualität seiner Inszenierung. Nur die ausdrückliche Berufung auf den Vergangenheitscharakter der dargestellten Welt – wie die Kostüme sie zitieren – und auf den Klassiker Schiller selbst als den »glühend politischen Dichter der Freiheit, als den ihn Minister Goebbels im vorigen Jahr in seiner großen Schiller-Rede gefeiert hat« (Ruppel), ermöglichte den direkten politischen Appell, den das Publikum entsprechend als Demonstration und Ventil be- bzw. ergriff: »Der Erfolg dieser genialen, stürmischen, rebellischen Schiller-Aufführung war unerhört. Noch um halb eins standen die Hamburger und riefen Regisseur und Schauspieler hervor.« (Ihering)

Die Linie der Klassiker-Inszenierung, die Fehling hier auszog, wurde am Berliner Staatstheater von Gustaf Gründgens fortgesetzt, indem er den *Egmont* »als den Mord an der Freiheit inszenierte«[347], und von Fehling selbst noch weiter radikalisiert. Als er , wie bereits erwähnt, 1937 dort *Richard III.* inszenierte, »grinste und hinkte aus seiner Maske Joseph Goebbels«[348].

Nach dem zweiten Weltkrieg war mit dem Ende des Tausendjährigen Reiches die politische Funktion der Klassiker-Inszenierungen, unter Berufung auf die Historizität der Werke eine subtile Systemkritik öffentlich formulieren zu können, überholt. Eine aktuelle politische Bezüge möglichst vermeidende Historisierung der Klassiker setzte ein; in den drei Westzonen und der aus ihr hervorgegangenen Bundesrepublik wurde sie als eine Art Reprivatisierung der Klassiker, als Rückzug auf ihre »ewigen allgemein menschlichen« Werte vollzogen, in der Sowjetzone und späteren DDR als »Aneignung des klassischen Erbes« deklariert. Posas Forderung nach Gedankenfreiheit zum Beispiel wurde nun statt mit minutenlangem Beifall mit Gleichgültigkeit quittiert: in Paul Verhoevens Münchner Inszenierung von 1948, weil Posa, »um 1948 aktuell zu sein und seinen Zuhörern aus dem Herzen zu sprechen«, hätte sagen müssen: »Geben Sie Ernährungsfreiheit«[349]; und in Wolfgang Langhoffs Inszenierung am Deutschen Theater in Ost-Berlin 1952, weil die Premieren-Zuschauer ebenso wie der Regisseur von der Voraussetzung ausgingen, daß Posas Traumbild eines Staates »sich in diesen Tagen auch bei uns [verwirklicht], in einem Teile unseres Vaterlandes. Wir deutschen Zeitgenossen, die wir Zeugen und Mitschöpfer des planmäßigen Aufbaus des Sozialismus sind, empfinden Schillers Traum von einem neuen Staate als unseren eigenen Traum, der seine Erfüllung gefunden hat.«[350] Schillers *Don Carlos* schien in beiden Fällen nur mehr von historischem Interesse zu sein.

Gegen diese stillschweigende Übereinkunft auf beiden Seiten verstieß der aus der Emigration zurückgekehrte *Fritz Kortner*, als er 1950 – also ein Jahr nach Gründung der beiden deutschen Staaten BRD und DDR – am Berliner Hebbel-Theater den *Don Carlos* inszenierte.[351] Die Aufführung löste den heftigsten Theaterskandal der ersten Nachkriegsjahre aus: Kortner hatte es gewagt, Publikum und Kritik mit einer politischen Aktualisierung herauszufordern. Die Kritiker aus West- und Ost-Berlin reagierten – bis auf wenige Ausnahmen wie Walter Karsch vom *Tagesspiegel* – mit einem einmütigen Aufschrei der Empörung, mit einem aggressiv-emotionalen totalen Verriß der Inszenierung. Welchen Nerv hatte Kortner hier getroffen?

Seine inszenatorischen Verfahren wurden ohne viel Federlesens als »verfehlt«, »unbegreiflich«, »verzerrend« (*Düsseldorfer Nachrichten*) schärfstens verurteilt. Die von Wolfgang Znamenacek entworfene Einheitsdekoration, ein auf die Drehbühne montiertes bewegtes System »aus Eisenstangen und Drahtgittern mit steilen, schmalen Leitertreppen, auf denen emsige Beamte ohne ersichtlichen Grund teils nach oben, teils nach unten steigen« (Anders), wurde von verschiedenen Kritikern mit unverhohlener Häme als ein »spanisches Sing-Sing« (u.a. Friedrich Luft) abqualifiziert. Die Kostüme erschienen ihnen als »grau und schwarz kostümierte Bürgerlichkeit« (Eylau) oder gar als »lustlose Motorradfahrerausrüstung« (Luft) völlig verfehlt. »Beim Aufgehen des Vorhanges sitzt ein Jungchen im Montagekittel, vielleicht ein Autoschlosser, auf einer Gartenbank mit Stahlfüßen. Es ist Carlos.« (Ypsi) Alba trug einen einteiligen Lederanzug »wie ein verfrühter Panzerkommandant« (Eylau), mit Rangabzeichen auf den Schultern und »himbeerroten Generalsstreifen« an den Hosenbeinen wie ein preußisch-deutscher Militär. (Kaul)

Die Figuren entsprachen durchgehend nicht der Erwartung der Kritiker. An ihrer Sprechweise wurde generell moniert, daß die Verse zu »beiläufig«, »pathosleer« und »nuschelig« gesprochen wurden und so »ganze Passagen läppisch oder unfreiwillig komisch« (Luft) klangen. An Kortners Philipp vermißten die Kritiker die »Majestät« (Grindel); er erschien ihnen als »ein kleiner Privatier, grämlich und schwach, in der Liebe belogen, vom Leben verletzt, von der Welt enttäuscht« (Eylau). An Posa (Horst Caspar) hatten sie auszusetzen, daß er »statt aus der Klugheit seines Herzens zu sprechen, beginnt [...] zu argumentieren« (Grindel), daß er – was Karsch positiv notierte – »von einer bestürzenden Natürlichkeit; von einer zivilen Nüchternheit« war. Gegen Werner Hübners Darstellung des Alba wurde eingewandt, daß er »sein Benehmen und seinen Tonfall von den unteren Dienstgraden der Kasernenhöfe gelernt« habe (Eylau), daß er die Figur als »Kollegen aus dem Ganovenkeller« (Grindel) gab. Es irritierte die Kritiker, daß sein Alba und der »abgefeimt verlogene« Domingo Ernst Schröders (Fehling) als »knöchrige Beamte einer Todesfabrik« erschienen, »überhöht« »zu auserlesenen Typen der Despotie, der Intrige, des Blutrausches« (Galfert).

In Anbetracht der Wortwahl in diesen Beschreibungen fällt es einem heutigen Leser der Kritiken schwer zu glauben, daß den Kritikern die Stoßrichtung von Kortners Aktualisierung tatsächlich verborgen geblieben sein sollte: die Abrechnung mit dem Faschismus und die Warnung vor totalitären Systemen welcher Couleur auch immer. Zwar erkannte Friedrich Luft durchaus, daß Kortner wohl zeigen wollte, »wie das System der verhärteten unverrückbaren Macht grundverderblich sei, gleichviel ob es sich religiös oder philosophisch dialektisch gebärdet«. Obwohl aus dieser Formulierung eine Anspielung zumindest auf den Stalinismus herausgelesen werden kann, bezog Luft seine Erkenntnis explizit jedoch nur auf den »politisierenden Klerus«, von dem »die reine und idealistische Christenheit des Malteser-Ritters Posa abgesetzt« würde. Entsprechend beklagten andere Kritiker die »schwere Verunglimpfung der katholischen Weltanschauung« (Ypsi) und die »antiklerikale Demonstration«, in die »Schillers aufklärerische Freiheitsideen verbogen« seien (Anders). Der Faschismus – oder auch der Stalinismus – bleibt als Bezugspunkt für Kortners Inszenierung ausgeklammert, obwohl die zur Beschreibung und Charakterisierung einzelner Verfahren verwendeten Formulierungen für einen heutigen Leser unmißverständlich auf ihn hinzuweisen scheinen.

Kortners Inszenierung hatte offensichtlich mit ihrer spezifischen Art der Aktualisierung ein Tabu verletzt und damit die heftigen Abwehrreaktionen von Kritik und Publikum provoziert. Sie versuchte, an die Tradition der zwanziger Jahre – speziell an das Jessnersche Modell – anzuknüpfen. Dies wurde zwar wiederum von Luft durchaus erkannt, zugleich aber als »inszenatorische Provokation im heute weit überholten Stil eines frühen Piscator« abqualifiziert. Der Schluß liegt nahe, daß mit den von Kortner gewählten Verfahren der Aktualisierung zugleich oder besser: in erster Linie die Stoßrichtung der Aktualisierung, die ihr zugrunde liegende »Idee«, verneint und abgewertet werden sollte. Publikum und Kritik verweigerten sich einer Auseinandersetzung mit ihr. Wenn die Inszenierung sie durch besonders plakative Bilder dazu zwingen wollte, wurde diese Zumutung durch Lachen, Pfeifen, Zwischenrufe u.ä. zurückgewiesen.

Am Ende von V, 5 beispielsweise interpolierte Kortner nach Albas Worten: »Unterdessen bring ich Madrid den Frieden« eine Szene, welche den Befriedungsvorgang darstellte:

> Im Gänsemarsch erscheinen drei Reihen Soldaten, teils in Ritterrüstung aus dem Germanischen Museum in Nürnberg und feuern in breiter Bühnenfront Salve um Salve ins Publikum. Mündungsfeuer blitzt auf, Pulverdampf füllt Bühne und Parkett, Friedrich Schiller mitten ins Herz, von allen Seiten Rufe: ›Unerhört, ›armer Schiller‹, ›aufhören‹, ›Vorhang‹. Minutenlang kann nicht weitergespielt werden. (Ypsi)

Diese Szene rief Erlebnisse und Erfahrungen der Zuschauer wach, die man mit einem beträchtlichen Aufwand an psychischer Energie gerade mehr oder weniger erfolgreich verdrängt hatte. Obwohl diese Aktualisierung durch die Historisierung der Kostüme abgemildert wurde, scheint sie eine spontane Wiederkehr des Verdrängten bewirkt zu haben, der das Publikum sich nicht gewachsen fühlte. Entsprechend verurteilte die Mehrzahl der Kritiker die Szene als eine »unbegreifliche Entgleisung« (*Düss. Nach.*). Wer immerhin den Versuch zu ihrer Deutung unternahm, verurteilte wenigstens das gewählte Verfahren als unangemessen: »Die Abgeschlossenheit der Diktatur sollte eindringlich gezeigt werden, aber Jessner hätte die Salve durch einen Paukenschlag künstlerisch übersetzt.« (Kaul)

Einen vergleichbaren Effekt löste den Berichten zufolge die Szene der Aussprache Philipps mit dem Großinquisitor (Hans Hessling) aus, mit der Kortner ebenso wie Jessner die Aufführung enden ließ.

> Da kroch ein buckliger Zwerg herbei. Alberich mit einer Grock-Maske, aber mit aufgesetzten apoplektischen Kalbsaugen, in blaßrotem, ihn viel zu weit umschlotternden Ornat, in der Hand einen langen Stock, mit dem er auf den liegenden Philipp einzudreschen Miene macht. Lebhafte Heiterkeit im Parkett. Da der Zwerg mit dem Kopf selbst fast den Boden berührt, legt sich Philipp zum Zeichen der Reue fast platt auf dem Bauch, und der Zwerg streichelt ihm von oben bis tief unten den Rücken. Wiederum Gelächter. (Ypsi)

Das Bild der »lustvollen« und »verzweifelten« (Eylau) Selbsterniedrigung Philipps, des »grämlichen Privatiers« und – als König – obersten politischen Funktionsträgers, vor dem grotesken Repräsentanten des totalitären Systems, dem er sogar seinen eigenen Sohn zu überantworten bereit ist, fügte dem Publikum eine schwere narzißtische Kränkung zu. Man reagierte auf sie mit Gelächter, um so die Zumutung abzuwehren, sich im Spiegel dieses Bildes wiedererkennen zu sollen.[352]

Kortners Inszenierung des *Don Carlos* wurde zu einem Skandal, weil sie sich dem herrschenden »Zeitgeist« engegenstellte: Anstatt das klassische Werk zu historisieren[353], aktualisierte sie es. Schlimmer noch, sie stellte es in einen politischen Zusammenhang, den das Publikum als aktuell anzuerkennen, unter keinen Umständen bereit war. Und nicht zuletzt arbeitete sie mit Verfahren der Aktualisierung, die dem Publikum fremd geworden waren. In der kategorischen Verurteilung dieser Inszenierung trafen sich noch einmal die Kritiker aus West und Ost. Der Protest des Publikums sei, so schrieb der Rezensent des SED-Organs *Berliner Zeitung* ein »gutes Zeichen dafür, daß das Werk unserer Klassiker als konstante einigende Kraft die Spaltung Deutschlands wie die kunstzersetzenden Tendenzen des Westens bis heute überdauert« (Eylau).

Die fünfziger Jahre waren dann in der Bundesrepublik von einer tiefgreifenden und nahezu alle gesellschaftlichen Bereiche betreffenden »Restauration« gekennzeichnet.[354] Sie wurde geradezu zum Synonym und Markenzeichen für die Adenauer-Ära. Als *Gustaf Gründgens* im Herbst 1962 am Deutschen Schauspielhaus, Hamburg den *Don Carlos* inszenierte, stand das Ende dieser Ära unmittelbar bevor (ein Jahr später trat Adenauer als Bundeskanzler zurück). Das Theater war bereits an einen Wendepunkt seiner Geschichte gelangt: Das politisch-dokumentarische Theater hatte soeben mit seinen ersten Stücken eingesetzt: Frischs *Andorra*, Dürrenmatts *Physikern*, Walsers *Eiche und Angora* (im nächsten Jahr würde Hochhuths *Stellvertreter* folgen, noch ein Jahr später Kipphardts *In der Sache J. Robert Oppenheimer* und Weiss' *Marat*). In Bremen hatte Kurt Hübner gerade angefangen, eine Gruppe junger Schauspieler, Regisseure und Bühnenbildner um sich zu versammeln, die ein neues Theater schufen, welches für die nächsten zwanzig Jahre das dominierende Paradigma liefern würde: Edith Clever, Jutta Lampe, Margit Carstensen, Bruno Ganz, Michael König; Peter Zadek, Peter Stein, Klaus Michael Grüber; Wilfried Minks, Karl-Ernst Herrmann, Jürgen Rose, Erich Wonder. Das in den fünfziger Jahren wesentlich von Gründgens, Hilpert und – zum Teil auch von – Sellner gepflegte und getragene psychologisch-realistische Schauspielertheater[355] ging seinem Ende entgegen.

Der Tradition dieses Theaters entsprechend legte Gründgens seiner letzten Inszenierung das Reinhardtsche Modell zugrunde.[356] Bei der Strichfassung verfuhr er so, daß der Eindruck entstand, »seine Bearbeitung« wäre »noch keine Vorentscheidung. Er ließ jedem Moment des Dramas seine Chance, auch wenn sich während der Aufführung zeigte, daß die private Tragödie sich über das politische Tableau erhob.« (Kaiser) Diese Tendenz manifestiert sich allerdings unübersehbar bereits in der Textfassung. Hier tritt nicht nur die Inquisition als Drahtzieher und »Hauptschuldige« in den Hintergrund; es sind auch weitgehend die Textpassagen gestrichen, die auf eine politische Motivation der Figuren hindeuten. Stattdessen ist der private Handlungsstrang markiert und in spezifischer Weise präzisiert: Herausgearbeitet sind die souveräne, überlegene Haltung Elisabeths und ihr praktischer Sinn, die Verklemmtheit der

Eboli (wie typisch für die fünfziger Jahre!), der fast krankhafte Gemütszustand des Prinzen Carlos und vor allem der Handlungsstrang Philipp-Posa als persönliche Tragödie des Menschen Philipp. Die Aktualisierung wurde als totale »Reprivatisierung« vollzogen.

Auch wenn die Dekorationen (Teo Otto) als »aufwendig prächtig und stilistisch unausgeprägt« (Kaiser) getadelt wurden, scheinen sie doch die Tendenz zum Rückzug ins Private zum Ausdruck gebracht zu haben: »[...] durch den Verzicht auf die Tiefe und Breite der Bühne wurde die Spielfläche eingeengt: keine raumgreifenden Haupt- und Staatsaktionen, kaum öffentliches und politisches Zeremoniell fanden statt, sondern die private Tragödie, das tragische Familienschauspiel« (Kaiser). Anders als bei Reinhardt übermittelte das Bühnenbild weniger eine Atmosphäre noch gar eine interpretatorische Symbolik; es »bereitete« lediglich »dem intimen Seelenkampf [...] den Schauplatz« (Kaiser). Entsprechend wurde die Spannung zwischen Historizität und Aktualität vor allem in der Rollengestaltung ausgetragen, in der Darstellung der Figuren und ihrer Konstellationen.

Gründgens ging dabei so vor, daß er auf die Geschichtlichkeit der Figuren wohl durch quasi-historische Kostüme (Erich W. Zimmer) hinwies, dem Verhalten der Figuren jedoch archetypische – oder auch zeittypische – Muster zugrunde legte. So führte er Vater und Sohn in einer Identitätskrise vor, wie sie der Übergang von einem Lebensalter in das nächste auslöst: bei Carlos der Übergang vom Jugendlichen zum Erwachsenen und bei Philipp der Übergang vom Alter zum Tod. Beide versuchen diese Krise durch Posas Hilfe zu bewältigen.

Sebastian Fischer spielte den Carlos als einen hochneurotischen Jungen, »ganz verschlungen von seinen Privatgelüsten, er ist fast ausgezehrt schon, ein geducktes, unruhvolles Wrack, ohne Energie und Fülle des Herzens«, ausgestattet mit »Zügen infantiler Schlaffheit« (Wendt). Dieser Carlos, der bei der kleinsten Enttäuschung in Tränen ausbricht, weigert sich beständig, erwachsen zu werden, bis er unter Posas und der Königin Einfluß in der letzten Szene endlich »zur Wirklichkeit erwacht« und erwachsen wird (Wagner); »hier war er wahrhaft königlich« (Melchinger).

Da einerseits dieser Übergang erst ganz am Schluß vollzogen wurde, andererseits aber der Carlos, den Fischer bis dahin gab, weder mit der Vorstellung der Kritiker von dieser Rolle übereinstimmte (»Sebastian Fischer ist kein Carlos« – Melchinger), noch dem in den ausgehenden fünfziger Jahren vorherrschenden Leitbild eines Jugendlichen entsprach, erschien er als Identifikationsfigur denkbar ungeeignet. Publikum und Kritik vermochten für ihn kaum Sympathie aufzubringen.

Die schlug dagegen dem Philipp Gustaf Gründgens' aus vollem Herzen entgegen. Philipp, so urteilte die Kritik, sei die »(einzige?) wahrhaft anrührende, menschlich bewegende und unausdeutbar reiche Figur des Dramas, die all seine Wahrheit in sich versammelt« (Wendt). Gründgens stellte die Identitätskrise des alten Mannes in den Mittelpunkt, die sich zuerst in der Eifersucht manifestiert. Er gab die Figur entsprechend:

> [...] – wie realistisch ist das! – zuvörderst als eifersüchtigen, alten Mann (der, zum Beispiel, in der großen Begegnung mit Posa dessen Aufwallungen immer wieder unterbricht, indem er hartnäckig auf seine familiären Sorgen zurückkommt). Er zeigt ihn dann als einen zuinnerst Unsicheren, dessen schwankendes Gemüt – gramvoll mal, dann umschlagend in eiserne Härte – langsam in tragisch wissende Einsamkeit aufwächst in jene kalte Höhe, in der Naturen wie die seine erst zu sich selbst finden. (Wendt)

Dieser Philipp »rührte«, wie der Zuschauer Fritz Kortner bissig bemerkte, »Publikum und Presse zu Tränen«[357]. Man weinte mit ihm und um ihn, weil er, anstatt sich am Ende seines Lebens noch einmal zu schöner Menschlichkeit aufschwingen zu dürfen, durch Posas Verrat in »Kälte« und »Einsamkeit« zurückgestoßen wird. »Von diesem König fühlt man sich bedroht und möchte ihn doch trösten« (Melchinger). Das Publikum war bereit, diesem alten Mann alle seine Verbrechen, die er als König begangen hatte, um der Qualen willen zu vergessen, die er als Mensch litt. Philipp war die Identifikationsfigur des Abends.

Da seine Leiden, welche das Publikum so tief bewegten, von Posa verursacht waren, blieb auch für diese Figur nicht viel Sympathie übrig. Will Quadflieg spielte sie als einen »Volksredner« (Wagner), als »einen Glühenden, einen Weltfremden, Gescheiten, Sektiererhaften. Das war ein entflammter Kommissar mit hohen Plänen, für die er Opfer von sich und anderen verlangte.« (Kaiser) Quadfliegs Darstellung »entlarvt den Propagandisten eines chiliastisch verklärten Terrors. Der Fackelträger einer Idee schrumpfte zum Funktionär einer Ideologie.« (Wagner) Posa geriet so in eine überraschende Nähe zum Großinquisitor, den Joseph Offenbach »entmythologisierte [...] zum kleinen Kirchenmann mit großer Macht, zum spitzigen Taktiker« (Kaiser): Posa und der Großinquisitor als die gewissenlosen Funktionäre, die ihrer Ideologie den Menschen – Philipp und Carlos – zum Opfer bringen.

Die Kritik feierte die Inszenierung in schöner Einmütigkeit als eine »Modellaufführung«, in der »ein Werk Schillers [...] eine Wiedergeburt aus der Schauspielkunst erfahren« habe (Wendt). Von einer Aktualisierung ist nirgends die Rede. Während die Kritiker von Reinhardts Inszenierung zur Charakterisierung der Figuren Formulierungen verwandten, die auf ihre Verwandtschaft mit zeitgenössischen »Prototypen« schließen lassen, wird man entsprechende Formulierungen in den Kritiken zu Gründgens' Inszenierung nur unter Bezug auf Posa finden. Die Aufführung wurde zuvörderst als ein Produkt der Inszenierungs- und vor allem der Schauspielkunst Gründgens' beurteilt, welche das »Allgemeinmenschliche« des klassischen Werkes im Verhalten der Figuren aufsucht und zum Ausdruck bringt. Sie war daher hervorragend geeignet, das in den fünfziger Jahren tiefsitzende Bedürfnis der bundesrepublikanischen Mittelschicht nach den »allgemein menschlichen« und »ewig gültigen« Werten der Kunst jenseits von Ideologie, Politik und Geschichte zu befriedigen.

Nicht nur unter diesem Aspekt jedoch scheint Gründgens' Inszenierung aus heutiger Perspektive von aktuellen Bezügen, von »Zeitgenossenschaft« geradezu durchtränkt zu sein. Die Abwertung von Posas Freiheitsideen zu menschenverachtender Ideologie; der verächtlich-unwillige Blick auf eine Jugend, die den durch harte Arbeit, eiserne Pflichterfüllung und permanente Triebunterdrückung angehäuften Besitz (Flandern) mißachtet und sich den bestehenden Verhältnissen nicht anpassen kann oder will; und nicht zuletzt die Zentrierung auf die Figur des alten Vaters und Königs, der nicht nach seinen Verbrechen – d.h. dem Leid, das er anderen zugefügt hat – beurteilt werden darf, sondern nur nach dem Leid, das er selbst erlitten hat – diese Aspekte erscheinen uns heute ausnahmslos als Interpretationen, die ganz unmißverständlich auf den Kontext der ausgehenden fünfziger Jahre zurückweisen.

Von den Kritikern allerdings wurden diese Zusammenhänge nicht hergestellt; dabei sei durchaus konzediert, daß sie die Schwelle ihres Bewußtseins tatsächlich nicht überschritten. Dennoch läßt sich mit einigem Recht die Behauptung vertreten, daß der Erfolg der Inszenierung vor allem in dieser ihrer – unbewußten – Aktualität gründete. Ihre überzeugendste und prägendste Manifestation fand sie in der – nicht historischen, sondern »allgemein menschlichen« –

Figur König Philipps, wie Gründgens sie spielte. »In der Erinnerung wird dieser geisterhafte König aus der finsteren Ecke seiner Einsamkeit mit meist halb oder ganz geschlossenen Augen zwischen Mauern wanken, sich tasten, irren, zwischen Mauern und Menschen, die er ihrerseits in einen Geisterzug verwandelt.« (Melchinger)

Es war Gründgens gelungen, seine Darstellung der Figur zu einer mythischen Gestalt zu verdichten, in der die restaurative Altmännergesellschaft der Bundesrepublik am Ende der Adenauer-Ära sich selbst zu einem Kunstwerk verklärt nur allzugern wiedererkannte. Gründgens' *Don Carlos*-Inszenierung markiert insofern in mehrfacher Hinsicht das Ende einer Epoche.

In den ausgehenden sechziger Jahren artikulierte sich auf dem Theater ein prinzipiell neues Verhältnis den Klassikern gegenüber, für das die Arbeit in Bremen repräsentativ wurde.[358] Während Jessner zum Beispiel davon ausgegangen war, daß die klassischen Texte per se »Sprecher dieser Generation«, d.h. aktuell seien, wurde jetzt eben diese Voraussetzung in Zweifel gezogen. Die klassischen Dramen galten zunächst als historische Texte und in diesem Sinn als fremd. Ihre Aktualität stand von nun an prinzipiell in Frage.

Damit reklamierte das Theater für sich eine neue gesellschaftliche Funktion. Während es bisher die Zugehörigkeit der Klassiker zum Repertoire – also zur lebendigen Tradition – fraglos akzeptiert hatte, erhob es sich jetzt zur Instanz, welche die Voraussetzung für diese Zugehörigkeit zunächst einmal überprüfen muß. Die Inszenierung eines Klassikers wurde entsprechend neu definiert als Prozeß einer Untersuchung, die seine mögliche Aktualität erst ermitteln soll. Leitend war dabei das Bewußtsein von der Historizität der klassischen Texte. Daher wurde das Geschichtliche, sofern es fremd erschien, auch nicht durch Striche eliminiert oder durch spezifische inszenatorische Verfahren neutralisiert bzw. überspielt, sondern als fremd aufgedeckt und geradezu ausgestellt.

Die Inszenierung konnte dabei so vorgehen, daß sie den klassischen Text permanent mit Elementen der Gegenwartskultur konfrontierte bzw. durchschoß. Dieses Verfahren verfolgte Peter Zadek in seiner *Räuber*-Inszenierung (1966). Als Folie, gegen die Schillers Figuren, ihre Sprache und ihre Handlungen gesetzt wurden, wählte er »Comics, Western und Horrorfilme«[359]. Die Inszenierung, welche die Kritik als »mehr als ein bloß interessantes Experiment« bewertete, erbrachte als Ergebnis den Nachweis über den hohen Materialwert des Schillerschen Dramas für die Entwicklung einer neuen Theaterästhetik:

Es fehlt der Inszenierung jeglicher Ansatz zur »Vertiefung« und »Ausdeutung«. Schillers Text wird direkt, ungefiltert, ungeglättet, allerdings nicht undifferenziert dargeboten. Er wird nicht verniedlicht, nicht durch Psychologie oder sonstige Künste »nähergebracht«, er bleibt unbewältigt stehen. Das ist das Verwirrende an dieser Darbietung: die bekannten interpretatorischen Probleme werden überhaupt nicht angerührt. Die bei üblichen Inszenierungen sich vor das Stück schiebende Theaterkonvention, diese Summe von Versuchen, das maßlose Stück auf Menschenmaß zurechtzubiegen, ist hier umgangen. Schillers Text und Minks-Zadeks Comic-Zitate laufen parallel, ergänzen sich schlaglichtartig hier und dort, unterstützen oder relativieren sich gegenseitig. Die Künstlichkeit der Beziehungen wird nicht einen Augenblick verschleiert. [...] [Die Inszenierung] weist Wege zu einem artistischen und akrobatischenTheater.[360]

Einen ganz anderen Weg schlug Peter Stein mit seiner *Tasso*-Inszenierung (1969) ein. Er brach das klassische Werk nicht durch Konfrontation mit zeitgenössischer Subkultur auf, sondern wählte das entgegengesetzte Verfahren; er konzentrierte sich auf die Künstlichkeit der dargestellten Welt, ihrer Figuren und deren Verhaltensweisen und entlarvte sie durch »übergenaue Verdeutlichung« und »klärende Übertreibung« ihrer »offenbar unerhörten, paradoxen oder idiotischen Zustände«[361]. Die Aufführung war entsprechend »stilistisch einheitlich und, auf akzentuierte Weise, geschlossen«[362], nachdrücklich diese ihre Künstlichkeit und Geschlossenheit ausstellend. Die Inszenierung des klassischen Textes wurde hier als Selbstreflexion des Theaters auf seinen eigenen Stellenwert innerhalb der spätkapitalistischen Gesellschaft vollzogen:

Je luxuriöser, nobler sich das Theater derzeit drapiert, desto unverhohlener zeigt es sein wahres Gesicht: es ist dem Wesen nach das Dekor, das sich eine spätkapitalistische Gesellschaft ausstellt, und in der Langeweile, die Stein so betörend inszeniert hat, findet sich die Atempause wieder, die nach profitgierigem Tageslauf im Theater sich vergönnt wird. Für das Stück »Tasso« liegt zumal im luxuriösen Ambiente ein sinngemäßer Ausdruck für seine zweckentbundene, narrenfreie Existenz als Kunstwerk, die das Theater ziert, wie Tassos Anwesenheit zu Belriguardo das Renommee des Herzogs. Die Interpretation des Stückes wird grundlegend von der Definition des Theaters in unserer Gesellschaft als eines schönen Anachronismus' vorgenommen. Das macht den aktuellen Ernst, die strenge Glaubwürdigkeit dieser nach außen hin scheinbar in entstellten Posen und Outragen sich ergehenden Aufführung aus. Indem hier das Theater das ihm angetragene bürgerliche Schönheitsbedürfnis gleichsam zynisch in aristokratischer Übersteigerung erfüllt, vermag es dann wiederum auch, den Bürger an seinem Pläsier irre zu machen.[363]

Die mögliche Aktualität eines klassischen Werkes war damit neu definiert: Sie wurde als sein Materialwert für die Entwicklung einer neuen Theaterästhetik bestimmt und/oder als seine Fähigkeit, Produzenten und Rezipienten eine die eigene Situation hinterfragende Auseinandersetzung mit den herrschenden gesellschaftlichen Verhältnissen aufzunötigen – zumindest jedoch zu ermöglichen. Dabei wurde die Aktualität des klassischen Werkes als in spezifischer Weise auf seine Historizität bezogen verstanden: Nur eine Inszenierung, welche das in der Geschichtlichkeit des Textes begründete Fremde und Unverständliche nicht ausschloß – auch nicht »eingemeindete« – galt als fähig, seine Aktualität aufzudecken und zu vermitteln.

Während diese neue Art der Klassiker-Inszenierung u.a. an Schillers *Räubern* und *Kabale und Liebe* (1967 Peter Stein) entwickelt wurde, fand sie bei den wenigen *Don Carlos*-Inszenierungen, die in den ausgehenden sechziger, frühen siebziger Jahren entstanden, keine Anwendung. Zwar brachte Kurt Hübner an seinem Haus 1969 eine *Don Carlos*-Inszenierung heraus. Er legte ihr jedoch eine vereinheitlichende Interpretation zugrunde, »durch die das Stück eben nicht in seine widersprüchlichen Elemente zerbrochen, sondern über diese hinweg auf einen Nenner gebracht wird«. Diesen gemeinsamen Nenner fand er in der »geradezu grundsätzlich erscheinenden Deklarierung der antiidealen Natur des Menschen«[364]. Hübner scheute davor zurück, die an seinem Hause entwickelte Methode auf seine eigene Inszenierung des *Don Carlos* anzuwenden.

Andernorts scheint der *Don Carlos* sogar nur durch Rückzug auf die Position der fünfziger Jahre »bewältigt« worden zu sein. So wird Hans Lietzaus hochkarätig besetzter Inszenierung des Werkes am Berliner Schillertheater 1975 von allen Kritikern bescheinigt, daß sie durch »kaltes verängstigtes Deklamieren« und »Erstarrung aller Figuren« die »Klassiker-Langeweile über alles Übliche hinausgelangen« ließ.[365] *Don Carlos* gehörte in jenen Jahren ganz offensichtlich nicht zu dem eben erst gesicherten bzw. noch zu sichernden Bestand an Klassikern, denen sich eine neue – ästhetische oder gesellschaftliche – Aktualität abringen ließ.

Selbst *Hansgünther Heyme*, der, beginnend mit seiner Wiesbadener *Tell*-Inszenierung 1965, Schillers Dramen in schöner Systematik eines nach dem anderen auf die Bühne brachte und damit auf ihre mögliche Aktualität hin untersuchte, inszenierte den *Don Carlos* erst 1979 in Stuttgart.[366] Er ging dabei von einer prinzipiellen

Dissoziation des Textes von den szenischen Bildern und Abläufen aus: Der Text wurde von den Schauspielern überwiegend in rasantem Tempo »gebrüllt« (Henrichs) oder ausdrücklich als Zitat gebracht. Wenn Posa beispielsweise »sich in der Forderung verheddert: ›Sire, geben Sie ...‹, dann ergänzt Philipp vor der ganzen höfischen Gesellschaft gelassen: ›Gedankenfreiheit, sonderbarer Schwärmer‹.« (Kill). Der Text vermochte auf diese Weise kaum etwas über die Figuren auszusagen, denen er in den Mund gelegt war, sondern löste sich von ihnen ab. Als das einzig historisch Überlieferte wurde er so zugleich als das eigentlich Fremde herausgestellt.

Der Text wurde mit einer eigenständigen Bilderwelt konfrontiert. Der Bühnenraum (Wolf Münzer) war, wie die Kritiker erkannten, »nicht historisch«, sondern »innerseelisch« (Hensel):

Ein riesiger Kosmos liegt offen. Rechts eine Kette von Tierschädeln auf Strohwischen und Papierhüllen bis in die Tiefe der Hinterbühne – eine archaische Opferstätte mit ohnmächtigen sakrilegischen Obszönitäten auf die Hüllen gekritzelt. Links vorne ein Glockenspielgerüst neben einem kleinen Teich voller hin und her schwappender Menschenköpfe und winziger Friedhofskreuze. (Krämer-Badoni)

Dieser Raum war kein symbolischer Raum im Sinne Jessners oder Fehlings, sondern eine Anhäufung von Assoziationsmaterial, das eine Fülle von Deutungen zuließ bzw. stimulierte. In vergleichbarer Weise entstammte auch das übrige Bildmaterial der Aufführung unterschiedlichen kulturellen Bereichen, Epochen und Kulturen:

Da stehen Mythologie, Geschichte, Kultisches und der Theaterfundus mit einem Mal frei verfügbar da und wollen ausgeschöpft sein; da kann Herzog Alba (Wolfgang Robert) an diesem Hof ohne Hof in klappernder Rüstung wie Hamlets Geist zwanglos aus und ein gehen, Domingo (Oswald Fuchs) als strammer Judoka und Kirchenschläger stiernackig die Bühne betreten, kann die Eboli (Brigitte Horn) sich mit ihrem Carlos auf dem Kachelboden wälzen. (Ignée)

Heyme ging dabei so vor, daß er bestimmte Bildfelder aufbaute, deren Zusammenhang assoziativ herzustellen, dem Zuschauer überlassen blieb. Die Aufführung begann mit einem wirkungsmächtigen Bild. Carlos (Benno Ifland) stand vorne an der Rampe:

[...] nackt, tätowierte Brust unter einem blauen Kunstfell-Mantel mit meterlanger Schleppe und flügelähnlichen Ärmeln, die Haare nach hinten zum Schopf zurückgebunden: ein Vogelmensch – er macht anfangs, röchelnd, flügelhebend, einen Flugversuch, der scheitert. Platt gesprochen: dieser Prinz kommt nicht mehr hoch, kann nicht mehr hoch [...]. Ein zerstörter Aufflieger: ein beschädigtes Selbstbild zieht er als angefressenen, ausgestopften Raubvogel auf Rädern hinter sich her. (Rischbieter)

Ausgehend von diesem Bild wurden im Laufe der Aufführung die unterschiedlichsten Analogien und Gegensätze hergestellt: So wurden die weiblichen Figuren, die »unter dem rückenfreien Dekolleté wippende schwarze Tüllschleppen« trugen, zum Vogelmenschen Carlos in eine Beziehung der Analogie gesetzt: »Sie zwitschern wie Vögel und kreischen wie Papageien.« (Hensel) Der Carlos der letzten Szene dagegen trat in einen deutlichen Gegensatz zum Bild des Anfangs: Er erscheint »als blutüberströmter Christus und mit blecherner Dornenkrone aus der Kulisse und wirft sich in diesem Erlöserbild [...] vor die Leiche Posas« (Ignée).[367]

Die Abfolge solcher Bilder ergab keine Geschichte; sie ließ sich vielmehr lesen als »eine erotische Tagträumerei, ein qualvoller, blutiger Todestanz sich verfehlender Erlösungssüchtiger, die aneinander vorbeihasten, -stürzen, -fallen« (Kill). Den Zusammenhang zwischen den Bildern stellte nicht ihre lineare Verkettung her – noch auch der Bezug auf den Text des Dramas. Er wurde vielmehr strukturell von der variierenden Wiederholung bestimmter Elemente geschaffen. So vollzogen die Figuren immer wieder den gleichen Grundgestus: Sie rasten über die Bühne, stürzten, fielen und krümmten oder wälzten sich am Boden. Es wurde mehr als sinnfällig, daß sie sich zu dem himmelstürmenden Gedankenflug des von ihnen herausgeschrieenen Textes nicht aufzuschwingen vermochten. Ihre »Fluchtbewegungen aus der Welt« – in den klassischen Text? – mußten angesichts der Schwere ihrer psychischen Deformationen »ohnmächtig« (Kill) bleiben.

Heyme inszenierte weder eine »Idee«, eine Lesart des Dramas, noch gestaltete er die Figuren als Identifikationsangebote. Er ging vielmehr von der Kluft aus, die den klassischen Text in seiner spezifischen Historizität von der aktuellen Situation seiner Inszenierung trennt. Dem unverstandenen und unverständlich gebrüllten Text stellte er Bilder einer flügellahmen, kaputten Jugend gegenüber: In ihr subjektiv-privates Desaster mißglückter Beziehungen verbissen, sucht sie Heil und Rettung in beliebigen Religionen, Mythen, Ritualen und anderen Halluzinogenen und bleibt zuletzt doch zerstört am Boden liegen.

Dieses Verfahren brach die Linearität der vom Text erzählten Geschichte auf; es ersetzte sie durch eine Folge von Einzelbildern, die als Assoziationsmaterial zum Zuschauer hin offen waren und ihm unterschiedliche Deutungs- und Anschlußmöglichkeiten freigaben: Er konnte die Bilder mit seinen eigenen je subjektiven Erfahrungen besetzen, konnte mit ihnen sozusagen sein eigenes Drama inszenieren und ausagieren.

Zum anderen spielte dieses Verfahren die Idealität des Schillerschen Werkes gegen eine als ungenügend empfundene, »schlechte« gesellschaftliche Realität aus. Die Bilder ließen sinnfällig werden, warum der Anspruch, den der klassische Text formuliert, in der bundesrepublikanischen Gegenwart der ausgehenden siebziger Jahre weder verstanden noch gar eingelöst werden konnte. Nicht Schillers Drama wurde hier denunziert – wie so viele Kritiker aufgebracht meinten –, sondern der Rückzug einer ganzen Generation aus dem politischen Engagement in eine »neue Subjektivität«.

In diesem unwillig-kritischen Blick auf die vorgeführte Jugend kann man vielleicht einen Berührungspunkt mit *Alexander Langs* Inszenierung des *Don Karlos* an den Münchner Kammerspielen (1985) finden.[368] Bei dieser Produktion bestand – insofern Kortners Inszenierung von 1950 vergleichbar[369] – eine gewisse Diskrepanz zwischen dem Erfahrungs- und Erwartungshorizont des Regisseurs und dem der Zuschauer. Es war Langs erste Arbeit in der Bundesrepublik. Seit Jahren als Schauspieler und Regisseur am Deutschen Theater in Ost-Berlin tätig, lebte und arbeitete er in der DDR – ebenso wie sein Bühnenbildner Volker Pfüller, der ihm bereits für verschiedene Produktionen die Bühne gebaut hatte.

Lang arbeitete mit einer Einheitsdekoration, der wie bei Jessner eine funktionale und – in Wechselbeziehung mit den proxemischen Zeichen – eine symbolische Wertigkeit zukam. Sie bestand aus »13 rot aufleuchtenden Schlupf- und Lauerkabinen und einer königlichen Doppelpforte in der Mitte« (Eichholz). Diese Bühnengestaltung erlaubte nicht nur prompte Auftritte und Abgänge, sondern insgesamt ein rasantes Handlungs- und Bewegungstempo. Die Spieler

> [...] sausen [...] herein und hinaus wie im Taubenschlag. Die Briefchen, die Handschuhe, das Tuscheln, Kneifen, Äugen, dieses ganze Zubehör des Schillerschen Intrigendramas wird knapp und nicht ohne trockenen Hohn vorgeführt. »Huuh!« ruft die Königin, als ihr rascher Abtritt sich mit dem jähen Auftritt des Marquis Posa kreuzt. »Jetzt einen Menschen« wünscht sich der trostlose Philipp im dritten Akt, und Schiller braucht lange, um den Gewünschten herbeizuschaffen. Bei Lang, klipp, klapp, steht der Mensch Posa sofort da wie das Gutwettermännchen aus der Spieluhr. (Baumgart)

Dieses »plötzliche Zusammentreffen, jähe Erschrecken«, kurz das ganze atemberaubende Tempo gemahnte an »commedia d'ell arte« (Baumgart) oder an die »Farce à la Feydeau« (Kaiser). In diese Richtung wies auch die äußere Erscheinung der meisten Figuren. Der Infant zum Beispiel (Hans Kremer) »hängt in einer kläglichen Strumpfhosenkombination, so bonbonhaft bunt und sanft lächerlich wie ein empfindsamer, störrischer Knabe aus dem *Struwwelpeter*« (Baumgart). Carlos und Posas Gesichter waren weiß geschminkt mit rotem Kußmund und roten Flecken auf den Wangen. Posas schwarze lange Haare standen »wie Kopfflügel nach hinten weg« (Rischbieter). Die Kostüme – die den verschiedensten Epochen und Stilen entstammten – verwiesen im Wechselspiel mit Mimik, Gestik und Sprechweise auf bestimmte Merkmale der Figur, auf die sie fast restlos reduziert war. Der in Hoftracht gekleidete ewig lächelnde Posa (August Zirner), der »wie eine Krähe schwätzt« (Schostack) und nach seinem großen Freiheitsplädoyer vor Philipp ein rotes Taschentuch hervorzieht, um sich den Mund zu wischen, erschien beispielsweise als »ein cleverer Manager der flandrischen Interessenvereinigung«, als ein »Vertreter für Weltverbesserungsmittel« (May); Domingo (Wolfgang Pregler) und Alba (Axel Milberg) als »junge mit Carlos altersgleiche Karrieremacher«, Alba geradezu als »direkt von der Burschenschaft« (May) oder »wie frisch der Führungsriege der Jungen Union entsprungen« (Schmitz-Burckhard): »Das läßt sich heute auf jedem Parteitag wiederfinden, in zweiter Reihe, hinter dem Minister.« (May) Die »absichtsvoll pummelige Eboli« ergänzte dieses Kabinett grotesker »an Meyerhold erinnernder« (Schröder) Figuren um eine »beleidigte bürgerliche Möchtegern-Geliebte eines Prinzen« (Schmitz-Burckhardt), die Marion Breckwoldt mit einer »sorgsam ausgespielten, herrlichen Komik« gab (Kaiser).

Zusammen bzw. abwechselnd mit »hohen Militärs und Mönchen« stürzten dieses Figuren unablässig »spionierend und gefährlich über die Bühne, verbargen sich in Nischen, schossen aus Türen von rechts in Gemächer nach links« (Kaiser). Auf diese Weise ließ der Wechselbezug zwischen Einheitsdekoration und Choreographie die symbolische Bedeutung der Bühne entstehen: Sie erschien als ein Raum (Staat), in dem jeder jeden bespitzelt, man niemandem vertrauen kann, in dem es keine privaten Freiräume oder Rückzugsmöglichkeiten gibt. Jedes Wort, jede Geste, jede Regung wird ausspioniert und akribisch und pünktlich den zuständigen Stellen überbracht. In dieser – wie wir aus heutiger Sicht sagen würden – perfekt funktionierenden Stasi-Gesellschaft kann selbst das Familienleben niemals privat sein.

Insofern war es nur folgerichtig, sich auf das »Familiengemälde« zu konzentrieren. Im Mittelpunkt der Aufführung stand die Trias: Vater-(Stief-)Mutter-Kind (Sohn). Dem Sohn fiel allerdings die Schlüsselposition zu. Die Aufführung begann damit, daß Karlos aus einem Gang links auf die Bühne schoß, »wie ein Fisch« (Rischbieter) hochsprang, wobei auf seinem Wams jäh ein Blitzlicht explodierte. Die Aufführung endete nach einem »irren Gelächter« des Prinzen, »das sich unmerklich in Geheul verwandelte« (Baumgart), wiederum mit einem Blitzschlag aus seiner Brust. Die beiden zuckenden Signale setzten den Rahmen für einen »Alp- und Lusttraum« (Baumgart), d.h. sie decouvrierten das ganze Bühnengeschehen als den Alp- und Lusttraum des Infanten Karlos. Es war seine subjektive Perspektive, in der die Figuren auf der Bühne erschienen.

Dies galt nicht nur für die groteske Riege der Gleichaltrigen, des »Freundes« und der Spitzel, sondern vor allem für die beiden »Eltern«: für Elisabeth und Philipp. »Sunnyi Melles, bleich und doch glühend und ängstlich«, spielte Elisabeth als »ein Schreckbild von Wunschfrau, nicht nur für Schiller, einen Liebesengel, der immer reizvoll unerreichbar bleibt, leidenschaftlich gehemmt.« (Baumgart). Daß diese Figur einer Wunschphantasie des Prinzen entsprungen war, zeigte die erste Gartenszene: Elisabeth umarmte »den liebenden Karlos und sagt beziehungsvoll: ›Ich fühle – ganz fühl ich sie‹ (aber so als ob das ›Sie‹ groß geschrieben würde, während es doch heißt ›sie, die namenlose Pein‹)« (Kaiser).

In der Figur Philipps dagegen überlagerten sich Karlos' Angst- und Wunschphantasien. »Da durfte Romuald Pekny [...], in einem anderen Stil und anderem Tempo spielend, ein Gegenbild verkörpern.« Seine Gesten, Worte, königlichen Verzweiflungen wirkten »[...] intensiv, [...] ›rein‹, [...] menschlich – erfahrungsgesättigt« (Kaiser). Philipp der Vater erschien als das Wunschbild eines »wahren Menschen« neben den Marionetten seines Hofes; Philipp der Herrscher als das Wunschbild eines »Königs von Shakespeare-Format, wütend und ratlos gegen das Alter und den Verlust der Autorität kämpfend, einen sinnlosen, kindischen, würdelosen, aber sehr menschlichen Kampf« (Baumgart). Dieser Wunschphantasie vom menschlichen Vater und König trat in der Großinquisitor-Szene das Schreckensbild eines bösen, kaltherzig strafenden Übervaters entgegen:

Der Großinquisitor des Reiches (Peter Lühr), zur Mumie geschminkt, spricht an der Rampe mit dem König, der einen blutroten Umhang trägt: zwei Politiker, zwei versteinerte Greise, wie man sie aus der Parteispitze im Kreml kennt. Wenn sie allein auf der Bühne sind, fallen ihre angespannten Posen [...] plötzlich zusammen. Wie zwei böse alte Kinder besprechen sie den Tod des Prinzen durch die Inquisition [...]. So stellt man sich das Theater in der nächsten Eiszeit vor. (Schödel)

Zwischen seinen Wunsch- und seinen Alpträumen wurde dieser Karlos buchstäblich hin- und hergezerrt, körperlich beinahe zerrissen. Hans Kremer ließ ihn zum einen zeremoniöse Bewegungen quasi nach »Goethes Regeln für Schauspieler« (Eichholz) exekutieren, allerdings auch hier ständig wie unter Hochspannung agierend. Zum anderen ließ er ihn immer wieder in Ekstasen ausbrechen. »Da packt er die Königin auf die Arme und wirbelt sie herum. In Stierkämpferpose will er den König abstechen; er sticht sogar, aber aufheulend vorbei. Und wenn Posa hinterrücks erschossen daliegt, holt Karlos tief Luft zu einem Schrei von Tarzan-Qualität.« (Eichholz). Auch in dieser Inszenierung war Karlos »kein Rebell«, eher ein »Kindskopf« (Schödel) oder eine »schrecklich verglühende Kasperlefigur« (Baumgart). Von den Verhältnissen, in denen er leben muß, schwer beschädigt, verströmte und verzehrte er seine ganze Energie im Begehren von Wunschbildern und im Kampf mit Angstphantasien – ein jugendlicher Don Quijote gewissermaßen: eine Jugend, die sich der Realität zu stellen, ganz und gar unfähig ist, auch wenn sie – scheinbar – gegen sie aufbegehrt.

Das Publikum reagierte mit »ovationsartigem Beifall« auf die Inszenierung, aber auch mit »ziemlich massivem Buh« (Kaiser) für Lang und Pfüller. Die Kritik bescheinigte dem Regisseur, ästhetisch durchaus auf der Höhe der Zeit zu sein: »Dieser Flug durch die Zeiten, dieses Mischen, Addieren, Dissonieren ist echtes Ost-Berliner Post-Histoire.« Als möglichen aktuellen Bezug entdeckte man ganz allgemein den »Aufstand junger, wütender Empfindsamkeit gegen starre Regelsysteme«, sah sich jedoch außerstande zu entscheiden, »ob Alexander Lang [...] mit solcher Dissidenz sympathisiert oder nicht« (Baumgart).

Hier machte sich ganz zweifellos bemerkbar, daß Publikum und Kritik sich auf ein anderes ›universe of discourse‹ bezogen als Regisseur und Bühnenbildner. Zwar vermochte der westliche Zuschauer die Inszenierung als eine spezifische Interpretation des Schillerschen Dramas zu rezipieren und die ästhetischen Verfahren zu ihrer theatralischen Konkretisation zu beurteilen; er konnte auch durchaus im Einzelfall Parallelen zu den eigenen gesellschaftlichen und politischen Verhältnissen ziehen (wie bei den jungen Karrieremachern) oder sogar, wo dies auf der Hand zu liegen schien, Bezüge zu den Verhältnissen im real existierenden Sozialismus herstellen (wie bei den beiden Greisen). Die darüber hinaus in den Figuren, Verhaltensweisen und Bildern der Aufführung vielleicht verborgenen bzw. kryptisch artikulierten kollektiven Ängste und Sehnsüchte aufzuspüren, waren Publikum und Kritik jedoch nicht imstande. Für die psychische Aktualität der Aufführung fehlte ihnen – als den in diesem Sinne ›falschen‹ Adressaten – jegliches Sensorium.[370]

4.3.4 Aufführungsgeschichte als Psychohistorie?

Unser Durchgang durch einige »Höhepunkte« der Aufführungsgeschichte des *Don Carlos* im 20. Jahrhundert läßt wohl kaum mehr bezweifeln, daß alle diese Inszenierungen Interpretationen des Werkes darstellen, daß sie jeweils auf spezifische Weise zwischen seiner Historizität und seiner Aktualität vermitteln. Zwar gibt es bis heute Kritiker und Philologen, die sich dieser Binsenweisheit meinen verschließen zu können: Kritiker, die sich im Recht glauben, wenn sie den *Don Carlos* von Schiller gegen den von Jessner, Kortner oder Heyme ausspielen; wenn sie im Brustton der Überzeugung urteilen, diese(r) oder jene(r) Schauspieler(in) sei kein Carlos, Posa, König Philipp, keine Eboli oder Königin Elisabeth; Philologen, die sich zum Anwalt des Dichters aufwerfen und dem Regisseur mit dem Weihwasserwedel der »Intention des Autors« zu Leibe rücken; die sich als »Konsumenten von Theateraufführungen« gegen »Etikettenschwindel« und »Mogelpackungen« (»Ich gehe ins Theater, um ein Stück von Schiller zu sehen und bekomme etwas ganz anderes«[371]) zur Wehr setzen zu müssen glauben – kurz, Kritiker und Philologen, die beim Theater den »echten«[372] *Don Carlos* einklagen.

Dagegen hat sich jedoch weitgehend eine kritische Praxis durchgesetzt, die von der Voraussetzung einer Interpretation ausgeht: Die Kritiker lassen sich darauf ein, mehr oder weniger ausführlich die Plausibilität der gewählten Lesart zu erörtern, und die Philologen sind bereit, nicht nur einer Inszenierung zu bescheinigen, daß sie eine »interessante theatralische Interpretation«[373] des Werkes darstelle, sondern sogar anzuerkennen, daß »in letzter Zeit [...] die Philologie doch befruchtet [wurde] von einigen erfolgreichen Inszenierungen«[374].

Insofern scheint weitgehend die allgemeine Prämisse akzeptiert, daß die Inszenierung eines Klassikers jener Aktivität und jenem Prozeß zuzurechnen sei, in dem bzw. durch die das betreffende Werk der jeweiligen Gegenwart integriert wird. Die Inszenierung eines klassischen Textes läßt sich daher auch als eine Praxis bestimmen und beschreiben, welche »Momente der Vergangenheit in sich einschließt und eben durch diese Integration belebt«[375]. Dieser Einschluß des Vergangenen ins Gegenwärtige mag nun den Philologen zuvörderst im Hinblick auf die von ihm implizierte und geleistete *Interpretation des klassischen Textes* interessieren. Ob dieser Aspekt auch für den nicht-philologischen Zuschauer Priorität beansprucht, erscheint allerdings mehr als fraglich. Hier wird doch wohl eher der *Bezug auf die eigene Wirklichkeit* im Vordergrund stehen.

Wo immer dieser Bezug in Kritiken oder theater- und literaturwissenschaftlichen Abhandlungen thematisiert wird, erscheint er in erster Linie als ein Bezug auf bestehende gesellschaftliche und politische Verhältnisse sowie auf die herrschende Ideologie. Das Spektrum reicht hier von ernsthaften und klugen Auseinandersetzungen mit dem entsprechenden aufklärerischen Potential von Klassiker-Inszenierungen[376] bis hin zu dem abstrusen Vorwurf, das Regietheater versuche, »mit Hilfe von Probennotizen und -protokollen an Hand klassischer Stoffe aktuelle Anstöße, wie die Stammheimer Tode, die Terroristenspannungen oder die Filbinger- und Flickaffairen ideologisch in den Vordergrund zu spielen«[377].

Ein solcher Bezug auf die Wirklichkeit des Zuschauers erscheint allerdings völlig unzureichend, um die offenbar affektive Wirkung zu erklären, welche die von uns angeführten Klassiker-Inszenierungen, den vorliegenden Berichten nach zu urteilen, beim Zuschauer als Zustimmung oder Ablehnung ausgelöst haben: Auf welche Wirklichkeit war sie bezogen?

Es mag in diesem Zusammenhang lohnend erscheinen, eine These des amerikanischen Literaturpsychologen Norman N. Holland aufzugreifen. Bei seiner Untersuchung des individuellen Lesevorgangs kam er zu dem Schluß, daß der Leser das literarische Werk an sein eigenes »Identitätsthema« anpasse, d.h. an sein »individuelles, in früher Kindheit geprägtes Muster von Abwehrstrategien und Anpassungsmechanismen, das die Einstellung des Subjekts zur äußeren und inneren Realität und ihren Anforderungen bestimmt«[378]. Der Leser läßt nur das Material zu, das seiner Abwehrstruktur gemäß ist; dies Material verwendet, adaptiert und transformiert seine Psyche dann mit Lustgewinn.[379]

Da wir es im Theater mit einer Rezeption zu tun haben, die im Kollektiv vollzogen wird, läßt sich annehmen, daß hier neben den verschiedenen individuellen »Identitätsthemen« auch ein weitgehend übereinstimmendes »Identitätsthema« eine Rolle spielt, das sich in der gemeinsamen Geschichte dieses Kollektivs herausgebildet hat. Da mit der Inszenierung eines Klassikers ausdrücklich auf diese gemeinsame Geschichte Bezug genommen wird, erscheint es plausibel, daß Produzenten und Rezipienten hier – neben bzw. in ihren je individuellen Identifikationsthemen – ein »kollektives Identifikationsthema« »in verschiedenen Tonarten und in endlosen Variationen«[380] durchspielen. D.h. die Wirklichkeit des Zuschauers, auf die sich die Wirkung der Klassiker-Inszenierung bezieht, ist seine »psychische Wirklichkeit«, die Wirklichkeit seines Selbst.[381]

Die drei so überaus erfolgreichen *Don Carlos*-Inszenierungen von Reinhardt, Fehling und Gründgens stimmen nicht nur darin überein, daß sie offensichtliche Eingriffe in den Handlungsablauf und die Textgestalt des klassischen Dramas weitgehend vermieden (was bereits per se als ein den Zuschauer stabilisierender Faktor gelten kann). Sie machten auch alle drei dem Zuschauer ein Angebot, in einer Zeit der allgemeinen Destabilisierung seinem Selbst ein auf diese spezifische historische Situation bezogenes idealisiertes Selbst zu integrieren, und trugen so zu seiner Selbst-Kohärenz bei. Der den allmächtigen Vater mit seiner Vision besiegende Sohn Posa bei Reinhardt läßt sich in diesem Sinne deuten ebenso wie die um jeden Preis zum Widerstand gegen ein repressives totalitäres System entschlossenen Rebellen bei Fehling oder der in seiner Einsamkeit ins Mythische gesteigerte menschliche alte Mann bei Gründgens.

Die eher ambivalent aufgenommenen Inszenierungen dagegen bewirkten bereits durch die schonungslosen Eingriffe in Handlungsstruktur und Textgestalt eine erste Destabilisierung des Zuschauers. Darüber hinaus brachten sie ihm schwere Kränkungen bei oder muteten ihm gar eine völlige Fragmentarisierung, Desintegration und Dezentrierung des Selbst zu. Die plötzliche Enthüllung der faktischen Machtlosigkeit des für allmächtig gehaltenen Vaters und Herrschers bei Jessner stellte ebenso wie seine lustvolle Selbsterniedrigung bei Kortner eine Kränkung des Selbst dar, die nur schwer zu verkraften war. Die Auflösung von Handlung und Figur in eine Folge von Bildern bei Heyme oder in infantile regressive Phantasien bei Lang bedrohte den Zuschauer mit einer entsprechenden Fragmentarisierung und Desintegration seines eigenen Selbst. Bei diesen Inszenierungen war es dem Zuschauer nur möglich, sein Selbst zu stabilisieren und Selbst-Kohärenz herzustellen, wenn es ihm gelang, die künstlerischen Verfahren zu durchschauen und in ästhetischer Distanz zu genießen.

Wenn man sich auf eine solche Argumentation einläßt, dann kann man die Aufführungsgeschichte eines klassischen Dramas als Psychohistorie verstehen und studieren: Insofern sich in jeder Inszenierung dieses Werkes »das vorherrschende psychologische Problem [...] ihrer Ära«[382] artikuliert, läßt sich aus der Geschichte seiner Inszenierungen die Geschichte der in diesem Kollektiv dominanten psychischen Dispositionen, Probleme und – ästhetischen – Strategien zu ihrer Lösung rekonstruieren. Da entsprechende Untersuchungen zur Zeit jedoch noch nicht einmal im Ansatz vorliegen, sind alle diesbezüglich formulierten Überlegungen lediglich als »wildes Denken« zu betrachten. Das Fragezeichen hinter der Gleichung »Aufführungsgeschichte als Psychohistorie« muß jedenfalls gegenwärtig noch stehen bleiben.

4.4 Der gegenwärtige Augen-Blick: Theater im Medienzeitalter

4.4.1 Rückkehr der Avantgarde?

Anfang der sechziger Jahre setzten im Theater der westlichen Kultur Entwicklungen ein, die in mancher Hinsicht den Prozeß einer Umdefinition von Theater nachzuvollziehen schienen, den zu Beginn des Jahrhunderts die historischen Avantgarde-Bewegungen in Gang gesetzt hatten. In entschiedener Negation des noch oder wieder fest etablierten bürgerlichen Bildungs-, Erbauungs- und Unterhaltungstheaters wurde Theater ausdrücklich als das definiert, »was zwischen Zuschauer und Schauspieler stattfindet«[383]. Und wieder folgte aus dieser Neubestimmung die Suche nach neuen Räumen und neuen Gattungen sowie ein Modus der Zeichenverwendung, welcher die pragmatische Ebene dominant setzt.

Man spielte in ausgedienten Werkräumen (Richard Schechners Performance Garage in New York), Fabriken (Ariane Mnouchkines Théâtre du Soleil in einer ehemaligen Cartoucherie in Vincennes), Schlachthöfen (Bremen), Kinos (Bremen und Bochum), in Messehallen (Antikenprojekt der Schaubühne), in Filmateliers (das Shakespeare-Projekt der Schaubühne am Halleschen Ufer, 1976/77), im Straßenbahndepot (Frankfurt), im Berliner Olympiastadion von 1936 (Grübers *Winterreise*, 1977). Man schuf hier für jede Inszenierung eine neue räumliche Anordnung (Grotowski, Schechner, Mnouchkine, Peter Stein, Einar Schleef) oder zog für jede Inszenierung an einen anderen Ort. Auf Straßen und Plätzen, in Parks und in Zirkuszelten, in Schaufenstern von Kaufhäusern, in Wohnzimmern, ja selbst an den Fassaden von Hochhäusern wurde Theater gespielt, in Burgruinen und auf Felsen, am See und auf einer Waldlichtung. Beim Theater-Festival in Shiraz 1972 ließ Peter Brook seine erste »interkulturelle« Inszenierung *Orghast* vor dem Grab des Xerxes spielen und Robert Wilson bespielte mit seiner Produktion *KA Mountain and GUARDenia Terrace* sieben Tage und sieben Nächte den Haft Tan Berg. Seit Beginn der sechziger

Jahre hat sich das Theater immer neue Spielräume erschlossen – es gibt letztlich überhaupt keinen Ort mehr, an dem prinzipiell nicht Theater gespielt werden könnte.

Ähnlich wie nach dem ersten Weltkrieg Lothar Schreyer seine Sturm- und Kampfbühne als einen Zusammenschluß »initiierter« Laien gegründet hatte, bildeten sich jetzt überall in der westlichen Welt sogenannte Freie Gruppen, die – zum Teil als eine Art Lebens- und Arbeitsgemeinschaft – neue Formen des Theaterspielens erprobten. Es waren vor allem diese Gruppen, die – wie das 1964 von Eugenio Barba gegründete »Odin Teatret« – ein Straßentheater propagierten und verwirklichten, das auf uralte theatralische Traditionen wie Umzüge und Spektakel von Gauklern, Akrobaten, Feuerschluckern, Narren und Clowns zurückgriff. Andere Gruppen, wie die von Lindsay Kemp 1962 gegründete »Lindsay Kemp Company« bedienten sich aus so gegensätzlichen Traditionen wie klassischem und modernem Tanz auf der einen und Music Hall, Zirkus, Pantomime und Striptease auf der anderen Seite, unbekümmert Trivialität, Kitsch und Kunst mischend.

Nicht nur Freie Gruppen erweiterten den Theater-Begriff. Einzeldarsteller traten auf und kreierten höchst unterschiedliche Formen eines Ein-Mann-Theaters wie die »Clowns« Jango Edwards und Dario Fo oder der Frauendarsteller Craig Russel, der in den Glitzerkleidern des Showbusiness die weiblichen Stars der Unterhaltungsbranche von Marlene Dietrich bis Judy Garland in Satire, Parodie und Travestie in einer Bandbreite »nachahmte«, die von totaler Identifikation bis zur kritischen Persiflage reichte.

Als neue theatralische Gattungen entstanden – ausgehend von der Bildenden Kunst und als eine Art Neuauflage von DADA – das Happening und die Aktions-Kunst. Happening-Künstler wie Allan Kaprow, Michael Kirby oder Wolf Vostell lösten seit 1959 den Werkcharakter der Kunst in Aktionen, in Performances auf, die nicht gedeutet, sondern erfahren werden wollten. Hier wurde die Trennungslinie zwischen Akteuren und Zuschauern völlig aufgehoben: Die Zuschauer machten Erfahrungen, indem sie zu Akteuren wurden. Der Aktionskünstler Herman Nitsch verwendete in seinen *Abreaktionsspielen* reale Objekte und völlig reale Handlungen: Der Zeichencharakter von Requisiten und Bühnenhandlungen, ihre Bedeutungshaftigkeit wurde negiert und an ihrer Stelle der Realcharakter der Handlung, das Objekt-Sein der Gegenstände ausgestellt und erfahren.

An den Rändern eines auf diese Weise ohnehin schon ausgefransten Theater-Begriffs siedelten sich darüber hinaus weitere Grenzphänomene an: Die Ausstellung »Inszenierte Räume« von Karl-Ernst Herrmann und Erich Wonder (Hamburg 1979) zum Beispiel präsentierte Räume, welche die beiden Bühnenbildner zum Begehen und Erfahren geschaffen hatten, Räume, in denen der Ausstellungsbesucher zum Akteur wurde; oder ein anderes Beispiel: das »Theater im Schaufenster«, das der Schauspieler Heinz Schubert in den Einkaufsstraßen der Großstädte entdeckte und in Fotographien festhielt: die Werbe-Inszenierungen der Dekorateure mit ihren Wunschmenschen.

Als Ivan Nagel im Frühjahr 1979 für das Internationale Theater-Institut in Hamburg das »Theater der Nationen« ausrichtete, stellte er ein Programm zusammen, welches die ganze Breite dieses in den letzten knapp 20 Jahren fast bis zur Unkenntlichkeit ausgedehnten Theater-Begriffs eindrucksvoll dokumentierte. In der Einleitung zum allgemeinen Programm-Heft schrieb er über die verschiedenen hier auftretenden Arten und Formen des Theaters:

> Sie ergänzen sich nicht zu einem harmonischen Begriff des Welttheaters; ja ihre Absichten, ihre Arbeitsweisen, die Werke selbst, die sie hervorbringen, schließen einander aus [...]. Ein Kunstwerk stellt das andere in Frage. Wenn das Theater ist, was der junge Clown Jango Edwards zwei Stunden lang allein auf der Bühne treibt, alle Wildheit des Körpers, alle Wut und Rebellion des Herzens entfesselnd – kann dann das schöne, intelligente Ensemblespiel des Burgtheaters, das Goethes »Iphigenie« behutsam neu ausdeutet, ebenfalls Theater sein? Die Gattungen klagen sich an. Kann im trägen Wohlstand, im repräsentativen Dünkel, in der politischen Verfilzung noch Kunst entstehen, oder nur bildungsbeflissene Ablenkung und Beschwichtigung? Kann wiederum die Exhibition aller Kräfte eines Einzelnen, abgeschnitten von den Gemeinschaften eines professionellen Ensembles und eines gebildeten Publikums, woanders hinführen als in zerstörerische Aggression und Verbitterung?[384]

Die von Nagel hier emphatisch hervorgehobene Unsicherheit über den Theater-Begriff, der von nun an gelten soll, erscheint als Konsequenz einer das gesamte überlieferte Kultursystem erschütternden Erosion. Der Entgrenzung des Theaters auf der einen Seite korrespondierte auf der anderen eine weitgehende Theatralisierung des Alltagslebens: Das »Theater im Schaufenster« findet seine Entsprechung bzw. Fortsetzung im »Hörsaaltheater«, im »Kirchentheater«, im »Kaufhaustheater«, wie Peter Handke bereits 1968 konstatierte.[385] Eine strikte oder zumindest ›saubere‹ Trennung der Bereiche Höhenkammkultur und Subkultur, Kunst und Alltagswelt, Theater und Leben war nicht mehr aufrechtzuerhalten.[386] Die kulturrevolutionäre Forderung der historischen Avantgarde-Bewegungen, die Kluft zwischen Kunst und Leben zu schließen, Kunst in Leben zu überführen, scheint das Theater dergestalt seit den sechziger Jahren zunehmend eingelöst zu haben.

Und wie zu Beginn des Jahrhunderts wurde auch jetzt die Selbstreflexion des Theaters auf den Theater-Begriff zugleich als Reflexion auf die Ästhetik des Theaters vollzogen. Wieder wurde das Repertoire möglicher theatralischer Zeichen erheblich erweitert. Aus dem riesigen Fundus der Theater- und Kulturgeschichte aller Völker und Zeiten hat sich das Theater der westlichen Kultur beständig neue Elemente einverleibt und als seine Zeichen verwendet. Das Repertoire theatralischer Zeichen – ein Super-Supermarkt kultureller Praktiken und Objekte, die jederzeit abrufbar und beliebig verwendbar geworden sind. Daneben hat die moderne Technologie völlig neue Möglichkeiten zur Schaffung theatralischer Zeichen eröffnet, wie sie mit computergesteuertem Lichteinsatz, Videosizing, Laser- und Holographie verwirklicht werden können. Es gibt prinzipiell keine Kultur und in ihr kein kulturelles System, aus dem das Theater der westlichen Kultur heute nicht Elemente »ausborgen« und als theatralische Zeichen verwenden könnte. Die wichtigsten ästhetischen Verfahren bestehen daher in der Auswahl der Elemente sowie in der Festlegung der Prinzipien ihrer simultanen und sukzessiven Kombination.

Auch in dieser Hinsicht also scheint das Theater seit Beginn der sechziger Jahre das Projekt der historischen Avantgardebewegungen aufgegriffen zu haben und weiterzuführen. Und in der Tat ist auch ein Vertreter der historischen Avantgarde selbst zu diesem Schluß gekommen. Als Robert Wilson 1971 in Paris mit einer Aufführung von *Deafman Glance* zum ersten Mal eine seiner Produktionen in Europa zeigte, erschien wenig später in den *Lettres françaises* ein »offener Brief« des Surrealisten Louis Aragon an seinen einstigen Mitstreiter, den 1966 verstorbenen André Bréton. In diesem Brief machte Aragon Bréton davon Mitteilung, daß »das Wunder [...] sich ereignet« habe, »jenes, das wir erwarteten, von dem wir sprachen«, daß es »sich ereignet« habe, »als ich schon lange aufgehört hatte, daran zu glauben«[387]. Das Theater der Neo-Avantgarde (oder Postmoderne) also die Fortsetzung und Vollendung des Theaters der historischen Avantgarde?

So naheliegend dieser Schluß sein mag, ist er doch trügerisch.[388] Denn die allgemeinen Rahmenbedingungen, unter denen die »Revolution des Theaters« in den ersten Dekaden unseres Jahrhunderts und in den letzten dreißig Jahren vollzogen wurde, sind grundsätzlich verschieden. Das Theater der historischen Avantgarde trat an, um das am bürgerlichen Individuum, seinem Leitbild und seinen Bedürfnissen orientierte bürgerliche Kultursystem zu zerschlagen und eine neue, auf die Bedürfnisse der Massen hin ausgerichtete Kultur, eine Massenkultur und speziell ein neues Volkstheater zu schaffen. Die einsetzende Automatisierung und Technisierung in Verkehr, Arbeits- und Lebenswelt, die neuen Medien Film, Rundfunk, Schallplatte hatten gerade erst begonnen, das Wahrnehmungsvermögen der Zuschauer zu bearbeiten, so daß die Wahrnehmungsleistungen, die das Theater eines Eisenstein, Meyerhold oder Piscator ihnen abverlangte, sie durchaus zu überfordern vermochten.

In den sechziger Jahren dagegen hatte sich längst eine neue Massenkultur herausgebildet – allerdings nicht durch ein neues Volkstheater, sondern durch die Verbreitung der neuen Massenmedien Film, Rundfunk, Schallplatte, Fernsehen. Die technische Bearbeitung des Wahrnehmungsvermögens war im Alltag bereits so weit fortgeschritten, daß eine ununterbrochene gleichzeitige und vielfach divergierende Beanspruchung von Auge und Ohr als »normal« empfunden wurde. In dieser Situation erhob das Theater den Anspruch, den einzelnen von den Folgen dieser Massenkultur, von einerseits Isolation und Anonymität, andererseits totaler Vermassung, zu »heilen« und ihm »authentische Erfahrungen« zu ermöglichen. Die jetzt einsetzende Selbstreflexion des Theaters auf seinen Begriff und seine Ästhetik wurde entsprechend in gezielter Auseinandersetzung mit der Medienkultur vollzogen. Die Untersuchung des Theaters der letzten dreißig Jahre soll entsprechend unter *medientheoretischem Aspekt* vorgenommen werden.

4.4.2 Theater als Ereignis

Zwischen dem Theater und den neuen Medien Film, Fernsehen, Video bestehen, wie sattsam bekannt, grundsätzliche phänomenologische Unterschiede. Für eine Theateraufführung müssen sich Darsteller und Zuschauer gemeinsam für eine bestimmte Zeit an einem bestimmten Ort versammeln. Die neuen Medien dagegen machen den Benutzer (Zuschauer) von Raum und Zeit unabhängig: Ohne seine Wohnung (sein Zimmer, sein Bett) verlassen zu müssen, kann er Ereignisse verfolgen, die sich an den verschiedensten Orten zu den verschiedensten Zeiten zutragen bzw. zugetragen haben. Selbst körperlich immobil, meint er, mit Hilfe der neuen Medien beliebig Räume und Zeiten durchreisen zu können. Während ihm dabei jedoch Fokus und Perspektive durch die Kamera vorgegeben sind[389], kann der Zuschauer im Theater bei einer Aufführung seinen Blick schweifen lassen, Fokus und Perspektive jeweils selbst wählen.

Im Theater laufen Produktion und Rezeption gleichzeitig ab: Während die physisch anwesenden Akteure Handlungen vollziehen, Zeichen hervorbringen, reagieren die physisch präsenten Zuschauer darauf unmittelbar, indem sie die Handlungen in dieser oder jener Weise rezipieren, die Zeichen so oder so deuten. Die Aufführung realisiert sich in diesem Sinne stets als Prozeß einer face-to-face-Interaktion zwischen Darstellern und Zuschauern.

Die neuen Medien andererseits arbeiten mit technisch bzw. elektronisch hergestellten und beliebig reproduzierbaren Abbildungen von menschlichen Körpern, Objekten, Ereignissen. Eine Interaktion der Medienbenutzer mit den abgebildeten Menschen (Darstellern von fiktiven Personen oder den realen Personen) ist im Prozeß der Rezeption ebenso unmöglich wie eine Interaktion mit den Produzenten der Bilder. Allenfalls kommunizieren die Produzenten in einer Ein-Weg-Kommunikation mit dem Rezipienten. Die neuen Medien übermitteln also auf technischem Wege technisch hergestellte Produkte (Kommunikate) zum Zwecke der Massenkommunikation an den einzelnen Verbraucher. Theater vollzieht sich dagegen als ein Ereignis in einer Gemeinschaft physisch präsenter Menschen.

Während das Theater der historischen Avantgarde noch von einem Massentheater träumte, ja sein Ideal geradezu in einer »Filmisierung« (z.B. Meyerhold) des Theaters sah, besinnt sich das Theater seit den sechziger Jahren zunehmend auf diese seine phänomenologischen Eigenarten; es stellt sie geradezu provokativ zur Schau oder markiert sie zumindest unübersehbar.

Das Happening *In Ulm, um Ulm und um Ulm herum*, das Wolf Vostell im November 1964 zusammen mit dem Ulmer Theater (Indentant: Ulrich Brecht; Dramaturgie: Claus Bremer) veranstaltete, thematisierte u.a. die Prämisse der körperlichen Er-»Fahrung«

von Theater. Statt sich wie üblich lediglich an einem Ort zu versammeln, mußten die ca. 300 Teilnehmer sich nacheinander an 24 Stationen begeben (wohin sie jeweils mit Bussen verfrachtet wurden), darunter an einen Flugplatz, eine Autowaschanlage, ein Parkhaus mit Tiefgaragen, ein Freibad (bereits in der Dunkelheit), den Innenhof eines Klosters (Wiblingen), ein freies Feld, den Schlachthof der Stadt, die Sauna des Schlachthofs, einen Kuhstall. Die letzte Station sollte ein Müllabladeplatz sein. Da der zweite Teil der theatralischen Verabredung: nicht nur an einem bestimmten Ort, sondern auch zu einer bestimmten Zeit, wegen Verspätung nicht eingehalten werden konnte, war die zusätzliche »Dekoration« (wie Fernsehapparate) bereits wieder abgeräumt, so daß diese Station ausfallen mußte. Unfreiwillig wurde so ausdrücklich auch auf die zweite Bedingung hingewiesen.

Während »normalerweise« der Zuschauer lediglich die Bedingung zu erfüllen braucht, sich zu einer bestimmten Zeit an einem Ort einzufinden, wenn er an einer Theateraufführung teilnehmen will – die ihm vielleicht eine Reihe verschiedener Schauplätze auf der Bühne präsentieren wird –, mußten sich hier die Zuschauer auch körperlich immer wieder von Schauplatz zu Schauplatz bewegen. Indem sie den jeweiligen Schauplatz betraten, wurden sie dann selbst zu Akteuren: Im Parkhaus schafften sie herumliegende »Tote« in Decken beiseite, schnappten sich an den Wänden scheinbar vergessene Autoreifen, trieben ihren Ulk. Auf dem freien Feld standen sie frierend im Dunkeln, Hindenburglichter in der Hand, und erzählten sich gegenseitig aus ihrem Leben. Im Schlachtsaal des Schlachthauses fielen sie über eine festlich gedeckte Tafel her, an der Schauspieler zu essen begonnen hatten, und räumten sie ab.[390]

Während hier die Teilnehmer solcherart zu Akteuren – und zugleich zu Zuschauern der Aktion – wurden (wie im Alltagsleben), stand im Zentrum der ersten Frankfurter Experimenta (1966) der Versuch einer Verständigung über Formen der Interaktion zwischen Darstellern und Zuschauern: Die Frage war zu klären, wer unter welchen Bedingungen die Grenze überschreiten darf, welche die Bühne vom Zuschauerraum trennt. Bei der Uraufführung von Peter Handkes *Publikumsbeschimpfung* (Regie: Claus Peymann), die das theatralische Grundverhältnis zwischen Schauspielern und Zuschauern nicht nur thematisiert, sondern formalisiert, richteten die Schauspieler ihre verbalen Attacken von der Bühne aus an die Zuschauer. Die fühlten sich davon ihrerseits zu Aktionen aufgerufen.

Zwischen Beifallssalven erhob sich ein junger Mann in den vorderen Reihen und verließ das Theater mit den Worten: »Ich durchschaue das. Ich gehe jetzt raus.« [...] Ein anderer im Publikum, zweite Reihe Mitte, stand auf, als vom Aufstehen und Stehenbleiben auf der Bühne die Rede war. Seine Deklaration, er wolle sich nun nicht mehr setzen, begegneten die Schauspieler mit der ganz spontan wirkenden Erklärung, er möge sich doch lieber setzen, das half. Aber am zweiten Abend ist es – wie man hört – zu wesentlich lebhafteren Reaktionen im Publikum gekommen, schließlich hat der Regisseur nicht mehr gute Miene zum Mitspiel gemacht, sondern diejenigen, die aus dem Zuschauerraum auf die Bühne geklettert sind, von dort wieder zu verdrängen versucht.[391]

Die Verwirrung, die hier entstand, hatte in unterschiedlichen Vorannahmen über den Prozeß der theatralischen Interaktion ihren Grund. Während Regisseur und Schauspieler davon ausgingen, daß die Rollen der Akteure und der Zuschauenden vorab festgelegt seien und mit der Einnahme entsprechender Plätze (Bühne-Zuschauerraum) von Anfang an gesichert, wollten sich einige Zuschauer mit dieser überlieferten Konvention offensichtlich nicht mehr abfinden. Sie vollzogen einen Rollentausch (von der Rolle des Zuschauenden zu der des Agierenden) und überschritten zum Teil auch die Grenze zwischen Zuschauerraum und Bühne. Verteilung der Rollen und Ablauf des Interaktionsprozesses waren neu zu verhandeln.

Während man sich bei der Frankfurter Experimenta – in dieser wie in anderen Veranstaltungen, z.B. in Bazon Brocks *Theater der Position* – nicht zu einigen vermochte, entschied das »Living Theatre« (das sich nach seiner Emigration aus den USA 1965 in Berlin niedergelassen hatte) diese Frage prinzipiell zugunsten der Zuschauerpartizipation. Seine Schauspieler überquerten in den verschiedenen Produktionen immer wieder die Grenze zum Zuschauerraum, bewegten sich zwischen den Zuschauern, wandten sich direkt verbal und physisch einzelnen Zuschauern zu, die ihrerseits zum Teil entsprechend reagierten und begrenzt zu Mitspielern wurden.[392]

Während in den sechziger und frühen siebziger Jahren der mögliche Rollenwechsel vom Zuschauenden zum Handelnden – also die Frage der Zuschauerpartizipation – im Vordergrund des Interesses experimenteller Produktionen stand, verständigte man sich im weiteren Verlauf der siebziger Jahre darauf, daß im Prozeß der theatralischen Interaktion gerade dem Zuschauen eine ganz spezifische, diesen Prozeß allererst konstituierende und definierende Qualität eignet. Während Happenings und Zuschauerpartizipation von dem vor den neuen Medien und durch die neuen Medien eingeübten bzw. verstärkten Zuschauverhalten einer lethargischen Hinnahme, eines passiven Konsums zu befreien suchten, wurde jetzt das Zuschauen im Theater als eine Form aktiven Handelns begriffen und entsprechend markiert.

Die Schaubühne am Halleschen Ufer brachte 1976 unter der Leitung von Peter Stein zur Vorbereitung auf die Inszenierung von *Wie es euch gefällt* (1977) eine Produktion heraus, der sie den Titel *Shakespeare's Memory I+II* gab: Erinnerung an Shakespeare oder auch Shakespeares Gedächtnis. In einer Halle der CCC-Filmstudios in Spandau führten die Schauspieler den ca. 300 Zuschauern sieben Stunden lang Vorträge (über Astronomie oder die spanische Armada), Lesungen (von Raleighs und Essex' Dichtungen auf Elisabeth I.), Demonstrationen (von Weltmodellen und Sternkreiszeichen), Schaustellungen (wie Elisabeth I. auf einem Prunkwagen), Jahrmarktsspektakel (Akrobaten-Kunststücke, einen Schwerttanz), kurze Szenen aus Shakespeares Dramen und vieles andere vor. Stets wurden mehrere Darbietungen gleichzeitig gezeigt.[393]

Der Zuschauer konnte zwischen den verschiedenen Spielorten hin und her wandern, sich für dieses entscheiden und damit auf jenes verzichten, und sich auf diese Weise – der eigenen Vorliebe, der Neugierde oder auch dem Zufall folgend – aus der breiten Palette des Dargebotenen sein eigenes Programm zusammenstellen. Die Produktion legte es dergestalt geradezu systematisch darauf an, die Eigenheiten, welche eine theatralische Rezeption grundlegend von der Rezeption vor den neuen Medien unterscheiden, sozusagen unter experimentellen Bedingungen, d.h. durch Isolation und »Vergrößerung«, zu markieren und so bewußt zu machen: Denn auch wenn der Zuschauer sich auf einem Platz vor einer fest installierten Bühne befindet, ist er aufgefordert, unter den gleichzeitig präsentierten Elementen seine Auswahl zu treffen, seinen Blick und seine Aufmerksamkeit auf das eine zu richten und damit das andere zu »verpassen«. Im Theater stellt in diesem Sinn jeder Zuschauer immer schon seine eigene Aufführung her.

Diese Qualität des kreativen Zuschauens wurde in den ausgehenden siebziger und den achtziger Jahren immer wieder ausdrücklich hervorgehoben – herausgefordert und ausgestellt. Entweder wurde auf verschiedenen Abschnitten des auf die Bühne übertragenen »Environments« gleichzeitig gespielt. Dies Verfahren praktizierte die Schaubühne besonders häufig – von Klaus Michael Grübers *Bakchen* (1974) und *Winterreise* (1977) über Steins Inszenierung der

Trilogie des Wiedersehens von Botho Strauß (1978) und von Aischylos' *Orestie* (1980) bis hin zu Andrea Breths Inszenierung des Schnitzlerschen *Einsamen Wegs* (1991). Oder es wurden für jede Produktion neue räumliche Arrangements getroffen, welche den schweifenden und wählenden Blick geradezu provozierten: Hans Neuenfels' in den Zuschauerraum hineinragende quasi-amphitheatralische Bühne für seine Frankfurter *Medea* (1976) zum Beispiel oder Frank-Patrick Steckels Rechteck, auf dem, rings von Zuschauern umgeben, seine *Penthesilea* (1978 in Frankfurt) spielte, oder der breite »unterkellerte« – und im »Keller« auch bespielte – »Laufsteg«, den Einar Schleef für seinen *Götz* (1989) oder für seine Inszenierung von Feuchtwangers *1918* (1990) durch das Frankfurter Depot legen ließ.

Nachdem solcherart die Produktivkraft im Blick des Zuschauers entfesselt war, konnte durchaus zur Guckkastenbühne zurückgekehrt werden. Denn auch hier erweist sich der kreative Blick des Zuschauers als Bedingung der Möglichkeit theatralischer Interaktion: Im Theater ist Zuschauen Handeln. So wie in Heiner Müllers *Bildbeschreibung* (1985) die Rezeption eines Bildes als Produktion eines Theatertextes vollzogen wird, so realisiert sich im Theater Rezeption stets als Produktion. Diese mediale Bedingtheit von Theater wieder ins öffentliche Bewußtsein zurückgerufen zu haben, ist das Verdienst der experimentellen und ästhetisch avancierten Produktionen der letzten dreißig Jahre.

4.4.3 Materialität der theatralischen Kommunikation

Das Theater hat im Zuge und im Gefolge seiner Selbstreflexion in den letzten dreißig Jahren derart unterschiedliche ästhetische Verfahren entwickelt, daß jeder Versuch, sie deskriptiv oder auch funktionsanalytisch auf einen gemeinsamen Nenner bringen zu wollen, von vornherein zum Scheitern verurteilt ist. In einer Hinsicht allerdings stimmen sie auffallend überein. Sie markieren nachdrücklich die spezifische Materialität der theatralischen Kommunikation, die sie zum Teil geradezu provozierend ausstellen: ihre Räumlichkeit, ihre Körperlichkeit, ihre Lautlichkeit.

Die Bühne repräsentiert nicht mehr eine reale Örtlichkeit (Wohnzimmer, Haus vor Dianas Tempel, Wald und Höhle) noch symbolisch eine Idee (die Welt der Archetypen, die Unterdrückung des Menschen, das Bewußtsein). Sie präsentiert sich vielmehr in erster Linie als ein Kunst-Raum – als Bühnen-Raum eben. Dies gilt für die fast leere, durch einen halbhohen roten Vorhang ausdrücklich als Theaterraum ausgewiesene Guckkastenbühne von Zadeks *Othello*-Inszenierung (Hamburg 1976) ebenso wie für das Hotel »Esplanade«, das Antonio Recalcati für Grübers Produktion *Rudi* (1979) herrichtete. Die erhaltenen Räume der an der Mauer zwischen Niemandsland und Stacheldraht gelegenen Ruine wurden jeweils durch wenige Zusätze in eine Beziehung zur Novelle von Bernard Brentano gebracht, die über Lautsprecher erzählt wurde, während die Zuschauer die Räume durchwanderten.[394]

Unabhängig davon, welcher Raum jeweils gewählt und welche Bühnenform in ihm realisiert wird, stellt der Bühnenraum einen vollständig begeh- und bespielbaren Kunstraum, ein Environment dar, dessen einzelne Segmente oder auch Elemente (Details) durch Aktionen der Schauspieler und/oder nach Maßgabe des Erinnerungs-, Assoziations- und Vorstellungsvermögens des einzelnen Zuschauers mit unterschiedlichem Bedeutungspotential aufgeladen werden können.

In Wilfried Minks' *Maria Stuart*-Inszenierung (Bremen 1972) zum Beispiel fand die Begegnung zwischen den beiden Königinnen in einem Raum statt, der ganz und gar von Elisabeths Staatsrobe ausgefüllt, wenn nicht gar geschaffen wurde. Elisabeth (Margit Carstensen) ragte aus dem Gipfel ihrer acht Meter hohen Staatsrobe hervor, Leicester, der Marias Retter werden soll, wie eine Kordel an ihrem Kleide hängend. Maria (Ute Uellner) stand unten auf einer grünen Wiese. Sie rannte gegen Elisabeth wie gegen einen Felsen an, und während sie lief, lüftete Elisabeth ihren Rock, die Wiese unter Marias Füßen als ihren Rocksaum enthüllend. Der Vorgang kann zwar durchaus interpretatorisch auf einen Textbefund bezogen werden; er erhält jedoch keineswegs allein aus dieser Relation (s)eine Bedeutung. Er ist polyvalent und an unterschiedliche Bild- und Assoziationsketten anschließbar.[395]

Ein anderes Beispiel: Für den zweiten Abend des *Antikenprojekts* der Berliner Schaubühne, für Grübers Inszenierung der *Bakchen*

(1974), war in der Messehalle eine große Bretterfläche als Spielfläche ausgegrenzt, von gleißend hellem Neonlicht beleuchtet (Gilles Aillaud und Eduardo Arrojo). Die Bakchen fingen sofort mit ihrem Auftritt an, den Raum zu untersuchen, betasteten die Wände, welche die Spielfläche nach hinten abschlossen, die Ventilatoren, schalteten das Licht aus und begannen, die Bretter aus dem Boden zu reißen. Erde quoll hervor, Früchte, Salat, Wolle. Zuletzt gruben sie aus dem Boden die völlig mit Schlamm bedeckten Alten Kadmos (Peter Fitz) und Teiresias (Otto Sander) aus. Gleichzeitig mit Pentheus' (Bruno Ganz) Auftritt fuhr dann eine Kehrmaschine auf die Bühne, die in der linken Wandöffnung stationiert war, bemannt mit Gestalten in gelben Kunststoffanzügen. Die Maschine kehrte den »Dreck« weg, den die Bakchen verursacht hatten, die gelben Männer setzten die Bohlen wieder ein und Pentheus ließ die Neonbeleuchtung wieder einschalten. Auch in diesem Fall lassen sich ganz zweifellos die Vorgänge als eine interpretatorische »Umsetzung« von Textbefunden begreifen. Sie gehen jedoch in dieser Beziehung zum Text nicht auf, sondern eröffnen Dimensionen, die weit über den Text hinausgehen, sich mit ihm nur noch in diesem oder jenem Aspekt treffen.[396]

Ein drittes und letztes Beispiel: Für seine Frankfurter *Iphigenie*-Inszenierung (1980) hatte Hans Neuenfels sich eine Bühne bauen lassen, die im wesentlichen aus zwei Segmenten bestand: Rechts war vor Wandschirmen mit einer Öffnung eine Sitzgruppe aus Möbeln der Goethezeit plaziert, die linke Bühnenhälfte dagegen war mit Wasser bedeckt, in ihm eine Sandinsel mit zwei hohen Bäumen. Auf der Insel lag im Sand ein Glasschrein mit einer menschengroßen Puppe (Standbild der Diana). Zu Beginn der Aufführung saß Thoas (Edgar M. Böhlke) auf einem Sessel in der rechten Bühnenhälfte. Er war mit einem modernen Anzug bekleidet, trug eine Brille und las in einem Buch. Nachdem Iphigenie (Elisabeth Trissenaar) seinen Heiratsantrag abgelehnt hatte, überquerte er die Bühne durch das Wasser zur linken Seite, zog Jackett und Hemd aus – seinen tätowierten Oberkörper enthüllend –, kniete im Sand nieder, grub neben dem »Schrein« der Diana einen uralten Tierschädel aus, setzte ihn auf eine halbhohe Stele und betete ihn mit inbrünstigem Gemurmel an. Thoas' Rückfall von der Zivilisiertheit in die Barbarei wurde so schlagartig sinnfällig, ohne daß der Bühnenvorgang durch diese Reduktion in seinem Bedeutungspotential auch nur annähernd ausgeschöpft wäre.[397]

Die Produktivität des theatralischen Raumes erscheint dergestalt nahezu unbegrenzt. Zwar sind es zunächst räumliche Verhältnisse, die hergestellt werden. Aber diese räumlichen Verhältnisse erweisen sich zugleich als politische und anthropologische Verhältnisse, als zwischenmenschliche und innerseelische, als mythische und als historische, als grammatisch-syntaktische und als semantische Verhältnisse: Relationen, welcher Art auch immer, lassen sich in diesen Bühnenräumen als räumliche Relationen vollständig externalisieren.

Zwar vermag häufig der Zuschauer bereits eine ganze Reihe solcher Relationen herzustellen, noch ehe die Schauspieler durch Positionswechsel und Aktionen bestimmte Beziehungen schaffen, aufdecken oder zumindest nahelegen. So wird der Zuschauer vor dem Environment zu den *Bakchen* zwischen der Kehrmaschine und den hinter einer anderen Wandöffnung stehenden Pferden Beziehungen angenommen haben, zwischen den Gestalten in den gelben Kunststoffanzügen und dem Mann im Gesellschaftsanzug, der in einer weiteren Wandöffnung zu sehen war, wie er ein Glas Sekt trank. Es mögen dies nun oppositive Beziehungen sein (Tier vs. Maschine; Tier vs. Mensch; Arbeitskleidung vs. Gesellschaftskleidung) oder äquivalente (bewegliches Tier, das steht – bewegliche Maschine, die steht – beweglicher Mensch, der steht; Maschine – Raumanzüge – Neonlicht – Ventilatoren). In vergleichbarer Weise mag der Zuschauer auf Neuenfels' Bühne die Opposition Natur – Kultur realisiert gefunden haben oder auch den Gegensatz: Goethes Weimar – die Urzeit der Antike. Die spezifisch theatralische Produktivität des Raumes wird jedoch in der Regel erst durch die physischen Aktionen der Schauspieler entfesselt. Die wechselnden räumlichen Verhältnisse, die sie schaffen, indem sie sich in diesem und durch dieses Environment bewegen, vermögen im Zuschauer ein ganzes Potential von assoziativen Relationsbündeln und -geflechten zur Explosion zu bringen.

Es ist also vor allem diese besondere vom Environment ermöglichte Wechselwirkung zwischen Raum und Körper, welche sowohl die Räumlichkeit der theatralischen Kommunikation als auch ihre Körperlichkeit mit allem Nachdruck hervorhebt und unübersehbar markiert. Sie vermag ihre enorme Produktivität allerdings nur dann voll zu entfalten, wenn zwei Bedingungen erfüllt sind: 1. die Bühne präsentiert sich als ein Kunst-Raum (s.o.) und 2. der Schauspieler präsentiert seinen Körper als Material für eine Kunstfigur.

Diese zweite Voraussetzung erforderte völlig neue Arten und Formen der Körperverwendung auf der Bühne. Entsprechend wurden seit den späten sechziger Jahren die unterschiedlichsten Praktiken der Körpererfahrung und des Körpertrainings für Schauspieler entwickelt und erprobt, wobei meist der Anspruch auf »Authentizität« – auf authentische Körpererfahrung und authentischen Körperausdruck – im Vordergrund stand. Artaud und Grotowski galten dabei ebenso als wegweisende Vorbilder wie Lee Strassbergs auf Stanislavskijs »System« aufbauende Methoden, Zen und Yoga ebenso wie Tai-Chi oder andere fernöstliche Praktiken der Körpererfahrung und Körperverwendung. Das so entstandene neue Körperbewußtsein befähigte die Schauspieler, ihren Körper auf der Bühne so zu präsentieren, daß immer auch auf seine Materialität – auf die Körperlichkeit – hingewiesen wurde.

Dies galt für den bekleideten (kostümierten) ebenso wie für den nackten und in seiner Nacktheit zur Schau gestellten Körper. Auch wenn der nackte Körper als kulturrevolutionäres Protestpotential in der Bundesrepublik kaum je eine vergleichbar prominente Rolle gespielt hat wie in der amerikanischen Avantgarde-Kultur der ausgehenden sechziger, frühen siebziger Jahre, gewann doch auch hier die Präsentation des nackten Körpers auf der Bühne zunehmend an Bedeutung. Dabei stand allerdings kaum je die Nacktheit als sozusagen pure Materialität – als reine Natur – im Vordergrund, sondern der nackte Körper erschien als ein kulturell bearbeiteter und bedingter in unterschiedlichen semantischen Bezügen.

Die Nacktheit wurde zum Beispiel zu bestimmten Aspekten der Figur in eine Beziehung gesetzt. So betonte in Ulrich Heisings Inszenierung von Kroetz' *Stallerhof* (Hamburg 1972) die – dramaturgisch begründete – Nacktheit Beppis (Eva Mattes) eher die Verletzlichkeit der bloßen Physis, ihr ungeschütztes Ausgesetzt-Sein; derart Beppis besondere Situation sinnfällig externalisierend.[398] In Zadeks *Lulu*-Inszenierung dagegen (Hamburg 1988) demonstrierte Susanne Lothar Lulus Nacktheit als die nur schwer zu domestizierende Sinnlichkeit ihrer Physis – und damit zugleich die begrenzte Eignung des Körpers als Material für die Kunst, die nur durch die Deckung dieses Moments mit einem Aspekt der dargestellten Kunstfigur wettgemacht werden kann.[399]

Grüber konstruierte in seiner *Bakchen*-Inszenierung geradezu ein bedeutungsgenerierendes System aus der Opposition nackter vs. bekleideter Körper: Die Männer waren bis auf einen Penisgürtel alle nackt, die Frauen alle – höchst individuell und unterschiedlich – bekleidet. Wenn Dionysos (Michael König) und Pentheus (Bruno Ganz) sich zum ersten Mal begegnen, treten sie ganz nahe aufeinander zu, begrüßen sich mit einem Zungenkuß, betasten sich, verschmelzen fast zu einer Figur. Als Dionysos Pentheus überredet, Frauenkleider anzulegen, um die Frauen gefahrlos im Kithairon beobachten zu können, zieht Pentheus auch den Frauenschuh an, den Dionysos in seiner Hand hielt, als er zu seinem Auftrittsmonolog auf einer Klinikbahre auf die Bühne geschoben wurde. Nachdem Agaue (Edith Clever) ihren Sohn getötet hat, bleibt nicht ein zerstückelter Körper auf der Bühne zurück. Anstatt daß Kadmos den (nackten) Körper seines Enkels zusammenfügt, näht Agaue die Teile des Kostüms zusammen, das der Herr im Gesellschaftsanzug getragen hatte – Stehkragen, Frackteile, weißes Hemd, graue Lackschuhe. Die Reihe von Äquivalenzen und Oppositionen, die dabei durchlaufen wurde (z.B. nackter Dionysos vs. bekleidete Bakchen; nackter Pentheus vs. bekleidete Straßenkehrer; nackter Dionysos – nackter Pentheus vs. Mann im weißen Anzug in der Türöffnung; nackter Dionysos vs. als Frau verkleideter Pentheus; im Text als nackt ausgewiesener Körper des Pentheus vs. Teile eines Gesellschaftskostüms), setzte nicht nur ein enormes Bedeutungspotential frei, sondern wies stets auf die je spezifische Materialität der auf der Bühne erscheinenden Körper zurück.

In ganz anderer Weise stellte Zadek in seiner *Othello*-Inszenierung den fast nackten Körper der Schauspieler als Material für die Produktion theatralischer Zeichen heraus. Sein Othello (Ulrich Wildgruber) war mit einer dunklen Farbe angepinselt, die sich bei den ersten Schweißtropfen aufzulösen begann. Als die leicht bekleideten Protagonisten Othello und Desdemona (Eva Mattes) ihre bloßen Körper in einer Umarmung aufeinanderklatschten, färbte Othellos schwarze Farbe ab und hinterließ auf Desdemonas Bauch deutliche Spuren. Der »edle Mohr« wurde so als ein Theater-Neger decouvriert, in den alle gängigen Vorurteile und Stereotypen des Europäers über den »Neger« eingegangen sind. Wenn Desdemona sich mit ihm einläßt, dann bleibt etwas davon an ihr hängen – der Theater-Neger färbt auf sie ab.[400]

Zwar mag zunächst – d.h. Ende der sechziger, Anfang der siebziger Jahre – die Materialität des Körpers besonders spektakulär am nackten Körper des Schauspielers hervorgetreten sein, sie wurde jedoch seit diesem Zeitpunkt ganz allgemein anvisiert und systematisch hervorgetrieben. Peter Steins *Tasso*-Inszenierung zum Beispiel endete mit einer »in expressiven Zeichen [...] sich artikulierenden«, »hinreißenden Schlußchiffre«:

Tasso, bei [seinem] [...] letzten Monolog im Rasen hockend, streckt sich auf dem Rücken lang vor Antonio aus, richtet sich aus halbgespreizten Beinen in die Höhe, unmittelbar am Körper des Antonio entlang, klettert an ihm empor und kauert auf seinen Schultern, gafft von dort mit verblödeter Zufriedenheit in ruckartigen Kopfdrehungen in die Runde: ein Affe, der nach sauber gefertigter Nummer von seinem Dressurherrn aus der Manege getragen wird.[401]

Die hier zum ersten Mal erprobte Methode variierte Stein in seinen ersten Schaubühnen-Inszenierungen weiter. Wie im *Tasso* die Opposition Menschenkörper-Affenhaltung beutete er in *Peer Gynt* (1971) die Opposition belebter Körper vs. toter Körper/Leichnam aus:

Da war am Schluß Peer Gynt im Schloß Solveigs, die ihr Leben für ihn verwartet hatte, gestorben. Die Mitarbeiter des Knopfgießers holten die beiden vom Berg herab, setzten sie vor die Kamera eines Fotografen, der das an eine Pietà erinnernde Bild sozusagen »überirdisch« gewordener Liebe per Foto der Nachwelt überliefert: wie ein Andachtsbild.[402]

Beim *Prinzen von Homburg* (1972) erzielte Stein einen entsprechenden Effekt durch die Aufspaltung der Figur auf den Körper des Schauspielers (Bruno Ganz) und auf einen Puppenkörper, und in *Trilogie des Wiedersehens* arbeitete er für das Schlußbild mit der Opposition: lebendiges Gesicht vs. mit Binden umwickeltes Gesicht als Teil eines Kunstwerks.[403] Jedes dieser Schlußbilder war als ein komplexes Zeichen her- und ausgestellt, das wohl auf die vorausgegangene Aufführung noch einmal mit einer bestimmten (Be-)Deutung zurückverwies. Zugleich rückte es jedoch emphatisch das generelle Problem theatralischer Zeichen- und Bedeutungsproduktion in den Blick: Die mit bzw. an den Körpern der Schauspieler hervorgebrachten Zeichen gehen niemals in den Bedeutungen auf, die man ihnen beilegen mag. Sie sind vielmehr Signifikanten – Zeichenkörper – mit einem sozusagen notwendigen Bedeutungsüberschuß, der in ihrer spezifischen Materialität seinen Grund hat.

Dies Problem wird vom Theater seit den ausgehenden sechziger Jahren in der je besonderen Präsentation der Körper immer wieder neu und anders thematisiert und reflektiert. Pina Bausch zum Beispiel konfrontiert dazu bestimmte Bewegungsabläufe mit Redensarten, die sie »konkretisieren«:

Eine Gruppe von Männern hofiert eine Frau in der Mitte mit kleinen Gesten des Streichelns, Kitzelns, Liebkosens, die sich durch ihre Häufung als aufdringlich, besitzergreifend und selbstbezogen entlarven. Die Frau bricht in der Männerrunde lautlos zusammen, ohne daß die Männer ihre Reaktion begreifen. Sie betatschen die Frau noch am Boden liegend weiter. »Jemanden mit Zärtlichkeiten überschütten« oder »jemanden behüten«, »jemanden bemänteln«: Ausdrücke mit einem heute positiv besetzten Sinn erweisen sich in ihrer körpersprachlichen Konkretisierung als rigide tyrannisierende Aktion. Blaubart stülpt Judith die Kleider aller Tänzerinnen – von Blaubarts Frauen – über, bis sie zur völligen Bewegungslosigkeit erstarrt, als Marionette seiner Willkür ausgeliefert ist.[404]

Daneben verwendet Pina Bausch auch Verfahren, wie sie heute bei vielen Choreographen und Regisseuren (so u.a. bei Jan Fabre und Robert Wilson) zu finden sind: die zig-fache Repetition eines immer gleichen Bewegungsablaufs oder die kontrastierende Wiederholung eines in »Normaltempo« vollzogenen Bewegungsablaufs in Zeitlupe. Als Folge dieser Verfahren büßen die durchgeführten Gesten und Bewegungen weitgehend ihren Zeichencharakter ein – sie erscheinen als nichts anderes als Gesten und Bewegungen.

Diese »schöne Materialität« der Gesten, bei der »Laufen [...] nur Laufen« ist[405], wird auch von Grüber in vielen Produktionen betont. In *Empedokles. Hölderlin lesen.* (1975) zum Beispiel ließ er die Clochards in dem auf der Seitenbühne aufgebauten Wartesaal jede Bewegung mit Genauigkeit, Langsamkeit und Gründlichkeit ausführen: den Mantel schließen, die Überreste des Essens wegstecken, einen Schal umwickeln, ein Tuch abklopfen. Während bei Brecht derartige konkrete Handlungen durchgeführt wurden, um Aspekte der Figur zu verdeutlichen, erschienen sie hier als Selbstzweck: ein gestisches Verhalten, das jeder aus seinem Alltag als kontextgebunden kennt, war hier weder auf einen Handlungsablauf noch auf den Aufbau einer Figur bezogen; es wies vielmehr auf sich selbst zurück. Da es sich jedoch als eine konkrete, identifizierbare Handlung realisierte, ließ es sich wohl als »ein Zeichen« qualifizieren, das allerdings »deutungslos« bleiben sollte.[406]

Einen Grenzfall – und zwar in mehrfacher Hinsicht – stellen die Produktionen Robert Wilsons dar, die er seit 1979 (*Death Destruction & Detroit* an der Berliner Schaubühne) kontinuierlich an deutschen Stadt- und Staatstheatern herausgebracht hat. Zum einen geht Wilson ganz dezidiert von der jeweiligen Körperlichkeit des Schauspielers aus: »Ich beobachte den Schauspieler, beobachte seinen Körper, höre auf seine Stimme und dann versuche ich mit ihnen zusammen das Stück zu machen.«[407] Insistierend auf dieser individuellen Körperlichkeit läßt er die Schauspieler minimale Bewegungen vollziehen: Sie treten auf und gehen über die Bühne, sie bleiben stehen oder setzen sich, sie sitzen unbeweglich auf einem Stuhl oder hängen an einem Tau vom Schnürboden herab; sie heben eine Hand, einen Arm, ein Bein und senken sie wieder; sie verziehen ihr Gesicht zu einem Lächeln. D.h. sie führen einerseits Bewegungen durch, die in gewissem Sinne das Grundvokabular der Bühne bilden: Auftreten, Über-die-Bühne-Gehen, Stehen, Sich-Setzen, Sitzen, Sich-legen, Liegen, Aufstehen, Abgehen. Andererseits nehmen sie ausgesprochen unübliche Postionen ein: Sie hängen an einem Tau (*Golden Windows*, München 1982), sie balancieren an einer Leiter (*the CIVIL warS*, Köln 1984). Alle Bewegungen werden nach rhythmischen und geometrischen Patterns und überwiegend in Zeitlupentempo vollzogen.

Der Körper des Schauspielers und seine Bewegungen fungieren dabei nicht als Zeichen: Er ist einfach auf der Bühne präsent und führt die Bewegungen aus, ohne daß sie irgend etwas bedeuten sollen. Wenn in der *Hamletmaschine* (Hamburg 1986) eine Frau am Tisch sitzt, sich auf ihrem Kopf kratzt und lächelt, so bedeutet dies nicht, daß eine Rollenfigur – etwa Ophelia – am Tisch sitzt, sich auf ihrem Kopf kratzt und lächelt; es bedeutet lediglich, daß eine Schauspielerin am Tisch sitzt, sich auf ihrem Kopf kratzt und lächelt. Wenn in *Parzival* (Hamburg 1987) Christopher Knowles auftritt, ein Brett auf dem Kopf balanciert und auf der Stelle kreist, so sagt dies nichts über Parzival aus: Vorgeführt wird lediglich, wie Christopher Knowles ein Brett auf dem Kopf balanciert und auf der Stelle kreist.[408]

D.h. die sich bewegenden oder ruhenden Körper der Schauspieler werden als sich bewegende oder ruhende Körper in ihrer je spezifischen Eigenart, ihrer besonderen Materialität ausgestellt. Sie sollen nicht als Zeichen wahrgenommen werden, sondern die Aufmerksamkeit konzentriert sich auf ihre Konkretheit – auf die Positionen, die sie einnehmen, auf die Bewegungen, die sie in slow motion exekutieren. Die Körper der Schauspieler sind hier nicht nur Material für eine Kunstfigur, sondern sie werden in ihrer Materialität selbst als Kunstwerke ausgestellt: Die je besonderen sich bewegenden und ruhenden Körper der Schauspieler avancieren in Wilsons Theater zum eigentlichen, zum »wahren« Kunstwerk. Die Ausstellung ihres spezifischen Seins auf der Bühne vollzieht, was Arthur Danto (1984) die »Verklärung des Gewöhnlichen«[409]

nennt: durch ihr Ausgestelltwerden auf der Bühne verklären sich die Körper der Schauspieler zu einem Kunstwerk. Damit ist die Betonung der Körperlichkeit als der conditio sine qua non jeglicher theatralischer Kommunikation bis an ihre äußerste Grenze getrieben.

Auf der anderen Seite operiert Wilsons Theater jedoch in dem genau entgegengesetzten Grenzbereich, in dem der Körper des Schauspielers ständig vom »Verschwinden« bedroht ist. Wilson arbeitet meist mit einem flächigen Bühnenhintergrund, häufig mit einer Leinwand, die als Projektionsfläche für Filme (z.B. in den *CIVIL warS*) oder Lichtreflexe (z.B. in *Lear*, Frankfurt 1988) dient oder auch abstrakte Malereien aufweist (z.B. in *Krankheit Tod*, Berlin 1992). Da Wilson seine Schauspieler ihre Bewegungen durch den Raum bevorzugt und in der Regel parallel zur Rampe und zum Hintergrund vollziehen läßt, entsteht der Eindruck, als würde sich die Körperlichkeit des Schauspielers in die Flächigkeit des Bildes auflösen. Da Wilson jedoch andererseits die Schauspieler gleichzeitig mit einem Contre-Jour und einem Overhead-Licht beleuchten läßt, wird ihre Dreidimensionalität, ihre Plastik im Raum ausdrücklich hervorgehoben. D.h. sein Theater reflektiert, arretiert und perpetuiert sozusagen jenen einen Augenblick, in dem der Körper des Schauspielers aus dem Bühnenraum in die Bildfläche überzutreten sich anschickt, in dem die Dreidimensionalität des Körpers in der Bildfläche zu verschwinden droht – den Augenblick, in dem das Theater sich noch einmal, innehaltend, seiner besonderen Materialität versichert, ehe es in die neuen Bildmedien eingeht, in denen es sich rest- und spurlos auflösen wird. –

Indem das Gegenwartstheater – wie vielfältig, unterschiedlich, ja zum Teil widersprüchlich auch immer – mit Nachdruck Räumlichkeit und Körperlichkeit der theatralischen Kommunikation hervorhebt, reflektiert es nicht nur – quasi selbstgenügsam – auf seine spezifische Materialität, sondern stellt sie vielmehr provokativ zur Schau. Hartnäckig insistierend lenkt es den Blick immer wieder auf die prinzipielle Differenz, die das Theater von den technisch-elektronischen Medien scheidet – eine Differenz, die sich nur mit dem Verschwinden des Theaters in den neuen Medien aufheben läßt – oder mit dem Verschwinden der räumlich-körperlichen Wirklichkeit im Computer.[410]

Für die Lautlichkeit der theatralischen Kommunikation wird man diese Art der Differenz kaum ins Feld führen können. Ganz im Gegenteil – hier hat das Theater von den Entwicklungen in den neuen Medien unüberhörbar profitiert. Das theatralische Zeichensystem der Laute und Geräusche konnte durch sie in einer Weise ausgebaut werden, von der Avantgardisten wie Meyerhold, Jessner und vor allem Artaud nur zu träumen wagten. Der überwältigende Effekt von Windgeräusch und Hundegebell in Grübers *Empedokles* zum Beispiel verdankte sich ebenso dem avancierten Stand der Tontechnik wie der auf den Zuschauer aus allen Richtungen eindringende Klangraum, den Hans Peter Kuhn für Wilsons *Lear*-Inszenierung schuf: sirrende Geräusche, die auf- und abschwellen, Trommelschläge, Vogelschreie und Gewittergeräusche, Hundegebell, ferne Rufe und Stimmengewirr, Klappern von Geschirr, Flötenmusik, das Geräusch fallender Wassertropfen, metallische Schlaglaute und immer wieder hörbare Stille. In diesen wie in anderen Inszenierungen waren es gerade die Geräusche, die Laute, welche fremde und ferne, ja transzendente Räume sinnlich appräsentierten und so erahnen ließen. Die Lautlichkeit des Theaters bestätigte und negierte zugleich seine Räumlichkeit: Sie bestätigte sie, indem sie die dem Auge präsentierten Räume um die dem Ohr präsentierten erweiterte; sie negierte sie, indem sie die visuellen Räume in den akustischen aufhob und vernichtete.

Diese Gratwanderung der Lautlichkeit unmittelbar auf der Grenze zwischen Affirmation und Negation einerseits der Räumlichkeit, andererseits der Körperlichkeit der theatralischen Kommunikation wird in den Inszenierungen der letzten Jahre – trotz großer Absturzgefahr – immer wieder unternommen. Bevorzugter Austragungsort ist die menschliche Stimme, in der auf ganz eigenartige Weise Körperlichkeit und Lautlichkeit aufeinanderstoßen: Im Laut manifestiert sich die Körperlichkeit der Stimme und zugleich löst sie sich mit ihm vom Körper los, zu dem sie dann über das Ohr zurückkehrt.[411] Diese spannungsvolle Beziehung zwischen Lautlichkeit und Körperlichkeit in der Stimme kann nun gerade durch die Sprache gestört oder verzerrt werden: Wenn die Signifikate des gesprochenen Textes sich in einer Weise in den Vordergrund drängen, daß sie sich von ihren Signifikanten, den Lauten, abzulösen scheinen, wird die sprechende Stimme auf ihre bloße Medialität reduziert, verflüchtigt sich ihre spezifische Materialität.

Für ein Theater, das gezielt die Materialität der theatralischen Kommunikation reflektieren und hervorheben will, entsteht hier ein gravierendes Problem, das vor allem für das sogenannte Sprechtheater kaum lösbar erscheint. Es gilt, Verfahren zu (er-)finden, welche die Materialität auch der sprechenden Stimme unüberhörbar markieren. Grüber suchte dies zu erreichen, indem er seine Schauspieler ganz leise sprechen ließ, Heyme, indem er sie brüllen ließ. Die Signifikate wurden auf diese Weise allerdings häufig von den Signifikanten verschluckt und nahezu bis zur Unkenntlichkeit ausgelöscht.

Einar Schleef fand einen Weg, die Signifikate eben durch Markierung der Materialität der Signifikanten hervorzutreiben, indem er Raum, Körper und Stimme unmittelbar aneinander band. Er bediente sich dabei eines Mittels, das die Avantgardisten von Georg Fuchs und Meyerhold bis zu Jessner und Fehling wiederholt in den Mittelpunkt ihrer Überlegungen zur Retheatralisierung des Theaters gestellt hatten: des Rhythmus. In seinen Frankfurter Produktionen von den *Müttern* (1986) bis zum *Faust* (1990) ließ Schleef die Schauspieler immer wieder mit eisenbeschlagenen Stiefeln laut knallend eine große Treppe herabsteigen oder einen breiten Laufsteg durchschreiten, im Rhythmus des Schreitens chorisch Worte und Sätze in vielfacher Wiederholung sprechend. Die synchrone Rhythmisierung von Raum, Körperbewegung und Sprache brachte in geradezu aggressiver Sinnlichkeit die spezifische Materialität der theatralischen Kommunikation zur Erscheinung: In der Räumlichkeit traten Körperlichkeit und Lautlichkeit hervor, in der Körperlichkeit Räumlichkeit und Lautlichkeit, in der Lautlichkeit Räumlichkeit und Körperlichkeit. Ihre vom Rhythmus geschaffene, scheinbar unauflösliche Verbindung hatte eine direkt aus der spezifischen Materialität hervorgehende Semantisierung zur Folge.[412]

Gewissermaßen in die entgegengesetzte Richtung weisen die Verfahren, mit denen Wilson die Lautlichkeit gesprochener Sprache hervorhebt. Durch einen Mikroport verstärkt, ertönen die Stimmen der Schauspieler zugleich aus Lautsprechern, vom Körper der Schauspieler scheinbar losgelöst. Zusammen mit anderem Lautmaterial – Geräuschen, Klängen, Tonfolgen – bilden sie eine Art Lautcollage, die ihren eigenen Klangraum entstehen läßt. Da zwischen dem solcherart gesprochenen Text und den zur gleichen Zeit von den Schauspielern durchgeführten Bewegungen sich kaum eine Beziehung herstellen läßt, erfährt die je spezifische Materialität der Stimmen und der Gesten eine zusätzliche Markierung. In seinen frühen Produktionen bis zu den *CIVIL warS* (Akt I, Szene A eingeschlossen) verwendete Wilson als Sprachmaterial bevorzugt

Fragmente der Alltagssprache, Gesprächsfetzen und -splitter. Wurde die Lautlichkeit solcher sprachlichen ready mades durch elektronische Verstärkung oder Verfremdung und Einfügen in eine Lautcollage fokussiert, so reduzierte sich ihre Sprachlichkeit häufig zur bloßen Geräuschhaftigkeit. Seit Beginn seiner Zusammenarbeit mit Heiner Müller (*CIVIL warS*, Akt IV, Szene A) dagegen verwendet Wilson überwiegend poetisch geformtes Sprachmaterial. Seine Lautlichkeit betont er, indem er die Sätze langsam, klar und in ständigen Wiederholungen vortragen läßt, zum Teil mit Ton-Verzerrungen und Überschneidungen mit anderen Geräuschen. Der Klangraum, der so entsteht – wie in der *Hamletmaschine* oder auch in *Krankheit Tod* – ist zuallererst ein Sprachraum. Seine prononciert exponierte Materialität scheint die Bedeutungen der gesprochenen Worte und Sätze unmittelbar aus dieser Lautlichkeit hervorgehen zu lassen.[413]

Heiner Müller hat dies Verfahren der Trennung von Stimme und Körper in seiner eigenen *Mauser*-Inszenierung (Berlin 1991) konsequent weitergeführt und es so wieder an eine uralte theatralische Tradition angeschlossen. Er trennte hier die Sprecher der Texte von den Spielern. Während die eine Gruppe von Schauspielern auf der Bühne und im Zuschauerraum deutlich sichtbar plaziert den Text in ständigen Wiederholungen sprach, vollzog eine andere Gruppe von Schauspielern stumme gestische Handlungen, die wie bei Wilson in keiner erkennbaren Beziehung zum gleichzeitig gesprochenen Text standen. Müller griff damit auf ein Verfahren des japanischen Puppenspiels zurück, das bereits Brecht sich zunutze gemacht hatte. Während dort jedoch gesprochener Text und gestische Handlung sich auf denselben Vorgang beziehen und insofern deutlich einander korrespondieren, wurde hier ausdrücklich das Fehlen einer derartigen Korrespondenz betont. Lautlichkeit und Körperlichkeit wurden strikt voneinander isoliert und so ihre je spezifische Materialität fokussiert. Diese Fokussierung erhielt dadurch besonderen Nachdruck, daß auf jegliche technisch-elektronische Vermittlung verzichtet und der Vorgang der Separierung als ein eminent theatralischer vollzogen und ausgestellt wurde: Wenn auf der Bühne Sprechen und Agieren auf verschiedene Schauspieler aufgeteilt werden, weiß der Zuschauer – wie beim japanischen Bunraku –, daß er den durchaus präsenten und deutlich sichtbaren Körper des Sprechers als nicht anwesend aus seiner ästhetischen Wahrnehmung ausschließen soll. Indem Müller darüberhinaus jegliche erkennbare Beziehung zwischen gesprochenem Text und gestischen Handlungen kappte, traten sowohl die Lautlichkeit als auch die Körperlichkeit geradezu emphatisch in den Vordergrund.[414]

In Müllers Inszenierung war die für die siebziger Jahre und frühen achtziger Jahre typische Dominanz des Körpers über die Sprache aufgehoben. Körper und Sprache fanden in ihr als völlig gleichberechtigte und gleichwertige, jedoch prinzipiell differente theatralische Materialien Verwendung. In ihrer Produktion *Homer lesen* (1986) siedelte sich dagegen die Wiener Gruppe »Angelus Novus«[415] in einem Grenzbereich an, in dem der vorgelesene Text den einzigen Protagonisten abgab, Sprache zum dominierenden Material des Theaters avancierte. Im Wiener Künstlerhaus lasen die Mitglieder der Gruppe abwechselnd die 18 000 Verse der *Ilias* innerhalb von 22 Stunden ohne irgendeine Unterbrechung vor. In anderen Räumen waren weitere Exemplare der *Ilias* verteilt, den beim Klang der lesenden Stimme herumwandernden Zuhörer zur eigenen Lesung einladend. Nicht die je individuelle Körperlichkeit der vortragenden Schauspieler zog die Aufmerksamkeit auf sich, sondern die spezifische Materialität ihrer Stimme, die bei jedem Wechsel der Lesenden unüberhörbar hervortrat, den gleichmäßigen Fluß der Hexameter nur durch die plötzlich merklichen Differenzen in den stimmlichen Qualitäten unterbrechend.

Indem diese Produktion die Materialität der theatralischen Kommunikation dergestalt als Sprachlichkeit bestimmte und so das Theater als einen Raum, in dem Sprache im Laut der Stimme sinnlich erfahren wird, grenzte sie das Theater prononciert von den technisch-elektronischen Medien ab, die – vorrangig – als Bildmedien die Sprache zur Geräuschkulisse verkommen lassen. In klarer Abgrenzung von ihnen ließ Theater sich hier als der Ort beschreiben und definieren, an dem Raum, Körper und Sprache in ihrer je spezifischen Materialität aufeinanderstoßen.[416]

4.4.4 Theater der Anthropologie

Das ›elektronische Zeitalter‹ ist, wie Virilio zu Recht bemerkt hat, vor allem durch die Entwicklung von Technologien charakterisiert, welche »auch eine visuelle Wahrnehmung« ermöglichen sollen, »die sich dem Menschen gegenüber verselbständigt hat: pausenlos sind die Satelliten dabei, zu filmen, zu kartographieren und Objekte zu orten, pausenlos analysieren Computer selbsttätig die Situation, somit eine neue, eine exzentrische Sicht auf die Welt geschaffen ist«[417]. Indem das Theater nicht müde wird, die Aufmerksamkeit auf seine Theatralität zu lenken, sie geradezu provozierend zur Schau zu stellen, beharrt es dagegen auf der Prämisse, daß ästhetische Wahrnehmung sinnliche Wahrnehmung ist: an den Körper des Wahrnehmenden gebunden, von ihm allein ermöglicht und bedingt. Die gleichzeitige physische Gegenwart von Akteuren und Zuschauern im selben Raum, die conditio sine qua non von Theater, erscheint so als Markierung der besonderen Bedingung der Möglichkeit von ästhetischer Wahrnehmung schlechthin – Theater wird zum Paradigma ästhetischer Erfahrung als sinnlicher, als leiblicher Erfahrung. Die Selbstreflexion des Theaters, seine ständige Rückwendung auf seine eigene besondere Phänomenalität vollzieht sich so als Reflexion auf die Bedingungen der Möglichkeit von ästhetischer Wahrnehmung und ästhetischer Erfahrung.

Die Ästhetik, welche das Theater auf diesem Wege – im kompromißlosen Insistieren auf seiner Materialität und ihrem permanenten, demonstrativen Vorzeigen – verwirklicht, ließe sich vielleicht am angemessensten als »Ästhetik der Unterbrechung« kennzeichnen und beschreiben. Der frei durch den Raum schweifende Blick des Zuschauers hält plötzlich inne, verharrt bei einer Geste, einem Blick, einem Lichtstrahl, einem Farbfleck, einem Gegenstand, ehe er seine Wanderung wieder aufnimmt. Der Weg seines Blicks ebenso wie dessen Haltepunkte und ihre Dauer werden von der Interaktion des auf der Bühne präsentierten Materials mit seinem je individuellen subjektiven Wahrnehmungs-, Erinnerungs- und Phantasievermögen, mit seiner besonderen Bedürfnisstruktur bestimmt. Rezeption vollzieht sich so als je subjektive Unterbrechung des Raum-Zeit-Kontinuums. Sie läßt entsprechend einen je subjektiven Raum und eine je subjektive Zeit entstehen. Die Ästhetik der Unterbrechung markiert so Eigenheiten, die generell für theatralische Rezeption gelten.

Diese Unterbrechung hat kaum mehr etwas mit dem Montageverfahren eines Piscator oder eines Brecht gemein: Dort waren nicht nur die »Schnitte« vorgegeben, sondern die einzelnen Elemente auch alle auf den komplexen Sachverhalt (Scheitern der Revolution, Inflation u.ä.) bzw. auf die Fabel bezogen. Hier dagegen geht das Auge des Zuschauers selbst auf Montage – es produziert seine eigene Inszenierung. Genauso wenig läßt sich daher die theatralische Ästhetik der Unterbrechung auf das sogenannte Zapping, das Switchen zwischen den Fernsehkanälen, beziehen. Denn hierbei schweift der Blick des Zuschauers nicht und schweift deshalb auch nicht aus – er bleibt vielmehr unverwandt auf denselben Punkt im Raum gerichtet. Im Gegenteil – man könnte das Zapping geradezu als ein Verfahren charakterisieren, mit dem der Zuschauer vor dem Fernseher versucht, die theatralische Erfahrung des schweifenden Blicks zu simulieren, ohne ihn tatsächlich mobilisieren zu müssen oder zu können.

Die Unterbrechung, die der Blick des Zuschauers im Theater vornimmt, folgt dagegen unmittelbar aus seiner freien Bewegung im Raum-Zeit-Kontinuum. Indem der Blick des Zuschauers es unterbricht, stellt er – wie Heiner Müller es in seiner *Bildbeschreibung* ausdrückt – »die Lücke im Ablauf, das Andere in der Wiederkehr des Gleichen« dar und her. Theater ereignet sich hier jeweils in dem einen Moment, in dem »der Sehschlitz in die Zeit sich auftut zwischen Blick und Blick«[418].

Die Selbstreflexion, welche das Theater der Gegenwart in seinen experimentellen und ästhetisch avanciertesten Produktionen vollzieht, hat insofern eine völlig andere Stoßrichtung als die Selbstreflexion des Theaters der historischen Avantgarde-Bewegungen. In ihr besinnt sich das Theater auf Möglichkeiten und Bedingungen, die mit dem Menschen immer schon gegeben sind, und stellt sie vor dem reflektierenden Blick des Zuschauers aus. Das Theater interessiert sich heute nicht mehr für Psychologie und auch nicht mehr für Soziologie, es interessiert sich in erster Linie für Anthropologie.[419] In diesem Sinne gilt für das zeitgenössische Theater in der Tat McLuhans auf die technisch-elektronischen Medien gemünzter Ausspruch: »The medium is the message.«

Dabei steht zum einen die »Wiedergewinnung menschlicher Leiblichkeit« im Mittelpunkt, die gerade deswegen möglich erscheint, weil

> [...] der Leib gesellschaftlich nicht mehr gebraucht wird. Er wird nicht mehr für Arbeitsprozesse gebraucht, aber mehr und mehr auch nicht mehr für gesellschaftliche Anwesenheit, weil die gesellschaftliche Präsenz im wesentlichen durch Telekommunikationsnetze bestimmt ist. Aber das eröffnet die Chance einer Wiederentdeckung des menschlichen Leibes, die tatsächlich im Schatten technischer Lebenswelt stattfindet.[420]

Diese Wiederentdeckung des Körpers geschieht im Alltag u.a. durch die Anwendung einer Vielfalt von – vor allem – »östlich geprägten Schulen der Leibespraktik, die bereits eine breite Bevölkerungsschicht erfaßt haben«[421]. Der Körper steht im Zentrum von Ernährungs-, Kleidungs-, Kosmetik- und Bewegungsvorschriften; die nicht von den technisch-elektronischen Medien gefüllte Freizeit wird vor allem der Beschäftigung mit dem eigenen Körper gewidmet. Im Theater geschieht seine Wiederentdeckung bereits seit drei Jahrzehnten durch Reflexion und Ausstellung seiner spezifischen Materialität. Der gesellschaftlich überflüssig gewordene Körper avanciert hier allein durch Fokussierung dieser seiner besonderen Beschaffenheit – der Körperlichkeit eben – zum Kunstwerk.[422]

In den letzten Jahren mehren sich die Anzeichen dafür, daß mit der Wiederentdeckung der Leiblichkeit des Menschen eine Wiederentdeckung seiner Sprachlichkeit Hand in Hand geht. Unternehmungen wie das *Homer lesen* von »Angelus Novus«, Müllers *Hamlet-* (1990) und vor allem seine *Mauser*-Inszenierung oder auch die jüngste Frankfurter *Julius Caesar*-Produktion der Needcompany (1992) verwandten und exponierten die Texte ausschließlich als Material für das Sprechen. Die in der je individuellen Stimme der physisch präsenten Schauspieler ertönenden Worte und Sätze erschienen hier in ihrer spezifischen Lautlichkeit selbst als das eigentliche theatralische Kunstwerk. Wenn diese Anzeichen hier zutreffend gedeutet sind, besteht eine gewisse Wahrscheinlichkeit, daß sich das ästhetisch avancierte Theater der nächsten Zukunft in diesem neuen Sinn als ein Theater der Sprache entwickeln wird. Aber wer kann da sicher sein? Mit Prognosen sollte man sich eher zurückhalten.[423]

Die Trennung von Sprechen und Agieren, die Markierung ihrer je besonderen Materialität im Theater der Gegenwart lenkt dergestalt die Aufmerksamkeit auf Körper und Sprache als die fundamentalen anthropologischen Gegebenheiten. Ob diese Hinwendung des Theaters zur Anthropologie als ein letzter Widerstand gegen den herrschenden Trend der Medien, die »Wirklichkeit durch das Abbild« zu ersetzen, gegen ihre »Vorbereitung für die Computerisierung« zu bewerten ist, als ein letztes Innehalten vor dem Moment, »wo der Computer übernimmt«[424], oder eher als Freisetzung von Möglichkeiten, die dem Menschen zwar immer schon offen standen, sich jedoch erst infolge seiner Entlastung durch den Computer voll zu entfalten vermögen – diese Frage kann und soll hier nicht entschieden werden.

Die Entgrenzung des Theaters sowie die ihr korrespondierende Theatralisierung der Wirklichkeit, wie sie in den letzten dreißig Jahren in der westlichen Kultur überall zu beobachten sind, lassen sich im Lichte dieser Kontroverse kaum mehr als bloße Einlösung der von der historischen Avantgarde erhobenen, gegen die bürgerliche Kultur gerichteten Forderung verstehen, die für die bürgerliche Kultur so typische Kluft zwischen Kunst und Leben zu überbrücken und Kunst in Leben zu überführen. Die heute stattfindende »Fusion von Theater und Wirklichkeit«[425] hat eine ganz andere Stoßrichtung. Sie zielt darauf, die fundamentalen Bedingungen menschlicher Existenz, die der Prozeß der Zivilisation mehr und mehr verschüttet und fast zum Verschwinden gebracht hat, durch theatralische Markierung und Reflexion in der alltäglichen Wirklichkeit wieder freizulegen und in ihre angeborenen Rechte wieder – oder endlich? – einzusetzen. Wenn das Theater mit seinen ästhetisch avancierten Produktionen in die Wirklichkeit hineinruft: »Ecce homo!«, so tönt es, wenn auch nur als fernes Echo, doch aus der Wirklichkeit zurück: »Ecce homo!«

Anmerkungen

Anmerkungen zur Einleitung

1 *Schillers Werke. Nationalausgabe.* Bd. 17, S. 375.
2 Vgl. hierzu u.a. Bernard Beckerman 1970, S. 6–17 sowie Joachim Fiebach: Zur Geschichtlichkeit der Dinge und der Perspektiven. Bewegungen des historisch materialistischen Blicks. In: Renate Möhrmann (Hrsg.) 1990, S. 371–388.
3 Helmar Schramm 1990, S. 206.
4 Vgl. ebda.
5 Ebda., S. 232.
6 Folgende Theatergeschichten wurden in dieser Hinsicht ausgewertet:
– *Istorija russkogo dramatičeskogo teatra* (Geschichte des russischen Theaters), hrsg. von E. G. Xolodov. 7 Bde. (Moskau 1977–1987)
– Allen, John: *A History of the Theatre in Europe.* (Totowa, New Jersey 1983)
– Berthold, Margot: *Weltgeschichte des Theaters.* (Stuttgart 1968)
– Brockett, Oscar G.: *History of the Theatre.* (Boston u.a. 1982)
– Craik, Thomas Wallace (Hrsg.): *The Revels History of Drama in English.* 8 Bde. (London 1975–1980)
– Borque, Maria José Díez (Hrsg.): *Historia de teatro en Espana.* 2 Bde. (Madrid 1983)
– Frenzel, Herbert: *Geschichte des Theaters.* Daten und Dokumente. 1470–1890. (München 1984)
– Gregor, Joseph: *Weltgeschichte des Theaters.* (1. Aufl. Zürich 1933, hier nach 2. Aufl. München 1939)
– Jomaron, Jacqueline de (Hrsg.): *Le Théâtre en France.* 2 Bde. (Paris 1988)
– Kernodle, George Riley: *The theatre in history.* (Fayetville, Ark 1989)
– Kindermann, Heinz: *Theatergeschichte Europas.* 10 Bde. (Salzburg 1957–1974)
– Knudsen, Hans: *Deutsche Theatergeschichte.* (Stuttgart 1959)
– Kuritz, Paul: *The Making of Theatre History.* (Englewood Cliffs, New Jersey 1988)
– Michael, Friedrich / Daiber, Hans: *Geschichte des deutschen Theaters.* (Frankfurt/Main 1990, bis S. 92 folgt die Ausgabe dem Band Friedrich Michael: *Geschichte des Theaters.* Stuttgart 1969)
– Nicoll, Allardyce: *A History of English Drama 1660–1900.* 6 Bde. (Cambridge 1923–1959)
– Pandolfi, Vito: *Histoire du théâtre.* 3 Bde. (Verviers 1968, Original: *Storia universale del teatro drammatico.* Turin 1964)
– Raszewski, Zbigniew: *Krótka historia teatru polskiego.* (Warszawa 1977)
– Schöne, Günter: *Tausend Jahre deutsches Theater 914–1914.* (München 1962)
– Southern, Richard: *Die sieben Zeitalter des Theaters.* (Gütersloh 1966, Erstausgabe des englischsprachigen Originals 1961)

- Stamm, Rudolf: *Geschichte des englischen Theaters.* (Bern 1951)
- Vince, Ronald W.: *Ancient and medieval theatre.* A Historiographical Handbook. (Westport 1984)
- Vince, Ronald W.: *Renaissance Theatre.* A Historiographical Handbook. (Westport 1984)
- Wilson, Edwin / Goldfarb, Alvin: *Living Theatre.* An Introduction to Theater History. (New York u.a. 1983)

7 So schreibt z.B. Heinz Kindermann im Epilog zu seiner zehnbändigen *Theatergeschichte Europas*: »Dabei kann es weder um ein anzustrebendes Vollständigkeitsziel noch um chronikale Abfolgemechanismen, sondern nur um kausale Sinnzusammenhänge in der Auswahl des Symptomatisch-Notwendigen gehen« (Bd. 10, S. 607). Ich könnte dieses Zitat kommentieren – will es aber bei der Drohung bewenden lassen.

8 Ein entsprechender ausdrücklicher Hinweis auf Theatergeschichtsschreibung als subjektive Konstruktion findet sich auch bei Paul Kuritz: »This book is a story of the theatre, not the story of the theatre [...] As ancient story-tellers chanted the same epic saga with different emphases, so different authors narrate different histories of the theatre.« (S. XII)

9 Vgl. hierzu Jörn Rüsen: *Zeit und Sinn.* Strategien historischen Denkens. Frankfurt/Main 1990, S. 71.

10 Vgl. zu dieser Unterteilung Jörn Rüsen in: Jörn Rüsen et al. (Hrsg.): *Die Zukunft der Aufklärung.* Frankfurt/Main 1988 sowie ihre anschließend abgedruckte kritische Beurteilung durch Dieter Groh: Postinstrumentelle Geschichtswissenschaft. S. 115–121.

11 Auch die Theatergeschichte hat bereits diese Richtung der Geschichtsschreibung für sich entdeckt. So schreibt Inge Buck im Vorwort zu den von ihr 1988 neu herausgegebenen *Lebenserinnerungen der Komödiantin Karoline Schulze-Kummerfeld 1745–1815*, daß es sich bei dieser Autobiographie um »eine Theatergeschichte von unten« handle. Ausgangspunkt ihres Schreibens sei für Karoline Schulze-Kummerfeld »ihre individuelle Sicht auf den Alltag der Wanderbühne, auf das Theater ihrer Zeit, auf Menschen, Orte und Ereignisse, die sie buchstäblich erfahren hat.« (Schulze-Kummerfeld 1988, S. II)

12 Jörn Rüsen 1990, S. 70.

13 Vgl. hierzu Jörn Rüsen 1990, S. 72 sowie Dieter Groh in Jörn Rüsen et al. (Hrsg.) 1990.

14 Peter Schöttler: Mentalitäten, Ideologien, Diskurse. Zur sozialgeschichtlichen Thematisierung der »dritten Ebene«. In: Alf Lüdtke (Hrsg.): *Alltagsgeschichte.* Zur Rekonstruktion historischer Erfahrungen und Lebensweisen. Frankfurt/Main, New York 1988, S. 85–136, S. 85.

15 Vgl. hierzu u.a. Ulrich Raulff (Hrsg.): *Mentalitäten – Geschichte.* Berlin 1987.

16 Vgl. hierzu Hans-Peter Bayerdörfer: Probleme der Theatergeschichtsschreibung. In: Renate Möhrmann (Hrsg.) 1990, S. 41–63.

17 Johann Friedrich Löwen: *Geschichte des deutschen Theaters.* 1766 (Neu-

druck, hrsg. von Heinrich Stümcke, Berlin 1905); Johann Friedrich Schütze: *Hamburgische Theatergeschichte*. Hamburg 1794 (Fotomechanischer Neudruck der Originalausgabe 1794 im Zentralantiquariat der DDR, Leipzig 1975).

18 Eduard Devrient 1848; Elisabeth Mentzel 1882.

19 Von diesem Vorwurf sind selbstverständlich solche Theatergeschichten ausgenommen, die ausdrücklich als Faktographien oder Quellensammlungen ausgewiesen sind wie bspw. Herbert Frenzel 1979 (2. Aufl. 1984). Frenzel stellt in der Tat ein für Studierende der Theaterwissenschaft ganz unverzichtbares Nachschlagewerk im Taschenbuchformat dar.

20 Vgl. vor allem Thomas Postlewait / Bruce A. McConachie (Hrsg.): *Interpreting the Theatrical Past*. Essays in the Historiography of Performance. Iowa City 1989, sowie die entsprechenden, in den einzelnen Abschnitten der vorliegenden Untersuchung jeweils angegebenen Titel. Eine Forschergruppe an der Werner Reiners-Stiftung, Bad Homburg, arbeitet gegenwärtig am Projekt einer europäischen Theatergeschichte, die von diesen Prämissen ausgeht. Der erste Band zum Theater der historischen Avantgarde im 20. Jahrhundert wird voraussichtlich 1994 erscheinen.

21 Niklas Luhmann: Das Problem der Epochenbildung und die Evolutionstheorie. In: Hans-Ulrich Gumbrecht / Ursula Link-Heer (Hrsg.): *Epochenschwelle und Epochenstrukturen im Diskurs der Literatur- und Sprachhistorie*. Frankfurt/Main 1985, S. 11–33. Zum Problem der Epochenbildung vgl. auch die übrigen Beiträge in diesem Band sowie Bd. XII von »Poetik und Hermeneutik«: *Epochenschwelle und Epochenbewußtsein*, hrsg. Reinhart Herzog und Reinhart Koselleck. München 1987.

22 Vgl. u.a. Erika Fischer-Lichte 1990; Walter Hinck (Hrsg.) 1982; Dieter Kafitz 1982; Harro Müller-Michaels (Hrsg.) 1981.

23 Vgl. hierzu vor allem Dietrich Steinbeck 1970, sowie Erika Fischer-Lichte 1983, Bd. 3.

Anmerkungen zu Kapitel 1

1 Aus Luzern z.B. sind Aufführungen des Passionspiels aus den Jahren 1531, 1537, 1545, 1552, 1560, 1571, 1583 und 1597 überliefert, aus Frankfurt aus den Jahren 1467, 1492, 1498 und 1506 oder aus Alsfeld aus den Jahren 1501, 1511 und 1517.

2 Derartige Spielnachrichten sind gesammelt und ausgewertet von Bernd Neumann 1987.

3 Der Stette Rechtsbuch von 1322, zit. nach Ludwig Schneegans: *Das Pfingstfest und der Roraffe*. Mühlhausen 1851, S. 19.

4 Vgl. hierzu Arno Borst 1979, bes. S. 85–94.

5 Der Tropus lautet:
Quem queritis in sepulchro, o christiocolae
Jesum Nazarenum crucifixum, o coelicolae.

Non est hic, surrexit, sicut praedixerat.
Ite, nuntiate, quia surrexit.
(Wen sucht ihr im Grabe, ihr Christinnen?
Jesus aus Nazareth, den Gekreuzigten, ihr Himmlischen. Er ist nicht hier, er ist auferstanden, wie er es vorausgesagt hat.
Geht und verkündet, daß er auferstanden ist.)
Über den Verfasser des Tropus besteht Uneinigkeit; einige nehmen Tutilo von St. Gallen als Schöpfer an, andere den Abt Odo in Fleury in St. Benoît-sur-Loire (um 930).

6 Vgl. hierzu vor allem Rainer Warning 1974 sowie Johan Nowé: Kult oder Drama? Zur Struktur einiger Osterspiele des deutschen Mittelalters. In: Herman Braet et al. (Hrsg.): 1985, S. 269–313.
7 Rainer Warning 1974, S. 31.
8 Rainer Warning 1974, S. 93.
9 Vgl. hierzu Rainer Warning 1974, bes. S. 184–243.
10 Johan Nowé 1985, S. 304.
11 Vgl. hierzu u.a. Peter Burke 1981; Robert Muchembled 1984 sowie Aaron J. Gurjewitsch: *Das Weltbild des mittelalterlichen Menschen.* München 1986.
12 M. Blakemore Evans 1961, S. 190.
13 Ebda., S. 191.
14 Ebda., S. 203.
15 Sterzinger Passionspiel V. 1223–1242. In: Joseph Eduard Wackernell 1897.
16 Heinz Wyss 1967, V. 106.
17 *Das Redentiner Osterspiel.* Mittelniederdeutsch und neuhochdeutsch, übersetzt und kommentiert von Brigitta Schottmann, Stuttgart 1975, V. 9–18.
18 Johan Nowé 1985, S. 307f.
19 Vgl. hierzu Aaron J. Gurjewitsch 1986, S. 352–400.
20 Vgl. hierzu bei Bernd Neumann 1987 die Belege Nr. 32–34, 1055, 1944, 1946, 1969, 2106 und 2258.
21 Zit. nach Peter Burke 1981, S. 225.
22 Ebda., S. 235.
23 Vgl. hierzu Harold C. Gardiner 1946.
24 Vgl. Robert Muchembled 1984, S. 187ff.
25 Vgl. Erika Fischer-Lichte 1990, Bd. 1, S. 87–92.
26 Jacques Heers 1986, S. 257.
27 Zum Nürnberger Schembartlauf vgl. Samuel Leslie Sumberg 1941.
28 Wuttke zählt in seinem »Nachwort« zur Reclam-Ausgabe der *Fastnachtspiele des 15. und 16. Jahrhunderts* (Stuttgart 1973; 4. bibliograph. ergänzte Aufl. 1989) 23 Orte auf; Linke dagegen spricht von 57 Städten (Hansjürgen Linke 1978, S. 759.)
29 Zu den Fastnachtspielen vgl. vor allem Eckehard Catholy 1961 sowie ders. 1966.
30 Vgl. hierzu Rüdiger Krohn 1974, Wolf Dieter Stempel 1968 sowie M. W. Walsh 1983.
31 Hier wird die Bachtinsche Vorstellung von Karneval zugrunde gelegt. Vgl. Michail Bachtin 1985.

32 Zu den Phasen vgl. Arnold von Gennep: *Übergangsriten.* Frankfurt/Main 1986.
33 Zit. nach Dieter Wuttke 1973, S. 432.
34 Vgl. Norbert Elias 1983, bes. S. 120–221; Hubert Ch. Ehalt: Zur Funktion des Zeremoniells im Absolutismus. In: August Buck et al. (Hrsg.) 1981, Bd. 2, S. 411–420.
35 Vgl. Franz Hadamowsky 1951/52.
36 Richard Alewyn / Karl Sälzle 1959, S. 16.
37 Ebda., S. 50.
38 Ebda., S. 48.
39 Antoine Arnauld: *Logique de Port Royal.* Paris 1683, 1. Teil, 4. Kap., S. 41.
40 Vgl. hierzu »Quid sit idea«, in: Gottfried Wilhelm Leibniz: *Die philosophischen Schriften. Sämtliche Schriften und Briefe,* hrsg. v. d. Preuß. (später Dt.) Akad. d. Wiss., Darmstadt (bzw. Leipzig bzw. Berlin) 1923ff., Bd. 7.
41 Michel Foucault: *Die Ordnung der Dinge.* Frankfurt/Main 1971, vor allem Erster Teil, Kap. 1–3, S. 31–113.
42 Eduard Bodemann: *Die Leibniz-Handschriften der königlich öffentlichen Bibliothek zu Hannover.* Hannover 1895, S. 80f.
43 *Leibnitiana.* Elementa philosophiae arcanae, ed. J. Jagodinsky, Kazan 1913, S. 6.
44 Zum Folgenden vgl. Erika Fischer-Lichte 1983, Bd. 2: Vom »künstlichen« zum »natürlichen« Zeichen. Theater des Barock und der Aufklärung. S. 10–90.
45 Richard Alewyn / Karl Sälzle 1959, S. 59–62.
46 Der französische Jesuitenpater Ménestrier zählt in in seiner Schrift *Habits anciens et modernes* (1682) elf derartige Dekorationstypen auf, ohne sich allerdings auf diese Zahl festlegen zu wollen.
47 Zur Typendekoration vgl. Harald Zielske 1965.
48 Ménestrier. Zit. nach Willi Flemming 1923, S. 177.
49 Vgl. hierzu Walter Michel: Die Darstellung der Affekte auf der Jesuitenbühne. In: Günter Holtus (Hrsg.): *Theaterwesen und dramatische Literatur.* Tübingen 1987, S. 233–251, sowie Hans R. Picard: *Die Darstellung von Affekten in der Musik des Barock als semantischer Prozeß.* Konstanz 1986.
50 P. Franciscus Lang 1975, S. 186f. – Die Schrift erschien zum ersten Mal 1727. Da Lang nach langjähriger Praxis als Choragus in ihr zusammenfaßt, was sich in Jahrzehnten im Jesuitentheater als gängige Regel herausgebildet hatte, kann sie durchaus für die Praxis des 17. Jahrhunderts als repräsentativ gelten.
51 Ebda., S. 191.
52 Ebda., S. 199f.
53 Athanasius Kircher: *Musurgia universalis.* Rom 1650, nach der Übers. von A. Hirsch, Schwäbisch Hall 1662, S. 159.
54 Ausdrücklich heißt es bei Lang, daß »ein umso stärkerer Affekt sich bei den Zuschauern einstellt, je stärker, lebhafter und eben packender die Schau-

spielkunst in der auf dem Theater redenden Person wirksam wird. Die Sinne sind nämlich das Tor der Seele, durch das jetzt noch die Erscheinungen der Dinge ins Gemach der Affekte eintreten« (P. Franciscus Lang 1975, S. 200). Und über die von Kircher hervorgehobene *vis magica* der Musik schreibt Rolf Damman: »Der dargestellte Affekt bewirkt eine so starke physische Bewegung, daß der Mensch in Klagen und Weinen ausbricht. Er gerät in Betrübnis und Seufzen. Durch die Leidenschaft erfaßt bricht die innere Erregung unverhohlen nach außen.« (*Der Musikbegriff im deutschen Barock.* Köln 1967, S. 241).

55 Hans-Jürgen Schings: Consolatio Tragödiae. Zur Theorie des barocken Trauerspiels. In: Reinhold Grimm (Hrsg.): *Deutsche Dramentheorien*, 2 Bde., Frankfurt/Main 1973, Bd. 1, S. 1–44, S. 5.

56 Vgl. Jürgen von Kruedener 1973.

57 Zur Beschreibung der Festlichkeiten und insbesondere der Opernaufführung vgl. Richard Alewyn / Karl Sälzle 1959, S. 103–119.

58 Zum churbayerischen Freudenfest von 1662 vgl. Klaus Lazarowicz: Konzelebration oder Kollusion? Über die Feste der Wittelsbacher. In: August Buck et al. (Hrsg.) 1981, Bd. 2, S. 301–318.

59 Vgl. hierzu Harald Zielske: Andreas Gryphius' Trauerspiel »Catharina von Georgien« als ›Festa Teatrale‹ des Barock-Absolutismus. In: Bärbel Rudin (Hrsg.): *Funde und Befunde zur schlesischen Theatergeschichte.* Dortmund 1983, S. 1–32.

60 Zum Jesuitentheater in deutschsprachigen Ländern vgl. u.a. Willi Flemming 1923 sowie Jean-Marie Valentin 1978.

61 Zu dieser Aufführung vgl. Ruprecht Wimmer: Jucundiorem postulat scenam dies! Die Aufführung eines Jesuitendramas anläßlich der Krönung Erzherzog Ferdinands zum König von Böhmen (1617). In: August Buck et al. (Hrsg.) 1981, Bd. 3, S. 533–541.

62 Zu den *Ludi Caesarei* vgl. Jean-Marie Valentin 1978, Bd. 2, S. 895–943.

63 Ein entsprechender Bericht findet sich in der lateinischen »Praemonitio ad lectorem« der 1666 erschienenen Gesamtausgabe von Bidermanns Dramen. Es wird als nahezu einziges einschlägiges Rezeptionsdokument in fast sämtlichen Arbeiten zum Jesuitentheater aufgeführt. Zu seiner Glaubwürdigkeit vgl. Peter Sprengel 1987.

64 Zu diesem Aspekt vgl. Elida Maria Szarota 1975.

65 Vgl. Gerhard Spellerberg: Das schlesische Barockdrama und das Breslauer Schultheater. In: Peter Kleinschmidt et al. (Hrsg.): *Die Welt des Daniel Casper Lohenstein.* Köln 1978, S. 58–68; ders.: Szenare zu den Breslauer Aufführungen Gryphischer Trauerspiele. In: *Daphnis* 7, 1978, S. 235–65; ders.: Szenare zu den Breslauer Aufführungen Lohensteinischer Trauerspiele. In: *Daphnis* 7, 1978, S. 629–645.

66 Vgl. Konrad Gajek: Christian Funckes Prosafassung der *Judith* von Martin Opitz. Dokumentation einer Aufführung auf dem Görlitzer Schultheater im Jahre 1677. In: *Daphnis* 18, 1989, S. 421–466.

67 Vgl. Marianne Kaiser 1972.

68 In: *Andreas Gryphius. Gesamtausgabe der deutschsprachigen Werke,* hrsg. v. Marian Szyrocki und Hugh Powell, Tübingen 1965, Bd. 5, S. 3.
69 Vgl. Robert J. Alexander 1984; Klaus Reichelt 1981; Hans-Jürgen Schings 1973.
70 Der Titel ist dem Aufsatz von Günther Hansen entnommen: Invasion der Komödianten. In: *275 Jahre Theater in Braunschweig.* Geschichte und Wirkung Braunschweig 1965, S. 12–15.
71 Ein Echo dieses »Theaterkrieges« zwischen Kinder- und Erwachsenentruppen um das Jahr 1600 findet sich in Shakespeares *Hamlet.* Als Hamlet die Schauspieler nach ihren Gründen für das Wanderdasein fragt, antworten sie: »[...] there is, sir, an aery of children, little eyasses, that cry out on the top of question, and are most tyrannically clapp'd for't. These is now the fashion, and so berattle the common stages so they call them–that many wearing rapiers are afraid of goose-quills and dare scarce come thither«. (II, ii, 339–44).
72 Zu diesem Fest vgl. Klaus Lazarowicz in: August Buck et al. (Hrsg.) 1981 S. 301–306 sowie Horst Leuchtmann (Hrsg.): *Die Münchner Fürstenhochzeit von 1568. Massimo Troiano: Dialoge italienisch/deutsch.* München, Salzburg 1980.
73 Vgl. Kristine Hecker: Die Frauen in den frühen Commedia dell'arte-Truppen. In: Renate Möhrmann (Hrsg.): *Die Schauspielerin.* Zur Kulturgeschichte der weiblichen Bühnenkunst. Frankfurt/Main 1989, S. 27–58. In Bozen waren zwar bereits bei den Passionsaufführungen im Jahre 1514 Frauen als Darstellerinnen beteiligt, dies blieb einerseits jedoch die Ausnahme und betraf andererseits lediglich »Laiendarstellungen«.
74 Vgl. Jerzy Limon 1985.
75 Vgl. Robert J. Alexander: George Jolly (Joris Jollyphus), der wandernde Player und Manager. Neues zu seiner Tätigkeit in Deutschland. In: *Theater – das gewagte Unternehmen* 1978, S. 31–48.
76 So betonte der Prinzipal Richard Machin in seiner Eingabe an den Frankfurter Rat vom 12. März 1605, daß seine Truppe »auch züchtige und liebliche Comödias und Tragödias in hochteutscher Sprach agiren und dabei mit sieben Instrumenten ein gar ergetzlich Musica lautiren« wolle. Zit. nach Elisabeth Mentzel 1882, S. 52.
77 Vgl. hierzu Dušan Ludvik: Die Chronologie und Topographie der Innsbrucker Komödianten (1652–1676). In: *Acta Neophilologica* IV, 1971, S. 3–40.
78 So haben bereits 1601/02 Kaufmanns-Gesellen des deutschen Hanse-Kontors in Bergen/Norwegen versucht, »aus ihrem zünftigen Zeitvertreib mit Bibelstücken und Komödien des Hans Sachs wenigstens vorübergehend einen Broterwerb« zu machen (Bärbel Rudin 1984, S. 808). Ernster zu nehmen ist wohl der Versuch des Nürnberger Juweliers Hans Mühlgraf, in dessen Truppe der Nürnberger Maler Hans Ammon die Lustige Figur des Peter Leberwurst spielte. Vgl. Bärbel Rudin: Hans Mühlgraf & Co., Sitz Nürnberg. In: *Theater – das gewagte Unternehmen* 1978, S. 15–30.

79 Der Theaterbrief ist vollständig abgedruckt in Willem Schrickx 1986, S. 332–335. Vgl. dazu auch Orlene Murad 1978.

80 Vgl. auch Harald Zielske: Die deutschen Höfe und das Wandertruppenwesen im 17. und 18. Jahrhundert – Fragen ihres Verhältnisses. In: August Buck et al. (Hrsg.) 1981, Bd. 3, S. 521–532.

81 Vgl. Wilhelm Creizenach (Hrsg.) 1967, S. XIIf. sowie Elisabeth Mentzel 1882, S. 97–110, 113, 134, 138, 143.

82 Das früheste überlieferte Privileg der Elenson/Haacke Truppe aus dem Jahre 1714, zitiert nach Bärbel Rudin: Zwischen den Messen in die Residenz. Das Theater- und Schaustellergewerbe in Dresden und Leipzig nach den Standgeldrechnungen (1679–1728). In: *Wanderbühne. Theaterkunst als fahrendes Gewerbe* 1988, S. 74–104, S. 75.

83 Zit. nach Wilhelm Creizenach 1967, S. XIX und XXII.

84 Zu den Preisen und Abgaben vgl. Wilhelm Creizenach 1967, S. XVIIf.; Willi Flemming (Hrsg.) 1965, S. 5ff.; die bei Jerzy Limon 1985 abgedruckte Übersicht S. 148; Elisabeth Mentzel 1882, S. 25, 49f., 52f., 73, 76, 99, 112, 117.

85 Alle Zitate nach Wilhelm Creizenach 1967, S. XXII.

86 Zit. nach Willi Flemming 1965, S. 14.

87 Zit. nach Elisabeth Mentzel 1882, S. 58f.

88 Vgl. Bärbel Rudin 1984, § 4, S. 813.

89 Der Beginn des Pietismus wird für gewöhnlich mit dem ersten Erscheinen von Ph. Jac. Speners *Pia desideria*, Frankfurt 1676, angesetzt.

90 Elisabeth Mentzel 1882, S. 94.

91 Zum Hamburger Opernkrieg vgl. W. Gordon Marigold 1985.

92 Johann Joseph Winckler: *Des Heil. Vaters Chrisostomi Zeugnis der Warheit wider die Schau-Spiele oder Comödien,* verteuschet und in etwas erläutert, Magdeburg 1701. Abgedruckt in: Carl Niessen 1940, o. S.

93 Frau C. E. Velthemin: *Zeugnis der Warheit Vor Die Schau-Spiele oder Comödien* / Wider Hn. Joh. Joseph Wincklers / Diaconi an der hohen Stifts-Kirchen in Magdeburg / Herausgegebene Schrift, 1701. Abgedruckt in: Carl Niessen 1940, o. S.

94 Vgl. die Abbildung bei Willi Flemming 1965, S. 47.

95 Fynes Moryson, zit. nach Jerzy Limon 1985, S. 1.

96 Zit. aus einem der ältesten erhaltenen Theaterzettel, abgedruckt bei Hans Joachim Kurz / Bärbel Rudin: Pickelhering, rechte Frauenzimmer, berühmte Autoren. Zur Ankündigungspraxis der Wanderbühne im 17. Jahrhundert. In: *Wanderbühne. Theaterkunst als fahrendes Gewerbe* 1988, S. 29–60, S. 36f.

97 Bei den »rechten Frawenzimmern« handelte es sich höchstwahrscheinlich um Maria Ursula Hoffmann und Rebecca Schwarz, die Ehefrauen der späteren Prinzipale der Innsbruckschen Hofkomödianten Hoffmann und Schwarz. Mit ihnen beginnt die Geschichte der deutschen Schauspielerin. Maria Ursula Hoffmann gebührt darüberhinaus das Verdienst, als erste deutsche Prinzipalin eine Truppe geleitet zu haben. Nach dem Tod ihres

Mannes (1669) hat sie die von den Innsbrucker Hofkomödianten abgespaltenen Badischen Hofkomödianten weitergeführt.

98 Zum Repertoire der Englischen Komödianten vgl. Wilhelm Creizenach 1967, S. XXVII–LXVI.

99 Zu diesen Stücken vgl. die 1620 und 1630 erschienenen Textsammlungen *Engelische Comedien und Tragedien* sowie *Liebeskampf*, die Manfred Brauneck neu herausgegeben hat, in: *Spieltexte der Wanderbühne*, Bd. 1 und 2, 1970 und 1975; weiterhin Wilhelm Creizenach 1967.

100 Vgl. die 1670 erschienene Sammlung *Schau-Bühne englischer und frantzösischer Comoedianten* als Bd. 3 der von Brauneck herausgegebenen *Spieltexte der Wanderbühne*, 1970.

101 Blümels *Jude von Venetien* ist abgedruckt in: Willi Flemming 1965, S. 204–276.

102 Zum Repertoire der Wanderbühnen vgl. auch Willi Flemming, ebda., S. 16–22.

103 Vgl. hierzu Helmut G. Asper 1975, bes. S. 56–64.

104 Zit. nach Bärbel Rudin: *Wanderbühne* 1988, S. 814.

105 Fynes Moryson in: Jerzy Limon 1985, S. 1.

106 Zu den Regieanweisungen vgl. Wilhelm Creizenach 1967, S. LXXXVIIIff. sowie Willi Flemming 1965, S. 35–41.

107 Zu gleichzeitigen Auftritten von Akrobaten vgl. Elisabeth Mentzel 1882, S. 73, S. 109 sowie Bärbel Rudin in: *Theater – das gewagte Unternehmen* 1978, S. 26. Vgl. auch Theodor Hampe 1902, Kap. IV.

108 Zit. nach Willem Schrickx 1986, S. 331. Creizenach gibt das Jahr 1599 an, Schrickx dagegen 1601.

109 Vgl. hierzu Hans Joachim Kurz / Bärbel Rudin in: *Wanderbühne* 1988.

110 Zu Beginn des 17. Jahrhunderts gab Sackville den Schauspielerberuf auf und besuchte die Frankfurter Messe ab 1604 nur noch in seiner Eigenschaft als Stoff- und Seidenhändler. Wie sehr sein Jan zum Mythos geworden war, zeigt das bereits zitierte Spottgedicht aus dem Jahre 1615, in dem es über die jetzigen Aufführungen der Engländer u.a. heißt:
Der Narr macht lachen, doch ich weht,
Da ist keiner so gutt, wie Jan Begehtt
Vor dieser Zeit wol hat gethan,
Jetzt ist er ein reicher Handelszmann.
(zit. nach Elisabeth Mentzel 1882, S. 59).

111 Zit. nach Elisabeth Mentzel 1882, S. 30.

112 Vgl. hierzu Willem Schrickx, der die These von Creizenach zu widerlegen sucht, daß Robert Reynolds den Pickelhering erfunden und als einen bestimmten Typus kreiert habe. Willem Schrickx 1986, Chapter IX, S. 220–239.

113 Zum Folgenden vgl. die Untersuchung von Helmut G. Asper 1980, vor allem die Kapitel I und II.

114 Vgl. hierzu Abschnitt 1.1.3 der vorliegenden Untersuchung.

115 Wie 1607 in Elbing. Vgl. hierzu Wilhelm Creizenach 1967, S. XXII.

116 Vgl. in diesem Zusammenhang die Ausführungen in Langs *Dissertatio de actione scenica* über die crux scenica. P. Franciscus Lang 1975, S. 170f.
117 Norbert Elias 1976, Bd. 2, S. 370.

Anmerkungen zu Kapitel 2

1 Johann Christoph Gottsched 1972, S. 5.
2 Christian Wolff: *Vernünfftige Gedancken von dem Gesellschaftlichen Leben der Menschen und insonderheit dem gemeinen Wesen zur Beförderung der Glückseligkeit des menschlichen Geschlechts den Liebhabern der Wahrheit mitgetheilet.* Halle 1721, S. 269.
3 Zit. nach Hilde Haider-Pregler 1980, S. 7.
4 Gotthold Ephraim Lessing 1981, 6. Stück, S. 39f.
5 *Schillers Werke. Nationalausgabe*. Bd. 20. Weimar 1962, S. 87–100, S. 95.
6 Johann Christoph Gottsched 1972, S. 8.
7 Ebda., S. 40f.
8 *Schillers Werke, Nationalausgabe.* Bd. 20, S. 100.
9 *Vernünftige Tadlerinnen*, 44. Stück, 1975, S. 386.
10 Johann Christoph Gottsched 1972, S. 199.
11 Anmerkungen über das 592. Stück des Zuschauers, in: *Beyträge zur Critischen Historie der Deutschen Sprache, Poesie und Beredsamkeit*, Bd. 8, Hildesheim, New York 1970, S. 161.
12 *Vernünftige Tadlerinnen*, 44. Stück, 1725, S. 386.
13 Johann Christoph Gottsched 1962, S. 739f.
14 Charles Batteux: *Einschränkung der schönen Künste auf einen einzigen Grundsatz*, übers. von J. E. Schlegel. 3. Aufl. Leipzig 1770, S. 170.
15 Karl Wilhelm Ramler: *Einleitung in die Schönen Wissenschaften nach Batteux*. 5. Aufl. Leipzig 1802, S. 20.
16 Johann Christoph Gottsched 1962, S. 125.
17 Gottsched hatte sich in dem bereits zitierten 44. Stück der *Vernünftigen Tadlerinnen* begeistert über die Schauspielkunst der Neuberin geäußert: »[...] vier Bursche von den berühmtesten sächsischen Akademien, waren so unvergleichlich caracterisiret, daß ich mein lebenlang nichts schöners gesehen habe. Ich will Euch von diesen vier letztern nur soviel sagen, daß der Jenenser Ungestüm, der Hallenser Fleißig, der Wittenberger Habe-recht, und der Leipziger Zuallemgut geheissen; und daß diese vier verschiedene Leute, nemlich ein Schläger, ein Freund der morgenländischen Sprachen, ein Zänker und ein galant homme, von einem viermal verkleideten Frauenzimmer so natürlich vorgestellet worden, daß ihm nichts als eine männliche gröbere Stimme gefehlet« (S. 387). Auch in der »Vorrede zum ›Sterbenden Cato‹ « hebt er sie als eine Schauspielerin hervor, »die gewiß in der Vorstellungskunst keiner Französin oder Engelländerin was nachgibt«. (Johann Christoph Gottsched 1972, S. 201)
18 Zit. nach Sybille Maurer-Schmoock 1982, S. 127.

19 Vgl. Heinz Kindermann 1956, S. 21–25.
20 Zit. nach Günther Hansen 1984, S. 163.
21 Johann Hermann Duntz: *Geschichte der freien Stadt Bremen*, 4 Bde., Bremen 1851, S. 583.
22 Zit. nach Helmut G. Asper 1980, S. 49. (Literaturverz. zu Kap. 1)
23 Vgl. hierzu Helmut G. Asper 1980, S. 73–82.
24 Zit. nach Klaus Hammer (Hrsg.) 1968, S. 112–126, S. 120.
25 Ebda., S. 123.
26 Gotthold Ephraim Lessing 1981, 30. Stück, S. 159.
27 Ebda., 75. Stück, S. 385.
28 Gotthold Ephraim Lessing, 1970–1979, Bd. 4, S. 163.
29 Zit. nach Bengt Algot Sørensen 1984, S. 587.
30 Zit. nach ebda., S. 45.
31 Ebda., S. 43.
32 Eine derartige Broschüre ist abgedruckt bei Friedrich Johann Freiherr von Reden-Esbeck 1985, S. 178–182.
33 Vgl. hierzu Elisabeth Mentzel 1882, S. 158ff. (Literaturverz. zu Kap. 1)
34 Friedrich Johann Freiherr von Reden-Esbeck 1985, S. 96.
35 Ebda., S. 101.
36 Ebda., S. 114.
37 Ebda., S. 200.
38 Zit. nach Richard Daunicht (Hrsg.) 1956, S. 19.
39 Friedrich Johann Freiherr von Reden-Esbeck 1985, S. 245.
40 Vgl. zum Folgenden Elisabeth Mentzel 1882, S. 177–381. (Literaturverz. zu Kap. 1) – Zur Beliebtheit des Stegreifspiels in der zweiten Hälfte des 18. Jahrhunderts vgl. v.a. Rudolf Münz 1979.
41 So der Frankfurter Dr. Johann Kölbele in einem Schreiben an den Rat der Stadt mit der Forderung, Komödianten keine Heimstatt zu geben. Vgl. Elisabeth Mentzel 1882, S. 300.
42 Briefwechsel zwischen Gleim und Ramler, hrsg. und kom. von Carl Schuddekopf, Bd. 2 1753–1759, Tübingen 1907, S. 206.
43 Jürgen Habermas 1982, S. 57f.
44 Zit. nach Helmut G. Asper 1980, S. 74. (Literaturverz. zu Kap. 1)
45 Vgl. hierzu Kap. 2.1.
46 Gotthold Ephraim Lessing 1981, S. 257.
47 Johann Friedrich Schütze 1794, S. 398f.
48 Berthold Litzmann 1890 und 1894, Bd. 2, S. 239.
49 Johann Friedrich Schütze 1794, S. 454.
50 In seiner Rezension in der *Königlich privilegierten Berlinischen Staats- und gelehrten Zeitung* nennt Moritz *Kabale und Liebe* »ein Product, was unseren Zeiten Schande macht!« (87. Stück vom 20. 7. 1784).
51 Vgl. die Rezension der Aufführung des Stücks durch die Großmannsche Truppe in Göttingen am 3. August 1784 in der *Berliner Litteratur- und Theaterzeitung für das Jahr 1784*, Dritter Theil, Berlin 1785, S. 181ff.
52 Goethe im Gespräch mit Eckermann am 27. März 1825, in: Johann Peter

Eckermann: Gespräche mit Goethe. In den letzten Jahren seines Jahres. Hrsg. von Fritz Bergemann. Frankfurt/Main 3. Aufl. 1987, S. 530.

53 Brief vom 23. August 1737, in: Friedrich Johann Freiherr von Reden-Esbeck 1985, S. 204.

54 Beylage, ebda., S. 206.

55 Berthold Litzmann 1890 und 1894, Bd. 1, S. 310.

56 Vgl. hierzu vor allem Horst Steinmetz 1979, S. 24–36; Lenz Prütting: Überlegungen zur normativen und faktischen Genese eines Nationaltheaters. In: Roger Bauer / Jürgen Wertheimer (Hrsg.) 1983, S. 153–164; Roland Krebs 1985.

57 Johann Friedrich Löwen 1905, S. 88.

58 Gotthold Ephraim Lessing 1981, S. 41.

59 Vgl. hierzu insbesondere Horst Steinmetz 1979 sowie Roland Krebs: Le théâtre de l'Aufklärung, un théâtre à la recherche de son public. In: Roland Krebs (Hrsg.) 1987, S. 5–19.

60 Johann Friedrich Schütze 1974.

61 Vgl. die Begründung Horst Steinmetz' 1979, S. 27 und S. 33–35.

62 Gotthold Ephraim Lessing 1981, S. 509.

63 Zit. nach Hilde Haider-Pregler: Wien probiert seine National-Schaubühne. Das Theater am Kärntnertor in der Spielzeit 1769–70. In: *Maske und Kothurn*, 1974, H. 3/4, S. 325f.

64 Vgl. Reinhart Meyer 1980, S. 186–216; ders. 1987, S. 139–200.

65 Natürlich war hier mit dem Begriff »national« der jeweilige eigene Kleinstaat gemeint, wie Lessing sofort erkannte. Über die Gründung des Mannheimer Nationaltheaters schrieb er am 25. Mai 1778 an seinen Bruder: »Mit einem deutschen Nationaltheater ist es lauter Wind, und wenigstens hat man in Mannheim nie einen andern Begriff damit verbunden als daß ein deutsches Nationaltheater daselbst ein Theater sey, auf welchem lauter geborene Pfälzer agierten.«, *Sämtliche Werke*, hrsg. von Karl Lachmann, 3. durchges. Aufl., Leipzig, Berlin 1886–1924, Bd. 18, S. 24.

66 Vgl. hierzu Hilde Haider-Pregler 1980, S. 15–68; Wolfgang Martens: Das Bild des Theaters in den deutschen polizey- und cameralwissenschaftlichen Lehrbüchern des 18. Jahrhunderts. In: Roger Bauer / Jürgen Wertheimer (Hrsg.) 1988, S. 104–106.

67 Joseph von Sonnenfels 1765, S. 76.

68 Ebda., S. 78.

69 Max Martersteig 1890, S. 46.

70 Albert E. Brachvogel: *Geschichte des Königlichen Theaters zu Berlin*. Nach Archivalien des Königl. Geh. Staats-Archivs und des Königl. Theaters. Berlin 1877/78, Bd. 2, S. 361.

71 Hermann Friess: *Theaterzensur, Theaterpolizei und Kampf um das Volksspiel in Bayern zur Zeit der Aufklärung*. Phil. Diss. München 1937, S. 262.

72 Reinhart Meyer: Das Nationaltheater in Deutschland als höfisches Institut: Versuch einer Begriffs- und Funktionsbestimmung. In: Roger Bauer / Jürgen Wertheimer 1988, S. 124–152, S. 142.

73 Zum Begriff der Naturnachahmung im 18. Jahrhundert vgl. u.a. Herbert Dieckmann: Die Wandlung des Nachahmungsbegriffs in der französischen Ästhetik des 18. Jahrhunderts. In: Hans Robert Jauß (Hrsg.) 1964, S. 28–59; Hans Peter Herrmann: *Naturnachahmung und Einbildungskraft.* Bad Homburg 1970; Ulrich Hohner: *Zur Problematik der Naturnachahmung in der Ästhetik des 18. Jahrhunderts.* Erlangen 1976; Steven D. Martinson: *On Imitation, Imagination and Beauty.* Bonn 1977.

74 Christian Wolff: *Vernünfftige Gedancken von Gott, der Welt und der Seele des Menschen.* Halle 1747, S. 236.

75 Ebda., S. 234f.

76 Johann Christoph Gottsched: *Auszug aus des Herrn Batteux Schönen Künsten.* 1754, S. 27.

77 Johann Christoph Gottsched 1962, S. 95.

78 Vgl. hierzu die Schilderung, die der Schauspieler Brandes von seiner Unterweisung beim Eintritt in die Schönemannsche Gesellschaft liefert:

> Der Theatermeister – welcher gemeiniglich über alle Schauspiele und deren Vorstellungen sein Kennerurtheil zu fällen pflegte, und nur selten eins ohne Tadel durchschlüpfen ließ – übernahm meinen Unterricht in der Deklamation; und der Ballettmeister, welcher auf mahlerische Gesten, Attitüden, Gruppen u. dgl. sein Augenmerk richtete, erbot sich zu meiner Bildung in der körperlichen Beredsamkeit. Jener unterstrich, in den mir zugetheilten Rollen die Hauptwörter, worauf ich den Accent legen sollte; lehrte mich, wie ich nach dem Beispiele des großen Künstlers Ekhof – der ein Mitglied dieser Gesellschaft war – von Zeit zu Zeit die Stimme heben und sinken lassen, bei welchen Stellen ich Gleichgültigkeit oder Theilnahme, Mitleid, Zärtlichkeit u.s.w. äußern; bei welchen ich unwillig, zornig werden, oder gar wüthen sollte; welche Gesichter ich bei Aeußerungen von Furcht, Hoffnung, Liebe Haß, Verzweiflung, kurz, beim Ausbruch aller möglichen Empfindungen und Leidenschaften, machen müßte; der Ballettmeister hingegen unterrichtete mich, meinen Körper mit Anstand zu tragen, und Hände und Füße gehörig zu gebrauchen, um dem, was ich zu sagen hätte, Nachdruck und Grazie zu geben. Z.B. Ein Drittheil des Gesichts müsse allemal gegen den Mitspielenden und zwei Drittheil gegen die Zuschauer gerichtet seyn; bei Hebung der rechten Hand, müsse der linke Fuß; und bei Hebung der linken Hand, der rechte Fuß, vorgesetzt werden; bei einer solchen Bewegung der Hände müsse sich erst der obere Theil des Arms vom Körper lösen, bis zu einer gleichen Linie langsam erheben, und dann in der Mitte sanft biegen; hierauf würde der untere Theil, und endlich die Hand in Bewegung gesetzt, welche nun, mit gesenkten Fingern, den Inhalt des vorzutragenden Textes andeuten müsse – dieß nannte er eine Schlangenlinie, oder auch wellenförmige Bewegung.

(aus: Johann Christian Brandes: *Sämtliche dramatische Schriften*, 8 Bde., Hamburg 1790–91, Bd. 1, S. 168f.).

79 Dieser Grundsatz wurde sowohl von John Locke als auch von David Hume vertreten.

80 Vgl. Caroli Linnaei: *Systema naturae sistens in regna tria naturae, in classes et ordines, genera et species redacta, tabulisque aeneis illustrata*. Leyden 1756, S. 270f.

81 Vgl. Denis Diderot: Brief über die Taubstummen. In: ders.: *Ästhetische Schriften*, hrsg. von Friedrich Bassenge, 2 Bde., Frankfurt/Main 1968, Bd. 1, S. 27–97, S. 32.

82 Joseph-Marie Degérando: Erwägungen über die verschiedenen Methoden der Beobachtung wilder Völker. In: Sergio Moravia: *Beobachtende Vernunft*. Philosophie und Anthropologie in der Aufklärung. Frankfurt/Main, Berlin, Wien 1977, S. 219–251, S. 220.

83 Johann Jakob Engel 1971, Bd. 7, S. 27.

84 Diese Frage bezog sich vor allem auf die im 18. Jahrhundert mit Heftigkeit geführte Debatte um die Richtigkeit der »ut pictura poiesis« These, die Lessing in seinem *Laokoon* zu widerlegen beabsichtigte. Vgl. zu dieser Debatte u.a. Niklaus Rudolph Schweizer: *The ut pictura poiesis Controversy in Eighteenth-Century England and Germany*. Bern, Frankfurt/Main 1972.

85 Es erscheint in diesem Zusammenhang als ein bemerkenswertes Faktum, daß führende Theoretiker des Theaters gleichzeitig naturwissenschaftliche Schriften veröffentlicht haben: So hat Diderot für seine *Encyclopédie* eine Reihe naturwissenschaftlicher Beiträge verfaßt; in seiner Arbeit *Eléments de physiologie* nimmt er zum Problem der Beziehung zwischen Körper und Seele Stellung und beantwortet die Frage dahingehend, daß »celle qu'on appelle volontaire ne l'est pas plus que l'autre, la cause en est seulement reculée d'un cran«. (ed. Jean Meyer, Paris 1964, S. 262) Ein anderes Beispiel liefert Christlob Mylius. Er begründete nicht nur mit Lessing die Theaterjournalistik, sondern gab auch zwei naturwissenschaftliche Zeitschriften heraus, den *Naturforscher* (1747–1748) und die *Physikalischen Belustigungen* (1751–52). Ein weiteres berühmtes Beispiel stellt der Experimentalphysiker und Philosoph Lichtenberg dar (s.u.).

86 Denis Diderot: Brief über die Taubstummen. S. 34.

87 Ebda., S. 33.

88 Der Gedanke der Gebärdensprache der Taubstummen als einer natürlichen Sprache wird später sowohl von Sicard bei seiner Beschäftigung mit Taubstummen als auch von Degérando in bezug auf seine ethnologischen Forschungen wieder aufgegriffen und die Taubstummensprache als eine Universalsprache untersucht. Vgl. hierzu R. A. C. de Sicard: *Théorie des signes pour l'instruction des sourds-muets*, 2 Bde., Paris 1808 sowie Joseph-Marie Degérando: *Des signes et de l'art de penser*, 4 Bde., Paris 1800.

89 Vgl. hierzu Christine Hardenberg: G.E. Lessings Semiotik als Propädeutik einer Kunsttheorie. In: *Zeitschrift für Semiotik* 1 (1979), S. 361–376.

90 Gotthold Ephraim Lessing 1981, S. 29.
91 Gotthold Ephraim Lessing: Laokoon. In: *Werke*, München 1973, Bd. 6: Kunsttheoretische und kunsthistorische Schriften, S. 110.
92 Vgl. hierzu den ›Laokoon‹, ebda., bes. S. 100–105.
93 Denn wenn die Kunst Körper nachahmt, ist nach Lessing »die Schönheit ihr höchstes Gesetz«, wenn sie aber Handlungen als Gegenstände ihrer Nachahmungen auswählt, ist »Wahrheit und Ausdruck [...] ihr erstes Gesetz«. (Laokoon, S. 25).
94 Gotthold Ephraim Lessing 1981, 5. Stück, S. 36f.
95 Johann Jakob Engel 1971, Bd. 7, S. 83.
96 Vgl. hierzu G. Ch. Lichtenberg: Briefe aus England. In: Georg Christoph Lichtenberg 1972, S. 326–367, S. 352.
97 Gotthold Ephraim Lessing 1981, 4. Stück, S. 29.
98 Ebda., S. 30.
99 Georg Christoph Lichtenberg 1972, S. 355.
100 Gotthold Ephraim Lessing 1981, 5. Stück, S. 36.
101 G. Chr. Lichtenberg: Vorschlag für einen Orbis Pictus für deutsche dramatische Schriftsteller, Romanen-Dichter und Schauspieler. In: Georg Christoph Lichtenberg 1972, S. 377–405, S. 383.
102 Ebda., S. 388.
103 Vgl. Kap. 2.2.3, S. 137f.
104 Vgl. hierzu Johann Caspar Lavater: *Physiognomik.* Zur Beförderung der Menschenkenntniß und Menschenliebe. Vervollständigte neue Auflage der verkürzt herausgegebenen physiognomischen Fragmente, 4 Bde., Wien 1829, vor allem den begründenden Aufsatz »Die Physiognomik, eine Wissenschaft«, Bd. 1, S. 46–50.
105 Vgl. G. Chr. Lichtenberg: Über Physiognomik; wider die Physiognomen. Zur Beförderung der Menschenliebe und Menschenkenntnis. In: Georg Christoph Lichtenberg 1972, S. 256–295.
106 Gotthold Ephraim Lessing 1970–1979, Bd. 4, S. 727.
107 Johann Jakob Engel 1971, Bd. 7, S. 127.
108 Daß dies auch bei den »Wilden« der Fall war, wußte man inzwischen aus den zahlreichen Reiseberichten beispielsweise eines de Bougainville oder Lafitau, eines James Cook oder eines Hawkesworth, eines Carteret oder Georg Forster. Man zog daraus den Schluß, daß man sich mit den »Wilden« in dieser Zeichensprache müsse verständigen können, wie es Degérando den Reisenden sogar ausdrücklich in seinem Memorandum ›Considérations sur les diverses méthodes à suivre dans l'observation des peuples sauvages‹ empfiehlt. Denn es liegt für ihn »auf der Hand, daß man für eine erste Verständigung auf die der Natur näherstehenden Zeichen zurückgreifen muß; man muß bei ihnen, wie bei den Kindern, mit der Aktionssprache beginnen.« (Erwägungen über die verschiedenen Methoden der Beobachtung wilder Völker, S. 226.)
109 Georg Christoph Lichtenberg: Über Physiognomik. S. 278.
110 Ebda., S. 264.

111 Lessing: Auszug aus dem ›Schauspieler‹ des Herrn Remond von Sainte Albine. In: G.E. Lessing, Theatralische Bibliothek, Erster Teil, Erstes Stück 1754. In: *Lessings Werke*, hrsg. von R. Boxberger, Berlin, Stuttgart 1883–1890, 5. Teil, Theatralische Bibliothek, S. 128–159, S. 158f.

112 Ebda., S. 136.

113 Ebda., S. 159.

114 Johann Jakob Engel 1971, Bd. 7, S. 285.

115 Ebda., S. 236f.

116 Ebda., S. 238f.

117 Bereits Gottsched hatte die Forderung nach einer Grammatik der Schauspielkunst erhoben, ohne je selbst einen entsprechenden Versuch unternommen zu haben. Johann Friedrich Löwen brachte dann 1755 in Hamburg *Kurzgefaßte Grundsätze von der Beredsamkeit des Leibes* heraus, die 1766 in geraffter Fassung in einem Wiener Unterhaltungs- und Intelligenzblatt, den *Gesammelten Schriften zum Vergnügen und Unterricht*, Bd. 1, 10. Stück, S. 1–46 wieder abgedruckt wurden. Engels Werk ist durchaus in diesen Kontext zu stellen. Es versteht sich als ein Versuch, die seit dem frühen 18. Jahrhundert immer wieder erhobene Forderung nach einer Grammatik der Schauspielkunst endlich zu erfüllen.

118 Johann Jakob Engel 1971, Bd. 7, S. 283. Lange bevor Watzlawick das Axiom formuliert hat, daß man nicht *nicht* kommunizieren könne, weil nicht nur die Sprache, sondern auch Verhalten jeder Art dem anderen etwas mitteile, hat also Engel die Beobachtung gemacht, daß Gesten – d.h. nonverbales Verhalten – ohne Pause hervorgebracht werden, daß es also, mit anderen Worten, nicht möglich ist, keine »Gebehrden« zu machen.

119 Gotthold Ephraim Lessing 1981, S. 76f. – In ihren Lebenserinnerungen beschuldigt Karoline Schulze-Kummerfeld die Hensel, diese Feinheit von ihr übernommen zu haben: »Ja, diese Schauspielerin hat mich copiert in der ›Sara‹. Eine Stelle, wo ihr der große Lessing in seiner Dramaturgie so ein großes Kompliment gemacht hat, ist von mir. Madame Hensel hat mich bestohlen.« Anschließend erläutert sie die Prinzipien, denen sie selbst bei ihrer Schauspielkunst gefolgt ist:

> Ich, die ich bei so vielen Sterbebetten war [...], ich habe, um in meiner Kunst zu werden, was ich war, niemanden copiert, vielmehr alle Stände, alle Menschen, alle Auftritte, Leidenschaften, kurz, alles an andern studiert, nachgedacht und behandelt, sogar die Tollhäuser [...]. Ich habe Menschen studiert, nicht auf dem Theater, nein, wie sie in der Natur waren, und solche verfeinert. (Karoline Schulze-Kummerfeld 1988, S. 135).

120 Friedrich Nicolai: Über Ekhof. In: August Wilhelm Iffland: *Almanach fürs Theater*. 1807, S. 35f.

121 Zit. nach Eduard Devrient, S. 408.

122 Vgl. Diderots Abhandlung *Discours sur la poésie dramatique* (1758), die Lessing 1760 ins Deutsche übersetzte. Hier formuliert Diderot zum ersten Mal in der abendländischen Theatergeschichte die Doktrin von der

»vierten Wand«, die für das bürgerliche Illusionstheater konstitutiv ist: »Man stelle sich an dem äußersten Rande der Bühne eine große Mauer vor, durch die das Parterre abgesondert wird. Man spiele, als ob der Vorhang nicht aufgezogen würde.« (Denis Diderot 1986, S. 40).

123 Lessing hielt Diderots diesbezügliche Bemerkungen für so wichtig, daß er sie ausführlich im 84. und 85. Stück seiner *Hamburgischen Dramaturgie* zitiert (S. 428–434).

124 Georg Christoph Lichtenberg 1972, S. 333.

125 Johann Friedrich Schink 1818, S. 46ff. – Besonders ausführlich, detailliert und aufschlußreich ist Schinks Beschreibung von Schröder als Harpagon in Molières *Geizigem*, ebda., S. 68ff.

126 Zit. nach Berthold Litzmann 1890 und 1894, Bd. 2, S. 259.

127 Karl August Böttiger: *Entwicklung des Ifflandischen Spiels* in vierzehn Darstellungen aus dem Weimarischen Hoftheater im Aprilmonath 1796. Leipzig 1796, S. 327–329.

128 Zur Geschichte der Anthropologie und Ethnologie vgl. u.a. Werner Krauss: *Zur Anthropologie des 18. Jahrhunderts*. Die Frühgeschichte der Menschheit im Blickpunkt der Aufklärung, hrsg. von Hans Kortum und Christa Gohrisch. München 1979; Sergio Moravia 1977.

129 Vgl. Louis Lacaze: *L'idée de l'homme physique et moral*, 1755; Claude-Nicolas Le Cat: *Traité des sensations et des passions en général, et des sens en particulier*, Paris 1767, 3 Bde.; Le Camus: *Médecine de l'esprit*, 1769; Albrecht von Haller: *Mémoire sur la nature sensible et irritable des parties du corps animal*, Lausanne 1756–1760, 4 Bde.; ders.: *Kleine Physiologie*. Biblioteca anatomica. Zürich 1774, 2 Bde.

130 So z.B. Immanuel David Mauchart: *Allgemeines Repertorium für empirische Psychologie und verwandte Wissenschaften*, 1792–1803; Karl Friedrich Pockel: *Beyträge zur Beförderung der Menschenkenntniß, besonders in Rücksicht unserer moralischen Natur*, 1. und 2. Stück, Berlin 1788/89; Johann Gottlieb Heynig: *Psychologisches Magazin*, 3 Stücke, Altenburg 1796/97; Friedrich E. Schmid: *Psychologisches Magazin*, 3 Bde., 1796–1798.

131 Vgl. R. Knowlson: The Idea of Gesture as a Universal Language in the 17th and 18th century. In: *Journal of the History of Ideas*, 16, 1965, 4, S. 495–508.

132 Joseph-Maria Degérando, in Sergio Moravia 1977, S. 227.

133 Ebda., S. 226.

134 Hierzu sowie zum gesamten Abschnitt 2.2 vgl. Erika Fischer-Lichte 1983, Bd. 2, S. 91–184.

135 Zum Weimarer Hoftheater unter Goethes Leitung vgl. u.a. Marvin Carlson 1978, Willi Flemming 1968, Walter Hinck 1982, Hans Knudsen 1949. Fast alle erwähnen mehr oder weniger ausführlich die Geschichte vom dressierten Pudel, der als »Held« in dem Gastspiel des Wiener Schauspielers Karsten: *Der Hund des Aubry des Mont Didier oder Der Wald bei Bondy* die Weimarer Bühne entweihte, was Goethe zum Rücktritt veranlaßt haben soll.

136 Eine gute Einführung bietet Dieter Borchmeyer 1980.

137 Vgl. hierzu Erika Fischer-Lichte 1990, Bd. 1, S. 268–285, S. 297–306. (Literaturverz. zur Einl.)

138 »Über den Gebrauch des Chors in der Tragödie«, in: *Schillers Werke, Nationalausgabe,* Bd. 10, S. 14.

139 Ebda., S. 14.

140 Eduard Genast 1862/1866, S. 85f. Die von Eduard Genast aufgezeichneten Erinnerungen seines Vaters Anton Genast stellen eine besonders lebendige und informative Quelle zu Goethes und Schillers Theaterarbeit dar.

141 Brief Goethes an Schiller von der Leipziger Frühjahrsmesse 1800, zit. nach Willi Flemming 1949, S. 18f.

142 Ausspruch von Jenisch in Berlin, den Goethe gern zitierte, *Weimarer Ausgabe*, Bd. 40, S. 125, 9ff.

143 Zit. nach Erwin Kliewer 1937, S. 121.

144 Obwohl viele Vorschriften der *Regeln für Schauspieler* eine große Übereinstimmung mit den von P. Franciscus Lang in seiner *Dissertatio de actione scenica* (1727) formulierten aufweisen, ist nicht anzunehmen, daß Goethe sie kannte. Da sie auf der Oper mehr oder weniger in Kraft geblieben waren, ist es wahrscheinlicher, daß Goethe sie von der Oper übertrug.

145 Tag- und Jahreshefte 1803, *Weimarer Ausgabe*, Bd. 35, S. 148, 22ff.

146 Insofern können wir mit einigem Recht Goethe als den ersten Regisseur auf dem deutschen Theater bezeichnen, während es Spielleiter schon lange gab.

147 Bei der Sorge um die Einhaltung seiner Prinzipien gebärdete Goethe sich wie ein wahrer Autokrat. Als die 18jährige Schauspielerin Wilhelmine Maas ohne seine Erlaubnis in Berlin gastierte, verdonnerte Goethe sie nach ihrer Rückkehr zu einer Woche Hausarrest, stellte ihr eine Schildwache vor die Tür und ließ sie dafür auch noch zahlen.

148 Zit. nach Eduard Genast, 1862/1866, S. 95.

149 Boshafte Zungen wie der aus Weimar entlassene Schauspieler Karl Wilhelm Reinhold behaupteten daher auch gern, daß sich eine solche Behandlung nur mittelmäßige »verbildete Seminar-Schauspieler« gefallen lassen würden. (In dem anonym erschienen Pamphlet *Saat von Göthe gesäet dem Tage der Garben zu reifen.* Ein Handbuch für Ästhetiker und junge Schauspieler, Weimar 1808). Zit. nach Hans Knudsen 1949, S. 119.

150 Im Dezember-Heft 1827 von Holtei, *Monatliche Beiträge zur Geschichte der dramatischen Kunst und Literatur*, zit. nach Willi Flemming 1949, S. 109.

151 Ebda.

152 Über Goethes und Schillers Verhältnis zum Theater der französischen Klassik vgl. Dieter Borchmeyer: »... Dem Naturalism in der Kunst offen und ehrlich den Krieg zu erklären ...«. Zu Goethes und Schillers Bühnenreform. In: *Unser Commercium.* Goethes und Schillers Literaturpolitik. Hrsg. von Wilfried Barner et al., Stuttgart 1984, S. 351–370; sowie ders.: Der Weimarer ›Neoklassizismus‹ als Antwort auf die französische Revo-

lution. Zu Schillers Gedicht ›An Goethe, als er den »Mahomet« von Voltaire auf die Bühne brachte‹, in: Roger Bauer (Hrsg.) 1986, S. 51–63.

153 Über die gegenwärtige französische tragische Bühne, in: *Propyläen.* Eine periodische Schrift. Hrsg. von Goethe, Dritten Bandes Erstes Stück, Tübingen 1800, S. 66–109. Nachdruck Stuttgart 1965, S. 778–821, S. 802.

154 Goethe hat diesen Gedanken offensichtlich aufgegriffen. In P. A. Wolffs persönlicher Mitschrift des Unterrichts heißt es, daß »Stellung und Bewegung des Körpers auf der Bühne« »eigentlich ganz in das Gebiet der Tanzkunst gehört, in welchem *genre* aber unßre neuern Tanzmeister selbst fremd sind«. In: *Die Weilburger Goethe-Funde.* Neues aus Theater und Schauspielkunst. Blätter aus dem Nachlaß Pius Alexander Wolffs. Eingel. und hrsg. von Hans-Georg Böhme, Emsdetten 1950, S. 7–25, S. 16.

155 Eckermann gegenüber äußerte Goethe am 17. Februar 1830: »Tritt ein Schauspieler mit einer roten Uniform und grünen Beinkleidern in ein rotes Zimmer, so verschwindet der Oberkörper und man sieht bloß die Beine; tritt er mit demselben Anzuge in einen grünen Garten, so verschwinden die Beine und sein Oberkörper geht auffallend hervor«. Er lobte daher die Dekoration Beuthers, der seit 1815 für das Weimarer Hoftheater arbeitete, weil sie »mehr oder weniger ins Bräunliche fallen und die Farben der Gewänder in aller Frische heraussetzen«. – Zur Einfügung des Schauspielers ins Tableau vgl. August Langen 1978, S. 292–353.

156 Vgl. hierzu Georg Reichard 1987, S. 176–182.

157 Goethe im Aufsatz *Weimarisches Hoftheater* (1802); *Weimarer Ausgabe*, Bd. 40, S. 73–85, S. 77.

158 Ebda., S. 83.

159 Ebda., S. 82.

160 Walter H. Bruford 1950, S. 319.

161 Vgl. hierzu Eduard Genast 1862/1866, S. 74.

162 *Weimarisches Hoftheater*, *Weimarer Ausgabe*, Bd. 40, S. 78f.

163 Dieses »ungebührliche« Benehmen der Zuschauer veranlaßte Goethe, in seiner Loge aufzuspringen und ins Publikum hinunterzudonnern: »Man lache nicht!« (Vgl. Eduard Genast, 1862/66, S. 77). Ein ähnlicher Zwischenfall wird auch von der vier Monate später stattgefundenen Uraufführung des *Alarkos* von Friedrich Schlegel überliefert. Vgl. *Schiller und Goethe im Urtheile ihrer Zeitgenossen.* 1773–1812. Hrsg. von Julius W. Braun. 2. Abth. Goethe. Bd. 3, 1802–1812, Berlin 1885, S. 8–11 und S. 16–17.

164 Brief an Leo von Seckendorf am 12. März 1802. In: Carl Bertuchs Briefe an Leo von Seckendorf, *Goethe.* Neue Folge des Jahrbuchs der Goethe-Gesellschaft, Bd. 17, 1955, S. 302–308, S. 304.

165 Brief Karoline Herders an Gleim vom 1. März 1802. In: *Von und an Herder.* Ungedruckte Briefe aus Herders Nachlaß, hrsg. v. Heinrich Duntzer und Ferdinand Gottfried Herder, 3 Bde., Leipzig 1861–1862, Bd. 1, S. 301.

166 *Was wir bringen*, 16. Auftritt, *Weimarer Ausgabe*, Bd. 13 I, S. 73.

167 Dieter Borchmeyer 1980, Bd. 1, S. 33; vgl. zum Vorhergehenden auch S. 26–41.

Anmerkungen zu Kapitel 3

1 Zur Geschichte des Wiener Volkstheaters vgl. vor allem Otto Rommel 1952. Weiterführende Literaturangaben bei Jürgen Hein 1978.
2 Hermann von Pückler-Muskau: *Briefwechsel und Tagebücher*. I–IX, hrsg. von Ludmilla Assing-Grimelli. Hamburg 1873–75, II, S. 21.
3 Willibald Alexis: *Wiener Bilder*. Leipzig 1833, S. 206.
4 Karl Johann Braun von Braunthal: *Antithesen, oder Herrn Humors Wanderungen durch Wien und Berlin*. Eine Sammlung Skizzen aus dem Wiener und Berliner Volksleben, nach der Natur gezeichnet. Wien 1834, S. 78f.
5 Johann Pezzl: *Skizze von Wien*. 1786ff., zit. nach Reinhard Urbach 1973, S. 59.
6 Zit. nach Reinhard Urbach 1973, S. 57.
7 Castelli: *Memoiren meines Lebens*. Gefundenes und Empfundenes. Erlebtes und Erstrebtes. Linz o.J., zit. nach Heinz Kindermann: *Theatergeschichte Europas*, Bd. 5: Von der Aufklärung zur Romantik (2. Teil). 2. verbesserte und ergänzte Auflage, Salzburg 1976, S. 275.
8 Otto Rommel 1952, S. 572. Zur Rolle der Musik im Volkstheater vgl. u.a. Jürgen Hein: Zur Funktion der »musikalischen Einlagen« in den Stücken des Wiener Volkstheaters. In: Jean-Marie Valentin (Hrsg.) 1986, S. 103–126.
9 *Briefe eines Eipeldauers an seinen Vetter in Kakran*. 1811, hrsg. von Ludwig Plakolb, München 1970, S. 283. Die *Briefe* waren eine periodische Zeitschrift, die Joseph Richter zunächst anonym herausgab. In ihr schilderte er das Wiener Leben in fiktiven Erlebnisberichten eines jungen Mannes vom Lande. 1785–1813 erschienen 194 Hefte.
10 Zit. nach Siegfried Diehl: Durch Spaß das Denken vergessen. Zur gesellschaftlichen Wirklichkeit im Theater Adolf Bäuerles. In: Jürgen Hein (Hrsg.) 1973, S. 45–56, S. 50.
11 Zit. nach Volker Klotz 1976, S. 31.
12 Josef von Sonnenfels in seinen »Allerunterthänigsten Pro Memoria über die Errichtung der Theatralcensur« (1770), zit. nach Carl Glossy: Zur Geschichte der Wiener Theatercensur. In: *Jahrbuch der Grillparzer-Gesellschaft* 7, 1897, S. 238–340, S. 259.
13 So wurde z.B. aus der Regieanweisung: »sie lehnt sich an das Fensterkreuz« das Wort »Kreuz« weggestrichen; in dem Lied »Schau' ich in deine Augen, Seh' ich den Himmel offen« mußte »Himmel« durch »Pforte« ersetzt werden usw; vgl. Jürgen Hein 1973, S. 50
14 *Briefe eines Eipeldauers*, S. 256.
15 Diese mit vielen farbigen Szenenbildern und Kostümfigurinen versehene Zeitschrift stellt eine der wichtigsten Quellen für die Erforschung des Wiener Volkstheaters dar.
16 Zur Figur des Staberls vgl. u.a. Volker Klotz 1976, S. 35–42; Erich Joachim May 1975, S. 30f.; Reinhard Urbach 1973, S. 84–99.

17 *Briefe eines Eipeldauers*
18 *Theaterzeitung* 1806, S. 100.
19 Zu Ignaz Schusters Schauspielkunst vgl. Norbert J. Mayer 1962.
20 Zit. nach Franz Hadamowsky (Hrsg.) 1925, S. 114. Raimunds Verwandlungsfähigkeit – nicht nur in dieser Aufführung – wird von allen Rezensenten immer wieder hervorgehoben: man werde versucht »zu glauben, jeden Charakter spiele ein anderer Mensch« (ebda., S. 119).
21 Daraus erhellt unmittelbar, daß die seit Rommels Tagen als »Rebarockisierung« bezeichnete Vorliebe für den Theaterapparat des Barock im Wiener Volkstheater eine vom Barocktheater grundsätzlich verschiedene Funktion zu erfüllen hatte. Der Theaterapparat wurde nicht eingesetzt, um die Vergänglichkeit der Welt und den Fortunawechsel zu zeigen, dem man sich nur durch Hinwendung zur Ewigkeit entziehen konnte, sondern um die Intaktheit und Gültigkeit der bürgerlichen Wertewelt zu bestätigen.
22 Willibald Alexis: *Sämtliche Werke*. Bd. 5, S. 265.
23 Vgl. Jürgen Hein 1970.
24 Franz Hadamowsky (Hrsg.) 1925, S. 344f.
25 Vgl. hierzu Alfred Orel (Hrsg.): *Ferdinand Raimund*. Die Gesänge der Märchendramen in ihren ursprünglichen Vertonungen. Wien 1924 (*Sämtliche Werke*, Bd. 6); Heinz Politzer: Alt-Wiener Theaterlieder. In: ders.: *Das Schweigen der Sirenen*. Stuttgart 1968, S. 160–184; Herbert Zeman: Die Liedeinlagen in den Märchen- und Zauberspielen Ferdinand Raimunds. In: *Die andere Welt*. Aspekte der österreichischen Literatur des 19. und 20. Jahrhunderts. Festschrift für Hellmuth Himmel. Bern, München 1979, S. 107–131.
26 Franz Hadamowsky (Hrsg.) 1925, S. 443.
27 Ebda., S. 438.
28 Volker Klotz 1976, S. 79. Vgl. zum Vorhergehenden auch Volker Klotz 1976, S. 50–88.
29 Vgl. hierzu Wolfgang Neuber: Poetica confessionis cognitio. Erkenntnisfunktionale Ansätze zu einer induktiven Poetik der Altwiener Volkskomödie. In: Jean-Marie Valentin (Hrsg.) 1988, S. 13–31.
30 *Der Humorist* 1842, S. 131.
31 Vgl. hierzu Erich Joachim May 1975, S. 53–60.
32 Diesen Ausspruch Carls gibt Friedrich Kaiser wieder. Friedrich Kaiser: *Theater-Direktor Carl*. Wien 2. Aufl. 1854, S. 101.
33 Der Vertrag mit dem Dichter Karl Haffner ist abgedruckt bei Erich Joachim May 1975, S. 77–80.
34 Vgl. hierzu Johann Hüttner: Volkstheater als Geschäft: Theaterbetrieb und Publikum im 19. Jahrhundert. In: Jean-Marie Valentin (Hrsg.) 1986, S. 127–149.
35 Zu den Agenturen vgl. Johann Hüttner: Volk sucht sein Theater. Theater suchen ihr Publikum: Das Dilemma des Wiener Volkstheaters im zweiten Drittel des 19. Jahrhunderts. In: Jean-Marie Valentin (Hrsg.) 1988, S. 33–53.

36 *Allgemeines Theaterlexikon* von Herloßsohn und Margraff. *Wiener Theaterzeitung* 1840, S. 1226.
37 *Theaterzeitung* 1845, zit. nach Erich Joachim May 1975, S. 89.
38 *Wiener Theaterzeitung* 1840, S. 726.
39 Zur Fortführung der Figur des Staberl durch Carl vgl. Reinhard Urbach 1973, S. 95–99; zu Wenzel Scholz vgl. Ursula Weck 1969.
40 Zu Nestroy als Komödiendichter vgl. u.a. Jürgen Hein 1970; Franz-H. Mautner 1974; William E. Yates 1972.
41 Vgl. hierzu Jürgen Hein: Die Bedeutung der Couplets in den Possen Johann Nestroys. In: *Neue Zürcher Zeitung*, Nr. 285, 4./5. Dezember 1976; ders. 1986; Otto Rommel: Die Theaterlyrik Nestroys und ihre künstlerische Entwicklung. In: Johann Nestroy: *Gesammelte Werke*, hrsg. von Otto Rommel, Bd. 6, Wien 1949, S. 586–605.
42 Berhard Gutt 1844, zit. nach Reinhard Urbach: Geronnene Bewegung. Vorbemerkung zu Heinrich Schwarz (Hrsg.) 1977, S. 11–14, S. 11f.
43 Moritz G. Saphir: Ausflüge in die Vorstadttheater. Schluß. In: *Der Humorist* 1843, S. 953.
44 Kurt Kahl 1970, S. 33.
45 Otto Basil 1967, S. 45.
46 Vgl. hierzu Heinrich Schwarz (Hrsg.) 1977.
47 Friedrich Theodor Vischer: *Kritische Gänge*, hrsg. von Robert Vischer. München o.J., Bd. 1, S. 51.
48 Friedrich Schlögel (1883), S. 145, Anm. 1.
49 Friedrich Kaiser: *Unter fünfzehn Theater-Direktoren.* Bunte Bilder aus der Wiener Bühnenwelt. Wien 1870, S. 26.
50 *Der Humorist* 1840, S. 1068.
51 Moritz G. Saphir: Didaskalien. In: *Der Humorist* 1843, S. 931.
52 Ausflüge in die Vorstadttheater. In: *Der Humorist* 1843, S. 954.
53 Karl Ludwig Costenoble: *Aus dem Burgtheater (1818–1837)*. Tagebuchblätter, hrsg. von Karl Glossy und Jakob Zeidler. Wien 1889, Bd. 2, S. 335f.
54 Dr. Julius Seydlitz (Pseudonym für Ignaz Jeitteles): *Die Poesie und die Poeten in Österreich im Jahre 1836*. Bd. 1, Grimma 1837, S. 185.
55 Adolf Glassbrenner, zit. nach Hans Tietze (Hrsg.): *Das vormärzliche Wien in Wort und Bild.* Wien 1925, S. 90.
56 Franz Dingelstedt: Die Poesie in Österreich. Wieder abgedruckt im *Grillparzer Jahrbuch* 9, 1899, S. 306.
57 Heinrich Laube: *Gesammelte Werke* in 50 Bdn., hrsg. von Heinrich Hubert Houben. Leipzig 1908ff., Bd. 40, S. 203.
58 Karl Gutzkow: Wiener Eindrücke. In: ders.: *Gesammelte Werke*. Erste vollständige Gesamtausgabe. Erste Serie, Bd. 11, Jena 1876. S. 159f.
59 *Wiener Theaterzeitung* 1843, S. 753.
60 Vgl. hierzu Erich Joachim May 1975, S. 87–98.
61 Karl Theodor von Küstner: *Taschen- und Handbuch für Theater-Statistik*. Leipzig 2. Aufl. 1857, S. 289. Vgl. hierzu Joachim Hüttner 1988, S. 39.

62 Vgl. hierzu Jürgen Hein (Hrsg.) 1986.
63 Vgl. Franz Hadamowsky 1926.
64 Vgl. hierzu Walter Obermaier: Der Einfluß des französischen Theaters auf den Spielplan der Wiener Vorstadtbühnen in den 50er Jahren des 19. Jahrhunderts. Insbesondere die Offenbachrezeption Nestroys. In: Jean-Marie Valentin (Hrsg.) 1988, S. 133–153.
65 *Blätter für Theater, Musik und Kunst.* Wien, 5. März 1861, S. 75.
66 *Der Zwischenakt* vom 25. 11. 1860.
67 Vgl. hierzu Otto Brusatti: Vorläufer und Wurzeln für die Wiener Operette im 19. Jahrhundert. In: Jean-Marie Valentin 1988, S. 155–170; Helga Größmann: Zum sogenannten Niedergang des Wiener Volkstheaters. In: *Zeitschrift für Volkskunde* 71, 1975, S. 48–63; Volker Klotz 1980.
68 Zu Wagners Biographie vgl. Hans Mayer 1989.
69 Es ist das Verdienst Dieter Borchmeyers, diese Zusammenhänge zum ersten Mal herausgearbeitet zu haben. Seiner Arbeit verdankt das vorliegende Kapitel wichtige Einsichten. Vgl. zum Folgenden Dieter Borchmeyer 1982.
70 Sofern nicht anders angegeben, werden Wagners Schriften zitiert nach Richard Wagner: *Gesammelte Schriften und Dichtungen*. Bd. 1–10, 2. Aufl., Leipzig 1887/88, hier Bd. 7, S. 93.
71 Cosima Wagner 1976/77, Bd. 1, S. 826.
72 *Weimar im Urteil der Welt*, hrsg. von Herbert Greiner-Mai (u.a.). Berlin, Weimar 1977, S. 233 (Brief Liszts an den Großherzog Karl Alexander vom 3. Februar 1860).
73 Ebda., S. 236.
74 Richard Wagner: Das Künstlertum der Zukunft. In: *Richard Wagners Gesammelte Schriften* 1914, Bd. 10, S. 200–213, S. 213.
75 Ebda., S. 212f.
76 Vgl. hierzu Martin Gregor-Dellin 1973.
77 Aus einer Rede Richard Wagners vor dem Bayreuther Patronat (15. 9. 1877), zit. nach: *Der Festspielhügel* 1976, S. 52–54, S. 54.
78 Zit. nach Martin Gregor-Dellin 1980, S. 710.
79 Die Kunst konnte nur deshalb in Abhängigkeit von der Mode geraten, »weil alles aus seinem Zusammenhang Gerissene, Einzelne, Egoistische, in Wahrheit *unfrei*, d.h. abhängig von einem ihm Fremdartigen werden muß. Der bloße leibliche Sinnenmensch, der bloße Gefühls-, der bloße Verstandesmensch, sind zu jeder Selbständigkeit als wirklicher Mensch unfähig.« (Bd. 3, S. 78)
80 Das »Monumentale« sieht Wagner als typisch für die moderne Kunst an: »sie ist die vom Leben schlechtweg abgesonderte Kunstwelt, in welcher die Kunst mit sich selbst spielt, vor jeder Berührung mit der Wirklichkeit [...] empfindlich sich zurückzieht.« (Bd. 4, S. 247)
81 Cosima Wagner 1976/77, S. 770.
82 Manfred Semper 1906, S. 43.
83 Vgl. Bd. 10, S. 339.
84 Es steht außer Zweifel, daß Nietzsche zu seiner epochemachenden Schrift

Die Geburt der Tragödie aus dem Geiste der Musik (1872) von Wagner angeregt wurde. Vgl. hierzu Dieter Borchmeyer 1982, S. 151–175. – Zum Verhältnis von Mythos und Musik bei Wagner vgl. auch Claude Lévi-Strauss: *Mythologica I. Das Rohe und das Gekochte*. Frankfurt/Main 1976, S. 28–35.

85 Vgl. hierzu Carl Dahlhaus 1971.

86 Ein Einblick in das heutige deutsche Opernwesen (1872). In: Richard Wagners *Gesammelte Schriften* 1914, Bd. 9, S. 340.

87 Das Künstlertum der Zukunft. In: Richard Wagners *Gesammelte Schriften* 1914, Bd. 10, S. 210. Vgl. zur sozial-politischen Utopie u.a. auch Harald Szeemann (Hrsg.) 1983.

88 Zit. nach Martin Gregor-Dellin 1973, S. 56f.

89 Vgl. hierzu und zum Folgenden Lore Lucas 1973.

90 In dieser Hinsicht ging es Wagner kaum anders als den enthusiastischen Begründern des Hamburger Nationaltheaters im 18. Jahrhundert. Das Bürgertum fühlte sich offensichtlich immer noch nicht als Trägerschicht für öffentliche Theater angesprochen.

91 Bereits in einem Brief vom 29. Dezember 1875 macht Cosima Wagner die traurige Eröffnung: »Mein Mann hat schon den Gedanken geopfert, ein freies Fest den weniger Bemittelten zu geben, und es werden alle Plätze verkauft werden.« (Zit. nach Hans Mayer 1978, S. 24.)

92 Brief Wagners aus Luzern vom 7. November 1871 an einen nicht zu ermittelnden Empfänger. Zit. nach Lore Lucas 1973, S. 88.

93 In dem weiter unten zitierten Bericht über die Grundsteinlegung findet der Ausdruck wiederholt Verwendung.

94 Diese Forderung hatte Wagner zum ersten Mal im Vorwort zur Herausgabe des Bühnenfestspiels *Der Ring des Nibelungen* (1862) erhoben, in dem er auch die oben zitierten Sätze vom »provisorischen Theater« geschrieben hat. In dieser Schrift entwickelt Wagner ausführlich seine Festspiel-Idee, für deren Finanzierung er hier allerdings einen Fürsten als Mäzen sucht. Sie schließt mit den berühmt gewordenen Worten: »Wird dieser Fürst sich finden?« Ludwig II. fühlte sich 1864 von diesen Worten aufgefordert, Wagner suchen zu lassen und ihm ein großzügiges Angebot zu unterbreiten.

95 Vgl. Joachim Herz 1983; Heinrich Porges 1880; Felix Mottl: Bayreuther Erinnerungen. In: *Der Merker*, Wien 1911, Heft 19.

96 Felix Mottl, zit. nach: *Der Festspielhügel* 1976, S. 34.

97 Vgl. hierzu Geerd Hellberg-Kupfer 1942.

98 Heinrich Porges 1880, S. 145.

99 Camille Saint-Saëns: Harmonie und Melodie. Berlin 2. Aufl. 1905, zit. nach: *Der Festspielhügel* 1976, S. 50f.

100 Zit. nach Dietrich Mack 1976, S. 73.

101 Zum Problem der Ausstattung in Wagners *Ring*-Inszenierung vgl. Denis Bablet: *Le décor du théâtre de 1870 à 1914*. Paris 1975; Oswald G. Bauer 1982; Dietrich Mack 1976.

102 Brief an Ludwig II. vom 17. Mai 1881, zit. nach Dietrich Mack 1976, S. 49.
103 Vgl. Adolphe Appia 1983ff., Bd. 1, S. 95–302 sowie Bd. 2, S. 3–300 (Literaturverz. zu Kap. 4). Vgl. auch Dietrich Kreidt: *Kunsttheorie der Inszenierung*. Zur Kritik der ästhetischen Konzeptionen Adolphe Appias und Edward Gordon Craigs. Phil. Diss., Berlin 1968.
104 Cosima Wagner 1976/77, Bd. 2, S. 181.
105 Camille Saint-Saëns, zit. nach: *Der Festspielhügel* 1976, S. 47.
106 Ebda., S. 49.
107 Aus einer Rede Richard Wagners vor dem Bayreuther Patronat, zit. nach: Der *Festspielhügel*, S. 54.
108 *Bühne und Welt* 1899, zit. nach Dietrich Mack 1976, S. 41.
109 Cosima Wagner 1976/77, Bd. 1, S. 323.
110 An Ludwig II. am 28. November 1880; *König Ludwig II. und Richard Wagner. Briefwechsel*. Bd. 1–4, hrsg. von O. Strobel, Karlsruhe 1936–39, Bd. 3, S. 182f.
111 Vgl. vor allem Edward Gordon Craig 1969 (Literaturverz. zu Kap. 4). Vgl. auch Erika Fischer-Lichte 1990, Bd. 2, S. 163–171 (Literaturverz. zur Einl.).
112 Vgl. hierzu Vsewolod E. Meyerhold 1979, bes. Bd. 1, S. 136–156 (Literaturverz. zu Kap. 4). Vgl. auch Erika Fischer-Lichte 1990, Bd. 2, S. 171–182 (s.o).
113 Zur Rezeption Wagners vgl. u.a. Hans-Peter Bayerdörfer: Träume. Richard Wagner in der Theatertheorie von Mallarmé bis Meyerhold. In: *Richard Wagner 1883–1983*. 1984, S. 319–350; sowie Erwin Koppen: Wagner und die Folgen. In: *Richard-Wagner-Handbuch* 1986, S. 609–624.
114 Langjähriger Leiter des Orchesters war Hans von Bülow, der erste Ehemann Cosima Wagners. Er hatte die Uraufführung von *Tristan und Isolde* 1865 in München dirigiert. In zweiter Ehe war er mit der Meininger Schauspielerin Marie Schanzer verheiratet.
115 Zu den Prinzipien seiner Bewegungsregie, die vor allem eine klassizistische symmetrische Komposition des Bühnenbildes zu vermeiden suchte, vgl. die entsprechenden Anmerkungen in den Briefen Georgs II. von Meiningen an Paul Lindau (in: John Osborne (Hrsg.) 1980, S. 167–175).
116 Die Probenzeiten betrugen bei den Meiningern bei »leichten« Stücken 3–5 Tage, bei »schweren« 10–12 Tage. Hier dauerte die Probe eines Aktes beispielsweise fünf Stunden. Dies mag verglichen mit heutigen Standards nicht sehr viel erscheinen, überstieg jedoch die damals üblichen Probenzeiten erheblich. Diese Angaben betreffen allerdings nur die Gesamtproben. Daneben wurde noch ein ausführliches Rollenstudium mit einzelnen Schauspielern vom Herzog, seinem Regisseur Ludwig Chronegk und seiner Frau, der ehemaligen Schauspielerin Ellen Franz, vorgenommen. Bei den Gesamtproben erließ der Herzog die Vorschriften.
117 Zwar engagierte der Herzog zunächst Friedrich Bodenstedt aus München als Intendanten, mit dem er im Hinblick auf das Prinzip der Originaltexte übereinstimmte. Wegen anderer tiefgreifender Dissenzen in künstlerischen Fragen ließ er ihn jedoch 1870 bereits in Pension gehen und übernahm selbst die Leitung.

118 Unterstützt wurde er bei der Wahrnehmung dieser Funktionen von seinem Direktor Karl Grabowsky, der die Geschäfte führte, seinem offiziellen Regisseur Ludwig Chronegk, der seine eher impressionistischen Anweisungen auf den Proben in theatralische Details umsetzte und vor allem für die Einstudierung der Massenszenen zuständig war, sowie von der Herzogin, welche die Deklamationsschulung übernahm.

119 Max Grube: *Jugenderinnerungen eines Glückskindes.* Leipzig 1917, zit. nach Rolf Kabel (Hrsg.): *Solch ein Volk nennt sich nun Künstler...* Wien, Köln, Graz 1983, S. 463–505, S. 491.

120 Diese Forderung war allerdings zu seiner Zeit kaum umzusetzen. Als Caroline Neuber bereits mit Gottsched zerstritten war, ließ sie 1741 den 3. Akt seines *Cato* als Nachspiel tatsächlich im römischen Kostüm spielen, um ihn lächerlich zu machen. Und in der Tat: die Tragödie wurde ein seltener Lacherfolg.

121 Vgl. hierzu Max Grube 1926, S. 55.

122 Ebda., S. 55.

123 Zu Charles Keans Shakespeare-Revivals vgl. George C. D. Odell: *Shakespeare from Betterton to Irving.* Bd. 2, London 1921 und Ernst Leopold Stahl: Der englische Vorläufer der Meininger. Charles Kean als Bühnenreformator. In: *Beiträge zur Literatur- und Theatergeschichte. Ludwig Geiger zum 70. Geburtstag gewidmet.* Berlin 1918.

124 So publizierte Theodor Fontane in der *Zeit. Neueste Berliner Morgenzeitung* vom 14. 1. 1858 eine ausführliche positive Besprechung. Der spätere Burgtheaterdirektor (1870–1881) Franz Dingelstedt dagegen lieferte einen eher nachteiligen Bericht (in: Franz Dingelstedt: *Shakespeares Historien.* Deutsche Bühnenausgabe, 3 Bde., Berlin 1867, Bd. 2).

125 Vgl. hierzu Marianne Jansen 1948; Adolf Winds 1911.

126 Zum Repertoire vgl. Max Grube 1926 sowie die Tabelle im Anhang von John Osborne (Hrsg.) 1980, S. 192f.

127 Herzog Georg war Mitglied der Deutschen Shakespeare-Gesellschaft. Die ersten Besprechungen seiner Shakespeare-Inszenierungen erschienen im *Jahrbuch der Deutschen Shakespeare-Gesellschaft* 1866. Vgl. John Osborne (Hrsg.) 1980, S. 33–37.

128 Wohl war es damals üblich, daß einzelne Schauspieler auf Tournee gingen. Die Gastspielreise einer ganzen Truppe samt Kostümen, Requisiten und Dekorationen stellte dagegen ein völliges Novum seit Einrichtung der stehenden Theater dar.

129 Der Vergleich mit Wagner liegt hier nahe. Während Wagner jedoch das internationale Publikum nach Bayreuth holte, begaben sich die Meininger auf Welttournee.

130 Schiller hatte es in seiner Bearbeitung noch für nötig gehalten, diese Szene durch ein frommes Tagelied zu ersetzen.

131 Die Revision solcher Derbheiten verlangte z.B. der Rezensent der *Gegenwart* V, S. 25, 1874 aus moralischen Gründen (vgl. Thomas Hahm 1970, S. 133).

132 Die Meininger waren die ersten, die einen ungestrichenen und unverän-

derten *Prinzen von Homburg* brachten. Bis dahin war es üblich, die erste Szene ganz zu streichen und durch einen Bericht zu ersetzen und im III. Akt die Todesangst in Angst vor einem schimpflichen Tode durch Hinrichtung zu verwandeln. Vgl. Erika Fischer-Lichte: *Kleists »Prinz Friedrich von Homburg«*. Frankfurt/Main 1985, S. 88–98.

133 Bis dahin war Kunigunde wohl als böses, jedoch nicht als häßliches Weib gezeigt worden.

134 Friedrich Bodenstedt: Über einige Shakespeare-Aufführungen in München. In: *Shakespeare-Jahrbuch*, Bd. 2, 1867, S. 251ff.

135 Daß auch die Meininger Eingriffe in den Text durchaus gravierend sein konnten, weist Wolfgang Iser nach in seinem Aufsatz: »Der Kaufmann von Venedig« auf der Illusionsbühne der Meininger. In: *Shakespeare-Jahrbuch*, Bd. 99, 1963, S. 72–94.

136 Robert Prölß: *Das Herzoglich-Meiningen'sche Hoftheater und die Bühnenreform*. Dresden 1876, 2. Aufl. Erfurt 1882, S. 28.

137 Hans Herring: *Die Meininger, ihre Gastspiele und deren Bedeutung für das deutsche Theater*. Dresden 1879, S. 33.

138 Heinrich Laube: *Erinnerungen*. Bd. 2: 1841–1881. Wien 1882, S. 182.

139 R.Gericke: Zu einer neuen Bearbeitung des Macbeth. In: *Shakespeare-Jahrbuch*, Bd. 6, 1871, S. 26.

140 Wilhelm Oechelhäuser: Die Shakespeare-Aufführungen in Meiningen. In: *Shakespeare-Jahrbuch*, Bd. 3, 1868, S. 394.

141 Der historische Realismus beherrschte in Deutschland zwischen 1850 und 1860 vor allem die Malerei. Als beispielgebende Gemälde galten Adolf von Menzels »Flötenkonzert von Sanssouci« (1852) oder Karl von Pilotys »Seni an der Leiche Wallensteins« (1855). Herzog Georg, der von der Malerei herkam, war hier zuerst mit dem Historismus bekannt geworden.

142 Ibsen schickte ihm eine ausführliche Beschreibung. Auf der Rückseite seines Briefes zeichnete der Herzog seinen ersten Entwurf des Salons im Alvingschen Hause.

143 Vgl. hierzu Max Grube 1926, S. 76, S. 103f., S. 117.

144 Theodor Fontane 1926, S. 527.

145 *Deutsche Rundschau* XVI, 1878, S. 146f.

146 Adolf Glaser: Das Meininger Hoftheater. In: *Westermanns Jahrbuch der Illustrierten Deutschen Monatshefte*, Bd. 36, 1874, S. 593–597, S. 594f.

147 Wilhelm Henzen: Theaterbrief aus Leipzig. In: *Dramaturgische Blätter* II, 21, 1878, S. 500. – Die Veränderung des Bildungsbegriffs seit Goethe fällt ins Auge. Während Goethe damit auf die freie Entfaltung der Persönlichkeit zielte, meinte das ausgehende 19. Jahrhundert das Verfügen über Wissen, über positive Fakten.

148 Hans Hopfen: Die Meininger in Berlin (1874). Wiederabgedruckt in: John Osborne (Hrsg.) 1980, S. 63–72, S. 67.

149 Rudolph Genée: Das Gastspiel der Meininger in Berlin (1878). In: John Osborne (Hrsg.) 1980, S. 72–82, S. 76f.

150 Otto Brahm: Die Meininger (1882). In: John Osborne (Hrsg.) 1980, S. 129–

132, S. 129. Rudolph Dressel war der Besitzer eines Berliner Restaurants Unter den Linden.

151 Oscar Blumenthal: *Theatralische Eindrücke*. Berlin 1885, S. 336.

152 Im Widerspruch hierzu stand die eher idealistisch ausgerichtete Schauspielkunst, welche die Herzogin, Frau von Hildburg, vertrat und den Schauspielern vermittelte. Vgl. hierzu Kap. 3.3.3.

153 Die Bedeutung des von Auguste Comte (1798–1857) begründeten und von Hippolyte Taine (1828–1893) weitergeführten Positivismus für den historischen Realismus der Meininger liegt auf der Hand. Vor allem die von Taine als bestimmend für die Dichtung ausgearbeiteten Faktoren von »race«, »milieu« und »moment historique« und im besonderen der letztere, fanden bei den Meiningern Berücksichtigung.

154 In diesem Zusammenhang wird in der theatergeschichtlichen Literatur für gewöhnlich die Anekdote von Marie Schanzer erzählt, der vom Herzog gekündigt wurde, weil sie ohne seine ausdrückliche Erlaubnis eine Probe versäumte, bei der sie lediglich eine Statistenrolle zu spielen hatte. Sie hatte stattdessen das Wochenende mit ihrem Mann Hans von Bülow verbracht, der sich im Dienst des Herzogs auf Tournee befand. Da der Herzog auf ihrer Kündigung bestand, kündigte auch von Bülow, dem das Meininger Orchester seinen hohen Rang und Leistungsstand verdankte.

155 Zit. nach Thomas Hahm 1970, S. 136.

156 Ludwig Speidel: Die Meininger in Wien (1875). In: John Osborne (Hrsg.) 1980, S. 82–90, S. 86.

157 Ebda., S. 90.

158 Clement Scott: The Meiningen Court Company (1881). In: John Osborne (Hrsg.) 1980, S. 120–124, S. 122.

159 Gustave Frédérix: Jules César, tragédie de Shakespeare, jouée par la troupe du duc de Saxe-Meiningen. In: John Osborne (Hrsg.) 1980, S. 140–143, S. 143.

160 Konstantin S. Stanislavskij: Die Meininger (1890/1924). In: John Osborne (Hrsg.) 1980, S. 163–167, S. 164.

161 Ludwig Speidel in John Osborne (Hrsg.) 1980, S. 90.

162 Albert Lindner: Die Meininger und ihre Kunstprinzipien. In: *Westermanns Jahrbuch der Illustrierten Deutschen Monatshefte*, Bd. 44, 1878, S. 440f. – Ironischerweise stieg dieser »unzulängliche Herr Kainz« wenige Jahre später zum unbestrittenen Star des Wiener Burgtheaters auf.

163 Max Rémy in der *Nassauischen Zeitung* vom 18. 5. 1878, zit. nach Thomas Hahm 1970, S. 139.

164 Hans Hopfen in John Osborne (Hrsg.) 1980, S. 65.

165 Richard Sennett 1983.

166 Die Beliebtheit des Genres »Künstlerdrama« im 19. Jahrhundert findet so eine einleuchtende Erklärung. Vgl. Erika Fischer-Lichte 1990, Bd. 2, 4.1 Das Rätsel der großen Persönlichkeit, S. 3–57 (Literaturverz. zur Einl.).

167 N. N.: Les Meininger (1888). In: John Osborne (Hrsg.) 1980, S. 143–148, S. 146.

168 Artur Fitger: Noch ein Wort über die Meininger. In: *Die Nation* 7, 50, 1889/90, S. 753ff., S. 753.

169 Vgl. hierzu Erika Fischer-Lichte 1990, Bd. 2, 4.3 Zerfall der bürgerlichen Mythen, bes. 4.3.3 Die große Persönlichkeit – der Künstler, S. 122–154 (Vgl. Anm. 166).

170 Josza Savits: *Von der Absicht des Dramas.* Dramaturgische Betrachtungen über die Reform der Szene, namentlich in Hinsicht auf die Shakespeare-Bühne in München. München 1908, S. 11f.

171 André Antoine 1960, S. 101f.

172 Hans Hopfen in John Osborne (Hrsg.) 1980, S. 66.

173 Clement Scott in John Osborne (Hrsg.) 1980, S. 121.

174 Ludwig Speidel in John Osborne (Hrsg.) 1980, S. 90.

175 William Archer: The German Plays. Julius Caesar and Twelfth Night (1881). In: John Osborne (Hrsg.) 1980, S. 124–129, S. 127.

176 André Antoine 1960, S. 99.

177 N.N. in John Osborne (Hrsg.) 1980, S. 145.

178 Karl Frenzel, *National-Zeitung* vom 24. 4. 1882, zit. nach Thomas Hahm 1970, S. 154.

179 Karl Frenzel in John Osborne (Hrsg.) 1980, S. 59.

180 Vgl. zu diesem Problem Dieter Hoffmeier 1974, S. 3–47.

181 Vgl. hierzu Rita Klis 1980.

182 Vgl. Alfred Kruchen 1933.

183 Konstantin S. Stanislavskij in John Osborne (Hrsg.) 1980, S. 167.

184 Vgl. hierzu die Diskussion bei Thomas Hahm 1970, S. 179–187.

185 Otto Brahm 1964, S. 416f.

186 André Antoine 1960, S. 104.

187 Paul Lindau schreibt über diese Aufführung: »Alle, die das Ibsen'sche Drama in dieser Aufführung gesehen hatten [...], stimmten darin überein, daß das grausig schöne Werk von keiner anderen Bühne und nie wieder so ibsensch gegeben worden ist. Der Dichter fand für diese Vorstellung nur das eine Wort: ›Unübertrefflich!‹« (in: Paul Lindau: *Nur Erinnerungen.* 2 Bde., 2. und 3. Aufl. Stuttgart, Berlin 1917, S. 327) Zu den näheren Umständen der Aufführung vgl. Max Grube 1926, S. 120 sowie Thomas Hahm 1970, S. 120–123.

188 André Antoine 1960, S. 104.

189 Vgl. hierzu Dieter Hoffmeier 1988.

190 Vgl. hierzu Erika Fischer-Lichte 1990, Bd. 2, S. 90–99 sowie S. 135 (Vgl. Anm. 166).

191 Paul Schlenther: *Gesammelte Werke*, Bd. 6, S. XVIIf.

192 Eine öffentliche Aufführung der *Gespenster* war in Berlin bis 1896 verboten. (In anderen deutschen Städten konnten sie bereits bedeutend früher gezeigt werden.) Am 9. 1. 1887 hatte allerdings der Leiter des Berliner Residenztheaters, Anton Anno, für seine bereits einstudierte Inszenierung eine einmalige geschlossene Vorstellung durchsetzen können, die in der Berliner Presse einen heftigen Streit um Ibsen hervorrief. Die

Gespenster hatten also auch in Berlin die »Feuerprobe« einer Aufführung bestanden.

193 Zu den unterschiedlichen Versionen der Vereinsgründung, die bereits seit dem Gründungsjahr 1889 kursieren, vgl. vor allem Helmut Schanze: Theater-Politik. Literatur zur Gründungskonstellation einer »Freien Bühne« zu Berlin 1889. In: Hans-Peter Bayerdörfer et al. (Hrsg.) 1978, S. 275–291.

194 Der Aufruf ist abgedruckt in: Peter de Mendelssohn: *S. Fischer und sein Verlag*. Frankfurt/Main 1970, S. 93.

195 Die vollständige Mitgliederliste (Stand 30. 6. 1889) ist abgedruckt in Maria Liljeberg 1980, S. 253f.

196 Zur Geschichte der »Freien Bühne« vgl. vor allem Gernot Schley: *Die Theaterleistung der FREIEN BÜHNE*. Phil.Diss., Berlin 1966.

197 Zitiert nach Gernot Schley 1967, S. 29.

198 Theodor Fontane in der *Vossischen Zeitung* vom 30. 9. 1889, zit. nach Gernot Schley 1967, S. 39.

199 Curt Baake in *Berliner Volksblatt* vom 22. 10. 1889, zit. nach: Norbert Jaron et al. (Hrsg.) 1986, S. 96. – Der Skandal erreichte seinen Höhepunkt, als der Arzt Isidor Kastan eine Geburtszange aus der Tasche zog und an der Stelle über dem Kopf schwenkte, an der nach dem Text das Wimmern der Wöchnerin hinter der Szene zu hören gewesen wäre, das Brahm jedoch gestrichen hatte.

200 *Kölnische Volkszeitung* vom 17. 12. 1889, zit. nach Gernot Schley 1967, S. 46.

201 Karl Frenzel in der *National-Zeitung* vom 21. 10. 1889, zit. nach Norbert Jaron et al. (Hrsg.) 1986, S. 92.

202 Maximilian Harden in *Die Gegenwart*, Jg. 18, H. 43, zit. nach Norbert Jaron et al. (Hrsg.) 1986, S. 98.

203 Karl Frenzel in der *National-Zeitung* vom 28. 1. 1890 in seiner Rezension der Aufführung von Tolstojs *Macht der Finsternis*, zit. nach Gernot Schley 1967, S. 63.

204 Vgl. hierzu Gernot Schley 1967, S. 80–96, sowie die bei Norbert Jaron et al. (Hrsg.) 1986 abgedruckten Rezensionen zur Aufführung der *Einsamen Menschen*, S. 176–188.

205 Isidor Landau im *Berliner Börsen-Courier* vom 3. 4. 1892, zit. nach Norbert Jaron et al. (Hrsg.) 1986, S. 205.

206 Vgl. hierzu Kap. 3.3 sowie Manfred Brauneck 1974, S. 50–86; Hans Schwab-Felisch (Hrsg.) 1959, S. 225–269.

207 Isidor Landau im *Berliner Börsen-Courier* vom 28. 2. 1893, zit. nach Norbert Jaron et al. (Hrsg.) 1986, S. 252.

208 Otto Brahm: Freie Bühne, im *Theaterkalender auf das Jahr 1911*. Wiederabgedruckt in: Otto Brahm 1961, S. 31–40, S. 40.

209 Isidor Landau im *Berliner Börsen-Courier* von 20. 10. 1889, zit. nach Norbert Jaron et al. (Hrsg.) 1986, S. 87.

210 Wilhelm Rubiner im *Berliner Lokal-Anzeiger* vom 28. 2. 1893, zit. nach Norbert Jaron et al. (Hrsg.) 1986, S. 252.

211 Maximilian Harden in *Die Gegenwart*, zit. nach Norbert Jaron et al. (Hrsg.) 1986, S. 98.
212 Ebda.
213 Isidor Landau im *Berliner Börsen-Courier* vom 20. 10. 1889, zit. nach Norbert Jaron et al. (Hrsg.) 1986, S. 87.
214 Ebda., S. 88.
215 Ebda.
216 Ebda., S. 89; ähnlich bemängelt Karl Frenzel in der *National-Zeitung* vom 21. 10. 1889 die »epische Natur« (ebda., S. 93). Heinrich Hart urteilt in der *Täglichen Rundschau* vom 22. 10. 1889, das Drama sei »seiner Technik nach episch aufgebaut« (ebda., S. 94).
217 Wilhelm Rubiner in Norbert Jaron et al. (Hrsg.) 1986, S. 253.
218 Julius Hart in der *Täglichen Rundschau* vom 28. 2. 1893, zit. nach Norbert Jaron et al. (Hrsg.) 1986, S. 254.
219 Wilhelm Rubiner in Norbert Jaron et al. (Hrsg.) 1986, S. 253.
220 Heinrich Hart in der *Täglichen Rundschau* vom 22. 10. 1889, zit. nach Norbert Jaron et al. (Hrsg.) 1986, S. 94.
221 Julius Hart in Norbert Jaron et al. (Hrsg.) 1986, S. 254.
222 Franz Mehring in *Die Neue Zeit*, Berlin 1892/93, H. 24, zit. nach Hans Schwab-Felisch (Hrsg.) 1959, S. 195–203, S. 202.
223 Theophil Zolling in *Die Gegenwart*, Jg. 22, H. 10, zit. nach Norbert Jaron et al. (Hrsg.) 1986, S. 255.
224 Schücking spricht in diesem Zusammenhang von dem »größten Geschmacksumschwung der letzten hundert Jahre«. (Levin L. Schücking: *Soziologie der literarischen Geschmacksbildung*. 3. neubearb. Aufl. Bern, München 1961, S. 37)
225 Henrik Ibsen: *Dichter über ihre Dichtungen*. Bd. 10, II. Übertragen und hrsg. von Verner Arpe, München 1972, S. 79 und S. 88.
226 Vgl. hierzu Kap. 2.2.1 und 2.2.2 der vorliegenden Arbeit.
227 Emile Zola: *Le roman expérimental*. Paris 1971, S. 139–173, S. 144.
228 Ebda., S. 142.
229 Ebda., S. 140. Diese Formulierung findet sich zum ersten Mal in Zolas Aufsatz *Proudhon et Courbet*, der am 26. Juli/31. August in *Le salut public* veröffentlicht wurde.
230 Ebda.
231 Arno Holz: *Das Werk*. Erste Ausgabe mit Einführungen von Dr. Hans W. Fischer, 10 Bde., Berlin 1924–1925, Bd. 10, S. 83.
232 Wilhelm Bölsche: *Die naturwissenschaftlichen Grundlagen der Poesie*. Prolegomena einer realistischen Ästhetik. Leipzig 1887, S. 71.
233 Vgl. hierzu u.a. Manfred Brauneck 1974, S. 135–148; Ray C. Cowen 1973, S. 11–32; Günther Mahal 1975, S. 42–58, S. 149–157.
234 Als besonders einflußreich erwiesen sich Claude Bernards *Introduction à l'étude de la médicine expérimentale* 1865 sowie die Schriften von Charles Darwin *The Origin of Species by Means of Natural Selection, or, the Preservation of Favored Races in the Struggle for Life* (1859) und *The*

Descent of Men (1871). In diesem Zusammenhang sei nachdrücklich darauf hingewiesen, daß auch die Theatertheoretiker der Aufklärung sich an den Naturwissenschaften orientierten. Diderot schrieb selbst einen wichtigen Aufsatz zur Physiologie. Vgl. Kap. 2, Anm. 84 der vorliegenden Arbeit. Selbstverständlich waren auch die Schriften Comtes und Taines bei den Naturalisten allgemein verbreitet. Vgl. Anm. 153.

235 Emile Zola 1971, S. 163.

236 Wilhelm Bölsche in Erich Ruprecht (Hrsg.): *Literarische Manifeste des Naturalismus 1880–1892*. Stuttgart 1962, S. 89.

237 Adalbert von Hanstein: *Das jüngste Deutschland*. Zwei Jahrzehnte miterlebter Literaturgeschichte. 2. Aufl. Leipzig 1901, S. 157.

238 Vgl. hierzu vor allem Günther Mahal 1975, S. 95–106.

239 Zur Relation von verbalen und non-verbalen Zeichen im dramatischen Dialog vgl. Erika Fischer-Lichte: Dialoglinguistik oder Dialoghermeneutik? Überlegungen zum Problem einer systematischen Analyse des dramatischen Dialogs. In: *Wirkendes Wort* 4, 1984, S. 282–304.

240 Zur Dramaturgie des naturalistischen Dramas vgl. u.a. Dieter Borchmeyer: Der Naturalismus und seine Ausläufer. In: Viktor Žmegač (Hrsg.): *Geschichte der deutschen Literatur vom 18. Jahrhundert bis zur Gegenwart*. Bd. 2, 1848–1918, Königstein 1980, S. 153–233; Günther Mahal 1975, S. 92–157; Helmut Scheuer 1976, S. 153–188.

241 Zit. nach Horst Claus 1981, S. 91. Brahm hatte Max Reinhardt 1894 als Schauspieler von Wien ans Deutsche Theater geholt.

242 Max Reinhardt 1901, Bd. 1, S. 73.

243 Vgl. Kap. 2, Anm. 121 der vorliegenden Arbeit.

244 Brief vom 3. 10. 1893, in: *Magazin für Literatur*, Jg. 66, H. 43, zit. nach Herbert Henze 1929, S. 12.

245 Heinrich Hart in *Tägliche Rundschau* vom 27. 10. 1889, zit. nach Norbert Jaron et al. (Hrsg.) 1986, S. 95.

246 Vgl. hierzu auch Peter Sprengel 1985, S. 7–76.

247 Otto Brahm: Freie Bühne. In: ders. 1961, S. 39.

248 Julius Bab: Rittner und die Lehmann. In: Michael Kuschnia (Hrsg.) 1983, S. 48–50, S. 50.

249 Leopold Schönhoff: *Kritische Theaterbriefe*. Berlin 1900, S. 30.

250 *Vossische Zeitung* vom 16. 12. 1889, zit. nach Gernot Schley 1967, S. 131.

251 Paul Schlenther in *Freie Bühne*, zit. nach Gernot Schley 1967, S. 131.

252 *Frankfurter Zeitung* vom 4. 4. 1892, zit. nach Gernot Schley 1967, S. 131.

253 Zu dieser an Brahms Bühnen entwickelten Schauspielkunst vgl. u.a. Theo van Alst 1954; Inge Richter-Haaser 1964; Hans Adolf Schultze 1961; Peter Wellert 1963; Joachim Weno 1961.

254 Otto Brahm: Von alter und neuer Schauspielkunst, *Die Nation*, 14. 5. 1892. In: ders. 1961, S. 413–420, S. 414.

255 Ebda., S. 415.

256 Ebda., S. 414.

257 Ebda., S. 418.

258 Ebda., S. 419.
259 Eduard von Winterstein 1947, S. 41f.
260 Auch hinsichtlich des Ensembleprinzips besteht eine deutliche Kontinuität von den Meiningern zu Otto Brahm. Brahm konnte allerdings sein Ensemble erster Kräfte durch höchste Allgemeingagen, langfristige Verträge und ein hervorragendes Arbeitsklima zusammenhalten.
261 Arnold Zweig: *Juden auf der deutschen Bühne*. Berlin 1928, S. 43f.
262 Otto Brahm: Das deutsche Drama und das »Deutsche Theater«, *Deutsche Illustrierte Zeitung* vom 13. 6. 1885. In: ders. 1913, S. 81–86, S. 83.
263 Alfred Polgar 1966, S. 108.
264 Vgl. dagegen die Erklärung für den Geschmackswandel bei Norbert Jaron et al. (Hrsg.) 1986, S. 35ff.
265 André Antoine 1960, S. 166.
266 In diesem Zusammenhang fällt auf, daß in dem Zitat von Julius Bab, im Brahm-Zitat S. 253 und dem Polgar-Zitat wiederholt die Begriffe »leben« und »Leben« gebraucht werden. Hier wird unüberhörbar an Nietzsche angeknüpft und das rational-analysierende Paradigma der Aufklärung und auch des frühen Naturalismus zugunsten eines biologistischen Lebensbegriffs, einer »biozentristischen« Weltanschauung (Ernst Bloch) aufgegeben. Zum Bezug des Naturalismus zu Nietzsche vgl. u.a. Ray C. Cowen 1973, S. 22ff; zum biologistischen Lebenbegriff der Naturalisten vor allem Dieter Kafitz: *Johannes Schlaf – Weltanschauliche Totalität und Wirklichkeitsblindheit, Tübingen 1992.*
267 Vgl. hierzu vor allem die Schriften Stanislavskijs 1986 sowie die knappe Einführung von Felix Rellstab: *Stanislawski-Buch.* Einführung in das »System«. 2. Aufl. Zürich 1980. Durch Vermittlung Stanislavskijs ist die naturalistische Schauspielkunst aus ihrem Entstehungskontext herausgelöst und im 20. Jahrhundert zum erfolgreichsten Paradigma einer realistischen Schauspielkunst sowohl im bürgerlichen Theater des »Westens« als auch im sozialistischen Theater des »Ostblocks« avanciert.
268 Die durch die Schauspielkunst im naturalistischen Theater erfolgte Überführung von Kunst in Leben weist in mancher Hinsicht auf die in der Avantgarde des 20. Jahrhunderts geführte Diskussion voraus. Vgl. hierzu Kap. 4.1 der vorliegenden Arbeit.
269 1912 war der Stimmenanteil der sozialdemokratischen Partei sogar auf 34,8% gestiegen. Vgl. hierzu Walter Tormin: *Geschichte der deutschen Parteien seit 1848*. 3. Aufl. Stuttgart 1968, S. 282ff.
270 Vgl. hierzu Manfred Brauneck 1974, S. 94–99.
271 Johannes Volkelt: Die Philosophie des 19. Jahrhunderts. In: ders.: *Vorträge zur Einführung in die Philosophie der Gegenwart*. München 1892, S. 3–39.
272 Karl Frenzel: Der moderne Realismus. In: *Vom Fels zum Meer*, 1891, S. 156–160, S. 156f.
273 Karl Frenzel: Die Berliner Theater. In: *Deutsche Rundschau* 63, 1890, S. 447–461, S. 447.
274 Karl Frenzel in der *National-Zeitung* vom 21. 10. 1889, zit. nach Norbert

Jaron et al. (Hrsg.) 1986, S. 91. Naturalismus und Sozialismus wurden entsprechend von den Konservativen mit denselben stereotypen »Schimpfworten« belegt: sozialistisch, kosmopolitisch, semitisch, demokratisch, internationalistisch. Vgl. Manfred Brauneck 1974, S. 90f.

275 Karl Frenzel in Norbert Jaron et al. (Hrsg.) 1986, S. 92.

276 *Die Neue Zeit* 9, 2 (1890/91), S. 41–64, S. 43, zit. nach Manfred Brauneck 1974, S. 100.

277 Der Kapitalismus und die Kunst. In: *Die Neue Zeit* 9, 2 (1890/91), S. 649–653 und S. 686–690, S. 652, zit. nach Manfred Brauneck 1974, S. 101.

278 Akten Pol.Präs. Berlin, Bl. 1–2, zit. nach Manfred Brauneck 1974, S. 51.

279 Die Theatercensur in Berlin. In: *Börsen-Courier* (Morgenausgabe) vom 8. März 1893, S. 1–2, zit. nach Manfred Brauneck 1974, S. 55.

280 Urteil des Preußischen Oberverwaltungsgerichts vom 2. Oktober 1893, abgedruckt in Hans Schwab-Felisch (Hrsg.) 1959, S. 245–248, S. 247.

281 Friedrich Dernburg im *Berliner Tageblatt* vom 26. 9. 1894, zit. nach Helmut Praschek (Hrsg.) 1981, S. 197f.

282 Wie stark dies Bewußtsein der sozialen Frage im liberalen Bürgertum geworden war, belegt Wilhelm Bölsches Programmschrift »Die sozialen Grundlagen der modernen Dichtung«, die 1897 in den *Sozialistischen Monatsheften* (S. 23–28, S. 100–105, S. 564–567, S. 663–670) erschien – also zehn Jahre nach seiner ersten naturwissenschaftlich ausgerichteten Programmschrift. Vgl. hierzu Manfred Brauneck 1974, S. 126–130.

283 Wilhelm Bölsche (1897) in Manfred Brauneck 1974, S. 101.

284 Ebda., S. 105.

285 Zit. nach Manfred Brauneck 1974, S. 30.

286 Die Uraufführung von *Dantons Tod* wurde am 5. 1. 1902 von der Neuen Freien Volksbühne im Belle Alliance Theater veranstaltet. Die Freie Volksbühne brachte eine eigene Inszenierung noch in derselben Spielzeit heraus. Zur Spaltung in zwei Volksbühnen-Organisationen vgl. weiter unten.

287 Der Rezensent der *Freisinnigen Zeitung* vom 5. 12. 1893, zit. nach Heinrich Braulich 1976, S. 50f.

288 Zit. nach Siegfried Nestriepke 1930, S. 97.

289 Freie Volksbühnen. In: *Die Neue Zeit* 11, 2 (1892/93), S. 481–485, zit. nach Manfred Brauneck 1974, S. 44f.

290 Zit. nach Manfred Brauneck 1974, S. 28.

291 Bruno Wille: Die Freie Volksbühne und der Polizeipräsident. In: *Freie Bühne* 2, 2 (1891), S. 673–677, S. 676, zit. nach Manfred Brauneck 1974, S. 39.

292 Bruno Wille: Die Spaltung der Freien Volksbühne. In: *Der Kunstwart* 6 (1892), S. 52, zit. nach Manfred Brauneck 1974, S. 43.

293 Vgl. zu dieser Problematik Manfred Brauneck 1974, S. 20–49.

294 Zur Geschichte der Volksbühnenbewegung vgl. Heinrich Braulich 1976, Manfred Brauneck 1974; Siegfried Nestriepke 1930; Heinz Selo 1930.

295 Man darf nicht übersehen, daß die eingeschränkte Funktion, die Mehring dem Theater für die proletarische Emanzipationsbewegung zusprach, zu einem guten Teil auf eine eher konservative Kunstauffassung zurückzuführen ist. Vgl. hierzu Manfred Brauneck 1974, S. 99–116. Die Proletkultbewegung in der jungen Sowjetunion nahm hierzu später eine grundsätzlich andere Haltung ein. Vgl. hierzu Ludwig Hoffmann: *Das Theater des sowjetischen und deutschen Proletkults 1917–1922.* Zur Programmatik und Organisationsgeschichte. Phil. Diss., Berlin 1987. Interessant ist allerdings der Hinweis des Beiträgers in der *Neuen Zeit* auf die anderen Medien wie die Presse, die einen Funktionswandel des Theaters begründen. Dies Argument gewinnt im 20. Jahrhundert aus naheliegenden Gründen erheblich an Relevanz.

Anmerkungen zu Kapitel 4

1 Damit wird der Titel des Buches von Georg Fuchs zitiert, das eine Neuauflage seiner 1904 verfaßten (und 1905 publizierten) Schrift *Die Schaubühne der Zukunft* mit einem Bericht der »Ergebnisse aus dem Münchner Künstlertheater« verband. Diesem Buch stellte Fuchs das Motto voran, das zum »Schlachtruf« der Avantgarde werden sollte: »Rethéâtraliser le théatre«. – Zu den verschiedenen Programmen einer »Retheatralisierung des Theaters« vgl. die Textsammlung von Manfred Brauneck (Hrsg.) 1982.

2 Georg Fuchs: *Der Tanz.* Flugblätter für künstlerische Kultur. Stuttgart 1906, S. 3.

3 Vgl. Kap. 2.4.

4 Edward Gordon Craig: Erster Dialog über die Kunst des Theaters (1905). In: ders. 1969, S. 103.

5 Georg Fuchs und Peter Behrens propagierten allerdings eine Reliefbühne, wie sie später auch im Münchner Künstler-Theater verwirklicht wurde. Die Reliefbühne konnte sich jedoch nicht durchsetzen.

6 Vgl. Anm. 1.

7 So der Titel von Fuchs' Publikation aus dem Jahr 1904 bzw. 1905. Vgl. Anm. 1.

8 Vsevolod E. Meyerhold: Zur Geschichte und Technik des Theaters (1907). In: ders. 1979, Bd. 1, S. 131f.

9 Vgl. Kap. 3.4.

10 Platon M. Kerschenzew 1980, S. 16.

11 Georg Fuchs 1909, S. 63f.

12 Zu den Darmstädter Spielen, Joseph M. Olbrich und Peter Behrens vgl. Jutta Boehe 1968.

13 Zit. bei Gusti Adler 1964, S. 43.

14 Zu den verschiedenen Spielstätten Reinhardts vgl. vor allem Heinrich Huesmann 1983.

15 Georg Fuchs 1909, S. 63f.
16 Erwin Piscator 1986, S. 67.
17 Walter Gropius: *Theaterbau* (1935). In: ders. 1967, S. 118–125, S. 121.
18 Raoul Hausmann 1980, S. 50.
19 Diese Forderung mag insofern widersprüchlich erscheinen, als sie nicht nur von den avantgardistischen Gruppen wie Futuristen und Dadaisten erhoben wurde, sondern auch von den Initiatoren des sog. Regietheaters wie Craig, Meyerhold, Jessner, Brecht u.a., die soz. als einzige schöpferische »Persönlichkeit« den Regisseur zuließen und insofern mit sich selbst einen durchaus bürgerlichen Kult der Persönlichkeit betrieben. Dieser Widerspruch ist als Signatur der Umbruchzeit ausdrücklich zu konstatieren.
20 Vgl. hierzu u.a. Gernot Giertz 1975.
21 Erich Mühsam: *Volksfestspiele.* In: *Die Schaubühne*, Jg. VIII, 1, 1912, S. 4.
22 Vgl. hierzu Jutta Boehe 1968, S. 140ff.
23 Peter Behrens 1900, o.S. Alle folgenden Behrens-Zitate sind dieser Schrift entnommen.
24 Friedrich Nietzsche: *Die Geburt der Tragödie aus dem Geiste der Musik.* Stuttgart 1978, S. 65/67.
25 Georg Fuchs 1909, S. 5f.
26 Ebda., S. 4f.
27 Vgl. hierzu Lenz Prütting 1971.
28 Es ist auffallend, daß Fuchs' Reformforderungen völlig losgelöst von ihrer weltanschaulich-ideologischen Begründung von Vertretern der unterschiedlichsten ideologischen Richtungen rezipiert wurden, so in Rußland von Keržencev, Meyerhold und Tairov (vgl. Platon M. Kerschenzew 1980, S. 19; Alexander Tairov: *Das entfesselte Theater*. Köln 1964), in Frankreich von Copeau und Rouchér (vgl. Jacques Rouchér: *L'art théatrale moderne.* Paris 1910, Neuaufl. 1924, S. 13ff.).
29 Georg Fuchs 1906, S. 13.
30 Ebda., S. 20.
31 Ebda., S. 27. Zur Kritik dieser Auffassung vgl. Lenz Prütting 1971, S. 112ff.
32 Georg Fuchs 1906, S. 4.
33 Ebda., S. 6.
34 Ebda., S. 4/6.
35 Vgl. Lenz Prütting 1971, S. 273f.
36 Georg Fuchs 1909, S. 15.
37 Georg Fuchs: *Die Sezession in der dramatischen Kunst und das Volksfestspiel.* Mit einem Rückblick auf die Passion von Oberammergau. München 1911, S. 78f.
38 Zit. nach Arthur Kahane 1928, S. 119f.
39 Autobiographische Aufzeichnungen, zit. nach Gusti Adler 1964, S. 43.
40 Mit dem Massentheater konnte natürlich auch ein finanzielles Problem gelöst werden. Auch bei niedrigen Eintrittspreisen ließ sich so noch ein Profit erspielen.

41 Vgl. hierzu John L. Styan 1982, S. 80–86.
42 Vgl. u.a. die Kritik von Siegfried Jacobson in Heinrich Braulich 1969, S. 128f.
43 *Das Große Schauspielhaus*. S. 14.
44 Ebda., S. 21.
45 Ebda., S. 44f.
46 Georg Fuchs, in *Münchner Neueste Nachrichten*, Nr. 451, Jg. 63, 27. September 1910.
47 Insofern ist es auch nicht verwunderlich, daß die Volksbühne mit Reinhardt 1915 ein Abkommen zur Übernahme der Volksbühne schloß. Vgl. hierzu Heinrich Huesmann 1983, S. 28f.
48 Vgl. hierzu Heinrich Braulich 1969.
49 Vgl. die Auflistung bei Leonhard M. Fiedler 1975, S. 53ff.
50 Vgl. hierzu den Auszug aus Reinhardts Regiebuch zum *Kaufmann von Venedig* 1934 in Heinrich Braulich 1969, S. 85f.
51 Derartige Massenspiele wurden auch in der Sowjetunion aufgeführt. Am 1. Mai 1920 veranstaltete der Proletkult das erste als Teil eines Festes geplante Massenschauspiel in Petrograd. Besondere Berühmtheit erlangte *Die Erstürmung des Winterpalais*, die zum Jahrestag der Oktoberrevolution unter Leitung von Nikolaj Jevreinov 1920 in Petrograd aufgeführt wurde und sich soz. am »Originalschauplatz« zutrug.
52 Zit. nach Ludwig Hoffmann / Daniel Hoffmann-Ostwald 1972, Bd. 1, S. 93.
53 Paul Franken: *Vom Werden einer neuen Kultur*. Aufgaben der Arbeiter-, Kultur- und Sportorganisationen. Berlin 1930, S. 39.
54 Hans Högn: Frankfurter Eindrücke. In: *Arbeiter-Turn-Zeitung* 33, 1925, S. 204.
55 *Internationale Arbeiter-Olympiade*. Frankfurt am Main, Festschrift 1925, S. 57f.
56 Hendrik de Man: *Wir! Ein sozialistisches Festspiel*. Berlin 1932, Vorwort, S. 3/5.
57 Vgl. hierzu Henning Eichberg: Fest- und Weihespiele in der Arbeiterkulturbewegung. In: Henning Eichberg et al. 1977, S. 71–102.
58 Zit. nach Henning Eichberg et al. 1977, S. 82.
59 Das erste »Proletarische Theater« wurde von Karlheinz Martin, Arthur Holitscher, Ludwig Rubiner, Rudolf Leonhard und Alfons Goldschmidt 1919 gegründet. Es ging nach der ersten Vorstellung bereits wieder ein. Vgl. hierzu Friedrich Wolfgang Knellesen 1970, bes. S. 35–70; Richard Weber 1976, bes. S. 59–111.
60 Erwin Piscator 1986, S. 39.
61 Zit. nach Erwin Piscator 1986, S. 43.
62 Zit. nach Erwin Piscator 1986, S. 46.
63 Jakob Altmeier: *Wie es anfing*. Zur Geschichte des Piscator-Theaters. Zit. nach Erwin Piscator 1986, S. 58.
64 Zit. nach Erwin Piscator 1986, S. 59.

65 Erwin Piscator 1986, S. 65.
66 Zur Revue vgl. Knut Boeser / Renata Vatková 1986, Bd. 1, S. 60–74; Klaus Gleber: *Theater und Öffentlichkeit*. Frankfurt/Main 1979, S. 71–76; John Willett 1978, S. 50–55.
67 Erwin Piscator 1986, S. 66f.
68 Zit. nach Erwin Piscator 1986, S. 68.
69 Erwin Piscator 1986, S. 124.
70 Vgl. *Weimarer Republik* 1977, S. 865–872.
71 Zit. nach Ludwig Hoffmann / Daniel Hoffmann-Ostwald 1972, Bd. 1, S. 241.
72 Vgl. hierzu Hans-Jürgen Grune: Dein Auftritt, Genosse! Das Agitproptheater, eine proletarische Massenbewegung. In: *Wem gehört die Welt – Kunst und Gesellschaft in der Weimarer Republik*. Katalog, Berlin 1977, S. 432–440.
73 Helmut Damerius: Lernen zu kämpfen – lernen, sich Mut zu lachen. Die Agitprop-Arbeit der »Kolonne links«. In: *Wem gehört die Welt* 1977, S. 414–431, S. 418.
74 Ebda., S. 417.
75 Das Truppenlied – ebenso wie das Einheitskostüm (s.u.) – hatten die deutschen Agitproptruppen von den »Blauen Blusen« übernommen.
76 Helmut Damerius in: *Wem gehört die Welt* 1977, S. 421.
77 Béla Balász: Arbeitertheater. In: Ludwig Hoffmann / Daniel Hoffmann-Ostwald 1972, Bd. 2, S. 119–133, S. 119f.
78 Ebda., S. 120.
79 Friedrich Wolf: Schöpferische Probleme des Agitproptheaters. Von der Kurzszene zum Bühnenstück. In: Ludwig Hoffmann / Daniel Hoffmann-Ostwald 1972, Bd. 2, S. 431–441, S. 433.
80 Ebda.
81 W. Wandurski: Dem Dramatiker das selbsttätige Theater – dem selbsttätigen Theater den Dramatiker. In: Ludwig Hoffmann / Daniel Hoffmann-Ostwald 1972, Bd. 2, S. 395–401, S. 396.
82 Ludwig Hoffmann / Daniel Hoffmann-Ostwald 1972, Bd. 2, S. 440f. Vgl. auch Burkhard Schmiester 1982.
83 Friedrich Wolf in Ludwig Hoffmann / Daniel Hoffmann-Ostwald 1972, Bd. 2, S. 438.
84 Bertolt Brecht 1967, Bd. 17, S. 1024.
85 Ebda., S. 1028.
86 Zit. nach Rainer Steinweg (Hrsg.) 1976, S. 47.
87 Elsa Bauer in: *Badische Volkszeitung*, Baden-Baden, vom 30. 7. 1929.
88 Bertolt Brecht 1967, Bd. 17, S. 1030.
89 Zit. nach Rainer Stommer 1985, S. 23.
90 Gottfried Benn: Bekenntnis zum Expressionismus (1933). In: Paul Raabe (Hrsg.) 1965, S. 235–246, bes. S. 245f.
91 Eine Liste mit Titeln findet sich in Henning Eichberg et al. 1977, S. 22–26.
92 Die »Deutsche Arbeitsfront« veranstaltete 1933 soz. zur Ankurbelung ein

Thingspiel-Preisausschreiben, zu dem über 10.000 Einsendungen eingingen. Es war offensichtlich für diese Bewegung eine breite Basis in den verschiedensten Kreisen der Bevölkerung gegeben.

93 Vgl. hierzu Michael Dultz: Der Aufbau der nationalsozialistischen Thingspielorganisation 1933/34. In: Henning Eichberg et al. 1977, S. 203–234, bes. S. 213–218.

94 Schramm profilierte sich in seinem Buch *Neubau des deutschen Theaters*, Berlin 1934, hinsichtlich der Entwicklung einer Thingspieltheorie vor allem mit einer Gegenüberstellung der Merkmale des »individualistischen« und des »chorisch-völkischen« Theaters (S. 42f.), die ähnlich wie Brechts bekannte Gegenüberstellung der »dramatischen Form des Theaters« mit der »epischen Form des Theaters« aus dem Jahre 1930 (vgl. Bertolt Brecht 1967, Bd. 17, S. 1009f.) angelegt ist.

95 Richard Euringer 1936, S. 243f. Vgl. auch Johannes M. Reichl 1988, S. 19ff.

96 Dies bekräftigt ausdrücklich der Reichsdramaturg Rainer Schlösser, wenn er sagt: »Sie [d.h. seine Ausführungen zum Thingspiel] entbehren [...] jeder kämpferischen Spitze gegen das auf uns überkommene stehende Theater, für das zu sorgen und sich einzusetzen von Anfang an eine der vornehmsten Aufgaben der Abteilung Theater im Reichsministerium für Propaganda gewesen ist« (Rainer Schlösser 1935, S. 43f.).

97 Man darf natürlich auch nicht übersehen, daß der Bau der Thingplätze eine Arbeitsbeschaffungsmaßnahme ersten Ranges für arbeitslose Architekten, Bauarbeiter wie Schauspieler darstellte. Nicht umsonst wird auch immer wieder betont, daß die »Laien« nur für die Chöre zugelassen sein sollten. Vgl. Rainer Stommer 1985, S. 29ff.

98 Rede von Joseph Goebbels an die deutschen Theaterleiter vom 8. Mai 1933, in der er die Idee eines neuen Volkstheaters entwickelt, zit. nach Rainer Stommer 1985, S. 31.

99 Vgl. hierzu Henning Eichberg et al. 1977, S. 56f.

100 Vgl. die Daten und Abbildungen bei Rainer Stommer 1985, bes. S. 165–258.

101 Rainer Schlösser 1935, S. 42.

102 Ebda., S. 57.

103 Eberhard Wolfgang Möller: Das Frankenburger Würfelspiel. In: Günther Rühle (Hrsg.) 1974, Bd. 3, S. 337.

104 Kurt Heynicke: *Der Weg ins Reich.* Zwei Thingspiele. Berlin 1935, zit. nach Henning Eichberg et al. 1977, S. 58.

105 Ebenso wie die Maifeiern hatten auch die Sonnwendfeiern bei der Arbeiterbewegung bereits eine gewisse Tradition. Piscators Revue *Trotz alledem* entstand als eine Art »Abfallprodukt« einer historischen Mammutrevue, die er für das Arbeiter-Kultur-Kartell für die Sonnwendfeier 1925 in den Gosener Bergen inszenieren wollte (Vgl. Erwin Piscator 1986, S. 62).

106 Rainer Schlösser 1935, S. 61.

107 Ebda., S. 37. – Diesem Ziel diente auch die nationalsozialistische Feier-

praxis bei Reichsparteitagen und anderen Anlässen von »nationaler« Bedeutung wie beim Tag der deutschen Kunst am 18. Juli 1937 in München, der mit einem Festzug und anderen Spektakeln begangen wurde. Vgl. hierzu Peter Guenther: Drei Tage in Nazi-Deutschland. In: »Entartete Kunst« 1992 (Ausstellung in Berlin vom 4. März bis 31. Mai 1992), S. 33–44, S. 34.

108 Ebda., S. 53.

109 Wolf Braunmüller: Kritische Gedanken zur Thinghandlung auf dem Heiligen Berg. In: *Bausteine zum deutschen Nationaltheater* 3, 1935, S. 219–221, S. 221.

110 Richard Euringer 1933, S. 8.

111 Rainer Schlösser 1935, S. 54.

112 Ebda., S. 58.

113 Ebda., S. 55.

114 Ebda., S. 52.

115 Auch in dieser Hinsicht lehnte man sich an die Arbeiter-Kulturbewegung an. Bei den Internationalen Arbeiter-Olympiaden 1925 in Frankfurt und 1931 in Wien war jeweils ein »Weihespiel« zur Aufführung gekommen. – Bei den Olympischen Spielen 1932 in Los Angeles hatte man bereits ebenfalls zusätzlich zum Olympischen Zeremoniell ein Kulturprogramm geplant, das Max Reinhardt ausgearbeitet hatte. Aus finanziellen Gründen kam es nicht zustande.

116 Zit. nach Günther Rühle: Die Thingspielbewegung. In: Henning Eichberg et al. 1977, S. 181–197, S. 193. Möller tat die Äußerung 1970 in einem Tonbandinterview mit Glen Gadbury. Ganz offensichtlich hatte er »vergessen«, daß Reinhardt eben diese Praktiken bereits ab 1910 ausgebildet und mit großem Erfolg eingesetzt hatte.

117 Diese sowie die nachfolgenden Kritiken sind zit. nach Henning Eichberg et al. 1977, S. 51f.

118 Bereits im September 1934 hatte Laubinger eine Verordnung zum »Schutz des Thingspiels« erlassen; im Oktober 1935 folgte die Sprachregelung zur Vermeidung der Begriffe »Thingspiel« und »Kult« durch das Propagandaministerium. Ihnen folgte dann im Mai 1936 das Sprechchorverbot und kurz darauf die »Entbindung von der Reichswichtigkeit« durch Goebbels. Seit der Liquidierung nach dem Röhmputsch erfolgte die Einschränkung also kontinuierlich.

119 Vgl. hierzu Rainer Stommer 1985, S. 130ff.

120 Felix Emmel 1937, S. 23.

121 Zit. nach Sander L. Gilman (Hrsg.) 1971, S. 102/108.

122 Vgl. hierzu Henning Eichberg et al. 1977, S. 35–41, S. 155–164; Johannes M. Reichl 1988, S. 29ff; Rainer Stommer 1985, S. 118–125, S. 147–164. Zu gänzlich anderen Schlußfolgerungen kommt Klaus Vondung 1971.

123 Lothar Schreyer: Das Bühnenkunstwerk (1916). In: ders. 1948, S. 172–178, S. 172.

124 Craigs Arbeiten waren zu Beginn des Jahrhunderts in Deutschland gut

bekannt. 1904 lud Brahm ihn ein, am Deutschen Theater Hofmannsthals Bearbeitung von Otways *Gerettetem Venedig* zu inszenieren. Obwohl Hofmannsthal ihm völlig freie Hand ließ, gab es Probleme mit Brahm, der bspw. an der Tür einen Türknauf vermißte. Das Projekt zerschlug sich. Craig veröffentlichte daraufhin in mehreren maßgeblichen Tageszeitungen einen offenen Brief zur Erklärung des Sachverhalts. Vgl. hierzu Denis Bablet: *Gordon Craig*. Köln, Berlin 1965, bes. S. 71f. Auch die Projekte, die Reinhardt ihm anbot – Shakespeares *Sturm* und *Macbeth* sowie Shaws *Caesar und Cleopatra* – zerschlugen sich wegen grundsätzlicher Differenzen in der Ästhetik beider Regisseure.

125 Edward Gordon Craig 1969, S. 101.

126 Vsevolod E. Meyerhold: Zur Geschichte und Technik des Theaters. In: ders. 1979, Bd. 1, S. 97–155; Wassily Kandinsky: Über Bühnenkomposition. In: Manfred Brauneck (Hrsg.) 1982, S. 125–131; Lothar Schreyer: Das Bühnenkunstwerk. In: ders. 1948, S. 172–178; Alexander Tairov: *Das entfesselte Theater*. Berlin 1923, Neuaufl. Berlin 1989 (Eine erste deutsche Übersetzung lag bereits rechtzeitig zur Gastspielreise Tairovs durch Deutschland 1923 vor.).

127 Edward Gordon Craig 1967, S. 55.

128 Auch die Abbildung des Realen durch das realistische und naturalistische Theater erfolgte selbstverständlich auf der Grundlage einer spezifischen theatralischen Sprache – vgl. die Kap. 2.2 und 3.4. Die Avantgarde dagegen meinte mit »eigenständiger Sprache« eine nicht nach mimetischen Prinzipien gebildete.

129 Wassily Kandinsky in Manfred Brauneck (Hrsg.) 1982, S. 125.

130 Edward Gordon Craig 1969, S. 60.

131 Auch wenn Wagner stets von den Einzelkünsten spricht, die zusammentreten sollen, wendet er bei der Beschreibung des Aufbaus der komplexen Einheiten »Figur« und »Handlung« implizit das von Craig geforderte Verfahren an, auf die kleinsten konstitutiven Einheiten zurückzugehen: Ton, Wort, Bewegung. Vgl. 3.2.2, bes. S. 201ff.

132 Wassily Kandinsky in Manfred Brauneck (Hrsg.) 1982, S. 131.

133 Lothar Schreyer 1948, S. 173.

134 Edward Gordon Craig 1969, S. 106.

135 Während im 19. Jahrhundert das Theater vom Schauspieler dominiert wurde, beginnt um die Jahrhundertwende das Zeitalter des sog. Regietheaters. Das heißt nicht, daß es Ansätze zu Regie oder sogar Regie im modernen Sinn nicht schon im 19. Jahrhundert gegeben hat. Goethe und vor allem Herzog Georg II. von Meiningen belegen dies nachdrücklich.

136 Adolphe Appia: *Die Musik und die Inszenierung*. München 1899, S. 72.

137 Ebda., S. 85.

138 Als besonders bahnbrechend galt Appias Idee, Siegfrieds Wald (in Wagners *Siegfried*) ausschließlich durch Licht und Schatten darzustellen. In mancher Hinsicht kann Robert Wilson als direkter Erbe und Verwirklicher derartiger Ideen gelten.

139 Edward Gordon Craig 1969, S. 52/54.

140 Ebda., S. 66.

141 Vgl. Meyerholds Vortrag aus dem Jahr 1922 »Der Schauspieler der Zukunft und die Biomechanik«. In: *Theateroktober* 1972, S. 101–104.

142 Vsevolod E. Meyerhold 1979, Bd. 2, S. 80. – Im selben Jahr veröffentlichte Leopold Jessner in *Die Scene*, 15. Jg., 2/3 Februar/März 1925 einen Beitrag über »Heutige Bühnenmusik«, in dem er ganz ähnliche Gedanken ausführt: »Die heutige Darstellung [...] negiert ebenso den Eigenwert des Malerischen wie den Eigenwert des Musikalischen auf der Bühne des Schauspiels. [...] [Der Bühnenmusik] wurde von nun an die Rolle zuteil, sich rhythmisch in dramatische Handlung umzusetzen. So wurde sie Trägerin jener sogenannten ›Geräusche hinter der Bühne‹. Ihre Paukenwirbel lösen den maschinellen Donner ab, der nichts anderes als die getreue Nachahmung des natürlichen bezweckte [...] durch rhythmisch lebendige Differenzierung den rein stoffliche Wirkung erstrebenden Mechanismus abzulösen gehört zu den wichtigsten Aufgaben heutiger Bühnenmusik. – Dann aber fällt ihr die Funktion zu, zwischen den einzelnen Verwandlungen die Pausen derart auszufüllen, daß sie aus dem Rhythmus des vorhergehenden Bildes in den Rhythmus des folgenden überleitet, somit den Bogen um das Ganze schließt und dem Zuschauer nicht einen Augenblick der Eindringlichkeit des Gesamtausdruckes entgehen läßt.« (Leopold Jessner: *Schriften*. Theater der zwanziger Jahre. Hrsg. von Hugo Fetting, Berlin (DDR) 1979, S. 158f.)

143 Vgl. die entsprechenden angeführten Zitate zur Funktion der Musik von Jessner und Meyerhold.

144 Zur Terminologie der Theatersemiotik vgl. Erika Fischer-Lichte 1983 (Literaturverz. zur Einl.).

145 Zu dieser Dialektik vgl. Umberto Eco: *Einführung in die Semiotik*. München 1972, bes. S. 134–136.

146 Das soll nicht heißen, daß der Versuch unternommen wird, einzelne Inszenierungen zu rekonstruieren. Das ist prinzipiell unmöglich. Im Unterschied zu anderen Kunstwissenschaften sieht die Theaterwissenschaft sich mit dem Problem konfrontiert, daß sie nicht die Geschichte des Theaters als Werkgeschichte schreiben kann, weil sie nicht über die Werke verfügt, sondern lediglich über Dokumente über die Werke. Die Werke, die Aufführungen, sind unwiederbringlich verloren. Vgl. hierzu die Einleitung, bes. S. 11f.

147 Zum Begriff des Expressionismus und seiner Problematik vgl. u.a. die Einleitung in Otto F. Best 1982; Jan Knopf: »Expressionismus« – kritische Marginalien zur neueren Forschung. In: Bernd Hüppauf (Hrsg.) 1983, S. 15–54; Silvio Vietta / Hans-Georg Kemper 1975.

148 In dieser Hinsicht ist der Expressionismus durchaus mit dem Sturm und Drang vergleichbar. Auch hier eiferten die »Söhne« gegen den Verrat der bürgerlichen Ideale durch die »Väter«, die eher sozialen Aufstieg und Profit als die freie Entfaltung der Persönlichkeit mit der bürgerlichen Gesellschaft

verbanden. Vgl. hierzu Erika Fischer-Lichte 1990, Bd. 1, Kap. 3.2.3 (Literaturverz. zur Einl.).
149 So der Titel der von Kurt Pinthus 1920 herausgegebenen Anthologie des Expressionismus, Neuauflage Reinbek 1959.
150 Zum Motiv des »Frühlings« in diesem Sinne vgl. vor allem Modris Ekstein 1990.
151 Vgl. zu dieser Problematik Bernd Hüppauf: Zwischen revolutionärer Epoche und sozialem Prozeß. Bemerkungen über den Ort des Expressionismus in der Literaturgeschichte. In: Bernd Hüppauf (Hrsg.) 1983, S. 55–84.
152 Walter Hasenclever: Das Theater von Morgen (1926.) In: Christopher Balme (Hrsg.) 1988, S. 262–271, S. 264.
153 Ebda., S. 270.
154 Ebda., S. 268.
155 Camill Hoffmann: Theater in Dresden. In: *Das Junge Deutschland*, 1. Jg., 1917, S. 204.
156 Zit. nach Günther Rühle 1988, Bd. 1, S. 70.
157 Camill Hoffmann in *Das Junge Deutschland*, S. 205.
158 Zit. nach Günther Rühle 1988, Bd. 1, S. 97.
159 Ebda., S. 102. Vgl. zu dieser Aufführung auch John L. Styan 1982, bes. S. 40–43.
160 Herbert Ihering: *Der Kampf ums Theater*. Dresden 1922, S. 63.
161 Ebda., S. 63f.
162 Vgl. zu Weicherts Inszenierung Paul Schultes 1981, bes. S. 83–95.
163 Richard Weichert: Hasenclevers ›Sohn‹ als expressionistisches Regieproblem. Glossen zur Mannheimer Aufführung. In: *Die Scene*, 8. Jg., 1918, H 5/6, S. 66.
164 Die wenigen Ausnahmen waren so inszeniert, daß hier das Bühnengeschehen deutlich indirekt vom Sohn beherrscht wurde.
165 Karl Höfer: Kritik (Privatarchiv Weichert), zit. nach Paul Schultes 1981, S. 90. Die Angaben aus dem Regiebuch sind ebenfalls nach Schultes zitiert.
166 Ernst Leopold Stahl, zit. nach Günther Rühle 1988, Bd. 1, S. 109.
167 Zit. nach Paul Schultes 1981, S. 94.
168 Walter Hasenclever: Weg zur Komödie. In: *25 Jahre Frankfurter Schauspielhaus*. Frankfurt/Main 1927, S. 69.
169 Zum Frankfurter Expressionismus vgl. den Ausstellungskatalog *Bühne und Bild des »Frankfurter Expressionismus«*. Frankfurt/Main 1985.
170 Zit. nach Günther Rühle 1988, Bd. 1, S. 158.
171 Karl Heinz Martin: Die Bühne und ich. In: *Die vierte Wand*. Organ der deutschen Theaterausstellung Magdeburg 1927, H. 14/15, S. 70.
172 Zit. nach Günther Rühle 1988, S. 157.
173 Ebda., S. 158.
174 Ebda., S. 162.
175 Ebda., S. 161.
176 Ebda., S. 164.

177 Ebda., S. 158.

178 Ebda., S. 160. – Vgl. zu dieser Inszenierung auch Friedrich Wolfgang Knellesen 1970, S. 35–43; Paul Schultes 1981, S. 167–174; Michael Patterson 1981, bes. S. 96–105; Verena Zimmermann: *Das gemalte Drama.* Die Vereinigung der Künste im Bühnenbild des deutschen Expressionismus. Köln 1987, S. 183–192.

179 Jessner hatte seine Verfahren allerdings bereits in den Hamburger (1908–1915) und Königsberger (1915–1919) Jahren vor allem bei den Inszenierungen von Dramen Frank Wedekinds ausgearbeitet. In diesem Zusammenhang ist es von besonderem Interesse, daß auch Wedekinds Schauspielkunst von den Zeitgenossen mit dem Expressionismus in Verbindung gebracht wurde. Als Darsteller war er nach Julius Babs Worten »von fanatischer Energie, mit starren, exakt hämmernden Bewegungen [...] er war mit einem Wort etwas, wie eine gespenstisch große und starke Marionette. So ging in einigen Rollen eine unheimlich bannende Wirkung von ihm aus.« (Julius Bab 1926, S. 371). Hugo Ball beschreibt in seinem Manifest von 1914 »Wedekind als Schauspieler« folgendermaßen: »[...] ein Schauspiel grausam wie Harakiri [...]. Es schlitzt sich einer die Seele auf [...] Er hypnotisiert. Er hat den Krampf im Gehirn. Den Krampf im Körper. Den Krampf in der Kehle, in den Beinen.« (Zit. nach Paul Schultes 1981, S. 54) Außerdem sollte nicht vergessen werden, daß Jessners Königsberger *Tell*-Inszenierung im wesentlichen schon denselben Prinzipien folgte wie die Berliner. Ähnliches gilt für Martins Arbeit. Die dem Expressionismus zugerechneten Regisseure hatten zum Teil bereits seit ca. 10 Jahren mit den neuen künstlerischen Verfahren experimentiert, ehe das Ensemble dieser Verfahren als »expressionistische Inszenierung« qualifiziert wurde.

180 Dies gilt vor allem für die immer wieder verspottete oder gepriesene »Jessner-Treppe«, deren Einsatz Jessner im Programmheft folgendermaßen begründet: »Hinweg mit dem gemalten Naturalismus der Schweizer Landschaften, an deren Wirklichkeit doch kein gebildeter Zuschauer mehr zu glauben vermag, hinweg mit all dem Theaterplunder von Prospekten, Kulissen, Soffitten, von Fronten und Versätzen. Dies gehört einer eben überwundenen Ära an, wir erleben eine neue, auf anderen Voraussetzungen basierende Zeit, die sich auch am Theater deutlich zu manifestieren hat. Wir bezwingen den äußerlichen Impressionismus, setzen an seine Stelle das expressive Erlebnis, das durch konzentrierte Andeutungen auf heutige Weise zu formen ist.« (Zit. nach Paul Schultes 1981, S. 179f.) Die Provokation dieses Vorgehens bestand vor allem darin, daß es nicht an einer kleinen Experimentierbühne, sondern am ehemaligen Hoftheater verwirklicht wurde. Zur *Tell*-Inszenierung und ihrer Rezeption vgl. vor allem Denis Bablet: L'expressionisme à la scène. In: Ders. (Hrsg.) 1971, S. 191–212; Karl Theodor Bluth 1928, S. 15–23; Horst Müllermeister 1956, S. 32–54; Paul Schultes 1981, S. 172–189; Helga Vormus: *Guillaume Tell* de Friedrich Schiller, dans la mise en scène de Leopold Jessner. In: Denis Bablet (Hrsg.) 1979, S. 389–414.

181 Zit. nach Günther Rühle 1988, Bd. 1, S. 190.
182 Leopold Jessner: Regie. In: Hugo Fetting (Hrsg.) 1979, S. 171–177, S. 172.
183 Dieser Typus des Stufenaufbaus der Bühne wurde in späteren Inszenierungen immer wieder variiert. Bei Jessners Inszenierung von *Richard III.* (5. November 1920), in der Kortner die Titelrolle spielte, rühmten die Kritiker ihren Einsatz als nahezu vollkommen. Vgl. die bei Günther Rühle 1988, Bd. 1, S. 256–266 abgedruckten Kritiken, sowie Michael Patterson 1981, S. 88–96.
184 Siegfried Jacobsohn, zit. nach Günther Rühle 1988, Bd. 1, S. 191.
185 Ebda., S. 192.
186 Eckart von Naso: *Ich liebe das Leben*. Hamburg 1953, S. 439.
187 Siegfried Jacobsohn in Günther Rühle 1988, Bd.1, S. 192.
188 Eugen Kilian: Expressionistischer Schiller. In: *Die Szene* 1924.
189 Julius Bab 1926, S. 138.
190 Alfred Kerr in *Berliner Tageblatt* 13. 12. 1919, zit. nach Günther Rühle 1988, Bd. 1, S. 194.
191 Ebda., S. 192.
192 Julius Bab 1928, S. 181.
193 Leopold Jessner: Kleists Amphytrion. Zit. nach Paul Schultes 1981, S. 189.
194 Zur Geschichte des Bauhauses vgl. u.a. Friedhelm Kröll 1974; Frank Whitford 1984; Hans M. Wingler 1962. – Zur Geschichte des Theaters am Bauhaus vgl. u.a. Albert Flocon 1987; Eric Michaud 1978; David Bruce House 1979; und vor allem Dirk Scheper 1988.
195 Oskar Schlemmer: Bühne. In: *bauhaus 3*, Dessau 1927, S. 1–4, S. 1.
196 Walther Gropius 1923, S. 17.
197 Walther Gropius: *Die Bauhausbühne – Erste Mitteilung* – Dezember 1922, o. S.
198 Zu Schreyers »Sturm- und Kampfbühne« vgl. Ingo Waßerka 1965.
199 Lothar Schreyer: *Kreuzigung, Spielgang Werk VII.* 77 farbige Holzschnitte von Max Billert und Max Olderoch. Werkstatt der Kampfbühne. Hamburg 1920, Blatt II.
200 Lothar Schreyer 1956, S. 21.
201 In dieser Hinsicht bestehen interessante Parallelen zwischen Schreyers Theorie und den Vorstellungen Antonin Artauds. Auch Artaud geht davon aus, daß das Theater »präzise Symbole« erschaffen müsse, die direkt auf das Unbewußte des Zuschauers einwirken und ihn so verwandeln. Vgl. Antonin Artaud 1969, bes. zur »Sprache der Bühne«, S. 100–107.
202 Lothar Schreyer 1956.
203 Walter Gropius 1923.
204 Ingo Waßerka 1965, S. 174. Das *Mondspiel* erschien in *Der Sturm* 14. Jg. H. 4, 1923, S. 56–61.
205 Zum Triadischen Ballett vgl. vor allem Dirk Scheper 1977 und 1988.
206 Zit. nach Dirk Scheper 1988, S. 55. Zur weiteren Geschichte des Triadischen Balletts, vor allem zur Bemühung um eine »passende« zeitgenössi-

sche Musik vgl. ebda., S. 23–58, S. 84–86, S. 127–134, S. 227–230, S. 234–237.

207 Im Laufe der Bauhauswochen kamen außerdem zur Aufführung das »ABC-Hippodrom« von Marcel Breuer, ein »Reflektorisches Lichtspiel« von Kurt Schwerdtfeger, »Klappfiguren« und »Das mechanische Ballett« von Kurt Schmidt und Georg Teltscher, »Grotesken und Improvisationen auf der Lichtbühne« von Joost Schmidt und Oskar Schlemmers »Figurales Kabinett«.

208 Oskar Schlemmer 1965, S. 5–24, S. 7; vgl. vor allem das Schema auf S. 9.

209 Ebda., S. 13.

210 Ebda., S. 16f.

211 Vgl. hierzu Jochen Krieger: Die Bühne als Laboratorium – Bemerkungen zu Oskar Schlemmers Bauhaustänzen. In: *Tanzdrama*, Nr. 4, Köln 1988, S. 4–7; sowie Dirk Scheper 1988, S. 185–204.

212 Oskar Schlemmer 1965, S. 3.

213 Georg Schmidt: Matinee der Bauhausbühne in Basel. In: *National-Zeitung*, Basel 30. 4. 1929, zit. nach Dirk Scheper 1988, S. 187.

214 Oskar Schlemmer: Mißverständnisse. In: *Schrifttanz*, 4. Jg., H. II, Wien 1931, S. 27–29, S. 27.

215 Aus einem von Werner Siedhoff verfaßten und undatierten Manuskript über Oskar Schlemmer, zit. nach Dirk Scheper 1988, S. 191.

216 Programmzettel der Bauhausbühnen-Aufführung in Basel am 28. 4. 1929 im Stadttheater, zit. nach Dirk Scheper 1988, S. 190.

217 Georg Schmidt, zit. nach Dirk Scheper 1988, S. 190.

218 Ebda., S. 188.

219 Ebda., S. 188f.

220 Oskar Schlemmer: Tanz und Pantomime. Manuskript, zit. nach Dirk Scheper 1988, S. 199.

221 Oskar Schlemmer, Partitur vom 21. 3. 1929 im Regiebuch Volksbühne, zit. nach Dirk Scheper 1988, S. 200. – Das zeitlupenhafte Tempo der Bewegungen realisiert zum ersten Mal ein Verfahren, das erst 40 Jahre später von Robert Wilson systematisch ausgebaut und eingesetzt werden wird.

222 Georg Schmidt, zit. nach Dirk Scheper 1988, S. 193.

223 Ebda., S. 194.

224 Oskar Schlemmer: Bühnenelemente. Manuskript 1931, zit. nach Dirk Scheper 1988, S. 195.

225 Georg Schmidt, zit. nach Dirk Scheper 1988, S. 195.

226 Ebda., S. 197.

227 Oskar Schlemmer: Zum Problem des modernen Theaters. Zit. nach Dirk Scheper 1988, S. 248. Vgl. auch Oskar Schlemmer: Über den wissenschaftlichen Charakter an der Versuchsbühne am Bauhaus in Dessau (1928). In: *Oskar Schlemmer und die abstrakte Bühne*. Ausstellungskatalog, Kunstgewerbemuseum, Zürich 1961, S. 23f.

228 Oskar Schlemmer: Akademie und Bühnenstudio. In: *Katalog der Ausstel-*

lung der Studierenden der Staatlichen Akademie für Kunst und Kunstgewerbe, Breslau 1930, S. 9–12.

229 Programmzettel der Berliner Volksbühnen-Matinee 3. 3. 1929, zit. nach Dirk Scheper 1988, S. 185. – In diesen Worten enthüllt sich eine weitere frappante »Vorläuferschaft« Schlemmers zu Robert Wilson: Beide begreifen offenbar »strenge Regularität«, vollkommene Präzision nicht als Einschränkung der Kreativität, sondern als ihre Vorbedingung, durch die erst die notwendige »Intensität« freigesetzt bzw. erreicht werden kann. Beide berufen sich dabei auf das traditionelle japanische Theater soz. als »Kronzeugen«.

230 Zit. nach Dirk Scheper 1988, S. 79.

231 Zur Bedeutung der De Stijl-Gruppe für das Bauhaus vgl. Hans M. Wingler 1962, S. 15ff.

232 Kurt Schmidt: Das Mechanische Ballett – eine Bauhausarbeit. In: Eckehard Neumann (Hrsg.) 1971, S. 55–58. Zum mechanischen Ballett vgl. Dirk Scheper: Das »Mechanische Ballett« von Kurt Schmidt/Bauhaus Weimar 1923. In: *Film als Film 1910 bis heute*. Ausstellungskatalog Stuttgart 1977, S. 86ff.

233 László Moholy-Nagy: Theater, Zirkus, Varieté. In: Oskar Schlemmer et al. 1965, S. 45–56, S. 47.

234 Vgl. hierzu die Skizze ebda., S. 44. – Zu Moholy-Nagy vgl. u.a. Krisztina Passuth 1987; Hannah Steckel 1973.

235 Programmzettel der Bauhausbühnen-Matinee in der Berliner Volksbühne, zit. nach Dirk Scheper 1988, S. 185.

236 Vgl. zu dieser Inszenierung Ulrike-Maria Eller-Rüter 1990; Georg Hartmann: Eine Inszenierung Kandinskys. In: *Querschnitt*, VIII. Jg., H. 9, 1928, S. 666f.; Dirk Scheper: Wassily Kandinsky »Bilder einer Ausstellung« Dessau 1928. In: *Film als Film*, S. 83–85.

237 Vor, neben und nach seiner Tätigkeit am Bauhaus hat Schlemmer immer wieder als Bühnenbildner an Berufstheatern gearbeitet, so u.a. an der Berliner Volksbühne bei Piscators Inszenierung von Rehfischs *Wer weint um Juckenack?* (1925). Vollständige Angaben über diese Arbeiten sowie ausführliche Beschreibungen liefert Dirk Scheper 1988.

238 Vgl. Schlemmers Aufsatz »Piscator und das moderne Theater« (1928), wo er schreibt: »Wird nun das jüngste Theater, das wir in Deutschland haben, Piscator, die deutschen Bühnen infizieren? – Der Idee nach, die eine politische ist, wohl kaum, weil nicht wie in Rußland wir zwei politische Parteien haben, sondern deren zwanzig, woraus sich die unterschiedliche und komplizierte Situation des deutschen Theaters von selbst ergibt.« (zit. nach Dirk Scheper 1988, S. 247.)

239 Julius Bab: Episches Drama? In: *Die Volksbühne*, IV. Jg., 1929, Nr. 3 vom Juni, S. 97ff., zit. nach Manfred Voigts (Hrsg.) 1980, S. 322–329, S. 322.

240 Zit. nach Claude Hill 1978, S. 148.

241 Zit. nach Erwin Piscator 1986, S. 89f.

242 Herbert Ihering, zit. nach Günther Rühle, 1988, Bd. 2, S. 785.

243 Zit. nach Erwin Piscator 1986, S. 94.

244 Ebda., S. 95. – Im Preußischen Landtag wurde zu dieser Angelegenheit eine deutschnationale große Anfrage eingebracht, die das Ziel hatte, Jessner, der sich mit Piscator solidarisch erklärt hatte, zu diffamieren. Vgl. Erwin Piscator 1986, S. 105f.

245 Ebda., S. 125.

246 So hatte Piscator in seinen beiden politischen Revuen sowie in den Inszenierungen an der Volksbühne (und den *Räubern* im Staatstheater) bereits mit der Verwendung des Films und anderem dokumentarischem Material sowie mit dem Verfahren der Montage experimentiert. Diese Mittel erhielten allerdings jetzt zum Teil einen anderen Stellenwert.

247 Erwin Piscator 1986, S. 124f.

248 Ebda., S. 171.

249 Ebda., S. 226.

250 Die Piscator-Bühnen brachten allerdings nicht nur diese vier Produktionen heraus, sondern noch vier weitere: Leo Lanias *Konjunktur* (1928), Carl Credés *§218* (1929/30), Theodor Pliviers *Des Kaisers Kuli* (1930) und Friedrich Wolfs *Tai Yang erwacht* (1931). Sie werden nachfolgend nicht berücksichtigt, weil sich aus ihnen für die Konstruktion des neuen theatralischen Kodes keine wesentlichen Einsichten ergeben.– Zu den vier nachfolgend ausgewerteten Inszenierungen vgl. auch Knut Boeser / Renata Vatková 1986, S. 156–230, S. 244–265; Christopher Innes 1972; Friedrich Wolfgang Knellesen 1970, S. 76–188; Erwin Piscator 1986, S. 138–188, S. 226–235; *Erwin Piscator 1893–1966*. Ausstellung in der Akademie der Künste Berlin; John Willett 1978, S. 84–100; spez. zu einzelnen Inszenierungen darüber hinaus: zu *Hoppla, wir leben!* vgl. Michael Patterson 1981, S. 113–148; zu *Rasputin* vgl. Ursula Birri 1982; Marianne Mildenberger 1978; zu *Schwejk* vgl. Jeanne Lorang: *Les aventures du brave soldat Schwejk*, mise en scène d'Erwin Piscator. In : Denis Bablet (Hrsg.) 1979, S. 415–437; zum *Kaufmann von Berlin* vgl. Hans-Peter Bayerdörfer: Shylock in Berlin. Walter Mehring und das Judenporträt im Zeitstück der Weimarer Republik. In: Hans-Otto Horch / Horst Denkler (Hrsg.): *Conditio Judaica 3. Judentum, Antisemitismus und deutschsprachige Literatur vom 18. Jahrhundert bis zum Ersten Weltkrieg.* Tübingen 1992.

251 Erwin Piscator 1986, S. 159.

252 Ebda., S. 141.

253 Ebda., S. 155.

254 Ebda., S. 174.

255 Ebda., S. 227.

256 Ebda., S. 229. – Ein gravierendes Problem ergab sich in allen vier Produktionen aus den technischen Schwierigkeiten. So lösten in *Rasputin* die Klappen einzelner Segmente sich unvorhergesehen und stürzten herab; in *Schwejk* liefen die Bänder mit einem derartigen Lärm, daß sie die Stimmen der Schauspieler übertönten; die Fahrstuhl-Brücken im *Kaufmann* »hoben und senkten sich unter dem dröhnenden Gesang der Motoren

mit nerventötender Langsamkeit«, »statt geräuschlos und leicht auf und ab zu gleiten« (Erwin Piscsator 1986, S. 229) usw. (Vgl. auch S. 128–131). Piscators technische Phantasie war dem Entwicklungsstand der Technik weit voraus. Insofern entsprach auch die einzelne konkrete Inszenierung, die »parole«, keineswegs in jeder Hinsicht der von Piscator intendierten und imaginierten »langue« seiner theatralischen Sprache.

257 In dieser Hinsicht sind die technischen Konstruktionen auf Piscators Bühnen durchaus mit Jessners Stufenbühne vergleichbar.

258 Hier berührt sich Piscators Bühne mit derjenigen der Futuristen, die ebenfalls Simultaneität und Bewegung auf ihre Fahnen geschrieben hatten. Vgl. hierzu u.a. Manfred Brauneck (Hrsg.) 1982, S. 96–102.

259 Dieses Mittel verweist unmittelbar auf das Repertoire an Choc-Verfahren, welches die Dadaisten entwickelt hatten, um »épater le bourgeois«.

260 Vgl. hierzu Dirk Scheper 1988, S. 107ff.

261 In Weicherts Inszenierung von Hasenclevers *Sohn* fiel der Schatten des Freundes über den Sohn und im *Maskenchor* des Bauhauses kündigte sich der Auftritt durch den jeweiligen Schatten an. Vgl. oben S. 311f. und S. 328f.

262 Zum Film bei Piscator vgl. über die angegebene Literatur hinaus Eduard Ditschek 1989, bes. S. 119–134, sowie Marianne Mildenberger 1961.

263 Bernhard Diebold: Das Piscator-Drama. In: *Die Scene* 1928, zit. nach Friedrich Wolfgang Knellesen 1970, S. 118.

264 Ernst Heilborn, zit. nach Günther Rühle 1988, Bd. 2, S. 794f.

265 Herbert Ihering, zit. nach Günther Rühle 1988, Bd. 2, S. 813.

266 Das Material für diesen Film hatten Piscator russische Archive zur Verfügung gestellt, nachdem dort gerade aus alten Wochenschaustreifen der Film »Der Untergang des Hauses Romanow« zusammengeschnitten worden war. Dies Material berücksichtigte allerdings nur die Zeit bis 1910. Piscator sah sich daher genötigt, auch auf Spielfilme zurückzugreifen, um größere Zusammenhänge zeigen zu können.

267 Programmheft zur Aufführung, zit. nach Friedrich Wolfgang Knellesen 1970, S. 134.

268 Friedrich Wolfgang Knellesen 1970, S. 147.

269 Piscator nutzte die Fähigkeit von Geräuschen aus, um sowohl auf räumliche Verhältnisse als auch auf Handlungen und Geschehnisse hinzuweisen. Vgl. zu dieser Funktion Erika Fischer-Lichte 1983, Bd. 1, S. 161–168 (Literaturverz. zur Einl.).

270 Bernhard Diebold, zit. nach Günther Rühle 1988, Bd. 2, S. 964.

271 Zit. nach Günther Rühle 1988, Bd. 2, S. 794.

272 Ebda., S. 796.

273 Vgl. hierzu die bei Günther Rühle 1988, Bd. 2, S. 841–848 abgedruckten Kritiken sowie die Auszüge bei Friedrich Wolfgang Knellesen 1970, S. 151f., und bei Erwin Piscator 1986, S. 186f.

274 Erwin Piscator 1986, S. 124.

275 Ebda., S. 186.

276 George Grosz sprach im Zusammenhang mit Piscators Einsatz der verschiedensten traditionellen und modernsten technischen Medien von der auch in Piscator lebendigen »alten Wagner-Sehnsucht«, von seiner »dornigen Suche nach dem großen, alle Künste gemeinsam umfassenden Gesamtkunstwerk« (zit. nach Erwin Piscator 1986, S. 184). Die Vergleichbarkeit besteht in der Tat in dem Versuch, mit Hilfe aller zur Verfügung stehenden Mittel eine »theatralische« Sprache des Theaters zu schaffen, wenn auch die Sprache selbst jeweils völlig anders ausfiel.

277 Es ist häufig behauptet worden, Piscator habe den Einsatz des Films und das Verfahren der Montage von den Russen übernommen, spez. von Meyerhold oder auch Eisenstein. Piscator stellte zurecht klar, daß ihm »die Verhältnisse des sowjetischen Theaters fast unbekannt« waren. Obwohl Piscator eine mögliche Entsprechung auf die »gemeinsame historisch-materialistische Weltanschauung« (S. 63) zurückführen möchte, ist festzuhalten, daß beide Mittel bei ihm eine andere Funktion hatten. Vgl. u.a. Erika Fischer-Lichte: Von der »Montage der Attraktionen« zur Montage der Synästhesien. Zu Eisensteins Entwicklung einer Sprache des Theaters. In: Horst Fritz (Hrsg.) 1992.

278 Erwin Piscator 1986, S. 180.

279 Diese Szene wurde nur einmal gespielt, weil sie zu grausam erschien. Vgl. Erwin Piscator 1986, S. 179f.

280 Diese Einlage erscheint in gewisser Weise als ein korrigierendes Zitat zu der entsprechenden Szene in Martins Inszenierung der *Wandlung*. Sie ist insofern prononciert gegen eine expressionistische Lesart gerichtet.

281 Vgl. Inge von Wangenheim: *Mein Haus Vaterland*. Berlin 1950, S. 373ff.

282 »Das Anlitz hob an zu singen [...] ein scharfkantiger, schwer metallener Block war auch diese Stimme. Sie fuhr in die Menschen, die gekommen waren, Theater zu sehen, hinein, riß sie zu Boden, spaltete mühelos die Wände des Hauses und stieß wie ein von gigantischer Wucht geschleuderter Pfahl hinaus in die Freiheit.« (Inge v. Wangenheim über Ernst Buschs Rezitativ, ebda., S. 374)

283 Vgl. Norbert Elias 1976.

284 Bertolt Brecht: *Gesammelte Werke in 20 Bänden*. Werkausgabe edition Suhrkamp. Frankfurt/Main 1967, Bd. 15, S. 151. Sofern nicht anders vermerkt, wird nach dieser Ausgabe zitiert.

285 Brecht räumt dabei durchaus ein, daß es sich bei seinem epischen Theater »durchaus um eine Fortführung der früheren Experimente, besonders der des Piscatortheaters« handelte. Denn bereits »die Piscatorschen Prinzipien gestatteten, frei gehandhabt, den Aufbau einer sowohl instruktiven als auch schönen Bühne« (Bd. 15, S. 303f.).

286 In diesem Zusammenhang ist interessant, daß Brecht in dem bereits zitierten Kölner Rundfunkgespräch (1928) eine direkte Beziehung zwischen epischem Theater, Wissenschaft und Naturalismus herstellt. Er fährt nämlich fort: »die Anfänge des Naturalismus waren die Anfänge des epischen Dramas« (Bd. 15, S. 151). Wie in Kap. 3.4 ausgeführt, korre-

spondierte die Form der Guckkastenbühne nun in der Tat bestens mit dem naturalistischen Postulat einer Position des wissenschaftlichen Beobachters. Während die Naturalisten von der Wissenschaft jedoch Auskunft über unabänderliche Naturgesetze erwarteten, sah Brecht im naturwissenschaftlichen Experiment gerade ein Modell zum eingreifenden Verändern bestehender Verhältnisse.

287 In dieser Hinsicht setzt Brecht innerhalb der deutschen Theatergeschichte die Tradition fort, die von Goethe begründet und von Wagner bewußt wieder aufgenommen wurde: ein neues Drama als integrierenden Bestandteil eines neuen Theaters zu schaffen.

288 Brecht war für folgende Inszenierungen verantwortlich bzw. an ihnen maßgeblich beteiligt: *Leben Eduards des Zweiten*, München 1924; *Baal*, Berlin 1926, zusammen mit Oskar Homolka; *Das kleine Mahagonny*, Baden-Baden 1927; *Die Dreigroschenoper*, Berlin 1928, zusammen mit Erich Engel; *Pioniere in Ingolstadt*, Berlin 1929, zusammen mit Jakob Geis; *Lindbergs Flug* und *Das Badener Lehrstück vom Einverständnis*, Baden-Baden 1929; *Happy End*, Berlin 1929, zusammen mit Erich Engel; *Der Jasager*, Berlin 1930, zusammen mit Kurt Weill; *Mann ist Mann*, Berlin 1931; *Die Mutter*, Berlin 1932, zusammen mit Emil Burri; *The Life of Galileo Galilei*, Los Angeles 1947, zusammen mit Charles Laughton, der auch die Hauptrolle spielte, und dem »offiziellen« Regisseur Joseph Losey; *Antigone*, Chur 1948; *Herr Puntila und sein Knecht Matti*, Zürich 1948, zusammen mit Kurt Hirschfeld, Berlin 1949; *Mutter Courage und ihre Kinder*, Berlin 1949; *Der Hofmeister*, Berlin 1950; *Mutter Courage und ihre Kinder*, München 1950; *Die Mutter*, Berlin 1951; *Katzgraben*, Berlin 1953, zusammen mit Manfred Wekwerth; *Der Kaukasische Kreidekreis*, Berlin 1954; *Winterschlacht*, Berlin 1955, zusammen mit Manfred Wekwerth; *Leben des Galilei*, Berlin 1957; Brecht leitete die Proben bis kurz vor seinem Tod (14. 8. 1956). Die Inszenierung wurde von Erich Engel fertiggestellt.

289 Eine rühmliche Ausnahme bildet in dieser Hinsicht John Fuegi, der die bisher einzige Monographie über Brecht als Regisseur vorgelegt hat. Vgl. John Fuegi 1987.

290 Zu Brechts Inszenierungen vgl. die Materialien: Bertolt Brecht / Caspar Neher 1955; Bertolt Brecht 1961 sowie Brechts *Courage*-Verfilmung; Bertolt Brecht 1962; *Theaterarbeit* 1952; Angelika Hurwicz / Gerda Goedhart 1964; Werner Hecht (Hrsg.) 1985; Bertolt Brecht 1978. – Zu den Inszenierungen der 20er Jahre vgl. Henning Rischbieter 1974, S. 77–121; zu *Mann ist Mann* vgl. Michael Patterson 1981, S. 149–182; zu sämtlichen Inszenierungen vgl. John Fuegi 1987. Darüber hinaus vgl. die Kritiken in Günther Rühle 1988, Bd. 2, S. 506–511, S. 683–689, S. 879–888, S. 926–934, S. 1068–1076, S. 1102–1108, sowie in Monika Wyss 1977, S. 45–47, S. 67–73, S. 80–84, S. 89–104, S. 127–129, S. 139–148, S. 216–217, S. 242–244, S. 251–254, S. 262–278, S. 287–296, S. 494f.

291 Zur Rezeption des japanischen und chinesischen Theaters in Brechts Inszenierungen vgl. vor allem Antony Tatlow 1977; zur Rezeption des

fernöstlichen Theaters durch das Theater der europäischen Avantgarde vgl. u.a. Erika Fischer-Lichte: Auf der Suche nach einem neuen Theater. Retheatralisierung als produktive Rezeption des fernöstlichen Theaters. In: *Jahrbuch für Internationale Germanistik*, Jg. XXII, H. 1, 1990, S. 32–55; Leonard C. Pronko: *Theater East & West*. Perspectives towards a Total Theater. Berkley, Los Angeles, London 1967.

292 Herbert Ihering 1961, S. 96.

293 Brechts Werk ist zu einem beträchtlichen Bestandteil das Resultat kollektiver Bemühungen, das am Schluß mit dem »Markenzeichen« »Brecht« versehen wurde. Es ist das Verdienst von John Fuegi, nach jahrelangen sorgfältigen Recherchen darauf hingewiesen zu haben, daß der Anteil der jeweiligen Mitarbeiter nicht lediglich darin bestand, Material zur Verfügung zu stellen, sondern bereits von ihnen künstlerisch bearbeitetes Material in Brechts Arbeit integriert zu haben. Vgl. hierzu John Fuegi 1991. Die Kollektivität der Produktion gilt natürlich in ganz besonderer Weise für Brechts Theaterarbeit. Seine Inszenierungen sind ohne die Anteile bspw. Caspar Nehers oder Kurt Weills, Hans Eislers, Paul Dessaus, Helene Weigels oder Ernst Buschs überhaupt nicht denkbar. Sie waren wesentlich an der Konstitution des sogenannten Brechtschen theatralischen Kodes beteiligt.

294 Der Gedanke, das Verhältnis zwischen Schauspielern und Zuschauern neu zu definieren, taucht bei Brecht noch vor seiner ersten praktischen Arbeit am Theater auf. In seinem Tagebuch für 1922 findet sich folgende Eintragung: »Einen großen Fehler sonstiger Kunst hoffe ich, in ›Baal‹ und ›Dickicht‹ vermieden zu haben: ihre Bemühung, mitzureißen. Instinktiv lasse ich hier Abstände und sorge, daß meine Effekte [...] auf die Bühne begrenzt bleiben. Die Splendid isolation des Zuschauers wird nicht angetastet, es ist nicht sua res, quae agitur.« (*Tagebücher 1920–1922*, hrsg. von Hertha Ramthun. Frankfurt/Main 1975, S. 187).

295 Wie Patterson zu Recht betont, war die Halbgardine offenbar den Schaustellungsbuden auf dem Jahrmarkt entliehen. Auf dem Theater wurde sie zum ersten Mal 1916 von Knut Ströhm in seiner Inszenierung des *Hamlet* am Düsseldorfer Schauspielhaus verwendet. Vgl. Michael Patterson 1981, S. 163.

296 Bernhard Diebold schreibt in der *Frankfurter Zeitung* vom 27. 9. 1926 zu dieser Inszenierung: »Die Szene war hell Gott Lob und Dank, es gibt auch auf moderner Bühne wieder Licht und Schatten. Man sah die Schauspieler und jede Falte in ihren ›Charakterköpfen‹.« (Zit. nach Günther Rühle 1988, Bd. 2, S. 731)

297 Ein spezielles Problem stellte dabei die Projektion von Filmen dar. Am Schluß der *Mutter* lief gleichzeitig zur Rezitation des *Lobs der Dialektik* durch die Darstellerin der Mutter und den Chor der revolutionären Arbeiter ein Film mit Szenen aus der russischen Revolution von 1905, aus der Oktoberrevolution und der revolutionären Bewegung in China. Vgl. zu den Problemen, die sich hier ergaben, *Theaterarbeit* 1952, S. 164–167.

298 Zu diesen Tuschzeichnungen sowie allgemein zu Karl von Appens Bühnenbild zum *Kaukasischen Kreidekreis* vgl. Friedrich Dieckmann 1971, S. 77ff.

299 *Theaterarbeit* 1952, S. 361.

300 Ebda., S. 363.

301 Vgl. hierzu Marieluise Fleisser: »Avantgarde« und »Der Tiefseefisch«, in: *Gesammelte Werke*, 3 Bde., Frankfurt/Main 1972, Bd. 3, S. 117–168 und Bd. 1, S. 289–356, sowie »Frühe Begegnung« und »Aus der Augustenstrasse«, Bd. 2, S. 297–308, S. 309–314; Bernhard Reich 1970, bes. S. 259–261.

302 Sergej M. Eisenstein: Hinter der Leinwand. In: *Nô – vom Genius Japans*, hrsg. und eingel. von Eva Hesse. Zürich 1963, S. 264–282, S. 279.

303 Vgl. hierzu die Diskussion um die Masken bei den Proben zum *Kaukasischen Kreidekreis* in Werner Hecht (Hrsg.) 1985, S. 70–78.

304 Bernhard Reich 1970, S. 253f. – Interessanterweise stellt Reich in dieser Hinsicht eine Beziehung zwischen Brecht und Reinhardt her: »Seinerzeit hatte Max Reinhardt seine Schauspieler zum Finden des individuellen Zuges angehalten und den Regisseuren vorgemacht, das ›Besondere‹ in den Umständen und Situationen zu erfühlen und kräftig auszugestalten.« (S. 254) Brecht hatte ähnlich gefragt: »Worin besteht das *Besondere* der Situation; des Charakters?« Als Brecht 1935 den chinesischen Frauendarsteller Mei Lan-Fang spielen sah, begeisterte ihn nicht nur der vermeintliche V-Effekt (der, was Brecht nicht wußte, keinen chinesischen Zuschauer von der Einfühlung abhält, da er eine fest etablierte Konvention ist), sondern auch die Bestimmtheit der Darstellung: »Er (Mei Lan-fang) legt Gewicht darauf, daß er es nicht als seine Hauptleistung betrachtet, wie eine Frau gehen und weinen zu können, sondern wie eine bestimmte Frau.« (Bd. 15, S. 427)

305 Brecht gibt in den Anmerkungen zum *Couragemodell* an, daß der »schreilos geöffnete Mund bei zurückgebogenem Kopf« als »Ausdruck des äußersten Schmerzes« »vermutlich von der Pressefotographie einer indischen Frau [stamme], die während der Beschießung von Singapore bei der Leiche ihres getöteten Sohnes hockt. Die Weigel muß sie vor Jahren gesehen haben, wiewohl sie sich auf Befragen nicht daran erinnerte.« (Bertolt Brecht 1961, S. 29) Es ist natürlich ebensogut möglich, daß die Weigel dieses theatralische Zeichen aus Reinhardts *Oedipus*-Inszenierung erinnerte, mit der nach dem Krieg Poelzigs Großes Schauspielhaus eröffnet wurde. Reich berichtet über diese Inszenierung, an der er 1910 als Statist beteiligt war: »Jokaste entnimmt dem Verhör des Boten, daß ihr Mann Oedipus ihr auf dem Kithairon ausgesetztes Söhnchen sei: Sie erstickt an dieser Mitteilung, und in ratlosem Schmerz öffnet sie weit den schweigenden Mund; das Gesicht, mit der viereckigen, offenen Wunde – dem Munde – erstarrt zur berühmten altgriechischen Maske des tragischen Schauspielers.« (S. 102) Ebenso könnte dieser Ausdruck aus Picassos Gemälde *Guernica* (1937) übernommen sein. Wie auch immer – es zeigt, daß diese schmerzausdrückende Geste mit besonderer Sorgfalt gewählt wurde.

306 Zit. nach Günther Rühle 1988, Bd. 2, S. 1074.
307 Eric Bentley 1985, S. 60.
308 Vgl. hierzu John Fuegi 1987, S. 146.
309 Zur Musik in der *Mutter* vgl. *Theaterarbeit* 1952, S. 152–159.
310 Vgl. Sergej M. Eisenstein 1963, S. 278 (Vgl. Anm. 302).
311 Zu den spezifisch filmischen Qualitäten dieser Art von Kombination vgl. Patricia-Laure Thivat: Bertolt Brecht. La forme épique au théâtre et au cinéma. In: Claudine Amiard-Chevrel (Hrsg.): *Théâtre et cinéma années vingt*. Giromagny 1990, S. 207–228.
312 Walther Behrend in den *Münchner Neuesten Nachrichten* vom 20. 3. 1924, zit. nach Günther Rühle 1988, Bd. 2, S. 509.
313 Herbert Ihering in *Berliner Börsencourir* vom 22. 3. 1924, zit. nach ebda., S. 510.
314 Zit nach ebda., S. 884.
315 Ebda., S. 882.
316 Ebda., S. 1075f.
317 Ebda., S. 1106 und S. 1104.
318 Ebda., S. 1073.
319 Ebda., S. 1103.
320 Zu den in dieser Hinsicht besonders spektakulären Zuschauerreaktionen bei der Aufführung der *Mutter Courage* in Berlin vgl. John Fuegi 1987, S. 123ff.
321 In dieser Hinsicht bestand eher ein grundsätzlicher Dissenz zwischen Brecht und Friedrich Wolf, der in einem Gespräch mit Brecht über die Inszenierung der *Mutter Courage* darauf bestand, die Wandlung »im Bewußtsein des Zuschauers« durch »die Wandlung des Menschen auf der Bühne« hervorzurufen, »auf der Bühne den Finger auf die Wunde zu legen« (Bd. 17, S. 1146). Während er der Auffassung war, daß seine Methode »schmerzhafter« für den Zuschauer sei als Brechts, ist dagegen festzuhalten, daß er damit autoritär dem Zuschauer seine Diagnose aufzwängt, während Brecht ihm die Möglichkeit gibt, selbst eine Diagnose zu stellen.
322 Vgl. zum Terminus des eingreifenden Denkens Bd. 20, S. 170f.
323 In dieser Hinsicht besteht vollkommene Übereinstimmung zwischen Brechts Theater und Goethes und Schillers Weimarer Theater. Auch die beiden »Klassiker« lehnten die vollkommene identifikatorische Einfühlung kategorisch ab: »das Gemüth des Zuschauers soll auch in der heftigsten Passion seine Freiheit behalten, es soll kein Raub der Eindrücke seyn, sondern sich immer klar und heiter von den Rührungen scheiden, die es erleidet.« (Schiller, NA, Bd. 10, S. 14)
324 Vgl. zum »Gefühl« in Brechts Inszenierungen am Berliner Ensemble: »Brief an den Darsteller des jungen Hörder in der Winterschlacht« (1954; Bd. 17, S. 891–895), »›Mutter Courage‹, in zweifacher Weise dargestellt« (1951; Bd. 17, S. 895–896), »Gespräch über die Nötigung zur Einfühlung« (1933; Bd. 17, S. 899–900) sowie »einige Irrtümer über die Spielweise des Berliner Ensembles« (1955; Bd. 17, S. 901–919).

325 Arthur Kahane 1928, S.119.
326 Ebda., S.118f.
327 Vgl. zu dieser Problematik Karel Kosik : *Dialektik des Konkreten.* Frankfurt/Main 1973, bes. Kap. II.3 Die Metaphysik in der Kultur, S.104–149; Jan Berg: Werktreue: eine Kategorie geht fremd. Über Klassikerinszenierungen. In: *TheaterZeitschrift* 1, (1982), S. 93–100; Erika Fischer-Lichte: Was ist eine »werkgetreue« Inszenierung? In: Dies. (Hrsg.) 1985, S. 37–49.
328 Vgl. hierzu Heft 11 (1985) der *TheaterZeitschrift* mit dem Schwerpunkt »Klassiker«, bes. die Beiträge von Günther Erken: Theaterarbeit mit Klassikern. Erfahrungen eines Dramaturgen bei Hansgünther Heyme. S. 5–21, und von Theo Girshausen: Werk – Wahrheit – Wirkung. Überlegungen zu neueren Klassikerinszenierungen. S. 22–38; Wolfgang Wittkowski (Hrsg.): *Verlorene Klassik*. Ein Symposium. Tübingen 1986, bes. die Beiträge von Walter Hinck: Vom Ärgernis der Klassiker- Inszenierungen. S. 353–377, und von Jürgen Sang: Vom Regietheater zurück zum Klassik-Text: Warum? S. 379–387; sowie die in *Theater heute* seit den siebziger Jahren regelmäßig geführte Diskussion.
329 Zum *Don Carlos* vgl. Erika Fischer-Lichte: *Friedrich Schiller: Don Carlos.* Frankfurt/Main 1987.
330 Johann Friedrich Schink über Akt III, Szenen 1 und 2, in: Hamburger Theaterzeitung. *Annalen des Theaters*. Berlin 1792.
331 Otto Banck, zit. nach Monty Jacobs 1913, S. 163.
332 Zit. nach Franz Hadamovsky: *Schiller auf der Wiener Bühne 1783–1959.* Wien 1959, S. 64.
333 Zur Aufführungsgeschichte des *Don Carlos* im 20. Jahrhundert vgl. die beiden Frankfurter Magisterarbeiten: Stephanie Engler: *›Don Carlos‹ – Rezeption zwischen 1900 und 1945* und von Claudia Reisinger: *Don Carlos – Rezeption von 1945–1985*, beide 1987.
334 Für Reinhardts Inszenierung wurden folgende Rezensionen ausgewertet: *Badische Landeszeitung*: undatierte Rezension, o.A.; *Bohemia Prag*: undatierte Rezension, o.A.; *Das kleine Journal*: undatierte Rezension, o.A.; *Die Literatur 1909–1910*, S.176; Norbert Falk: undatierte Rezension in der *Berliner Morgenpost*; *Freie Deutsche Presse*: undatierte Rezension, o.A.; Siegfried Jacobsohn: Rezension in der *Schaubühne* 5, 1909, Nr. 47, S. 533–538; Alfred Kerr: Rezension 12. 11. 1909 im *Berliner Tageblatt*, in: ders.: *Die Welt im Drama*, Reihe 1, Bd. 5, Das Mimenreich, Berlin 1917, S.149–152; *Kölnische Volkszeitung*: undatierte Rezension, o.A.; *Vorwärts* (Berlin): undatierte Rezension, o.A.; *Vossische Zeitung* vom 11. 11. 1909, o.A. (Initialen A.K.); Rezension unbekannter Herkunft vom 11. 11. 1909 im Archiv des Theatermuseums in Köln (zit. nach den Initialen R.O.E.).
335 Dies gilt auch für die Eboli der Tilla Durieux. Während diese Figur sonst häufig als »ein Gebirge von Weib« erschien, »eine Selcherin mit vollgegessenen Armen und einer Brüstung, worüber sie nicht mehr wegsieht« (Alfred Kerr), modellierte die Durieux sie nach dem Prototyp der »femme fatale«:

»In die bis zum Grotesken unwahrscheinliche Liebesszene des zweiten Aktes legte sie eine Wahrheit der Leidenschaft, in die jäh auflodernde Rachsucht Akzente von so elementarer Wucht, daß vor dem glutvoll ergreifenden Bilde alle hemmende Erinnerung an die Unmöglichkeit der Situation entschwand.« (*Vorwärts*) Jacobsohn befand entsprechend, ihre Darstellung sei die richtige Mischung aus »Schlangenhaftigkeit, Koketterie, Hitze [...] und Eifersucht« gewesen.

336 Für Jessners Inszenierung wurden folgende Rezensionen ausgewertet: Rolf Brandt: undatierte Rezension unbekannter Herkunft, Archiv des Theatermuseums Köln; Emil Faktor: *Berliner Börsen-Courier* vom 14. 2. 1922; Paul Fechter: *Deutsche Allgemeine Zeitung*, Berlin 14. 2. 1922; Alfred Kerr: *Berliner Tageblatt* vom 14. 2. 1922; Hermann Kienzl: undatierte Rezension unbekannter Herkunft, Archiv des Theatermuseums Köln; Alfred Klaar: Rezension unbekannter Herkunft, Archiv des Theatermuseums Köln.

337 Zit. nach Günther Rühle 1976, S. 55.

338 In *Die Scene* 1928, zit. nach Günther Rühle 1976, S.69.

339 Günther Rühle 1982, S. 101.

340 Zu diesen verschiedenen Arten des Umgangs mit einem klassischen Text vgl. Erika Fischer-Lichte 1983, bes. Kap. 1.3 Tansformation des literarischen Textes des Dramas in den theatralischen der Aufführung, S. 34–54 (Literatruverz. zur Einl.). Hier werden die beiden soeben kurz charakterisierten Modelle als »strukturelle« und »globale« Transformation bezeichnet und ausgeführt.

341 Das von Reinhardt entwickelte und befolgte Modell wurde von den Nationalsozialisten nicht beanstandet. Sie versuchten sogar, ihn dadurch an sich binden, daß sie ihm durch Werner Krauß, der sich mit Hitler arrangiert hatte, die »Ehrenarierschaft« anboten, die Reinhardt selbstverständlich ausschlug. Wenn also die Nationalsozialisten auch Reinhardts Theater-Stil nicht mit einem Bannfluch belegten, so favorisierten sie ihn doch nicht – sie zogen vielmehr einen monumental-realistischen, einen »heroischen« Stil vor.

342 Fehling entlehnte die Schreibweise mit »K« dem Titel einer früheren Fassung, die zwischen 1785 und 1786 in vier Heften von Schillers *Thalia*-Zeitschrift erschien, der sog. Thalia-Fassung. Auch Peter Palitzsch wird 1979 bei seiner Frankfurter Inszenierung auf diese Fassung zurückgreifen ebenso wie 1985 Alexander Lang.

343 Für Fehlings Inszenierung wurden folgende Rezensionen ausgewertet: Herbert Ihering: *Berliner Tageblatt* vom 1. 3. 1935; Friedrich Karl Kobbe: *Hamburger Nachrichten* vom 1. 3. 1935; Max Alexander Meumann: *Hamburger Fremdenblatt* vom 1. 3. 1935; Karl Heinrich Ruppel: *Kölnische Zeitung* vom 4. 3. 1935; Gertrud Thiessen: *Hamburger Tageblatt* vom 1. 3. 1935. Darüber hinaus stand die Strichfassung zur Verfügung, die im Archiv des Deutschen Schauspielhauses Hamburg aufbewahrt wird.

344 Da hier die Verse 3216–3252 gestrichen wurden – mit Ausnahme der Verse 3242/3, die zwischen 3213 und 3214 eingeschoben wurden –, fiel Philipps

»großes Stillschweigen« vor Vers 3253 nach Posas Forderung: »Geben Sie Gedankenfreiheit –«. Damit war der Freiraum für den zu erwartenden und provozierten Beifall geschaffen.

345 Bei der Auswertung der Rezensionen zu dieser Inszenierung darf man natürlich nicht übersehen, daß Streichungen oder bestimmte inszenatorische Einfälle und Verfahren, die durchaus als eine das Nazi-Regime verklagende Aktualisierung erkannt wurden, nicht als solche beschrieben werden durften. So kann Kobbes Bemerkung über die Kürzung auch als eine bewußte Verschleierung gelesen werden, während seine nur wenig später folgende Charakterisierung der Schauspielkunst als einer »vorsichtigen Neuauflage der expressionistischen Formengebung« sich bereits nahe an der Grenze zur Denunziation bewegte: Der Expressionismus war als »entartete Kunst« verfemt.

346 Zit. nach Hans-Thies Lehmann: Richard der Dritte, 1937 – eine Skizze. In: Gerd Ahrens (Hrsg.) 1987, S. 172–183, S. 177. – Ein auf diese Weise Aktualität herstellendes Verfahren hatte zum ersten Mal Erwin Piscator in seiner Inszenierung der *Räuber* an Jessners Staatstheater (1926) verwendet: Hier ließ er Spiegelberg in der Maske Trotzkis auftreten.

347 Günther Rühle 1976, S. 76.

348 Ebda. – Zu dieser Inszenierung vgl. auch den Versuch einer Rekonstruktion von Hans-Thies Lehmann in Gerd Ahrens (Hrsg.) 1987.

349 Hanns Braun, *Rheinischer Merkur* vom 29. 5. 1948, zit. nach Ferdinand Piedmont (Hrsg.) 1990, S.107–109, S. 108.

350 Wolfgang Schrade: Schiller und der sozialistische Realismus. *Neue Literarische Welt* vom 25.1.1953, zit. nach Ferdinand Piedmont (Hrsg.) 1990, S. 115.

351 Für Kortners Inszenierung wurden folgende Rezensionen ausgewertet: *Berliner Montags-Echo*: Rezension vom 11. 12. 1950, o.A., Archiv des Theatermuseums Köln; *Düsseldorfer Nachrichten*: undatierte Rezension, o.A., Archiv des Theatermuseums Köln; Hans-Ulrich Eylau: *Berliner Zeitung*, 5. 12. 1950; Gerhard Grindel: *Der Abend*, 4. 12. 1950; Walter Karsch: *Der Tagesspiegel*, 5. 12. 1950; Friedrich Luft: *Neue Zeitung*, 5. 12. 1950 sowie 6. 12. 1950; darüberhinaus die Rekonstruktion von Henning Rischbieter: Im Gefängnis der Diktatur. In: *Theater heute* 1984, Heft 2, S. 42–47. Rischbieter hat außerdem noch folgende Rezensionen ausgewertet und auszugsweise zitiert: *DDR*: Ferdinand Anders: *Nationalzeitung* (Nationaldemokratische Partei); Ilse Galfert: *Tägliche Rundschau* (sowjetische Miltärregierung); Ypsi: *Neue Zeit* (Ost-CDU). *Westberlin*: Dora Fehling: *Telegraf* (SPD nahe, britisch lizensiert); Walter Kaul: *Berliner Stadtblatt*.

352 Einen ähnlichen »Sturm des (höhnisch oder entsetzten?) Gelächters im Publikum« (Rischbieter, S. 46) löste in II. 9 eine Geste der Eboli aus, die von drei Kritikern beschrieben und von allen als »albern« und »unverständlich« abgelehnt wird: Als Eboli (Ruth Hausmeister) im Verlauf ihres Monologs erkennt, daß sie Carlos ihre Liebe verraten hat, der aber nicht

sie, sondern die Königin liebt, ohrfeigte sie sich selbst zweimal. Diese symbolische Selbstbestrafung löste sich anscheinend für das Publikum von der Situation ab. Sie erschien vielmehr als eine symbolische Handlung, die zu vollziehen man selbst sich bisher geweigert hatte und die sich nur durch Gelächter abweisen ließ. Kortner fand offensichtlich in dieser Inszenierung Bilder, die direkt zum »kollektiven Unbewußten« des Publikums sprachen, aber die Schranke der Abwehr nur mit Mühe durchbrechen konnten.

353 Mit dem in diesem Abschnitt verschiedentlich gebrauchten Terminus des »Historisierens« ist nicht das von Brecht entwickelte Verfahren der Klassiker-Inszenierung gemeint, mit dem das historisch Fremde als solches ausgewiesen wird, wie Brecht es zuerst in seiner Inszenierung von *Leben Eduards des Zweiten* verwendet hatte (vgl. hierzu auch Herbert Ihering: Reinhardt, Jessner, Piscator oder Klassikertod? (1929) In: Ders.: *Der Kampf ums Theater*. Berlin 1974, S. 305–324). Der Terminus meint hier vielmehr ein Verfahren, welches die Historizität des Werkes betont, um seine »ewigen« Werte genießen zu können, ohne es unmittelbar auf die eigene – vor allem soziale und politische – Situation beziehen zu müssen.

354 Der Begriff »Restauration« wurde hier deshalb in Anführungsstriche gesetzt, weil es sich bei diesem Vorgang nicht um eine tatsächliche Restauration handelte. Die neuen Entwicklungen, die sozialen Veränderungen in der frühen Bundesrepublik maskierten sich vielmehr mit alten, aus der Kaiserzeit stammenden kulturellen Modellen, so daß der faktisch vollzogene Wandel in mancher Hinsicht als Restauration erscheinen konnte, ohne es tatsächlich zu sein. Vgl. hierzu auch Dieter Bänsch (Hrsg.): *Die fünfziger Jahre*. Tübingen 1985.

355 Der realistisch-psychologische Schauspielstil schloß nicht aus, daß mit einer abstrakten Bühne gearbeitet wurde, wie es für viele Inszenierungen Gründgens', vor allem aber Sellners typisch war.

356 Für Gründgens' Inszenierung wurden folgende Rezensionen ausgewertet: René Drommerl: *DIE ZEIT*, 30. 11. 1962; Willy Haas: *Die Welt*, 23. 11. 1962; Franz Höller: *Christ und Welt*, 30. 11. 1962; Joachim Kaiser: *Theater heute*, 1963, H. 1, S. 8–17; Siegfried Melchinger: *Stuttgarter Zeitung*, 22. 11. 1962; Klaus Wagner: *Frankfurter Allgemeine Zeitung*, 23. 11. 1962; Ernst Wendt: *Deutsche Zeitung*, 26. 11. 1962. Außerdem stand die eingestrichene Textfassung zu Verfügung.

357 Fritz Kortner 1971, S. 41.

358 Vgl. hierzu u.a. Günther Rühle: Die Suche nach der Kunst. Elf Jahre Theaterarbeit in Bremen (1962–1973). In: Günther Rühle 1976, S. 186–205.

359 Ernst Wendt in der *Stuttgarter Zeitung* vom 17. 3. 1966, zit. nach Ferdinand Piedmont (Hrsg.) 1990, S. 36.

360 Werner Kließ in der *Süddeutschen Zeitung* vom 10. 3. 1966, zit. nach Ferdinand Piedmont (Hrsg.) 1990, S. 39.

361 Botho Strauß: Das schöne Umsonst. Peter Stein inszeniert »Tasso« in Bremen. In: *Theater heute*, 1969, H. 5, S. 12–16, S. 13.

362 Ebda., S. 12.

363 Ebda., S. 12f. – In einer Pausenveranstaltung suchten Regisseur, Bühnenbildner und Schauspieler mit den Zuschauern in eine Diskussion über die Inszenierung und ihre Beziehung zu ihrer eigenen Situation und derjenigen der Zuschauer zu kommen. Z.B. Edith Clever: »In dieser Beziehung befinden wir uns in einer ähnlichen Situation wie Tasso.« Bruno Ganz: »Die Abhängigkeiten, unter denen wir als Künstler leben und arbeiten, sind nicht wesentlich verschieden von den Abhängigkeiten, unter denen Sie arbeiten.« Jutta Lampe: »Doch zweifelten wir immer wieder daran, ob wir uns Ihnen auch verständlich machen könnten.« Man formulierte Fragen an das Publikum wie z.B: »Abend für Abend verkaufen wir Ihnen Kunst. Brauchen Sie Kunst? Wenn ja: wozu? Wenn nein: warum kaufen Sie Kunst? [...] Haben Sie Interesse am Theater? Vertritt das Theater Ihre Interessen? [...] Wir haben das Bedürfnis, Theater zu spielen. Was für Bedürfnisse haben Sie? Kennen Sie Ihre Bedürfnisse?« (*Theater heute*, 1969, H. 5, S. 16).

364 Siegfried Melchinger: Schillers Räderwerk. »Don Carlos«, Bremen. In: *Theater heute*, 1969, H. 3, S. 8–9, S. 8.

365 Benjamin Henrichs in *DIE ZEIT*, 17. 10. 1975. – In Lietzaus Inszenierung spielten Peter Fitz den Posa, Erich Schellow den Philipp, Gisela Stein die Elisabeth und Bernhard Minetti den Großinquisitor. An der Unfähigkeit der Schauspieler kann das Desaster also ganz gewiß nicht gelegen haben.

366 Für Heymes Inszenierungen wurden folgende Rezensionen ausgewertet: Hans Fröhlich: *Stuttgarter Nachrichten*, 6. 10. 1979; Benjamin Henrichs: *DIE ZEIT*, 12. 10. 1979; Georg Hensel: *Frankfurter Allgemeine Zeitung*, 6. 10. 1979; Peter Iden: *Frankfurter Rundschau*, 6. 10. 1979; Wolfgang Ignée: *Stuttgarter Zeitung*, 6. 10. 1979; Reinhard Kill: *Rheinische Post*, 9. 10. 1979; Rudolf Krämer-Badoni: *Die Welt*, 6. 10. 1979; Henning Rischbieter: *Theater heute*, 1979, H. 11, S. 12–14; Günter Schloz: *Deutsche Zeitung. Christ und Welt*, 12. 10. 1979.

367 Der Aufbau solcher Bildfelder schien dann mißglückt, wenn Beziehungen hergestellt wurden, die ins Leere wiesen: So trug Posa bspw. eine Fliegermontur, die ihn natürlich einerseits auf den Vogelmenschen Carlos beziehen sollte, andererseits aber über die schlichte Gegenüberstellung: archaischer Vogelmensch – moderner Flieger nicht hinausführte. Vielleicht rief dieses Paar noch eine Reihe literarischer Assoziationen bis hin zu Brechts Gedicht »Der Schneider von Ulm« auf. Hier kam die Assoziationskette allerdings an eine Grenze, wo sie aufhörte, produktiv zu sein.

368 Für Langs Inszenierung wurden folgende Rezensionen ausgewertet: Reinhard Baumgart: *Der Spiegel*, 11. 2. 1985, S.189/190; Armin Eichholz: *Münchner Abend*, 2./3. 2. 1985; Ute Fischbach: *Abendzeitung*, 31. 1. 1985; Dana Horakova: *Bild Zeitung*, 2. 2. 1985; Joachim Kaiser: *Süddeutsche Zeitung*, 2./3. 2. 1985; Rolf May: *Abendzeitung*, 2./3. 2. 1985; Henning Rischbieter: *Theater heute*, 1985, H. 3, S. 29–31; Barbara Schmitz-Burckhardt: *Frankfurter Rundschau*, 2. 2. 1985; Helmut Schödel: *DIE ZEIT*, 31. 1. 1985; Carna Zacharias: *Abendzeitung*, 31. 1. 1985.

369 Während bei Kortners Inszenierung jedoch Regisseur und Zuschauer einen gemeinsamen Bezugspunkt hatten, nämlich die Erfahrung des Faschismus, und »lediglich« in der Beurteilung seiner Aktualität nicht übereinstimmten, hat es den Anschein, als wenn hier Regisseur und Bühnenbildner sich auf einen völlig anderen Kontext – nämlich auf die DDR-Wirklichkeit – bezogen als das Publikum. Hier war der gemeinsame Bezugspunkt nur noch die gemeinsame Teilhabe am »klassischen Erbe«.

370 In diesem Zusammenhang wäre natürlich auch das Problem zu diskutieren, wie weit die Schauspieler in der Lage sein können, Erfahrungen, auf die sich der Regisseur ganz selbstverständlich bezieht, die ihnen jedoch fremd sind, nicht nur zu »markieren«, sondern körperlich zum Ausdruck zu bringen.

371 Hans Christian Zimmermann in der Diskussion im Anschluß an den Vortrag von Walter Hinck, in: Wolfgang Wittkowski (Hrsg.) 1986, S. 374.

372 Helmut Koopmann, ebda.

373 Walter Hinck, ebda.

374 Hans Rudolf Vaget, ebda.

375 Karel Kosik 1973, S. 148.

376 Beispielhaft erscheint dieses Vorgehen im klug argumentierenden Beitrag von Theo Girshausen (in der *TheaterZeitschrift*, H. 11, 1985, S. 22–28) befolgt.

377 Jürgen Sang in Wolfgang Wittkowski (Hrsg.) 1986, S. 381.

378 Walter Schönau: *Eine Einführung in die psychoanalytische Literaturwissenschaft*. Stuttgart 1992, S. 45.

379 Vgl. hierzu vor allem folgende Schriften Norman N. Hollands, in denen er seine Rezeptionstheorie entwickelt: *The Dynamics of Literary Response*. New York 1968; *Poems in Persons.* An Introduction to the Psychoanalysis of Literature. New York 1973; *5 Readers Readings.* New Haven and London 1975; Einheit Identität Text Selbst. In: *Psyche* 33 (1979) 12, S. 1127–1148.

380 Walter Schönau 1992, S. 45.

381 Vgl. hierzu u.a. Dominique Barrucand: *Le catharsis dans le théatre, la psychoanalyse et la psychothérapie de groupe*. Paris 1970; Sigmund Freud: *Totem und Tabu* (1913). In: *Gesammelte Werke*, Bd. IX; Norman N. Holland: *Laughing.* A Psychology of Humour. Ithaca and London 1982; Charles Mauron: *Psychocritique du genre comique*. Paris 1964; N. H. Mehlin: Psychologie, Psychoanalyse und Theater. In: *Psychologie der Kultur*. Bd. 2. Imagination, Kunst und Kreativität, hrsg. von G. Condran. 1982, S.474–484; Helmut Schmiedt: *Regression als Utopie.* Psychoanalytische Untersuchungen zur Form des Dramas. Würzburg 1987. Speziell zur Rezeption des *Don Carlos* vgl. Helmut Schmiedt: Was ist so lustvoll am Tragischen? Psychoanalytische Bemerkungen zu Rezeptiosvorgaben in Schillers *Don Karlos.* In: *Freiburger literaturpsychologische Gespräche* 5, 1986, S. 81–96.

382 Heinz Kohut: *Die Heilung des Selbst.* Frankfurt/Main 1981, S. 281.

383 Jerzy Grotowski 1966, S. 25.

384 *Theater der Nationen.* Hamburg 26. April–13. Mai 1979, S. 7.

385 Peter Handke: Straßentheater und Theatertheater (1968). In: Ders.: *Ich bin ein Bewohner des Elfenbeinturms.* Frankfurt/Main 1976, 4. Aufl., S. 53–54.

386 D.h. die Forderung von Leslie Fiedler: »Cross the border, close the gap« wurde von nun an erfüllt. Insofern wird jede Diskussion um das Theater der letzten 30 Jahre zugleich auch als Diskussion um die Postmoderne geführt. Da diese Diskussion in unserem Zusammenhang nicht aufgerollt werden kann, sei auf die einschlägigen Textsammlungen verwiesen, so u.a. auf Erika Fischer-Lichte / Klaus Schwind (Hrsg.) 1991; Ingeborg Hoesterey (Hrsg.): *Zeitgeist in Babel.* The Postmodernist Controversy. Bloomington/Indianapolis 1991; Andreas Huyssen / Klaus R. Scherpe (Hrsg.): *Postmoderne.* Zeichen eines kulturellen Wandels. Reinbek 1986; Dietmar Kamper / Willem van Reijen (Hrsg.): *Die unvollendete Vernunft: Moderne versus Postmoderne.* Frankfurt/Main 1987; Robert Weimann / Hans Ulrich Gumbrecht (Hrsg.): *Postmoderne – globale Differenz.* Frankfurt/Main 1991.

387 Louis Aragon: An Open Letter to André Bréton on Robert Wilson's ›Deafman Glance‹. In: *Performing Arts Journal,* 1 (1976), Nr. 1, S. 3–7.

388 Vgl. zu diesem Problem Erika Fischer-Lichte / Klaus Schwind (Hrsg.) 1991.

389 Neue Computertechnologien sollen allerdings gerade dieses Defizit beheben – das Cyberspace soll neue räumliche und körperliche Erfahrungen ermöglichen: »Computerwelt als Erlebnisraum des Menschen: als akustische Welle durch ein Amphitheater surfen.« (*DAS ERSTE.* Die Zeitschrift über Fernsehen und Radio, H. 1, Januar 1992). Wenn es dem Computer auch gelingen mag, an die Stelle der vorgegebenen Perspektive den frei im Raum beweglichen Blick zu setzen, so wird diesem Blick doch das Gegenüber fehlen – es sind im wesentlichen »autistische« Erfahrungen, die hier gemacht werden: »Es gibt keine Bühne, keinen Abstand, keinen ›Blick‹ mehr: dies ist das Ende des Spektakels, des Spektakulären, es gibt nur noch das totale, fusionierende, taktile ästhetische und nicht mehr ästhetische Environment« (Jean Baudrillard: *Der symbolische Tausch und der Tod.* München 1982, S. 113).

390 Vgl. hierzu Günther Rühle: Auflösung der Grenzen. Das Happening. In: Ders. 1976, S. 170–186. – Rühles drei Bände von *Theater in unserer Zeit* (Bd. 2: *Anarchie in der Regie?* 1982; Bd. 3: *Was soll das Theater?* 1992) stellen insgesamt eine Geschichte des deutschen Nachkriegstheaters – mit Ausblicken auf die zwanziger Jahren – dar, wie sie vergleichbar nirgends vorliegt. Auf sie sei nachdrücklich hingewiesen. Vgl. darüberhinaus für diesen Zeitraum die Besprechungen und Diskussionen in *Theater heute.* – Zum Happening allgemein vgl. u.a. Michael Kirby (Hrsg.) 1965; Winfried Nöth 1972; Wolf Vostell (Hrsg.) 1970.

391 Henning Rischbieter: Experimenta. Theater und Publikum neu definiert. In: *Theater heute,* 1966, H. 7, S. 8–17, S. 16.

392 Zum Living Theatre vgl. u.a. Julian Beck: *The Life of the Theatre.* San

Francisco 1972; Julian Beck / Judith Malina: *Paradise Now*. New York 1971; Renfreu Neff: *The Living Theatre: USA*. New York 1970; Carlo Silvestro: *The Living Book of the Living Theatre*. Mit einem Nachwort von Wilhelm Unger. Köln 1971. – Zur Zuschauerpartizipation vgl. auch Richard Schechner: *Environmental Theatre*. New York 1973, wo er die Prinzipien seiner auf Zuschauerpartizipation zielenden Arbeit der »Performance Garage« ausführt.

393 Zu dieser wie zu den nachfolgend erwähnten Produktionen vgl. Peter Iden 1982; sowie *Schaubühne* 1987.

394 Zu dieser neuen »Räumlichkeit« vgl. u.a. in *Theater heute*, Jahresheft 1979, IV. Der Raum des Theaters, S.59–108.

395 Vgl. Günther Rühle: Die Erfindung der Bildersprache für das Theater. Die Herstellung neuer Sinnlichkeit. In: Ders. 1976, S. 224–233.

396 Vgl. außer den Berichten in den beiden genannten Bänden zur Schaubühne Gerd Jäger: »... wie alles sich für mich verändert hat« – über das Antikenprojekt der Berliner Schaubühne. In: *Theater heute*, 1974, H. 3, S. 12–20.

397 Vgl. Günther Rühle: Das Lehrstück und das Lernstück. Hans Neuenfels inszeniert Goethes »Iphigenie« in Frankfurt. In: *Theater heute*, 1980, H. 8, S. 8–11.

398 Zu Heisings *Stallerhof*-Inszenierung vgl. Rolf Michaelis: Tragödienstadel. Franz Xaver Kroetz »Stallerhof«. Deutsches Schauspielhaus Hamburg. In: *Theater heute*, 1972, H. 5, S. 10–12.

399 Zu Zadeks *Lulu*-Inszenierung vgl. u.a. Michael Merschmeier: Das wahre Wede-Kind. In: *Theater heute*, Jahrbuch 1988, S. 70–71; Henning Rischbieter: Der wahre Wedekind: Lulu Furiosa. In: *Theater heute*, 1988, H. 4, S. 8–14; Wolfgang Ruf: Nicht nur ein Zugtier vor dem Pflug. Lulu und andere Frauen. In: *Die Deutsche Bühne*, 1988, H. 4, S. 12–16; Peter Zadek / Johannes Grützke: *Lulu – eine deutsche Frau*. Frankfurt/Main 1988.

400 Zum *Othello* vgl. Volker Canaris: Was man in England wörtlich darstellen kann, muß man in Deutschland gestisch wiedergeben. Über Peter Halls »Hamlet« und Peter Zadeks »Othello«. In: *Theater heute*, 1976, H. 7, S. 12–21; ders.: Streit um Zadeks »Othello«. Ebda., S. 21; Die Anarchie der Gefühle. Benjamin Henrichs im Gespräch mit Peter Zadek. Ebda. S. 24–29.

401 Botho Strauß: Das schöne Umsonst. In: *Theater heute*, 1969, H. 5, S. 13.

402 Günther Rühle 1982, S. 263.

403 Vgl. hierzu Günther Rühle: Signaturen am Ende des Wegs. Die Schlußbilder in Peter Steins Inszenierungen. In: Ders. 1982, S. 261–266.

404 Susanne Schlicher 1987, S. 129.

405 Grüber auf einer Probe zum *Empedokles*, zit. nach Rolf Michaelis: Jeder Satz eine Katastrophe. Probennächte mit Klaus Michael Grüber zu Hölderlins ›Empedokles‹, 24–29. November 1975. In: Uwe B. Carstensen: 1988, S. 78–91, S. 87.

406 Auf dieser Probe zitierte Grüber den Vers aus einem der unvollendet

gebliebenen »Vaterländischen Gesange« aus *Mnemosyne*, an dem Hölderlin zur selben Zeit wie am *Empedokles* schrieb: »Ein Zeichen sind wir, deutungslos.« Dieser Vers kann in mancher Hinsicht als Leitsatz für Grübers Arbeit gelten: Er erfindet rätselhafte Zeichen, die sich nicht deuten lassen – auf die sich nur assoziativ Bedeutungen beziehen lassen.

407 Zit. nach Otto Riewoldt: Herrscher über Raum und Zeit. Feature vom *Südfunk*, 23. 6. 1987, S. 10.

408 Zu Wilsons Theaterästhetik vgl. u.a. Stephan Brecht 1979; Wolfgang Max Faust 1979; Erika Fischer-Lichte: Der Körper des Schauspielers im Prozeß der Industrialisierung. Zur Veränderung der Wahrnehmung im Theater des 20. Jahrhunderts. In: Götz Großklauß / Eberhard Lämmerl (Hrsg.): *Literatur in einer industriellen Kultur*. Stuttgart 1989, S. 468–486; dies.: Auf dem Weg ins Reich der Schatten. Robert Wilsons Frankfurter *King-Lear*-Inszenierung. In: Erika Fischer-Lichte / Harald Xander (Hrsg.) 1992; Hans-Thies Lehmann: Robert Wilson, Szenograph. In: *Merkur*. Zeitschrift für europäisches Denken. H. 7, 39. Jg., 1985, S. 554–563; Bonnie Marranca 1977; Manfred Pfister: Meta-Theater und Materialität. Zu Robert Wilsons »the CIVIL wars«. In: Hans Ulrich Gumbrecht / K. Ludwig Pfeiffer (Hrsg.): *Materialität der Kommunikation*. Frankfurt/Main 1988, S. 454–473; John Rockwell (Hrsg.) 1984; Peer de Smit / Wolfgang Veit: Die Theatervision des Robert Wilson. In: *Bühnenkunst*, Stuttgart 4/1987, S. 4–22; Ralph Willett: The Old and the New: Rober Wilson's Traditions. In: Christian W. Thomsen (Hrsg.) 1985, S. 91–98; Andrzej Wirth: Interculturalism and Iconophilia in the New Theatre. In: Bonnie Marranca / Gautam Dasgupta (Hrsg.): *Interculturalism & Performance*. New York 1991, S. 281–291.

409 Arthur C. Danto: *Die Verklärung des Gewöhnlichen*. Eine Philosophie der Kunst. Frankfurt/Main 1984.

410 Vgl. hierzu Florian Rötzer (Hrsg.) 1991.

411 Diesem Problem hat Helga Finter verschiedene Studien gewidmet. Vgl. vor allem: Die soufflierte Stimme. Klangtheatralik bei Schönberg, Artaud, Jandl, Wilson und anderen. In: *Theater heute*, 1982, H. 1, S. 45–51, sowie ihr zweibändiges Werk: *Der subjektive Raum*. Tübingen 1989/90.

412 Zu Einar Schleef vgl u.a. Verena Auffermann: Das ist mein Leben – Das ist mein Blut. Das bin ich und das fühle ich. Ich stehe da und bleibe. Beobachtungen nach dem Superdebakel »Die Mütter« in Frankfurt. In: *Theater heute*, Jahrbuch 1987, S. 116–120; Frank Eckhart: Gewalt ist Gewaltsamkeit. Frank Castorf inszeniert »Hamlet«-Assoziationen in Köln, Einar Schleef den »Urgötz« in Frankfurt. In: *Theater heute*, 1989, H. 6, S. 21–26; Michael Merschmeier: Das Phänomen. Über Einar Schleefs Komödie »Die Schauspieler« in des Autors Urinszenierung am Schauspiel Frankfurt – und über das eintönige Schmerzgeschrei in den Feuilletons. In: *Theater heute*, 1988, H. 6, S. 16–17; Michael Merschmeier: Faustspiel im Strafraum. Zwei »Faust«-Inszenierungen von Einar Schleef und Wolfgang Engel. In: *Theater heute*, 1990, H. 8, S. 8–11; Henning Rischbieter: Theater ist

Widerspruch. Plädoyer für die umstrittenste Aufführung der letzten Spielzeit: Einar Schleefs Inszenierung von Gerhart Hauptmanns »Vor Sonnenaufgang« am Schauspiel Frankfurt. In: *Theater heute*, Jahrbuch 1987, S. 116–120.

413 Vgl. hierzu u.a. Anke E. Hentschel: Das Kameraauge im Theater Robert Wilsons – HAMLETMASCHINE, eine Bewegung in Zeit und Raum. Analytische Gedanken zur Inszenierung am Thalia-Theater Hamburg 1986. In: *Wissenschaftliche Beiträge der Theaterhochschule Leipzig*, H. 2, 1991, S. 85–142; Henning Rischbieter: Deutschland. Ein Wilsonmärchen. In: *Theater heute*, 1986, H. 12, S. 516.

414 Zur *Mauser*-Inszenierung vgl. Franz Wille: Das Rad der Geschichte dreht durch. Heiner Müller inszenierte Heiner Müller – »Mauser« und manches mehr am Deutschen Theater in Berlin. In: *Theater heute*, 1991, H. 10, S. 2–7.

415 Zur Gruppe »Angelus Novus« vgl. Hans Thies Lehmann / Genia Schulz: Die Spur des dunklen Engels. In: *Theater heute*, 1988, H. 4, S. 36/37.

416 Vgl. hierzu Helga Finters Ausführungen über Tendenzen im italienischen Gegenwartstheater: Ein Raum für das Wort. Zum ›Teatro di Parola‹ des neuen Theaters in Italien. In: *Lili*. Zeitschrift für Literaturwissenschaft und Linguistik, Jg. 21, 1991, H. 81: Theater im 20. Jahrhundert, S. 53–69.

417 Paul Virilio: Geschwindigkeit – Unfall – Krieg. Gespräch mit Virilio, in: TAZ, 2/3. 5. 1986, S. 12/13, S. 13. Vgl. hierzu auch: Karlheinz Barck: Materialität, Materialismus, perfor- mance. In: Hans Ulrich Gumbrecht / K. Ludwig Pfeiffer (Hrsg.) 1988, S. 121–138 (vgl. Anm. 408).

418 Heiner Müller: Bildbeschreibung. In: Ders.: *Shakespeare Factory I*, Berlin 1985, S. 7–14, S. 13/14.

419 Vgl. hierzu vor allem Eugenio Barba / Nicola Savarese: *The Secret Art of the Performer*. Dictionary of Theatre Anthropology. London, New York 1991; Joachim Fiebach 1990; Richard Schechner: *Theater-Anthropologie*. Reinbek 1990; sowie ders.: *The End of Humanism*. Writings on Performance. New York 1982. – So wie die Markierung der Materialität der theatralischen Kommunikation unmittelbar mit dem Interesse für Anthropologie verknüpft ist, steht beides in einem direkten Zusammenhang mit den interkulturellen Tendenzen auf dem Gegenwartstheater. Vgl. hierzu Erika Fischer-Lichte: Das eigene und das fremde Theater. Interkulturelle Tendenzen auf dem Theater der Gegenwart. In: Wilfried Floeck (Hrsg.) 1988, S. 227–240, sowie v.a. Erika Fischer-Lichte / Josephine Riley / Michael Gissenwehrer (Hrsg.) 1990.

420 Gernot Böhme: Für eine ökologische Naturästhetik. Ein Gespräch. In: Florian Rötzer (Hrsg.) 1991, S. 475–490, S. 483. Vgl. dazu auch den Beitrag von Johannes Birringer: Erschöpfter Raum – Verschwindende Körper. Ebda., S. 491–518.

421 Gernot Böhme in Florian Rötzer (Hrsg.) 1991.

422 Im Kontext dieser Entwicklung ist es mehr als verständlich, daß das Tanztheater zunehmend in den Mittelpunkt des Interesses getreten ist. Vgl.

hierzu Susanne Schlicher 1987 sowie Martin Bergelt / Hortensia Völckers (Hrsg.): *Zeit-Räume.* Zeiträume-Raumzeiten-Zeitträume. München 1991.

423 Vgl. auch Helga Finter: Ein Raum für das Wort (vgl. Anm. 416).

424 Heiner Müller / Robert Weimann: Gleichzeitigkeit und Repräsentation. Ein Gespräch. In: Robert Weimann / Hans Ulrich Gumbrecht (Hrsg.) 1991, S. 182–210, S. 199 (vgl. Anm. 386).

425 Ebda., S. 200.

Literaturverzeichnis

Literatur zur Einleitung

BECKERMAN, Bernard: Dynamics of Drama. New York 1970.
BERTHOLD, Margot: Weltgeschichte des Theaters. Stuttgart 1968.
DEVRIENT, Eduard: Geschichte der deutschen Schauspielkunst. 5 Bde., 1848, Berlin, Zürich 1929 (2. Aufl.).
FISCHER-LICHTE, Erika: Semiotik des Theaters. 3 Bde., Tübingen 1983.
FISCHER-LICHTE, Erika: Geschichte des Dramas. Epochen der Identität auf dem Theater von der Antike bis zur Gegenwart. 2 Bde., Tübingen 1990.
FRENZEL, Herbert: Geschichte des Theaters. Daten und Dokumente 1470–1890. München 1984.
HINCK, Walter (Hrsg.): Handbuch des deutschen Dramas. Düsseldorf 1982.
KAFITZ, Dieter: Grundzüge einer Geschichte des deutschen Dramas von Lessing bis zum Naturalismus. 2 Bde., Königstein 1982.
KINDERMANN, Heinz: Theatergeschichte Europas. 10 Bde., Salzburg 1957–1974.
KNUDSEN, Hans: Deutsche Theatergeschichte. Stuttgart 1959.
MICHAEL, Friedrich / DAIBER, Hans: Geschichte des deutschen Theaters. Frankfurt/Main 1990.
MÖHRMANN, Renate (Hrsg.): Theaterwissenschaft heute. Eine Einleitung. Berlin 1990.
MÜLLER-MICHAELS, Harro (Hrsg.): Deutsche Dramen. Interpretationen zu Werken von der Aufklärung bis zur Gegenwart. 2 Bde., Königstein 1981.
SCHÖNE, Günter: Tausend Jahre deutsches Theater 914–1914. München 1962.
SCHRAMM, Helmar: Theatralität und Öffentlichkeit. Vorstudien zur Begriffsgeschichte von »Theater«. In: Karlheinz Barck et al. (Hrsg.): Ästhetische Grundbegriffe. Studien zu einem historischen Wörterbuch. Berlin 1990, S. 202–242.
STEINBECK, Dietrich: Einleitung in die Theorie und Systematik der Theaterwissenschaft. Berlin 1970.

Literatur zu Kapitel 1

ALEWYN, Richard / SÄLZLE, Karl: Das große Welttheater. Reinbek 1959.
ALEXANDER, Robert J.: Das deutsche Barockdrama. Stuttgart 1984.
ASPER, Helmut G.: Spieltexte der Wanderbühne. Ein Verzeichnis der Dramenmanuskripte des 17. und 18. Jahrhunderts in Wiener Bibliotheken. Wien 1975 (= Quellen zur Theatergeschichte 1).
ASPER, Helmut G.: Hanswurst. Studien zum Lustigmacher auf den Berufsschauspielbühnen in Deutschland im 17. und 18. Jahrhundert. Emsdetten 1980.
BACHTIN, Michail: Literatur und Karneval. Zur Romantheorie und Lachkultur. Frankfurt/Main 1985.
BAUR-HEINHOLD, Margot: Theater des Barock. München 1966.
BORST, Arno: Lebensformen im Mittelalter. Frankfurt/Main 1979.

BORCHERDT, Hans Heinrich: Das europäische Theater im Mittelalter und in der Renaissance. 1935, 2. Aufl. Reinbek 1969.

BRAET, Herman et al. (Hrsg.): The Theatre in the Middle Ages, Leuven 1985.

BRAUNECK, Manfred: Spieltexte der Wanderbühne. 4 Bde., Berlin, New York 1970–1975.

BUCK, August et al. (Hrsg.): Europäische Hofkultur im 16. und 17. Jahrhundert. 3 Bde., Hamburg 1981.

BURKE, Peter: Helden, Schurken und Narren. Europäische Volkskultur der frühen Neuzeit. Stuttgart 1981.

CATHOLY, Eckehard: Das Fastnachtspiel des Spätmittelalters. Gestalt und Funktion. Tübingen 1961.

CATHOLY, Eckehard: Fastnachtspiel. Stuttgart 1966.

CREIZENACH, Wilhelm (Hrsg.): Die Schauspiele der Englischen Komödianten. Darmstadt 1967.

ELIAS, Norbert: Über den Prozeß der Zivilisation. 2 Bde., Frankfurt/Main 1976.

ELIAS, Norbert: Die höfische Gesellschaft. Frankfurt/Main 1983.

EVANS, Marshall Blakemore: Das Osterspiel von Luzern. Eine historisch-kritische Einleitung. Schweizer Theater-Jahrbuch XXVII. Bern 1961.

FLEMMING, Willi: Geschichte des Jesuitentheaters in den Ländern deutscher Zunge. Berlin 1923 (= Schriften der Ges. f. Theatergeschichte, Bd. 32).

FLEMMING, Willi: Barockdrama. Bd. 3, Das Schauspiel der Wanderbühne. 2. verbesserte Aufl. Hildesheim 1965.

FREDÉN, Gustaf: Friedrich Menius und das Repertoire der englischen Komödianten in Deutschland. Stockholm 1939.

GARDINER, Harold C.: Mysteries' End. New Haven 1946.

HADAMOWSKY, Franz: Barocktheater am Wiener Kaiserhof. In: Jahrbuch der Gesellschaft für Wiener Theaterforschung. Wien 1951/52, S. 7–117.

HAMPE, Theodor: Fahrende Leute. Leipzig 1902.

HEERS, Jacques: Vom Mummenschanz zum Machttheater. Europäische Festkultur im Mittelalter. Frankfurt/Main 1986.

KAISER, Marianne: Mitternacht-Zeidler-Weise. Das protestantische Schultheater nach 1648 im Kampf gegen höfische Kultur und absolutistisches Regiment. Göttingen 1972.

KROHN, Rüdiger: Der unanständige Bürger. Untersuchungen zum Obszönen in den Nürnberger Fastnachtsspielen des 15. Jahrhunderts. Kronberg 1974.

KRUEDENER, Jürgen von: Die Rolle des Hofes im Absolutismus. Stuttgart 1973.

LANG, P. Franciscus: Abhandlung über die Schauspielkunst. Übers. u. hrsg. von Alexander Rudin. Bern, München 1975.

LIMON, Jerzy: Gentlemen of a Company. English Players in Central and Eastern Europe, 1590–1660. Cambridge 1985.

LINKE, Hansjürgen: Das volkssprachige Drama und Theater im deutschen und niederländischen Sprachbereich. In: Neues Handbuch der Literaturwissenschaft, hrsg. von Klaus von See. Wiesbaden 1978, Bd. 8, S. 733–763.

LUDVIK, Dušan: Die Chronologie und Topographie der Innsbrucker Komödianten (1652–1676). In: Acta Neophilologica IV, 1971, S. 3–40.

MARIGOLD, W. Gordon: Politics, Religion and Opera: Problems of the Hamburg Opera, 1678–1720. In: Mosaic XVIII, 1985, S. 49–60.

MENTZEL, Elisabeth: Geschichte der Schauspielkunst in Frankfurt am Main. Frankfurt/Main 1882.

MURAD, Orlene: The English Comedians at the Habsburg Court in Graz 1607–1608. Salzburg 1978.

MUCHEMBLED, Robert: Kultur des Volkes – Kultur der Elite. Die Geschichte einer erfolgreichen Verdrängung. Stuttgart 1984.

NEUMANN, Bernd: Geistliches Schauspiel im Zeugnis der Zeit. 2 Bde., München, Zürich 1987.

NIESSEN, Carl: Frau Magister Velten verteidigt die Schaubühne. Köln 1940.

REICHELT, Klaus: Barockdrama und Absolutismus. Studien zum deutschen Drama zwischen 1650 und 1700. Frankfurt/Main, Bern 1981.

RUDIN, Bärbel: Wanderbühne. In: Reallexikon der deutschen Literaturgeschichte, 2. Aufl., Bd. 4, 1984, S. 808–815.

SCHRICKX, Willem: Foreign Envoys and Travelling Players in the Age of Shakespeare and Jonson. Wetteren 1986.

SPRENGEL, Peter: Der Spieler-Zuschauer im Jesuitentheater. Beobachtungen an frühen oberdeutschen Ordensdramen. In: Daphnis 16, H. 1–2, 1987, S. 47–106.

STEMPEL, Wolf Dieter: Mittelalterliche Obszönität als literarästhetisches Phänomen. In: Hans Robert Jauß (Hrsg.): Die nicht mehr schönen Künste. Grenzphänomene der Ästhetik. (= Poetik und Hermeneutik 3) München 1968, S. 187–205.

SUMBERG, Samuel Leslie: The Nuremberg Schembart Carnival. New York 1941.

SZAROTA, Elida Maria: Das Jesuitendrama als Vorläufer der modernen Massenmedien. In: Daphnis 4, 1975, S. 129–143.

THEATER – DAS GEWAGTE UNTERNEHMEN. Kleine Schriften der Gesellschaft für Theatergeschichte 29/30, 1978.

VALENTIN, Jean-Marie: Le théâtre des Jésuites dans les pays de langue allemande (1554–1680). 3 Bde., Bern, Frankfurt/Main, Las Vegas 1978.

WACKERNELL, Joseph Eduard: Altdeutsche Passionsspiele aus Tirol. Graz 1897.

WALSH, M. W.: Quacks, empirics, spiritual physicians. The dramatic functions of the Medicus in the 15th and 16th century Fastnachtspiele. In: 15th century studies 7, 1983.

WANDERBÜHNE. Theaterkunst als Fahrendes Gewerbe. Kleine Schriften der Gesellschaft für Theatergeschichte 34/35, 1988.

WARNING, Rainer: Funktion und Struktur. Die Ambivalenzen des geistlichen Spiels. München 1974.

WUTTKE, Dieter (Hrsg.): Fastnachtspiele des 15. und 16. Jahrhunderts. Stuttgart 1973 (4. Aufl. 1989).

WYSS, Heinz (Hrsg): Das Luzerner Osterspiel. Bern 1967.

ZIELSKE, Harald: Handlungsort und Bühnenbild im 17. Jahrhundert. München 1965.

Literatur zu Kapitel 2

BARNETT, Dene: The Art of Gesture: The Practices and Principles of the 18th Century Acting. Heidelberg 1988.

BAUER, Roger (Hrsg.): Der theatralische Neoklassizismus um 1800. Ein europäisches Phänomen? Bern, Frankfurt/Main, New York, Paris 1986.

BAUER, Roger / WERTHEIMER, Jürgen (Hrsg.): Das Ende des Stegreifspiels. Die Geburt des Nationaltheaters. München 1983.

BENDER, Wolfgang F. (Hrsg.): Schauspielkunst im 18. Jahrhundert. Stuttgart 1992.

BORCHMEYER, Dieter: Die Weimarer Klassik. 2 Bde., Königstein 1980.

BRUFORD, Walter H.: Theatre, Drama and Audiences in Goethe's Germany. London 1950.

CARLSON, Marvin: Goethe and the Weimar theatre. Ithaca, London 1978.

DAUNICHT, Richard (Hrsg.): Die Neuberin. Materialien zur Theatergeschichte des 18. Jahrhunderts. Heidenau/Sa. 1956.

DEVRIENT, Eduard: Geschichte der deutschen Schauspielkunst. Neuausgabe in zwei Bänden. Berlin 1905.

DIDEROT, Denis: Das Theater des Herrn Diderot. Aus d. Franz. übers. von Gotthold Ephraim Lessing. Anm. und Nachw. von Klaus Detlef Müller. Stuttgart 1986.

ENGEL, Johann Jakob: Ideen zu einer Mimik. 1785/6. Wieder abgedruckt in: Ders.: Schriften Bd. 7/8, Berlin 1804, Reprint Athenäum, Frankfurt/Main 1971, Bd. 7.

FLEMMING, Willi: Goethes Gestaltung des klassischen Theaters. Köln 1949.

FLEMMING, Willi: Goethe und das Theater seiner Zeit. Stuttgart, Berlin, Köln, Mainz 1968.

GENAST, Eduard: Aus dem Leben eines alten Schauspielers. Leipzig 1862/1866.

GOTTSCHED, Johann Christoph: Versuch einer critischen Dichtkunst. (1727), 4. Aufl. 1751, photomech. Nachdruck Darmstadt 1962.

GOTTSCHED, Johann Christoph: Schriften zur Literatur, hrsg. von Horst Steinmetz. Stuttgart 1972.

HABERMAS, Jürgen: Strukturwandel der Öffentlichkeit. Neuwied, Berlin 1982.

HÄRLE, Heinrich: Ifflands Schauspielkunst. Ein Rekonstruktionsversuch auf Grund der etwa 500 Zeichnungen und Kupferstiche Wilhelm Henschels und seiner Brüder. Mit 238 Abbildungen. I. Teil, erste Abteilung: Bildertafeln. Berlin 1925 (= Schriften der Ges. f. Theatergeschichte 34).

HAIDER-PREGLER, Hilde: Des sittlichen Bürgers Abendschule. Wien, München 1980.

HAMMER, Klaus (Hrsg.): Dramaturgische Schriften des 18. Jahrhunderts. Berlin (DDR) 1968.

HANSEN, Günther: Formen der Commedia dell'Arte in Deutschland. Emsdetten 1984.

HINCK, Walter: Goethe – Mann des Theaters. Göttingen 1982.

JAUSS, Hans Robert (Hrsg.): Nachahmung und Illusion. München 1964.

KINDERMANN, Heinz: Conrad Ekhofs Schauspieler-Akademie. Wien 1956.
KLIEWER, Erwin: A. W. Iffland. Ein Wegbereiter in der Schauspielkunst. Berlin 1937.
KREBS, Roland: L'Idee de »Théâtre National« dans l'Allemagne des Lumiéres. Théorie et réalisations. Wiesbaden 1985.
KREBS, Roland (Hrsg.): Recherches nouvelles sur l'Aufklärung. Reims 1987.
KNUDSEN, Hans: Goethes Welt des Theaters. Berlin 1949.
LANGEN, August: Attitude und Tableau in der Goethezeit. In: Ders.: Gesammelte Studien zur neueren deutschen Sprache und Literatur. Berlin 1978, S. 292–353.
LESSING, Gotthold Ephraim: Werke, hrsg. von Herbert G. Göpfert. Bd. 1–8, München 1970–1979.
LESSING, Gotthold Ephraim: Hamburgische Dramaturgie, hrsg. und kom. von Klaus L. Berghahn. Stuttgart 1981.
LICHTENBERG, Georg Christoph: Schriften und Briefe, hrsg. von Wolfgang Promies. 4 Bde., Bd. 3: Aufsätze, Entwürfe, Gedichte, Erklärung der Hogarthischen Kupferstiche. München 1972.
LITZMANN, Berthold: Friedrich Ludwig Schröder. Ein Beitrag zur deutschen Literatur- und Theatergeschichte. 2 Bde., Hamburg, Leipzig 1890 und 1894.
LÖWEN, Johann Friedrich: Geschichte des deutschen Theaters (1766) und Flugschriften über das Hamburger Nationaltheater im Neudruck mit Einleitung und Erläuterungen, hrsg. von Heinrich Stümcke. Berlin 1905.
MARTERSTEIG, Max: Die Protokolle des Mannheimer Nationaltheaters unter Dalberg 1781 bis 1789. Mannheim 1890.
MAURER-SCHMOOCK, Sybille: Deutsches Theater im 18. Jahrhundert. Tübingen 1982.
MEYER, Reinhart: Von der Wanderbühne zum Hof- und Nationaltheater. In: Hansers Sozialgeschichte der deutschen Literatur, Bd. 3, Deutsche Aufklärung bis zur Französischen Revolution 1680–1789, hrsg. von Rolf Grimminger. München 1980, S. 186–216.
MEYER, Reinhart: Limitierte Aufklärung. Untersuchungen zum bürgerlichen Kulturbewußtsein im ausgehenden 18. und beginnenden 19. Jahrhundert. In: Über den Prozeß der Aufklärung in Deutschland im 18. Jahrhundert, hrsg. von Hans Erich Bödecker und Ulrich Herrmann. Göttingen 1987, S. 139–200.
MÜNZ, Rudolf: Das »andere« Theater: Studien über ein deutschsprachiges teatro dell'arte der Lessingzeit. Berlin 1979.
REDEN-ESBECK, Friedrich Johann Freiherr von: Caroline Neuber und ihre Zeitgenossen. Leipzig 1881, photomech. Nachdruck Berlin (DDR) 1985.
REICHARD, Georg: August Wilhelm Schlegels »Ion«. Das Schauspiel und die Aufführungen unter der Leitung von Goethe und Iffland. Bonn 1987.
SCHINK, Johann Friedrich: Zeitgenossen. Bd. 3, Leipzig 1818.
SCHÜTZE, Johann Friedrich: Hamburgische Theatergeschichte. Hamburg 1794.
SCHULZE-KUMMERFELD, Karoline: Ein fahrendes Frauenzimmer. Die Lebenserinnerungen der Kommödiantin Karoline Schulze-Kummerfeld 1745–1815, hrsg. von Inge Buck. Berlin 1988.

SONNENFELS, Joseph von: Sätze aus der Polizey-, Handlungs- und Finanzwissenschaft. Zum Leitfaden der akademischen Vorlesungen. Wien 1765.

SØRENSEN, Bengt Algot: Herrschaft und Zärtlichkeit. Patriachalismus und Drama im 18. Jahrhundert. München 1984.

STEINMETZ, Horst: Literaturgeschichte und Sozialgeschichte in widersprüchlicher Verschränkung: Das Hamburger Nationaltheater. In: Internationales Archiv für Sozialgeschichte der deutschen Literatur. Bd. 4, 1979, S. 24–36.

Literatur zu Kapitel 3

ALST, Theo van: Gestaltungsprinzipien des szenischen Naturalismus. Phil. Diss., Köln 1954.

ANTOINE, André: Meine Erinnerungen an das Théâtre Libre. Berlin (DDR) 1960.

BASIL, Otto: Johann Nestroy in Selbstzeugnissen und Bilddokumenten. Reinbek 1967.

BAUER, Oswald G.: Richard Wagner: die Bühnenwerke von der Uraufführung bis heute. Frankfurt/Main, Berlin, Wien 1982.

BAYERDÖRFER, Hans Peter et al. (Hrsg.): Literatur und Theater im Wilhelminischen Zeitalter. Tübingen 1978.

BORCHMEYER, Dieter: Das Theater Richard Wagners. Idee – Dichtung – Wirkung. Stuttgart 1982.

BRAHM, Otto: Kritische Schriften über Drama und Theater, hrsg. von Paul Schlenther. Berlin 1913.

BRAHM, Otto: Theater – Dramatiker – Schauspieler. Auswahl und Nachwort von Hubert Fetting. Berlin 1961.

BRAHM, Otto: Kritiken und Essays. Ausgew., eingel. und erl. von Fritz Martini. Zürich, Stuttgart 1964.

BRAULICH, Heinrich: Die Volksbühne. Theater und Politik in der deutschen Volksbühnenbewegung. Berlin (DDR) 1976.

BRAUNECK, Manfred: Literatur und Öffentlichkeit im ausgehenden 19. Jahrhundert. Stuttgart 1974.

CLAUS, Horst: The Theatre Director Otto Brahm. Ann Arbor, Mich. 1981 (= Theatre and Dramatik Studies 10).

COWEN, Ray C.: Der Naturalismus. Kommentar zu einer Epoche. München 1973.

DAHLHAUS, Carl: Wagners Konzeption des musikalischen Dramas. Regensburg 1971.

DER FESTSPIELHÜGEL. Richard Wagners Werk in Bayreuth 1876–1976. In Zusammenarbeit mit Dietrich Mack und Wilhelm Rauh hrsg. von Herbert Barth. München 1976.

FONTANE, Theodor: Plaudereien über Theater. 20 Jahre Königliches Schauspielhaus (1870–1890). Neue verm. Ausg., hrsg. von Theodor und Friedrich Fontane. Berlin 1926.

GREGOR-DELLIN, Martin: Richard Wagner – die Revolution als Oper. München 1973.

GREGOR-DELLIN, Martin: Richard Wagner. Sein Leben. Sein Werk. Sein Jahrhundert. München, Zürich 1980.

GRÖSSMANN, Helga: Zum sogenannten Niedergang des Wiener Volkstheaters. In: Zeitschrift für Volkskunde 71, 1975, S. 48–63.

GRUBE, Max: Geschichte der Meininger. Berlin, Leipzig 1926.

HADAMOWSKY, Franz: Das Carltheater unter der Direktion Johann Nestroys. In: Jahrbuch der österreichischen Leo-Gesellschaft. Wien 1926, S. 193–241.

HADAMOWSKY, Franz (Hrsg.): Ferdinand Raimund als Schauspieler. Chronologie seiner Rollen nebst Theaterreden und lebensgeschichtlichen Nachrichten. Ferdinand Raimund, Sämtliche Werke Bd. 5, Erster Teil (1811–1830), Wien 1925.

HAHM, Thomas: Die Gastspiele des Meininger Hoftheaters im Urteil der Zeitgenossen unter besonderer Berücksichtigung der Gastspiele in Berlin und Wien. Phil. Diss., Köln 1970.

HEIN, Jürgen: Ferdinand Raimund. Stuttgart 1970.

HEIN, Jürgen: Spiel und Satire in der Komödie Johann Nestroys. Bad Homburg, Berlin, Zürich 1970.

HEIN, Jürgen: Das Wiener Volkstheater. Darmstadt 1978 (= Erträge der Forschung Bd. 100).

HEIN, Jürgen (Hrsg.): Theater und Gesellschaft. Düsseldorf 1973.

HEIN, Jürgen (Hrsg.): Parodien des Wiener Volkstheaters. Stuttgart 1986.

HELLBERG-KUPFER, Geerd: Richard Wagner als Regisseur. Untersuchungen über das Verhältnis zwischen Werk und Regie. Berlin 1942.

HENZE, Herbert: Otto Brahm und das Deutsche Theater in Berlin. Diss., Erlangen 1929.

HERZ, Joachim: 1876 – Richard Wagner auf der Probe. Das Bayreuther Tagebuch des Ballettmeisters und Hilfsregisseurs Richard Fricke. Stuttgart 1983.

HOFFMEIER, Dieter: Die Meininger – Historismus als Tageswirkung. In: Material zum Theater. Beiträge zur Theorie und Praxis des sozialistischen Theaters, Nr. 54, Reihe Schauspiel, H. 16, Berlin 1974, S. 3–47.

HOFFMEIER, Dieter: Die Meininger – Streitfall und Leitbild. Untersuchungen zur Wirkungsgeschichte der Gastspielaufführungen eines spätfeudalen Hoftheaters. Phil. Diss., Berlin (DDR) 1988.

JANSEN, Marianne: Meiningertum und Meiningerei. Diss., Berlin 1948.

JARON, Norbert et al. (Hrsg.): Berlin – Theater der Jahrhundertwende. Bühnengeschichte der Reichshauptstadt im Spiegel der Kritik (1889–1914). Tübingen 1986.

KAHL, Kurt: Nestroy. Wien, München, Zürich 1970.

KLIS, Rita: Anspruch der deutschen Bourgeoisie auf ihr Theater. Phil. Diss., Berlin (DDR) 1980.

KLOTZ, Volker: Dramaturgie des Publikums. München 1976.

KLOTZ, Volker: Bürgerliches Lachtheater. München 1980.

KRUCHEN, Alfred: Das Regie-Prinzip bei den Meiningern zur Zeit ihrer Gastspielepoche 1874–1890. Danzig 1933.

KUSCHNIA, Michael (Hrsg.): 100 Jahre Deutsches Theater Berlin 1883–1983. Berlin (DDR) 1983.

LILJEBERG, Maria: Otto Brahm. Phil. Diss., Berlin 1980.

LUCAS, Lore: Die Festspiel-Idee Richard Wagners. Regensburg 1973.

MACK, Dietrich: Der Bayreuther Inszenierungsstil. München 1976.

MAHAL, Günther: Naturalismus. München 1975.

MAUTNER, Franz-H.: Nestroy. Heidelberg 1974.

MAY, Erich Joachim: Wiener Volkskomödie und Vormärz. Berlin 1975.

MAYER, Hans: Richard Wagner in Bayreuth 1876–1976. Frankfurt/Main 1978.

MAYER, Hans: Wagner. Reinbek 1989 (1. Aufl. 1959).

MAYER, Norbert J.: Ignaz Schuster und die Entwicklung des Schauspielstils von Laroche zu Raimund im Wandel theatralischer Gattungen des Volkstheaters. Diss., Wien 1962.

NESTRIEBKE, Siegfried: Geschichte der Volksbühne Berlin. I. Teil: 1890–1914. Berlin 1930.

OSBORNE, John (Hrsg.): Die Meininger. Texte zur Rezeption. München 1980.

POLGAR, Alfred: »Ja und Nein«. Darstellungen von Darstellungen, hrsg. von Wolfgang Drews. Reinbek 1966.

PORGES, Heinrich: Die Bühnenproben zu den Bayreuther Festspielen des Jahres 1876. In: Bayreuther Blätter 1880.

PRASCHEK, Helmut (Hrsg.): Gerhard Hauptmanns »Weber«. Eine Dokumentation. Mit einer Einleitung von Peter Wruck. Berlin 1981 (= Deutsche Bibliothek 8).

REINHARDT, Max: Schall und Rauch. Berlin, Leipzig 1901.

RICHTER-HAASER, Inge: Die Schauspielkunst Alfred Bassermanns, dargestellt an seinen Rollenbüchern. Berlin 1964 (= Theater und Drama 27).

ROMMEL, Otto: Die Alt-Wiener Volkskomödie. Ihre Geschichte vom barocken Welt-Theater bis zum Tode Nestroys. Wien 1952.

SAVITS, Josza: Von der Absicht des Dramas. Dramaturgische Betrachtungen über die Reform der Szene, namentlich in Hinsicht auf die Shakespeare-Bühne in München. München 1908.

SCHEUER, Helmut: Der deutsche Naturalismus. In: Jahrhundertende – Jahrhundertwende. Neues Handbuch der Literaturwissenschaft. Bd. 18, Wiesbaden 1976, S. 153–188.

SCHLEY, Gernot: Die Freie Bühne in Berlin. Berlin 1967.

SCHLÖGEL, Friedrich: Vom Wiener Volkstheater. Erinnerungen und Aufzeichnungen. Wien, Teschen o. J. (1883).

SCHULTZE, Hans Adolf: Der Schauspieler Rudolf Rittner (1869–1943). Ein Wegbereiter Gerhard Hauptmanns auf dem Theater. Phil. Diss., Berlin 1961.

SCHWAB-FELISCH, Hans (Hrsg.): Gerhard Hauptmann: Die Weber. Frankfurt/Main 1959.

SCHWARZ, Heinrich (Hrsg.): Johann Nestroy im Bild. Eine Ikonographie bearbeitet und herausgegeben von Johann Hüttner und Otto G. Schindler. Wien, München 1977.

SELO, Heinz: Die »Freien Volksbühnen« in Berlin. Geschichte ihrer Entstehung und ihre Entwicklung bis zur Auflösung im Jahre 1896. Diss., Erlangen 1930.

SEMPER, Manfred: Das Münchner Festspielhaus. Gottfried Semper und Richard Wagner. Hamburg 1906.

SENNETT, Richard: Verfall und Ende des öffentlichen Lebens. Die Tyrannei der Intimität. Frankfurt/Main 1983.

SPRENGEL, Peter: Otto Brahm – Gerhard Hauptmann. Briefwechsel 1889–1912. Tübingen 1985.

STANISLAVSKIJ, Konstantin S.: Die Arbeit des Schauspielers an der Rolle. Berlin (DDR) 1986.

STANISLAVSKIJ, Konstantin S.: Die Arbeit des Schauspielers an sich selbst. 2 Bde., Berlin (DDR) 1986.

SZEEMANN, Harald (Hrsg.): Der Hang zum Gesamtkunstwerk. – Europäische Utopien seit 1800. Aarau, Frankfurt/Main 1983.

URBACH, Reinhard: Die Wiener Komödie und ihr Publikum. Stranitzky und die Folgen. Wien, München 1973.

VALENTIN, Jean-Marie (Hrsg.): Volk – Volksstück – Volkstheater im deutschen Sprachraum des 18.–20. Jahrhunderts. Bern, Frankfurt/Main, New York 1986 (= Jahrbuch für Internationale Germanistik, Reihe A, Bd. 15).

VALENTIN, Jean-Marie (Hrsg.): Das österreichische Volkstheater im europäischen Zusammenhang 1830–1880. Bern, Frankfurt/Main, New York, Paris 1988.

WAGNER, Cosima: Die Tagebücher, 1869–1883. 2 Bde., hrsg. von Martin Gregor-Dellin und Dietrich Mack. München 1976/77.

WAGNER, Richard: Gesammelte Schriften und Dichtungen. Bd. 1–10, 2. Aufl., Leipzig 1887/88.

RICHARD WAGNERS GESAMMELTE SCHRIFTEN, hrsg. von Julius Kapp. 10 Bde., Leipzig 1914.

RICHARD WAGNER 1883–1983. Die Rezeption im 19. und 20. Jahrhundert, hrsg. von Ulrich Müller. Stuttgart 1984.

RICHARD-WAGNER-HANDBUCH. Hrsg. von Ulrich Müller und Peter Wapnewski. Stuttgart 1986.

WECK, Ursula: Wenzel Scholz und das Altwiener Volkstheater. Ein Beitrag zur Geschichte der Wiener Volkskomik. Diss., Wien 1969.

WELLERT, Peter: Oscar Sauer (1856–1918). Eine Untersuchung über Wesen und Wirkung seiner Schauspielkunst. Phil. Diss., Berlin 1963.

WENO, Joachim: Der Theaterstil des Naturalismus. Phil. Diss., Berlin 1961.

WINDS, Adolf: Vorläufer moderner Inszenierungen Shakespeare'scher Stücke. In: Shakespeare-Jahrbuch, Bd. 47, 1911, S. 196–200.

WINTERSTEIN, Eduard von: Mein Leben und meine Zeit. Ein halbes Jahrhundert deutscher Theatergeschichte. 2 Bde., Berlin 1947.

YATES, William Edgar: Nestroy. Satire and parody in Viennese popular comedy. Cambridge 1972.

Literatur zu Kapitel 4

ADLER, Gusti: Max Reinhardt. Sein Leben. Salzburg 1964.
AHRENS, Gerd (Hrsg.): Das Theater des deutschen Regisseurs Jürgen Fehling. Berlin 1987.
APPIA, Adolphe: Œuvres complètes, ed. élaborée et commentée par Marie L. Bablet-Hahn. Introduction générale par Denis Bablet. 4 Bde., Bern 1983ff.
ARTAUD, Antonin: Das Theater und sein Double. Frankfurt 1969.
BAB, Julius: Der Mensch auf der Bühne. Berlin 1926.
BAB, Julius: Schauspieler und Schauspielkunst. Berlin 1926.
BAB, Julius: Das Theater der Gegenwart. Geschichte der dramatischen Bühne seit 1870. Leipzig 1928.
BABLET, Denis (Hrsg.): L'expressionisme dans le théâtre européen. Paris 1971.
BABLET, Denis (Hrsg.): Mises en scène années 20 et 30. Les voies de la création théâtrale VII. Paris 1979.
BALME, Christopher (Hrsg.): Das Theater von Morgen. Texte zur deutschen Theaterreform. Würzburg 1988.
BEHRENS, Peter: Feste des Lebens und der Kunst. Leipzig 1900.
BENTLEY, Eric: The Brecht Memoir. New York 1985.
BEST, Otto F. (Hrsg.): Theorie des Expressionismus. Stuttgart 1982.
BIRRI, Ursula: Totaltheater bei Meyerhold und Piscator. Analyse der Inszenierungen »Mysterium buffo« von Wladimir Majakowski und »Rasputin« nach Alexei N. Tolstoj und P. E. Schtscheglow. Zürich 1982.
BLUTH, Karl Theodor: Leopold Jessner. Berlin 1928.
BOEHE, Jutta: Jugendstil im Theater. Die Darmstädter Künstlerkolonie und Peter Behrens. Phil. Diss., Wien 1968.
BOESER, Knut / VATKOVA, Renata: Erwin Piscator. Eine Arbeitsbiographie in 2 Bdn., Berlin 1986.
BOHLE, Jürgen: Theatralische Lyrik und lyrisches Theater im Dadaismus. Phil. Diss., Saarbrücken 1981.
BRAULICH, Heinrich: Max Reinhardt. Theater zwischen Traum und Wirklichkeit. Berlin (DDR) 1969.
BRAUNECK, Manfred (Hrsg.): Theater im 20. Jahrhundert. Programmschriften, Stilperioden, Reformmodelle. Reinbek 1982.
BRECHT, Bertolt: Couragemodell 1949. Berlin 1961.
BRECHT, Bertolt: Aufbau einer Rolle. Galilei. Berlin 1962.
BRECHT, Bertolt: Gesammelte Werke in 20 Bänden. Frankfurt/Main 1967.
BRECHT, Bertolt: Herr Puntila und sein Knecht Matti. Mit 64 Szenenphotos aus der Aufführung des Berliner Ensembles von 1949. Berlin, Wien 1978.
BRECHT, Bertolt / NEHER, Caspar: Antigonemodell 1948. Berlin 1955.
BRECHT, Stephan: The Theatre of Visions: Robert Wilson. Frankfurt/Main 1979.
BÜHNE UND BILD DES »FRANKFURTER EXPRESSIONISMUS«. (Ausstellungskatalog) Frankfurt/Main 1985.
CARSTENSEN, Uwe B.: Kaus Michel Grüber. Frankfurt/Main 1988.

CRAIG, Edward Gordon: Über die Kunst des Theaters. Berlin 1969.
DIECKMANN, Friedrich: Karl von Appens Bühnenbild am Berliner Ensemble. Berlin 1971.
DITSCHEK, Eduard: Politisches Engagement und Medienexperiment. Theater und Film der russischen und deutschen Avantgarde der zwanziger Jahre. Tübingen 1989.
EICHBERG, Henning et al.: Massenspiele. NS Thingspiel, Arbeiterweihespiel und olympisches Zeremoniell. Stuttgart 1977.
EKSTEIN, Modris: Tanz über den Gräbern. Die Geburt der Moderne und der Erste Weltkrieg. Reinbek 1990.
ELLER-RÜTER, Ulrike-Maria: Kandinsky. Bühnenkomposition und Dichtung als Realisation seines Synthese-Konzepts. Hildesheim, Zürich, New York 1990.
EMMEL, Felix: Theater aus deutschem Wesen. Berlin 1937.
»ENTARTETE KUNST«. Das Schicksal der Avantgarde in Nazi-Deutschland. Ausstellungskatalog. München 1992.
EURINGER, Richard: Deutsche Passion 1933. Oldenburg, Berlin 1933.
EURINGER, Richard: Chronik einer deutschen Wandlung 1925–1935. Hamburg 1936.
FAUST, Wolfgang Max: Tagtraum und Theater. Anmerkungen zu Robert Wilsons »Death, Destruktion & Detroit«. In: Sprache im technischen Zeitalter. H. 1, 1979, S. 30–58.
FETTING, Hugo (Hrsg.): Leopold Jessner. Schriften. Theater der zwanziger Jahre. Berlin (DDR) 1979.
FIEBACH, Joachim: Von Craig bis Brecht. Studien zu Künstlertheorien in der ersten Hälfte des 20. Jahrhunderts. Berlin 1972, 3. bearb. Aufl. 1991.
FIEBACH, Joachim: Inseln der Unordnung. Fünf Versuche zu Heiner Müllers Theatertexten. Berlin 1990.
FIEDLER, Leonhard M.: Max Reinhardt. Reinbek 1975.
FISCHER-LICHTE, Erika (Hrsg.): Das Drama und seine Inszenierung. Tübingen 1985.
FISCHER-LICHTE, Erika / RILEY, Josephine / GISSENWEHRER, Michael (Hrsg.): The Dramatic Touch of Difference. Theatre, Own and Foreign. Tübingen 1990.
FISCHER-LICHTE, Erika / SCHWIND, Klaus (Hrsg.): Avantgarde und Postmoderne. Prozesse struktureller und funktioneller Veränderungen. Tübingen 1991.
FISCHER-LICHTE, Erika / XANDER, Harald (Hrsg.): Welttheater – Nationaltheater – Lokaltheater? Europäisches Theater am Ende des 20. Jahrhunderts. Tübingen 1993.
FLOCON, Albert: Scénographie au Bauhaus. Dessau 1927–1930. Paris 1987.
FLOECK, Wilfried (Hrsg.): Tendenzen des Gegenwartstheaters. Tübingen 1988.
FRITZ, Horst (Hrsg.): Montage in Theater und Film. Tübingen 1993.
FUCHS, Georg: Die Revolution des Theaters. München 1909.
FUEGI, John: Bertolt Brecht. Chaos, According to Plan. Cambridge 1987.
FUEGI, John: Brecht & Co. An Intimate Account of the Brecht Circle. Ms. 1991.
GIERTZ, Gernot: Kultus ohne Götter. Emile Jaques-Dalcroze und Adolphe Appia. München 1975.

GILMAN, Sander L. (Hrsg.): NS-Literaturtheorie. Eine Dokumentation. Frankfurt/Main 1971.
GROPIUS, Walter: Die Bühne. In: Ders.: Staatliches Bauhaus in Weimar 1919–1923. 1923, H. 15.
GROPIUS, Walter: Apollo in der Demokratie. Neue Bauhausbühne, hrsg. von Hans W. Werig. Mainz, Berlin 1967.
DAS GROSSE SCHAUSPIELHAUS. Zur Eröffnung des Hauses hrsg. vom Deutschen Theater in Berlin. Berlin 1920.
GROTOWSKI, Jerzy: Für ein armes Theater. Zürich 1966.
HAUSMANN, Raoul: Am Anfang war Dada. Hrsg. von Karl Riha und Günter Kämpf mit einem Nachwort von Karl Riha. Gießen 2. Aufl. 1980.
HECHT, Werner (Hrsg.): Brechts Theaterarbeit. Seine Inszenierung des »Kaukasischen Kreidekreis« 1954. Frankfurt/Main 1985.
HENSEL, Georg: Das Theater der siebziger Jahre. München 1983.
HILL, Claude: Bertolt Brecht. München 1978.
HOFFMANN, Ludwig: Das Theater des sowjetischen und deutschen Proletkults 1917–1922. Zur Programmatik und Organisationsgeschichte. Phil. Diss., Berlin 1987.
HOFFMANN, Ludwig / HOFFMANN-OSTWALD, Daniel: Deutsches Arbeitertheater 1918–1933. 2 Bde., Berlin (DDR) 2. erw. Aufl. 1972.
HOUSE, David Bruce: The Stage of the Bauhaus: A critical study of a nonliterary theater. Diss. USC Los Angeles 1979.
HUESMANN, Heinrich: Welttheater Reinhardt. Bauten, Spielstätten, Inszenierungen. München 1983.
HÜPPAUF, Bernd (Hrsg.): Expressionismus und Kulturkrise. Heidelberg 1983.
HURWICZ, Angelika / GOEDHART, Gerda: Brecht inszeniert. Der kaukasische Kreidekreis. Velber bei Hannover 1964.
IHERING, Herbert: Von Reinhardt bis Brecht. Vier Jahrzehnte Theater und Film. Bd. 3 1930–1932. Berlin 1961.
IDEN, Peter: Die Schaubühne am Halleschen Ufer 1970–1979. Frankfurt/Main 1982.
IDEN, Peter: Theater als Widerspruch. München 1982.
INNES, Christopher: Erwin Piscators Political Theater. The Developement of Modern German Drama. Cambridge 1972.
JACOBS, Monty: Deutsche Schauspielkunst. Leipzig 1913.
KAHANE, Arthur: Tagebuch des Dramaturgen. Berlin 1928.
KERSCHENZEW, Platon M.: Das schöpferische Theater. Nach der deutschen Übersetzung von 1922 neu hrsg. und mit einem Nachwort von Richard Weber. Köln 1980.
KIRBY, Michael (Hrsg.): Happenings. New York 1965.
KNELLESEN, Friedrich Wolfgang: Agitation auf der Bühne. Das politische Theater der Weimarer Republik. Emsdetten 1970.
KORTNER, Fritz: Letzten Endes. Hrsg. von Johanna Kortner. München 1971.
KREIDT, Dietrich: Kunsttheorie der Inszenierung. Zur Kritik der ästhetischen

Konzeptionen Adolphe Appias und Edward Gordon Craigs. Phil. Diss., Berlin 1968.

KRÖLL, Friedhelm: Bauhaus 1919–1933. Künstler zwischen Isolation und kollektiver Praxis. Düsseldorf 1974.

LILI. Zeitschrift für Literaturwissenschaft und Linguistik. Jg. 21, 1991, H. 81, hrsg. von Helmut Kreuzer: Theater im 20. Jahrhundert.

MARRANCA, Bonnie: The Theater of Images. Nex York 1977.

MEYERHOLD, Wsewolod E.: Schriften. 2 Bde., Berlin (DDR) 1979.

MICHAUD, Eric: Théâtre au Bauhaus. Lausanne 1978.

MILDENBERGER, Marianne: Die Anwendung von Film und Projektion als Mittel szenischer Gestaltung. Emsdetten 1961.

MILDENBERGER, Marianne: »Rasputin«. A Technical Recreation. In: The Drama Review 22, 1978, Nr. 4, S. 99–111.

MÜLLENMEISTER, Horst: Leopold Jessner. Geschichte eines Regiestils. Phil. Diss., Köln 1956.

NEUMANN, Eckehard (Hrsg.): Bauhaus und Bauhäusler, Bekenntnisse und Erinnerungen. Bern, Stuttgart 1971.

NÖTH, Winfried: Strukturen des Happenings. Hildesheim, New York 1972.

PASSUTH, Krisztina: Moholy-Nagy. Dresden 1987.

PATTERSON, Michael: The Revolution in German Theatre 1900–1933. Boston, London 1981.

PIEDMONT, Ferdinand (Hrsg.): Schiller spielen. Stimmen der Theaterkritik 1946–1985. Darmstadt 1990.

PISCATOR, Erwin: Zeittheater. »Das politische Theater« und weitere Schriften von 1915 bis 1966. Reinbek 1986.

PISCATOR, Erwin 1966–1983. Ausstellung in der Akadamie der Künste Berlin 10. September – 10. Oktober 1971 (Katalog), hrsg. von Walter Huder, Berlin o. J.

PRÜTTING, Lenz: Die Revolution des Theaters. Studien über Georg Fuchs. München 1971.

RAABE, Paul (Hrsg.): Expressionismus. Der Kampf um eine literarische Bewegung. München 1965.

REICH, Bernhard: Im Wettlauf mit der Zeit. Erinnerungen aus fünf Jahrzehnten deutscher Theatergeschichte. Berlin 1970.

REICHL, Johannes M.: Das Thingspiel. Über den Versuch eines nationalsozialistischen Lehrstück-Theaters. Frankfurt/Main 1988.

RISCHBIETER, Henning: Brecht II. Velber bei Hannover 1974.

ROCKWELL, John (Hrsg.): Robert Wilson. The Theatre of Images. New York 1984.

RÖTZER, Florian (Hrsg.): Digitaler Schein. Ästhetik der elektronischen Medien. Frankfurt/Main 1991.

RÜHLE, Günther: Theater für die Republik. Im Spiegel der Kritik, 1917–1933. 2 Bde., Frankfurt/Main 1988. (1. Aufl. 1967)

RÜHLE, Günther: Theater in unserer Zeit. Frankfurt/Main 1976.

RÜHLE, Günther: Anarchie in der Regie? Frankfurt/Main 1982.

RÜHLE, Günther: Was soll das Theater? Frankfurt/Main 1992.

RÜHLE, Günther (Hrsg.): Zeit und Theater. 3 Bde., Berlin 1974.

SCHAUBÜHNE am Halleschen Ufer, am Lehniner Platz 1962–1987. Frankfurt/Main 1987.

SCHEPER, Dirk: Oskar Schlemmer – Das Triadische Ballett. Mit Beiträgen von Gerhard Bohner und Hans-Joachim Hespos. Berlin 1977.

SCHEPER, Dirk: Oskar Schlemmer. Das Triadische Ballett und die Bauhausbühne. Berlin 1988.

SCHLEMMER, Oskar: Mensch und Kunstfigur. In: Schlemmer, Oskar et al.: Die Bühne im Bauhaus. Nachwort von Walter Gropius, Neue Bauhausbühne. Mainz, Berlin 1965, S. 5–24.

OSKAR SCHLEMMER UND DIE ABSTRAKTE BÜHNE. Ausstellungskatalog, Kunstgewerbemuseum. Zürich 1961.

SCHLICHER, Susanne: Tanztheater. Tradition und Freiheiten. Pina Bausch, Gerhard Bohner, Hans Kresnik, Susanne Linke. Reinbek 1987.

SCHLÖSSER, Rainer: Das Volk und seine Bühne. Berlin 1935.

SCHMID, Herta / STRIEDTER, Jurij (Hrsg.): Dramatische und theatralische Kommunikation. Tübingen 1992.

SCHMIESTER, Burkhard: Revolution im Theater. Die sozialistischen Schauspieler-Kollektive in der Spätzeit der Weimarer Republik (1928–1933). Der politische Kampf des Theaters gegen den Faschismus und die Begründung eines neuen Theaterstils. Frankfurt/Main 1982.

SCHREYER, Lothar: Expressionistisches Theater. Aus meinen Erinnerungen. Hamburg 1948.

SCHREYER, Lothar: Erinnerungen an Sturm und Bauhaus. München 1956.

SCHULTES, Paul: Expressionistische Regie. Köln 1981.

SPRENGEL, Peter: Die inszenierte Nation. Deutsche Festspiele 1813–1913. Tübingen 1991.

STECKEL, Hannah: Laszlo Moholy-Nagy 1895–1946. Entwurf seiner Wahrnehmungslehre. 2 Bde., Diss., Berlin 1973.

STEINWEG, Rainer (Hrsg.): Brechts Modell der Lehrstücke. Zeugnisse, Diskussionen, Erfahrungen. Frankfurt/Main 1976.

STOMMER, Rainer: Die inszenierte Volksgemeinschaft. Die »Thing-Bewegung« im Dritten Reich. Marburg 1985.

STYAN, John L.: Max Reinhardt. Cambridge 1982.

TATLOW, Antony: The Mask of Evil. Frankfurt/Main 1977.

THEATER HEUTE. 1962–1992.

THEATERARBEIT. 6 Aufführungen des Berliner Ensembles. Hrsg. vom Berliner Ensemble, Helene Weigel. Dresden 1952.

THEATEROKTOBER. Beiträge zur Entwicklung des sowjetischen Theaters. Frankfurt/Main 1972.

THOMSEN, Christian W. (Hrsg.): Studien zur Ästhetik des Gegenwartstheaters. Heidelberg 1985.

VIETTA, Silvio / KEMPER, Hans-Georg: Expressionismus. München 1975.

VOIGTS, Manfred (Hrsg.): 100 Texte zu Brecht. Materialien aus der Weimarer Republik. München 1980.

VONDUNG, Klaus: Magie und Manipulation. Ideologischer Kult und politische Religion des Nationalsozialismus. Göttingen 1971.

VOSTELL, Wolf (Hrsg.): Aktionen, Happenings und Demonstrationen seit 1965. Reinbek 1970.

WARDETZKY, Jutta: Theaterpolitik im faschistischen Deutschland. Berlin (DDR) 1983.

WASSERKA, Ingo: Die Sturm- und Kampfbühne. Kunsttheorie und szenische Wirklichkeit im expressionistischen Theater Lothar Schreyers. Phil. Diss., Wien 1965.

WEBER, Richard: Proletarisches Theater und revolutionäre Arbeiterbewegung 1918–1925. Köln 1976.

WEIMARER REPUBLIK. Hrsg. vom Kunstamt Kreuzberg, Berlin, und Institut der Theaterwissenschaft der Universität Köln. Berlin 1977.

WILLET, John: The Theatre of Erwin Piscator. Half a Century of Politics in the Theater. London 1978.

WINGLER, Hans M.: Das Bauhaus. 1919–1933 Weimar Dessau Berlin. Köln 1962 (3. Aufl. 1975).

WITHFORD, Frank: Bauhaus. London 1984.

WOLL, Stefan: Das Totaltheater. Ein Projekt von Walter Gropius und Erwin Piscator. Berlin 1984 (= Schriften der Ges. f. Theatergeschichte, Bd. 68).

WULF, Joseph: Theater und Film im Dritten Reich. Gütersloh 1964.

WYSS, Monika: Brecht in der Kritik. Rezensionen aller Brecht-Uraufführungen. München 1977.

[illegible]

[illegible]

[illegible]

[illegible]

[illegible]

[illegible]

[illegible]

[illegible]

[illegible]

[illegible]

[illegible]

[illegible]

[illegible]

Register

Namenregister

Titelregister

Erika Fischer-Lichte

Geschichte des Dramas

Epochen der Identität auf dem Theater von der Antike bis zur Gegenwart

Band 1:

Von der Antike bis zur deutschen Klassik

UTB 1565, 1990, 371 Seiten, zahlr. Abb., DM 34,80
UTB-ISBN 3-8252-1565-2

Band 2:

Von der Romantik bis zur Gegenwart

UTB 1566, 1990, 306 Seiten, zahlr. Abb., DM 34,80
UTB-ISBN 3-8252-1566-0

"In einer Zeit überhandnehmender Spezialisierung braucht es Mut, Fleiss und Souveränität, allein eine Dramengeschichte von Aeschylus bis Heiner Müller zu verfassen. Erika Fischer-Lichte beweist alle drei. (...) Besonders eindrücklich ist, wie es Fischer-Lichte gelingt, durch beide Bände hindurch eine einheitliche Perspektive zu wahren: Sie rekonstruiert die Geschichte des europäischen Dramas als Geschichte der Identität (...), einer Identität, die sich zu verschiedenen Zeiten auf verschiedene Weise definiert, die zu Beginn sich herausbildet und sich im 20. Jahrhundert wieder zu verlieren scheint."

Mimos. Zeitschrift der Schweizer Gesellschaft für Theaterkultur

"Die Autorin gibt einen so klaren wie unprätentiös formulierten Überblick über wesentliche Epochen der Theatergeschichte (...)."

Die Deutsche Bühne